U0936129

中共滦州年鉴

2022 年卷

《中共滦州年鉴》编纂委员会　编

新华出版社

图书在版编目（CIP）数据
中共滦州年鉴. 2022年卷 /《中共滦州年鉴》编纂委员会编.
北京：新华出版社，2022.11
ISBN 978-7-5166-6520-6
Ⅰ. ①中… Ⅱ. ①中… Ⅲ. ①中国共产党－工作－滦县－2022－年鉴
Ⅳ. ①D235.224-54
中国版本图书馆CIP数据核字(2022)第207298号

中共滦州年鉴·2022年卷

编　　者：《中共滦州年鉴》编纂委员会

出 版 人：匡乐成
责任编辑：董朝合　　封面设计：张　丽

出版发行：新华出版社
地　　址：北京石景山区京原路8号　　邮　　编：100040
网　　址：http://www.xinhuapub.com
经　　销：新华书店
购书热线：010-63077122　　中国新闻书店购书热线：010-63072012

印　　刷：唐山十月制版印刷有限公司

成品尺寸：210mm × 285mm
印　　张：26.75　　字　　数：500千字
版　　次：2022年11月第一版　　印　　次：2022年11月第一次印刷

书　　号：ISBN 978-7-5166-6520-6
定　　价：160.00元

中国·滦州

LUANZHOU·CHINA

唐山市副市长、中共滦州市委书记　李建忠

中共滦州市委副书记、市长　孙自生

唐山市副市长、中共滦州市委书记李建忠代表中共滦州市委第一届委员会向大会作报告。

2021 年 7 月 23 日，中国共产党滦州市第二次代表大会召开。

2021 年 7 月 23 日，中国共产党滦州市第二届委员会召开第一次全体会议。

重要会议

ZHONGYAOHUIYI

2021年2月3日，滦州市第一届人民代表大会第三次会议在政府礼堂召开。

2021年2月3日上午，政协滦州市第一届委员会第三次会议在政府礼堂举行。

2021年7月27日，滦州市第二届人民代表大会第一次会议举行第三次全体会议召开，王殿新同志当选滦州市第二届人大常委会主任。

2021年7月26日，政协滦州二届一次会议第三次全体会议召开，崔敬民同志当选为政协滦州市第二届委员会主席。

2021年4月22日，省委常委、唐山市委书记张古江来滦检查地震房建设情况。

2021年1月1日，唐山市常务副市长付振波来滦督导安全生产。

新起点 新征程

XINQIDIANXINZHENGCHENG

2021年3月1日，滦州市举行2021年第一季度重点项目集中开工活动，4个领域的16个项目集中开工。

2021年5月25日，滦州市举行2021年第二季度重点项目集中开工活动，集中开工的14个项目，总投资46亿元。

2021年9月27日，滦州市举行2021年第三季度重点项目集中开工活动，集中开工的9个项目，总投资32.19亿元。

2021年12月28号日，唐山市举行2021年第四季度重点项目集中开工活动，滦州市共有9个项目集中开工，总投资27.62亿元。

新起点 新征程

XINQIDIANXINZHENGCHENG

2021年6月12日，唐山市副市长、中共滦州市委书记李建忠带队督导重点项目建设。

2021年7月10日，北京首都农业集团有限公司来滦考察。

2021年8月20日，滦州市召开学习贯彻习近平总书记“七一”重要讲话精神专题宣讲报告会。

2021年10月27日，河北东海特钢铁路专用线项目达到开通运行条件，为滦州市打赢蓝天保卫战作出了积极贡献。

2021 年 10 月 11 日，滦州市举行"交通建设年"项目通车仪。

2021 年 11 月 16 日，滦州市举行招商引资"百日攻坚"重点项目签约仪式，共签约项目 34 个，计划总投资 261.3 亿元。

岁熟丰稔　果蔬飘香

SUISHUFENGRENGUOSHUPIAOXIANG

2021 年，滦州市粮食播种面积 4.06 万公顷，粮食总量 26.26 万吨，夏收 4.35 万吨，秋收 21.90 万吨。花生播种面积 1.49 万公顷，产量 6.44 万吨。

茨榆坨镇东尖坨村田地，玉米收割机正在收割玉米。

花生稳产高产。

小麦实现全域机械化收割。

滦州市鸡冠山生态农业产业园的桑葚喜获丰收，吸引了大批观光采摘游客

冬日严寒，九百户镇赵庄子村有玉盛种植专业合作社的社员正在分选特色红玉米。

滦城街道南高各庄村积极引导农民调整农业产业结构，专门种植用于罐头加工的草莓青果，每亩纯收益6000余元，每天外销4万斤。

特色种植忙荒山变成“金山”。九百户镇赵百户营村村民侯志明抓住时机，引进12万棵刺龙牙苗在荒山种植，开始了山地经济的新尝试。

岁熟丰稔 果蔬飘香

SUISHUFENGRENGUOSHUPIAOXIANG

东安各庄镇三山院村的蓝莓成熟了。

滦州西瓜再创高产。

滦州“心里美”萝卜迎丰收。

苹果丰产。王店子镇卧龙谷现代苹果产业园的工人正在搬运刚采摘的苹果。

黄金油蟠桃熟了。

大棚辣椒丰收季 农民采摘分外忙。

山沟里的致富葱。

岁熟丰稔　果蔬飘香

SUISHUFENGRENGUOSHUPIAOXIANG

小马庄镇邢各庄村的大棚葡萄熟了。

小马庄镇马铃薯丰收。

滦州市不断引导农民瞄准花卉市场需求，种植荷花、玫瑰等特色花卉，拓宽了农户增收致富渠道，带动了群众就业。茨榆坨镇的荷花大棚。

杨柳庄镇西北华山峰村晾晒柿饼，并改变过去贩卖的模式，利用网络直播形式进行销售。

油榨镇 500 亩山地板栗喜获丰收。

油榨镇郑庄村的烟薯丰收。

在榛子镇南平庄子村的墨西哥疙瘩葫芦一上市就特别受欢迎，一个葫芦棚年收入可达 3 万元，主要通过网络直播等途径进行销售。

十年树木　百年树人

SHINIANSHUMUBAINIANSHUREN

2021 年 6 月 9 日，职教中心与天津一汽丰田汽车有限公司举行签约仪式。

第三实验小学开展“红领巾讲党史”活动。红色故事会开讲。

法制宣传进校园。未成年人法治教育基地举办“检爱同行，共护未来”暨《未成年人保护法》和《预防未成年人犯罪法》宣讲活动。

滦河街道组织志愿者开展“多彩暑假 志愿相伴”活动，为孩子们开展曲艺、读书、绘画等公益课程以及防溺水等安全知识培训，让孩子们度过一个安全快乐的假期。

油榨镇王官营小学是“全国青少年校园篮球特色校”，孩子们篮球课。

榛子镇于家庄村于家庄小学聘请榛子镇朱郡寨村的老兵为师生们讲党史、上党课。

滦州市开展“白衣天使进校园 关爱雏鹰护健康”活动。滦城街道高坎小学聘请医护人员为学生举办健康知识讲座。

油榨镇油榨小学通过主题班课、美术创作、知识竞赛和动手实践的形式开展了气象科普活动。学生们在气象站实操观测温度、湿度和气压。

十年树木 百年树人

SHINIANSHUMUBAINIANSHUREN

响嘡街道三里庄小学将乒乓球运动引进校园，成立乒乓球社团并以社团活动为平台，丰富校园文化生活，发展学生兴趣与特长，促进学生的全面发展。

响嘡街道小闫营小学，课堂上正在开展“谷物粘贴画，喜迎冬奥会”活动。

小马庄镇西李兴庄小学寒假作业——创作果酱画。

滦州市周密部署全力备战 2021 年高考

新时代 新生活

XINSHIDAIXINSHENGHUO

“文艺＋宣讲”把党的十九届六中全会精神引向深入。

2021 年河北省职业院校“天堰慧医杯”（中职）护理技能大赛在滦州市卫校隆重举行。

茨榆坨镇彭塔坨村吕桂华正在自家进行绳编，她不但带动村内多名妇女学习绳编技艺，还在网络上直播进行销售。

滦河街道光辉里社区居民活动中心举办了“浓情端午 粽享欢乐”趣味包粽子比赛。

滦州市农民纷纷走进农家书屋“充电”，掀起一股学科学、用科学热潮。

榛子镇新时代文明实践所组织志愿者正在“直播带货”，推销土特产品。

滦州市加快推进农村养老服务体系建设，建立了30余个村级养老服务中心，集中吸纳农村五保老人、独居空巢老人和孤老优抚对象居住，开展助餐、助医、助洁等服务，提升农村老人的晚年生活质量。滦城街道曹坎村金阳居家养老服务中心工作人员带领老人们做操。

小马庄镇新时代文明实践所专门添置党史、长征系列、红军故事等红色图书，设立“红色书籍”专区，掀起了全民学党史新热潮。

新风拂面四季春

XINFENGFUMIANSIJICHUN

2021年1月6日，唐山市副市长、中共滦州市委书记李建忠慰问老干部。

2021年1月5日，住建局包联人员帮包联村抢修爆裂水管。

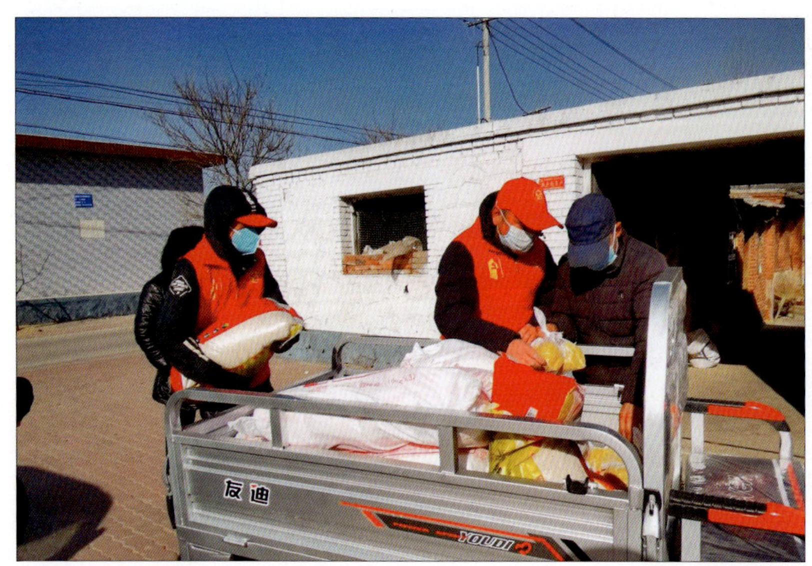

2021年1月28日，滦城街道前周村千名村民喜领福利过大年。

2021 年 4 月 18 日，退役军人事务局、滦城街道退役军人服务站、唐山众业成爱心协会、张家口银行滦州支行共同开展“众业大爱拥军优属 军民同心固我长城”拥军优属活动。

2021 年 7 月 27 日，唐山市副市长、中共滦州市委书记李建忠慰问“老兵”。

新风拂面四季春

XINFENGFUMIANSIJICHUN

2021 年 4 月 20 日，市人民医院车载天眼 CT 车驶进花果庄村，肿瘤科、影像科、泌尿外科、影像科等专家志愿者们为前来义诊的老百姓提供了前列腺癌筛查、肺结节及肺部疾病筛查服务，并接受百姓的咨询。

2021 年 5 月 12，滦州市退役军人医院组织内科、外科、骨科、中医科等各科室专家为退役军人、军属、村民免费量血压、测血糖、健康咨询、用药指导等。

2021 年 5 月 23 日，市委网信办组织开展网络宣传进社区活动，为社区居民送去网络安全知识，带去网络文明观念，引导居民共同构建安全、健康、文明的社区网络环境。

2021 年 9 月 24 日 ，滦州市人民医院组织急救专家赴滦州市伊利乳业有限责任公司进行现场应急救援处置知识及技能培训。

茨榆坨供电所的工作人员，走进大棚检查用电设施，讲解安全用电常识，护航“菜篮子”。

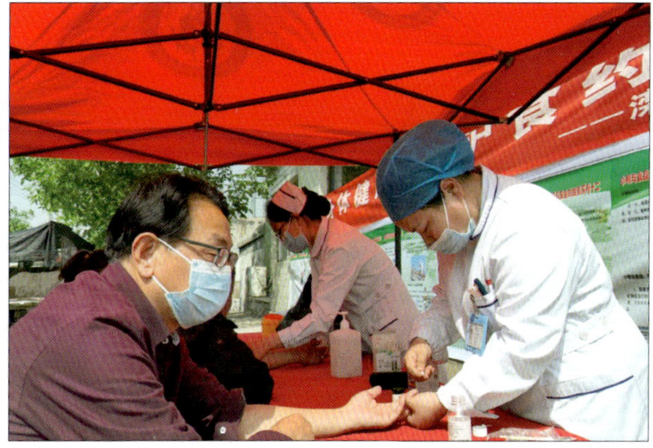

滦城街道联合医护志愿者到辖区内南高各庄村开展健康义诊志愿服务活动。

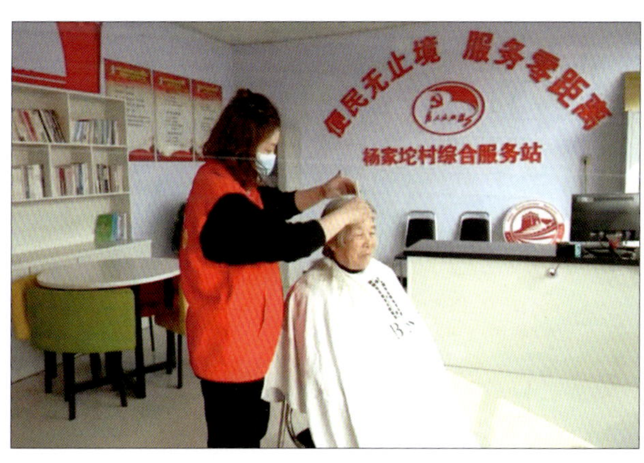

茨榆坨镇杨家坨村党员张淑涛 13 年坚持定期为周边村、敬老院的老年人和行动不便的困难群众义务理发。

滦州市康诚医院拥军服务站捐赠米、面、油等价值 3 万元的慰问品，惠及 150 名生活困难的退役军人。

画境滦州　诗意栖居

HUAJINGLUANZHOUSHIYIQIJU

滦州古城·醉美乡邦

滦州滦河风景

森林公园人工湖

研山远眺

植物园

云雾鸡冠山

画境滦州 诗意栖居

HUAJINGLUANZHOUSHIYIQIJU

茨榆坨镇——打造美丽庭院 扮靓文明乡村

滦城街道——乡村巨变

画境滦州　诗意栖居

HUAJINGLUANZHOUSHIYIQIJU

榛子镇——“环境美”升华“内涵美”

编 辑 说 明

一、《中共滦州年鉴》是由中共滦州市委编纂的一部全面记述滦州市各级各部门工作的综合性年刊。编纂工作在编纂委员会领导下，由滦州市委党史研究室负责。

二、《中共滦州年鉴》以马克思主义、毛泽东思想、邓小平理论、“三个代表”重要思想、科学发展观、习近平新时代中国特色社会主义思想为指导，深入贯彻党的十九大精神，按年度系统记述滦州全年政治、经济、文化、社会等各方面取得的新成就、新经验、新变化。目的是宣传党的政策，展示发展成就，为各级领导决策提供参考资料，为各单位各部门学习借鉴提供平台，为国内外各界人士了解滦州提供最新信息，为日后撰写中共滦州地方史书积累资料。

三、《中共滦州年鉴》2022年卷，以记述2021年度情况为限，但有些跨年度的事件，为了表述全面、清楚，便于读者理解，故溯及上一年度。

四、《中共滦州年鉴》采用分类编纂法。全书分为特载、施政纲要、滦州概况、党务工作、群团工作、政务工作、政法工作、军事工作、金融保险工作、企业工作、镇街工作、重要专题、2021年大事记、媒体视角、附录共15个类目。类目以下，以单位或部门为主设置篇目。

五、《中共滦州年鉴》2022年卷在征编过程中，得到各级领导的高度重视和市委宣传部、广播电视台、档案馆、滦水之声报社等有关部门的大力支持，在此表示衷心感谢。

六、由于年鉴编纂工作涉及面广、工作量大、时限性强，如有疏漏，敬请读者批评指正。

编　者

2022年9月

《中共滦州年鉴》编纂委员会

《中共滦州年鉴》编辑部

目　录

政务工作

政法工作

军事工作

金融保险工作

企业工作

镇街工作

2021 年大事记

专项工作

媒体视角

附 录

要　览

滦州市四大班子及副处级以上领导名单

李建忠　市委书记
孙自生　市委副书记、市长
王合成　市委副书记
王殿新　市人大常委会党组书记、主任
崔敬民　市政协党组书记、主席
张雪峰　市委常委、常务副市长
许　超　市委常委、组织部长、统战部长
刘翠萍　市委常委、副市长
果爱宾　市委常委、纪委书记、监委主任
李瑞岭　市委常委、政法委书记
费立松　市委常委、人武部政委
脱德华　市委常委、宣传部长
宋焕强　市委常委、办公室主任、市直机关工委书记
陆岳山　市人大常委会党组副书记、副主任，总工会主席
王秀丽　市人大常委会副主任
侍瑞军　市人大常委会党组成员、副主任
韩　敏　市政府副市长，公安局党委书记、局长
于晓红　市政府副市长
李恩科　市政府副市长
王国勇　市政府副市长
白金鑫　市政府副市长
高　银　市政府副市长
王浩臣　市政协副主席
葛秋钧　市政协副主席
姜伟荣　市政协副主席
任丽伟　市法院党组书记、院长
梁胜伟　市检察院党组书记、检察长
李建宏　市公安局党委副书记、政委
章广云　滦州经济开发区党工委副书记

中共滦州市委工作述要

2021年，滦州市委坚持以习近平新时代中国特色社会主义思想为指导，全面贯彻落实中央和省、市委决策部署，紧紧围绕省委“三六八九”和唐山市委“33458”工作思路，团结带领全市广大党员干部群众深入实施“1395”工作思路，全面唱响“迈开大步、走在前列”主旋律，拼搏竞进、跨越赶超，全市经济社会发展呈现稳中加固、稳中有进、稳中向好态势。预计全市地区生产总值、固定资产投资均增长7%左右，一般公共预算收入完成25.46亿元、增长8%，位居唐山市14个县（市、区）第四位，城镇和农村居民人均可支配收入分别增长7%、7.5%。我市荣获全国县域经济与县域综合发展百强县称号。

一、坚持政治站位，始终沿着正确的方向坚定前行

*一是强化政治引领。*市委常委会坚持第一议题学习传达习近平总书记重要讲话和指示批示精神，进一步增强思想自觉、政治自觉、行动自觉。扎实开展党史学习教育和“四史”宣传教育，举办庆祝建党100周年系列活动，引导全市广大党员干部群众坚定不移听党话、感党恩、跟党走。

*二是强化理论武装。*把学习贯彻习近平总书记“七一”重要讲话精神、党的十九届六中全会、省第十次党代会和唐山市委十一届四次全会精神作为重大政治任务，召开市委二届二次全会，制定出台学习宣传贯彻系列文件；组织市委理论学习中心组学习会议30次，市委常委带头深入基层、学校讲党课和思政课，全市开展“六进”和学校“三进”宣讲1800余场次、受众16余万人次，推动习近平新时代中国特色社会主义思想入脑入心。学习强国注册人数超过17万人，注册率和活跃率均位列唐山市第一位。

*三是强化阵地建设。*严格落实意识形态责任制，组织召开意识形态工作调度会5次，持续深化净网行动，牢牢掌握意识形态工作领导权和主动权。扎实推进6个常态化新时代文明实践志愿服务精品项目，注册志愿者10万余人，累计开展志愿服务2000余场次，新时代文明实践中心（所、站）已成为打造传播时代声音、弘扬文明新风、宣传党的政策的主阵地。

二、坚持事争一流，推动滦州高质量发展迈开大步、走在前列

*一是转型升级实现新突破。*谋划实施总投资705.4亿元的重点项目110个，其中列入省、市重点项目24个，完成投资118.1亿元，占年度计划的127%。传统产业提档升级，金马钢铁实现原址关停，实施工业技改项目95个，东海特钢、东海钢铁等企业裂变发展、壮大成势，东海特钢500万吨冷轧薄板项目一期建成投产。全年新增规模以上工业企业10家。新兴产业发展壮大，重点实施东唐电气综合处理装置等10个战略新兴产业项目，预计高新技术产业增加值、战略性新兴产业增加值分别增长15%和12%；北极熊建材获得国家专精特新重点“小巨人”称号，我市“专精特新”中小企业达到14家。现代服务业蓬勃发展，总投资101亿元的滦州古城二期、中能国际赛道文体旅综合产业和滦河综合治理项目签约落地。新增规上服务业企业10家，服务业增加值增长8%。

*二是城乡发展迈上新台阶。*城市建设提质提速，围绕打造“唐山城市副中心”的功能定位，高标准推进国土空间总体规划编制工作，全面启动“三城”创建，顺利通过全国、全省文明城市测评验收。深入开展“交通建设年”活动，实施总投资47.8亿元的交通项目25个。其中迁曹高速全线贯通，赤曹国道（平青大至205国道）具备通车条件，东外环线列入唐山市“双大外环”，大交通路网格局已具雏形。深入实施城市更新行动，6个棚户区改造完成

年度任务，19个老旧小区改造全部完工，新增园林绿地面积34公顷，市民服务中心投入使用，城市能级品质显著提升。乡村振兴亮点纷呈，扎实推进巩固拓展脱贫攻坚成果同乡村振兴有效衔接，我市代表唐山接受省巩固脱贫攻坚成果后评估考核验收。创建省、市农业高质量发展示范基地9个，我市获评“河北省农业产业化先进县”称号。常态化开展农村人居环境整治观摩拉练，全年硬化村庄面积1348万平方米，新改建农村公路134.8公里，完成农房抗震改造2300户，创建省市级乡村振兴示范区2个、省级美丽乡村55个，榛子镇获评省级“四好农村路”示范镇，我市荣获全省村庄清洁行动先进县。

*三是生态治理取得新成效。*铁腕治气，深入践行习近平生态文明思想，组建了由4名县级领导任组长的生态环保工作专班，高规格成立生态环境保护事务中心，制定出台一系列攻坚方案，持续推动钢铁、焦化等重点行业企业“创B争A”。东海钢铁专用线开通运营，东海特钢专用线达到投运条件；完成“双代”改造19131户。1—12月份全市空气质量综合指数5.29、下降12.85%，PM2.5平均浓度42微克/立方米、下降14.29%；全市优良天数达到272天，同比增加30天，位居唐山19个县（市、区）第三位，空气质量创有监测记录以来最好水平。重拳治水，严格落实河湖长制，“全域治水·清水润城”项目基本完工，谋划实施总投资4.75亿元的地下水压采项目5个，预计可形成压采能力4285万立方米。综合治土，扎实开展矿山迹地修复和国土绿化行动，24处责任主体灭失矿山迹地修复治理全部竣工，完成营造林任务6.55万亩，我市荣获“河北省森林城市”称号。

*四是改革开放释放新活力。*坚持改革带动。实施县域共青团基层组织改革、全国村级议事协商等国家、省级改革试点18项，我市“以‘四个抓手’激发乡村振兴新动能改革”被评为2021年唐山市“十大改革创新经验”。持续深化“放管服”改革，全面推行“拿地即开工”审批模式，“百事通”审批服务平台上线运行，我市被评为河北省优化营商环境推动高质量发展先进县。坚持创新驱动。新认定高新技术企业13家，新发展科技型中小企业149家，东唐电气、北极熊建材入选全省科技创新发明专利“百佳”，宝乐智能入选全省研发投入“百佳”，全市企业建立研发机构比例达到40%以上。坚持开放促动。深度融入京津冀协同发展，扎实开展“四个一百”活动，打好全民招商、以商招商“组合拳”，一批大项目、好项目落户滦州，全年累计签约亿元以上项目52个，总投资424.6亿元。我市化工园区顺利通过省工信厅审核认定。

*五是民生福祉得到新提升。*牢固树立以人民为中心的发展思想，全市民生支出占一般公共预算支出的80%以上，十件34项民生实事基本完成。社会事业全面发展。围绕提高教育质量，新改扩建各类学校84所，126所义务教育学校全部实现校内课后服务，新招聘教师302名，唐山二中与滦州一中开启合作办学新模式，教育教学质量稳步提升。围绕改善医疗条件，巩固拓展“四医联动”改革成果，建成以人民医院、中医院为龙头的2个紧密型医共体，485个村卫生室纳入乡镇卫生院一体化管理，连续三年荣膺全省深化医药卫生体制改革先进县。围绕兜牢民生保障，突出抓好高校毕业生、失业人员、退役军人等重点群体就业工作，全年新增城镇就业7211人，城镇失业率控制在2.79%，零就业家庭保持动态清零。我市被评为河北省双拥模范城。治理效能稳步提升。深入实施“4+1”联动监督，扎实推进政治和意识形态等8个重点领域防范化解重大风险工作，圆满完成建党100周年庆祝活动、全国“两会”等重点时段安保任务。严格落实安全生产责任制，持续开展安全生产专项整治三年行动，检查各类企业256家次，查出隐患783项，整改率100%。扎实推进信访积案化解攻坚行动，国家和省集中交办我市108件重复信访事项全部化解清零。认真开展政法队伍教育整顿及“回头看”，常态化开展扫黑除恶斗争，破获刑事案件676起，抓获犯罪嫌疑人756名，群众安全感满意度不断提升。疫情防控扎实有

力。严格落实“十个常态化”30项防控措施，压实“四方责任”，健全“八支队伍”，完成市达12岁以上人群疫苗接种任务，扎实推进“加强针”和3—11岁人群疫苗接种，3岁以上人群疫苗接种率达到91.31%，切实筑牢健康免疫屏障。

三、坚持全面从严治党，持续营造风清气正的政治生态

*一是狠抓管党责任落实。*全面贯彻落实新时代党的建设总要求，市领导班子带头落实“三会一课”等党的组织生活制度，带头严守政治纪律和政治规矩，确保党中央和省、市委决策部署在滦州落地落实。市委常委会2次专题听取市人大常委会、市政府、市政协和市法院、市检察院党组落实全面从严治党主体责任工作汇报，制定了《落实全面从严治党主体责任工作要点》《市委常委、市人大常委会主任、市政协主席、市政府副市长推进全面从严治党主体责任职责范围及工作要求》，切实把管党治党责任落到实处。

*二是狠抓基层组织建设。*深入开展“抓党建、抗疫情、惠民生、保安全、促发展”和“三基”建设年活动，整顿转化农村软弱涣散基层党组织16个，圆满完成村（社区）换届工作，全部实现“双降双减”“一肩挑”目标。扎实推进社区工作者职业体系建设，200名社区工作人员全部纳入社区工作者管理。社区“六位一体”、农村“五位一体”治理架构实现全覆盖，基层治理能力和水平有效提升。蓝贝酒业党委“五彩红”经验做法得到古江书记高度评价。

*三是狠抓干部队伍建设。*坚持好干部标准，认真落实“五个聚焦、五个重用、五个不用”选人用人机制和“四个一线”工作机制，把在项目建设、乡村振兴、环境整治等重点工作中表现突出的干部选出来、用起来，真正让想干事、能干事、干成事的干部有机会、有舞台。高质量完成市镇领导班子换届工作。举办专职党务干部党建工作、优秀中青年干部等培训班6场次，参训人数达1000余人次，进一步增强了党员干部干事创业能力水平。

*四是狠抓党风廉政建设。*组织召开6次市委书记专题会议听取巡察工作情况汇报，高质量完成一届任期内巡察全覆盖任务。主动认领、全盘接受省委巡视组巡视整改“回头看”反馈意见，第一时间召开市委常委会研究整改落实方案，组织召开专题民主生活会，研究制定问题清单、整改清单、责任清单，确保各项问题彻底整改到位。坚决查处重点领域、关键岗位和群众身边的“四风”问题及腐败行为，运用“四种形态”批评教育帮助和处理212人次，党纪政务处分136人。

滦州市2021年国民经济和社会发展统计公报

2021年，是“十四五”开局之年。一年来，我们坚持以习近平新时代中国特色社会主义思想为指导，在市委、市政府正确领导下，立足新起点、展现新作为、开创新局面，强力落实“1395”工作思路，奋力推动全市各项工作在高质量发展中迈开大步、走在前列，朝着建设“现代中等城市、全国百强滦州”目标阔步前进，圆满完成了年初确定的目标任务，实现“十四五”强势开局。

一、综合

初步核算，全年地区生产总值473.8亿元，比上年增长5.9%。其中：第一产业增加值50.3亿元，增长7.5%；第二产业增加值286.4亿元，增长2.6%；第三产业增加值137.1亿元，增长11.9%。三次产业增加值结构为10.6:60.5:28.9。按常住人口计算，全年人均地区生产总值91277元，增长6.5%。

全年民营经济增加值317.0亿元，比上年增长6.7%，占地区生产总值的比重为66.9%，比上年提高2.5个百分点。

全年城镇新增就业7323人，城镇失业人员实现再就业3373人，农村劳动力向非农产业转移859人。年末城镇登记失业率为2.4%。

全年全部财政收入59.0 亿元，比上年增长17.8%。一般公共预算收入25.5 亿元，比上年增长8.0%，其中税收收入21.1亿元，比上年增长17.5%。一般公共预算支出45.0 亿元，比上年增长3.6%，其中：一般公共服务支出增长4.6%公共安全支出增长12.7%，教育支出增长2.4%，社会保障和就业支出增长11.9%。

二、农业

全年粮食播种面积4.06万公顷，增长0.34%。粮食产量26.26万吨，增长0.27%，其中：夏收粮食4.35万吨，秋收粮食21.90万吨。粮食亩产431.53公斤，下降0.07%。油料播种面积1.49万公顷，产量6.44万吨，增长0.52%。

蔬菜播种面积0.97万公顷，产量82.54万吨，下降0.89%，其中设施蔬菜产量12.43万吨，增长1.88%。瓜果类播种面积1192.40公顷，产量68854.40吨，增长0.63%。

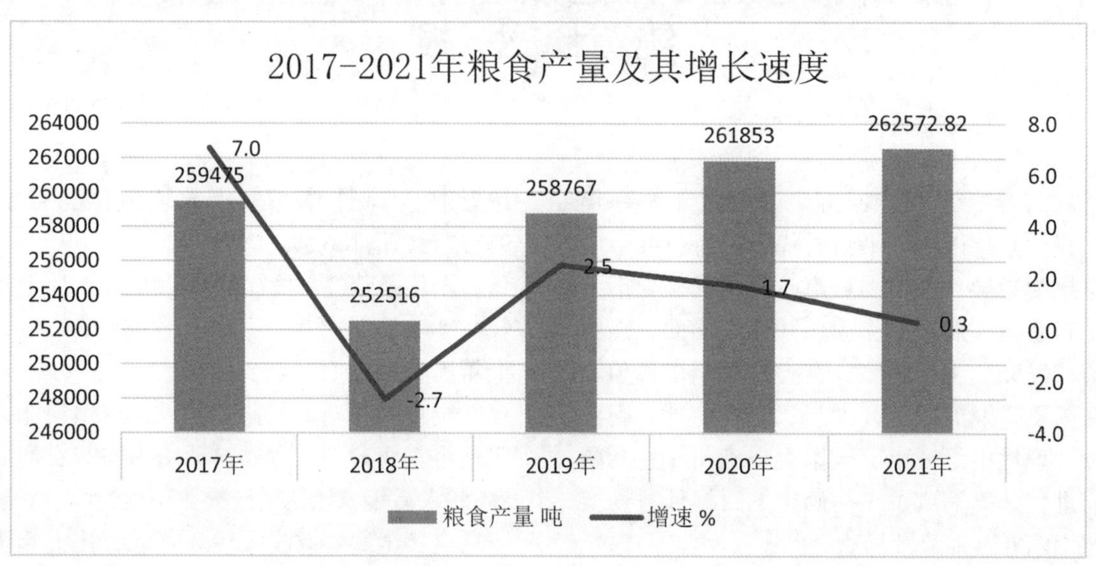

全年干鲜果（不含果用瓜）产量3.83万吨，比上年增长4.7%。花卉种植面积12.96公顷，比上年下降11.78公顷。全年人工造林756公顷。

全年肉类产量3.95万吨，比上年增长1.1%。其中：猪肉产量1.54万吨，下降13.7%；牛肉产量1.16万吨，增长2.0%；羊肉产量0.12万吨，下降1.8%。禽蛋产量1.46万吨，下降32.3%。牛奶产量15.81万吨，增长1.8%。

全年水产品产量760吨，比上年下降0.8%。其中：养殖水产品产量751吨，增长19.8%。

三、工业

全年全部工业增加值277.6亿元，比上年增长2.5%。其中，规模以上工业增加值增长6.1%。

年末规模以上工业企业73家，其中年内新建投产企业1家。

在规模以上工业中，分经济类型看，国有控股企业增加值下降9.6%，股份制企业增长6.0%，外商及港澳台商投资企业增长19.6%，私营企业增长5.3%。分门类看，采矿业下降9.4%，制造业增长8.1%，电力、热力、燃气及水生产和供应业下降0.2%。分行业看，黑色金属矿采选业下降10.1%，食品制造业增长16.7%，石油、煤炭及其他燃料加工业增长31.7%，非金属矿物制品业下降10.2%，黑色金属冶炼和压延加工业增长8.1%，装备制造产业增长4.3%。战略性新兴产业增加值增长4.5%，占规模以上工业的比重为9.0%。

表1：2021年主要工业产品产量及其增长速度

产品名称	单位	产量	比上年增长%
铁矿石原矿	万吨	2001.3	-19.2
铁矿石成品矿	万吨	762.7	-11.9

续表

产品名称	单位	产量	比上年增长%
乳制品	万吨	39.4	10.4
啤酒	千升	68102.7	28.6
蛋白饮料	吨	42012.2	-39.4
人造板	万立方米	17.4	-4.9
多色印刷品	万对开色令	11.8	10.3
纯苯	万吨	4.4	22.2
硅酸盐水泥熟料	万吨	405.8	-25.9
水泥	万吨	256.8	-6.3
石灰	万吨	54.6	-35.1
商品混凝土	万立方米	53	-4.8
生铁	万吨	1285	-25.6
粗钢	万吨	1561.2	-16.8
钢材	万吨	1640	-8.3
用外购钢材再加工生产钢材	万吨	152.9	2252.3
钢结构	万吨	0.3	-25
铸铁件	万吨	1.9	-13.6
锻件	万吨	0.2	-93.5
矿山专用设备	万吨	0.3	---
自来水生产量	万立方米	90.6	-19.2

全年规模以上工业企业营业收入完成1142.1亿元，比上年增长26.0%。其中：采矿业98.4亿元，增长27.6%；制造业1038.2亿元，增长26.0%；电力、热力、燃气及水生产和供应业5.5亿元，增长5.9%。全年规模以上工业企业实现利润89.8亿元，比上年增长39.9%。其中：采矿业30.4亿元，增长73.2%；制造业58.5亿元，增长28.0%；电力、热力、燃气及水生产和供应业0.9亿元，下降6.7%。

四、固定资产投资和建筑业

全年全社会固定资产投资比上年增长7.0%。其中，固定资产投资（不含农户）同比增长7.0%。

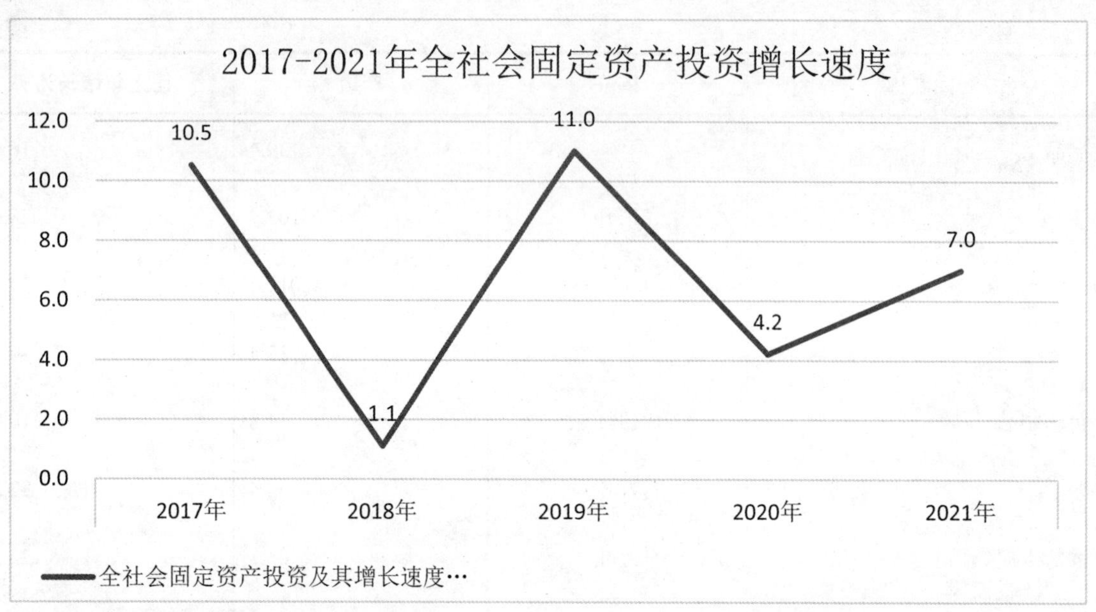

在固定资产投资中，第一产业投资同比增长114.4%；第二产业投资同比增长10.1%；第三产业投资同比下降16.0%。工业投资同比增长10.1%，其中：工业技术改造投资同比增长15.9%，占工业投资的66.4%；制造业投资同比增长21.6%。民间投资同比增长7.0%，占固定资产投资的87.0%。

全年固定资产投资施工项目个数同比增长45.1%，其中本年新开工项目个数同比增长67.0%，完成投资额下降14.7%。在施工项目中，总投资亿元以上项目个数同比下降5.5%。

全年房地产开发投资比上年下降29.8%，其中住宅投资同比下降5.3%。

全年全社会建筑业增加值9.1亿元，比上年增长7.0%。具有资质等级的总承包和专业承包建筑企业16家，实现利润7665千元，同比下降64.8%，其中私营企业同比下降64.8%。

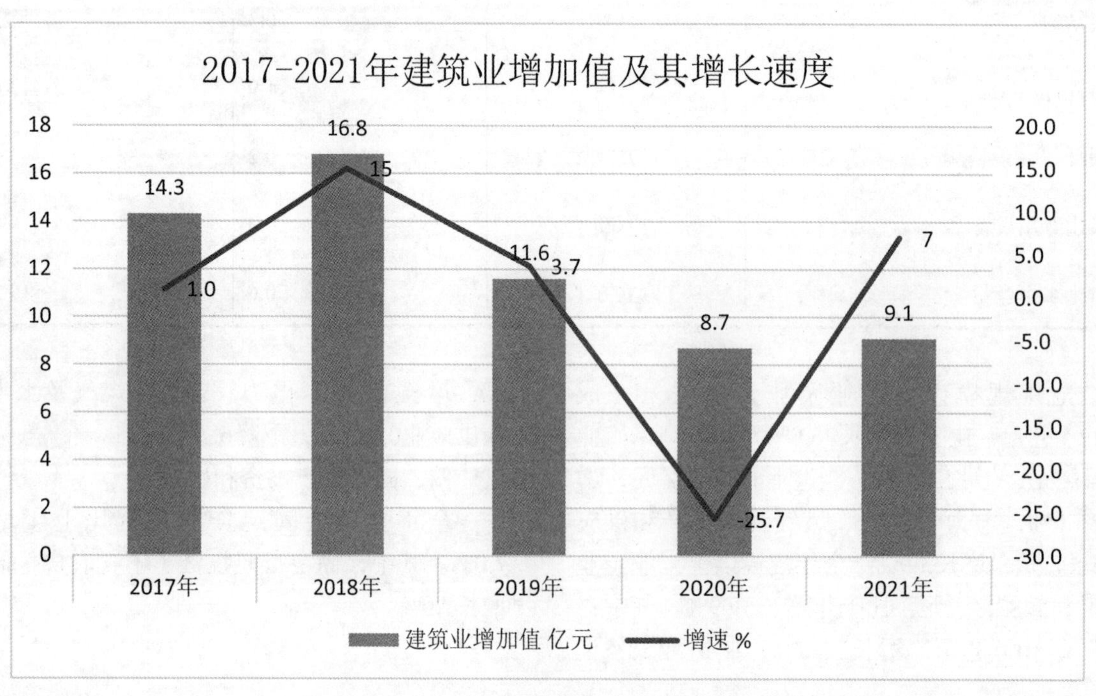

五、国内贸易

全年社会消费品零售总额97.7亿元，比上年增长6.5%。按经营地统计，城镇消费品零售额61.4亿元，增长10.5%；乡村消费品零售额36.3亿元，增长0.2%。分行业统计，批发业零售额27.2亿元，下降6.1%；零售业零售额55.5亿元，增长11.3%；住宿业零售额0.7亿元，增长6.8%；餐饮业零售额14.2亿元，增长16.3%。

年末限额以上批零住餐企业48家，其中年内新增新开业企业16家（其中7家月度新增，9家年度新增）。

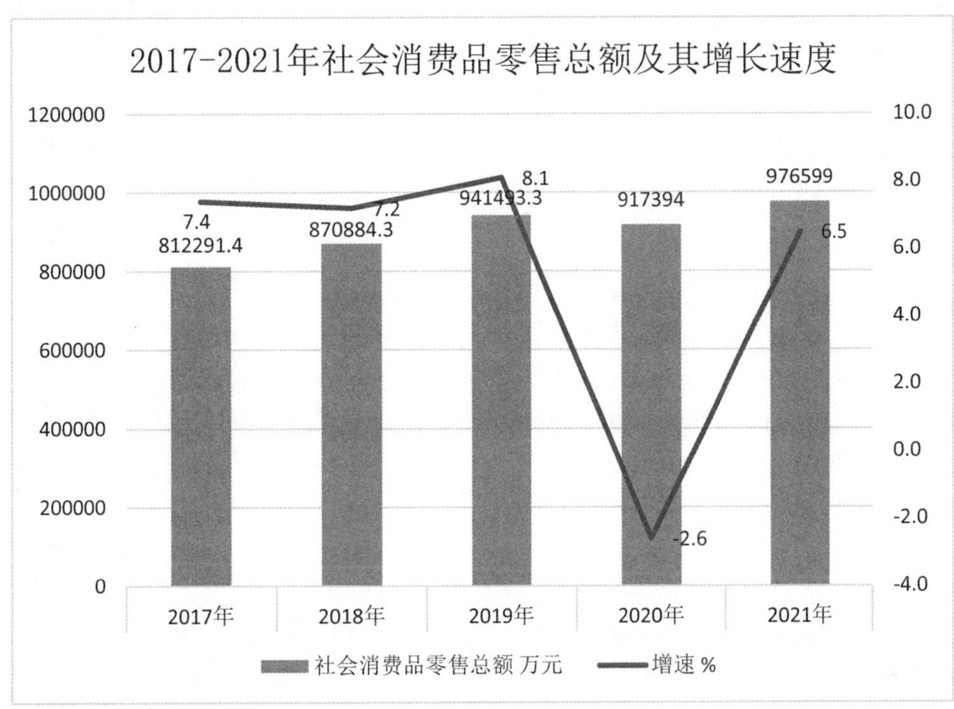

六、对外开放

全市直接利用外资7421万美元，同比增长32.4%。

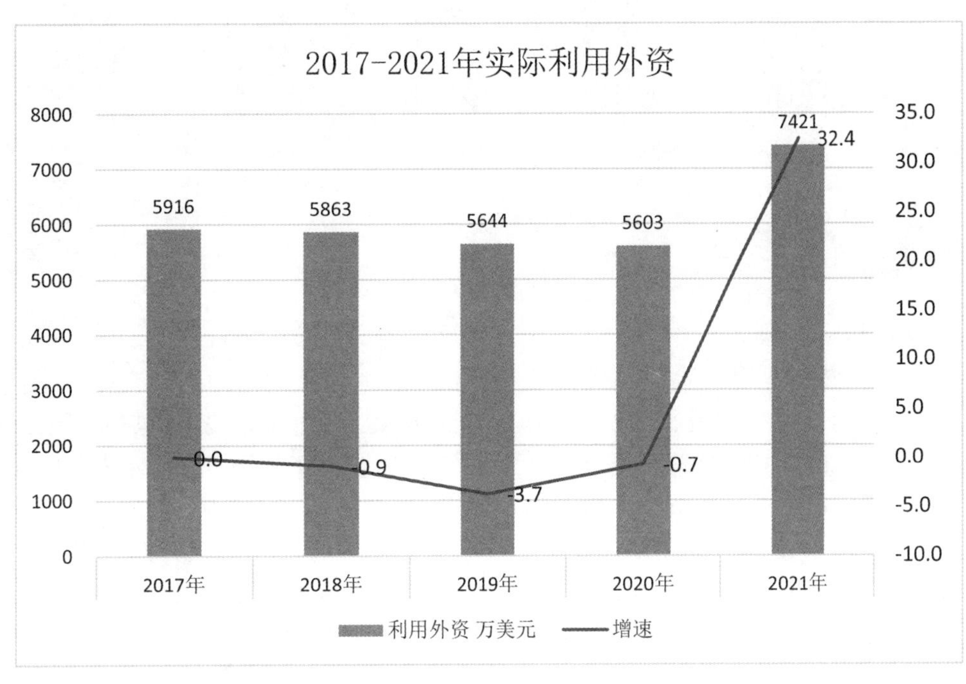

七、服务业

全年批发和零售业增加值28.3亿元，比上年增长11.3%；交通运输、仓储和邮政业增加值44.4亿元，比上年增长19.0%；住宿和餐饮业增加值2.3亿元，比上年增长4.4%；金融业增加值8.6亿元，比上年增长7.3%。房地产业增加值8.7亿元，比上年增长3.6%；其他服务业增加值43.5亿元，比上年增长8.3%。

年末规模以上服务业企业42家。全年规模以上服务业企业营业收入13.4亿元，比上年下降35.7%；利润总额-0.6亿元。

年末公路通车里程1667.6公里（包括村路），农村公路通车里程1530.1公里，全年改造农村公路134.8公里。全市拥有客运班线73条，班线客车114辆。

全年邮电业务总收入20753.14万元，比上年下降9.2%。其中：邮政业务收入4902.14万元（含快递业务收入），增长17.2%；电信业务收入15851万元，增长7.0%。年末移动电话用户61.3万户，增长1.9万户；互联网宽带接入用户数17.4万户，增长1.7万户。

八、金融和保险

年末金融机构人民币各项存款余额4802141 万元，比年初增加348961万元，其中住户存款余额3864880万元，比年初增加364746万元。金融机构人民币各项贷款余额2136187万元，比年初增加231031万元。

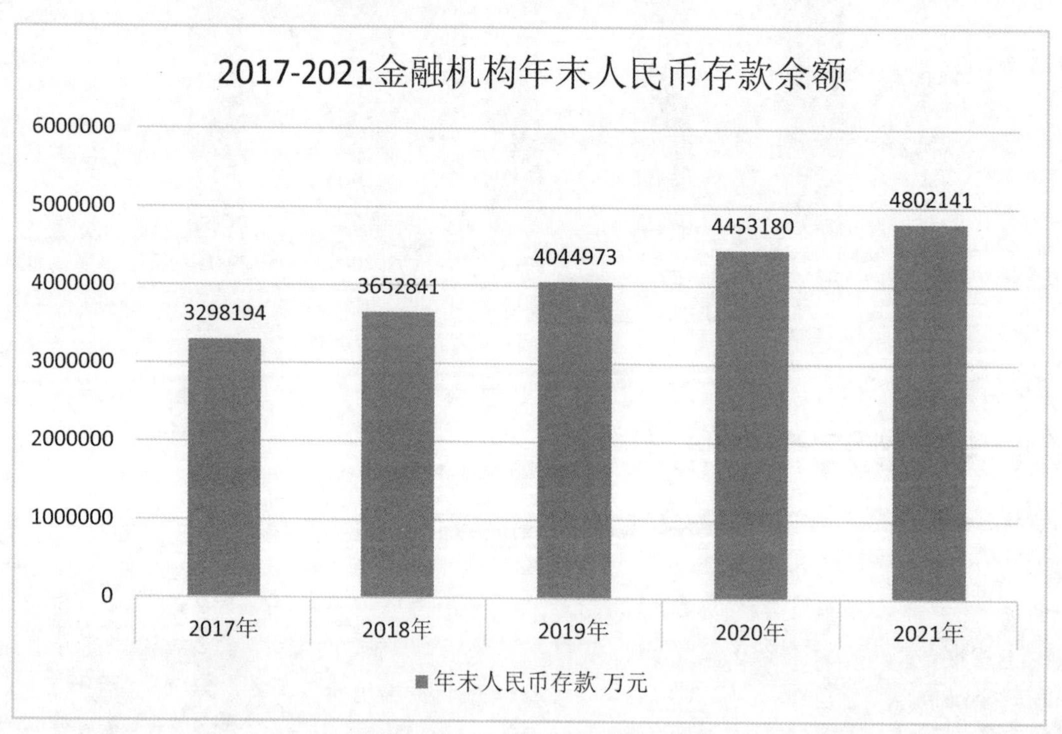

全年保险机构保费收入31053万元，比上年下降14.7%。其中：财产险业务保费收入10294万元，人身险业务保费收入20759万元。各类保险赔款与给付支出16233万元，下降31.0%。其中：财产险业务赔款与给付支出7506万元，人身险赔款与给付支出8726万元。

九、城市建设与管理

城市建成区面积30.25平方公里。年末城市道路总长度272.11公里，比上年增加0.61公里；人均城市道路面积16.59平方米，增加0.08平方米。年末市区集中供热面积683.07万平方米，新增54.07万平方米。年末天然气管线总里程227.9公里，扩供用户34户。城市日供水能力6.5万立方米。年末城市排水管道156.54公里，城市污水日处理能力4万立方米，污水集中处理率达到99.99 %。

年末城市公园绿地面积342.81公顷，人均公园绿地面积12.19平方米；建成区绿化覆盖面积1265.93公顷，绿化覆盖率41.85%，建成区绿地37.04 %。城市建成区生活垃圾无害化处理率达到100%。

十、教育、科技、文化和体育

年末拥有各类学校134所，其中：小学102所，本年新招生6440人，在校生41397人；普通中学27所，本年新招生5723人，在校生27642人；职业中学1所，本年新招生1025人，在校生3518人；教师进修学校1所；普通中专学校1所，本年新招生458人，在校生1444人；普通高等学校1所，本年新招生501人，在校生1030人；特殊教育学校1所，在校生106人。

表2：2021年各类教育基本情况

指标名称	招生数		在校生数		毕业生数	
	绝对数（人）	增速（%）	绝对数（人）	增速（%）	绝对数（人）	增速（%）
总计	14147	-26.16	75137	-1.21	14704	-19.87
其中：小学	6440	-12.58	41397	-1.58	6467	-2.06
普通中学	5723	-38.86	27642	-1.30	6397	-34.44
职业中学	1025	-31.80	3518	-2.36	1114	7.95
普通中专学校	458	-11.92	1444	7.44	316	-13.42
普通高等学校	501	25.88	1030	11.96	391	-32.35
特殊教育学校	0	-100.00	106	-13.82	19	26.67

发放各类困难学生生活费、助学金、奖学金185.2万元，惠及各类学生2537人。

全年授权专利446项，同比增长25.3%。

全年技术合同成交总额 13.12 亿元。全年组织开展引进国外智力项目 2 项。滦州朝润节能科技有限公司申报的“装配式超低能耗空腔模块项目”获得河北省创新创业大赛企业组二等奖。

全年接待国内外游客260万人次，比上年增长3.9%。

我市拥有艺术表演团体13个，影剧院1个，文化馆1个，博物馆1个，公共图书馆1个和镇（街道）综合文化站14个。不可移动文物点97处，市级以上文物保护单位9处。有旅游景区3家，其中4A级景区2家、2A级景区1家。旅行社包含总社、分社及营业部共27家，现有星级酒店1家。现有文化经营单位35家，其中：互联网服务场所10家，营业性演出单位11家，歌舞娱乐场所3家，出版发行单位11家，体育经营单位包含滑雪场、游泳馆4家。

年末拥有体育场地1个，公共体育馆1座，公共健身器材656套，人均体育场地面积2.22平方米。全年开展各类群众健身活动10项次，拥有各类体育协会11个。

十一、卫生、社会保障和公共服务

年末拥有各类卫生机构972个，其中：医院15个，乡镇卫生院12个，社区卫生机构2个，农村卫生室803个。全市卫生机构拥有床位2632张，其中：医院1987张，乡镇卫生院645张。每千人口医疗卫生机构床位数5.06张。

卫生技术人员3852人，其中：执业（助理）医师1920人，注册护士1518人。每千人口执业（助理）医师3.69人。

年末城镇职工基本养老保险覆盖人数7.57万人，比上年末减少1.3万人。其中：参保职工6.67万人，参保离退休人员0.9万人。城乡居民养老保险覆盖人数32.51万人，比上年增加0.44万人。失业保险覆盖人数4.92万人，比上年减少0.51万人。工伤保险覆盖人数5.7万人。

年末城乡基本医疗保险覆盖人数51.96万人，其中：城镇职工参保6.05万人，居民参保45.91万人。生育保险覆盖人数50.60万人。

全年发放城乡最低生活保障金2602.98万元，保障居民4783人次。其中：城市居民281人，农民4502人。城市低保标准每人每月770元，农村低保标准每人每年6312元。

年末拥有敬老院4家，拥有床位427张。民办养老机构 14家，拥有养老床位1031张。居家养老服务中心（站）34个，全市村（居）委会覆盖率100%。社会救助站1家，儿童福利机构集中养育孤儿和社会散居孤儿每月基本生活费分别为1450元和1000元，均比上年增加25元。

十二、人民生活

年末我市常住人口51.8万人，比上年末减少0.2万人，常住人口城镇化率54.75%，比上年提高1.14个百分点。

全年登记结婚2426对，离婚754对。

全年城镇居民人均可支配收入48568元，比上年增长7.0%；农村居民人均可支配收入22667元，比上年增长10.7%。

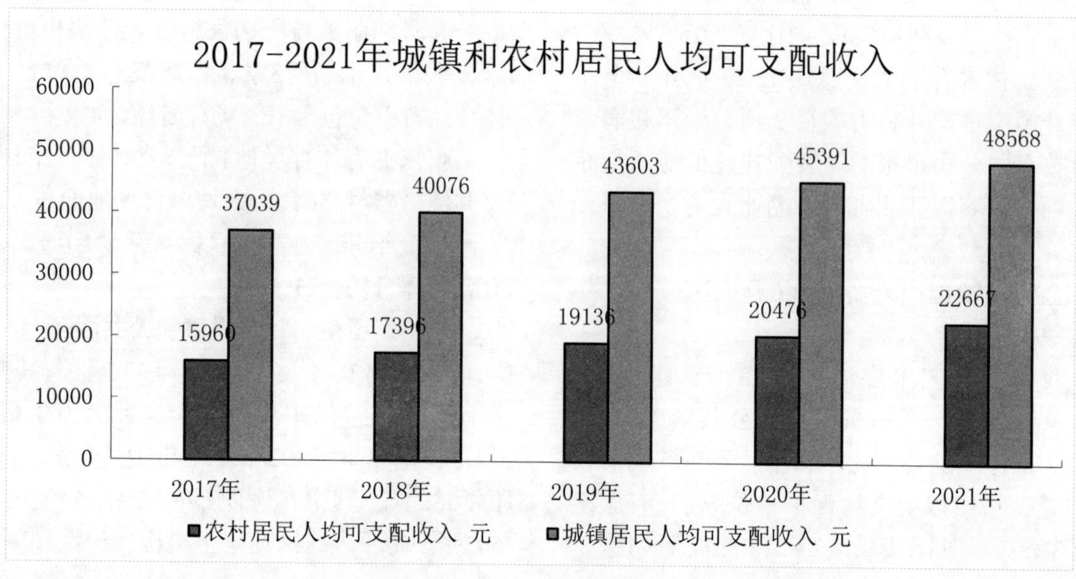

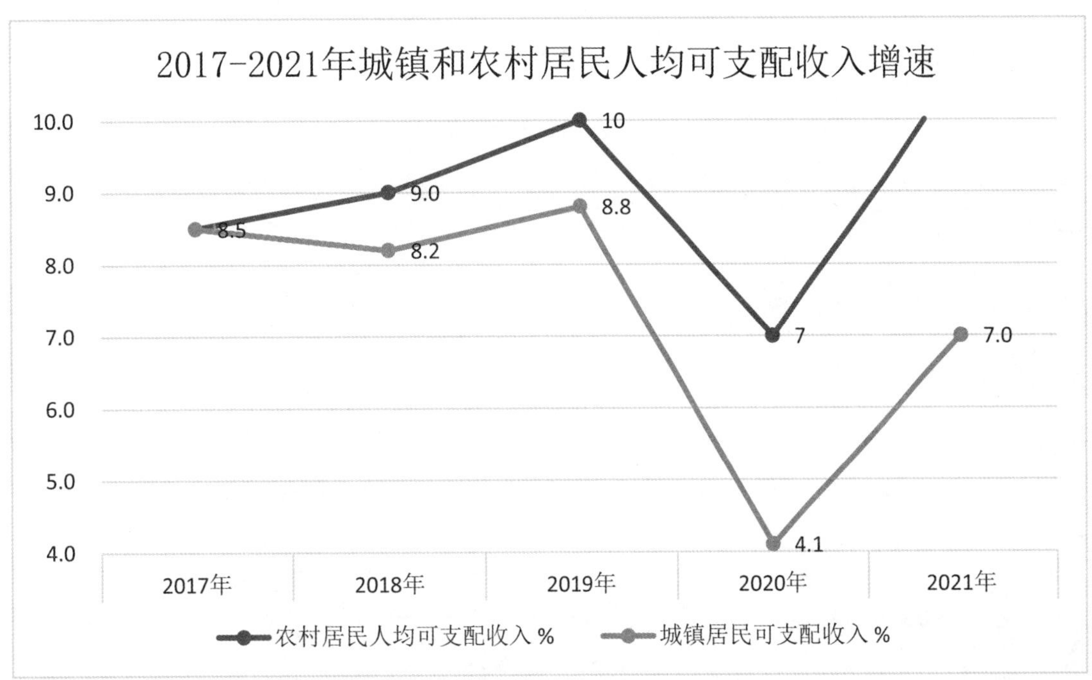

十三、环境保护

全年环境空气质量二级及优于二级天数272天，比上年增加30天；重污染以上天数5天，比上年减少6天。细颗粒物（PM2.5）平均浓度为42微克/立方米，同比下降14.29%；可吸入颗粒物（PM10）浓度年均值91微克/立方米，同比下降10.78%。我市工业源化学需氧量、氨氮、二氧化硫、氮氧化物排放总量分别为511.164吨、56.238吨、4745.608吨和14078.052吨，比上年分别下降19.24%、17.22%、26.47%和22.50%。

注释：

［1］本公报2021年数据为快报统计数据。

［2］部分数据由于四舍五入，存在分项合计与总计不等的情况。

［3］公报中地区生产总值、各产业增加值绝对量按当年价格计算，增长速度按2020年不变价格计算。

［4］2021年全年民营经济统计口径调整为除国有控股、港澳台商控股和外商控股以外的多种所有制经济，具体包括五类经济单位：民营企业（企业控股情况中除国有控股、港澳台商控股、外商控股之外的企业）；民间非营利组织（社会组织）；个体经营户和农村承包经营户；新型农业经营主体和其他民营组织。

［5］房地产业投资除房地产开发投资外，还包括建设单位自建房屋以及物业管理、中介服务和其他房地产投资。

［6］公报中部分数据来源于相关部门。

特　载

中共滦州市委工作报告

在2020年11月29日中共滦州市委第一届代表大会第四次会议上的报告

唐山市副市长、中共滦州市委书记 李建忠

今年是滦州发展历程中极不平凡的一年。面对突如其来的新冠肺炎疫情，面对外部环境的深刻变化，面对"三个圆满收官"的繁重任务，市委团结带领全市广大党员干部群众，坚持以习近平新时代中国特色社会主义思想为指导，深入贯彻党的十九大和十九届二中、三中、四中、五中全会精神，全面落实省委、唐山市委决策部署，聚焦聚力"项目建设提速年"活动，众志成城、拼搏竞进，推动全市各项事业不断取得新进展，经济社会发展保持了稳中有进、进中向好的良好态势。1—3季度，全市完成地区生产总值315.45亿元、增长2.8%，城镇和农村居民人均可支配收入33759元、15609元，分别增长3%和5.3%。1—10月份，实现一般公共预算收入20.67亿元、增长4.6%，实际利用外资5603万美元、增长12.7%，固定资产投资、规上工业增加值分别增长6.2%和9.4%。

一年来，市委主要做了以下工作：

一、突出党的政治建设，"四个意识"更加牢固。把旗帜鲜明讲政治摆在首位，切实增强"四个意识"、坚定"四个自信"、做到"两个维护"，确保各项事业始终沿着正确的方向前进。

强化政治引领。组织召开"牢记总书记嘱托，奋进滦州再出发"专题学习交流会，举办庆祝中国共产党成立99周年、纪念抗日战争胜利75周年等系列活动，广大党员干部群众听党话、跟党走的自觉性和坚定性进一步增强。严肃党内政治生活，坚决维护党中央权威和集中统一领导，确保政令畅通、令行禁止。持续开展政治性警示教育，优化净化政治生态，为贯彻落实中央和省、唐山市决策部署、推动滦州高质量发展提供坚强政治保证。

强化理论武装。把习近平新时代中国特色社会主义思想作为推动工作的"金钥匙""总纲领"，召开全市"不忘初心、牢记使命"主题教育总结大会，累计举办12次市委理论学习中心组学习会议，深入学习宣传贯彻习近平总书记重要讲话、党的十九届五中全会和省委、唐山市委全会精神，推动全市上下持续兴起学习贯彻热潮。扎实推进党的创新理论"六进"和学校"三进"工作，创新"微党课""滦州众讲堂""乡村名嘴讲师团"等理论宣讲载体，筑牢团结奋进的思想基础。开展"学习强国·走进滦州"系列活动，学习强国注册人数超过9.6万。开辟网络视频"云课堂"，培训各级党员干部632人次，党员干部的理论素养实现新提升。

强化阵地建设。制定出台《滦州市党委（党组）落实意识形态工作责任制实施方案》《加强完善意识形态工作体系和机制的落实清单》，全面加强思想舆论阵地管理，推动意识形态责任制严起来、实起来，我市被列为唐山市唯一一家中宣部社会舆情直报点。持续开展宗教领域依法治理，深化“双创四进”和“三项制度”，坚决依法整治乱象、取缔非法传教组织。扎实推进全国新时代文明实践中心试点建设，成立新时代文明实践所（站）384个，组建各类志愿服务队400支、实践基地12个，新时代文明实践中心与融媒体中心实现深度融合，“两中心”已成为传播时代声音、弘扬文明新风、宣传党的政策的主阵地。

二、突出人民至上理念，疫情防控成效明显。坚决贯彻习近平总书记关于疫情防控的重要指示精神和中央、省、唐山市决策部署，统筹推进疫情防控和经济社会发展，扎实做好“六稳”“六保”各项工作，奋力夺取“双战双胜”。

果断决策，以非常之举应对非常之事。第一时间成立指挥机构，第一时间启动应急响应机制，第一时间全民动员，第一时间落实防控举措，先后召开5次市委常委会议、10次市领导小组会议、80次专题调度会议作出部署，制定一系列政策文件，市委常委和其他市领导干部分别包联14个镇（街道），市领导小组坚持每天指挥调度，构建了“三级联控、逐级负责”指挥体系，汇聚起疫情防控的强大合力。截至目前，全市连续295天无新增本地确诊病例。

众志成城，构筑疫情防控的坚固防线。严格落实“四早”“四个集中”原则和“三个关口前移”要求，创新推行“3+6”社区工作法，8600多名党员干部奋勇当先、日夜值守，形成“地毯式排查、联动式管控、超前式防范”格局。坚决贯彻“外防输入、内防反弹”要求，全面落实“四不四到位”常态化防控措施，强化入境人员闭环管理和入境物品卫生检疫，做到“应隔尽隔、应检尽检”。果断处置九百户镇郭各庄村输入型疫情突发事件，稳妥做好3名湖北来滦维族人员隔离观察工作，得到省委常委、唐山市委书记张古江的肯定性批示。

共克时艰，抗疫一线彰显滦州力量。选派5名优秀医务人员支援湖北抗击疫情，紧急抽调8名专业医务人员参与唐山市疫情防控，派出3名疾控人员支援迁安市抗击疫情，圆满完成了各项任务。发挥慈善协会作用，动员机关单位、民营企业、社会各界奉献爱心，累计收到3268.4万元善款和价值382.6万元的防控物资，展示了滦州大爱、滦州担当。

统筹兼顾，生产生活秩序稳步恢复。深入开展“三包四帮六保五到位”“万名干部下基层、万名干部联企业”等活动，严格落实“惠企政策20条”“春雨金服”“为企业办实事”等政策措施，2月底前“四上企业”实现应复尽复，累计为各类市场主体减税降费5.98亿元。1—10月份，新增市场主体4520家，提前超额完成全年市达任务；14家银行通过延期、展期或新增等方式为596家企业提供金融支持39.29亿元，助力企业复工复产、渡过难关。

严阵以待，全力做好秋冬季疫情防控。积极应对可能出现的新冠肺炎疫情，制定全民核酸检测预案，确保7天内完成全民检测工作；坚持人物同防，加强冷链食品全领域检测和溯源管理，坚决有效遏制冷链食品环节疫情传播和扩散；强化核酸检测能力建设，与天津艾迪康签订核酸检测协议，疾控中心核酸检测基地12月底前投入使用，全市日单检测能力可达2.6万份；抓好防控物资储备和集中隔离场所准备，确保满足战时需求，进一步筑牢疫情防控安全屏障。

三、突出产业迭代升级，发展质量不断提升。坚决落实习近平总书记关于“坚决去、主动调、加快转”的重要指示，深入推进供给侧结构性改革，全面提升经济发展的质量和效益。

项目建设加快推进。牢固树立“项目为王”理念，全年谋划实施重点项目109个，其中，20个项目列入省、唐山市重点。1—10月份，完成投资131.8亿元，占年度计划的87.5%，冀滦纸业30万吨高强瓦楞原纸等6个省、唐山市重点项目建成投产。特别是抢抓政策机遇，累计争取政府专项债券基金、抗疫特别国债9.2亿元，为项目建设提供了有力保障。

园区经济稳中有升。着力做大做强精品钢

铁、装备制造、精细化工、食品加工产业，实施净水厂、污水处理厂及园区道路工程，开发区能级水平持续提升。1—9月份，开发区主营业务收入、固定资产投资、税收收入分别完成705亿元、190亿元、31亿元，位列全省155家省级开发区第20位、第5位和第15位。

*传统产业提质增效。*强力推动生产向智造化、产品向高端化、结构向多元化转变，唐山市达压减炼铁产能55万吨任务全部完成，全市钢铁高附加值产品比重达到34%，东海特钢500万吨冷轧第一酸轧生产线投产，滦州伊利乳业、东海特钢被评为国家级绿色工厂。1—10月份，累计实施工业技改项目70个，工业技改投资增长24%。

*新兴产业发展壮大。*认真落实战略新兴产业发展三年行动计划，香港易高秸秆综合利用、滦兴生物质等项目建成投产，生物质综合利用基地已具雏形，天津耀火智能数控等项目加快推进。1—10月份，战略新兴产业增加值增长14.4%。

*现代服务业拓展提升。*金鼎中心商贸综合体建成完工，实施现代服务业重点项目16个，河北通兴汽车服务区域供应链基地等项目签约落地，东海特钢、东海钢铁公转铁项目年内全线贯通。预计全年新增规模以上服务业企业10家，限额以上批零住餐企业达到23家。

*四、突出繁荣舒适美丽，中等城市提质提速。*坚持以市的理念和标准规划城市、建设城市、管理城市，推动城市承载能力和内涵品质“双提升”。

*着力推进多规合一。*突出底线约束和绿色发展，加快推进国土空间总体规划、控制性详细规划、城市设计等30余项规划编制任务，国土空间总体规划编制等20个专项规划修编基本完成。全省首家编制完成《绿色专项规划》。聘请天津大学规划设计南部片区，精心塑造城市特色风貌和“天际线”，规划引领城市发展的水平进一步提升。

*着力补齐城市短板。*赤曹国道（滦州段）等重大路网建设加快推进，迁曹高速（滦州段）205国道至唐港高速段通车运营，高标准完成国道205（滦州段）省级养护示范路大修，实施滦州路北延、人民道和安康路拓宽改造等城市路网工程，5个棚户区改造完成年度任务，4个老旧小区改造、4条背街小巷改造全部完成，盛泰家园、温馨家园等房地产遗留问题取得突破性进展，市民居住、出行、生活更加舒适便捷。

*着力提升功能品质。*公共文化服务中心、体育场人防地下停车场主体完工。智慧供热平台建成投入使用，实施新城至古城供热连接线工程，新老城区全部实现清洁供暖。中山公园、植物园、森林公园实现提档升级，新增园林绿地面积30公顷，绿化覆盖率、人均公园绿地面积达到41.86%和12.13平方米。我市在全省县城建设品质提升现场观摩调度会议上作典型发言。

*着力强化城市管理。*全面推进精细化、规范化、智慧化建设，以迎接省文明城市、省卫生城市复检验收为契机，持续抓好治违治超和交通秩序、城区环境综合整治等专项行动，深入开展常态化周末爱国卫生运动，扎实推进深度洁净城市建设，主次干道机械化清扫率达到90.2%。

*五、突出夯实“三农”基础，乡村振兴加快推进。*按照“产业兴旺、生态宜居、乡风文明、治理有效、生活富裕”总要求，综合施策、多点发力，着力打造农业强、农村美、农民富的乡村振兴“滦州样板”。

*脱贫攻坚成果巩固拓展。*全市748户、1672人建档立卡贫困户全部实现高质量脱贫。扎实开展边缘易致贫户动态监测，29户、80人边缘易致贫户全部落实帮扶措施。累计发放防贫资金68.27万元，投入防贫资金295万元，防贫防线更加牢固。顺利通过省脱贫攻坚成效考核验收。

*现代农业集约高效发展。*深入实施“四个农业”工程，创建省级奶牛养殖示范基地、省级农业精品示范区5个。奶牛存栏量、产奶量位居全省第7位和第5位。我市获批全国第四批率先基本实现主要农作物生产全程机械化示范县（市、区），成功承办河北省高油酸花生产

业推进现场观摩会。百信花生种植专业合作社入选第二批全国农业社会化服务典型案例。

农村人居环境显著改善。深入实施乡村振兴“十百千”工程，全域开展农村人居环境综合整治和道路保畅攻坚行动，累计创建美丽庭院8万户、精品庭院1.92万户。巩固省级“四好农村路”示范县成果，新改建农村公路40.2公里，创建美丽农村路26公里，村庄路面硬化245万平方米。响嘡街道老陈营村《创办农宅“红色小屋”吹响乡村文化振兴号角》荣获全国乡村振兴优秀案例。滦城街道范庄村被评为第六届全国文明村，榛子镇朱官营村、滦城街道前明碑村获批“美丽中国河北样板村”。农村面貌发生翻天覆地的变化，一幅幅美丽乡村的新画卷正在徐徐展开。

六、突出铁腕治理污染，生态环境持续改善。自觉践行习近平生态文明思想，以铁的决心、铁的措施、铁的手腕，坚决打赢生态环境治理攻坚战。

大气污染治理持续加力。深入开展工业企业超低排放治理、道路和交通工地扬尘整治等专项行动，大力实施国省干线重点路段环境综合整治，全力推进国三以下营运柴油货车淘汰工作。1—10月份，全市空气质量综合指数6.13，同比下降12.05%；PM2.5浓度50微克/立方米，同比下降16.67%。完成“双代”改造5.36万户，大气治理实现由“点上治标”向“全面治本”转变。

水土共治水平持续提升。严格落实河长制和警长制，加快推进全域治水PPP项目建设，完成地下水压采1278万立方米，6条河流7个断面水质年平均值全部达到考核要求，饮用水水源水质达标率100%。圆满完成15家重点企业周边土壤污染调查监测任务。深入推进垃圾处理无害化、减量化、资源化，年内滦州生活垃圾综合处置项目投入使用。

生态修复力度持续加大。开展矿山综合治理专项行动，关闭矿山6家。突出抓好责任主体灭失矿山迹地综合治理，66处修复治理任务年内全部完成。持续开展全域造林绿化攻坚，完成造林绿化3.4万亩，唐山市秋冬季造林绿化现场会在我市召开。

七、突出深化改革开放，发展活力加速释放。坚持以改革增动力、向改革要活力，全面提升对外开放水平，为高质量发展创造良好环境。

深化改革纵深推进。扎实推进全国首批中长期青年发展规划试点建设，青年发展工作保持全国前列，稳居全省第一位。响嘡街道、滦州市第一中学获评河北省中长期青年发展规划试点。乡镇和街道改革工作任务顺利通过省考核验收。我市深化预算绩效管理改革工作获省财政厅奖励1000万元。持续深化“放管服”改革，596项政务服务事项全部实现网上受理，60项“证照分离”事项全面铺开，实现市场主体“一照一码走天下”，我市被列为河北省创业创新审批服务“百事通”改革试点。

开放水平全面提升。深入开展“四个一百”活动，扎实推进靶向招商、上门招商、以商招商，积极参加2020中国·廊坊国际经贸洽谈会，累计签约亿元以上项目30个，总投资150亿元。天津利达建筑支护产业基地、北京金隅集团矿山资源综合利用等一批重大项目成功落地。1—10月份，完成进出口总额、跨境电商交易额8533万美元和1.8亿元，分别占年度计划的145%和90%。

创新驱动加力提速。深入实施“滦州英才”计划，开展“2020年现代农业专家滦州行”等高端专家学者进滦州活动38场次，引进高层次人才24名，签订合作项目73项。河北滦牧农业与中国农业科学院等7家科研院所签订合作协议。预计全年新增高新技术企业16家，科技型中小企业87家以上。

八、突出保障改善民生，社会治理升级加力。牢固树立以人民为中心的发展思想，努力办好群众关心关注的民生实事，让群众的获得感成色更足、幸福感更可持续、安全感更有保障。

全力办好各项民生事业。持续加大民生投入，1—10月份民生领域支出32.7亿元，占一般公共预算支出的82.8%。10件民生实事基本完成。第二实验小学投入使用，滦河实验中学开工建设。公开招聘事业编制教师300名、志愿者100名。高标准通过省政府教育督导评估考核验收。“滦州市皮影进校园实践案例”入选2020非遗进校园“十大优秀实践案例”。我市被列为省级深化医药卫生体制改革先进市，唐山市仅1家。被确定为全省实施国家基本药物制度综合试点市和县级公立医院综合改革示范市。城乡低保、特困供养标准扩面提标。顺利通过国家公共文化服务体系示范区验收。突出抓好高校毕业生、失业人员、退役军人等重点群体就业工作，1—10月份城镇新增就业7115人，城镇登记失业率3.16%。

全面推进社会治理创新。深入推进扫黑除恶专项斗争，创新完善“综治中心+网格化管理”治理模式，市镇村三级综治中心实现“全覆盖”，网格化管理工作被列为唐山市试点。深入开展政法系统作风纪律专项整治活动，全力推进“三无三百”“四无”村（社区）创建，累计化解各类矛盾纠纷1090件。大力实施“六个清理规范”，扎实开展“6+1”联动监督，彻底解决了一批历史遗留问题。滦城街道花果庄村被评为全国乡村治理示范村。

有效防范化解各类风险。深入开展包联化解信访积案“双月攻坚”行动，强力防范化解社会稳定领域风险，圆满完成全国“两会”、十九届五中全会等特殊敏感期间信访维稳和暑期安保工作。强化食品药品安全管理，扎实推进安全生产专项整治三年行动，持续深化安全生产双重预防机制建设，安全生产形势持续稳定。全省非煤矿山双控机制建设现场会在我市召开。

九、突出全面从严治党，政治生态不断优化。全面落实新时代党的建设总要求，坚决扛起管党治党政治责任，持续巩固发展风清气正的政治生态。

狠抓管党政治责任，制定出台市委落实全面从严治党主体责任工作要点和任务清单，创新推行“周提示、旬提醒、月提问”工作机制，管党治党责任体系更加健全。支持人大、政府、政协和法院、检察院依法依章程履行职能。制定加强党外知识分子和新的社会阶层人士统战工作意见，统一战线工作得到加强。推进群团组织改革发展，更好发挥桥梁纽带作用。加强党管武装工作，国防动员和后备力量建设水平实现新提升。

狠抓基层组织建设，大力实施“抓党建、防疫情、促脱贫、保小康”活动，全面推进“六个基本”规范化建设，培育党建示范点36个。我市被评为全省发展壮大农村集体经济先进党组织。深入开展“主题教育进万家、为民服务解难题”活动，5711名党员干部包联14.1万户，解决各类问题1312件，切实打通服务群众“最后一公里”。统筹推进社区“六位一体”治理试点建设，组建4个街道“大工委”、22个“大党委”，构建“街道大工委+社区大党委+网格党支部+楼栋（门）党小组”四级党组织架构，基层治理能力和水平有效提升。

狠抓选人用人导向，坚持“五个聚焦、五个重用、五个不用”选人用人，落实“四个一线”工作机制，大胆使用敢于担当、善于攻坚、注重实干的优秀年轻干部，特别是把项目建设、脱贫攻坚、环境整治等重点工作表现突出的干部选出来、用起来，真正让想干事、能干事、干成事的干部有机会、有舞台。今年以来，共提拔重用干部88人。

狠抓党风廉政建设，深入推进纪律监督、监察监督、派驻监督、巡察监督“四位一体”监督体系建设，突出政治监督，紧盯脱贫攻坚、疫情防控、“六稳”“六保”、生态环保、三项攻坚、信访维稳等重大决策部署开展监督检查，纪律处分7人，组织处理13人。强化日常监督，驰而不息正风肃纪，查处违反中央八项规定精神和“四风”问题8件，处分8人。立足精准处置，一体推进不敢腐、不能腐、不想腐机制，1—10月份立案78件，处分100人。科学运用“四种形态”，一、二种形态占比达95%。全力配合做好省委第八巡视组和唐山市委第八轮专项巡察工作，深入推进本级巡察全覆盖，巡察利剑作用进一步彰显，我市在唐山巡察工作会议上作典型发言。

市委常委会高度重视抓好自身建设。带

头强化政治引领，始终对党绝对忠诚、对人民高度负责，不折不扣推动中央和省委、唐山市委决策部署落地落实。带头强化理论武装，始终做到知行合一，不断提高运用马克思主义立场、观点、方法解决实际问题的能力。带头强化担当作为，大力弘扬“严实细快久”的优良作风，认真落实“五个一”工作机制，全面激发干事创业热情。带头扛起政治责任，时刻把全面从严治党扛在肩上，市委常委会的凝聚力、战斗力、带动力持续增强。

在肯定成绩的同时，我们也清醒地认识到，改革发展进程中还存在不少差距和短板：最核心的是新旧动能转换不够快，新兴产业尚未形成足够拉动力。最根本的是项目建设质量不高，缺乏拉动县域经济发展的大项目、好项目，发展后劲支撑不足。最明显的是城市建设管理水平亟待提升，公共服务设施与中等城市要求还不匹配。最突出的是民生事业还有欠账，农村人居环境较差、空气质量

指数落后、道路出行不畅，教育振兴任重道远，群众反映强烈。最关键的是部分党员干部思想观念和能力作风还不适应新形势新任务新要求，防范化解重大风险能力还需加强，个别党员干部违法违纪现象时有发生等等。对此，我们一定要坚持问题导向、目标导向、结果导向，发扬斗争精神、持续攻坚发力，以舍我其谁的魄力、坚韧不拔的意志、精准务实的举措，根治解决，推动各项事业再上新台阶。

在今后工作中，我们一定要坚持以习近平新时代中国特色社会主义思想为指导，深入贯彻中央和省委、唐山市委各项决策部署，不忘初心、牢记使命，担当实干、奋勇争先，确保实现“三个圆满收官”，奋力开启“十四五”发展新征程，在唐山“三个努力建成”中展现滦州作为、作出滦州贡献。

名词解释

1.“双创四进”：即创建和谐寺观教堂、创建先进宗教团体，引导和推动宪法、国旗、社会主义核心价值观、中华优秀传统文化进宗教活动场所。

2.“六稳”“六保”：即稳就业、稳金融、稳外贸、稳外资、稳投资、稳预期；保居民就业、保基本民生、保市场主体、保粮食能源安全、保产业链供应链稳定、保基层运转。

3.“四早”：即早发现、早报告、早隔离、早治疗。

4.“四不四到位”：即口罩不摘、检测发热不停、消毒通风不断、定点隔离不变，做到保障到位、服务到位、检查到位、考核问责到位。

5.“四上企业”：即规模以上工业企业、资质等级建筑业企业、限额以上批零住餐企业、规模以上服务业企业。

6.“四个农业”：即科技农业、绿色农业、品牌农业、质量农业。

7.乡村振兴“十百千”工程：即十片引领、百村示范、千村提升工程。

8.“四好农村路”：即建好、管好、护好、运营好农村公路。

9.“四个一百”：即百家科研院所(大学)、百家央企京（津）企、百名高端人才、百家优质民企。

10.“6+1”联动监督：即开展清理规范违法违规占用土地、违

规违建项目、资源能源项目、房地产开发项目、矿山和地下水超采综合治理以及加强公共卫生管理。

11.“六个基本”规范化建设：即基本组织、基本队伍、基本阵地、基本活动、基本制度、基本保障规范化建设。

12.“四个一线”：即干部一线培养、一线推优、一线考察、一线使用。

13.“四种形态”：即经常开展批评和自我批评、约谈函询，让“红红脸、出出汗”成为常态；党纪轻处分、组织调整成为违纪处理的大多数；党纪重处分、重大职务调整的成为少数；严重违纪涉嫌违法立案审查的成为极少数。

中共滦州市委工作报告

在2021年7月23日中共滦州市委第二届委员会第一次全体会议上的讲话

唐山市副市长、中共滦州市委书记 李建忠

同志们，刚刚闭幕的市第二次党代会选举产生了新一届市委和市纪委。刚才，市委二届一次全会又选举产生了新一届市委常委和书记、副书记，通过了市纪委二届一次全会的选举结果，这承载着省、市委的殷切嘱托，体现着全市干部群众的共同愿望，也饱含着各位代表和委员的莫大信任。在此，我代表新一届市委常委会，向同志们表示衷心的感谢！

全会选举我继续担任市委书记，这既是同志们的信任，也是沉甸甸的责任。我决心和大家一道，在省委、唐山市委的坚强领导下，恪尽职守，勤勉务实，清廉为政，紧紧依靠全市广大干部群众，努力把滦州各项事业不断推向前进。

从现在起，二届市委就接过上届市委的“接力棒”，肩负起开启“十四五”发展新征程的历史重任，肩负起加快建设“现代中等城市、全国百强滦州”的神圣使命。这是一个新的考场，也是一段新的长征，能交出什么样的答卷、留下什么样的印记，是对新一届市委班子政治站位、领导能力、工作作风的综合考验。我们一定要以习近平新时代中国特色社会主义思想为指导，在省委、唐山市委的坚强领导下，紧紧围绕“1395”工作思路，倍加珍惜组织提供的机会和干事平台，倍加珍视人民寄予的期望和托付，倍加珍惜共同奋斗的亲情和友谊，把忠诚干净担当作为“座右铭”，把为民务实清廉作为“基准线”，全身心投入到工作和事业当中，夙夜在公、励精图治，团结带领全市上下全面唱响“迈开大步、走在前列”主旋律，脚踏实地干出一番新业绩、闯出一片新天地，不断开创滦州高质量发展的崭新局面。

一、把政治建设作为第一要求，永葆跟党走的“忠心”。政治建设是党的根本性建设，决定工作方向和效果。要坚守党性原则。以习近平新时代中国特色社会主义思想领航定向，深入学习贯彻习近平总书记“七一”重要讲话精神，切实增强“四个意识”、坚定“四个自信”、做到“两个维护”，不断提高政治判断力、政治领悟力、政治执行力，把对党忠诚注入灵魂，在任何时候、任何情况下，都做到政治信仰不变、政治立场不移、政治方向不偏。要强化理论武装。增强“能力危机”“本领恐慌”意识，勤学善思、求真笃行，深入学习领会习近平总书记系列重要讲话精神和治国理政新理念新思想新战略，不断增强“八种本领”，努力锻造与承担职责相匹配的工作能力。要严守政治规矩。善于站在讲政治的高度思考和推进经济社会发展工作，一切从政治上考量、在大局下行动，做到党中央提倡的坚决响应、党中央决定的坚决执行、党中央禁止的坚决不做，确保党中央和省委、唐山市委各项决策部署在滦州落实落地。

二、把改善民生作为第一目标，坚守为人民的“初心”。江山就是人民，人民就是江山。要牢固树立以人民为中心的发展思想，把人民赞成不赞成、高兴不高兴、答应不答应作为衡量一切工作得失的根本标准，积极顺应人民群众对美好生活的向往，把为群众谋福祉体现到经济社会发展的各个环节，像关心亲人一样关心群众冷暖，像解决自家事情一样帮助群众办事，把党代会报告提出的为民惠民举措落实好，让人民群众生活一天比一天幸福。要高度重视群众的愿望和诉求，聚焦就业、出行、住房、教育、医疗、治安、环境等社会关切，集中力量每年为群众办一些看得见、感受得到的民生实事，用心用情用力解决好人民群众反映强烈的“急难愁盼”，使发展成果更多更好惠及人民群众，真正做到“为官一任，保一方平安、美一方水土、促一方和谐”。

三、把高质量发展作为第一要务，倾注谋发展的“匠心”。发展是解决一切问题的基础和关键。要立足新发展阶段，完整、准确、全面贯彻新发展理念，融入新发展格局，始终保持高质量发展的战略定力，以“功成不必在我”的胸襟多做打基础、利长远的好事，以改革的办法和创新的思维破解制约发展的瓶颈难题，努力创造经得起历史、实践和群众检验的业绩。要坚持一张蓝图绘到底，继承和发扬历届市委的好思路、好做法、好经验，矢志不渝、久久为功，在接力奋进中展现新作为。要坚持“1395”工作思路，瞄准“现代中等城市、全国百强滦州”奋斗目标，成功摘得全国文明城市、国家卫生城市、国家森林城市“三项桂冠”，全力打造“十个滦州”，奋力推动滦州高质量发展迈开大步、走在前列。

四、把作风建设作为第一保障，树立争一流的“信心”。空谈误国，实干兴邦。要弘扬斗争精神，面对新矛盾、新挑战，敢于斗争，善于斗争，逢山开道、遇水架桥，勇于战胜一切挑战，让敢想敢干、说了就干、干就干好成为这届班子的鲜明特征。要坚持以上率下，带头践行“一线工作法”，引导各级各部门和广大干部把心思精力放在抓落实上，一级做给一级看、一级带着一级干，对认准的事情雷厉风行、紧抓快干，对在手的事情锲而不舍、紧盯不放，努力形成奋发有为的干事氛围。要创造一流业绩。以“争第一、创唯一”的奋斗姿态，推动“定量工作保五争三、定性工作同类领先”，切实做到干则必成、干则干好、干则一流，让“迈开大步、走在前列”成为滦州最强音。

五、把精诚团结作为第一品德，凝聚共奋进的“同心”。集九方之智才能成就伟业，聚六合之力方可谱写壮美篇章。要用好民主集中制这一“法宝”。决策前要充分发扬民主、吸纳各方意见；决策中要敢于决策、善于决策，不能议而不决、贻误战机；决策后要一个声音、一个步调，不遗余力地推动落实。要夯实团结协作这一“基础”。要以规矩促团结，坚守正道、严守规矩，按规矩处理好各方关系，靠规矩维护好健康向上的党内团结。要以大局促团结，凡事从大局上着眼、以大局为重，正确处理好个人、部门和全局的关系，真正做到思想同心、目标同向、行动同步。要以协作促团结，主动补台、相互支持，建立肝胆相照、荣辱与共的战斗友谊，努力把市委班子建设成为朝气蓬勃、奋发进取、能打胜仗的坚强领导核心。

六、把廉洁自律作为第一准则，常怀知敬畏的“戒心”。其身正，不令而行；其身不正，虽令不从。要坚持依法用权、秉公用权、廉洁用权，主动接受各方监督，注重家庭家风建设，管好自己的家人亲友和身边工作人员，在任何时候、任何情况下都守得住底线、经得起考验，以自己的模范带头推动形成风清气正的良好政治生态。要坚持正确选人用人，恪守好干部标准，切实把想干事、能干事、干成事的优秀干部选出来、用起来，树立重实干、重实绩、重担当的鲜明用人导向。要保持政治定力和战略定力，把抓好党建作为最大的政绩，坚决扛起管党治党政治责任，以永远在路上的执着推动全面从严治党向纵深发展。

同志们，实践是考场，人民是考官。接过历史的“接力棒”，我们要牢记全市人民的期盼和重托，与全市党员干部群众一道，立必胜之志、聚团结之力、行务实之举，全面唱响“迈开大步、走在前列”主旋律，为加快实现“现代中等城市、全国百强滦州”目标不懈奋斗！

滦州市政府工作报告

在2021年2月3日滦州市第一届人民代表大会第三次会议上的报告

滦州市人民政府市长　孙自生

一、2020年和“十三五”时期工作回顾

2020年是极不平凡的一年。面对新冠肺炎疫情冲击影响，面对“三个圆满收官”繁重任务，我们在市委坚强领导下，高举习近平新时代中国特色社会主义思想伟大旗帜，全力抓好“六稳”“六保”工作，强力推进“双战双赢”，大力开展“项目建设提速年”活动，圆满完成市一届人大二次会议确定的目标任务。完成一般公共预算收入23.58亿元，增长6.5%；预计地区生产总值、固定资产投资均增长7%，规上工业增加值增长8.5%，城乡居民收入分别增长8%和8.5%，主要经济指标高于唐山市平均水平。

——防疫情保发展取得重大成果。始终把人民群众生命安全和身体健康放在第一位，严格落实“四早”“四个集中”等工作要求，扎实做好全域排查、动态排查、冷链监控、核酸检测能力建设等工作，联防联控、群防群控，外防输入、内防反弹。制定全民核酸检测预案并加强演练，按重点人群类别和次序稳妥推进新冠疫苗接种工作。因时因势调整工作着力点，建立与疫情防控常态化相适应的经济社会秩序。3月份“四上企业”全面复工复产。全年为企业提供金融支持47.41亿元，减税降费7.59亿元。累计到位中央预算内资金、特殊转移支付资金和抗疫特别国债4.58亿元，成功申报政府专项债项目11个、到位资金7.52亿元。复工复产、开学复课、医务人员和特殊场所均保持“零感染”。

——“三大攻坚战”成效显著。全市745户、1664人建档立卡贫困人口全部实现高质量脱贫，顺利通过省脱贫攻坚成效考核验收。推进工业企业超低排放治理、道路和建筑工地扬尘治理等专项行动，提前完成国三以下营运柴油货车淘汰任务，实施“双代”工程5.36万户，空气质量综合指数6.07、改善率14.39%，PM2.5平均浓度49微克/立方米、改善率19.67%，创有监测记录以来最好水平。6条河流7个断面水质全部达标，“全域治水·清水润城”项目顺利开工，关闭矿山6家，完成66处责任主体灭失矿山迹地综合治理，绿化造林3.4万亩。积极稳妥做好国有资产处置和化解政府性债务等工作，大力实施“六个清理规范”，认真完成“6+1”联动监督任务，有效解决一批历史遗留问题。

——产业结构优化升级。以高端高质项目扩大有效投资、增加优质供给，109个重点建设项目完成年度投资计划的118%。圆满完成唐山市达55万吨炼铁产能压减任务，钢铁高附加值产品比重达到35%，东海特钢500万吨冷轧项目一期投产，东海钢铁“公转铁”项目全线贯通，滦州伊利乳业、东海特钢被评为国家级绿色工厂。易高秸秆综合利用、滦兴生物质等项目建成投产，战新产业增加值增长15.3%。滦州古城“古城月下游”被评为2020年中国城市夜经济创新案例，是唯一上榜的县级代表。瑞达精细化工登陆“新三板”。粮食产量达到26.18万吨，“两品一标”和品牌农产品比重达到55%，新认定国家级合作社3

家、省级示范农业产业化联合体1家、省级现代农业精品园区1家。

——城乡建设提质提效。国土空间总体规划等45项规划修编基本完成，全省首家编制完成绿色专项规划。赤曹国道（滦州段）等重大路网建设加快推进，迁曹高速（滦州段）205国道至唐港高速段通车运营，唐秦高速（唐山段）开工建设，高标准完成205国道（滦州段）省级养护示范路大修，实施滦州路北延、人民道和安康路拓宽改造工程，群众出行更加便捷。公共文化服务中心、体育场人防地下停车场主体完工，实施古城区工业余热供热改革，完成5个棚改项目年度任务，改造老旧小区4个、背街小巷5条。盛泰家园、温馨家园等房地产项目处置工作取得突破性进展，有力解决惠泽园等一批“办证难”问题。建成“智慧滦州”综合指挥中心一期工程，主次干道机械化清扫率达到90.18%，通过省文明城市、省卫生城市复验。全域开展农村人居环境整治提升和道路保畅攻坚行动，累计创建美丽庭院8万户、精品庭院1.92万户，新改建农村公路42.4公里，村庄路面硬化245万平方米，打造全国乡村振兴优秀案例1个、第六届全国文明村1个、河北省农村综合改革示范村2个。

——发展活力持续增强。深化“放管服”改革，1425项政务服务事项全部实现网上受理，58项“证照分离”事项全面铺开，实现市场主体“一照一码走天下”。我市被列为全省创业创新审批服务“百事通”改革试点。乡镇和街道改革工作通过省考核验收。我市深化预算绩效管理改革工作获省财政厅奖励1000万元。完成冀东专用车等9个工业项目处遗工作。深入开展“四个一百”等招商活动，累计签约天津利达建筑支护产业基地等亿元以上项目30个。预计完成进出口总额1.2亿美元，是年度任务的两倍。深入实施“滦州英才”计划，引进高层次人才24名，签订合作项目73项。新增高新技术企业13家、科技型中小企业90家。

——民生社会事业全面发展。第二实验小学投入使用，滦河实验中学开工建设，公开招聘事业编制教师300名，高标准通过省政府教育督导评价。抓好高校毕业生、失业人员、退役军人、困难群众等重点群体就业工作，城镇新增就业6855人，城镇登记失业率3.16%。我市被列为唐山唯一一家省级深化医药卫生体制改革先进市，被确定为全省实施国家基本药物制度综合试点市和县级公立医院综合改革示范市。城乡低保、特困供养扩面提标。顺利通过国家公共文化服务体系示范区验收，滦州地秧歌获列第五批国家级非物质文化遗产代表性项目名录，“滦州皮影进校园实践案例”入选非遗进校园“全国十大优秀案例”。深入推进扫黑除恶专项斗争，强力防范化解社会稳定领域风险，强化食品药品安全管理，扎实推进安全生产专项整治三年行动，全省非煤矿山双控机制建设现场会在我市召开。此外，统计、审计、档案、人防、气象、消防、方志、广电、邮政等工作均取得新成绩。

各位代表，“十三五”时期，全市人民团结一心、拼搏奋斗，各项事业实现一系列历史性变化、关键性进展和标志性突破，特别是撤县设市开启滦州发展新纪元，“十三五”规划圆满收官，全面建成小康社会取得决定性胜利，谱写了新时代高质量发展的新篇章。这五年，我们坚持稳中求进工作总基调，经济综合实力跃上新台阶。预计地区生产总值、固定资产投资年均增长7%，一般公共预算收入年均增长10.5%。地区生产总值、城乡居民收入较2010年提前一年实现“翻番”。新型城镇化质量、科技创新、投资潜力进位全国百强。这五年，我们做到“坚决去、主动调、加快转”，产业结构调整迈出新步伐。累计压减炼钢产能455万吨、炼铁产能425万吨，新培育8家国家级高新技术企业，规上工业企业达到84家。规上服务业企业达到62家，限额以上批零住餐企业达到34家。粮食生产“五连增”，市级以上农业龙头企业、农民合作社分别达到20家和21家。“新三板”挂牌企业达到3家。这五年，我们统筹推进新型城镇化，城乡面貌发生新变化。户籍人口城镇化率提高18个百分点。实施109个重点城建项目，城区自来水、燃气普及率达到100%，污水集中处理率达到

99.9%，绿化覆盖率、人均公园绿地面积达到41.9%和12平方米。累计投资10.6亿元推进乡村振兴战略，创建唐山乡村振兴示范片区2个、省美丽乡村重点村210个，被评为省级“四好农村路”示范县。这五年，我们推进改革开放创新，发展活力动力得到新增强。深化“放管服”改革，市场主体增加2.4万户。争取和实施国家级、省级试点21个。引进世界500强企业2家、中国500强企业3家。科技型中小企业、科技小巨人企业累计达到421家和12家，培育“专精特新”企业6家。这五年，我们践行“两山”理论，生态环境质量再上新水平。坚决打好蓝天保卫战，空气优良天数从178天增加到241天，人民群众切身感受到环境质量明显改善。水污染防治有效加强，累计压采地下水4704万立方米。治理矿山92处，绿化造林16.24万亩，林木覆盖率达到30.8%。这五年，我们恪守以人民为中心的发展思想，群众获得感、幸福感、安全感实现新提升。全市一般公共预算支出的80%以上用于民生，每年为群众办10件实事，教育、卫健、就业、社保、文化等社会事业实现长足发展，平安滦州、法治滦州建设成效明显，社会大局安定和谐。这五年，我们坚决落实全面从严治党要求，政府自身建设取得新成效。始终增强“四个意识”、坚定“四个自信”、做到“两个维护”，扎实开展“不忘初心、牢记使命”主题教育等活动，严格执行中央八项规定及其实施细则精神，驰而不息整治“四风”问题，“三公”经费持续下降。推进法治政府建设，认真执行市人大及其常委会决议决定，自觉接受各方面监督，人大代表建议、政协委员提案按时办复率均为100%。

各位代表，过去五年成绩的取得，根本在于习近平新时代中国特色社会主义思想的指引，在于省、市对滦州的关心厚爱和指导支持，在于市委带领广大干部群众的努力拼搏和艰辛付出。在此，我代表市政府，向全市工人、农民、知识分子、机关干部、政法干警、驻滦部队官兵，向关心支持滦州发展的老领导、老同志，向所有为滦州发展做出贡献的同志们、朋友们，表示崇高的敬意和衷心的感谢！

我们也清醒地看到政府工作所面临的困难和挑战，主要是：新冠肺炎疫情和外部环境存在诸多不确定性，我市发展不平衡不充分问题依然突出，在动能转换、科技创新、改革开放、生态环保、公共服务、城市治理、营商环境等方面还存在一些结构性、体制性短板，政府自身建设还需加强。对此，我们一定高度重视，认真加以解决。

二、“十四五”时期主要目标和2021年工作安排

“十四五”时期是我国全面建成小康社会、实现第一个百年奋斗目标之后，乘势而上开启全面建设社会主义现代化国家新征程、向第二个百年奋斗目标进军的第一个五年。中共滦州市委第一届四次党代会，深入学习贯彻党的十九大和十九届二中三中四中五中全会、省委九届十一次全会、市委十届十一次全会精神，描绘了滦州“十四五”时期乃至未来15年的发展新蓝图，明确了“1395”工作思路，即：举全市之力锚定“现代中等城市、全国百强滦州”奋斗目标，勇夺“全国文明城市、国家卫生城市、国家森林城市”三项桂冠，抓实“新旧动能转换、扩大内需战略、城乡统筹发展、乡村全面振兴、生态环境治理、深化改革开放、创新驱动战略、保障改善民生、市域社会治理”九项工作，强化“政治建设、用人导向、作风转变、基层基础、反腐倡廉”五个保障。“1395”工作思路，深入贯彻了以习近平同志为核心的党中央治国理政新理念、新思想、新战略，体现了我市在建设“经济强省、美丽河北”和唐山“三个努力建成”大局中的务实担当，是省“三六八九”工作思路和唐山“33458”工作思路的具体化，是“十四五”时期滦州发展的行动方略，符合滦州发展实际，我们要牢牢把握，坚定不移为之奋斗。

“十四五”时期的主要奋斗目标是：经济质量效益显著增强、改革开放水平大幅提升、

社会文明程度明显提高、生态环境质量持续改善、人民生活水平全面跃升、安全发展保障更加有力。在现代中等城市建设上，城市规模不断壮大，城市功能日臻完善，城市品质大幅提升，城市经济更加繁荣，城市聚集辐射效应和影响力明显增强，现代中等城市基本建成。在全国百强滦州建设上，高质量发展体系更加完善，经济结构更加优化，创新能力明显提高，产业基础高级化、产业链现代化水平大幅提升，综合实力进入全国百强行列。

2021年是“十四五”开局之年，也是开启建设“现代中等城市、全国百强滦州”新征程的第一年，必须迈好第一步、展现新气象。按照中央经济工作会议、省委九届十二次全会、唐山市委十届十二次全会、唐山市十五届人大六次会议和滦州市委第一届70次常委（扩大）会议精神，特别是唐山市委对滦州市提出的“努力在推动高质量发展中迈开大步走在前列”工作要求，确定今年政府工作的总体思路是：坚持以习近平新时代中国特色社会主义思想为指导，坚持稳中求进工作总基调，准确把握新发展阶段，深入贯彻新发展理念，主动融入新发展格局，以推动高质量发展为主题，以深化供给侧结构性改革为主线，以改革创新为根本动力，以满足人民日益增长的美好生活需要为根本目的，坚持系统观念，按照“1395”工作思路，巩固拓展疫情防控和经济社会发展成果，更好统筹发展和安全，扎实做好“六稳”工作、全面落实“六保”任务，持续巩固拓展“三大攻坚战”成果，认真开展“三重四创五优化”活动和“3+5”创建工作，确保在经济转型升级、城乡统筹、改革开放、污染防治、改善民生、平安建设上迈开大步、走在前列，确保“十四五”开好局、起好步，以优异成绩庆祝建党100周年。

今年的主要预期目标是：地区生产总值增长7%左右，固定资产投资增长7%左右，一般公共预算收入增长7.5%左右，社会消费品零售总额增长8%左右，居民人均可支配收入增长8%左右。

实现今年发展目标，我们要重点抓好以下11方面工作：

（一）围绕增强发展后劲，坚决打好开放招商攻坚战。把开放招商作为“一号工程”，抢抓京津冀协同发展等重大机遇，推进“四个一百”活动，加速产业及要素聚集，打造发展新动能。年内，新签约亿元以上项目不少于20个，签约3000万元以上战新产业项目5个，引进外资、进出口总额均增长5%以上。一是浓厚招商氛围。全市上下牢固树立“招商引资是发展第一任务”的理念，从我做起，从政府班子做起，一级带着一级干，随时随地抓招商，带动形成“人人关注招商、人人参与招商”的浓厚社会氛围。二是注重精准招商。科学编制滦州市招商引资地图，健全完善重点产业招商指导目录、重点目标企业目录和招商项目库，深入开展产业链招商、委托招商和线上招商。落实《滦州市招商引资政策办法（试行）》，强化目标考核，激发工作热情。三是突出以商招商。既有企业是滦州的宝贵财富，我们要倍加关心爱护，让他们在招商引资中充分发挥能量，在加快自身发展的同时积极宣传滦州、推介滦州，打造“为滦州喝彩”的企业团队。四是推进“凤还巢”工程。建立滦州籍在外发展企业家和成功人士名录，强化政策支持和制度安排，广泛宣传推介优势产业和发展机遇，吸引他们返乡创业，为建设美好滦州贡献力量。五是优化营商环境。跟进落实中央和省市各项惠企政策，建立常态化民企帮扶制度，重拳打击扰乱市场秩序和干扰“招投标”的不法行为，营造稳定公平透明、可预期的营商环境，进一步擦亮“投资到滦州、事事都好办”金字招牌，让企业尽享大力度、有温度的“滦州主场待遇”。

（二）围绕加强生态文明建设，坚决打好污染防治攻坚战。深入贯彻习近平生态文明思想，一体推进治山治水治气治城，实现生态环境质量新跨越。一是空气质量综合指数排名确保退出全省“后三十”。拿出背水一战、壮士断腕的决心和勇气，突出科学治污、精准治污、刑责治污，持续开展重点行业超低排放治理，强化工地扬尘、车油路综合整治，实施“双代”工程扫尾，推进全域清洁取暖，全市PM2.5平均浓度达到47微克/立方米，空气质量综合指数达到5.51，坚决退出全省“后三十”。二是推进生态修复治理。加强河道整治，接续实施“全域治水·清水润城”项目，完成地下水压采任务，重点流域断面水质全面达标。抓好土壤污染防治，加强生活垃圾和危险废物、医疗废物收集处置，生活垃圾焚烧发电项目运营达效，城乡生活垃圾全部实现能源转化利用。完成24家责任主体灭失矿山迹地治理工程。推进创建国家森林城市，完成6.5万亩营林任务。三是推动绿色低碳发展。严格落实国家和省市“碳达峰”行动方案，严格执行环境准入机制，强化节能减排约束性指标管理，推进绿色清洁生产，年内单位GDP能耗下降3%左右。

（三）围绕释放投资消费潜力，坚决打好重点项目建设攻坚战。项目是建设全国百强滦州的动力之源，要坚持以项目建设大提速推动经济发展大跨越。一是突出抓好重点项目建设。牢固树立“项目为王”理念，坚持新增规上企业、上市企业和新开工亿元以上项目“三新”导向，完善季度集中开工、观摩、签约“三集中”机制，形成“开工一批、建设一批、投产一批、储备一批”的良性循环。年内，110个重点项目完成投资156亿元以上。二是千方百计为项目建设争取政策和资金支撑。抢抓中央发行专项债券、财政转移支付等政策机遇，围绕“两新一重”、制造业设备更新和技术改造、基础设施补短板等重点支持领域，一手力促18个既有库内项目获批，一手加强新项目的谋划和前期工作，最大限度争取上级资金支持，为经济发展增势赋能。三是破解项目建设瓶颈制约。按照适度超前的原则，精准解决供地、供电、供水、环评等问题，确保项目建设“一路绿灯”。以建丰南道等7条园区道路、装备园区污水处理厂、北区污水处理厂、化工园区净水厂为重点，提速开发区“九通一平”基础设施建设，为企业生产和项目落地提供有力保障。四是推动居民消费提档升级。实施商贸业品牌提升工程，打造一批特色商业街区和特色品牌店，繁荣城市夜经济，金鼎中心、唐百滦州购物广场年内投入使用，力促吾悦广场等城市商贸综合体项目开工建设。培育康养、休闲等消费新模式新业态，开拓城乡消费市场，推动农村电商全覆盖。

（四）围绕提升质量效益，坚决打好既有产业迭代升级攻坚战。以经济开发区为平台，深化“百企转型”和质量提升行动，精耕细作产业优势领域，筑牢经济高质量发展的“压舱石”。年内，开发区税收收入增长7%，营业收入增长13%、跨入千亿园区行列。一是推动钢铁企业向高端、精品、专业化迈进。引导东海特钢、东海钢铁等龙头企业对标国际先进，加强产品研发和技术改造，打造高、中、普“金字塔”形产品结构，全市钢铁高附加值产品占比提高到40%。年内，总投资160亿元的东海特钢500万吨冷轧项目建成投产，东海钢铁依托“两化融合”项目建设自动化、智能化工厂，进军高端市场，提高经济效益。二是打造千万吨级精品管材企业集群。大力发展钢铁冶金下游产业，打好补链强链延链“组合拳”，上半年开工建设总投资30亿元的天津利达建筑支护产业基地项目，源泰德润300万吨精品管材、连创制钢高精度管材和基善高频焊管项目年内建成投产，加快盘扣脚手架、高频焊管、镀锌管、方矩管等加工企业“聚木成林”。三是力促既有企业提档升级。鼓励既有企业通过技术改造、协同制造等途径实现再发展，年内工业技改投资增长10%以上。支持司家营铁矿扩产增效，严格治理周边机制砂石企业。推动北极熊建材、金隅冀东水泥和磐石水泥等企业延伸产业链、提升价值链，抢占更多市场份额。启动实施伊利乳业三期、蓝贝酒业二期项目，扩大高端乳制品、啤酒饮料生产规模。实施唐山增骏工程防护设施制造等5个“腾笼换鸟”项目，着力实现更加充分的发展。

（五）围绕动能衔接递补，坚决打好新兴产业培育壮大攻坚战。深入实施战略性新兴产业振兴工程，年内战新产业增加值增长15%。一是加快培育装配式建筑业。对接上游产业，引进建设装配式建筑项目，逐步把新项目做成新产业。年内，易新装配式集成房屋项目投产达效，河北筑城智能自动化PC装配式住宅一期项目、唐山助巢装配式建材项目建成投产。二是推动秸秆综合利用产业化。按照循环经济理念，引导香港易高、河北滦兴、冀滦纸业等企业继续扩大投资、新上项目，着力打造涵盖秸秆综合利用全产业链的“产品树”，加快建设省内最大的生物质综合利用产业基地，进一步推动绿色发展。三是着力发展制造业。推动智能成套设备生产及研发向高端化、规模化方向发展。投资5.5亿元的耀火智能激光切割机项目年内建成投产，实施晟磊路桥设施生产基地、健鑫装备型材、和信预应力钢绞线、佳铭工程机械制造等10个产业链节点项目，力促制造业实现快发展、大发展。

（六）围绕落实扩大内需战略，坚决打好三产服务业拓展升级攻坚战。突出服务业在调结构中的战略摆位，推动生产性服务业、生活性服务业“双轮并进”。一是抓好旅游全域化。突出市场化运营，打造“城乡互动、景城一体、全域布局”的文化旅游格局。做好“文化+”“旅游+”文章，推动滦州古城、青龙山等优势旅游资源与滦州历史人文遗迹和知名企业、民俗村衔接融合，开发旅游新产品，促进产业富民。对接京津冀知名旅行社、旅游线路，大力宣传推介滦州旅游。完善旅游交通网、旅游服务网、智慧旅游平台等配套服务功能，加强景区规范管理，为全域旅游提供优质服务环境。二是着力发展现代物流业。推进数字经济与实体经济融合发展，以先进理念发展现代物流。推动东海特钢、东海钢铁完善“公转铁”运输体系、提高运行效能，年内均建成数字智能储运系统。加快推进总投资15亿元的滦州数字公路港项目，建设数字港区服务平台、铁海联运数字平台和数字贸易平台，打造全国性物流枢纽中心。引导更多民营企业进入物流领域，力促唐山通凯汽车区域供应链基地等项目尽早落地。三是推动金融服务业健康发展。强化普惠金融服务，加大金融对科技创新、小微企业、绿色发展的支持力度。聚焦民生领域，不断发挥保险业风险保障功能。加强对接服务，推动更多企业挂牌上市。

（七）围绕城市品牌建设，坚决打好中等城市建设攻坚战。创建全国文明城市、国家卫生城市、国家森林城市三个“国字号”城市品牌，今年是关键一年，我们要干在实处、抓在细处，让城市更繁荣、更舒适、更美丽。一是以构筑大格局、畅通“微循环”加快建设交通强市。深入开展“交通建设年”活动，围绕打造以城区为半径的“10分钟高速圈”，确保年内迁曹高速（滦州段）及其引线、赤曹国道（滦州段）通车，加快推进唐秦高速（滦州段）工程，开工建设东外环工程，加速外环线整体闭合，再造滦州交通新优势。推动实施建华路南延等8个市政路网项目，完善新老城区路网结构，畅通城市交通。启动实施何茨线大修、杨柏线大修、滦古路拓宽改造、钢联路改建工程，同时市财政再安排5000万元支持农村道路建设，铺就老百姓发家致富幸福路。二是以优质板块提速崛起加快建设繁华城市。推动南部片区开发建设，构建城市标志性地段、景观和建筑，打造“城市会客厅”。市民服务中心具备使用条件，公共文化服务中心完成外部装修。加快启动滦州古城二期项目，实现景区规模再扩大、品质再提升，进一步打响“千年古城、魅力滦州”旅游品牌。建设别故河带状公园，构筑新老城生态连接带，进一步激活区域开发潜力，提升综合效益。引进战略投资者加快高铁片区开发，集约高效利用现有成熟地块，谋划建设集“商住教医游”于一体的滦州“未来城”。三是以内涵品质双提升加快建设宜居城市。坚持房子是用来住的、不是用来炒的定位，促进房地产市场平稳健康发展。加快推进光辉里、古城北区、北双山、东双山及西双山棚改工程。启动实施金旺名苑二期、新华书店片区改造项目。对晨光里等19个老旧小区进行综合改造，改造面积22.6万平方米，受益群众2350户。加快完善城市给排水、供电、5G通信等管网体系。城区集中式饮用水源地上半年全面竣工。体育场综合改造工程年内完工。有效解决温馨家园、盛泰家园等房地产遗留问题。四是以统筹推动智能化、精细化、社会化加快建设智慧城市。推进“智慧滦州”综合指挥中心及全域可视“一张网”建设，以中山公园、中医院为试点逐步构建智慧停车体系，让城市变“聪明”、群众得实惠。开展城市精细化管理、绿色社区创建三年行动，健全常态化管理机制，推动城市文明、城市容貌更加彰显时代特色。建立健全“六位一体”社区治理模式，构建城市共建共治共享新格局。

（八）围绕乡村全面振兴，坚决打好强农惠农攻坚战。坚持农业农村优先发展，打造农业强、农村美、农民富的“升级版”。一是突出抓好粮食安全和种源安全。深入贯彻国家粮食安全战略，坚持最严格的耕地保护制度，开展农村乱占耕地建房问题整治，坚决遏制耕地“非农化”“非粮化”。高标准实施农田建设行动，开展现代种业提升工程，全面加强粮食生产功能区和特色农产品优势区建设，粮食播种面积稳定在60万亩以上，粮食总产量稳定在26万吨以上。落实“米袋子”“菜篮子”责任制，完善粮食储备管理体制，全力保障粮棉油等重要农产品和肉菜蛋奶等农副产品稳产保供。二是推动现代农业高质高效发展。大力发展科技农业、绿色农业、品牌农业、质量农业，深化农产品加工业提升行动，上海东方希望集团生猪养殖项目建成投产，抓好首农集团产业合作项目，推进鸡冠山生态农业产业园续建工程，促进一二三产融合发展。今年，打造农业高质量发展示范基地9个，新增市级农业产业化龙头企业10家以上，新培育市级示范家庭农场10家以上，县级以上示范农民合作社达到50家以上。三是大力推进乡村建设。实施乡村振兴“十百千”工程，开展农村人居环境整治提升五年行动，健全完善长效管控机制，整体提升乡村硬化、绿化、净化、美化、亮化水平，让老百姓在共建共享中得到更多实惠。榛子镇“水韵荷香生态小镇”争创省级乡村振兴示范区，杨柳庄镇“山水诗画小镇”争创唐山市级乡村振兴示范区。四是实现巩固拓展脱贫攻坚成果同乡村振兴有效衔接。严格落实已脱贫人口“四个不脱”要求，健全完善“近贫预警、骤贫处置、脱贫保稳”长效机制，深化产业、就业、科技帮扶，促进已脱贫人口稳定就业、持续增收，确保不产生新的贫困人口。

（九）围绕建设创新滦州，坚决打好改革创新攻坚战。坚持改革推动、创新驱动，推动有效市场和有为政府更好结合，全面激活释放市场活力。一是深化重点领域和关键环节改革。深入推进“放管服”改革，进一步压缩工程建设项目审批时限，申报材料精简40%以上。高标准推进创业创新审批服务“百事通”改革试点工作，激发市场主体活力，培育省级“专精特新”中小企业4家以上。推进农村集体产权制度改革，规范农村宅基地管理，建立健全农村宅基地改革和管理责任体系。继续深化中长期青年发展规划试点工作。完成国省干道及重要道路养护保洁市场化改革。二是强化创新共同体建设。拓展“京津研发、滦州产业化”协同创新模式，围绕重点行业、重点企业和关键技术，推动建设一批产学研基地、协同创新共同体。年内，规上制造业企业设立研发机构比例达到39%，高新技术企业达到48家，科技型中小企业突破450家。三是推进人才强市战略。深入落实“滦州英才”计划，对接高等院校、科研院所、专家团队，柔性引进行业领军人才、创新人才和紧缺人才。企事业单位以岗位聘用、项目聘用、任务聘用和人才租赁等方式，灵活招才引智。

（十）围绕提高幸福指数，坚决打好改善民生攻坚战。深入践行以人民为中心的发展思想，持续加大财政投入，滚动实施10件民生实事，下大力解决群众关心关注的突出问题。一是实施教育振兴战略。围绕打造人民满意教育，推动滦州一中与唐山二中教育集团开展深度合作办学；滦河实验中学续建、古马中学扩建、于家河小学改造提升工程年内主体完工，推进第一实验小学建设，启动实施第五实验小学新建项目，加快农村中小学、幼儿园建设。落实“退一补一”政策，继续招聘新教师。二是着力建设健康滦州。投资7940万元，对市人民医院、中医院进行改造提升和设备升级，提高公共医疗卫生服务水平。人民医院古城院区项目年内主体完工。深化医药卫生体制改革，拓展“四医联动”改革成果，完善疾病预防控制体系和基层公共卫生服务体系，加强全科医生和村医队伍建设，推动中医药传承创新发展。三是健全社会保障体系。落实就业优先政策，做好高校毕业生、退役军人、农民工、城镇困难人员等重点群体就业工作，努力实现更加充分、更高质量的就业，城镇登记失业率控制在4%以内。深入实施全民参保计划，努力做到应保尽保，继续推进养老、医疗、失业等社会保险提标扩面，提高城乡低保、特困供养标准。民政事业综合服务中心老年养护院年内投入使用。四是繁荣文化体育事业。持续开展文化“三下乡”，优化城乡文化资源配置，完善农村文化基础设施网络，增加公共文化服务供给。广泛开展全民健身运动，积极筹办第三届冰雪运动会等体育活动，丰富群众文体生活。

（十一）围绕社会安定和谐，坚决打好社会治理攻坚战。深入贯彻总体国家安全观，有效防范和化解政治、意识形态、经济、科技、社会等领域风险，确保人民安居乐业。一是毫不放松抓好常态化疫情防控。严格落实“外防输入、内防反弹”要求，压实属地、部门、单位、个人四方责任，强化“四早”“四集中”“三个关口前移”等措施，形成常态防控与应急处置紧密衔接的精准长效机制。注重人物同防、多病共防，抓好进口冷链食品检测、消毒、溯源闭环管理，严格重点场所、重点人员监管与核酸检测，抓好重点人群新冠疫苗接种，严防新冠肺炎疫情规模性输入和聚集性反弹。密切关注中风险以上地区疫情变化，引导群众合理有序出行，做好春节前后疫情防控工作。二是有效维护公共安全。深入开展安全生产专项整治三年行动，完善突发事件应急处置机制，建成第二消防站，不断提升应急物资储备和防灾减灾抗灾救灾能力，严防重特大事故发生。健全食品全链条监管机制和药品生命周期全过程监管机制，保障群众饮食用药安全。开展房屋建筑抗震性能安全排查，严格执行工程抗震设防标准，投资4600万元对2300户农房进行抗震改造。三是全面加强社会治理。以建设平安滦州、法治滦州为抓手，加快构建“六位一体”治理体系，深化信访积案化解攻坚，严厉打击各类违法犯罪活动，防范金融、债务、国资国企等重点领域风险；建立扫黑除恶常态化机制，加强“雪亮工程”建设，落实“一村（社区）一警”制度；抓好《退役军人保障法》宣传贯彻，做好群体稳定工作；巩固扩大镇（街）改革和基层综合执法改革成果，促进政府治理同社会调节、居民自治良性互动。

三、加强政府自身建设

一分部署，九分落实。今年，我们要聚焦聚力“抓落实”，全力以赴转作风、提效能，持之以恒强本领、优服务，建设人民满意政府，为“十四五”开好局、起好步提供坚实保障。

（一）提高政治站位，坚持正确方向“抓落实”。我们要把政治建设摆在首位，牢固树立“四个意识”、坚定“四个自信”、做到“两个维护”，始终同以习近平同志为核心的党中央保持高度一致，始终坚持人民至上的理念，坚决拥护市委领导，坚决维护滦州市同心同向、团结一致的大好局面，一门心思抓发展，一心一意惠民生，一身正气树形象，在抓落实中大力建设服务型政府。

（二）强化责任担当，坚持高效优质“抓落实”。我们要大力倡导严、实、细、快、久的优良作风，知责于心、担责于身、履责于行，定量工作保五争三，定性工作争省市优秀。把各项目标任务落实在行动上，严格时间表和路线图，强化定事定时定责“一张表”，精准抓推进、高效促落实，在抓落实中大力建设责任型政府。

（三）勇于攻坚克难，坚持开拓进取“抓落实。我们要增强识变之智、应变之方、求变之勇，推进理念创新、政策创新、体制机制创新和工作方式方法创新。着力用好“五个一”工作机制，确保各项工作有安排、有督导、有考核、有结果。大力践行“一线工作法”，做到决策在一线落实、问题在一线解决、成效在一线检验，在抓落实中大力建设创新型政府。

（四）严格依法行政，坚持法治思维“抓

落实”。我们要坚持把依法行政、依法办事的要求贯穿于政府决策、执行、落实的全过程。自觉接受市人大及其常委会法律监督、工作监督和市政协民主监督，严格执行“三重一大”、重大行政决策等制度，强化政务公开，完善信息发布机制，及时回应社会关切，在抓落实中大力建设法治型政府。

（五）注重廉洁从政，坚持正风肃纪“抓落实”。我们要把全面从严治党要求落实到廉洁从政中，切实履行“一岗双责”制度，完善权力运行和监督制约机制，纵深推进政府系统党风廉政建设和反腐败斗争。强化审计监督和行政监察，敢于较真碰硬，勇于铁面问责，让失责必问、问责必严成为常态。认真执行中央八项规定及其实施细则精神，严格纠治“四风”问题，树立过紧日子思想，在抓落实中大力建设廉洁型政府。

各位代表，我们正站在一个新的历史起点上，迈向新的历史征程。历史的眼光注视着我们，人民的期待激励着我们，崇高的事业召唤着我们。让我们更加紧密地团结在以习近平同志为核心的党中央周围，坚决贯彻中央和省市决策部署，在中共滦州市委的坚强领导下，不忘初心、牢记使命，勇于担当、拼搏竞进，努力在推动高质量发展中迈开大步、走在前列，加快建设“现代中等城市、全国百强滦州”，以优异成绩庆祝中国共产党成立100周年！

名词解释

1.“六稳”“六保”（第1页）：稳就业、稳金融、稳外贸、稳外资、稳投资、稳预期工作；保居民就业、保基本民生、保市场主体、保粮食能源安全、保产业链供应链稳定、保基层运转。

2.“三大攻坚战”（第2页）：防范化解重大风险、精准脱贫、污染防治。

3.“三六八九”工作思路（第8页）：抓好三件大事、打好六场硬仗、实施八项战略、深化九项改革。三件大事，即推进京津冀协同发展、规划建设雄安新区、筹办北京冬奥会。六场硬仗，即防范化解重大风险的硬仗、精准脱贫的硬仗、污染防治的硬仗、转型升级的硬仗、补齐民生短板的硬仗、优化营商环境的硬仗。八项战略，即创新驱动发展战略、科教兴冀战略、人才强冀战略、乡村振兴战略、区域协调发展战略、可持续发展战略、军民融合发展战略、开放带动战略。九项改革，即供给侧结构性改革、国有企业改革、“放管服”改革、投融资体制改革、科技体制改革、金融财税体制改革、教育文化体育体制改革、“三医联动”改革、国家监察体制改革。

4.“33458”工作思路（第8页）：加快“三个努力建成”步伐，推进“三个走在前列”，发挥港口、区位、资源、产业“四大优势”，抓好融入京津冀协同发展、产业结构调整、乡村全面振兴、“一港双城”建设、大气污染综合治理“五件大事”，坚定不移推进向海发展、转型发展、协同发展、绿色发展、融合发展、统筹发展、共享发展、安全发展“八个发展”。

5.“三重四创五优化”活动（第9页）：“三重”是指抓重大国家战略、重大项目建设、重大民心工程。“四创”是指创新，创业，创全国文明城市、国家卫生城市、国家森林城市，创平安河北、法治河北；“五优化”是指优化政治生态、优化经济结构、优化自然生态、优化营商环境、优化基层治理。

6.“3+5”创建工作（第9页）：巩固全国文明城市、国家森林城市、全国双拥模范城

（县）创建成果；创建国家卫生城市、国家生态园林城市、全国市域社会治理现代化试点合格城市、国家生态文明建设示范市县和“绿水青山就是金山银山”实践创新基地。

7.“两新一重”（第12页）：“两新”指新型基础设施建设、新型城镇化建设，“一重”指交通、水利等重大工程建设。

8.“六位一体”社区治理模式（第16页）：建立健全社区党支部、居委会、业委会、物业服务企业、楼门长、综合服务站等“六位一体”社区治理模式。

9.“六位一体”治理体系（第20页）：人民调解、行政调解、司法调解、信访、仲裁、群团组织等“六位一体”治理体系。

10.“五个一”工作机制（第21页）：一项任务、一名领导、一个专班、一套方案、一抓到底。

滦州市人民代表大会常务委员会工作报告

在2021年2月3日滦州市第一届人民代表大会第三次会议上的报告

滦州市人大常委会主任　张志国

2020年工作回顾

2020年，是极不平凡的一年。一年来，在市委的坚强领导下，常委会坚持以习近平新时代中国特色社会主义思想为指导，政治上清醒坚定，思想上高度统一，行动上坚决有力，圆满完成了市一届人大二次会议确定的各项任务。全年举行常委会会议9次、主任会议12次，听取和审议“一府一委两院”专项工作报告30项，作出决议决定12项；开展专题询问2次，满意度测评6次，执法检查、视察和专题调研活动17次，为推进我市经济社会发展和民主法治建设作出了积极贡献。

一、以坚持党的领导为根本，高站位体现责任担当

把思想政治建设作为首要任务，切实担负起推进人大工作的政治责任、组织责任和领导责任。

不断强化理论武装。坚持讲政治、顾大局、强思想、重实效。始终以习近平总书记关于坚持和完善人民代表大会制度的重要思想统领人大工作，进一步增强“四个意识”，坚定“四个自信”，做到“两个维护”。围绕习近平法治思想、党的十九届五中全会、《习近平谈治国理政》等重点内容，全年组织党组集中学习12次，常委会专题学习6次，实现了政治学习制度化、规范化、常态化，坚定了做好新时期人大工作的使命感、责任感、紧迫感。

自觉接受市委领导。始终把坚持党的领导作为做好人大工作的根本保证，贯穿于监督、决定、任免和代表工作全过程。严格执行重大事项请示报告制度，就年度工作安排、全面从严治党等重点工作向市委报告6次。市委多次对人大工作进行专门研究，并召开市委人大工作会议，出台《中共滦州市委关于进一步加强和做好人大工作的实施意见》，切实把制度优势转化为治理效能。

坚决落实市委决策。主动把人大工作置于市委工作大局谋划推进，与市委安排高度契合、同频共振。制定了《助力“人居环境整治、大气污染防治、道路保畅”攻坚行动人大代表专题活动方案》，成立了常委会主任、副主任为组长的领导小组，四级代表、常委会各委室、机关党员干部全员参与、同向发力，开展视察调研、执法检查3次，提出意见建议39条，入户宣讲、专题座谈14次，营造浓厚社会氛围，持续把市委决策转化为全市人民的共同意志和自觉行动。坚持党管干部和人大依法任免的高度统一，严格执行任前法律考试、资格审查、供职表态、民主表决、宪法宣誓等制度，全年共任免国家机关工作人员18人次，圆满实现了党委人事安排意图。

二、以服务大局为主题，高质量促进“双战双胜”

充分发挥人大职能作用，打好疫情防控的人民战争，助推经济提速、民生提效、环境提质。

全面助力疫情防控。常委会及时作出《关于依法做好新冠肺炎疫情防控工作的决定》，

为疫情防控工作提供有力法治保障。坚决落实疫情防控决策部署，扎实开展“万名干部下基层、万名干部联企业”和社区“双报到”活动，深入社区一线协助开展排查防控1862人次，联系指导重点项目和规上企业21次，竭力为企业复工复产纾困解难。动员各级代表投身抗疫战场，第一时间发出“致全市各级人大代表的一封信”，各位代表闻令而动、挺身而出，累计捐款捐物价值2142万元，用逆行者的最美壮举践行了初心使命，交出了满意答卷。

全力服务经济发展。审议2019年度市本级预算执行和其他财政收支的审计工作报告、决算报告，2020年上半年国民经济和社会发展计划、预算执行情况的报告，推动财政资金向重大项目、民生保障、脱贫攻坚和乡村振兴等方面倾斜，确保把有限的财力用在刀刃上，进一步强化预算支出绩效和政策实施效果。以标准促规范，预算联网监督实现整体监督、节点监督向实时监督、动态监督转变。专题听取了政府债务、国有资产管理、招商引资工作情况的汇报，促进各项工作扎实有力有序开展。

全程关注民生事业。认真落实市委《民生实事项目人大代表票决制工作的意见》，制定出台《监督工作方案》，坚持“年初问安排、年中督进度、年底查效果”，构建全链条、全覆盖、全过程监督，督促市政府把好事办好、实事办实。10件民生实事除1件受客观因素影响，没有达到预期目标外，其余9件全部圆满完成。顺应群众对美好生活的期待，聚焦食品安全、公共文化服务体系建设、应急管理工作、职业教育等重点领域，听取市政府关于河北省食品“三小条例”贯彻执行情况的汇报，调研公共文化服务体系建设，支持应急管理工作有序开展，视察职业教育工作，推动食品质量更放心、公共文化服务体系更健全、应急管理机制更完善、职业教育前景更广阔，增强人民群众的获得感幸福感安全感。

全心开展环境监督。坚定不移践行习近平生态文明思想，加强环保工作监督，为打赢生态环境治理攻坚战加压助力。组织开展水污染防治“一法一条例”贯彻执行情况执法检查，常委会会议听取和审议市政府专项报告，并形成审议意见转交办理，促进水环境质量和水污染防治实现新提升。以农村人居环境专项整治和“四好”农村路建设为重点，集中视察重点镇村和农村路网建设情况，力促居住环境不断优化、出行环境顺畅便利，乡村振兴战略落地见效。配合省、唐山市人大常委会做好滦河流域水资源保护管理立法和节水型社会建设工作调研。

三、以维护公平正义为重任，高水平推进法治建设

聚焦问题、精准发力，确保法律法规有效实施，推进严格执法、公正司法、全民守法，巩固提升依法治市水平。

着力开展“6+1”联动监督。坚持“党委领导、人大监督、政府主责、部门履职、分级负责、上下联动”工作总要求，注重人大依法监督与社会监督相结合、政府部门自查与人大执法检查相结合，聚焦6大工作领域，推动查找问题清仓见底、化解难题有序高效、建章立制规范提升，取得了“发展增动力、群众得实惠、队伍提水平”的工作成效。召开动员会、推进会、汇报会18次，各代表小组开展视察检查23次，走访项目、企业68个（家），累计查找问题137个，妥善化解134个，化解率达到97.8%。常委会会议还听取和审议了代表视察情况的报告，对市政府“6+1”领域工作进行专题询问、满意度测评。相关工作得到省、唐山市人大常委会领导高度评价。市人大常委会获评全省“6+1”联动监督工作先进单位，受到大会通报表扬。

着力做好任后工作监督。研究制定评议方案，明确评议对象、评议时间、评议方法和评议内容。各履职评议组通过实地走访、问卷调查，座谈了解、征求意见等形式，认真做好评议准备工作。年内，共对8名市政府组成部门主要负责同志、7名员额法官、5名员额检察官进行评议，听取履职工作报告，进行满意度测评，增强了被评议对象的履职意识、法治意识、人大意识。注重测评结果应用，及时转交评议意见，要求被评议对象认真整改，并向市

人大常委会书面报告整改落实情况，实现了严格任命程序和任后履职监督的有机统一。

着力推进法治建设监督。首次围绕检察公益诉讼开展专题询问，支持检察机关履行公益保护职责，统筹法律效益和社会效益，让群众切身感受到公益保护的效果和红利。开展《传染病防治法》贯彻执行情况执法检查，提升了全市传染病防治工作整体水平。听取法院刑事审判、公检法重点案件办理情况的汇报，巩固提升扫黑除恶专项斗争成果。专题调研未成年人检察工作，提出建立家校合作机制、法治副校长进校园等意见，为未成年人的健康成长提供法律保障。听取市政府“七五”普法工作情况的汇报，依法做出《深入推进法治政府建设的决定》。加强规范性文件备案审查，落实全面报备与重点审查工作机制，促进行政司法规范、保障群众合法权益。认真做好信访工作，通过执法司法监督途径，推动问题解决，全年受理群众来信来访29件、171人次，全部进行转交督办。

四、以发挥主体作用为抓手，高效能推动代表履职

坚持把代表工作作为基础性、长期性工作来抓，支持、保障代表依法高效履职，凝聚各方力量、合力推动发展。

保障代表履职权力。搭建常委会联系代表、代表联系群众的平台，积极配合唐山市“五星级”家站评比工作，认真开展我市“五星级”家站创建活动，赴省内先进地区学习经验做法，不断提升家站建设使用质效。以“家站”为载体，发挥人大专门委员会、工作委员会的优势，与贯彻落实党的十九届五中全会精神相结合，与监督促进“一府一委两院”工作相结合，与破解发展难题和脱贫攻坚相结合，打通联系群众的“最后一公里”。做好集中走访代表工作、注重智慧人大建设应用，密切联系代表，畅通群众诉求渠道。

激发代表履职活力。采取专题培训、以会代训、下发资料等形式，重点学习习近平新时代中国特色社会主义思想、人民代表大会制度以及《宪法》《代表法》等内容，全年开办代表培训班5次，参训代表累计达到862人次。有计划地组织代表列席常委会会议、参与视察调研，开展《依法履职，尽责为民，助力“舌尖上的安全”》代表专题活动，充分发挥四级代表作用，就此项工作代表提出意见建议31条，凝聚了建立诚信体系、守护食品安全的强大工作合力。组织代表列席旁听重大案件的公开审判，有效推动司法公开公正，代表履职热情不断提高，履职责任感不断增强。

提升代表履职动力。注重对代表建议提出、交办、督办的全方位服务、全链条改进、全过程监督，确保代表建议提得好、交得准、办得成。对大会和闭会期间提出的81件建议，及时整理并转交相关部门研究办理。常委会会议听取和审议了市政府关于承办2020年人大代表建议情况的报告，并进行满意度测评。代表建议全部按时完成办复任务，办理成效稳步提升，得到各级代表的一致肯定。结合年初确定的10件重点建议，市政府在乡村道路修复、限速标志设置等方面推出一系列有力之举，以实际工作成效体现了对代表的充分尊重、对民意的积极回应。

五、以提升工作能力为目标，高标准夯实履职基础

对标新时期人大工作新要求，以政治建设为统领、能力建设为抓手，持续筑牢依法高效履职根基。

人大形象更加彰显。发挥党组和机关党支部两级党组织作用，坚持党建工作和业务工作深度融合、共同推进。主动配合、积极做好省委巡视、市委巡察各项工作，接受政治体检、提升政治能力。认真履行全面从严治党和意识形态主体责任，深入贯彻《中国共产党党组工作条例》和“三重一大”事项集体决策制度，彰显过硬政治责任担当。落实中央八项规定及实施细则，防止和克服形式主义、官僚主义，打造风清气正的干事创业环境。改进完善“三会”程序、文风会风、公务接待等工作，力求更加规范有序、精简高效。

人大声音更加响亮。开展国家宪法日学习宣传活动，持续弘扬宪法精神。全力抓好《民

法典》学习贯彻和宣传准备工作，推动《民法典》走到人民身边、走进群众心里。发挥宣传阵地、网络自媒体作用，提升微信公众号、代表工作群的关注度和影响力，加大人大制度、人大工作的宣传力度，以生动实践诠释制度优势、增强制度自信。全年共刊发各类稿件25篇，印发人大工作信息48期，讲好人大故事、传播人大声音，让正能量更强劲、主旋律更高昂。重视人大理论研究和文化建设，人大建设研究会工作提上日程，《人民代表大会志》初稿形成，法治广场建设有序推进。

人大合力更加凝聚。树立人大工作“一盘棋”思想，密切工作交流，注重工作协同，提升全市人大整体工作水平。主动接受省、唐山市人大常委会工作指导和监督，积极做好各项履职活动，推动各项工作走在先、干在前。坚持以上率下、强化引领，推动《乡镇人大工作规范化指导意见》落地见效；指导开展街道居民议事制度试点工作。完善镇（街）人大主席（工委主任）列席常委会会议制度，协同开展执法检查、代表视察、专题调研等工作，凝聚工作整体合力。

各位代表，市人大常委会工作取得的成绩，是市委坚强领导、高度重视的结果，是“一府一委两院”及社会各界密切配合、大力支持的结果，是全体代表、常委会组成人员、人大工作者认真履职、辛勤工作的结果。在此，我代表常委会向大家表示衷心的感谢，并致以崇高的敬意！

在总结成绩的同时，我们也深知，对照宪法和法律赋予的职责，对照市委要求和人民期望，常委会工作还存在一些不足。主要是：监督工作精准性和有效性还需进一步增强；代表参与监督工作的渠道还需进一步拓展；常委会组成人员履职能力水平有待进一步提高；对镇街人大工作的联系与指导还需进一步加强等。对此，我们将高度重视，在今后的工作中不断加以改进。

2021年工作安排

2021年，是“十四五”规划的开局之年。市人大常委会工作的指导思想是：以习近平新时代中国特色社会主义思想为指导，全面贯彻党的十九届五中全会和市一届四次党代会精神，坚持党的领导、人民当家作主、依法治国有机统一，主动担当、创新作为，为建设“现代中等城市、全国百强滦州”做出人大贡献，以优异成绩向建党100周年献礼。

市一届四次党代会，描绘了滦州“十四五”时期乃至未来15年的发展新蓝图，明确提出了“1395”工作思路，这是“十四五”期间滦州发展的战略目标和行动方略，思路清、措施硬、劲头足，极大地提振了全市上下谋发展、干事业的精气神，为我们做好各项工作指明了方向、提供了遵循。市人大常委会将牢牢把握新形势新要求，努力实现新的更大作为。

——坚持党的领导，打造“责任人大”。自觉接受市委领导，维护市委权威，严格遵守政治纪律和政治规矩，保证人大工作与市委要求同步合拍。按照市委确定的奋斗目标、中心工作和主要任务，制定人大常委会工作要点和监督计划，确保人大工作始终沿着正确方向前进。坚决贯彻新冠肺炎疫情防控决策部署，发挥常委会组成人员、四级人大代表、人大工作者三支队伍的作用，全面助力打赢疫情防控阻击战。认真落实市委人大工作会议精神和《关于加强和改进人大工作的实施意见》，更好地通过人民代表大会制度保证人民当家作主，推进治理体系和治理能力现代化。

——提升监督质量，打造“实效人大”。紧盯高质量发展的关键问题、影响法律法规实施的突出问题、人民群众关心关注的重要问题，科学确定选题，依法开展监督，寓支持于监督之中，使人大监督更有高度、准度、力度和温度。听取疫情防控、计划预算、城市建设、道路交通、食品安全、就业工作等专项工作报告，推动疫情防控更科学、城市功能更完善、出行条件更便利、食品管理更规范、就业水平更充分。关注教育卫生事业，助力教育信息化建设，视察城乡居民医疗保障工作。切实做好对人大任命的地方国家机关工作人员任后监督，实现届内履职评议全覆盖。对《中华人民共和国大气污染防治法》、安全生产“一法一条例”开展执法检查，确保法律法规正确有效实施。监督检查民生实事项目进展和落实情况，推动票决制工作规范化运转、制度化运行，使人民群众在共建共享发展中有更多获得感。深化司法监督，听取公检法重点案件办理、“七五”普法总结的汇报，营造良好法治氛围。在精心勘察、周密筹划基础上，高效推动法治广场建设，促进法治与文化深入融合，提升人大法治文化阵地宣传使用质效。

——发挥代表作用，打造“活力人大”。坚持“走出去”和“请进来”工作思路，采取线下专题学习和线上自主学习相结合的方式，做好代表履职培训工作，更好地支持和保障代表依法高效履职。继续做好滦州市“五星级”家站创建工作，打造滦州特色、树立滦州品牌。组织开展“建党100周年”代表主题活动，学党史、知党恩、跟党走，增强凝聚力、向心力、执行力，坚定理想信念、践行忠诚使命。深化智慧人大建设，完善代表活动组织体系，扩大代表对常委会和专委会工作的参与，激发履职热情、提高履职效能。加大代表建议督办力度、完善办理机制，不断提升代表建议办理实效和代表满意率。持续开展优秀人大代表和优秀人大代表建议表彰工作，激励先进、树立典型。

——强化制度保障，打造“规范人大”。抓好常委会“两个机关”和人大队伍建设，完善与上下级人大的联系机制，努力提升全市人大工作整体水平。健全人大组织机构，充分发挥专门委员会、工作委员会的组织实施、参谋保障作用。注重与省、唐山市人大常委会的学习交流，努力在全唐山市“争第一、创唯一”。加强对镇（街）人大的业务指导，支持推动镇街人大更好地履行职责、发挥作用，使市委决策部署在基层得到更好落实。

各位代表，初心凝聚力量、使命召唤担当。站在“两个一百年”奋斗目标的历史交汇点上，做好这个特殊历史时期的人大工作，任务艰巨、使命光荣。让我们在市委的坚强领导下，以更加饱满的工作热情、更加强烈的使命担当，勠力同心、锐意进取，在推动滦州高质量发展中迈开大步、走在前列，为建设“现代中等城市、全国百强滦州”作出新的更大贡献！

名词解释

1、“双报到”（第3页）：即党员到所在社区和居住地区报到。党员双报到要求市县机关、企事业单位党组织工作人员到所在地社区报到，实行共同建设社区；在职党员到居住地社区报到，组织开展志愿服务。

2、河北省食品“三小条例”（第4页）：即《河北省食品小作坊小餐饮小摊点管理条例》。该条例于2016年3月29日河北省第十二届人民代表大会常务委员会第二十次会议通过，2016年7月1日起施行。

3、“6+1”联动监督（第5页）：即河北省人大常委会组织开展的联动监督工作。重点包括七方面内容：“6”，即违法违规占用土地、违规违建项目、资源能源项目、房地产开发项目、矿山综合治理、地下水超采综合治理等6个重点领域清理规范；“1”，即加强公共卫生管理，简称“6+1”。

4、“三重一大”（第8页）：即重大事项决策、重要干部任免、重大项目投资决策、大额资金使用。“重大事项决策、重要干部任免、重要项目安排、大额资金的使用，必须经集体讨论做出决定”的制度（简称“三重一大”制度）。

5、“1395”（第10页）：即滦州市一届四次党代会确定的工作思路。“1”指建设“现代中等城市、全国百强滦州”奋斗目标。“3”指“全国文明城市、国家卫生城市、国家森林城市”三项桂冠，“9”指新旧动能转换、扩大内需战略、城乡统筹发展、乡村全面振兴、生态环境治理、深化改革开放、创新驱动战略、保障改善民生、市域社会治理9项工作，“5”指政治建设、用人导向、作风转变、基层基础、反腐倡廉5个保障。

政协滦州市第一届委员会常务委员会工作报告

在2021年7月24日政协滦州市第二届委员会第一次会议上的报告

滦州市政协主席　孙太和

过去五年工作回顾

2017年换届以来的五年，是滦州发展史上不平凡的五年，是经受考验、战胜困难、迈出坚实步伐的五年，也是我市政协事业在继承中发展、在开拓中前进的五年。五年来，市政协常委会在市委的坚强领导下，以习近平新时代中国特色社会主义思想为指导，牢牢把握团结和民主两大主题，紧扣全市发展大局和中心工作，扎实履行政治协商、民主监督、参政议政职能，开拓创新，砥砺奋进，为我市实现“十三五”圆满收官、“十四五”高标开局做出了积极贡献。

*五年来，我们始终强化理论武装，共同思想政治基础更加牢固。*坚持把加强理论学习、增强政治定力放在首要位置，不断夯实做好政协工作的思想政治基础，确保人民政协事业始终沿着正确方向前进。一是加强理论学习。深刻把握政协工作的规律和特点，坚持政治性与业务性、知情性、专业性相融合，建立了“学习＋知情、学习＋协商、学习＋调研、学习＋监督”的“1＋4”学习格局，组织委员开展集中学习培训、收听收看专题辅导报告会、专题理论研讨等活动二十余次，深入学习了习近平新时代中国特色社会主义思想和党的十九大、十九届二中、三中、四中、五中全会精神；先后三次参加省市政协学习习近平总书记关于加强和改进人民政协工作的重要思想专题讲座，并在政协委员中开展了理论研讨活动，三次参加省市政协学习党的十九届五中全会精神专题辅导报告会，引导广大委员不断增强“四个意识”、坚定“四个自信”、做到“两个维护”。二是坚持党建引领。坚定不移地把政协置于市委的领导之下，充分发挥市政协党组把方向、管大局、保落实的重要作用，及时请示重大事项、报告重点工作、反映重要情况，做到市委有部署、政协就紧紧跟进，市委有要求、政协就坚决执行，努力把市委的意图转化为政协委员和社会各界的思想共识和自觉行动。“讲政治求共识、抓党建促履职”，已成为推动政协事业发展的制胜法宝。2018年底，我们作为唐山市唯一的县（市）区政协代表出席了全省政协系统党建工作座谈会并作经验交流，得到与会省、市政协领导的肯定。三是深化主题教育。聚焦“不忘初心、牢记使命”主题教育根本任务和总体要求，紧密结合政协实际，坚持把学习教育、调查研究、检视问题、整改落实贯穿全过程，领导班子和党员干部实现了自我净化、自我完善、自我革新、自我提高，夯实了坚守初心使命的思想根基，激发了践行初心使命的高度自觉，为加强和改进政协工作提供了强大动力。扎实开展党史学习教育，深入学习领会习近平总书记在庆祝建党一百周年大会上的重要讲话，组织收听收看党史专题辅导报告会七场次，赴乐亭大钊纪念馆开展“缅怀革命先烈、传承红色基因”主题党日活动，赴茨榆坨镇开展“学习党史践初心、下乡义诊送温暖”主题实践活动，按市委要求

组织政协委员和机关干部开展疫苗接种动员工作、参与文明城市创建工作，切实将党史学习教育成果转化为“我为群众办实事”的实际行动，持续推动党史学习教育走深走实。

五年来，我们始终聚焦中心任务，助推高质量发展更加有力。坚持以市委、市政府中心工作为着眼点、发力点，充分发挥政协专门协商机构作用，为推动经济社会高质量发展贡献了政协力量。一是围绕重大事项协商议政。每年通过政协全体会议对政府工作报告、国民经济和社会发展计划报告、财政预决算报告等事关全市发展大局的事项进行协商讨论，特别是今年初的“两会”上，围绕制定“十四五”规划纲要积极协商建言，提出很多有价值的意见建议，促进了决策的科学化、民主化。认真完成市委交办的重要任务，先后参与起草了农村小微权力运行规范、中等城市建设实施意见、“六位一体”城市社区治理实施意见、我市“十四五”发展愿景目标以及城市形象宣传语，所提出的“一城提升、两翼突破、三带隆起”发展战略，“现代中等城市、全国百强滦州”愿景目标，“千年古城、魅力滦州”城市形象宣传语，均被写入市党代会报告。二是围绕重点课题献计出力。先后围绕传统产业转型升级和新兴产业发展、构建全域旅游格局、壮大现代物流产业、城市精细化管理、新老城区相向融合发展、优化营商环境、主城区扩容提质、园区建设和发展等课题，开展了专题调研和协商，调研协商成果大多得到市委、市政府主要领导的批示及相关部门的采纳落实。先后就我市产业转型升级、城市建设管理、现代农业发展、重点项目建设、文化旅游业发展等方面组织开展专项视察十五次，为推动相关工作造所需之势、建务实之言。我们还积极参与唐山市政协组织的调研和协商活动，先后围绕深化县级“放管服”改革、加快养老服务人员职业化队伍建设、推动农村生活垃圾治理市场化运作、强化食品安全监管、打造循环经济产业链体系等课题进行了调查研究，并分别在市政协议政性常委会、专题协商会上协商发言，得到唐山市政协领导及相关部门的充分肯定。三是围绕项目建设竭智尽力。连续五年在广大政协委员中开展了以“引荐一名客商、引进一个项目”为主要内容的“我为招商引资做贡献”活动，政协领导认真包联、督导项目，率先垂范，带头招商，并且多次组织政协委员赴北京、廊坊、邯郸、江苏等地开展项目考察对接活动，营造了重视、支持项目建设的浓厚氛围。广大政协委员积极响应，踊跃参与，并取得实效。我们联系引进的雅新生活垃圾焚烧发电项目，实现了对生活垃圾的减量化、资源化、无害化处理，填补了我市生活垃圾处理的空白；陈洪军委员总投资十一亿元的三十万吨高强瓦楞原纸项目被列入唐山市重点建设项目，已正式投产运行；郭秀云委员的百信花生种植合作社在我市推广种植高油酸花生八万亩，被确定为全国农村综合改革标准化试点，合作社获评全国百强农民专业合作社，当选中国农业技术推广协会理事单位；贺宗喜委员的宗喜农牧公司荣获河北省农业产业化重点龙头企业称号，“吉祥蔬菜”获评河北省名优产品，蔬菜生产基地荣获唐山市“十佳绿色生产基地”称号；郭常春委员的河北滦牧公司创建为我省首批农业创新肉鸡健康养殖驿站，是我市首家在石家庄股权交易所挂牌的企业，也是河北省肉鸡行业第一家挂牌企业。四是围绕疫情防控凝心聚力。2020年，面对突如其来的新冠疫情，我们号召广大政协委员正面发声聚共识，献计出力筑防线，奉献爱心勇担当，累计捐款献物价值600多万元，涌现了一大批先进典型。按照省政协统一部署，我们认真开展了“聚力量、防疫情、促发展”主题活动，市政协领导和机关干部积极参与“万名干部下基层、万名干部联企业”活动，为夺取疫情防控和经济社会发展“双胜利”贡献了政协力量。

五年来，我们始终厚植为民情怀，助力民生改善更加有为。坚持人民政协为人民，牢记初心使命，紧扣群众需求，围绕民生领域重要问题资政建言、开展工作，协助党和政府解决好百姓的操心事、烦心事、揪心事，不断增进人民福祉。一是关注民生事业发展。先后以“加强教育管理、提高教育质量”和“强化市场监管，保障食品安全”为题开展专题调研和协商，组织相关部门负责人同委员面对面交流沟通，探寻解决办法和路径。围绕城区学校规划和建设、食品安全、城乡集贸市场规范化管理、医共体建设、医养结合、医药卫生体制改革等方面，开展视察十二次，促进了民生事业发展。二是关注生态环境建设。连续五年关注大气污染防治工作，两次举办专题协商座谈会，三次开展专项视察，为助力打赢蓝天保卫战建真言、献良策。先后四次开展关于农村人居环境整治工作的视察监督活动，同时作为县区代表参加了唐山市政协“全力整治农村人居环境，助力实施乡村振兴战略”专题调研组，并做专题发言，为推进全市农村人居环境整治工作贡献了滦州智慧。此外，我们组织政协委员及部门负责人赴迁西县学习考察“清水润城”工程及河道治理工作，为我市做好环城水系建设、别故河综合治理等工作提供借鉴参考。三是开展公益慈善活动。每年组织医药卫生界政协委员和医务专家深入镇街开展送医下乡义诊活动，受到群众欢迎。每年组织政协委员开展一次捐资助学活动，资助贫困家庭学生完成学业，为他们送去社会的关爱和温暖，赢得了社会各界的好评。开展了“精准扶贫·政协委员在行动”主题活动，市政协领导和政协机关所有科级干部认真开展结对帮扶，精准实施教育、医疗、就业、产业等扶贫扶助措施，帮助三十五人实现脱贫。其他政协委员也积极响应，各尽所能，为我市打赢脱贫攻坚战做出了政协贡献。

五年来，我们始终发挥特色优势，广聚社会正能量更加深入。坚持以增进团结为己任，团结一切可以团结的力量、调动一切可以调动的积极因素，努力协助党委、政府做好春风化雨、解疑释惑、理顺情绪、化解矛盾的工作，广泛汇聚正能量。一是加强团结联谊促和谐。每年举办各界人士中秋茶话会，听取市政府关于全市经济社会发展情况的通报，进行座谈交流，增进了感情、凝聚了共识、鼓舞了士气。组织侨联和民族宗教界的委员开展了“看成就、凝共识、聚力量”主题活动，宣传了发展成就、凝聚了发展共识、汇聚了发展合力；先后视察了宗教界“双创四进”活动开展情况和清真食品安全管理工作，促进了社会和谐。二是融入社会治理献良策。先后开展了关于城市社区治理、公安派出所规范化建设、检察院未检和公诉、法院家事审判改革、社区矫正等工作的视察，以网络视频形式参与了唐山市政协加强城市社区治理与服务界别协商会，设立一线协商分会场并作典型发言，推动了社会治理体系建设和治理效能提升。三是抓好特色工作添助力。五年来立案的374件提案中，涉及教育、医疗卫生、社会保障、环境治理、城市管理等民生类提案占一半以上，都是群众比较关心关注的民生热点问题，通过领导包案、视察督办、联合检查、定期回访等多项措施进行督办，都得到有效办理和落实。充分发挥省政协社情民意信息直报点的作用，向上级政协反映社情民意信息50余条，促进了相关问题的解决。其中《关于在餐饮业推广公勺公筷、实行分餐制的建议》《关于落实“一断三不断”措施、保障春耕物资运输的建议》，为统筹推进疫情防控和经济社会发展贡献了政协智慧；《关于推广低能耗全天候主动发光交通标志的建议》，被省委省政府《人民建议》内刊采纳，刘凯副省长批转公安部门研究落实。四是突出文化引领聚人心。为庆祝新中国和人民政协成立七十周年，精心谋划和组织开展了以“出版一部专辑”“开展一次征文”“举办一场展览”“举办一场笔会”为主要内容的“四个一”系列庆祝活动。先后就纪念改革开放四十周年、庆祝党的十九大召开等主题组织多场书画笔会，充分表达了对党和祖国以及滦州未来发展的美好祝愿。多次召开文史工作座谈会，做好文史资料的搜集、整理工作，编辑出版了《滦史影卷》《滦县文物考略》《明代文豪陈士元》《大美滦州》《滦州政协纪事》等文史资料专辑，为弘扬滦州文化做出积极贡献。深入挖掘和弘扬辛亥滦州起义的文化精髓，积极协助相关部门做好英烈祠布展工作，注重加强同省、市民革及民革中央的联系，英烈祠成为全国第二个被民革中央命名的民革党员教育基地，时任民革中央副主席修福金亲自来滦揭牌，有力地扩大了辛亥滦州起义的社会影响。与唐山市政协联合召开滦州关学历史研究暨纪念张载诞辰一千周年座谈会，积极推动了关学文化研究。

五年来，我们始终坚持守正创新，破解“两个薄弱”更加有效。积极探索加强和改进政协工作的新方法、新途径，着力在推动体制机制改革上下功夫，着力在提高委员履职能力和水平上下功夫，使政协自身建设实现了新突破。一是在健全工作机制上实现了新突破。贯彻落实中央和省委、唐山市委政协工作会议精神，协助市委召开了具有里程碑意义的市委政协工作会议，出台了市委关于加强和改进政协工作的若干措施以及具体任务分工方案，制定了一系列规章制度，为政协履行职能、发挥作用提供了全方位机制保障。二是在加强工作力量上实现了新突破。积极推动县级政协机构改革政策落到实处，将市政协内设机构由原来的“两科一室”调整为“四委一室”，规范了机构设置，增加了人员编制。市委落实了统战部长兼任政协党组副书记、政协机关列为统战工作领导小组成员单位、镇（街）党委副书记兼任政协召集人等要求，进一步强化了领导力量。三是在推进协商民主上实现了新突破。探索构建了政协全体会集中协商、常委会专题协商、专委会对口协商以及提案办理协商、界别协商等多层次、全方位的“1+2+8+N”协商议政新格局。创新建立了以“双联双服”（联系界别群众、联系社区居民，服务民生改善、服务社区发展）为主要内容的社区政协委员工作站，围绕社区热点问题开展了一线协商。这一做法得到了省政协叶冬松主席、唐山市政协胡国辉主席的高度评价，认为该做法可学习、可复制、可推广，《河北日报》以“架起联系群众的连心桥”为题进行了宣传报道。我市政协被列入唐山市政协一线协商试点县。四是在提升能力素质上实现了新突破。换届伊始，对全体政协委员进行了集中培训，此后每年至少组织一次全体委员参加的学习培训，不断提升委员素质。每年组织政协常委、委员联络组长举办履职能力提升班。为每名政协委员编印了《政协知识手册》，帮助委员更新知识。开展了“开卷强本领、书香满政协”读书活动，引导委员将读书的收获转化为做好政协工作的本领和履职成果。落实了政协委员年终提交履职报告制度，每年开展“四个最佳”（履职献策、岗位建功、提案优胜、社会奉献）政协委员评选活动，进一步调动了委员履职积极性。积极开展人民政协理论研究，在《人民政协报》发表了《高质量发展是政协工作内在需要》《把群众对美好生活的向往作为履职落脚点》等署名文章，与唐山市政协共同承担的《人民政协与引导和传播社会共识研究》课题，被省政协评为一等奖。在《乡音》、河北政协网、河北政协新闻网、《唐山政协》等省、市级报纸、杂志、网络媒体刊发新闻稿件230多篇，信息工作在唐山市政协系统位居前列。

各位委员，过去我们取得的成绩，是市委坚强领导、重视关怀的结果，是市人大、市政府和各部门各单位热情帮助、鼎力支持的结果，也是广大政协委员团结协作、共同奋斗的结果。在这里，我代表一届市政协常委会向大家表示衷心的感谢！

回顾过去的五年，市政协始终坚持在继承中发展，在发展中创新，形成了一些规律性认识，这是做好政协工作的宝贵财富，值得倍加珍惜、长期坚持、不断完善。一是必须坚持党的领导，全面贯彻落实中央、省、市委的决策部署，做到与党在思想上同心同德、目标上同心同向、行动上同心同行，才能确保政协事业发展的正确方向。二是必须围绕中心、服务大局，自觉把政协工作放到全市工作大局中谋划和推进，保证参政参到点子上、议政议到关键处，才能体现出政协工作的价值所在。三是必须牢固树立人民政协为人民的理念，始终把维护和实现人民群众根本利益作为履职的出发点和落脚点，自觉做到政为民所议、言为民所建、策为民所献、力为民所出，才能赢得人民群众的信任和拥护。四是必须牢牢把握团结和民主两大主题，最大限度地包容和反映各方面的意见建议，最大限度地团结一切可以团结的力量，以坚强的团结保证广泛的民主，以广泛的民主促进坚强的团结，才能为实现共同奋斗目标汇聚起强大的正能量。五是必须充分发挥政协委员的主体作用，不断丰富活动载体，积极搭建履职平台，尽可能给委员创造更多履职建功的机会，让委员的能力充分展现出来、潜力充分发挥出来、活力充分释放出来，才能使人民政协永葆蓬勃生机与旺盛活力。

各位委员，我们一届市政协虽然取得了一些成绩，积累了一些经验，但与新时代新使命新要求相比，还存在一些薄弱环节，主要是：建言资政的质量还需进一步提升，民主监督的力度还需进一步加大，凝聚共识的途径还需进一步拓宽，协商民主的实效还需进一步提高，对委员的服务管理还需进一步增强，政协委员和机关自身建设还应进一步加强，等等。这些都需要切实加以改进，从而把工作做得更实更好。

今后五年工作建议

今后五年是我市大有可为的战略机遇期、干事创业的发展黄金期、不进则退的转型关键期。市二次党代会确定了我市未来五年的奋斗目标、发展思路和主要任务，既为我们履行职能指明了方向，也提出了新的更高要求。面对新的形势和任务，新一届市政协要在市委的坚强领导下，以习近平新时代中国特色社会主义思想为指导，深入学习贯彻习近平总书记在庆祝中国共产党成立一百周年大会上的讲话精神和市二次党代会精神，锚定新时代人民政协新使命，把握新发展阶段、践行新发展理念、融入新发展格局，坚持团结和民主两大主题，紧紧围绕市委“1395”总体工作思路，聚焦“三城”创建和打造“十个滦州”目标任务，找准政协工作的切入点、结合点、着力点，坚持双向发力，创新载体机制，为我市迈开大步、走在前列，迈进唐山市第一方阵，加快实现“现代中等城市、全国百强滦州”奋斗目标做出政协新贡献。

一、新的征程上，我们要永葆忠诚之心，在强化党的领导上担当新使命。坚持中国共产党的领导，是人民政协成立的初心和共识。今后五年，我们要始终把坚持和加强党的领导作为根本政治原则和重大政治责任，胸怀“两个大局”，牢记“国之大者”，不断提高政治判断力、政治领悟力、政治执行力，切实增强“四个意识”，坚定“四个自信”，做到“两个维护”。要深入学习党的历史和理论。把学懂弄通做实习近平新时代中国特色社会主义思想作为重大政治任务，深入学习习近平总书记在庆祝中国共产党成立一百周年大会上的讲话精神，以党史学习教育为契机，深入开展党史、新中国史、改革开放史、社会主义发展史学习教育，进一步筑牢团结奋斗的共同思想政治基础。要全面贯彻党的主张。把加强党的全面领导贯穿政协履职全过程各领域，不折不扣贯彻落实党中央大政方针政策和省市委决策部署，做到观察问题站稳政治立场、谋划工作把握政治大局、推动履职追求政治效果，以实际行动彰显新时代人民政协的使命和担当。要切实加强党的建设。深入贯彻新时代加强人民政协党的建设总要求，发挥好政协党组在政协工作中的领导核心作用，压紧压实全面从严治党主体责任，落实政协常委会成员联系委员、委员联系群众、党员委员联系党外委员制度，增强政协的凝聚力与向心力，确保人民政协事业始终沿着正确方向笃定前行。

二、新的征程上，我们要善谋发展之策，在服务中心任务上展现新作为。围绕中心、服务大局是人民政协的基本定位和主要任务。未来五年是我市抢抓机遇、奋发进取，以高质量发展统揽全局，实现经济社会发展“凤凰涅槃”的关键五年。今后五年，我们要充分发挥人民政协专门协商机构作用，紧紧锚定“高质量发展”这一主题，坚持在大局下谋划、在全局中思考，把政治协商的着眼点聚焦到“十四五”规划实施、推动高质量转型发展上，把民主监督的着力点汇聚到“三城”创建、新旧动能转换、全面推进乡村振兴的部署落实上，把参政议政的着重点集中到改革创新发展、生态环境治理、民生福祉改善、社会治理效能提升的实施行动上，深入调查研究、缜密分析论证，拿出站位高、思考深、措施实、对实际工作有推动作用的履职成果，为我市经济社会高质量发展谋长远之道、建有用之言、献务实之策。

*三、新的征程上，我们要聚焦民生之需，在提升人民生活品质上作出新贡献。*江山就是人民，人民就是江山，我们的根基在人民、血脉在人民、力量在人民。今后五年，我们要始终践行以人民为中心的发展思想，站稳人民立场，贯彻党的群众路线，切实把实现好、维护好、发展好最广大人民群众的根本利益作为工作的出发点和落脚点，把促进民生改善作为重要着力点，与人民休戚与共、生死相依。要带着责任与感情深入基层，走进寻常百姓、过问家长里短、心系万家灯火，聚焦教育、医疗、卫生、养老、社保等关系人民群众切身利益的问题，精心选题开展专题调研，积极查找问题，提出对策，全力助推民生事业健康发展。要丰富“有事好商量”“众人的事情由众人商量”的制度化实践，用活用好社区政协委员工作站这一履职模式，并在有条件的镇（街）逐步推广，发挥政协委员在基层社会治理中的作用，推动协商民主向基层延伸、向一线发力，让民意诉求得到理性表达、群众冷暖得到及时关心、急事难事得到有效解决，推动民意输入与政策输出的良性互动。要创新提案工作机制，提高提案质量，加强提案督办，增强办理实效，以提案落实的成效促进民生改善。

*四、新的征程上，我们要善行团结之举，在汇聚发展正能量上开创新局面。*立足新发展阶段，贯彻新发展理念，构建新发展格局，迫切需要把人心聚得更紧、把共识聚得更牢。今后五年，我们要坚持把加强思想政治引领、广泛凝聚共识作为履职工作的中心环节，发挥大团结大联合优势，努力寻求最大公约数，画出最大同心圆。要探索新形势下团结联谊工作的有效方法，最大范围扩大团结面，密切同党外知识分子、非公有制经济人士、新社会阶层人士、民族宗教界人士、港澳台同胞和海外华人华侨社团的联络联系，更好地凝聚人心和共识，汇聚智慧和力量。要以建党100周年为契机，谋划和组织开展主题鲜明、形式多样、务实有效的活动，引导社会各界深刻认识中国共产党成立100年来的巨大成就和宝贵经验，充分发挥政协组织的重要阵地、重要平台和重要渠道作用，不断增强政治认同、思想认同、理论认同、情感认同。要进一步做好文史工作，广泛搜集文史资料，积极组织开展文史座谈会，提高文史资料征编质量，发挥文史资料存史、资政、团结、育人的社会功能。要加强与辛亥滦州起义志士后人、专家学者的联系，搜集整理历史遗存，深入挖掘其历史价值，不断扩大辛亥滦州起义的影响。

*五、新的征程上，我们要筑牢成事之基，在加强自身建设上实现新提升。*打铁必须自身硬。今后五年，我们要以改革创新精神强化自身建设，努力打造“懂政协、会协商、善议政，守纪律、讲规矩、重品行”的政协队伍。要抓好委员的学习培训，每年至少组织全体委员开展一次集中学习培训，组织政协常委和政协召集人举办一期履职能力提升班，健全委员履职工作规则和委员管理办法，加强委员的服务和管理，积极引导委员正确行使权利，自觉履行职责。要加强专委会履职能力建设，充分发挥专委会的基础性作用，开展经常性专委会活动，为委员履职搭建更多平台。要加强政协机关建设，改进工作作风，提高工作效率，积极推进“智慧政协”建设，着力打造政治强、能力高、服务优的模范机关。广大政协委员要发扬为民服务孺子牛、创新发展拓荒牛、艰苦奋斗老黄牛的精神，坚持为国履职、为民尽责的情怀，树立一线意识、保持一线状态，做到政治协商更加有序、民主监督更加有力、参政议政更加有为、凝聚共识更加有效，切实展现新时代政协队伍新气象。

各位委员，关山初度尘未洗，策马扬鞭再奋蹄。让我们在市委的坚强领导下，高举习近平新时代中国特色社会主义思想伟大旗帜，立足百年新起点，接续奋斗新征程，风雨同舟，笃定前行，共同谱写人民政协事业发展新篇章，奋力推动滦州高质量发展迈开大步、走在前列，为加快迈进唐山市第一方阵，实现“现代中等城市、全国百强滦州”奋斗目标而不懈奋斗！

施政纲要

滦州市“3+5”创建组织推进工作方案

为深入贯彻党的十九届五中全会精神，全面落实省委、唐山市委决策部署，推动省委“三重四创五优化”和唐山市委“3+5”创建工作落地见效，进一步提升城市功能品质，奋力开启“十四五”发展新征程，加快实现建设“现代中等城市、全国百强滦州”奋斗目标，市委、市政府决定全面开展“3+5”创建工作。现制定如下工作方案。

一、指导思想

坚持以习近平新时代中国特色社会主义思想为指导，深入贯彻党的十九大和十九届二中、三中、四中、五中全会精神，全面落实习近平总书记“三个努力建成”重要指示和党中央、省委、唐山市委决策部署，统筹推进经济建设、政治建设、文化建设、社会建设、生态文明建设的总体布局，协调推进全面建设社会主义现代化国家、全面深化改革、全面依法治国、全面从严治党的战略布局，坚定不移贯彻新发展理念，坚持稳中求进工作总基调，以推动高质量发展为主题，以深化供给侧结构性改革为主线，以改革创新为根本动力，以满足人民日益增长的美好生活需要为根本目的，统筹发展和安全，锚定市一届四次党代会确定的“勇夺三项桂冠”目标，勠力同心，争创全国文明城市、国家森林城市、国家卫生城市，着力创建国家生态园林城市、省级双拥模范城（县）、国家生态文明建设示范市、“绿水青山就是金山银山”实践创新基地，积极参与唐山市创建全国市域社会治理现代化试点合格城市，加快建设“现代中等城市、全国百强滦州”，在唐山“三个努力建成”中展现滦州作为、作出滦州贡献。

二、工作原则

（一）坚持同步部署，上下统筹联动。把“3+5”创建工作作为加快实现“三个努力建成”目标的重要抓手，摆上各级党委、政府重要议事日程，纳入全局工作谋划推进，贯穿年度工作始终，做到同部署、同推进、同考核、同奖惩。

（二）坚持统一推进，形成合力攻坚。落实一项任务、一名领导、一个专班、一套方案、一抓到底的“五个一”工作机制，领导小组统一部署，各创建指挥部具体负责，全面启动、分线攻坚，形成全市上下步调一致、合力攻坚的工作格局。

（三）坚持分期申报，有力有序推进。按照成熟一个、申报一个、创建一个原则，分战线推进创建工作，明确时间表、路线图，层层落实责任、层层细化任务，确保实现年年有进展，全面完成创建目标。

（四）坚持全域覆盖，推动梯次达标。把“全域创建、全部达标”作为基本要求，加强统筹谋划、分类指导，合理制定创建阶段目标，科学编制创建方案，实现滚动晋级、全域达标。

三、组织领导

（一）压实工作责任。成立由市委书记，市委副书记、市政府市长任组长，市委副书记任常务副组长，相关市领导任副组长的“3+5”创建组织推进工作领导小组。领导小组下设办公室，办公室主任由王合成同志兼任。同时，8项任务分别成立创建指挥部，负责推进创建具体工作。

（二）完善推进机制。各专项工作指挥部要对标对表创建目标任务，明确时间表、路线图，确保各项任务有人抓、有人管、能落地、见实效。建立定期调度机制，8个创建指挥部每周调度一次，领导小组常务副组长每两周调度一次，领导小组组长每月调度一次，每季度组织一次“擂台赛”，确保创建工作高效有序推进。

（三）严格督考问责。组织部门要把“3+5”创建工作纳入领导班子和领导干部考评内容，深入开展日常考核、一线考核。市委督查室、市政府督查室要把“3+5”创建工作作为督查重要内容，坚持明察暗访、跟踪问效、定期通报，推动工作落实。纪委监委要加强监督执纪，对不作为、慢作为的严肃追责问责，倒逼工作任务落实。

附件一

滦州市“3+5”创建组织推进工作领导小组及其办公室组成人员名单

组　　长：李建忠　市委书记
　　　　　孙自生　市委副书记、市政府市长
常务副组长：王合成　市委副书记
副 组 长：王殿新　市委常委、组织部部长、统战部部长
　　　　　崔敬民　市委常委、市纪委书记、监委主任
　　　　　侍瑞军　市委常委、政法委书记
　　　　　田文学　市委常委、宣传部部长
　　　　　李鸿祥　市委常委、市政府常务副市长
　　　　　张雪峰　市委常委、市政府副市长
　　　　　费立松　市委常委、武装部政委
　　　　　孙晓忠　市政府副市长、公安局局长
　　　　　刘翠萍　市政府副市长
　　　　　李瑞岭　市政府副市长
　　　　　李恩科　市政府副市长
成　　员：尹海生　市政府办公室主任
　　　　　张　松　市委办公室常务副主任
　　　　　李冠宇　市委办公室二级主任科员
　　　　　高志勇　市委办公室二级主任科员
　　　　　闫保华　市委办公室二级主任科员
　　　　　赵爱军　市委办公室副主任
　　　　　于忠君　市政府办公室二级主任科员
　　　　　葛晓兴　市政府办公室副主任

周俊峰　市政府办公室副主任
李江涛　市政府办公室副主任、督查室主任
王　礼　市纪委常委
卢金玺　市委宣传部常务副部长
杨　璐　市委宣传部二级主任科员
刘雅利　市委宣传部副部长
冯　雷　市文明办副主任
武铁东　市委网信办主任
钱助兴　市委市直机关工委常务副书记、市直机关党委书记
姜　川　市发展和改革局局长
谢金华　市教育局局长
秦继国　市民政局局长
李庆丰　市司法局局长
葛秋钧　市财政局局长
张绍伟　唐山市生态环境局滦州市分局负责人
张晨曦　市住房和城乡建设局局长
杨瑞刚　市城市管理综合行政执法局局长
罗文辉　市自然资源和规划局局长
张双和　市交通运输局局长
张志刚　市农业农村局局长
李宗军　市商务和投资促进局局长
张彦玺　市文化广电和旅游局局长
刘建新　市卫生健康局局长
屈俊英　市市场监督管理局局长
吉　雄　市统计局局长
刘志强　团市委书记
王进兵　市档案馆馆长
康隶军　市融媒体中心主任兼广播电视台台长
康继江　市水利局局长
焦会忠　市应急管理局局长
郝延强　市工业和信息化局局长
刘向民　市市场建设服务中心主任
李　团　滦河文化产业发展服务中心主任
侯占勇　市公安局副局长
常立新　市公安局政工监督室主任
李金明　滦城街道党工委书记
薛会东　滦河街道党工委书记

工作职责：负责贯彻落实上级有关工作部署，讨论决定重大事项，研究提出目标任务，明确责任分工，扎实推动工作深入开展。负责建立健全科学高效有序的工作运行机制，指导和推动相关工作有力有序有效推进。负责加强统筹衔接沟通，整合资源力量，加强指挥调度和跟进指导，形成上下联动、相互配合、协同推进的工作合力。负责收集掌握工作开展情况，定期听取相关工作进展情

况汇报。负责严格责任落实，强化跟踪问效，有针对性地解决好工作推进落实中的重点、难点和突出问题，确保各项工作落实到位。

领导小组下设办公室：

主　任：王合成（兼）

副主任：侍瑞军（兼）
田文学（兼）
李鸿祥（兼）
孙晓忠（兼）
刘翠萍（兼）
李瑞岭（兼）
李恩科（兼）

办公室设5个工作组：

（一）综合协调组

组　长：杨　璐（兼）

副组长：李冠宇（兼）
赵爱军（兼）
于忠君（兼）
冯　雷（兼）
李志存　市卫生健康局二级主任科员
田颖杰　市自然资源和规划局副科级干部
王艳君　滦城街道党工委组织委员、统战委员

成　员：市委办、宣传部、政府办、卫生健康局、自然资源和规划局等有关科室负责同志。

工作职责：主要负责加强与上级部门沟通联络，协调领导小组和办公室日常工作，组织领导小组、办公室等会务活动和上级领导调研、督导活动安排。起草审核印发相关文件，收集汇总各单位工作进展和经验做法，统筹推进创建工作。承担领导小组和办公室主任交办的其他工作。

（二）综合材料组

组　长：高志勇（兼）

副组长：李守富　市公务网络管理中心主任
史小枫　市电子政务中心主任

成　员：市委办、宣传部、政府办有关科室负责同志

工作职责：负责起草或把关主要领导讲话、阶段性工作总结、上级督导汇报等材料。承担领导小组和办公室主任交办的其他工作。

（三）督导推进组

组　长：闫保华（兼）

副组长：高彩山　市行政审批局综合服务中心主任
董继龙　市政府办公室四级主任科员
李向红　市纪委监委党风政风监督室主任
杨文刚　市融媒体中心栏目部主任

成　员：纪委监委、市委督查室、市政府督查室、融媒体中心有关科室负责同志，各创建专班有关负责同志

工作职责：主要负责结合工作专班，对各责任单位工作落实情况进行督导检查，建立督查台

账，及时发现解决推进落实中存在的问题，每月拍摄暗访专题片，督促整改落实。承担领导小组和办公室主任交办的其他工作。

（四）宣传简报组

组　长：刘雅利（兼）

副组长：许顺建　市中国滦河文化博物馆馆长

肖永红　市融媒体中心副主任兼广播电视台副台长

陈　雨　市金融服务中心正股级干部

成　员：市委办、宣传部、政府办、融媒体中心有关科室负责同志

工作职责：主要负责宣传报道，浓厚创建氛围，把控舆论导向，每周编发工作简报，及时向上级推介成效和亮点。承担领导小组和办公室主任交办的其他工作。

（五）档案资料组

组　长：王进兵（兼）

副组长：冯　雷（兼）

李志存　市卫生健康局二级主任科员

田颖杰　市自然资源和规划局副科级干部

成　员：档案馆、各创建责任单位有关科室负责同志

工作职责：负责指导督促创建工作各种档案资料的统筹收集、归档整理。承担领导小组和办公室主任交办的其他工作。

附件二

滦州市2021年争创全国文明城市工作实施方案

为落实省关于“三重四创五优化”、唐山市关于“3+5”创建活动要求和市一届四次党代会关于“勇夺三项桂冠”决策部署，在巩固省级创建成果基础上争创全国文明城市，结合实际，特制定如下实施方案。

一、指导思想

以习近平新时代中国特色社会主义思想和党的十九大及十九届二中、三中、四中、五中全会精神为指导，坚持全民创建、常态创建、长效创建的原则，紧紧围绕促进物质文明与精神文明协调发展，培育和践行社会主义核心价值观，以开展集中整治、综合治理、常态保持为途径，着力解决群众反映强烈的公共规范、公共秩序、公共环境、公共服务等方面存在的突出问题，用精神文明创建的实际成效增强广大人民群众的幸福感、获得感，努力实现“全力摘得‘三项桂冠’，打造城市建设新品牌”的目标任务，为完成我市国民经济和社会发展第十四个五年规划和二〇三五年远景目标提供强大的精神动力，营造良好的社会环境。

二、工作目标

按照国家和省、唐山市测评工作要求，全面落实各项创建任务和具体指标，组织各镇（街道）、市直各单位精细对标，攻坚克难，固强补弱，努力建设环境优美、秩序优良、服务优质、人民群众满意的文明城市，确保如期完成国家级文明城市和省级文明城市创建任务及档案资料、实地考察、问卷调查等准备工

作。

三、工作任务

按照《文明城市创建测评体系》要求和责任分工，集中时间、力量，重点推进十项提升工程。

（一）思想道德和人文环境创建水平提升工程。一是深入学习贯彻习近平新时代中国特色社会主义思想，持续宣传普及社会主义核心价值观，强化干部群众理想信念教育。充分发挥典型示范引领作用，在城乡广泛设立《善行功德榜》，建立《好人档案》和《功德录》，开展“身边好人”“道德模范”评选宣传活动。在未成年人中开展“为文明城创建添彩、争当文明小使者”、童心向党、向国旗敬礼等主题活动，引导人们见贤思齐、崇德向善。二是深入开展群众性精神文明创建活动。在城区，依据“五个一”（一堂、一队、一牌、一桌、一传播。即：建好用好道德讲堂，建立常态化的学雷锋志愿服务队，设置与环境相融合的遵德守礼提示牌，开展文明餐桌行动，建立网络文明传播志愿服务小组）标准，不断深化文明单位创建工作。在农村，依据“十个一”标准（即一个村民中心、一个文化广场、一条乡风文明示范街、一批善行功德榜、一套村规民约、一个红白理事会、一个道德讲堂或道德评议会、一支志愿者队伍、一支乡贤骨干队伍和每年评选表彰一次“星级文明户”），全面推进新时代文明实践所（站）建设，不断深化文明村镇创建工作。三是进一步丰富群众文化生活。以端午、中秋、重阳、春节等传统节日为契机，组织系列形式多样的民俗活动，传承弘扬中华民族优秀文化和传统美德。开展全民阅读和全民健身等文体活动，形成科学文明健康的生活方式。以“三下乡”“四进社区”和文化进万家、文化志愿服务等为载体，支持文艺团体和文艺工作者深入基层开展文化活动。四是依托新时代文明实践中心全国试点建设工作，持续推进文明出行、文明餐桌、文明交通、帮孤助残、扶贫济困、邻里守望等各类志愿服务活动，让“帮助他人、快乐自己”的志愿服务理念深入人心，推动全市志愿服务工作逐步实现“三全”（人数上全员、范围上全域、时间上全年），唱响“满城尽是红马甲、奉献友爱倡文明”口号。五是进一步强化主题公益宣传和创建氛围营造。对城区主次干道的公益广告位进行全面换档升级，增设符合创建标准的城市小品雕塑和街景造型，同时，增加沿街LED屏幕、出租车顶灯、公益广告牌匾、建筑围挡以及电视、报纸、网络等各类媒介公益广告的刊播占比，使主题公益广告融入日常生活，做到抬眼可见、举足即观。［责任单位：市委宣传部、市文明办、市教育局、市文化广电和旅游局、团市委、市城市管理综合行政执法局、市交通运输局、各镇（街道）］

（二）政务环境和诚信建设提升工程。一是开展诚信行业、诚信单位、诚信示范街区、诚信经营示范店等主题实践活动，定期发布诚信企业“红名单”和失信企业“黑名单”，提高全社会对诚信建设的关注度，让诚信理念深入人心，让追求质量、崇尚卓越成为全社会的价值导向和时代精神；二是建立和完善打击假冒伪劣的监督、投诉和处置机制；三是建立健全保护消费者权益的机制，设立受理消费者投诉举报电话；四是强化对食品经营单位的常态监督检查力度，杜绝过期、变质、伪劣食品的出售，及时查处食品安全事故，无漏报、瞒报情况。［责任单位：市行政审批局、市发展和改革局、市市场监督管理局、市市场建设服务中心、市城市管理综合行政执法局］

（三）窗口单位服务质量提升工程。在各级机关、企事业单位及服务行业窗口广泛开展以“三比三看”为主要内容的“提质提效”文明服务竞赛。一是比“三办（热情办、马上办、办得好）”，看工作态度。无“门难进、脸难看、事难办”和慵懒拖散现象，要有意见簿（箱）、固定投诉电话等投诉渠道和高效处理机制，服务过程和结果有记录；二是比“三致（细致、精致、极致）”，看服务质量。能够严格按照流程规范操作，专业技能熟练，工作质量高，服务精益求精，无随意性和粗放式服务；三是比“三优（秩序优、环境优、文化优）”，看管理水平。做到生活区、办公区、服务区秩序井然，车辆、物品摆放整齐有序，环境卫生干净整洁，无吸烟现象，便民服务设施完备，单位文化建设理念先进、行业规范和文明服务公约及各类公益广告的悬挂展示符合标准；四是进一步完善窗口单位的基础公共设施，对无障碍通道、便民服务设施等及时修复完善、换挡升级。［责任单位：市委市直机关工委、人行滦州市支行，各窗口单位］

（四）未成年人思想道德创建水平提升工程。一是加强各中小学校的对标创建，推进社会主义核心价值观宣传教育，开展文明校园创建活动；二是对照文明校园和未成年人思想道德建设工作测评体系，健全学校、家庭、社会“三结合”教育网络，形成未成年人思想道德建设工作合力；三是加强学校周边各类市场主体检查规范，严厉查处假冒伪劣过期食品，坚决取缔无证无照经营食品行为，坚决取缔校园周边200米以内的互联网上网服务营业场所、电子游戏经营场所，严厉整治校园门口的流动商贩违法经营现象；四是强化对全市书摊、报亭、音像制品销售点等场所清查整治，依法收缴恐怖、迷信、低俗、色情的玩具、文具、非法出版物，对网吧进行常态化监督检查，严厉查处网吧违规接纳未成年人行为；五是加强社区家长学校、社区未成年人课外活动中心、校外未成年人心理健康辅导站的规范建设，对未成年人免费开放爱国主义教育基地和公益性文化场所，全面关爱和保护未成年人健康成长。［责任单位：市教育局、市委宣传部、市文化广电和旅游局、市城市管理综合行政执法局、市卫生健康局、市市场监督管理局，各镇（街道）］

（五）市容环境提升工程。一是公共设施建设管理维护。对城区主次干道进行全面维护升级，重点包括胜利道（建华路以东路段）、安康路（胜利道以北路段）、滦新街等主次干道。大力推行城市精细化管理，所有街巷确保给排水通畅、无路面坏损和坑洼积水，无欺街占道现象。对城区内公园广场（特别是火车站站前广场、步行街东停车场）、市政设施、背街小巷、公共厕所进行全面维护升级。城区主要道路、各类公共建筑以及新建住宅，建有无障碍设施并保证通畅完好，公共消防设施100%达标，消防通道畅通。二是彻底清理城乡环境卫生。从社区到街道，从机关单位到公共部位，从城区到城乡接合部，进行地毯式垃圾清除和卫生清扫。同时，建立保洁长效机制，各公共场所、主次干道、背街小巷和居民小区，落实全天候卫生保洁。三是集中治理沿街容貌。逐项逐段检查户外广告牌匾、工地围挡广告，依法拆除外观陈旧、布局混乱、与景观不协调的广告牌匾、店招、橱窗。清理影响市容市貌的庸俗、低俗、媚俗广告和其他“小广告”，全面落实各沿街门店“门前三包”责任制。四是提升“三化”水平。全面栽植补植绿地草坪、治理绿地斑秃现象、修剪修饰景观植物。加强城区夜景亮化建设，确保亮灯率100%。进一步加大与城市相融合，高标准的雕塑和园艺设施、花坛、绿地的规划建设力度。［责任单位：市城市管理综合行政执法局、市住房和城乡建设局，各镇（街道）］

（六）社区治理提升工程。一是开展小区公共设施完善、维护行动。结合老旧小区改造提升，及时对城区内所有生活小区的破损路面、晨晚练活动场所、垃圾箱、灯箱、照明、防盗、消防等公共设施进行修复维护，确保生活垃圾定点分类投放、定时清运，小区、楼门内外干净整洁，墙面、玻璃干净完整，为居民创造良好的生活环境。二是开展小区卫生环境整治行动。全面清理小区私搭乱建、乱栽乱种、乱堆乱放，持续严厉打击非法张贴小广告、不文明养犬等行为。三是将社会主义核心价值观融入文明社区创建。发动居民广泛开展创建文明楼栋、文明楼门、文明家庭活动，建立和谐的邻里关系。在社区出入口、楼道口、各类公共活动场所等醒目位置和人流密集地粘贴悬挂“讲文明树新风”“图说我们的价值观”“未成年人思想道德建设”等各类公益广告和《市民文明公约》《社区居民公约》，设置精神文明创建橱窗专栏，使社会主义核心价值观家喻户晓。四是结合社区“六位一体”和党员“双报到”等活动，持续开展“访千楼万家”活动，进一步了解民意、疏导情绪，提高群众对创城工作的满意度和知晓度。［责任单位：滦城街道、古城街道、滦河街道、市城市管理综合行政执法局、市住房和城乡建设局］

（七）市场环境提升工程。一是市场（商业街区）基础设施全面完善提升。重点对和平路市场、晨光南里市场、步行街、农资市场、建材市场等集贸市场和商业街区进行全面改造提升。二是持续整治市场卫生环境。清除市场及周边积存垃圾、污水、堆积的商品货物，搞好市场及店面卫生常态保洁，提升环境卫生水平。三是进一步规范市场经营秩序。严格卫生检验，做到摊位分区、生熟分离、规范有序，确保食品安全。市场经营者证照齐全、持证上岗，严禁出售过期、变质及假冒伪劣商品，严禁欺行霸市，维护诚信、公平、安全的市场经营秩序。四是规范小区市场，坚决取缔马路市场。对于长期形成的自发市场，短期无法改造的，采取整齐划一摊位位置、使用统一制式装货工具、及时清扫垃圾、划定停车位等一系列措施，确保市场日常规范管理。持续加大市场外溢、占道经营、夜市烧烤等治理力度，创造良好的市场环境。［责任单位：市城市管理综合行政执法局、市市场监督管理局、市场建设服务中心、市农业农村局，各镇（街道）］

（八）公共安全和交通秩序提升工程。一是加强交通基础设施的规划建设，深度挖掘停车资源，增加城区、市场、社区内的公共停车位数量，完善交通标识，在主次干道和重点部位科学设置电子监控设备。进一步完善公共交通建设，对公交站台、公交站点进行优化配置、改造提升；二是广泛开展文明交通教育。采取多种形式，开展文明交通知识教育培训，加大对重点群体的教育力度，将文明交通常识教育纳入驾校培训内容，开展交通安全进机关、进企业、进社区、进学校、进村镇活动。通过广播、电视、报纸、网络等各类媒体，广泛宣传文明交通常识和基本要求；三是开展重点部位专项治理行动。在东安购物商场、华成商场、天奕商场、步行街、医院、车站、母亲广场、公交站点、主要交通路口等重点场所，围绕“三轮车”非法运营，机动车占道抢行、酒驾、闯红灯、车窗抛物、斑马线不礼让行人，公交站点不排队乘车，出租车占道揽客，非机动车、行人违章等突出问题进行常态集中整治，构建良好的交通环境；四是大力开展文明交通引导志愿服务行动。加强对各公交站点、交通路口、斑马线、车站等部位的公共秩序维护和引导。［责任单位：市公安局（交警大队）、市文明办、市交通运输局、市融媒体中心、市教育局、团市委、各市级以上文明单位，各镇（街道）］

（九）生态环境提升工程。一是开展倡导绿色生活、反对铺张浪费行动，抵制包装过度、生活浪费等不良风气，广泛倡导“光盘行动”“公筷公勺”“文明餐桌”，宾馆饭店运用多种形式进行“节俭养德”“文明餐桌”温馨提示，引导人们理性消费、健康生活；二是推进低碳环保、植绿护绿、勤俭节约等为主题的志愿服务活动，打造成为示范性强、影响力大的项目品牌，提升专业化服务水平。［责任单位：市文明办、市生态环境分局、市市场监督管理局、市教育局、团市委，各镇（街道）］

（十）农村环境提升工程。一是全面清理建成区到镇（街道）的公路沿线，做到无明显垃圾堆积、环境脏乱、面源污染现象；二是农村环境干净整洁，管理规范有序，无脏乱差现象。农村公共场所广泛刊播展示公益广告，无争吵谩骂、乱扔杂物、随地吐痰、损坏公共设施等不文明行为；三是位于建成区外的镇（街道）党（工）委、政府（办事处）所在地周边环境卫生干净整洁，垃圾清运及时，能够做到分类收集。无占道经营、违章停车、乱张贴小广告等现象。无争吵谩骂、乱扔杂物、随地吐痰、损坏公共设施等现象。广泛刊播展示公益广告，传播社会主义核心价值观，倡导移风易俗和文明乡风；四是城乡接合部公路（铁路、河道）沿线无垃圾乱倒乱堆、污水乱倒、面源污染、工地垃圾乱倒、施工围挡未安装、裸土未覆盖等现象。［责任单位：市农业农村局、市城市管理综合行政执法局、市住房和城乡建

设局，各镇（街道）]

四、工作步骤

2021年深化文明城市创建工作分为三个阶段。

第一阶段：组织动员、细化责任阶段（2021年3月初）。成立市深化全国文明城市创建工作指挥部办公室（简称文城办），抽调重点责任单位骨干力量，在创建周期内进行集中办公，常态开展创建工作。根据全国和省《文明城市测评体系》，进一步对市创建指挥部十个工作部及各责任单位职责进行任务分解，明确创建重点、步骤、完成时限和成效，构建我市创建全国文明城市工作矩阵，打造顺畅高效的组织指挥调度体系，逐级签订责任书，将工作任务落实到科室和个人，落实创建资金、人员、督导等保障机制。

第二阶段：深化创建、集中攻坚阶段（2021年4—6月）。各单位要根据全市工作部署，对照《测评体系》逐项对标，积极组织实施各项文明创建活动，迅速对基础设施建设和精细化管理水平进行完善提升，严格遵循“二常态”原则，做到档案整理常态化。组建文明城档案工作组（文城办内设），按照《测评体系》，对测评项目、具体申报要求（包括全市思想政治、公共文化、市政管理、医疗科技、疫情防控、环境保护、农业发展、财税保障、民政民生、教育实施、精神文明等各个方面）进行进一步任务分解，推进“日清工作法”，按照时间节点，定期向相关责任单位发布工作要求，确保及时汇总留存工作档案。实地点位创建常态化。继续深化推进“实地测评点位分片包联”和“模板推广复制”工作法。明确各级各部门主要负责同志、主管负责人和具体负责人三级常态点位包联责任，并严格按照点位创建标准，分片区、分类别确定和打造对标达标、功能完备、群众认可、便于推广、可学可复制的满分模板点位并进行推广复制。

第三阶段：巩固提升阶段（2021年7—12月）。按照文明城市测评的时间节点，做好对标自查，及时发现问题和不足，迅速做好整改提高。各创建工作部结合创建工作进展，加强督导检查，及时督办各类问题，推动整改，达到固强补弱、全面提升创建水平的目的。健全长效措施，保持创建常态，巩固创建成果，确保高标准通过国家、省年度测评。

五、组织保障

（一）加强组织领导。切实发挥各创建工作部的作用，督导各责任单位履职尽责，切实开展工作。各单位要及时成立工作机构，建立严格的工作制度，制定周密的工作计划，做到党政主要负责同志主抓，分管领导具体抓，确保高质量完成各自承担的工作任务。对一些重点、难点问题，要加强联系，协同作战，合力攻坚，妥善解决，做到创建不留盲区、死角。要从实际出发，投入必要人力财力，解决好突出问题，确保深化创建工作取得实效。

（二）健全机制。一是建立完善协调联动机制。各创建工作部、各有关责任单位定期制定阶段性工作计划和总结，及时汇总存在的问题和解决建议，再由文城办报市创城指挥部主要领导阅处，定期召开工作会议，通报各自工作进度，保持信息互通。涉及多个部门的权责管理事项，切实明确牵头部门和相关责任部门职责分工，避免权责模糊不清，互相推诿扯皮；二是健全完善责任落实机制。各部门根据文明城测评标准，及时将创建任务、责任清单分解到位，落实网格化管理责任，理顺职责分工，推进责任落实；三是制定完善资金保障机制。加大对城市建设和城市管理的资金投入，确保城市管理投入随城市发展同步增长，同时按实际需求批设文明城创建专项经费，并及时拨付；四是健全完善督导问责机制。构建党委、政府主导，社会参与，全民监督的立体化、全方位督查督导网络，建立完善的责任追究机制，对非客观原因未能尽职履责的，视情节轻重，给予党纪、政纪处分。

（三）浓厚创建氛围。各单位要采取多种方式广泛宣传引导群众积极参与、支持深化文明城市创建工作。各新闻媒体要发挥宣传主渠道作用，开辟专题、专栏，及时宣传深化文明城市创建工作的目的、意义、任务、举措，及时发现和宣传各单位、各部门以及城乡居民积极参与创建取得的显著成效和先进典型，曝光深化创建过程中的“不作为”现象和现实生活中的不文明行为。采取多种形式大力宣传社会主义核心价值观，引导城乡居民从自身做起，自觉履行公民的责任和义务，争当文明市民，在全社会形成齐抓共建文明城市的浓厚氛围。

附件1

滦州市深化全国文明城市创建指挥部组成人员名单

一、指挥部人员名单

政　　　委：李建忠　　市委书记

指　挥　长：孙自生　　市委副书记、市政府市长

常务副指挥长：田文学　　市委常委、宣传部部长

副 指 挥 长：王合成　　市委副书记

王殿新　　市委常委、组织部部长、统战部部长

崔敬民　　市委常委、市纪委书记、监委主任

李鸿祥　　市委常委、市政府常务副市长

张雪峰　　市委常委、市政府副市长

孙晓忠　　市政府副市长、公安局局长

刘翠萍　　市政府副市长

李瑞岭　　市政府副市长

李恩科　　市政府副市长

成　　　员：各镇（街道）、市直各单位主要负责同志

主要职责：全面负责我市深化文明城市创建工作，安排部署、组织实施中央、省、唐山市下达的各项创建任务，督导调度工作落实情况，解决深化创建工作中的重点、难点问题。

二、指挥部下设办公室和10个创建工作部

（一）指挥部办公室

主　　任：田文学（兼）

牵头单位：市委宣传部（市文明办）

成员单位：市委办公室、市政府办公室、市纪委监委、市委网信办、市融媒体中心

主要职责：负责谋划安排全市创建工作，了解掌握各创建工作部及各级各单位创建工作动态，召集专题工作会议，整理汇总创建档案信息；负责对创建工作进行常态化督导检查，协调落实各项创建任务，对创建工作推诿滞后和群众反映强烈的突出问题进行监督；负责集中开展深化创建工作专题宣传报道，对创建工作经验进行总结宣传，对各类不文明现象和不文行为进行曝光，对履职不力的单位及个人追责问责。

（二）思想道德和人文环境创建工作部

部　　长：田文学（兼）

副 部 长：卢金玺　　市委宣传部常务副部长

牵头单位：市委宣传部

成员单位：市委办公室、市政府办公室、市委组织部、市委统战部、市委政法委、市委网信办、市委市直机关工委、市委党校、市教育局、市工业和信息化局、市民宗局、市公安局、消防大队、市民政局、市财政局、市生态环境分局、市自然资源和规划局、市城市管理综合行政执法局、市水利局、市农业农村局、市文化广电和旅游局、市卫生健康局、市市场监督管理局、市应急管理局、市税务局、团市委、市妇联、市科协、市文联、市工商联、市红十字会、市融媒体中心

主要职责：组织全市深入学习贯彻习近平新时代中国特色社会主义思想，开展中国特色社会主义和中国梦学习宣传教育，建设具有强大凝聚力和引领力的社会主义意识形态；推进社会主义核心价值观融入日常生活，大力培育良好家风家教，积极培育勤劳节俭之风，倡导树立健康文明的生活方式，保护传承中华优秀传统文化；开展道德模范等先进典型学习宣传，推进志愿服务制度化，做好文明旅游工作，规范公益广告宣传，加强网络文明建设。建设健康向上的人文环境，开展科学普及，促进民族团结进步，建设现代公共文化服务体系，健全现代文化产业体系，提升市民文明素质。及时留存整理档案资料，经逐级审核后报送；做好所负责创建点位的对标创建工作。

负责的创建点位：景区景点、公共文化设施、爱国主义教育基地、实体书店、网吧、城区主次干道

（三）政务环境和诚信建设创建工作部

部　　长：李鸿祥（兼）

副 部 长：王继臣　　市政府办公室副主任、房屋征收中心主任

　　　　　张卫忠　　市行政审批局局长

牵头单位：市行政审批局

成员单位：市纪委监委、市委办公室、市政府办公室、市委宣传部（市文明办）、市委网信办、市法院、市教育局、市工业和信息化局、市民政局、市财政局、市人力资源和社会保障局、市生态环境分局、市城市管理综合行政执法局、市交通运输局、市农业农村局、市商务和投资促进局、市文化广电和旅游局、市卫生健康局、市市场监督管理局、市应急管理局、市税务局、市金融办、人行滦州市支行

主要职责：建设廉洁高效的政务环境，加强党风廉政建设，强化政务行为规范。建设诚信守法的市场环境，推进诚信建设制度化。及时留存整理档案资料，经逐级审核后报送。

（四）窗口单位创建工作部

部　　长：王合成（兼）

副 部 长：李冠宇　　市委办公室二级主任科员

　　　　　钱助兴　　市委市直机关工委常务副书记、市直机关党委书记

牵头单位：市委市直机关工委

成员单位：市公安局、消防大队、市人力资源和社会保障局、市医疗保障局、市住房和城乡建设局、市城市管理综合行政执法局、市卫生健康局、市行政审批局、市税务局、市交通运输局、市金融办、人行滦州市支行、国网滦州市供电公司、邮政集团滦州市分公司、中国联通滦州市分公司、电信集团滦州市分公司、移动公司滦州市分公司、河北广电信息网络集团股份有限公司滦州分公司等单位

主要职责：优化公共服务，扎实开展“提质提效、文明服务”活动，提升从业人员文明用语、礼貌待人和规范服务水平。完善公共设施，及时修复完善轮椅通道、扶手、缘石坡道等无障碍设施。落实精神文明创建要求，开展核心价值观宣传教育、公益广告宣传、志愿服务等创建活动。落实测评体系对各具体创建点位的其他要求。

负责的创建点位：行政审批大厅、医院、银行网点、邮政营业厅、移动营业厅、电信营业厅、

联通营业厅、广电网络公司营业厅、长途汽车客运站、出入境办证大厅和公安、税务、燃气、供热、供水、供电等窗口单位

（五）未成年人思想道德建设创建工作部

部　　长：刘翠萍（兼）

副 部 长：于忠君　　市政府办公室二级主任科员

谢金华　　市教育局局长

牵头单位：市教育局

成员单位：市委宣传部（市文明办）、市委网信办、市委老干部局、市委政法委、市公安局、市民政局、市司法局、市财政局、市人力资源和社会保障局、市住房和城乡建设局、市城市管理综合行政执法局、市商务和投资促进局、市文化广电和旅游局、市卫生健康局、市市场监督管理局、市应急管理局、团市委、市妇联、市科协、市文联、市残联、市融媒体中心、古城街道、滦河街道

主要职责：建设促进青少年健康成长的社会文化环境，重点提升国民教育水平，健全完善学校、家庭、社会“三结合”教育网络，形成未成年人思想道德建设工作合力。加强中小学校对标创建，推进核心价值观宣传教育，开展文明校园创建活动，规范公益广告宣传，严格校园安全管理和禁烟管理，及时修复完善无障碍设施及消防设施，实现校园周边环境整治常态化。加强社区家长学校、社区未成年人文化活动中心、青少年课外活动中心、校外未成年人心理健康辅导站建设管理。加强网吧、校外培训机构规范管理。爱国主义教育基地和公益性文化设施免费接纳未成年人参观学习。做好关爱保护未成年人健康成长宣传；关心关爱特殊群体未成年人。及时留存整理档案资料，经逐级审核后报送；做好所负责创建点位的对标创建工作。

负责的创建点位：小学、中学、青少年课外活动中心、未成年人心理健康辅导站、校外培训机构

（六）市容环境创建工作部

部　　长：李鸿祥（兼）

副 部 长：王继臣　　市政府办公室副主任、房屋征收中心主任

杨瑞刚　　市城市管理综合行政执法局局长

牵头单位：市城市管理综合行政执法局

成员单位：市发展和改革局、市教育局、市工业和信息化局、市公安局、消防大队、市民政局、市人力资源和社会保障局、市自然资源和规划局、市住房和城乡建设局、市交通运输局、市水利局、市商务和投资促进局、市文化广电和旅游局、市卫生健康局、市退役军人事务局、市市场监督管理局、市应急管理局

主要职责：建设和谐宜居的生活环境，重点是促进经济发展，做好城市规划建设，加强城市管理和公共服务，提升城市绿化水平，保障医疗与公共卫生，促进社会保障，巩固军政军民团结。清理环境卫生，对主次干道、商业大街、背街小巷、公园广场、居民小区、城乡接合部等公共场所进行全面清理，并实现常态化保洁。维护公共秩序，依法查处乱扔垃圾、随地吐痰、私搭乱建、占道经营、不文明养犬等影响环境卫生行为。完善公共设施，及时修复完善城市道路、公共场所、公共建筑的市政基础设施、无障碍设施及消防设施，加大背街小巷、公共卫生间等薄弱环节整治力度。改善城市市容，提升城市绿化美化亮化水平；整治规范沿街牌匾、建筑围挡、电子显示屏等公共场所户外广告；确保公益广告宣传覆盖率达到50%以上。落实精神文明创建要求，开展核心价值观宣传教育、志愿服务等创建活动。及时留存整理档案资料，经逐级审核后报送；做好所负责创建点位的对标创建工作。

负责的创建点位：公共广场、建筑工地、公园、避难场所、主次干道、主要商业大街、背街小

巷、城乡接合部（城市管辖区域）、室外公共厕所、马路市场及流动商贩、公交车线路及公交车、建成区内的河湖

（七）社区治理创建工作部

部　　长：李鸿祥（兼）

副 部 长：王继臣　　市政府办公室副主任、房屋征收中心主任
　　　　　张晨曦　　市住房和城乡建设局局长
　　　　　袁　源　　古城街道党工委书记
　　　　　薛会东　　滦河街道党工委书记

牵头单位：市住房和城乡建设局、古城街道、滦河街道

成员单位：市民政局、市教育局、市公安局、消防大队、市自然资源和规划局、市城市管理综合行政执法局、市商务和投资促进局、市文化广电和旅游局、市卫生健康局、市市场监督管理局、市妇联

主要职责：重点开展城市社区对标创建。包括清理环境卫生，全方位、无死角清理小区及楼道内环境卫生，并实现常态化保洁。维护公共秩序，加强宣传教育引导，依法查处私搭乱建、乱堆乱放、乱围乱种、不文明养犬、乱贴小广告等违法失德行为。完善公共设施，及时修复完善小区道路、分类垃圾箱、消防、无障碍设施等设施，提升绿化亮化美化水平。提升公共服务，加强社区综合文化服务中心、家长学校、未成年人文化活动中心建设管理，构建15分钟生活圈。落实精神文明创建要求，开展核心价值观宣传教育、公益广告宣传、志愿服务等创建活动。做好所负责创建点位的对标创建的其他工作。

负责的创建点位：街道办事处、街道综合文化站、城市社区、社区综合文化服务中心、生活小区

（八）市场环境创建工作部

部　　长：李恩科（兼）

副 部 长：李江涛　　市政府办公室副主任、督查室主任
　　　　　屈俊英　　市市场监督管理局局长
　　　　　李宗军　　市商务和投资促进局局长
　　　　　刘向民　　市市场建设服务中心主任

牵头单位：市市场监督管理局、市商务和投资促进局、市市场建设服务中心

成员单位：市城市管理综合行政执法局、市公安局、消防大队、市文化广电和旅游局、市卫生健康局、市税务局、市农业农村局、市建材大市场服务中心

主要职责：重点开展农贸（集贸）市场对标创建。包括全面清理市场及周边环境卫生，确保垃圾及时清运，实现环境卫生常态化保洁。维护市场秩序和公共秩序，加强标准化菜市场建设管理，推进归摊入市，提高管理水平；加强马路市场规范管理，依法整治查处市场外溢、占道经营等违法行为；加强宣传教育引导，依法查处乱扔垃圾、随地吐痰、乱贴小广告等违法失德行为。完善公共设施，及时修复完善消防、分类垃圾箱等公共设施。提升公共服务水平，开展“提质提效、文明服务”竞赛活动。保障食品安全，严禁出售过期、变质、伪劣食品。落实精神文明创建要求，开展核心价值观宣传教育、公益广告宣传、志愿服务等创建活动。做好其他所负责创建点位的对标创建工作。

负责的创建点位：大型商场、大型超市、宾馆饭店、农贸（集贸）市场、商业街区（农资市场、建材市场、步行街）

（九）公共安全和法治建设创建工作部

部　　长：孙晓忠（兼）

副 部 长：李建宏　　市公安局政委

于忠君　　市政府办公室二级主任科员

李庆丰　　市司法局局长

牵头单位：公共安全建设由市公安局牵头；法治建设由市司法局牵头

成员单位：市政府办公室、市委组织部、市委宣传部、市委统战部、市委政法委、市委党校、市法院、市检察院、市民宗局、市民政局、市人力资源和社会保障局、市城市管理综合行政执法局、市交通运输局、市农业农村局、市卫生健康局、市市场监督管理局、市金融办、市应急管理局、市总工会、团市委、市妇联、市科协、市文联、市残联、市交警大队、消防大队

主要职责：建设安全稳定的社会环境，重点是加强公共安全体系建设。建设公平正义的法治环境，开展法治宣传教育，维护公民权益，完善基层民主政治。综合运用出台交规、宣传教育、文明引导、媒体曝光、依法查处、信息通报、视频监控等多种手段，依法整治查处行人乱穿马路、翻越道路隔离设施，行人、非机动车闯红灯，机动车、非机动车逆行、混行，机动车违章行驶、车窗抛物、不礼让行人，机动车、非机动车乱停乱放，客运三轮车非法营运，出租车喊站揽客、违规运营，公交站点不排队乘车等违法失德行为。规范完善交通信号灯、标志标线、停车泊位、机非分离、人车分离、电子视频监控系统等交通管理或道路安全设施。及时留存整理档案资料，经逐级审核后报送；做好所负责创建点位的对标创建工作。

负责的创建点位：主要交通路口、主次干道、背街小巷、出租车、公交车线路及公交车

（十）生态环境建设创建工作部

部　　长：李恩科（兼）

副 部 长：李江涛　　市政府办公室副主任、督查室主任

张绍伟　　唐山市生态环境局滦州市分局负责人

牵头单位：市生态环境分局

成员单位：市发展和改革局、市自然资源和规划局、市住房和城乡建设局、市城市管理综合行政执法局、市水利局、市卫生健康局

主要职责：建设有利于可持续发展的生态环境，重点加强环境管理和环境质量，强化土地资源管理。及时留存整理档案资料，经逐级审核后报送。

负责的创建点位：城区、城区外行政村、城乡接合部［镇（街道）管辖区域］

（十一）农村建设创建工作部

部　　长：李瑞岭（兼）

副 部 长：周俊峰　　市政府办公室副主任

张志刚　　市农业农村局局长

牵头单位：市农业农村局

成员单位：市委宣传部（市文明办）、市生态环境分局、市住房和城乡建设局、市城市管理综合行政执法局、市交通运输局、市文化广电和旅游局、市卫生健康局、市妇联、榛子镇、东安各庄镇、油榨镇、九百户镇、雷庄镇、茨榆坨镇、杨柳庄镇、古马镇、小马庄镇、王店子镇、滦城街道、响嘡街道、古城街道

主要职责：开展以城带乡、城乡共建，做好帮扶共建、环境整治和民风建设工作。加强环境整治，开展镇（街道）、农村、城乡接合部、道路沿线环境卫生整治，并实现常态化保洁。加强民风建设，开展核心价值观宣传教育、公益广告宣传、志愿服务等精神文明创建活动，整治乱扔杂物、随地吐痰、损坏公共设施等违法失德行为。丰富文化生活，加强镇（街道）综合文化站、村综合文化服务中心建设管理，开展宣传文化、党员教育、科普教育、普法教育活动。推进农村“厕所革

命”，实现村（社区）内无旱厕。落实测评体系对各具体创建点位的其他要求。及时留存整理档案资料，经逐级审核后报送；做好所负责创建点位的对标创建工作。

负责的创建点位：镇（街道）及道路沿线、城区外行政村、城乡接合部［镇（街道）管辖区域］

附件2

滦州市2021年创建国家文明城市基础任务指标分解表

（此表任务指标需结合《文明城市测评体系》所明确的各项具体创建标准执行）

项目	任务分解及要求	时间	责任单位	所属工作部
一、文明城创建组织指挥调度体系建设	1.对滦州市深化文明城市创建指挥部机构设置及工作职责进行修订完善，进一步明确各工作部职能责任，形成自上而下“一把手”抓创建、负总责，文城办负责组织协调、督导联络，各专项工作部负责具体推动，各创建责任单位各司其职的组织领导体系和工作机制	2021年2月底	市委办、政府办、宣传部	
	2.强化工作力量，挂牌成立市深化文明城市创建指挥部办公室（简称文城办）。以市文明办工作人员为基础，从重点责任单位抽调8—10名具有创城工作经验的骨干人员集中办公，常态开展实地创建指导、档案整理和创建督导等相关工作，并确保创建工作的专业性和延续性，被抽调人员与原单位工作脱钩，抽调时间为全国文明城市一个测评周期（2021年—2023年）	2021年2月底	市委办、政府办、组织部、宣传部	
	3.制定本年度创建工作计划，明确牵头部门和相关责任部门的职责分工	2021年2月底	市深化文明城市创建指挥部各成员单位	各创建工作部
	4.制定完善资金保障机制，加大对城市建设和城市管理的资金投入，按实际需求批设文明城创建专项经费及时拨付，并纳入财政预算	2021年2月底	财政局	
	5.健全完善督导问责机制，构建党委、政府主导，社会参与，全民监督的立体化、全方位督查督导网络，建立完善的责任追究机制，对非客观原因未能尽职履责的，视情节轻重，给予党纪、政纪处分	2021年2月底	市委办、政府办、纪委监委、组织部、宣传部	

续表

项目	任务分解及要求	时间	责任单位	所属工作部
二、思想道德和人文环境创建水平提升工程	6.深入学习贯彻习近平新时代中国特色社会主义思想，持续宣传普及社会主义核心价值观，强化干部群众理想信念教育。充分发挥典型示范引领作用，在城乡广泛设立《善行功德榜》，建立《好人档案》和《功德录》，开展“身边好人”“道德模范”评选宣传活动。在未成年人中开展“为文明城创建添彩、争当文明小使者”、童心向党、向国旗敬礼等主题活动，引导人们见贤思齐、崇德向善	2021年2月—12月	宣传部、文明办、教育局、团市委、各镇（街道）	思想道德和人文环境创建工作部
	7.深入开展群众性精神文明创建活动。在城区，依据“五个一”（一堂、一队、一牌、一桌、一传播，即建好用好道德讲堂，建立常态化的学雷锋志愿服务队，设置与环境相融合的遵德守礼提示牌，开展文明餐桌行动，建立网络文明传播志愿服务小组）标准，不断深化文明单位创建工作。在农村，依据“十个一”标准（即一个村民中心、一个文化广场、一条乡风文明示范街、一批善行功德榜、一套村规民约、一个红白理事会、一个道德讲堂或道德评议会、一支志愿者队伍、一支乡贤骨干队伍和每年评选表彰一次“星级文明户”），全面推进新时代文明实践所站建设，不断深化文明村镇创建工作	2021年2月—12月	市文明委成员单位、各镇（街道）	
	8.进一步丰富群众文化生活。以端午、中秋、重阳、春节等传统节日为契机，组织系列形式多样的民俗活动，传承弘扬中华民族优秀文化和传统美德。开展全民阅读和全民健身等文体活动，形成科学文明健康的生活方式。运用“三下乡”“四进社区”和文化进万家、文化志愿服务等载体支持文艺团体和文艺工作者深入基层开展文化活动	2021年2月—12月	文明办、文旅局	
	9.依托新时代文明实践中心全国试点建设工作，持续推进文明出行、文明餐桌、文明交通、帮孤助残、扶贫济困、邻里守望等各类志愿服务活动，让“帮助他人、快乐自己”的志愿服务理念深入人心，推动全市志愿服务工作逐步实现“三全”（人数上全员、范围上全域、时间上全年），唱响“满城尽是红马甲、奉献友爱倡文明”口号	2021年2月—12月	文明办	
	10.进一步强化主题公益宣传和创建氛围营造。对城区主次干道的公益广告位进行全面换档升级，增设符合创建标准的城市小品雕塑和街景造型，同时，增加沿街LED屏幕、出租车顶灯、公益广告牌匾、建筑围挡以及电视、报纸、网络等各类媒介公益广告的刊播占比，使主题公益广告融入日常生活，做到抬眼可见、举足即观	2021年2月—12月	文明办、城管执法局、交通运输局、融媒体中心	

续表

项目	任务分解及要求	时间	责任单位	所属工作部
三、政务环境和诚信建设提升工程	11.开展诚信行业、诚信单位、诚信示范街区、诚信经营示范店等主题实践活动，定期发布诚信企业“红名单”和失信企业“黑名单”，提高全社会对诚信建设的关注度，让诚信理念深入人心，让追求质量、崇尚卓越成为全社会的价值导向和时代精神	2021年2月—12月	行政审批局、发展和改革局、市场监管局、市场建设服务中心、城管执法局	政务环境和诚信建设工作部
	12.建立和完善打击假冒伪劣的监督、投诉和处置机制	2021年2月—12月	市场监管局	
	13.建立健全保护消费者权益的机制，设立受理消费者投诉举报电话	2021年2月—12月	市场监管局	
	14.强化对食品经营单位的常态监督检查力度，杜绝过期、变质、伪劣食品的出售，及时查处食品安全事故，无漏报、瞒报情况	2021年2月—12月	市场监管局	
四、窗口单位服务质量提升工程	15.比“三办（热情办、马上办、办得好）”，看工作态度。无“门难进，脸难看，事难办”和慵懒拖散现象，要有意见簿（箱）、固定投诉电话等投诉渠道和高效处理机制，服务过程和结果有记录	2021年2月—12月	市直机关工委、人行、各窗口单位	窗口单位创建工作部
	16.比“三致（细致、精致、极致）”，看服务质量。能够严格按照流程规范，专业技能熟练，工作质量高，服务精益求精，无随意性和粗放式服务	2021年2月—12月	市直机关工委、人行、各窗口单位	
	17.比“三优（秩序优、环境优、文化优）”，看管理水平。做到生活区、办公区、服务区秩序井然，车辆、物品摆放整齐有序，环境卫生干净整洁，无吸烟现象，便民服务设施完备，单位文化建设理念先进、行业规范和文明服务公约及各类公益广告的悬挂展示符合标准	2021年2月—12月	市直机关工委、人行、各窗口单位	
	18.进一步完善窗口单位的基础公共设施，对无障碍通道、便民服务设施等及时修复完善、换挡升级	2021年6月底	市直机关工委、人行、各窗口单位	

续表

项目	任务分解及要求	时间	责任单位	所属工作部
五、未成年人思想道德创建水平提升工程	19.加强各中小学校的对标创建，推进社会主义核心价值观宣传教育，开展文明校园创建活动	2021年2月—12月	教育局	未成年人思想道德创建工作部
	20.对照文明校园和未成年人思想道德建设工作测评体系，健全学校、家庭、社会“三结合”教育网络，形成未成年人思想道德建设工作合力	2021年2月—12月	教育局、各镇（街道）	
	21.加强学校周边各类市场主体检查规范，严厉查处假冒伪劣过期食品，坚决取缔无证无照经营食品行为，坚决取缔校园周边200米以内的互联网上网服务营业场所、电子游戏经营场所，严厉整治校园门口的流动商贩违法经营现象	2021年2月—12月	宣传部、文旅局、市场监管局	
	22.强化对全市书摊、报亭、音像制品销售点等场所清查整治，依法收缴恐怖、迷信、低俗、色情的玩具、文具、非法出版物，对网吧进行常态化监督检查，严厉查处网吧违规接纳未成年人行为	2021年2月—12月	宣传部、文旅局	
	23.加强社区家长学校、社区未成年人课外活动中心、校外未成年人心理健康辅导站的规范建设，对未成年人免费开放爱国主义教育基地和公益性文化场所，全面关爱和保护未成年人健康成长	2021年2月—12月	教育局、宣传部、文旅局、各镇（街道）	
六、市容环境提升工程	24.公共设施建设管理维护。对城区主次干道进行全面维护升级，重点包括胜利道（建华路以东路段）、安康路（胜利道以北路段）、滦新街等主次干道。大力推行城市精细化管理，所有街巷确保给排水通畅、无路面坏损和坑洼积水，无欺街占道现象。对城区内公园广场（特别是火车站前广场、步行街东停车场）、市政设施、背街小巷、公共厕所进行全面维护升级。城区主要道路、各类公共建筑以及新建住宅，建有无障碍设施并保证通畅完好，公共消防设施100%达标，消防通道畅通	2021年6月底	城管执法局、住建局	市容环境创建工作部
	25.彻底清理城乡环境卫生。从社区到街道，从机关单位到公共部位，从城区到城乡接合部，进行地毯式垃圾清除和卫生清扫。同时，建立保洁长效机制，各公共场所、主次干道、背街小巷和居民小区，落实全天候卫生保洁	2021年2月—12月	城管执法局	
	26.集中治理沿街容貌。逐项逐段检查户外广告牌匾、工地围挡广告，依法拆除外观陈旧、布局混乱、景观不协调的广告牌匾、店招、橱窗。清理影响市容市貌的庸俗、低俗、媚俗广告和其他“小广告”，全面落实各沿街门店“门前三包”责任制	2021年2月—12月	城管执法局、公安局	
	27.提升“三化”水平。全面栽植补植绿地草坪、治理绿地斑秃现象、修剪修饰景观植物。加强城区夜景亮化建设，确保亮灯率100%。进一步加大与城市相融合，高标准的雕塑和园艺设施、花坛、绿地的规划建设力度	2021年2月—12月	城管执法局	

续表

项目	任务分解及要求	时间	责任单位	所属工作部
七、社区治理提升工程	28.开展小区公共设施完善、维护行动。结合老旧小区改造提升，及时对城区内所有生活小区的破损路面、晨晚练活动场所、垃圾箱、灯箱、照明、防盗、消防等公共设施进行修复维护，确保生活垃圾定点分类投放、定时清运，小区、楼门内外干净整洁，墙面、玻璃干净完整，为居民创造良好的生活环境	2021年2月—12月	滦城街道、古城街道、滦河街道负责开放小区，市住建局负责封闭小区，市城管执法局	社区治理创建工作部
	29.开展小区卫生环境整治行动。全面清理小区私搭乱建、乱栽乱种、乱堆乱放，持续严厉打击非法张贴小广告、不文明养犬等行为	2021年2月—12月	滦城街道、古城街道、滦河街道负责开放小区，市住建局负责封闭小区	
	30.将社会主义核心价值观融入文明社区创建。发动居民广泛开展创建文明楼栋、文明楼门、文明家庭活动，建立和谐的邻里关系。在社区出入口、楼道口、各类公共活动场所等醒目位置和人流密集地粘贴悬挂“讲文明树新风”“图说我们的价值观”“未成年人思想道德建设”等各类公益广告和《市民文明公约》《社区居民公约》，设置精神文明创建橱窗专栏，使社会主义核心价值观家喻户晓	2021年2月—12月	滦城街道、古城街道、滦河街道负责开放小区，市住建局负责封闭小区	
	31.结合社区“六位一体”和党员“双报到”等活动，持续开展“访千楼万家”活动，进一步了解民意、疏导情绪，提高群众对创城工作的满意度和知晓度	2021年2月—12月	滦城街道、古城街道、滦河街道	
八、市场环境提升工程	32.市场（商业街区）基础设施全面完善提升。重点对和平路市场、晨光南里市场、步行街、农资市场、建材市场等集贸市场和商业街区进行全面改造提升	2021年2月—12月	城管执法局、市场建设服务中心、农业农村局	市场环境创建工作部
	33.持续整治市场卫生环境。清除市场及周边积存垃圾、污水、堆积的商品货物，搞好市场及店面卫生常态保洁，提升环境卫生水平	2021年2月—12月	城管执法局负责市场外部整治，市场建设服务中心负责市场内部整治，农业农村局、建材大市场服务中心、各镇（街道）	
	34.进一步规范市场经营秩序。严格卫生检验，做到摊位分区、生熟分离、规范有序，确保食品安全。市场经营者证照齐全、持证上岗，严禁出售过期、变质及假冒伪劣商品，严禁欺行霸市，维护诚信、公平、安全的市场经营秩序	2021年2月—12月	市场建设服务中心、市场监管局、各镇（街道）	
	35.规范小区市场，坚决取缔马路市场。对长期形成的自发市场，短期无法改造的，采取整齐划一摊位位置、使用统一制式装货工具、及时清扫垃圾、划定停车位等一系列措施，确保市场日常规范管理。持续加大市场外溢、占道经营、夜市烧烤等治理力度，创造良好的市场环境	2021年2月—12月	城管执法局、各镇（街道）	

续表

项目	任务分解及要求	时间	责任单位	所属工作部
九、公共安全和法制建设创建提升工程	36.加强交通基础设施的规划建设，深度挖掘停车资源，增加城区、市场、社区内的公共停车位数量，完善交通标识，在主次干道和重点部位科学设置电子监控设备。进一步完善公共交通建设，对公交站台、公交站点进行优化配置、改造提升	2021年2月—12月	公安局（交警大队）、交通运输局	公共安全和法治建设创建工作部
	37.广泛开展文明交通教育。采取多种形式，开展文明交通知识教育培训，加大对重点群体的教育力度，将文明交通常识教育纳入驾校培训内容，开展交通安全进机关、进企业、进社区、进学校、进村镇活动。通过广播、电视、报纸、网络等各类媒体，广泛宣传文明交通常识和基本要求	2021年2月—12月	公安局（交警大队）、文明办、交通运输局、融媒体中心、教育局、团市委、各市级以上文明单位、各镇（街道）	
	38.开展重点部位专项治理行动。在东安购物商场、华成商场、天奕商场、步行街、医院、车站、母亲广场、公交站点、主要交通路口等重点场所，围绕“三轮车”非法运营，机动车占道抢行、酒驾、闯红灯、车窗抛物、斑马线不礼让行人，公交站点不排队乘车，出租车占道揽客，非机动车、行人违章等突出问题进行常态集中整治，构建良好的交通环境	2021年2月—12月	公安局（交警大队）、交通运输局	
	39.大力开展文明交通引导志愿服务行动。加强各公交站点、交通路口、斑马线、车站等部位的公共秩序维护和引导	2021年2月—12月	公安局（交警大队）、文明办、交通运输局、融媒体中心、教育局、团市委、各市级以上文明单位、各镇（街道）	
十、生态环境提升工程	40.开展倡导绿色生活、反对铺张浪费行动，抵制包装过度、生活浪费等不良风气，广泛倡导“光盘行动”“公筷公勺”“文明餐桌”，宾馆饭店运用多种形式进行“节俭养德”“文明餐桌”温馨提示，引导人们理性消费、健康生活	2021年2月—12月	文明办、生态环境分局、市场监管局、教育局、团市委、各镇（街道）	生态环境建设创建工作部
	41.推进低碳环保、植绿护绿、勤俭节约等为主题的志愿服务活动，打造成为示范性强、影响力大的项目品牌，提升专业化服务水平	2021年2月—12月	文明办、生态环境分局、市场监管局、教育局、团市委、各镇（街道）	
十一、农村环境提升工程	42.全面清理建成区到镇（街道）的公路沿线，做到无明显垃圾堆积、环境脏乱、面源污染现象	2021年2月—12月	农业农村局、城管执法局、住建局、各镇（街道）	农村建设创建工作部
	43.农村环境干净整洁，管理规范有序，无脏乱差现象。农村公共场所广泛刊播展示公益广告，无争吵谩骂、乱扔杂物、随地吐痰、损坏公共设施等不文明行为	2021年2月—12月	农业农村局、城管执法局、住建局、各镇（街道）	
	44.位于建成区外的镇（街道）党（工）委、政府（办事处）所在地周边环境卫生干净整洁，垃圾清运及时，能够做到分类收集。无占道经营、违章停车、乱张贴小广告等现象。无争吵谩骂、乱扔杂物、随地吐痰、损坏公共设施等现象。广泛刊播展示公益广告，传播社会主义核心价值观，倡导移风易俗和文明乡风	2021年2月—12月	农业农村局、城管执法局、住建局、各镇（街道）	
	45.城乡接合部公路（铁路、河道）沿线无垃圾乱倒乱堆、无污水乱倒、面源污染、工地垃圾乱倒、施工围挡未安装、裸土未覆盖等现象	2021年2月—12月	农业农村局、城管执法局、住建局、各镇（街道）	

注：本分解表为基础任务分解，各工作部及相关责任单位具体创建标准待新版《文明城市测评体系》下发后参照执行。

附件三

滦州市创建国家卫生城市工作实施方案

为深入实施健康中国战略，落实省关于“三重四创五优化”、唐山市关于“3+5”创建活动要求和市一届四次党代会关于“勇夺三项桂冠”决策部署，大力提升城市服务功能，改善城市环境，提高人民健康水平，加快推进国家卫生城市创建，特制定本工作方案。

一、指导思想

以习近平新时代中国特色社会主义思想为指导，以保障人民健康为中心，按照“政府组织、部门协作、群众参与、社会监督”的方针，做到“四个结合”：与创建国家文明城市、国家森林城市相结合，与推进健康中国行动相结合，与建设中等城市、跻身全国百强相结合，与推进城乡人居环境整治相结合。着力实施八项提升工程：健康素养提升工程、市容市貌整治提升工程、公共场所卫生提升工程、食品安全提升工程、生态环境提升工程、交通秩序提升工程、公共卫生与医疗服务提升工程、病媒生物防制提升工程，努力营造城市文化、完善城市功能、改善城市环境、优化健康服务、培育健康人群、创建健康滦州，确保2023年创建成为国家卫生城市。

二、基本原则

（一）坚持政府主导，全民参与。按照“政府组织、部门协作、全民参与、属地管理、科学治理、社会监督”原则，完善创新工作机制，形成各级各部门履职尽责、齐抓共管的工作合力和全社会积极支持、广泛参与的良好局面，实现全民共建共享。

（二）坚持全域创建，分级推动。把“全域创建、全面申报、分级推动”理念作为基本要求，加强统筹协调，重点推动国家卫生城市创建，分别组织开展省级卫生镇、省级卫生村的创建工作。

（三）坚持为民创建，务求实效。以“创卫为民”“创卫惠民”为根本出发点，把群众认同、群众满意作为工作标准，建立完善长效机制，让广大人民群众得到实惠。

（四）坚持问题导向，提质增效。结合新冠肺炎疫情常态化防控要求，尽快找准短板弱项和薄弱环节，对症施策，不断提升城市管理效能，打造健康宜居环境，切实增强人民群众的获得感、幸福感。

三、创建目标

本市在2021—2023年完成创建国家卫生城市，榛子镇、雷庄镇在2021年12月31日前完成省级卫生镇创建任务。全市50%以上村在2021年12月31日前完成省级卫生村创建任务。

四、主要任务

根据全国爱卫会制定的《国家卫生城市标准（2014版）》和《国家卫生城市评审与管理办法》（全爱卫发〔2015〕4号），结合我市实际，坚持“强化领导、统筹兼顾、突出重点、全面推进”的工作机制，重点在城市基础设施建设、市场卫生、医疗卫生、居民健康素养、大气污染防治等方面下功夫、补短板、提水平，高标准完成创建任务，全力抓好以下十项重点工作。

（一）加强爱国卫生工作体系建设。一是认真贯彻落实《国务院进一步加强新时期爱国卫生工作的意见》（国发〔2014〕66号），将爱国卫生工作纳入政府议事日程，列入经济社会发展规划。各级政府健全爱卫会组织，明确1名政府分管领导，明确专门机构承担日常工作，明确成员单位职责，市爱卫办专职工作人员和工作条件要满足实际工作需要。二是将爱国卫生工作经费和专项经费纳入财政预算，制定爱国卫生工作规划和年度计划，有部署、有总结。健全爱卫会组织，明确成员单位分工，落实工作职责。完善爱国卫生网络，各镇（街道）政府（办事处）配备专（兼）职爱国卫生工作人员，社区居委会及村委会协调做好爱国卫生工作，有兼职爱国卫生工作人员。积极开展卫生镇、卫生村、卫生单位等创建活动。在城乡广泛开展爱国卫生教育宣传活动。三是实行民主监督，公开监督举报电话，认真核实和解决群众反映的问题，群众对卫生状况满意率≥90%。［责任单位：市爱卫办、市爱卫会各成员单位，各镇（街道）］

（二）健康素养提升工程。一是大力开展健康中国·滦州行动，以最新版《中国公民健康素养—基本知识与技能》等为指导，以健康社区、健康家庭、健康学校、健康企业等“健康细胞”建设为载体，通过广播、电视、网络、讲座等多种媒体，采取多种形式，广泛深入开展健康教育宣传活动，提高群众健康素养。健全健康教育网络，全面落实25项健康中国行动目标，开展全民健身活动。各类学校要开展多种形式的健康教育活动，中小学要开设健康教育课。加强社区体育健身设施建设，落实工作场所工间操制度。2021年创建“省级健康促进示范县”。二是深入开展禁烟、控烟宣传和健康教育阵地建设，禁止烟草广告，强化烟草危害宣传，强力倡导禁烟、控烟行动，继续开展创建无烟党政机关、无烟医疗单位、无烟学校活动，不断提高居民健康素养水平。三是大力弘扬社会文明道德新风尚，引导群众摒弃随地吐痰、乱扔杂物、损坏公物、违反交通法规等不文明行为，促进市民养成文明健康的生活方式。［牵头单位：市卫生健康局；责任单位：市委宣传部、市文明办、市文化广电和旅游局、市教育局、市财政局、市交通运输局，各镇（街道）］

（三）市容市貌整治提升工程。一是继续加强老旧小区改造力度，加快老旧管网改造。抓好“洁净城市”建设，不断提高市区机械化清扫率。保障数字化城管系统的正常运行，做到城市主干道和街面整洁卫生，卫生基础设施配置齐全，城市湖泊、河道水面清洁，城市照明功能完善。加强城市绿化建设，绿化覆盖率≥36%，人均公园绿地面积≥8.5平方米。加强城市主次干道、街巷路面、公路、铁路、河道的卫生管理，确保城区卫生无死角、无死面，城区内及城中村、城乡接合部无“十乱”现象。二是生活垃圾运输体系完善，生活垃圾、污水、粪便无害化处理设施建设、管理和污染防治符合标准要求。依托“智慧环卫”加大对生活垃圾无害化处理监管力度，确保市区生活垃圾无害化处理率保持100%。城市污水集中处理率≥85%。三是城市主次干道、车站、旅游景点等公共场所的公厕建造不低于二类标准，改造现有生活垃圾中转站，清除露天垃圾池，建设标准化、规范化的压缩式垃圾中转站和标准化水冲厕所。四是加强社区、单位、城中村及城乡接合部卫生管理，配备专人负责卫生保洁，环卫设施布局合理，垃圾密闭收集运输，日产日清，清运率100%，有污水排放设施，公厕数量达标，符合卫生要求，路面硬化平整，无非法小广告，无乱搭乱建、乱堆乱摆、乱停乱放、乱贴乱画、乱扔乱倒现象，无违规饲养畜禽。五是加强农贸市场、便民市场的卫生管理，加快标准化菜市场建设和提升改造，达到《标准化菜市场设置与管理规范》要求的农副产品市场比例≥70%。临时便民市场采取有效管理措施，保证周边市容环境卫生、交通秩序和群众正常生活秩序。加强集贸和活禽市场规范管理，配备卫生管理和保洁人员，环卫设施齐全，实行畜禽定点屠宰、集中检疫制度。未经定点，任何单位和个人不得从事畜禽屠宰活动。六是规范管理各类在建、待建、拆迁工地和市政临时施工工地，落实文明施工制度。［牵头单位：市城市管理综合行政执法局、市市场建设服务中心；责任单位：市住房和城乡建设局、市水利局、市农业农村局、市自然资源和规划局、市商务和投资促进局、市市场监督管理局、市市场建设服务中心、市委市直机关工委，各街道］

（四）公共场所卫生提升工程。贯彻落实最新版《公共场所卫生管理条例》《学校卫生工作条例》和《中华人民共和国职业病防治法》要求，一是大力开展公共场所卫生监督量化分级工作，规范“九小”（小美容美发、小旅店、小浴室、小歌舞厅、小酒吧、小网吧、小超市、小食品店、小餐饮店）行业的合法经营。重点整顿未亮证经营、证照不全、卫生条件不达标、消毒和“三防”设施不完善等现象。二是加强学校和托幼机构的卫生管理，按规定设立卫生室，配备专职卫生技术人员或兼职保健教师；加强传染病和学生常见病的预防控制，综合防控儿童、青少年近视，学校和托幼机构教室、生活饮用水、宿舍、厕所等教学和生活环境符合国家卫生标准或相关规定；开展健康学校建设，做好学校和托幼机构的健康教育工作，中小学健康教育开课率达到100%。三是按照最新版的《职业健康监护技术规范》要求，开展职业健康检查和教育活动，提高职业病防治管理水平，保障用人单位作业场所职业病危害因素符合国家职业卫生标准，确保3年内不发生重大职业病危害事故。［牵头单位：市卫生健康局；责任单位：市教育局、市文化广电和旅游局、市市场监督管理局，各镇（街道）］

（五）食品安全提升工程。一是实施餐饮业质量安全提升工程，建立健全食品安全全程监管工作机制和保障体系，严格落实《中华人民共和国食品安全法》要求，加强食品生产、经营环境的监督管理，防范发生重大食品安全事故。推进餐饮业质量安全提升，餐饮业、集体食堂餐饮服务食品安全监督量化分级评定率90%以上。二是规范小作坊、小餐饮、小摊点等经营管理，提高食品小摊点进入政府划定区域经营比例。健全和完善农产品质量安全监测体系，加大农产品质量安全监管力度。无重大食物中毒和食源性疾患发生。对无许可证、营业执照、占道经营等非法行为坚决查处取缔。三是市场监督管理局、市场建设服务中心等部门要加强对和平路市场、惠民道农贸市场、晨光南里便民市场、福盛农贸市场、岩山商业城等农贸市场的卫生监管，在加强日常清扫保洁的基础上，重点规范摊位摆放、亮证经营、农残公示、落实“三白两防”等，组织专门力量，开展市场环境卫生集中专项整治活动，全面清理市场所有摊位的环境卫生，加强市场内公厕、水池等基础设施的清扫保洁和消毒，彻底清理卫生死角，有效整治乱堆杂物、乱扔垃圾等现象，大力改善集贸市场和市场周边的环境卫生状况，保障食品安全，为群众营造干净整洁卫生的市场购物环境。［牵头单位：市市场监督管理局；责任单位：市市场建设服务中心、市商务和投资促进局、市农业农村局、市城市管理综合行政执法局，各镇（街道）］

（六）生态环境提升工程。一是贯彻落实《中华人民共和国大气污染防治法》，大力实施环境保护行动，加快推进能源清洁替代工作，全面完成散煤用户气代煤、电代煤改造工作；做好扬尘面源污染综合治理工作，确保主要污染物年均值达到省、唐山市下达的任务目标。加大环保执法力度，依法严厉打击重大环境污染和生态破坏行为。加强各项环保指标监测和督导，通过综合治理，全年环境空气质量指数（AQI）不超过100的天数逐年增加，PM2.5年均浓度逐年降低。二是贯彻落实《中华人民共和国水法》《中华人民共和国水污染防治法》等法律法规，加强饮用水水源地保护，强化水源地水面日常巡查和水质监测，加大饮用水水源地环境保护力度。落实河长制，推进水体整治，逐步消除劣五类、黑臭水体；加快污水管网建设，严禁未经处理的生活污水直接排放，提高城市生活污水集中处理率；重点企业污染物排放稳定达标，危险废物依法安全处置。三是规范医疗废弃物储存和处置，医疗废弃物统一由具备资质的医疗废弃物处置单位处置，医源性废水处理排放符合国家有关要求。四是加强区域环境噪声监测和管理，平均值达到国家要求。五是推进秸秆综合利用，杜绝秸秆焚烧现象。六是按照最新版《生活饮用水卫生监督管理办法》要求，规范管理市政供水、自备供水、居民小区直饮水卫生，开展水质监测工作，改造升级输、贮水和清洗消毒等设施，确保二次供水符合要求。七是针对当前影响农村人居环境的突出问题，在全市开展以“五清三建一改”为主要内容的人居环境整治专项行动。开展农村厕所改造、农村垃圾清理、农村沟渠坑塘清理、农村生活污水清理、村内“五乱”清理、村容村貌提升等专项行动，按照各村实际情况，因村制宜、一村一策，确保达到国家卫生城市标准。［牵头单位：市生态环境分局；责任单位：市城市管理综合行政执法局、市水利局、市住房和城乡建设局、市农业农村局、市交通运输局、市卫生健康局，各镇（街道）］

（七）交通秩序提升工程。一是采取疏堵结合方式，深度治理交通拥堵问题，积极营造良好的道路通行环境，对城区各易堵点科学谋划、分类施策，实施综合整治。结合我市道路实际，进一步提升道路通行质量，缓解分流穿城车辆，全力打造畅、安、舒、美的通行环境。二是集中整治机动车不按规定车道行驶、闯灯越线、乱停乱放和非机动车、行人不遵守道路交通法规、横穿斜穿路口等交通违法行为，确保全市道路交通规范有序。三是加强警力对城区内主要通道、城市出入口、节期出行高峰、上下班早晚高峰期等易发生拥堵路段的交通秩序维护。大力开展机动车停车秩序整治、机动车严重违法行为专项整治、三轮车专项整治、非机动车行人通行秩序整治、校园周边交通秩序整治和打击非法接送学生车辆等专项行动，确保交通秩序井然有序。（牵头单位：市公安局；责任单位：市交通运输局、市城市管理综合行政执法局）

（八）公共卫生与医疗服务提升工程。一是贯彻落实《中华人民共和国传染病防治法》，以新型冠状病毒肺炎疫情防控为契机，加强高效联动的应急响应体系建设，完善突发公共卫生事件应急预案，进一步建立健全多部门联防联控工作机制，补齐疾病防控短板，完善疾病预防控制网络，使疫情信息监测报告网络覆盖城乡，提高突发公共卫生事件的预警、处置和指挥能力。强化预防接种工作，规范管理疫苗储存、运输及接种等工作，接种率、建卡建证率达到要求。二是大力开展各类健康单位创建，推广全民健康生活方式，规范慢性病管理，完善严重精神障碍救治管理工作网络。三是加强疾病预防控制机构建设。医疗机构设置感控组织，健全设施和制度，医疗废弃物收集储存符合要求。辖区内疾病预防控制机构设置合理，人员、经费能够满足工作需要。四是加强无偿献血的宣传发动，医疗机构临床用血均来自自愿无偿献血，规范管理医疗、采供血等活动。市区无非法行医、非法采供血和非法医疗广告。五是强化基层卫生服务工作，规范设置镇卫生院，规划布局、建筑标准、设备和人员配置符合要求。六是加强和规范开展孕婴筛查等服务，婴儿死亡率、5岁以下儿童死亡率、孕产妇死亡率符合最新版《国家卫生城市标准》要求。按标准做好流动人口免疫规划管理工作。做好辖区内妇幼保健工作。七是完善甲、乙类传染病防控措施。按期完成艾滋病、结核病、血吸虫病等重点疾病预防控制规划要求。［牵头单位：市卫生健康局；责任单位：市市场监督管理局、市发展和改革局、市民政局、市公安局，各镇（街道）］

（九）病媒生物防制提升工程。一是建立政府组织与全社会参与相结合的病媒生物防控机制，加大财政投入，动员全社会参与。根据病媒生物消长规律，疾控中心对病媒生物侵害较为严重的室内外公共场所和重点区域展开集中控制行动，防止鼠传疾病和虫媒传染病的发生，发放有效药品、器具，做好投放指导、后期管理、按需补给等工作。二是机关、企事业单位和社区定期开展病媒生物预防控制活动，掌握病媒生物孳生地基本情况，开展重要病媒生物监测调查，收集病媒生物侵害信息并及时进行处置。各类场所要落实环境治理措施，完善防鼠和防蚊蝇设施，消除暴露垃圾和卫生死角，减少“四害”孳生地和栖息环境。三是加强病媒生物监测，提高科学防治水平，组织开展病媒生物预防控制水平认定，建成区“四害”密度控制在国家病媒生物控制水平标准C级以内。［牵头单位：市爱卫办；责任单位：市爱卫会各成员单位，各镇（街道）］

（十）资料完善和归档。按照《国家卫生城市标准》要求，科学、规范、完整地收集整理2019年—2022年期间爱国卫生组织管理、健康教育和健康促进、市容环境卫生、环境保护、病媒生物防制等工作资料，做到全面准确、系统连贯，全貌性反映国家卫生城市创建工作过程和成效。［责任单位：市爱卫办、市爱卫会各成员单位］

五、实施步骤

（一）启动创建，前期准备阶段（2021年3月底前）。认真开展国家卫生城市管理工作调研，组织撰写国家卫生城市管理工作报告，并向省和唐山市爱卫会呈报。广泛深入开展国家卫生城市创建工作宣传动员，加强《国家卫生城市标准》宣传培训，召开全市创卫工作动员大会，组织动员全民参与。

（二）全面提升，迎接唐山市和省验收阶段（2021年1月至12月）。按照《国家卫生城市标准》，强力实施十项重点工作，组织开展城市环境集中整治活动，各创卫责任部门对照国家卫生城市标准，逐项排查梳理，针对问题逐一整改落实，全面达到国家卫生城市水平。2021年9—12月，省爱卫办进行暗访和技术评估，评估前各创卫责任单位要全面完成创建任务。

（三）建章立制，整改提高阶段（2022年1月至12月）。对照《国家卫生城市标准》，聘请省、唐山市爱卫会专家来滦指导创建国家卫生城市工作，并针对省、唐山市专家组提出的整改意见，进一步做好对标达标。各有关部门和单位要加强对各项工作的督导检查，查漏补缺，强化整改。2022年1—6月完成申报材料，并报全国爱卫办。2022年7—11月，全国爱卫办组织暗访。

（四）深化巩固，迎接国家综合评审阶段（2023年1月至12月）。突出重点，全面保洁，坚持日常巡查和定期督查相结合，推进创建工作向深、细、实延伸，向城外延伸。要对背街小巷、城中村、城乡接合部、市场、车站等重点部位进行重点督查，确保无卫生死角。要进一步巩固提高小餐饮店、小食品店、小浴室、小美容美发、小歌舞厅、小旅店等场所卫生水平。迎接全国爱卫办技术评估和暗访。

六、保障措施

（一）加强组织领导，完善机制运行。把创建国家卫生城市作为改善城市环境、提高人民健康水平的重要民心实事工程，纳入“十四五”规划，写入2021年政府工作报告和党委工作要点。成立由市委书记任政委，市委副书记、市政府市长任指挥长，主管副市长任常务副指挥长，市委、市政府有关领导任副指挥长，各相关单位主要负责同志为成员的市创建国家卫生城市指挥部，负责全市国家卫生城市创建工作的组织领导、指挥调度、督导检查。各单位也要成立相应组织，具体负责本单位创建工作，确保各项工作落到实处。

（二）落实责任分工，严格目标管理。认真落实国家卫生城市创建工作责任制，坚持“政府组织、部门协作、属地管理、条块结合、以块为主、突出重点、整体推进”的工作体制，各单位要立足职责，主动作为，制定本单位创建工作方案，认真组织，抓好落实，实行“一把手”负责制，亲自抓，分管领导具体抓，全员参与、齐抓共管，协调联动，确保各项工作任务按时保质完成。

（三）加大财政投入，严把创建要求。将爱国卫生和创卫工作经费纳入财政预算，并满足工作需要。着重增加道路路网、地下管网、生活垃圾和污水处理设施、环卫设施、农贸市场等公共基础设施的投入；背街小巷、老旧小区、城中村及城乡接合部改造以及“九小”行业治理、病媒生物预防控制的经费投入。按照创建周期规定，认真组织开展国家卫生城市和省级卫生镇、村创建工作。

（四）广泛宣传发动，确保取得实效。全市各新闻媒体要组织专门采访报道，开辟专栏专刊，及时报道我市国家卫生城市创建各个阶段的工作进展和活动开展情况。在城市的主要出入口和重点部位建立大型公益广告宣传牌，在主要街道、社区开辟宣传专栏，向广大居民进行深入宣传。市直各单位要结合行业特点，利用宣传栏、广播电视、宣传画、条幅及微博、微信等多种形式广泛开展宣传活动，努力营造浓厚创卫氛围。

（五）强化督导检查，加大责任落实。市创建国家卫生城市指挥部要定期召开工作调度会，听取各责任单位汇报，研究解决工作中遇到的重点难点问题。同时，通过现场办公等形式加强对创建工作的督导调度。结合创建工作指标，市创建工作指挥部督导组将全面加强督导、暗访，对工作积极主动、按时保质完成创建任务的先进单位和个人予以表扬；对存在问题、整改不力、未完成创建任务的及时提出督办整改意见，对责任不落实、工作推诿扯皮、影响全市创建工作大局的单位和个人进行追责问责。

附件1

滦州市创建国家卫生城市指挥部组成人员名单

一、指挥部组成人员名单

政　　委：李建忠　市委书记

指 挥 长：孙自生　市委副书记、市政府市长

常务副指挥长：刘翠萍　市政府副市长

副指挥长：田文学　市委常委、宣传部部长

李鸿祥　市委常委、市政府常务副市长

孙晓忠　市政府副市长、公安局局长

李瑞岭　市政府副市长

李恩科　市政府副市长

成　　员：市委办公室、市政府办公室、市人大常委会办公室、市政协办公室、市纪委监委、市委组织部、市委宣传部、市委市直机关工委、市卫生健康局（爱卫办）、市住房和城乡建设局、市工业和信息化局、市农业农村局、市商务和投资促进局、市市场监督管理局、市市场建设服务中心、市城市管理综合行政执法局、市生态环境分局、市教育局、市水利局、市自然资源和规划局、市公安局、市交通运输局、团市委、市妇联、市总工会、市融媒体中心、汽车站、滦县火车站、高铁滦河站、各镇（街道）等相关单位主要负责同志

二、指挥部下设机构

（一）创建国家卫生城市办公室（设在卫生健康局）

主　任：刘翠萍（兼）

副主任：于忠君　市政府办公室二级主任科员

刘建新　市卫生健康局局长

成员单位：市委办公室、市政府办公室、市委宣传部、市纪委监委、市卫生健康局、市农业农村局、市城市管理综合行政执法局、市市场监督管理局、市市场建设服务中心、市住房和城乡建设局、市商务和投资促进局、市生态环境分局、市水利局、市教育局

主要职责：主要负责组织、指挥、协调、调度、督查等各项日常工作，组织召开成员单位联席会议；拟订全市创建国家卫生城市有关政策、标准、规范，组织指导各责任单位开展创建工作；了解掌握各创卫部门工作开展情况，负责宣传报道、编印简报等工作；组织开展重大活动，负责汇总整理工作档案，起草撰写相关工作材料；负责与国家、省、唐山市爱卫办保持联系，反馈我市创建

工作。

（二）健康素养提升组

组　长：刘翠萍　　市政府副市长

副组长：刘建新　　市卫生健康局局长

谢金华　　市教育局局长

成员单位：市卫生健康局、市教育局、市文明办、市文化广电和旅游局

主要职责：大力开展健康中国·滦州行动，采取多种形式，广泛深入开展健康教育宣传活动，提高群众健康素养。健全健康教育网络，开展全民健身活动。各类学校要开展多种形式的健康教育活动，中小学要开设健康教育课。深入开展禁烟、控烟宣传和健康教育阵地建设，强化烟草危害宣传。开展无烟党政机关、无烟医疗单位、无烟学校创建活动。健全完善各种档案资料。

（三）市容市貌整治提升组

组　长：李鸿祥（兼）

副组长：杨瑞刚　　市城市管理综合行政执法局局长

张晨曦　　市住房和城乡建设局局长

刘向民　　市市场建设服务中心主任

成员单位：市城市管理综合行政执法局、市公安局、市交通运输局、市市场监督管理局、市市场建设服务中心、市住房和城乡建设局、市水利局、市商务和投资促进局

主要职责：继续加强老旧小区改造力度，加快老旧管网改造。抓好“洁净城市”建设，不断提高市区机械化清扫率。加强城市绿化建设，加强城市主次干道、街巷路面、公路、铁路、河道的卫生管理，确保城区卫生无死角、无死面，城区内及城中村、城乡接合部无“十乱”现象。生活垃圾、污水、粪便无害化处理设施建设、管理和污染防治符合标准要求。城市主次干道、车站、旅游景点等公共场所的公厕建造不低于二类标准，建设标准化、规范化的压缩式垃圾中转站和标准化水冲厕所。加强农贸市场、便民市场的卫生管理，加快标准化菜市场建设和提升改造，保证周边市容环境卫生、交通秩序和群众正常生活秩序。规范管理各类在建、待建、拆迁工地和市政临时施工工地。

（四）公共场所卫生提升组

组　长：李恩科（兼）

副组长：屈俊英　　市市场监督管理局局长

刘建新　　市卫生健康局局长

成员单位：市卫生健康局、市市场监督管理局、市市场建设服务中心、市教育局、市文化广电和旅游局、市城市管理综合行政执法局、各镇（街道）

主要职责：大力开展公共场所卫生监督量化分级工作，规范“九小”（小美容美发、小旅店、小浴室、小歌舞厅、小酒吧、小网吧、小超市、小食品店、小餐饮店）行业的合法经营。重点整顿未亮证经营、证照不全、卫生条件不达标、消毒和“三防”设施不完善等现象。加强学校和托幼机构的卫生管理，按规定设立卫生室，配备专职卫生技术人员或兼职保健教师，综合防控儿童、青少年近视，学校和托幼机构教室、生活饮用水、宿舍、厕所等教学和生活环境符合国家卫生标准或相关规定，开展职业健康检查和教育活动，提高职业病防治管理水平。

（五）食品安全提升组

组　长：李恩科（兼）

副组长：屈俊英　　市市场监督管理局局长

刘向民　　市市场建设服务中心主任

成员单位：市市场监督管理局、市市场建设服务中心、市城市管理综合行政执法局、各镇（街道）

主要职责：加强食品生产、经营环境的监督管理，防范发生重大食品安全事故。推进餐饮业质量安全提升，餐饮业、集体食堂餐饮服务食品安全监督量化分级评定率90%以上。加强对各市场的环境卫生日常管理，增加保洁力量，完善提高各市场的硬件设施，柜台面见新见靓，柜台下物品摆放有序，食品、杂物不落地。进一步规范商品摆放，严格落实“三白两防”。市场监督管理局、市场建设服务中心等部门要加强对和平路市场、惠民道农贸市场、晨光南里便民市场、福盛农贸市场、岩山商业城等农贸市场的卫生监管，在加强日常清扫保洁的基础上，重点规范摊位摆放、亮证经营、农残公示、落实“三白两防”等，组织专门力量，开展市场环境卫生集中专项整治活动，全面清理市场所有摊位的环境卫生，加强市场内公厕、水池等基础设施的清扫保洁和消毒，彻底清理卫生死角，有效整治乱堆杂物、乱扔垃圾等现象，大力改善农贸市场和市场周边的环境卫生状况，保障食品安全，为群众营造干净整洁卫生的市场购物环境。

（六）生态环境提升组

组　长：李恩科（兼）

副组长：张绍伟　　唐山市生态环境局滦州市分局负责人

成员单位：市生态环境分局、市农业农村局、市水利局、市卫生健康局、各镇（街道）

主要职责：加大环保执法力度，对城区及附近的各类污染源进行治理，特别是对小锅炉、饭店排油烟设备加强监管，对造成环境污染且经治理不达标的坚决取缔。水环境质量、空气环境质量、声环境质量达到环境功能区或环境规划要求。集中式饮用水水源地水质达标率100%。重点工业污染源废弃达标率100%，城区医疗垃圾规范化处理。针对当前影响农村人居环境的突出问题，在全市开展以“五清三建一改”为主要内容的人居环境整治专项行动。健全完善各种档案资料。

（七）交通秩序提升组

组　长：　孙晓忠（兼）

成员单位：市公安局、市城市管理综合行政执法局、市交通运输局

主要职责：开展城区交通秩序整治，规范城区机动车停放秩序，停车入位，顺序停放，无乱掉头、闯红灯现象；取缔非法营运的电动三轮车；规范治理火车站广场、汽车站门前、光明商城门前的出租车停放秩序，出租车要干净整洁，车上不吸烟；清理所辖区域内道路及边沟卫生。

（八）公共卫生与医疗服务提升组

组　长：刘翠萍（兼）

副组长：刘建新　　市卫生健康局局长

成员单位：市卫生健康局、市市场监督管理局、市公安局

主要职责：以新型冠状病毒肺炎疫情防控为契机，加强高效联动的应急响应体系建设，完善突发公共卫生事件应急预案，进一步建立健全多部门联防联控工作机制。加强疾病预防控制机构建设。医疗机构设置感控组织，健全设施和制度，医疗废弃物收集储存符合要求。规范管理医疗、采供血等活动。市区无非法行医、非法采供血和非法医疗广告。加强和规范开展孕婴筛查等服务。完善甲、乙类传染病防控措施。

（九）病媒生物防制提升组

组　长：刘翠萍（兼）

副组长：刘建新　　市卫生健康局局长

成员单位：爱卫办、市卫生健康局、市农业农村局、各成员单位及各镇（街道）

主要职责：定期开展病媒生物预防控制活动，掌握病媒生物滋生地基本情况，开展重要病媒生

物监测调查，收集病媒生物侵害信息并及时进行处置。各类场所要落实环境治理措施，完善防鼠和防蚊蝇设施，消除暴露垃圾和卫生死角，减少“四害”滋生地和栖息环境。加强病媒生物监测，提高科学防治水平，组织开展病媒生物预防控制水平认定，建成区“四害”密度控制在国家病媒生物控制水平标准C级以内。

附件2

滦州市创建国家卫生城市任务指标分解表

项目	国家标准	任务分解及要求	责任单位
一、爱国卫生体系建设	1.认真贯彻落实《国务院关于加强爱国卫生工作的决定》，将爱国卫生工作纳入辖区各级政府议事日程，列入社会经济发展规划，具有立法权的城市应当制定本市的爱国卫生法规，其他城市应当制定市政府规范性文件。城市主要领导高度重视，各部门各单位和广大群众积极参与爱国卫生工作。	认真贯彻落实国家、省关于加强爱国卫生工作的文件精神。将爱国卫生工作纳入政府议事日程，政府报告要有爱卫和创卫内容。	政府办、爱卫办
		将爱国卫生工作列入社会经济发展规划。	发展和改革局
		政府主要领导高度重视爱国卫生工作，各级各单位和广大群众积极参与爱国卫生运动。	政府办、爱卫办、爱卫会成员单位、各镇（街道）
	2.辖区内各级爱卫会组织健全，成员单位分工明确、职责落实。爱卫办独立或相对独立设置，人员编制能适应实际工作需要，爱国卫生工作经费纳入财政预算。街道办事处及乡镇政府配备专兼职爱国卫生工作人员，社区居委会及村委会协调做好爱国卫生工作。	健全市爱卫会组织机构，成员单位分工明确、职责落实，积极协作、推进工作。	政府办、爱卫办、爱卫会成员单位、各镇（街道）
		爱卫办独立或相对独立设置，人员编制能适应实际工作需要。	爱卫办、编办
		爱国卫生工作经费纳入财政预算。	财政局
		各镇（街道）设有爱卫办，配备专（兼）职爱国卫生工作人员，社区居委会（村委会）设有兼职人员，协调做好爱国卫生工作。	爱卫办、爱卫会成员单位、各镇（街道）
	3.制订爱国卫生工作规划和年度计划，有部署、有总结。积极开展卫生街道、卫生社区、卫生单位等创建活动。辖区范围内建成不少于1个省级以上的卫生乡镇（县城）。在城乡广泛开展爱国卫生教育宣传活动。	制订爱国卫生工作规划和年度计划，有部署、有总结。	爱卫办、爱卫会成员单位、各镇（街道）
		积极开展卫生乡镇、卫生街道、卫生社区、卫生单位等创建活动。	爱卫办、爱卫会成员单位、各镇（街道）
		在城乡广泛开展多种形式的爱国卫生活动和创建卫生城市宣传活动。	爱卫办、宣传部、爱卫会成员单位、各镇（街道）
	4.畅通爱国卫生建议与投诉平台，认真核实和解决群众反映的问题。群众对卫生状况满意率≥90%。	建立爱国卫生建议与投诉平台，保持渠道畅通，核实解决群众反映的问题，做到有记录、有反馈。	爱卫办
		认真开展群众满意度调查，通过卫生创建活动使群众对卫生状况满意率达到90%以上。	爱卫办

续表

项目	国家标准	任务分解及要求	责任单位
二、健康素养提升	5.以《中国公民健康素养—基本知识与技能》为主要内容，广泛开展健康教育和健康促进活动。居民健康素养水平达到卫生事业发展规划要求。	大力开展健康中国·滦州行动，以《中国公民健康素养——基本知识与技能》为主要内容，广泛开展健康教育和健康促进活动。2021年创建“省级健康促进示范县”。	卫健局、健康中国行动成员单位
	6.健康教育网络健全，各主要媒体设有健康教育栏目。车站、机场、港口、广场和公园等公共场所设立的电子屏幕和公益广告等应当具有健康教育内容。社区、医院、学校等积极开展健康教育活动。	建立覆盖全市的健康教育网络，各单位有专（兼）职人员负责健康教育工作。各主要媒体和网站设有健康教育栏目或版块。车站（火车、汽车、高铁）、主要道路、广场和公园等公共场所设立的电子屏幕和公益广告中具有健康教育内容。社区、城中村、机关单位及医院、学校、建筑工地等企事业单位设置健康教育设施，积极开展多种形式的健康教育活动。开展健康促进社区、健康促进医院、健康促进学校，健康促进企事业单位、健康家庭等健康促进场所建设工作。	卫健局、交通运输局、教育局、城管执法局、住建局、融媒体中心、汽车站、火车站、高铁站、各相关单位
	7.广泛开展全民健身活动，机关、企事业单位落实工作场所工间操制度。80%以上的社区建有体育健身设施。经常参加体育锻炼的人数比率达到30%以上。每千人口至少有2名社会体育指导员。	学校要开展多种形式的健康教育活动，中小学要开设健康教育课。加强社区体育健身设施建设，落实工作场所工间操制度。	文旅局、教育局
	8.深入开展禁烟、控烟宣传活动，禁止烟草广告。开展无烟学校、无烟机关、无烟医疗卫生机构等无烟场所建设。室内公共场所、工作场所和公共交通工具设置禁止吸烟警语和标识。	深入开展禁烟、控烟宣传活动。	卫健局、各相关单位
		城市建成区禁止任何形式的烟草广告。	市场监管局、城管执法局
		在全市开展无烟学校建设。	教育局
		在全市开展无烟党政机关建设。	政府办、卫健局、各相关单位
		在全市开展无烟医疗卫生机构建设。	卫健局
		所有室内公共场所、工作场所及主要入口处设置禁止吸烟警语和标识，有专人劝阻吸烟行为。	卫健局、各相关单位
		长途客车、公交车、出租车、火车站、高铁站等公共交通工具及场所设置禁止吸烟警语和标识。	交通运输局、火车站、汽车站、高铁站

续表

项目	国家标准	任务分解及要求	责任单位
三、市容市貌整治提升	9.市容环境卫生达到《城市容貌标准》要求。建成数字化城管系统，并正常运行。城市主次干道和街巷路面平整，主要街道无乱张贴、乱涂写、乱设摊点情况，无乱扔、乱吐现象，废物箱等垃圾收集容器配置齐全，城区无卫生死角。城市河道、湖泊等水面清洁，岸坡整洁，无垃圾杂物。建成区绿化覆盖率≥36%，人均公园绿地面积≥8.5平方米。城市功能照明完善，城市道路装灯率达到100%。	市容环境卫生达到《城市容貌标准》要求。建成数字化城管系统，实施网格化管理，并正常运行。主要街道无乱张贴、乱涂写、乱设摊点情况。主次干道和街巷路面平整硬化，无乱扔乱吐现象，废物箱等垃圾收集容器配置齐全，城区无卫生死角、无明显暴露垃圾。路牙石、护栏、井盖等设施齐全完好。道路进行新建、扩建、改建、养护、维修等作业时，应设置明显标志和安全防护。城市立面整洁，户外广告、牌匾设置规范整齐。城区无乱停乱放，道路标牌、标识标线、隔离设施齐全，交通秩序良好。	城管执法局、住建局、公安局
		河道、湖泊等水面清洁，岸坡整洁，无垃圾杂物，无污水直排。建成区绿化覆盖率≥36%，人均公园绿地面积≥8.5平方米。	水利局、城管执法局
		城市功能照明完善，城市道路装灯率达到100%，夜晚亮灯率达到95%以上。	城管执法局
	10.生活垃圾收集运输体系完善，垃圾、粪便收集运输容器、车辆等设备设施全面实现密闭化，垃圾、粪便日产日清。主要街道保洁时间不低于16小时，一般街道保洁时间不低于12小时。建筑工地管理符合《建筑施工现场环境与卫生标准》要求。待建工地管理到位，规范围挡，无乱倒垃圾和乱搭乱建现象。	生活垃圾收集、运输体系完善，垃圾、粪便收集运输容器、车辆等设备设施全面实现密闭化，垃圾、粪便日产日清。主要街道保洁时间≥16小时，一般街道保洁时间≥12小时。机械化清扫或高压冲水率≥50%。按照相关垃圾分类标准要求，全面开展生活垃圾分类收集。	城管执法局
		建筑工地管理符合《建筑施工现场环境与卫生标准》，待建（拆除）工地管理到位，规范围挡，无乱倒垃圾和乱搭乱建现象。	住建局
	11.生活垃圾、污水、粪便无害化处理设施建设、管理和污染防治符合国家有关法律、法规及标准要求。推行生活垃圾分类收集处理，餐厨垃圾初步实现分类处理和管理，建筑垃圾得到有效处置。省会城市和计划单列市实现生活垃圾全部无害化处理，生活污水全部收集和集中处理。	生活垃圾、粪便无害化处理设施建设、管理和污染防治符合国家有关法律、法规及标准要求。逐步推行生活垃圾分类收集处理。建筑垃圾得到有效处置。生活垃圾无害化处理率≥90%。	城管执法局、住建局
		生活污水无害化处理设施建设、管理和污染防治符合国家有关法律、法规及标准要求。生活污水集中处理率≥85%。	住建局
	12.生活垃圾转运站、公共厕所等环卫设施符合《城镇环境卫生设施设置标准》《城市公共厕所卫生标准》等要求，数量充足，布局合理，管理规范。城市主次干道、车站、旅游景点等公共场所的公厕不低于二类标准。	城市主次干道、车站、旅游景点等公共场所的公厕建造不低于二类标准。改造现有生活垃圾中转站，清除露天垃圾池，建设标准化、规范化的压缩式垃圾中转站。计划在城区建设七座生活垃圾压缩站，计划投资1470.33万元。城区公厕提升改造项目计划投资980万元，建成标准化水冲式、不低于二类标准的公厕。	城管执法局、文旅局

续表

项目	国家标准	任务分解及要求	责任单位
三、市容市貌整治提升	13.集贸市场管理规范，配备卫生管理和保洁人员，环卫设施齐全。临时便民市场采取有效管理措施，保证周边市容环境卫生、交通秩序和群众正常生活秩序。达到《标准化菜市场设置与管理规范》要求的农副产品市场比例≥70%。	加强农贸市场设置，规范“四公示”等管理，配备卫生管理和保洁人员，各种环卫设施齐全，垃圾日产日清，卫生整洁。加大基础设施提档升级力度，清理占道市场，农贸市场建设管理常态化，城区达到《标准化菜市场设置与管理规范》要求的农贸市场比例≥70%。	市场监管局、市场建设服务中心、城管执法局
		临时便民市场、早夜市采取有效管理措施，经营规范、卫生保洁及时，并保证周边市容环境卫生、交通秩序和群众正常生活秩序。	市场监管局、市场建设服务中心、城管执法局
	14.活禽销售市场的卫生管理规范，设立相对独立的经营区域，按照动物防疫有关要求，实行隔离宰杀，落实定期休市和清洗消毒制度，对废弃物实施规范处理。	严格控制活禽销售，活禽销售市场的卫生管理规范，实行畜禽定点屠宰、集中检疫制度。未经定点，任何单位和个人不得从事畜禽屠宰活动。	市场监管局、市场建设服务中心、农业农村局
	15.社区和单位建有卫生管理组织和相关制度， 卫生状况良好，环卫设施完善，垃圾日产日清，公共厕所符合卫生要求。道路平坦，绿化美化，无违章建筑，无占道经营现象。市场、饮食摊点等商业服务设施设置合理，管理规范。	社区建有卫生管理组织和相关制度， 卫生状况良好，环卫设施完善，垃圾日产日清，公共厕所符合要求，道路平坦，绿化美化。社区内不饲养家禽家畜、无卫生死角，无私搭乱建、乱堆乱放、乱拉乱挂、乱贴乱画、乱停乱放，市场、饮食摊点等商业服务设施设置合理，管理规范，卫生达标，无占道经营现象。	城管执法局、各街道
		各单位建有卫生管理组织和相关制度， 卫生状况良好，环卫设施完善，垃圾日产日清。	爱卫办、相关单位
	16.城中村及城乡接合部配备专人负责卫生保洁，环卫设施布局合理，垃圾密闭收集运输，日产日清，清运率100%。有污水排放设施。公厕数量达标，符合卫生要求。路面硬化平整，无非法小广告，无乱搭乱建、乱堆乱摆、乱停乱放、乱贴乱画、乱扔乱倒现象。无违规饲养畜禽。	城中村及城乡接合部配备专人负责卫生保洁，环卫设施布局合理，垃圾密闭收集运输，日产日清，清运率100%。有污水排放设施。公厕数量达标，符合卫生要求。路面硬化平整，无非法小广告，无乱搭乱建、乱堆乱摆、乱停乱放、乱贴乱画、乱扔乱倒现象。无违规饲养畜禽。	城管执法局、各街道
四、公共场所卫生提升	17.贯彻落实《公共场所卫生管理条例》，开展公共场所卫生监督量化分级工作。公共场所卫生许可手续齐全有效，从业人员取得有效健康合格证明。	开展公共场所卫生监督量化分级工作。公共场所卫生合格，各种证件齐全有效并亮证经营，清洗、消毒及“三防”设施齐全、措施落实，从业人员取得有效健康合格证明。	卫健局、市场监管局
	18.小餐饮店、小食品店、小浴室、小美容美发、小歌舞厅、小旅店等经营资格合法，室内外环境整洁，硬件设施符合相应国家标准要求，从业人员取得有效健康合格证明。	小餐饮店、小食品店、小熟食店等经营资格合法，室内外环境整洁，硬件设施符合相应国家标准要求，从业人员取得有效健康合格证明。	市场监管局
		小浴室、小美容美发、小歌舞厅、小旅店、小网吧等经营资格合法，室内外环境整洁，硬件设施符合相应国家标准要求，从业人员取得有效健康合格证明。	卫健局、文旅局

续表

项目	国家标准	任务分解及要求	责任单位
四、公共场所卫生提升	19.贯彻落实《学校卫生工作条例》，学校和托幼机构教室、食堂（含饮用水设施）、宿舍、厕所等教学和生活环境符合国家卫生标准或相关规定。加强传染病、学生常见病的预防控制工作，设立校医院或卫生室，配备专职卫生技术人员或兼职保健教师。开展健康学校建设活动，中小学健康教育开课率达100%。	贯彻落实《学校卫生工作条例》，学校和托幼机构教室、食堂（含饮用水设施）、宿舍、厕所等教学和生活环境符合国家卫生标准或相关规定。加强传染病、学生常见病的预防控制工作，加强传染病和学生常见病的预防控制，综合防控儿童、青少年近视。设立校医院或卫生室，配备专职卫生技术人员或兼职保健教师。开展健康学校建设活动，中小学健康教育开课率达100%。	教育局、卫健局
	20.贯彻落实《中华人民共和国职业病防治法》，用人单位作业场所职业病危害因素符合国家职业卫生标准。按照《职业健康监护技术规范》要求，对从事接触职业病危害作业的劳动者开展职业健康检查，开展职业健康教育活动。近3年未发生重大职业病危害事故。	贯彻落实《中华人民共和国职业病防治法》，用人单位作业场所职业病危害因素符合国家职业卫生标准。近3年未发生重大职业病危害事故。	卫健局
		按照《职业健康监护技术规范》要求，对从事接触职业病危害作业的劳动者开展职业健康检查，开展职业健康教育活动。	卫健局
五、食品安全提升	21.贯彻落实《中华人民共和国食品安全法》，建立健全食品安全全程监管工作机制，近3年未发生重大食品安全事故。	实施餐饮业质量安全提升工程，建立健全食品安全全程监管工作机制和保障体系，严格落实《中华人民共和国食品安全法》要求，加强食品生产、经营环境的监督管理，防范发生重大食品安全事故。	市场监管局、农业农村局
	22.食品生产经营单位内外环境卫生整洁，无交叉污染，食品储存、加工、销售符合卫生要求。对无固定经营场所的食品摊贩实行统一管理，规定区域、限定品种经营。	食品生产经营单位内外环境卫生整洁，无交叉污染，食品储存、加工、销售符合卫生要求。	市场监管局
		对无固定经营场所的食品摊贩实行统一管理，规定区域、限定品种经营。从业人员有健康证明，卫生合格，各项防护设施齐全。	市场监管局、城管执法局
	23.餐饮业、集体食堂餐饮服务食品安全监督量化分级管理率≥90%。食品从业人员取得有效的健康合格证明。落实清洗消毒制度，防蝇、防鼠等设施健全。	餐饮业、集体食堂等餐饮服务单位食品安全监督量化分级管理率≥90%。餐饮服务单位各项制度齐全并上墙公示，卫生整洁，清洗、消毒制度落实，食品从业人员卫生合格并取得有效的健康合格证明，防蝇、防鼠等设施健全。	市场监管局
	24.牲畜屠宰符合卫生及动物防疫要求，严格落实检疫程序。	牲畜屠宰符合卫生及动物防疫要求，严格落实检疫程序。	农业农村局
	25.加强农贸市场的卫生监管	在加强日常清扫保洁的基础上，重点规范摊位摆放、亮证经营、农残公示、落实“三白两防”等，组织专门力量，开展市场环境卫生集中专项整治活动，全面清理市场所有摊位的环境卫生，加强市场内公厕、水池等基础设施的清扫保洁和消毒，彻底清理卫生死角。	市场监管局、市场建设服务中心

续表

项目	国家标准	任务分解及要求	责任单位
六、生态环境提升	26.近3年辖区内未发生重大环境污染和生态破坏事故。	近3年全市不发生重大环境污染和生态破坏事故。	市生态环境分局
	27.贯彻落实《中华人民共和国大气污染防治法》，环境空气质量指数（AQI）或空气污染指数（API）不超过100的天数≥300天，环境空气主要污染物年均值达到国家《环境空气质量标准》二级标准。贯彻落实《秸秆禁烧和综合利用管理办法》，秸秆综合利用率达到100%，杜绝秸秆焚烧现象。区域环境噪声平均值≤60分贝。	加强环境保护和空气污染治理力度，使环境空气质量指数（AQI）或空气污染指数（API）显著下降，每年不超过100的天数≥300天，通过综合治理，全年环境空气质量指数（AQI）不超过100的天数逐年增加，PM2.5年均浓度逐年降低。主要污染物年均值达到省、唐山市下达的任务目标。	市生态环境分局
		贯彻落实《秸秆禁烧和综合利用管理办法》，秸秆综合利用率达到100%，无秸秆焚烧现象。	农业农村局、市生态环境分局
		区域环境噪声平均值≤60分贝。	市生态环境分局
	28.贯彻落实《中华人民共和国水法》《中华人民共和国水污染防治法》等法律法规，集中式饮用水水源地一级保护区水质达标率100%，安全保障达标率100%，城区内水环境功能区达到要求，未划定功能区的无劣五类水体。	有水源地饮用水安全防护体系，在饮用水水源保护区的边界设立明确的地理界标和警示标志，加大饮用水水源地环境保护力度。落实河长制，推进水体整治，逐步消除劣五类、黑臭水体；加快污水管网建设，严禁未经处理的生活污水直接排放。规范开展饮用水源监测，水质达标率100%，开展水质监测工作，改造升级输、贮水和清洗消毒等设施，城区内水环境功能区达到要求，未划定功能区的无劣五类水体。	市生态环境分局、水利局
	29.按照《生活饮用水卫生监督管理办法》要求，市政供水、自备供水、居民小区直饮水管理规范，供水单位有卫生许可证。二次供水符合国家《二次供水设施卫生规范》的标准要求。开展水质监测工作，出厂水、管网末梢水、小区直饮水的水质检测指标达到标准要求。	按照《生活饮用水卫生监督管理办法》要求，市政供水、自备供水、居民小区直饮水管理规范，供水单位有卫生许可证。二次供水符合国家《二次供水设施卫生规范》的标准要求。人员和各种设施齐全、制度健全，清洗消毒等措施落实，开展水质监测工作，出厂水、管网末梢水、小区直饮水的水质检测指标达到标准要求。	住建局、各街道
	30.医疗废弃物统一由有资质的医疗废弃物处置单位处置，无医疗机构自行处置医疗废弃物情况。医源性污水的处理排放符合国家有关要求。	医疗废弃物由有资质的医疗废弃物处置单位统一处置，相关制度和登记等资料齐全。医疗机构收集、存储符合要求。医疗机构应建有污水处理站，污水经处理后主要污染物达到《医疗机构水污染物排放标准》（GB18466—2005）的排放要求。	卫健局、市生态环境分局
	31.农村人居环境提升	针对当前影响农村人居环境的突出问题，在全市开展以“五清三建一改”为主要内容的人居环境整治专项行动。开展农村厕所改造、农村垃圾清理、农村沟渠坑塘清理、农村生活污水清理、村内“五乱”清理、村容村貌提升等专项行动。	农业农村局、各镇（街道）

续表

项目	国家标准	任务分解及要求	责任单位
七、交通秩序提升	32.规范交通秩序	采取疏堵结合方式，深度治理交通拥堵问题，积极营造良好的道路通行环境，对城区各易堵点科学谋划、分类施策，实施综合整治。集中整治机动车不按规定车道行驶、闯灯越线、乱停乱放和非机动车、行人不遵守道路交通法规、横穿斜穿路口等交通违法行为，确保全市道路交通规范有序。加强警力对城区内主要通道、城市出入口、节期出行高峰、上下班早晚高峰等易发生拥堵路段的交通秩序维护。	公安局、交通运输局、城管执法局
八、公共卫生与医疗服务提升	33.贯彻落实《中华人民共和国传染病防治法》，强化预防接种工作，规范管理疫苗储存、运输及接种等工作，接种率、建卡建证率达到要求。	以镇（街道）为单位，适龄儿童免疫规划疫苗接种率达到90%以上。疫苗储存和运输管理、接种单位条件符合国家规定要求。制定流动人口免疫规划管理办法，居住满3个月以上的适龄儿童建卡、建证率达到95%以上。	卫健局
	34.开展慢性病综合防控示范区建设。实施全民健康生活方式行动，建设健康步道、健康主题公园，推广减盐、控油等慢性病防控措施。	开展慢性病综合防控示范区建设，实施全民健康生活方式行动，建设健康步道、健康主题公园，推广减盐、控油等慢性病防控措施。	卫健局、城管执法局
	35.贯彻落实《中华人民共和国精神卫生法》，健全工作机构，完善严重精神障碍救治管理工作网络，严重精神障碍患者管理率达到75%以上。	完善严重精神障碍救治管理工作网络，严重精神障碍患者管理率达到75%以上。	卫健局、民政局
	36.辖区内疾病预防控制机构设置合理，人员、经费能够满足工作需要，疾病预防控制中心基础设施建设达到《疾病预防控制中心建设标准》要求。	辖区内疾病预防控制机构设置合理，人员、经费能够满足工作需要，疾病预防控制中心基础设施建设达到《疾病预防控制中心建设标准》要求。	卫健局
八、公共卫生与医疗服务提升	37.无偿献血能够满足临床用血需要，临床用血100%来自自愿无偿献血。建成区无非法行医、非法采供血和非法医疗广告。	无偿献血能够满足临床用血需要，临床用血100%来自自愿无偿献血。建成区无非法行医、非法采供血。	卫健局
		市建成区无非法医疗广告。	市场监管局、卫健局
	38.每个街道办事处范围或3～10万服务人口设置一所社区卫生服务中心，每个乡镇设置一所政府举办的乡镇卫生院。基层医疗卫生机构标准化建设达标率达到95%以上。	强化基层卫生服务工作，规范设置镇卫生院，规划布局、建筑标准、设备和人员配置符合要求。	卫健局
	39.辖区婴儿死亡率≤12‰，5岁以下儿童死亡率≤14‰，孕产妇死亡率≤22/10万。	加强和规范开展孕婴筛查等服务，婴儿死亡率、5岁以下儿童死亡率、孕产妇死亡率符合最新版《国家卫生城市标准》要求。按标准做好流动人口免疫规划管理工作。做好辖区内妇幼保健工作。	卫健局

续表

项目	国家标准	任务分解及要求	责任单位
九、病媒生物防制提升	40.贯彻落实《病媒生物预防控制管理规定》，建立政府组织与全社会参与相结合的病媒生物防控机制，机关、企事业单位和社区定期开展病媒生物预防控制活动，针对区域内危害严重的病媒生物种类和公共外环境，适时组织集中统一控制行动。建成区鼠、蚊、蝇、蟑螂的密度达到国家病媒生物密度控制水平标准C级要求。	建立政府组织与全社会参与相结合的病媒生物防控机制，加大财政投入，动员全社会参与。对病媒生物侵害较为严重的室内外公共场所和重点区域展开集中控制行动，防止鼠传疾病和虫媒传染病的发生，机关、企事业单位和社区定期开展病媒生物预防控制活动，掌握病媒生物滋生地基本情况，开展重要病媒生物监测调查，收集病媒生物侵害信息并及时进行处置。各类场所要落实环境治理措施，完善防鼠和防蚊蝇设施，消除暴露垃圾和卫生死角，减少“四害”滋生地和栖息环境。加强病媒生物监测，提高科学防治水平，组织开展病媒生物预防控制水平认定，建成区“四害”密度控制在国家病媒生物控制水平标准C级以内。	爱卫办、卫健局、农业农村局、各镇（街道）、各相关单位
	41.掌握病媒生物滋生地基本情况，制定分类处理措施，湖泊、河流、小型积水、垃圾、厕所等各类滋生环境得到有效治理。	掌握病媒生物滋生地基本情况，制定分类处理措施，湖泊、河流、小型积水、垃圾、厕所等各类滋生环境得到有效治理。	卫健局、水利局、城管执法局、农业农村局
	42.开展重要病媒生物监测调查，收集病媒生物侵害信息并及时进行处置。重点行业和单位防蚊蝇和防鼠设施合格率≥95%。	开展重要病媒生物监测调查，收集病媒生物侵害信息并及时进行处置。	卫健局
		重点行业和单位防蚊蝇和防鼠设施合格率≥95%。	爱卫办、各相关单位

备注：本分解表按照《国家卫生城市标准（2014版）》制定，待新版《国家卫生城市标准》下发后再行修订。

附件3

滦州市申报省级卫生村名单

镇（街道）	申报省级卫生村名单	已命名卫生村名单
榛子镇	东平庄村、前铁村、北铁村、朱官营村、后甸子村、第一镇村、安乐庄村、塔上村、大岗上村、小岗上村、南新庄子村、晒甲岭村、南平庄村、相公庄村、葛庄村、麻湾坨村、前小寨村、北小寨村、宋家峪村、于家营村、小贺庄子村、大贺庄子村、兴隆店子村、冯庄村、王官营村、棋盘村、椅子山村、小山子村、北营村、狼窝铺村	吴庄子村（2014年命名）
东安各庄镇	东安各庄村、刘庄户村，孟各庄村、小营村、栗园村、前商家林村、西商家林村、铁局寨村、西孟家屯村、东孟家屯村、无税庄一村、无税庄二村、无税庄三村、无税庄四村、西崔各庄村、前崔各庄村、北崔各庄村、东崔各庄村、前李各庄村、史家洼村、陈家沟村	

续表

镇（街道）	申报省级卫生村名单	已命名卫生村名单
油榨镇	白佛院村、柏北村、柏东村、柏南村、柏西村、北杨庄村、董寨子村、贡店子村、韩寨子村、何家沟村、何庄村、侯庄村、马坊村、上康村、石梯子村、睢新庄村、孙官营村、孙薛营村、王二村、王三村、王一村、王庄村、望府台村、下康村、肖庄村、小张庄村、新范庄村、油榨村、于家河村、岳庄村、郑庄村、周寨子村	贾营村（2012年命名） 前所营（2014年命名）
九百户镇	永兴庄村、樊庄子村、二百户营村、刘庄村、闵庄村、六百户村、小阚庄村、九百户村、大河湾村、高家峪村	河南庄村（2012年命名） 赵庄子村（2014年命名） 安家楼村（2014年命名） 河新庄村（2014年命名） 赵家沟村（2014年命名） 团山子村（2014年命名）
雷庄镇	雷庄村、黄庄村、前张亭子村、后张亭子村、南纪庄子村、曹各庄村、前羿各庄村、后羿各庄村、前何寨村、后何寨村、樊店子村、贾各庄村、新农村、新店子村、颜庄村	
茨榆坨镇	前茨榆坨村、西长坨村、任塔坨村、李塔坨村、杨家坨村、后吴坨村、芦苇庄村、白塔坨村、大石佛庄三村、谢各庄村、前吴坨村、东长坨村、六江口村	茨榆坨中街（2014年命名） 东吴坨村（2014年命名）
杨柳庄镇	东山村、北崔家庄村、中崔庄村、前崔家庄村、北高家庄村、石各庄村、前下五岭村、大下五岭村、吉庄子村、徐家洼村、晁家庄村、西石桥村、杨柳庄村、苍官营村、东上五岭村、梁家庄村、刘家庄村	中赵庄村（2009年命名）
古马镇	古马村、潘庄村、大霍庄子村、曹北店子村、港北村、西老里村、兴一村、兴二村、兴三村、兴四村、包麻子村、克家庄村、大门庄村、小门庄村、赵庄子村	
小马庄镇	小马庄村、张各庄东街、张各庄中街、张各庄后街、张各庄西街、胡里庄村、董庄村、西晒甲坨村、刘各庄村、西李兴庄村、前邢各庄村、东邢各庄村、西邢各庄村、后邢各庄村、南庄村、新庄子村、杨庄子村、靳各庄村	小东庄村（2014年命名）
王店子镇	岗子村、王店子村、苏庄村、小高庄村、高城子村、王城子村、张城子村、簸箕掌村、韩新庄子村、孟店子村、洼里村、梅庄村、梅新庄子村、鲁家庄村、高家庄村、后营村	干河草村（2014年命名） 兴户村（2014年命名）
滦城街道	西坨子头村、田庄子村、南高各庄村、东高坎村、西高坎村、张坎村、贾官营村、军营村、姚庄村、前周庄村、后周庄村、前佘庄村、后佘庄村、北王庄村、大徐庄村、柏树庄村、毛庄村、于家洼村、马庄户村、杨家院村	前明碑村（2005年命名） 北双山村（2005年命名） 西甄庄村（2009年命名） 小徐庄村（2009年命名） 大横山营村（2009年命名） 东坨子头村（2012年命名） 东甄庄村（2014年命名） 范庄村（2014年命名） 高各庄村（2014年命名） 王庄村（2014年命名） 花果庄村（2014年命名） 邹家洼村（2014年命名）
响嘡街道	任店子村、山西刘庄村、新庄子村、李兴庄村、郭坨子村、田峪村、西法宝村、徐寨子村、东法宝村、前常峪村、后常峪村、尹峪村、王法宝村、张疃村、夏庄子村、杜峪村、响嘡村、田疃村、沙营村、小闫营村	研山新村（2009年命名） 大司营村（2009年命名） 老陈营村（2009年命名） 蔡营村村（2012年命名） 前迁义村（2014年命名） 后迁义村（2014年命名） 后法宝村（2014年命名） 刘官营村（2014年命名）
古城街道	教场村、秦庄村、张庄子村、王家花园村、郑庄子村、郑家场村、东风村、泡石淀村、郭庄村、蒋庄村、前北东关村、后北东关村、北花园村、北关村、东刘各庄村、西刘各庄村、一街村、西关村	

附件四

滦州市创建国家森林城市工作实施方案

为落实省关于“三重四创五优化”、唐山市关于“3+5”创建活动要求和市一届四次党代会关于“勇夺三项桂冠”决策部署，严格落实耕地“非农化”保护制度，全力争创国家森林城市，按照省绿化委员会、省林草局《关于印发〈国家和省级森林城市创建实施方案〉的通知》（冀绿字〔2020〕1号）要求，结合我市实际，特制定本实施方案。

一、总体要求

（一）指导思想。以习近平新时代中国特色社会主义思想为指导，认真落实习近平总书记关于着力开展森林城市建设的重要指示，严格按照国家林业和草原局《关于着力开展森林城市建设的指导意见》要求，积极践行“绿水青山就是金山银山”的理念，以“让森林走进城市，让城市拥抱森林”为宗旨，牢固树立生态优先绿色发展理念，以改善城乡生态环境、增进居民生态福利为主要目标，深挖绿化潜力，做到应绿尽绿，致力有效增加林木覆盖率，逐步打造生态健全、环境优美、布局合理、城乡一体的生态体系。

（二）基本原则。坚持以人为本，森林惠民；坚持保护优先，尊重自然；坚持城乡统筹，一体建设；坚持科学规划，持续推进；坚持政府主导，社会参与。

（三）任务目标。国家森林城市评价指标分为森林网络、森林健康、生态福利、生态文化、组织管理五大类，共33项指标，其中森林网络涉及12项，森林健康涉及8项，生态福利涉及5项，生态文化涉及4项，组织管理涉及4项。

1.2021年集中攻坚阶段。集中实施创森对标攻坚，年底前达到或超过上述33项指标，同时加快省级森林城市创建步伐，提早聘请第三方开展省级森林城市申报验收工作，确保年底前创成省级森林城市，为国家森林城市创建打好基础。

2.2022年巩固提升阶段。查缺补漏与提升质量并重，持续完善优化全市森林城市系统，加大创森宣传力度和广度，进一步夯实创建国家森林城市基础。

3.2023年申报验收阶段。提早开展国家森林城市申报验收工作，在第三方的指导下分类收集、汇编指标佐证材料，提交规划实施报告、指标自查报告和创森汇报材料等成果，全力做好国家专家组的迎查准备工作，力争到2023年创成国家森林城市。

二、主要任务

（一）城市森林网络建设

围绕12项指标，实施5项工程。

1.强化提升指标3项

（1）实施林木覆盖提升工程。大力开展国土绿化，全面提升绿化总量，2021年全市新增造林2.32万亩，重点实施荒山披绿、矿区复绿、村镇植绿和企业扩绿，增加林木覆盖率0.72个百分点；2022年重点对高山、远山进行扫尾，努力实现应绿尽绿，计划新增造林0.3万亩，在杨柳庄镇、王店子镇和九百户镇努力持续构建完善的森林生态体系，增加林木覆盖率0.18个百分点，林木覆盖率达到31.71%。［责任单位：自然资源和规划局、工业和信息化局、经济开发区管委会，各镇（街道），相关企业］

（2）实施村镇绿化工程。镇（街道）绿化。在东安各庄镇和榛子镇各建成1处2000m²公园绿地。同时继续增加建成区绿量，努力实现绿化无死角，使镇（街道）建成区绿化覆盖率保持达标状态。村庄绿化。2021年在原有绿化基础上进行改造提升，应绿尽绿，见缝插绿，致力增加村庄绿量，达到户均新增4棵树木的目标，力争村庄绿化率达到30%以上。2021年建设森林乡村25个，森林小镇1个，森林人家50家，2022年建设森林乡村25个，森林小镇1个，森林人家50家，同时积极创建省级森林乡村和国家级森林乡村。［责任单位：各镇（街道）］

2.巩固提升指标9项

（1）实施城区增绿工程。城区绿化覆盖率。突出抓好公园绿地、防护绿地、附属绿地、森林社区、森林单位等建设，积极推行见缝插绿、立体绿化等绿化模式，形成布局合理、绿量适宜、生物多样、景观优美、特色鲜明、功能完善的城市绿地系统，2021年建设2个森林社区，2个森林单位，力争城区绿化覆盖率达到40.93%以上。城区树冠覆盖率。继续充分挖掘城区资源，科学选取绿化树种，推行立体绿化，加强树木抚育，促进树冠发育，力争城区树冠覆盖率达到30.62%以上。城区人均公园绿地面积。充分发掘绿色福利空间，加强城市公园、城市广场、街头绿地建设，进一步完善绿色基础设施建设，提升园林景观服务大众的能力，力争城区人均公园绿地面积达12.09m^2/人以上。城区林荫道路。围绕城区主干街道、社区道路等开展绿化提升行动，力争城区主干路，次干路林荫道路率达65.3%。城郊成片森林、湿地。在已有青龙山风景名胜区、滦河水利风景区、森林公园3处20hm^2以上的成片森林基础上，加强绿色基础设施建设，丰富基础设施内容，加挂树种二维码标识牌50个、悬挂条幅30条，提升科普宣教水平。［责任单位：城市管理综合行政执法局、文化广电和旅游局、滦河文化产业发展服务中心］

（2）实施环路环水增绿工程。道路绿化。在巩固现有公路、铁路绿化成果的基础上，重点对102国道、滦古路、何茨线、杨柏线等国省干道、县乡道路、村村通道路、城区环城公路、过境高速铁路等开展绿化提升行动，力争道路绿化率达到91.73%以上。水岸绿化。在原有绿化的基础上，围绕滦河、沙河、管河、龙湾河、别故河以及小龙潭水库、闵庄水库、马台子水库等，在不影响行洪安全的前提下，开展绿化提升行动，力争水岸绿化率达85.95%以上，水体岸线自然化率达87.2%以上。［责任单位：交通运输局、水利局，各镇（街道）］

（3）实施土地生态建设工程。农田林网。保持现有农田林网成效，切实发挥防风固沙、减轻灾害等生态作用。受损弃置地生态修复。2021年按照“宜建则建、宜林则林、宜农则农、宜景则景”原则，对各种矿区进行综合整治和开发利用，全年完成绿化面积1200亩。持续坚持开展土地、工矿废弃地生态修复工作，确保受损弃置地生态修复率达82.78%以上。［责任单位：自然资源和规划局，各镇（街道）］

（二）城市森林健康

围绕8项指标，做好2方面工作。

1.抓好巩固提升指标7项。树种多样性。继续保持每种树种的栽植数量不超过树木总数量的20%，保持达标状态。乡土树种使用率。乡土树种使用率达到85%以上，保持达标状态。苗木使用。继续加大乡土树种苗木的培育，严禁移植天然大树。生态养护。继续加强林地绿地生态养护，避免过度的人工干预，注重森林绿地土壤的有机覆盖和功能恢复，增强其涵养水分、滞尘等生态功能。动物生境营造。加强湿地及森林资源保护，不断改善野生动植物栖息地生态环境，通过保护、补缺造林等措施，加强孤立斑块之间的联系。森林灾害防控。构建以各级防治检疫机构为基础，与我市林业发展相适应的监测预报体系、检疫御灾体系、防治（应急）减灾体系、服务保障体系和信息采集处理体系，全面提高我市林业有害生物防治工作的能力和水平。加强森林火灾防控，不断提升防火预警监测能力、应急扑救能力。资源保护。持续保持林业执法高压态势，强力打击非法采伐、毁林毁木等行为，有效保护林业资源安全稳定。［责任单位：自然资源和规划局、应急管理局、财政局，各镇（街道）］

2.抓好待建指标1项。通过除草、松土、

间作、施肥、灌溉、排水、修枝、抚育采伐等措施，有效经营抚育现有森林资源，进一步改善林分质量和提高森林生长量，增加森林碳汇和森林康养，降低林业有害生物和森林火灾发生率，增强森林涵养水源、保持水土、防风固沙、减少面源污染等生态功能。2021年完成抚育3万亩。［责任单位：自然资源和规划局，各镇（街道）］

（三）城市生态福利

围绕5项指标，做好巩固提升工作。

重点抓好五方面工作：城区公园绿地服务。在城区有条件的地段增加街头游园、口袋公园；城区西北部、西南部增加公园绿地建设，保持公园绿地500米服务半径对城区覆盖率达84.31%以上。生态休闲场所服务。加强森林公园、风景名胜区生态修复和植被景观抚育，完善基础设施，确保10km服务半径对市域覆盖率达75.95%以上。公园免费开放。继续推进各类公共公园、绿地免费向居民开放。绿道网络。继续完善城镇绿道建设，确保居民每万人拥有的绿道长度达0.97km。提升中山公园绿道、滦河东道绿道、滦州路绿道共计6.5km。生态产业。继续加强以森林为依托的种植、养殖、旅游、休闲、康养等生态产业，重点加快完善青龙山风景名胜区、卧龙谷园区、旺山核桃园、鸡冠山生态经济产业园等特色经济林产业建设，大力发展林粮、林油等林下经济建设，促进农民增收致富。［责任单位：文化广电和旅游局、农业农村局，相关镇（街道）］

（四）城市生态文化

围绕4项指标，抓好两方面工作。

1.抓好强化提升1项。在原有4处生态科普教育基地（滦河水利风景区、森林公园、植物园和中山公园）基础上增设专门的科普宣传栏11个，在榛子镇建设南平庄红豆杉珍贵树种科普教育基地1处。［责任单位：城市管理综合行政执法局、滦河文化产业发展服务中心，榛子镇］

2.抓好巩固提升3项。生态宣传活动。依托各类生态资源，在已建立的生态科普教育基地或生态知识长廊设置标识标牌，开设参与式、体验式的生态课堂，每年举办市本级生态宣传活动5次以上。古树名木保护。加强现有枣树、槐树、银杏等11株古树名木保护，挂树木标识二维码11个，明确名木保护责任单位与责任人，落实养护措施，开展古树名木宣传活动4次，让市民了解古树名木的科学价值和文化价值，调动全社会力量参与古树名木保护，保持古树名木保护率100%。保持公众知晓率、支持率和满意度达标。以开展全民义务植树为载体，广泛开展城市绿地或树木认建、认养、认管等多种形式的社会参与绿化活动，提高市民创森支持率；通过移动、电信、联通向用户发送创森宣传短信，电视台开设专栏，主要街道路口、社区悬挂创森条幅，组织生态课，印发创森明白纸，村民服务中心大喇叭广播等形式，提高市民创森知晓率；利用植树节、森林日、爱鸟周、环境日等生态节庆日，积极开展生态主题宣传教育活动，提升创森氛围，力争人民群众创建活动的知晓率、支持率和满意度达到96%以上。［责任单位：自然资源和规划局、宣传部、文化广电和旅游局、工业和信息化局、城市管理综合行政执法局、住房和城乡建设局、交通运输局、教育局、中国联通滦州市分公司、电信集团滦州市分公司、移动公司滦州市分公司，各镇（街道）］

（五）组织管理

围绕4项待建指标，做好具体工作。

1.建设备案。在国家森林城市建设主管部门正式备案2年以上。力争2021年6月前取得国家林草局创建备案，编制创建国家森林城市总体规划，并批准实施。根据总体规划制定实施方案，全面推进国家森林城市建设。［责任单位：自然资源和规划局］

2.规划编制。编制《滦州市森林城市建设总体规划》，并批准实施2年以上。［责任单位：自然资源和规划局］

3.示范活动。积极开展森林社区、森林单位、森林小镇、森林村庄、森林人家、采摘节等多种形式示范创建活动，营造铺天盖地的创森氛围，使人民群众对创建活动的知晓率、支持率和满意度达到96%以上。［责任单位：各

成员单位]

4.档案整理。创森期间及时收集、规范城市森林资源管理档案，科学整理保存各类创森档案。[责任单位：各成员单位]

三、实施步骤

（一）组织发动阶段（2021年1月—2021年2月）。完成国家森林城市备案工作，编制创建国家森林城市总体规划，成立创建国家森林城市指挥部，召开创建动员大会，全面掀起国家森林城市创建热潮。

（二）创建实施阶段（2021年3月—2023年8月）。对照目标任务，实施城市森林重点工程，建设城乡绿化精品工程，着力增加绿化总量，确保创建国家森林城市各项评价指标全面达标。制作展示市森林建设成就专题资料，收集整理国家森林城市33项指标的佐证材料和以2019年为基准年以来的相关创建国家森林城市材料；同时，提早聘请第三方开展省级森林城市申报验收，开展实地专题调查、资料统计分析，提交规划实施报告、指标自查报告和创森汇报材料等成果，确保2021年底前创成省级森林城市，为创建国家级森林城市打好基础。

（三）申报验收阶段（2023年9月—2023年12月）。根据创建进展情况，及时邀请专家检查指导，提早开展国家森林城市申报验收工作，并全力做好国家森林城市专家组考核评审准备工作，力争到2023年创成国家森林城市。

四、保障措施

（一）成立组织，加强领导。成立创建国家森林城市指挥部，统一组织协调和推进全市创建森林城市工作。指挥部办公室设在自然资源和规划局，负责指挥部的日常工作，统筹协调全市创森工作。

（二）科学规划，突出重点。聘请有资质、高水平的国内规划设计单位，在现有森林植被基础上，最大限度发挥城市森林功能、提升城市森林生态效益，科学编制国家森林城市总体规划。

（三）明确任务，强化责任。构建“政府主导、群众参与、部门配合、上下联动、整体推进”的创建机制，将创森任务分解落实到各有关部门、镇（街道）、村，确保整个工作责任全覆盖、管理无真空、创建无死角，形成一级抓一级，层层抓落实的工作格局。

（四）创新机制，多元投入。建立以政府投入为引导，社会资金积极参与的资金投入模式，将创森资金纳入经济社会发展计划和年度财政预算，每年拿出一定数额的专项资金，对重点造林绿化工程和创建活动予以补助。积极整合策划项目，全力争取国家和省、唐山市的扶持。

（五）加强管理，严格保护。创新管护形式、明确管护责任、落实管护措施，做好造林绿化后期管护，确保树木成活成林。严格林木林地审批，加强天然林、公益林管理保护。狠抓森林防火，森林病虫害防治，强化野生鸟类保护，开展专项执法打击行动，保护好全市森林资源安全。

（六）大力宣传，营造氛围。组织新闻媒体，通过电视、广播、报纸、网络、手机和户外广告等多种形式，广泛宣传创建国家森林城市的目标意义、工作措施和阶段性成果等，营造良好的舆论氛围。发动社会各界共同参与创建活动，引导社会公众树立绿色、生态的价值观，充分调动广大人民群众参与造林绿化的积极性，形成共创共建的良好局面。

（七）强化督导，严格奖惩。将督促检查贯穿创建工作的各个环节，及时掌握动态、反馈情况、通报进度。将城乡绿化攻坚、创建国家森林城市工作纳入考核的重要内容，对任务完成情况进行严格考核。

附件1

滦州市创建国家森林城市指挥部组成人员名单

政　　　　委：李建忠　　市委书记
指　挥　长：孙自生　　市委副书记、市政府市长
常务副指挥长：李瑞岭　　市政府副市长
副 指 挥 长：王合成　　市委副书记
李鸿祥　　市委常委、市政府常务副市长
张雪峰　　市委常委、市政府副市长
刘翠萍　　市政府副市长
李恩科　　市政府副市长
成　　　　员：闫保华　　市委办公室二级主任科员
周俊峰　　市政府办公室副主任
卢金玺　　市委宣传部常务副部长
罗文辉　　市自然资源和规划局局长
姜　川　　市发展和改革局局长
葛秋钧　　市财政局局长
杨瑞刚　　市城市管理综合行政执法局局长
张绍伟　　唐山市生态环境局滦州市分局负责人
张志刚　　市农业农村局局长
张双和　　市交通运输局局长
谢金华　　市教育局局长
张彦玺　　市文化广电和旅游局局长
康继江　　市水利局局长
张晨曦　　市住房和城乡建设局局长
田　永　　市气象局局长
刘志强　　团市委书记
黄新建　　市妇联主席
姜伟荣　　市科协主席
李志岐　　东安各庄镇党委书记
宋焕强　　榛子镇党委书记
张秋月　　杨柳庄镇党委书记
姜　旭　　王店子镇党委书记
邱春海　　九百户镇党委书记
杜历军　　油榨镇党委书记
申　涛　　雷庄镇党委书记
陆金波　　古马镇党委书记
侯　成　　小马庄镇党委书记
李菁生　　茨榆坨镇党委书记
李金明　　滦城街道党工委书记

高　银　　响嘡街道党工委书记

袁　源　　古城街道党工委书记

薛会东　　滦河街道党工委书记

指挥部办公室设在市自然资源和规划局，办公室主任由罗文辉同志兼任。指挥部下设5个工作组，分工协作，共同推进创森工作。

（一）综合协调组

组　长：周俊峰（兼）

副组长：田颖杰　　市自然资源和规划局副科级干部

职责：负责综合协调创建省级森林城市重大事项；负责与国家林草局、省林草局联系对接；负责与验收报告起草单位、省验收组联系对接；负责指导协调市直有关部门及各镇（街道）、经济开发区管委会创森工作；负责起草市委、市政府及创森工作指挥部有关文件和各项请示汇报，起草创森工作会议领导讲话等材料。

（二）城市绿化组

组　长：杨瑞刚（兼）

副组长：裴立忠　　市城市管理综合行政执法局二级主任科员

职责:负责市主城区公园、游园、园林社区、园林单位、城市绿道、绿荫停车场、街道绿化等建设，负责指导城区园林绿化工作，确保城区各项创森指标达标。

（三）工作推进组

组　长：罗文辉（兼）

副组长：田颖杰　　市自然资源和规划局副科级干部

职责：负责协调指导森林生态工程、森林产业工程、生态文

化工程建设，负责组织开展各项创森专题活动，确保全市森林覆盖率、城市重要水源地森林覆盖率、森林村镇建设等指标达标，确保创森总体规划各项工作落实。

（四）舆论宣传组

组　长：卢金玺（兼）

副组长：于晓冰　　市自然资源和规划局副局长

职责：负责创森宣传工作。负责制定宣传工作方案，与市直机关工委、工、青、妇、教育等单位和报社、电台、电视台、网络等新闻媒体联系开展宣传工作；负责做好创森网站、微信公众号、工作简报、宣传画册、专题片、户外广告宣传等工作，确保群众对创森的支持率，满意度达到95%以上。

（五）推进督导组

组　长：闫保华（兼）

副组长：董继龙　　市政府办公室四级主任科员

职责：负责创森各项指标完成情况的现场督导检查，负责筛选各项工程亮点，负责安排验收组实地查验地点和线路。

附件五

滦州市创建国家生态园林城市工作实施方案

按照突出拓展提升绿色品质，聚焦聚力创建国家生态园林城市的目标要求，按照唐山市国家生态园林城市各项指标要求，结合我市实际，特制定实施方案如下。

一、指导思想

坚持以习近平新时代中国特色社会主义思想为指导，深入贯彻党的十九大和十九届二中、三中、四中、五中全会精神，全面落实习近平总书记“三个努力建成”重要指示和省、唐山市安排部署，坚定不移贯彻新发展理念，以推动高质量发展为主题，以深化供给侧结构性改革为主线，以改革创新为根本动力，以满足人民日益增长的美好生活需要为根本目的，着力创建国家生态园林城市，加快建设“现代中等城市、全国百强滦州”。

二、工作目标和主要任务

（一）工作目标：按照《唐山市“3+5”创建组织推进工作方案》要求，扎实推进市国家生态园林城市创建工作，各项指标达到标准要求。

（二）重点任务：

1.提升规划设计水平。优化规划布局，根据修订完成的《国土空间规划》，高标准完成《滦州市城市绿地系统规划》及配套规划，科学划定城市绿线、蓝线、紫线。完善园林绿化制度，全面落实唐山市城市绿化条例配套管理办法标准，探索建立园林绿化市场诚信监管、城市园林绿化工程质量监督、园林绿化废弃物处置管理机制。推进智慧园林建设，增强城市绿地服务功能，提高城市居民游园参与度。加强景区建设管理，全面落实国家、省风景名胜区管理条例，实施风景名胜区综合整治，推进风景名胜区可持续发展。落实资金投入，保障建设维护资金。［责任单位：城市管理综合行政执法局、自然资源和规划局、文化广电和旅游局、财政局］

2.提升绿地建设水平。落实居民出行“300米见绿、500米见园”要求，加大公园绿地建设力度，逐步消除城区公园绿地薄弱区域。推进城市绿道网络建设，推进绿道慢行系统建设，拓展城市绿色、休闲、休憩出行空间。强化防护绿地生态功能，加大执法力度，提高社会绿化建设质量。［责任单位：城市管理综合行政执法局、自然资源和规划局］

3.提升绿地管控水平。加强绿地规范化管理，推进老旧公园提升改造，完善公园软硬件设施，打造一批富有滦州特色和时代特征的精品公园。加强古树名木和后备资源分级保护，严格落实保护措施。积极推进生态节约型园林绿化建设，因地制宜推进海绵型公园绿地建设，增强绿地系统海绵效应。［责任单位：城市管理综合行政执法局、自然资源和规划局］

4.提升城区生态环境水平。加强城市生态修复，制定生态修复总体方案，建立生态修复项目库，因地制宜、科学施策推进山体、废弃地、城市水体生态修复。推进雨水管网改造、黑臭水体整治。加强生物多样性保护，制定《城市生物多样性保护规划》，提高生物多样性水平。加强大气污染防治和热岛效应控制，城市热岛效应强度控制在2.5℃之内。积极控制城市噪音，区域环境噪声平均值不高于54分贝。［责任单位：城市管理综合行政执法局、自然资源和规划局、住房和城乡建设局、交通运输局、水利局、生态环境分局］

5.提升市政设施建设水平。持续提升市政设施建设维护水平，针对道路、桥梁、管网等改造管养，科学规划设施建设，统筹考虑维护管理。创新思路与举措，编制城市综合交通体系规划及实施方案，长效开展城市道路维修养护，提高路网密度、通行率、完好率。加强市区供排水基础设施建设，严格水质监测，提升城市供排水保障能力。加强城市垃圾处置，推进生活垃圾分类收集、处理系统规划和建设，建立建筑垃圾和餐厨垃圾回收利用体系。［责任单位：城市管理综合行政执法局、自然资源和规划局、住房和城乡建设局、交通运输局、市场监督管理局］

6.提升节能减排水平。因地制宜推进城市雨水收集利用，优先使用河水、雨水、中水进行绿化浇灌，积极推广建筑中水，提高城市再生水利用率。推进步行和自行车系统建设，结合《唐山市中心城区规划（2021—2035）》，做好推广共享单车的规划选址工作，建成较为完善的步行和自行车系统，推动落实公交优先发展战略，完善公交线路网络，减少公交盲区。加强绿色建筑和装配式建筑建设，制定推广政策措施，严格落实有关绿色建筑和节能建筑的建设要求，促进节能减排。［责任单位：城市管理综合行政执法局、自然资源和规划局、住房和城乡建设局、交通运输局］

三、保障措施

（一）强化组织领导，压实工作责任。市成立创建国家生态园林城市指挥部，负责创建工作。各责任部门要细化分解创建任务，明确目标、责任和措施，勇于担当担责，加强协同作战，形成合力，确保市达任务和本部门创建工作扎实推进。

（二）健全推进机制，强化工作落实。各责任部门要对标对表创建目标任务，制定专项工作方案，严格落实一项任务、一名领导、一个专班、一套方案、一抓到底的“五个一”工作机制，明确时间表、路线图，确保各项任务有人抓、有人管、能落地、见实效。创建工作指挥部要建立调度机制，定期研究听取创建工作情况，协调解决问题，及时部署下步工作，形成全市上下步调一致、合力攻坚的工作格局。

（三）强化督导考核，确保创建实效。加大对各部门督促推进、巡查调度、考核评价、通报约谈、激励奖惩力度，确保各项工作落到实处、取得实效。组织部要把创建工作纳入领导班子和领导干部考评内容，深入开展日常考核、一线考核。市委督查室、市政府督查室要把创建工作作为督查重要内容，坚持问题导向、目标导向、结果导向，深入开展明察暗访、跟踪问效，及时发现问题推动工作落实，确保创建任务落实落地，取得扎实成效。

附件1

滦州市创建国家生态园林城市指挥部组成人员名单

政　　委：李建忠　市委书记
指 挥 长：孙自生　市委副书记、市政府市长
常务副指挥长：李鸿祥　市委常委、市政府常务副市长
副指挥长：王殿新　市委常委、组织部部长、统战部部长
崔敬民　市委常委、市纪委书记、监委主任
田文学　市委常委、宣传部部长
张雪峰　市委常委、市政府副市长
孙晓忠　市政府副市长、公安局局长
李瑞岭　市政府副市长
李恩科　市政府副市长

成员单位：城市管理综合行政执法局、财政局、住房和城乡建设局、自然资源和规划局、交通运输局、水利局、生态环境分局、市场监督管理局、文化广电和旅游局指挥部下设办公室，办公室设在城市管理综合行政执法局，办公室主任由城市管理综合行政执法局局长杨瑞刚担任。

附件2

滦州市创建生态园林城市任务分解表

任务分解及要求		责任单位
提升规划设计水平	优化规划布局，根据修订完成的《国土空间规划》，高标准完成《城市绿地系统规划》，科学划定城市绿线。完善园林绿化制度，探索建立园林绿化废弃物处置管理机制。加强景区建设管理，全面落实国家、省风景名胜区管理条例，实施风景名胜区综合整治，推进风景名胜区可持续发展。落实资金投入，保障建设维护资金。	城管执法局、自然资源和规划局、文化广电和旅游局、财政局
提升绿地建设水平	落实居民出行“300米见绿、500米见园”要求，加大公园绿地建设力度，逐步消除城区公园绿地薄弱区域。推进城市绿道网络建设，推进绿道慢行系统建设，拓展城市绿色、休闲、休憩出行空间。	城管执法局、自然资源和规划局
提升绿地管控水平	加强绿地规范化管理，推进老旧公园提升改造，完善公园软硬件设施。对古树名木和后备资源实施分级保护，严格落实保护措施。	城管执法局、自然资源和规划局
提升城区生态环境水平	推进雨水管网改造、黑臭水体整治。加强生物多样性保护，制定《城市生物多样性保护规划》，提高生物多样性水平。加强大气污染防治和热岛效应控制，城市热岛效应强度控制在2.5℃之内。积极控制城市噪音，区域环境噪声平均值不高于54分贝。	城管执法局、自然资源和规划局、住建局、交通运输局、水利局、生态环境分局
提升市政设施建设水平	坚持“以人民为中心”的思想，持续提升市政设施建设维护水平。针对道路、桥梁、管网等改造管养方面，科学规划设施建设，统筹考虑维护管理。创新思路与举措，编制城市综合交通体系规划及实施方案，长效开展城市道路维修养护，提高路网密度、通行率、完好率。加强市区供排水基础设施建设，严格水质监测，提升城市供排水保障能力。加强城市垃圾处置，推进生活垃圾分类收集、处理系统规划和建设，建立建筑垃圾和餐厨垃圾回收利用体系。	城管执法局、自然资源和规划局、住建局、交通运输局、市场监管局
提升节能减排水平	推进步行和自行车系统建设，结合《唐山市中心城区规划（2021—2035）》，做好推广共享单车的规划选址工作，建成较为完善的步行和自行车系统，推动落实公交优先发展战略，完善公交线路网络，减少公交盲区。加强绿色建筑和装配式建筑建设，制定推广政策措施，严格落实有关绿色建筑和节能建筑的建设要求，促进节能减排。	城管执法局、自然资源和规划局、住建局、交通运输局

附件六

滦州市创建省级双拥模范城（县）工作实施方案

为扎实做好市新一届省级双拥模范城创建工作，确保实现创建目标，市委、市政府决定，从即日起至6月底开展双拥模范城创建活动。根据国家《双拥模范城（县）创建命名管理办法》和《考评标准》有关规定，结合我市实际，特制定实施方案如下。

一、指导思想

坚持以习近平新时代中国特色社会主义思想为指导，认真贯彻落实党的十九大和习近平总书记系列讲话精神，全面贯彻落实全国双拥模范城（县）命名暨双拥模范城表彰大会精神，着眼于巩固和加强军政军民团结，坚持改革创新与时俱进，全面提高新时代双拥工作水平，不断密切军政军民关系，共同推进强国强军事业，顺利实现我市省级双拥模范城（县）创建目标。

二、工作目标

切实增强做好双拥工作的责任感、使命感，牢固军政军民团结的思想根基，加大支持国防和军队建设力度，形成推动军地紧密团结的强大合力，高标准完成省级双拥模范城（县）创建工作。

三、创建任务

（一）加强组织领导。将双拥工作列入社会经济发展规划和部队建设总体规划，作为党政军领导班子和领导干部工作实绩考核内容；每年召开党委议军会议、军政座谈会议、双拥领导小组会议、双拥专题会商会议；完善双拥办公室机构设置，强化市双拥办协调职能，增加人员、编制和双拥工作经费；建立军地合署办公机制（办公场所设在退役军人事务局），实现双拥办、宣传部和部队等部门合署办公，充分发挥军地双方沟通协调解决问题的中枢作用。在此基础上，延伸双拥工作触角，在各镇（街道）、村（社区）依托退役军人服务站建立基层双拥工作站，建立“拥军志愿服务站”，实现“三站”合署办公，建成市、镇（街道）、村（社区）三级双拥工作网络；双拥工作领导小组成员单位职责明确、工作责任落实，建立双拥联络员制度，定期沟通信息，推动相关工作落实；走访慰问、优抚等双拥工作经费纳入财政预算；双拥工作列入党委、政府、武装部和驻地部队议事日程，写入政府工作报告、武装部工作报告。［责任单位：市委办、政府办、武装部、双拥办，各镇（街道）］

（二）加强宣传教育。建立双拥工作宣传平台，深入宣传习近平新时代中国特色社会主义思想和强军思想，新闻单位要经常开展国防教育和双拥宣传教育，并设立双拥宣传专题专栏，注重推广双拥文化作品，宣传双拥先进人物；组织、宣传、教育、文旅、广电等部门制定双拥教育、国防教育工作计划，将国防教育和双拥教育列入全民教育体系，建立国防和双拥教育阵地或基地，定期开展集中教育活动；将部队拥政爱民教育纳入政治教育计划；在重要公共场所设置若干固定的双拥宣传标牌、橱窗等设施；广泛开展党政干部、民兵、中小学生和企业职工国防教育与军训；积极开展少年军校创建活动，部队经常派出人员帮助驻地学校、企业开展军训。［责任单位：双拥领导小组各成员单位］

（三）加大拥军优属力度。把支持国防和军队建设纳入经济社会发展规划，积极探索军民结合、寓军于民的路子，推动国防和军队建设又快又好发展；大力支持军事斗争准备，配合部队完成军事训练、战备执勤等各项任务；广泛开展科技、教育、文化、法律拥军，协助军队实施人才战略工程；积极支援重点军事工程建设，军事设施保护完好；支持部队后勤保障社会化，优惠政策配套，优质服务到位；成立拥军爱国志愿服务联盟（爱国拥军促进会滦州办事处），在企业中建立志愿者分队，号召广大退役军人和社会各界优秀人士参与进来，关爱军人及其家属、关爱退役军人及各类优待对象，充分发挥其在经济社会发展中的作用。带动社会其他各类志愿组织，开展各种社会拥军活动；在公共场所全面推行优先服务，公共场所拥军优待政策落实到位；全力维护国防利益和军人军属合法权益，积极稳妥地处理涉军案件和问题，确保不发生重大涉军问题。［责任单位：双拥领导小组各成员单位］

（四）开展拥政爱民活动。充分发挥军队优势，为地方经济社会发展作贡献。奋勇参加抢险救灾，在维护国家利益和人民群众生命财产的斗争中发挥生力军和突击队作用；积极参加社会主义新农村和城市社区建设，做好扶贫帮困工作；大力支援地方基础设施建设，积极参与社会公益事业；积极参与平安滦州建设，妥善处置各种突发事件，维护社会稳定。［责任单位：武装部、驻滦各部队］

（五）落实优抚安置政策。军地双方分别出台综合性的拥军优属、拥政爱民文件；随军家属得到妥善安置，子女入学入托优先照顾；军队转业干部按政策落实安置；多种形式妥善安置退役士兵；完成军队离退休干部和无军籍退休退职职工接收安置任务，妥善落实各项政治、生活待遇；在职伤残军人下岗失业问题得到较好解决；重点优抚对象优抚标准自然增长机制运转正常；重点优抚对象医疗保障机制完善，“医疗难”问题明显缓解；办好光荣院，扩大服务范围，积极为老复员军人和困难退役军人搞好服务；将烈士陵园建设纳入全市发展规划，发挥好爱国主义和国防教育基地作用；积极开展“爱心献功臣”活动；义务兵家属优待达到规定标准；对立功受奖军人的家属实行奖励优待；重视解决军人军属涉法问题；优抚事业单位管理规范，社会效益和经济效益明显；军事设施得到有效保护；帮助驻军解决生产生活和战备训练中的实际困难，部队官兵物质文化生活得到较好改善；按规定比例保质保量完成征兵任务，部队模范遵纪守法，尊重地方政府，支持地方工作。［责任单位：退役军人事务局、武装部、驻滦各部队］

（六）深入开展双拥活动。深入开展“爱心献功臣”“双拥在基层”等活动，按规定组织军营开放和军地互访，不断丰富内容形式，增强生机活力。各项活动主题鲜明，具有时代特色和地域特点，面向基层，讲求实效，群众参与广泛。双拥活动经常化、制度化，年度有计划，节日有安排，工作有亮点，军地有互动。［责任单位：双拥工作领导小组各成员单位］

（七）广泛开展军民共建。将军民共建活动纳入本地精神文明建设总体规划；军警民联防坚持经常，在建设“平安滦州”中起重要作用；普遍开展军民共建“文明社区”“文明村镇”“文明单位”活动；行业拥军、科技拥军、智力拥军、法律拥军效果显著。［责任单位：双拥工作领导小组各成员单位］

（八）巩固军政军民关系。军地经常互通情况，遇事主动协商，妥善解决；有妥善解决军地军民纠纷的办法和措施；本届内无重大军地军民纠纷发生，遇一般军民纠纷发生，军地领导能亲自出面、妥善解决。［责任单位：双拥工作领导小组各成员单位］

四、创建步骤

第一阶段：动员部署（3 月 26 日前）。召开全市动员会议，对创建工作进行安排部署。各级各单位要按照《实施方案》要求，明确目标任务，压实工作责任，高质量完成创建任务。

第二阶段：全面完善（3月27日—4月30日）。完成创建基础工作。按照国家创城管理办法和创建标准进行自查自纠，针对薄弱环节，由牵头单位和责任单位进行认真整改。

第三阶段：巩固提高（5月1日—5月31日）。根据创建标准和责任分工，按照国家验收标准再次进行对照自查，固强补弱。根据验收时间，提前做好模拟检查，发现问题，及时纠正，确保创建任务全面落实到位。

第四阶段：创建验收（6月1日—6月30日）。各项工作全部就绪，做好迎检准备工作，确保通过验收，高标准完成创建任务。在此基础上形成长效机制，巩固提高创建成果，开展进一步的深度创建，为争创国家级双拥模范城（县）奠定坚实基础。

五、工作要求

（一）加强组织领导。由市双拥工作领导小组全面领导省级双拥模范城（县）创建工作，在此基础上，成立市创建省级双拥模范城（县）指挥部，指挥部各成员单位要高度重视创建省级双拥模范城（县）工作，制定方案，明确专人负责，按任务分解表全面对标对表开展创建工作，确保我市创建新一届省级双拥模范城（县）“一役达标”。

（二）广泛宣传发动。由宣传部牵头，结合武装部、双拥办制定宣传方案。各级各部门通过设宣传栏、挂宣传条幅等多种形式，广泛深入宣传发动，做到人人熟知，人人参与，在全社会形成浓厚的双拥创建氛围。

（三）强化督导检查。市委督查室、市政府督查室和市双拥办要加强督导检查，及时掌握创建工作开展情况，对创建工作进展定期督导检查，对发现的问题督导限期整改，对工作中不认真履行职责的严肃追责问责，力争我市在上级考评中基本分不丢分不扣分，特色分多加分得高分，确保创建目标高质量如期实现。

附件1

滦州市创建省级双拥模范城（县）指挥部组成人员名单

政　　　委：李建忠　市委书记
指　挥　长：孙自生　市委副书记、市政府市长
常务副指挥长：孙晓忠　市政府副市长、公安局局长
副 指 挥 长：王合成　市委副书记
张志国　市人大常委会主任
孙太和　市政协主席
张雪峰　市委常委、市政府副市长市委常委、办公室主任
费立松　市委常委、武装部政委

成员单位：市委办、政府办、武装部、组织部、宣传部、发展和改革局、教育局、工业和信息化局、统战部、公安局、民政局、司法局、财政局、人力资源和社会保障局、自然资源和规划局、住房和城乡建设局、交通运输局、水利局、农业农村局、商务和投资促进局、文化广电和旅游局、卫生健康局、退役军人事务局、应急管理局、市场监督管理局、医疗保障局、总工会、团市委、妇联、工商联、税务局、编办、城市管理综合行政执法局、行政审批局、供销社、融媒体中心、网信办、国网滦州市供电公司、河北陆军预备役炮兵第72师高炮团、武警中队、滦县火车站、古马镇、小马庄镇、茨榆坨镇、雷庄镇、九百户镇、榛子镇、杨柳庄镇、王店子镇、油榨镇、东安各庄镇、滦城街道、响嘡街道、古城街道、滦河街道。

指挥部下设办公室，办公室设在退役军人事务局，办公室主任由退役军人事务局局长张爱国担任，副主任由武装部政工科科长邓海洋、退役军人事务局副局长田力生担任。

附件七

滦州市助力唐山市创建全国市域社会治理现代化试点合格城市工作实施方案

为加快推进社会治理现代化，开创平安滦州建设新局面，助力唐山市创建全国市域社会治理现代化试点合格城市，根据省委、省政府印发的《关于加快推进社会治理现代化开创平安河北建设新局面的实施意见》（冀发〔2020〕10号），唐山市委、市政府印发的《关于加快推进社会治理现代化开创平安唐山建设新局面的实施意见》（唐发〔2020〕13号）和市委印发的《关于加强和创新社会治理的意见》（滦字〔2020〕10号）精神，结合我市实际，特制定实施方案如下。

一、加快推进社会治理体制现代化

（一）健全完善党委领导体制。充分发挥党委总揽全局、协调各方的领导作用，统筹政府、市场和社会力量，实现问题联治、风险联控、平安联创。推动党建与社会治理深度融合，将党支部或党小组建设在网格上、党组织有效嵌入各类社会基层组织，统筹党的建设、社会保障、综合治理、应急管理、社会救助等工作，探索建立“基层党建+”工作模式，构建基层党组织为龙头的社会共治圈。［责任单位：组织部、政法委、人力资源和社会保障局、应急管理局、民政局等相关部门］

（二）健全完善政府负责体制。充分发挥政府各部门平安建设职能作用，实现社会治理资源整合、力量整合，推动社会治理各项任务落实。推进“互联网+政务服务”建设，深入推进“放管服”改革，推动公共服务主体多元化、方式多样化，努力提供普惠均等、便捷高效、智能精准的公共服务。理清职能部门与镇（街道）之间的社会治理权责，推进基层整合审批服务执法力量，完善条块协同机制。［责任单位：政府办、行政审批局、编办等相关部门］

（三）健全完善群团助推体制。充分调动群团组织在社会治理中的积极性、创造性，强化职能任务，发挥群团组织桥梁纽带作用，广泛组织各方面群众参与社会治理工作。［责任单位：总工会、团市委、妇联等相关部门］

（四）健全完善社会协同体制。健全开放多元、互利共赢的社会协同机制，完善市场主体、社会力量广泛参与的网状治理模式，鼓励和引导社会组织、企事业单位、人民群众积极参与社会治理。加强社会组织孵化基地建设，积极培育公益性、服务性、互助性社会组织。发挥行业协会商会自律功能，建设常态化、规范化的政企沟通机制。推动企事业单位开展平安创建工作，建立企业社会责任考核评价和激励奖惩机制，鼓励引导企业更多地参与社会治理、承担社会责任。［责任单位：民政局、政法委、市场监督管理局、财政局、工商联、经济开发区管委会等相关部门］

（五）健全完善公众参与体制。通过“两代表一委员”信访接待室、矛盾调解室、法律咨询服务站等方式，搭建社会公众参与平台。完善人民陪审员、监督员、调解员等制度，拓宽公民参与工作渠道。健全志愿服务体系，推行社会志愿者分类分级管理，推进网格员、人民调解员等与社会志愿者队伍融合发展。完善举报奖励、公益反哺、以奖代补等激励措施，开创专群结合、群防群治新局面。［责任单位：组织部、政法委、宣传部、人大常委会办公室、政协办、民政局、信访局、卫生健康局、总工会、团市委、妇联、法院、检察院、司法局等相关部门］

（六）创新镇（街道）社会治理方式。依

托综治中心组建社会治理综合服务中心，与镇（街道）党建办、综合执法队等机构职能统筹衔接，建立协调运行机制，实现互联互通、信息共享、实时监控、协调调度、综合监督。建立健全镇（街道）党建联席会议和兼职委员制度，推行“镇街吹哨，部门报到”，统筹协调镇（街道）内外、条块等各类资源，建立健全发现问题、流转交办、协调联动、研判预警、督查考核等机制，协调推进基层社会治理工作。［责任单位：政法委、编办、组织部］

（七）加强网格化服务管理。打造以综治中心为枢纽、以网格为基本单元、以综治信息化为支撑，覆盖城乡社区的服务管理体系，建立事件“信息收集、分流交办、执行处置、日常督办、信息反馈、督查考核”的闭环治理体制。推进网格员职业化、法治化管理，实行定人、定岗、定责，提高专职网格员覆盖率。建

立社会治理综合服务中心负责的管理和考核奖惩机制，打造一岗多责、一专多能的网格员队伍。［责任单位：政法委、组织部］

二、加快推进社会治理工作布局现代化

（一）坚决维护国家政治安全

1.严密防范政治安全领域风险。健全维护国家政治安全工作体系，落实《党委（党组）国家安全责任制规定》（中办发〔2018〕28号），健全国家政治安全风险研判防控化解机制，严密防范和坚决打击各种渗透颠覆破坏活动、暴力恐怖活动、民族分裂活动、宗教极端活动和邪教活动，依法处置非法宗教活动。加强对境外非政府组织在境内活动的管理。［责任单位：国安办、组织部、政法委、统战部、公安局］

2. 加强意识形态领域管理。建立网络综合治理体系，落实网络安全监管责任，依法坚决打击整治网络谣言和有害信息，净化网上政治生态。［责任单位：宣传部、网信办、国安办］

（二）切实加强社会治安防控

1.严厉打击各类违法犯罪。密切跟踪人民群众反映强烈的治安问题，推进扫黑除恶专项斗争常态化，落实“一案三查”，坚持打防并举、标本兼治，构建预防和遏制黑恶势力犯罪的长效机制。依法打击各类经济犯罪、电信网络诈骗犯罪和跨区域犯罪，严厉打击黄赌毒、盗抢骗、食药环、涉枪涉爆等违法犯罪，维护经济和社会秩序。建立完善市本级公安机关统一指挥、合成作战、专业研判、分类打击机制，建立合成作战平台，提高对大要案、多发性案件以及新型犯罪的侦查打击能力。［责任单位：公安局、政法委、纪委监委、组织部、法院、检察院、司法局、住房和城乡建设局、市场监督管理局、农业农村局、自然资源和规划局、金融办、网信办、文化广电和旅游局、卫生健康局、交通运输局、生态环境分局等相关部门］

2. 加强特殊人群服务管理。全面建立刑满释放、社区矫正、重点青少年、吸毒、严重精神障碍患者等各类特殊人群动态管理数据库，健全政府、家庭、社会“三位一体”关怀帮扶体系，落实安置、教育、矫治、管理以及综合干预措施，深化预防青少年违法犯罪工作，加强专门学校建设和专门教育工作。［责任单位：司法局、公安局、教育局、卫生健康局、团市委］

3.强化“三道防线”建设。健全完善“护城河”三道防线查控机制，推广应用“智慧安检”模式，实施常态化勤务运行。推进人防、物防、技防建设，建立立体化、法治化、专业化、智能化的社会治安防控体系，提升社会面动态控制能力。［责任单位：公安局］

（三）扎实开展社会矛盾风险排查化解

1. 健全社会稳定风险评估制度。健全重大决策事项公示听证、专家咨询、合法性审查等制度，推动社会矛盾风险防范与经济社会发展同步规划、同步实施。在容易引发社会矛盾的征地拆迁、劳动保障、环境保护、教育医疗、安全生产、食品药品安全等重点领域，全面实施社会稳定风险评估，最大限度地减少社会矛盾。［责任单位：行政审批局、政法委、住房和城乡建设局、自然资源和规划局、人力资源和社会保障局、生态环境分局、教育局、卫生健康局、应急管理局、市场监督管理局等相关部门］

2.深入开展矛盾纠纷排查。完善常态化排

查机制，落实市、镇（街道）、村（社区）“日排查、周调度、月汇总、季分析”工作制度，实行分类排查、分级防控、台账管理。加强对社情、舆情和公众诉求的监测分析，完善社会矛盾动态研判机制，建立健全分级预警工作机制，按照风险高低分级预警，组织相关部门做好预防化解工作，及时发现、有效处置苗头性风险问题。健全人民调解、行政调解、司法调解、行业调解联动工作体系，完善基层人民调解组织网络，加强人民调解队伍建设，推进行业性、专业性调解组织发展。［责任单位：政法委、司法局、公安局、法院、网信办等相关部门］

3.健全信访工作机制。深入推进信访工作制度改革，畅通规范群众诉求表达、利益协调、权益保障通道，完善和规范群众来信来访办理机制，提升办结效率和群众满意度。全面推行各级领导干部包联化解信访矛盾制度，切实把矛盾纠纷化解在当地，解决在基层。立足稳形势、防反弹、消存量、控增量，进一步压实领导包联责任、部门监管责任、属地主体责任，持续开展领导干部包联化解、矛盾隐患排查调处、信访积案集中攻坚、重复信访专项治理、重点领域系统治理等专项行动，坚决巩固“五个下降”良好态势。［责任单位：信访局］

4.完善社会心理服务体系。加强社会心理服务体系建设，开展心理疏导服务和危机干预工作，推进社会心理服务队伍和心理咨询室等机构建设，实施“阳光心态”工程。依托社会工作服务机构等专业社会组织，加强对城乡社区社会救助对象、建档立卡贫困人口、困境儿童、精神障碍患者、社区服刑人员、刑满释放人员和留守儿童、妇女、老人等群体的人文关怀、精神慰藉和心理健康服务，严防发生个人极端事件。［责任单位：卫生健康局、司法局、民政局、公安局、扶贫办、妇联、团市委、残联等相关部门］

（四）健全完善公共安全监管体系

1.提升公共安全风险防范化解能力。健全格局完善、系统完备、运行畅通、保障高效、手段科技的公共安全隐患排查和安全预防控制体系，推动公共安全治理模式从应急处置向源头预防转型。探索“人力+现代科技”的风险预警模式，提高对重点领域、重点部位、重点环节、重点人群的动态监测和实时预警能力，加强信息化源头管控，完善事前事中事后全程监控机制，推动城乡公共安全监管执法和综合治理一体化，全面加强公共安全管理，坚决遏制重特大公共安全事故。［责任单位：应急管理局、公安局］

2.狠抓安全生产责任制落实。推进安全生产“双控”机制建设，加强安全生产法律法规、政策标准、技术服务、管理监管、打击整治、应急处置和救援、社会监督、宣传教育培训体系建设，强化重点行业领域安全生产专项整治，防范遏制重特大生产安全事故。［责任单位：应急管理局］

3.完善应急处置指挥体系。健全应急综合指挥平台，构建统一指挥、专常兼备、反应灵敏、上下联动的应急管理体制，打造实战化、扁平化、合成化应急指挥模式，提升快速反应和应急处置能力。优化整合各类资源，统一规划建设预防预警、紧急避险、应急处置、应急救援等方面项目，提高防灾减灾救灾能力。坚持及时准确、主动引导和正面宣传为主，健全重大社会安全事件新闻报道快速反应机制，把握正确舆论导向。［责任单位：应急管理局、宣传部、网信办等相关部门］

4.加强公共卫生应急管理。高度重视和科学防控公共卫生风险，完善重大疫情防控体制机制，严格落实常态化疫情防控措施，不断完善疫情防控应急预案和各项配套工作方案。（责任单位：卫生健康局）

三、加快推进社会治理方式现代化

（一）充分发挥政治引领作用。推动习近平新时代中国特色社会主义思想进企业、进农村、进机关、进校园、进社区、进网络，使其成为人民群众的思想和行动指南。完善政治督察、巡察监督、执法监督、纪律作风督查巡查等制度机制，以优良的党风促政风带民风，更好把党的领导优势转化为社会治理效能。［责任单位：宣传部、纪委监委、组织部、政法

委、巡察办]

（二）充分发挥法治保障作用。监督好关于社会治理重点难点问题的法律法规和规章的实施，并积极向上级立法机关提出立法建议。规范公正文明执法司法，探索完善执法司法公信力评价制度，充分发挥执法司法在规范社会行为、引领社会风尚中的重要作用。推动执法办案职能向社会治理领域延伸，实现“办理一案治理一片”的效果。强化普法教育宣传，推进一镇（街道）一法庭、一村（社区）一警（辅警）、一村（社区）一法律顾问，引导群众依法维护权益，大力推进法治文化阵地建设。深入推进公共法律服务实体、热线和网络平台建设，建成覆盖全域、普惠均等的公共法律服务网络。[责任单位：人大常委会法工委、公安局、法院、检察院、司法局、扶贫办、教育局、生态环境分局、市场监督管理局、交通运输局等相关部门]

（三）充分发挥德治教化作用。大力弘扬社会主义核心价值观，大力弘扬“抗疫精神”，将抗疫斗争中彰显的制度优势转化为社会治理效能。大力实施公民道德建设工程，完善社会、学校、家庭“三位一体”德育网络。完善见义勇为人员奖励和表扬政策，加强村规民约、市（居）民公约建设。大力推进社会信用体系建设，推动形成诚实守信的社会环境。[责任单位：宣传部、政法委、卫生健康局、民政局、行政审批局、人行滦州市支行、社会信用体系建设有关成员单位]

（四）充分发挥基层自治作用。学习推广新时代“枫桥经验”，切实加强群众自治组织规范化建设，坚持“两委”候选人县级联审机制，进一步规范民主选举程序。建立健全基层群众自治机制，推进和规范在社区党组织领导下的居委会、住宅小区业主大会、业委会等自治组织建设。建立健全村（居）务监督委员会，推进村（居）务公开。[责任单位：组织部、民政局、农业农村局、政法委、住房和城乡建设局]

（五）充分发挥智治支撑作用。推进“智慧城市”建设，打通地方、部门、企事业单位之间的数据壁垒，打造集网络互通、信息汇聚、数据共享、平台共用和可视化指挥于一体的社会治理智能化平台。加强“雪亮工程”建设，推动将视频数据信息与人工智能技术深度融合，健全人脸识别、以图搜图、人车物异常行为检测等功能，提高视频图像智能化应用水平，实现城乡视频监控全覆盖。大力推进“智慧社区”“智慧交管”“智安小区”和“一标三实”建设。[责任单位：政府办、行政审批局、民政局、政法委、公安局、法院、检察院、司法局、国安办、交通运输局、发展和改革局等相关部门]

四、加强组织保障

（一）落实领导责任。发挥市平安建设（社会治理）领导小组和办公室作用，加强对平安滦州建设工作的组织领导和统筹协调。各相关成员单位特别是各镇（街道）要把推进社会治理现代化、深化平安建设纳入经济社会发展规划，摆上重要议事日程，及时研究解决有关重大问题。党政主要负责同志是推进社会治理现代化、深化平安建设工作第一责任人，分管负责同志是直接责任人，领导班子其他成员承担分管范围内的工作责任，认真研究部署，形成一级抓一级、层层抓落实的工作格局。各镇（街道）、有关各部门要各负其责、密切配合，将平安建设工作与本部门业务工作同研究、同部署、同检查、同落实。

（二）提升治理能力。加强干部队伍业务培训，建立健全“互联网+培训”机制，完善教、学、练、战一体化教育培训体系，不断提高决策统筹、改革创新、打击防范、基础管理、群众工作、舆论引导、狠抓落实的能力。推进市域社会治理现代化高端智库建设，通过与高等学校、研究院所、科研团队、专家学者合作，建立开放灵活、高水平的跨学科、跨领域、跨部门的研究平台，为提升全市社会治理现代化水平提供智力支撑。加强政法队伍革命化、正规化、专业化、职业化建设，激发政法队伍生机活力。建强建优全市政法网宣铁军，推动社会治理和平安建设宣传舆论工作重心转移到网络新媒体上来，加快政法网络新媒体矩阵建设。

（三）加强督导考核。把社会治理成效考核纳入平安建设考核，考核结果作为领导班子和领导干部综合考核的重要参考，与领导干部晋职晋级、评优评先、奖励惩处挂钩。加强督导检查，及时发现问题、补齐短板、纠正偏差，确保各项任务落地见效。严格落实平安建设领导责任制，定期对在平安建设中作出突出贡献的集体和个人进行评选表扬，对问题突出的地方和单位，依规依纪依法严肃问责。

（四）广泛宣传发动。综合运用各类宣传载体和文化阵地，大力宣传各地各部门推进社会治理现代化、深化平安建设的有力措施和重大成效，大力宣传政法队伍的时代楷模、时代正气、时代风采，努力营造各级重视、各界支持、群众参与的良好氛围。充分发挥新媒体的重要作用，善于运用公众感受、记者视角、新媒体话语体系讲好“社会治理故事”，生动反映社会治理和平安建设工作的新气象新成效以及广大干部群众的新生活新风貌，切实增强社会治理和平安建设工作的亲和力、公信力、凝聚力。

附件1

滦州市市域社会治理创建指挥部组成人员名单

政　　　委：李建忠　市委书记
指　挥　长：孙自生　市委副书记、市政府市长
常务副指挥长：侍瑞军　市委常委、政法委书记
副 指 挥 长：王殿新　市委常委、组织部部长、统战部部长
　　　　　　崔敬民　市委常委、市纪委书记、监委主任
　　　　　　田文学　市委常委、宣传部部长
　　　　　　李鸿祥　市委常委、市政府常务副市长
　　　　　　张雪峰　市委常委、市政府副市长
　　　　　　费立松　市委常委、武装部政委
　　　　　　张永忠　市人大常委会副主任
　　　　　　孙晓忠　市政府副市长、公安局局长
　　　　　　刘翠萍　市政府副市长
　　　　　　李瑞岭　市政府副市长
　　　　　　李恩科　市政府副市长
　　　　　　李爱民　市政协副主席
　　　　　　李　岩　市法院院长
　　　　　　吕景利　市检察院检察长
成　　　员：各镇（街道）、市直相关单位主要负责同志

主要职责：贯彻落实中央、省、唐山市、市关于市域社会治理的一系列决策部署，坚持与经济社会发展同研究、同部署、同检查、同落实，研究决定市域社会治理工作重要事项；完善组织领导体制机制，构建“党政领导、综治协调、部门负责、社会协同、公众参与”的工作格局，形成社会治理合力；认真落实综治维稳领导责任制，将加快推进社会治理现代化工作纳入领导班子、领导干部综合考评体系，强化领导责任和责任追究；办理市委、市政府交办的其他工作。

指挥部下设办公室，办公室设在政法委，办公室主任由政法委常务副书记薛立新担任。

附件八

滦州市创建国家生态文明示范市工作实施方案

为全面贯彻落实市委决策部署，奋力开启“十四五”发展新征程，加速实现建设“现代中等城市、全国百强滦州”目标，进一步提升生态文明建设水平，结合我市实际，特制定实施方案如下。

一、指导思想

坚持以习近平新时代中国特色社会主义思想为指导，深入践行“绿水青山就是金山银山”理念，全面贯彻党中央关于坚持和完善中国特色社会主义制度、推进国家治理体系和治理能力现代化重大决策，认真落实市“3+5”工作部署，推进国家生态文明建设示范区建设，争创国家生态文明建设示范市。

二、创建目标

生态环境持续改善，生态经济提速发展，生态生活品质逐步提升，生态文化全面弘扬，生态制度不断完善。32项国家生态文明建设示范区考核指标实现稳中有进，80%以上指标达到考核验收标准。

三、创建内容

（一）构建科学合理的生态空间体系

1.实施主体功能区规划。贯彻落实省重点生态功能区规划，完成“国家生态文明建设示范区创建规划”编制，合理划定城镇、农业、生态空间，进一步优化国土空间开发格局，引导城市科学布局和合理增长，构筑与资源环境承载力相匹配的生态安全格局、新型城镇化格局和农业发展格局。［责任单位：生态环境分局、发展和改革局、自然资源和规划局、经济开发区管委会，各镇（街道）］

2.优化生态保护空间格局。严格落实“三线一单”，督促各级各部门、各责任主体履行保护职责，落实红线管控要求，确保生态保护面积不减少、质量不下降。［责任单位：生态环境分局、自然资源和规划局，各镇（街道）］

3.优化产业空间格局。做强精品钢铁、装备制造等六大主导产业，做大节能环保、新型建材等战略性新兴产业，构建现代产业新体系。通过实施园区统筹组团发展战略，促进区域间要素资源的自由流动和优化配置，依托园区或区域中心整合地域资源，优化区域空间结构，构建全市一体化协调发展格局。［责任单位：发展和改革局、自然资源和规划局、财政局、工业和信息化局、农业农村局、生态环境分局、经济开发区管委会，各镇（街道）］

4.严守耕地保护制度。实行最严格的耕地保护制度，全面落实保护耕地的各项措施，严格执行耕地占补平衡制度，严格管控永久基本农田。［责任单位：自然资源和规划局、农业农村局，各镇（街道）］

（二）构建特色鲜明的生态经济体系

1.围绕调优结构，打造生态经济。以深化供给侧结构性改革为主线，坚持传统产业改造提升与新兴产业培育并重、扩大总量与提质增效并重、扶大扶优扶强与选商引资引智并重，以生态经济统领全市经济社会发展，加快构建生态产业体系，扩大生态产业规模，形成绿色生态产业发达、经济发展和资源环境统筹发展的格局，绿色生态产业增加，单位地区生产总值能耗和用水量持续下降，生态经济成为全市经济发展的重要增长极。［责任单位：发展和改革局、工业和信息化局、自然资源和规划局、商务和投资促进局、水利局、金融办、经济开发区管委会，各镇（街道）］

2.围绕突出特色，打造生态农业。用现代经营理念、现代科技手段、现代组织形式发展生态农业，走生产技术先进、经营规模适度、市场竞争力强、资源持续利用、生态环境友好的现代农业发展道路。因地制宜发展花生、红薯、苹果等特色林果业，持续扩大标准化生产规模，提高农产品品质，强化农业投入品管控，有效防止农业面源污染。扶持壮大农业龙头企业，发展多种形式合作组织，鼓励龙头企业强强联合，提高农业产业化经营水平。实施品牌化经营战略，建立农产品质量追溯体系，积极开展“两品一标”认证。大力推进农超对接，加大线上、线下营销力度，不断提升产品形象，进军高端市场。［责任单位：农业农村局、发展和改革局、工业和信息化局、供销社、经济开发区管委会，各镇（街道）］

3. 围绕清洁高效，打造生态工业。按照传统产业升级改造、新增产业严格准入的原则，加快工业转型升级，推动产业向低能耗、低排放、高精尖、高效益方向迈进，鼓励发展循环经济，提升“亩均效益”，实现质的转变。加快东海特钢500万吨冷轧、利达科技支护产业基地等项目建设，大力发展千万吨精品管材基地。以抓工业旅游的理念抓企业发展，引导钢铁、水泥等企业加大环保资金投入，推动环保设备技术改造创新，推动企业节能节材节水节电，大力减少污染物排放，推动企业循环发展，推动实现清洁生产。［责任单位：发展和改革局、工业和信息化局、自然资源和规划局、金融办、经济开发区管委会，各镇（街道）］

4.围绕提质增效，打造生态旅游业。坚持“生态+服务业”发展，实施生态服务业扩容提质工程和传统服务业生态化改造工程，不断丰富行业业态，充分释放生态价值，打造“绿色银行”。大力发展文旅产业，高标准完成游客集散中心建设，打造智慧旅游服务平台，建立布局合理、指向清晰的旅游引导标识体系，扎实推进旅游“厕所革命”和生态停车场建设，不断提升旅游公共服务水平。实施A级景区倍增计划，完善滦州古城、青龙山景区国家4A级景区提升工程。持续培育全域旅游新的增长点，积极发展冰雪运动，加快形成全域、全业态旅游模式。因地制宜发展乡村旅游，培育一批“小而精”生态农庄，力争年内打造精品民宿村1个。广泛开展文化活动，加强特色农副产品、手工艺品、文化创意品等整体策划包装，打造一批精美旅游商品，不断丰富旅游体验，提升综合效益。紧盯京津等重点旅游市场，强化旅游宣传推介，全年接待游客达到260万人次以上，实现旅游综合收入26亿元以上。［责任单位：文化广电和旅游局、发展和改革局、交通运输局、住房和城乡建设局，各镇（街道）］

5.围绕丰富业态，打造生态服务业。围绕促进现代农业和制造业升级，推动研发设计、现代物流、加工贸易、电子商务、融资租赁、信息服务、科技服务、节能环保服务等生产性服务业拓展规模，迈向中高端；立足于满足群众多样化、多层次需求，在城区人口集中地段规划设立便民市场，推动商贸流通、住宿餐饮、旅游休闲、家庭服务、文体娱乐等生活性服务业发展；加快传统服务业生态化改造，淘汰一批服务设施陈旧、资源浪费严重的服务场所，倡导环保节约的服务方式，补齐传统服务业生态短板，实现服务业全领域发展生态化。［责任单位：商务和投资促进局、工业和信息化局、市场监督管理局、教育局、交通运输局、卫生健康局、民政局、经济开发区管委会，各镇（街道）］

（三）构建绿色洁净的生态环境体系

1.聚焦全域增绿，全面打好青山保卫战。深入开展国土绿化攻坚行动，持续抓好封山育林工程，实施绿化工程，持续深化造林绿化工程，持续开展“天网护绿”专项行动，严厉打击非法破坏林地、非法侵占公益林等违法行为，森林覆盖率达到13.66%。加强山体保护和修复，推进绿色矿山、绿色选厂、绿色砂厂建设，实现矿山环境的生态化、开采方式的绿色化。抓紧责任主体灭失露天矿山综合治理，严厉打击非法占地、非法采矿、非法毁林行为。［责任单位：自然资源和规划局、生态环境分局、交通运输局、住房和城乡建设局、水利局、公安局，各镇（街道）］

2.聚焦全域治水，全面打好碧水保卫战。严格落实河长制，完善乡级、村级基层河长体系建设，推行“信息管理平台”建设，实现

“河长云”APP巡河全覆盖。全面推进全域治水“三年行动”，抓好河库“清四乱”专项整治工作，稳步推进滦河、沙河、龙湾河、管河等河流综合治理。加强钢铁、焦化等企业监管力度，严厉打击偷排偷放、超标排放行为，持续改善水环境。加大集中式饮用水水源地保护力度，加强城镇饮用水水质检测，抓好村级饮水安全工程，确保集中式饮用水水源地水质优良比例达到100%，村镇饮用水卫生合格率达到100%。启动开发区北区污水处理厂、精品钢铁园污水处理厂建设，做好龙湾河、管河河道清淤工作。到2021年底，滦河大桥国控监测断面达到考核要求。［责任单位：水利局、生态环境分局、自然资源和规划局、农业农村局、住房和城乡建设局、经济开发区管委会，各镇（街道）］

3.聚焦全域清新，全面打好蓝天保卫战。坚持刑责治污，实施联防联控，深入开展“利剑斩污”专项行动，保持对环境违法行为的高压态势。开展大气污染防治攻坚行动，强力推进重点企业深度治理、“公转铁”“散乱污”企业动态清零、工业企业创A、扬尘治理、车辆污染管控、洁净煤推广等重点工作，落实点源、面源综合整治，精细化管理、科学化管控，确保空气质量持续改善，为唐山大气污染治理排名退出“后十”贡献滦州力量。到2021年底，空气质量综合指数控制在5.0以内。［责任单位：生态环境分局、住房和城乡建设局、公安局、交通运输局、发展和改革局、农业农村局、工业和信息化局、市场监督管理局，各镇（街道）］

4.聚焦全域洁净，全面打好净土保卫战。开展土地性质改变地块、疑似污染地块调查治理，加强涉重企业日常监控，强化危险废物监管，规范垃圾集中处理行为，做好禁用灭草剂宣传引导，严防土壤污染事件发生。建立污染场地环境监管体系，受污染耕地安全利用率逐年提高；重点行业重点重金属污染物排放量下降；危险废物安全处置率达到100%；城镇生活垃圾无害化处理率达到100%。［责任单位：生态环境分局、城市管理综合行政执法局、农业农村局，各镇（街道）］

5.聚焦全域宜居，打好生态庭院创建攻坚战。继续深入开展生态庭院创建活动，将“厕所改造、清洁能源、垃圾分类、美丽庭院”四项指标有机融合，不断丰富创建内涵，提升创建档次，推进创建活动向广度和深度拓展延伸，确保创建一户达标一户，确保完成全年目标任务。［责任单位：农业农村局、生态环境分局、卫生健康局、妇联、团市委，各镇（街道）］

6.聚集全域美丽，打好人居环境整治提升攻坚战。进一步推进农村人居环境整治，巩固提升整治成果。完成硬化村路、美化墙体、安装路灯、村庄绿化、改造卫生厕所市达任务，卫生厕所普及率达到95%，鼓励建设农村生活污水处理站，农村生活垃圾和农村生活污水得到有效处理。［责任单位：农业农村局、卫生健康局、生态环境分局，各镇（街道）］

（四）构建便捷低碳的生态生活体系

1.推动绿色出行。优化公交网络，管理调配运营车辆，提升公交运行效率。做好商业街区及公共服务设施周边区域的慢行道改造或建设，优先打造舒适便捷的慢行区域，推动市民绿色出行。鼓励市民购买清洁能源车辆，增加充电桩、加气站等设施建设，为市民营造良好的新能源汽车使用环境。（责任单位：交通运输局、发展和改革局、住房和城乡建设局、工业和信息化局）

2.倡导绿色生活方式。大力推广绿色建筑和既有建筑节能改造，新建公共建筑严格执行建筑节能强制性标准。绿色建筑占城镇新建建筑比例达到50%以上。［责任单位：住房和城乡建设局、行政审批局、自然资源和规划局］

3.严格落实绿色采购。严格执行《国务院办公厅关于建立政府采购强制采购节能产品制度的通知》等有关文件规定，加强对节能产品、环保产品采购工作的督促力度。］责任单位：财政局］

4.完善绿色市政设施。加快垃圾焚烧厂调试，尽快投入，正式运营。［责任单位：城市管理综合行政执法局］

（五）构建规范有序的生态制度体系

1.完善生态文明市场化机制。新改扩建项目实施排污权交易，完善排污权交易综合监管系统，建立储备库。积极实施环境信用评价制度，全面推动企业环保信用评级与银行贷款、评优评先等挂钩，推动建立“守信激励，失信惩戒”机制。实行差别化排污收费政策，建立吸引社会资本投入生态环保的市场化机制，推进环境污染第三方治理。［责任单位：生态环境分局］

2.建立生态资源产权管理制度。开展全市自然资源资产调查登记，编制自然资源资产负债表，制定权利清单，明确各类自然资源产权主体权利。［责任单位：自然资源和规划局、水利局、农业农村局、生态环境分局］

3.完善生态环境监管制度。健全完善红线管理制度和森林资源、国土资源、水资源、排污管理制度，用最严格的生态环境保护管理制度，确保我市优良生态环境质量稳中向好。［责任单位：生态环境分局、自然资源和规划局、水利局］

4.完善环境治理体系建设。依托“智慧滦州”指挥平台，提升科技治污能力。推行企事业单位污染物排放总量控制制度，将总量指标落实到具体排污单位。积极推进生态环境数据共享开放，督导并监管市内重点监控企业、已核发国家排污许可证企业等排污单位开展自行监测及信息公开。探索建立资源环境承载能力预警监测机制、生态系统保护修复和污染防治区域联动机制。［责任单位：生态环境分局、智慧滦州指挥中心］

5.推行生态优先考核制度。落实“党政同责”“一岗双责”，实行生态环境损害责任终身追究制，将资源消耗、环境损害、生态效益指标纳入经济社会发展综合评价体系，按照中央和省、唐山市部署完善相应的考核，对领导干部实行自然资源资产和环境责任离任审计。［责任单位：组织部、纪委监委、审计局］

（六）构建内涵丰富的生态文化体系

1.深入培育基层生态文化。以创建绿色学校、绿色社区、绿色企业为载体，深入推进生态环境保护的宣传教育，厚植厂企、社区、乡村生态文化。加强环保志愿者队伍建立，持续组织系列环保活动，倡导符合绿色文明的生活习惯、消费观念和环境价值观。鼓励企业开展环保公益活动，开展清洁生产和循环经济示范工作。［责任单位：生态环境分局、宣传部、网信办、文化广电和旅游局、工业和信息化局、农业农村局、教育局、团市委、妇联，各镇（街道）］

2.全面推行生态文明教育。运用多种形式和手段，开展全民生态文明意识教育，普及生态文明观念，提高生态文明素质，规范生态文明道德行为，使生态文明观念深入人心，全民生态文明意识普遍提高，生态道德观念基本树立。从学校到社区、从企业到政府，从生产到消费，开展多层次、多领域教育活动，把生态文明教育融入经济社会生活的方方面面。建设一批环境教育基地，常年开展生态文明建设教育活动。［责任单位：生态环境分局、宣传部、工业和信息化局、农业农村局、团市委、妇联，各镇（街道）］

3.广泛开展生态文明宣传。充分利用各种媒体以及规划展馆、文化馆、图书馆、青少年宫等公共文化设施，持续开展自然生态、生态文化、环保科普、生态文明建设等大型宣教展览，定期举办生态环保知识讲座，大力宣传生态文明理念，增强全民节约意识、环保意识、生态意识，营造爱护生态环境的良好风气。［责任单位：宣传部、住房和城乡建设局、文化广电和旅游局、生态环境分局、团市委，各镇（街道）］

五、保障措施

（一）加强组织领导，落实创建责任。成立市创建国家生态文明示范市指挥部，强化党委领导、政府负责、民主协商、社会协同、公众参与、法治保障、科技支撑的治理体系建设。各相关市领导要靠前指挥、强化检查调度、一线解决问题；各责任单位要明确目标，细化责任，通力合作；各级党组织和广大党员干部要发挥示范引领作用，带头推动创建深入开展。

（二）广泛宣传动员，营造创建氛围。充

分发挥广播电视等传统媒体和“两微一端”等新媒体作用，开设一批专栏专题，多角度、全方位报道创建工作，营造全社会关心、支持、参与创建的浓厚氛围。

（三）注重规划引领，提升创建水平。对照上级政策要求，紧密结合我市实际，进一步制定完善高标准、高定位、高质量的建设规划，实现用规划指导创建工作。各牵头单位要制定各自工作方案，狠抓工作落实。

（四）拓宽融资渠道，加大创建投入。财政部门要加大财力、物力保障，提高财政资金使用效率，优先支持创建关键节点和重点任务的资金使用，确保将有限的财政资金最大限度地发挥效用。要精研政策，准确对接，积极争取上级资金支持。充分发挥政府投资引导带动作用，积极引导社会资本参与创建。

（五）强化法治保障，优化创建环境。充分发挥法律制度在创建中的保障作用，政法部门要切实负起责任，加强法治宣传和教育，依法推进创建工作，对影响创建工作的违法犯罪行为，依法严厉打击；严格落实“刑责治污”，铁腕执法，铁拳治污，以法治为创建保驾护航。

（六）严格考核评价，确保创建实效。将创建工作纳入对科级领导班子和领导干部的考核评价体系，明确考核指标，加大考核权重，严格落实奖惩，有效推动工作开展。要进一步增强考核的科学性和针对性，不搞“一刀切”，不吃“大锅饭”，确保起到激励先进、鞭策后进的作用。

附件1

滦州市创建国家生态文明示范市指挥部组成人员名单

政　　委：李建忠　市委书记
指 挥 长：孙自生　市委副书记、市政府市长
常务副指挥长：李恩科　市政府副市长
副 指 挥 长：王殿新　市委常委、组织部部长、统战部部长
崔敬民　市委常委、市纪委书记、监委主任
田文学　市委常委、宣传部部长
李鸿祥　市委常委、市政府常务副市长
张雪峰　市委常委、市政府副市长
孙晓忠　市政府副市长、公安局局长
刘翠萍　市政府副市长
李瑞岭　市政府副市长

成员单位：网信办、团市委、妇联、公安局、教育局、工业和信息化局、发展和改革局、民政局、财政局、自然资源和规划局、生态环境分局、住房和城乡建设局、交通运输局、文化广电和旅游局、水利局、农业农村局、卫生健康局、市场监督管理局、城市管理综合行政执法局、审计局、行政审批局、金融办、供销社、智慧滦州指挥中心、杨柳庄镇、榛子镇、王店子镇、油榨镇、东安各庄镇、雷庄镇、九百户镇、古马镇、小马庄镇、茨榆坨镇、滦城街道、响嘡街道、古城街道、滦河街道

指挥部下设办公室，办公室设在生态环境分局，办公室主任由生态环境分局负责人张绍伟担任。

附件2

滦州市创建国家生态文明示范市工作指标分解表

领域	任务	指标名称	单位	指标值	2025年	牵头部门
生态制度	（一） 目标责任体系与制度建设	生态文明建设规划	–	制定实施	实施	生态环境分局
		党委、政府对生态文明建设重大目标任务部署情况	–	有效开展	有效开展	市委办 政府办
		生态文明建设工作占党政实绩考核的比例	%	≥20	≥20	组织部
		河长制	–	全面实施	全面实施	河长办
		生态环境信息公开率	%	100	100	生态环境分局
		依法开展规划环境影响评价	% –	开展	开展	生态环境分局
生态安全	（二） 生态环境质量改善	环境空气质量 优良天数比例 PM2.5浓度下降幅度	%	完成上级规定的考核任务；保持稳定或持续改善	完成上级规定的考核任务	生态环境分局
		水环境质量 水质达到或优于Ⅲ类比例提高幅度 劣V类水体比例下降幅度 黑臭水体消除比例	%	完成上级规定的考核任务；保持稳定或持续改善	完成上级规定的考核任务	生态环境分局
	（三） 生态系统保护	生态环境状况指数	%	≥60	≥60	生态环境分局
		林草覆盖率	%	≥18	≥18	自然资源和规划局
		生物多样性保护 国家重点保护野生动植物保护率 外来物种入侵 特有性或指示性水生物种保持率	% – %	≥95 不明显 不降低	≥95 不明显 不降低	自然资源和规划局农业农村局
	（四） 生态环境风险防范	危险废物利用处置率	%	100	100	生态环境分局
		建设用地土壤污染风险管控和修复名录制度	–	建立	建立	生态环境分局
		突发生态环境事件应急管理机制	–	建立	建立	生态环境分局
生态空间	（五） 空间格局优化	自然生态空间 生态保护红线 自然保护地	–	面积不减少，性质不改变，功能不降低	面积不减少，性质不改变，功能不降低	自然资源和规划局生态环境分局
		河湖岸线保护率	%	完成上级管控目标	完成上级管控目标	水利局

续表

领域	任务	指标名称	单位	指标值	2025年	牵头部门
生态经济	（六）资源节约与利用	单位地区生产总值能耗	吨标准煤/万元	完成上级规定的目标任务；保持稳定或持续改善	完成上级规定的目标任务	发展和改革局
		单位地区生产总值用水量	立方米/万元	完成上级规定的目标任务；保持稳定或持续改善	完成上级规定的目标任务	水利局
		单位国内生产总值建设用地使用面积下降率	%	≥4.5	≥4.5	自然资源和规划局
	（七）产业循环发展	农业废弃物综合利用率 秸秆综合利用率 畜禽粪污综合利用率 农膜回收利用率	%	≥90 ≥75 ≥80	≥90 ≥75 ≥80	农业农村局
		一般工业固体废物综合利用率	%	≥80	≥80	生态环境分局
生态生活	（八）人居环境改善	集中式饮用水水源地水质优良比例	%	100	100	住建局
		村镇饮用水卫生合格率	%	100	100	卫健局
		城镇污水处理率	%	≥85	≥85	住建局
		城镇生活垃圾无害化处理率	%	≥80	≥80	城管执法局
		农村无害化卫生厕所普及率	%	完成上级规定的目标任务	完成上级规定的目标任务	卫健局 农业农村局
生态生活	（九）生活方式绿色化	城镇新建绿色建筑比例	%	≥50	≥50	住建局
		生活废弃物综合利用 城镇生活垃圾分类减量化行动 农村生活垃圾集中收集储运	–	实施	实施	城管执法局
		政府绿色采购比例	%	≥80	≥80	财政局
生态文化	（十）观念意识普及	党政领导干部参加生态文明培训的人数比例	%	100	100	组织部
		公众对生态文明建设的满意度	%	≥80	≥80	宣传部
		公众对生态文明建设的参与度	%	≥80	≥80	统计局

附件九

滦州市创建“绿水青山就是金山银山”实践创新基地工作实施方案

为进一步推进我市生态文明建设，践行习近平生态文明思想，深入贯彻落实“绿水青山就是金山银山”发展理念，全力推进我市“绿水青山就是金山银山”实践创新基地建设，特制定实施方案如下。

一、指导思想

以习近平生态文明思想为指导，深入贯彻习近平总书记关于生态文明系列重要讲话精神，统筹推进“五位一体”总体布局和协调推进“四个全面”战略布局，坚持人与自然和谐共生方略，坚持“绿水青山就是金山银山”理念，坚持节约资源和保护环境基本国策，认真落实党中央、省、唐山市决策部署，以创新生态文明建设和“绿水青山就是金山银山”实践创新体制机制为突破口，探索生态文明建设新模式，培育绿色发展新动能，开辟生态惠民新路径，不断提高生态环境管理系统化、科学化、智能化、精细化水平，加快形成节约资源和保护环境的空间格局、产业结构、生产方式和生活方式，努力把经济活动、人的行为限制在自然资源和生态环境能够承受的限度之内，实现生态环境保护和可持续发展的双赢。

二、工作目标

2021年，聚焦20项指标启动创建工作，力争2024年具备“绿水青山就是金山银山”实践创新基地申报条件。

三、重点任务

（一）扩大生态产品供给。加强生物多样性保护，开展生物多样性调查研究、评估与监测，完善生物多样性名录，建立资源空间数据库、野生植物种质资源和野生动物遗传基因库。加强生态廊道建设，推进红线勘界及台账系统、监测监控设备网络和监管平台建设，筑牢生态安全格局。［责任单位：生态环境分局、自然资源和规划局］

（二）推进绿色富民惠民。优化提升公园景观，依托国土空间规划编制，启动新一批公园建设，打造特色社区公园、街心公园，建设亲民惠民公园城市。完善重要门户景观，打造一批“一路一景”的绿化景观大道。建设涵盖生态型、郊野型、都市型三类绿道的慢行网络，逐步打造集生态、生活、文化为一体的山水林田湖城园共融共通的城乡休闲空间体系。［责任单位：城市管理综合行政执法局、自然资源和规划局］

（三）强化考核引领作用。健全生态文明考评体系，细化分解“两山”基地考核指标任务，完善“两山”考评机制，构建城市GEP核算体系，实施GEP年度核算，推动“城市GEP”进规划、进项目、进决策、进考核。严格领导干部自然资源资产离任审计，助推生态文明建设。［责任单位：生态环境分局、组织部、审计局］

（四）创新“两山”转化实践。统筹推进城乡一二三产融合，推动大数据融合创新发展，加快建设生态型工业园、形成“百花齐放”的“两山”转化综合模式。完善现代生态环境治理体系，落实最严格的生态环境保护制度，健全源头预防、过程控制、损害赔偿、责任追究的生态环境保护体系，建立健全环境空气质量重度污染预警、空气质量预报预警会商等工作机制，全面推进“河（湖）长制”“林（园）长制”和“路（段）长制”，确保各项任务落实落地。［责任单位：生态环境分局、发展和改革局、自然资源和规划局、水利局、城市管理综合行政执法局］

四、保障措施

（一）加强组织领导。成立市创建“绿水青山就是金山银山”实践创新基地创建指挥部，负责对全市创建工作的组织领导、督导调度。指挥部下设办公室，办公室设在生态环境分局，负责综合协调各责任单位有序推进各项工作建设。各单位也要成立相应组织，具体负责本部门创建工作，确保各项工作落到实处。

（二）健全工作机制。各责任单位要根据创建工作方案要求，就本单位所承担的项目，实行“一把手”亲自抓、负总责，分管领导具体抓，全员参与、齐抓共管，协调联动，全面落实各项工作任务。

（三）强化检查督导。指挥部办公室定期组织对重点项目的实施情况进行检查，采用通报或者专题报告的形式对工作不力、进展缓慢的责任单位予以督促。

（四）强化社会监督。加大信息公开力度，创新宣传方式，及时向社会公布基地建设工作进度及重大变动情况，畅通投诉建议渠道，建立有效的反馈机制、动态调整机制，提高人民群众的知情权、监督权，形成全社会自觉参与建设的良好氛围。

附件1

滦州市创建“绿水青山就是金山银山”实践创新基地创建指挥部组成人员名单

政　　　委：李建忠　市委书记
指　挥　长：孙自生　市委副书记、市政府市长
常务副指挥长：李恩科　市政府副市长
副 指 挥 长：王殿新　市委常委、组织部部长、统战部部长
　　　　　　李鸿祥　市委常委、市政府常务副市长
　　　　　　李瑞岭　市政府副市长

成员单位：自然资源和规划局、生态环境分局、城市管理综合行政执法局、审计局、发展和改革局、水利局

指挥部下设办公室，办公室设在生态环境分局，办公室主任由生态环境分局负责人张绍伟担任。

附件2

滦州市创建“绿水青山就是金山银山”实践创新基地工作指标分解表

项目	任务分解及要求	时间	责任单位
（一）扩大生态产品供给	加强生物多样性保护，开展生物多样性调查研究、评估与监测，完善生物多样性名录，建立资源空间数据库、野生植物种质资源和野生动物遗传基因库。加强生态廊道建设，推进红线勘界及台账系统、监测监控设备网络和监管平台建设，筑牢生态安全格局。	2025年12月底	自然资源和规划局、生态环境分局

续表

（二）推进绿色富民惠民	优化提升公园景观，依托国土空间规划编制，启动新一批公园建设，打造特色社区公园、街心公园，建设亲民惠民公园城市。完善重要门户景观，打造一批“一路一景”的绿化景观大道。建设涵盖生态型、郊野型、都市型三类绿道的慢行网络，逐步打造集生态、生活、文化为一体的山水林田湖城园共融共通的城乡休闲空间体系。	2025年12月底	城管执法局、 自然资源和规划局
（三）强化考核引领作用	健全生态文明考评体系，细化分解“两山”基地考核指标任务，完善“两山”考评机制，构建城市GEP核算体系，实施GEP年度核算，推动“城市GEP”进规划、进项目、进决策、进考核。严格领导干部自然资源资产离任审计，助推生态文明建设。	2025年12月底	组织部、 生态环境分局、 审计局
（四）创新“两山”转化实践	统筹推进城乡一二三产融合，推动大数据融合创新发展，加快建设生态型工业园、形成“百花齐放”的“两山”转化综合模式。完善现代生态环境治理体系，落实最严格的生态环境保护制度，健全源头预防、过程控制、损害赔偿、责任追究的生态环境保护体系，建立健全环境空气质量重度污染预警、空气质量预报预警会商等工作机制，全面推进“河（湖）长制”“林（园）长制”和“路（段）长制”，确保各项任务落实落地。	2025年12月底	发展和改革局、 自然资源和规划局、 水利局、 城管执法局、 生态环境分局

中共滦州市委
滦州市人民政府
关于全面推进乡村振兴加快农业农村现代化的实施意见

（2021 年 4 月 12 日）

为贯彻落实《中共中央、国务院关于全面推进乡村振兴加快农业农村现代化的意见》（中发〔2021〕1号）和《中共河北省委、河北省人民政府关于深入贯彻落实总书记重要讲话精神全面推进乡村振兴加快农业农村现代化的实施意见》（冀发〔2021〕1号）及《中共唐山市委、唐山市人民政府关于全面推进乡村振兴加快农业农村现代化的实施意见》（唐发〔2021〕9号）精神，结合我市实际，制定如下实施意见。

一、准确把握总体要求

坚持以习近平新时代中国特色社会主义思想为指导，深入贯彻党的十九届五中全会精神，全面落实中央、省、唐山市农村工作会议精神，深入践行“迈开大步、走在前列”工作要求及市委“1395”工作部署，坚持以农业农村优先发展为总方针，以推动农业农村高质量发展为主题，以深化农业供给侧结构性改革为主线，以实施“乡村振兴高质量建设年”为总揽，全面加强党对农村工作的领导，实施农业现代化与农村现代化一体设计、一并推进，着力加强防贫机制建设、现代农业发展、美丽乡村建设、农村改革创新四大工程，全面推动乡村振兴，不断加快城乡融合发展和农业农村现代化步伐，着力打造农业高质高效、乡村宜居宜业、农民富裕富足的“滦州样板”，为建设“现代中等城市、全国百强滦州”提供有力支撑。

2021年，农业综合生产能力稳步提升，粮食播种面积稳定在60.64万亩，粮食总产稳定在26万吨以上，生猪产能恢复到正常年份水平；农业发展质量效益和竞争力进一步提高，现代都市型农业和特色高效农业加快发展，“四个农业”建设取得新进展；农民持续增收机制更加健全，农村居民人均可支配收入增速继续快于城镇居民；脱贫攻坚成果得到有效巩固，防止返贫致贫动态监测和帮扶机制更加完善，脱贫攻坚政策体系和工作机制同乡村振兴有效衔接、平稳过渡；全域推进美丽乡村建设，重点打造2个美丽乡村示范片，农村人居环境明显改善，农村生态环境明显好转，城乡基本公共服务均等化水平明显提高；农村重点领域和关键环节改革持续深化，城乡融合发展体制机制更加健全；农村基层组织建设和农村精神文明建设进一步加强，乡村治理体系进一步完善，农村社会保持和谐稳定，“十四五”开局之年农业农村工作实现“开门红”。

二、推进巩固拓展脱贫攻坚成果与乡村振兴实现有效衔接

（一）保持过渡期政策总体稳定。脱贫攻坚目标完成后，从脱贫之日起设立5年过渡期，过渡期内严格落实“四个不脱”要求，保持现有主要帮扶政策总体稳定。落实好教育、医疗、住房、饮水等民生保障普惠性政策，并根据脱贫人口实际困难给予适度倾斜。加强扶贫项目资产管理与监督，分类摸清各类扶贫项目形成的资产底数，防止资产流失和被侵占，提高资金绩效水平。在财政、金融、土地、人才、基础设施建设、公共服务等方面，研究提出政策支持清单，推进巩固拓展脱贫攻坚成果同乡村振兴有效衔接。［牵头单位：市农业农村局；责任单位：市教育局、市医疗保障局、

市住房和城乡建设局、市水利局、市财政局、市自然资源和规划局、市人力资源和社会保障局，各镇（街道）]

（二）持续巩固脱贫攻坚成果。巩固“两不愁三保障”及饮水安全成果，实行定期检查。健全控辍保学工作机制，落实分类资助参保政策，建立健全与乡村振兴相衔接的农村低收入家庭住房安全保障监测预警和排查处置长效机制，巩固维护好已建农村供水工程成果。健全防贫动态监控和精准扶贫机制，落实“12345”精准防贫体系，研究制定防贫监测预警救助措施，建立防贫信息和监测信息管理台账，依托“养老+”扶贫、帮扶责任人“2+1”扶贫、“爱心协会+”扶贫等特色扶贫模式，对脱贫不稳定户、边缘易致贫户持续开展监测，进行常态化走访排查，因户因人精准施策，实行动态清零。加强农村低收入人口常态化帮扶，开展农村低收入人口动态监测，实行分层分类帮扶。对有劳动能力的低收入人口，坚持开发式帮扶，有针对性地落实产业、就业帮扶措施，帮助提升内生发展能力。有劳动能力的农村低保对象在计算家庭收入时扣减必要的就业成本。对脱贫人口中丧失劳动能力且无法通过产业就业获得稳定收入的人口，以现有社会保障体系为基础，按规定纳入农村低保或特困人员救助供养范围，并按困难类型及时给予专项救助、临时救助，确保基本生活不出问题。进一步拓展社会力量参与防贫工作，重点资助扶贫兜底政策覆盖不到、有特殊困难的群众。[牵头单位：市农业农村局；责任单位：市教育局、市医疗保障局、市住房和城乡建设局、市水利局、市人力资源和社会保障局、市民政局，各镇（街道）]

（三）聚力做好有效衔接重点工作。统筹用好乡村公益岗位，健全按需设岗、以岗聘任、在岗领补、有序退岗的管理机制，过渡期内逐步调整优化公益岗位政策。在农村人居环境、小型水利、乡村道路、农田整治、水土保持、产业园区基础设施等涉农项目建设和管护时广泛采取以工代赈方式。大力实施消费扶贫，加大线上线下产销对接力度，扎实推进消费扶贫专柜、专馆、专区建设运营，做好扶贫产品认定工作，支持各类大型商超、批发市场等增加扶贫产品的流通销售。将巩固拓展脱贫攻坚成果纳入镇（街道）党政领导班子和领导干部推进乡村振兴战略实绩考核范围。平稳有序做好各级扶贫机构职能的调整优化，确保思想不乱、工作不断、队伍不散、干劲不减。[牵头单位：市农业农村局；责任单位：市委组织部、市委编办、市商务和投资促进局、市水利局，各镇（街道）]

三、保障重要农产品供给安全

（四）落实最严格的耕地保护制度。统筹布局生态、农业、城镇等功能，科学划定各类空间管控边界，严格实行土地用途管制。落实最严格的耕地保护制度，坚决遏制耕地“非农化”，严禁违规占用耕地和违背自然规律绿化造林、挖湖造景，严格控制非农建设占用耕地，深入开展农村乱占耕地建房专项整治行动。防止耕地“非粮化”，明确耕地利用优先序，永久基本农田重点用于粮食特别是口粮生产，一般耕地主要用于粮食和油料、蔬菜等农产品生产。严格控制耕地转为林地、园地等其他类型农用地，全面开展耕地“非粮化”排查整治行动，摸清问题底数，分类妥善处置存量，坚决遏制增量。定期对粮食生产功能区内作物种植情况进行监测评价，实现信息化、精细化管理。强化土地流转管理、设施农用地监管等工作，确保耕地数量不减少、质量有提高。加强和改进建设占用耕地占补平衡管理，严格新增耕地核实认定和监管。健全耕地数量和质量监测监管机制，加强耕地保护督查和执法监督，对各镇（街道）开展耕地保护责任目标考核，对有令不行、有禁不止、失职渎职的严肃追究责任。[牵头单位：市自然资源和规划局、市农业农村局；责任单位：各镇（街道）]

（五）巩固提升粮食综合生产能力。完善粮食生产责任制，落实各镇（街道）粮食安全政治责任，实行粮食安全党政同责，稳定粮食播种面积、提高单产水平，完成省、唐山市下达任务。落实农业补贴、小麦最低收购价等惠农政策，提高种粮比较效益。落实产粮大县支持政策，利用好省级统筹的土地出让收益、耕地占补平衡指标交易等方面给予倾斜支持的有关政策。实施新一轮高标准农田建设规划，提高建设标准和质量，健全管护机制，以粮食生产功能区为重点，年内新建1.67万亩旱涝保收、高产稳产高标准农田。利用好在高标准农田建设中增加的耕地作为占补平衡补充耕地指标在省域内调剂的政策，所得收益用于高标准农田建设。深入推进优质粮食工程，打造强筋小麦1.2万亩、鲜食玉米基地0.2万亩。扩大粮食储备规模，鼓励支持粮食加工企业提升仓储能力，粮食储备规模达到全市1年消费量要求。开展粮食节约行动，减少生产、流通、加工、存储、消费等环节粮食损耗浪费。［牵头单位：市农业农村局；责任单位：市财政局、市自然资源和规划局、市发展和改革局，各镇（街道）］

（六）加强优新品种示范推广。加强与国家、省、唐山市农业科研院校合作，加大农作物优良品种引、育、繁、推广力度，以高油酸花生、强筋小麦、鲜食玉米、特色蔬菜等为重点，引进示范一批适应机械化生产、高产优质、多抗广适的突破性新品种，促进品种优化升级，年内引进优新品种15个。实施现代畜禽种业工程，以奶牛为重点，年内推广奶牛性控冻精4120支、性控胚胎2362枚，加快培育高产核心奶牛养殖基地。实施水产种业提升工程，发挥老龙湾水产良种场在良种繁育方面的优势，做强滦州鲫鱼等优势品种养殖，提供优质水产苗种，带动全市渔业健康发展。［牵头单位：市农业农村局；责任单位：市工业和信息化局，各镇（街道）］

（七）统筹抓好“菜篮子”产品生产。全力推动生猪产能恢复，健全生猪产业平稳有序发展长效机制，积极推进东方希望集团生猪养殖项目建设投产，引导生猪养殖向优势区域集中，生猪屠宰产能向养殖集中区域布局，深入推进养殖、屠宰标准化示范创建，力争全市生猪出栏达到29万头，产能恢复到正常年份水平。深入推进奶业振兴行动，持续推进优质奶源基地建设，积极申报2021年智能化奶牛场建设项目，提升奶牛品质和产量，力争全市奶牛存栏达到5万头，泌乳牛单产达到9吨。保障果、菜、肉、奶有效供应，年内蔬菜面积14.5万亩，年产83万吨；水果面积2.48万亩，年产3.6万吨；肉、蛋、奶产量分别达到5.02万吨、1.68万吨、16.51万吨。［牵头单位：市农业农村局；责任单位：各镇（街道）］

四、深入推进农业供给侧结构性改革

（八）打造农业高质量示范基地。按照唐山市关于“双十双百”工程的安排部署，在稳定粮食面积和产量的基础上，重点围绕优质安全农产品供应、农产品加工、休闲农业和乡村旅游等，着力推进高质量发展示范基地建设，集中力量打造特色粮油、特色瓜菜、特色果品、特色奶业等7个优势特色产业、1个乳品加工产业集群、3个农业产业化联合体、9个省市两级农业高质量发展示范基地，分区域优化产业结构和产品结构，促进一二三产深度融合发展和农业产业转型升级，提升农业规模化、产业化、市场化水平。［牵头单位：市农业农村局；责任单位：各镇（街道）］

（九）加快发展科技农业。深入开展乡村振兴科技支撑行动，深化与京津优势科技资源合作，加大生物育种、农机装备、精深加工等科技攻关力度，突破一批关键核心技术，提档升级农业科技园区、星创天地。加强农业创新驿站建设与管理，发挥农业创新驿站示范引领作用，推进全产业链技术集成与转化，提升农业特色产业的市场竞争力。加强农业科技社会化服务体系建设，深入推行科技特派员制度，实现科技服务到村到户到项目。发挥农业科技服务联盟作用，通过“科技+”提高产业服务水平。巩固全国全程机械化示范县成果，落实新一轮农机购置补贴政策，对粮棉油耕种收薄弱环节、畜牧水产养殖、农产品初加工、山区农业生产所需的农机装备和大型智能农机加大补贴力度，推广“全程机械化+综合农事”等农机服务新模式，年内新增农机总动力0.6万千瓦，达到60.9万千瓦，新增种植业、畜牧养殖业和农产品初加工相关大型机械设备20台

（套）以上，主要农作物耕种收综合机械化作业水平保持在93%以上。加快发展数字农业、智慧农业，全面推进信息进村入户项目市场化运营，推动互联网创新成果与农业生产、经营、管理、服务深度融合。积极推进农业“种养加”生态农业示范点和3个“互联网+”农产品出村进城工程试点建设。［牵头单位：市农业农村局、市商务和投资促进局、市工业和信息化局；责任单位：各镇（街道）］

（十）积极发展绿色农业。打好“节引调补蓄管”组合拳，加大地下水超采综合治理力度。开展农村水系综合整治试点，全面开展河道清理，强化河湖长制，持续改善农村河湖面貌。大力实施农业节水行动，在创新农业管理节水、机制节水上取得新突破，年内推广小麦节水品种 2 万亩、水肥一体化面积 0.5 万亩。推进农业面源污染综合治理，持续实施化肥农药减量增效行动，化肥农药使用量继续保持负增长。推进农业废弃物资源化利用，年内畜禽粪污综合利用率达到 90% 以上。推进秸秆“五化”利用，完善秸秆收储运体系，秸秆综合利用率保持在 97% 以上。开展地膜科学使用与回收示范区创建，农膜回收率保持在 85% 以上。实行污染耕地分类管理，加强受污染耕地安全利用和风险管控。实行林长制，以重点生态功能区为主，开展大规模国土绿化，推进国家森林城市创建。［责任单位：市农业农村局、市水利局、市自然资源和规划局，各镇（街道）］

（十一）大力发展质量农业。巩固提升河北省农产品质量安全县创建成果，推动镇（街道）农产品质量安全监管机构有效运行和村级协管员队伍建设，实现监管全覆盖。开展农产品提标行动，分产品完善生产标准和生产规程，年内组织起草农业地方标准1项以上，粮油、果菜、畜禽和水产品标准化生产率均达到72%以上。组织开展“两品一标”认证，绿色食品认证或续展企业2家以上，绿色食品认证的农产品产量占比增幅达到10%以上。完成农产品实验室定量检测任务1300批次以上，农产品质量安全总体监测合格率稳定在98%以上。全面推动实施食用农产品合格证制度，完善农产品产地准出与市场准入衔接机制。依托“智慧农安”管理平台，全面实施信息化管理，实现日常监管、生产档案、快速检测、质量追溯等领域全覆盖。［牵头单位：市农业农村局；责任单位：市市场监督管理局，各镇（街道）］

（十二）聚力打造品牌农业。制定“品种培优、品质提升、品牌打造”发展规划和实施方案，着力推动品牌农业实现新突破。集中力量抓好区域公用品牌、领军企业品牌建设，积极争创滦州苹果区域公用品牌，着力打造滦州鲫鱼、高油酸花生等精品示范基地。充分发挥农业企业品牌创建主体作用，鼓励农业产业化联合体打造优势品牌。加强品牌创意设计和宣传推介，搭建农产品品牌展示、宣传和孵化平台，组织涉农企业参加中国（廊坊）农产品交易会、中国国际农产品交易会、唐山农产品展示交易会等活动，提升“滦字号”品牌的知名度和市场占有率。提高品牌营销能力，支持品牌农产品拓展外埠市场、建立长期稳定购销关系，促进产销衔接、线上线下营销、新零售渠道拓展。［牵头单位：市农业农村局；责任单位：市市场监督管理局，各镇（街道）］

（十三）着力推动产业融合发展。开展农业现代化示范区创建。持续开展农业“大招商、招大商”活动，对接京津、靠大联强，引进一批对我市农业产业发展有重大影响的项目和企业，年内引进农业招商项目2个以上，签约金额5亿元以上；实施10个新建或在建农业产业化重点项目，重点监管、示范引领。以农产品加工企业为重点，实施龙头企业晋档升级行动，引导和支持企业上项目、扩规模、搞技改，推动农业产业化龙头企业做大做强，市级以上农业产业化重点龙头企业总量突破 23家，年内力争新增省级标准龙头企业1家。有序发展生态休闲农业，打造省级休闲农业精品线路2条以上，建设唐山市级生态休闲农业示范基地3个。积极推进农村一二三产融合发展示范园和科技示范园区建设。稳步推进反映全产业链价值的农业及相关产业统计核算。［牵头单位：市农业农村局；责任单位：市工业和信息

化局，各镇（街道）]

（十四）全面促进农村消费。加快完善市镇（街道）村三级物流体系，改造提升农村寄递物流基础设施建设，支持电商、物流企业和供销合作社向镇（街道）农村延伸，深入推进电子商务进农村和农产品出村进城，年内培育2家市本级农村电商示范企业、2家市本级重点农产品物流配送中心，农村网络零售额达到1.3亿元以上。实施农产品仓储保鲜冷链物流设施建设工程，落实上级对鲜活农产品仓储保鲜和产后商品化处理设施进行补贴的政策，推进田头小型仓储保鲜冷链设施、产地低温直销配送中心、骨干冷链物流基地建设。鼓励出台促进汽车及绿色、智能家电产品消费补贴政策，促进农村居民耐用消费更新换代。完善农村生活服务支持政策，发展线上线下结合的服务网点，满足农村居民消费升级需求，吸引城市居民下乡消费。[责任单位：市农业农村局、市商务和投资促进局、市财政局、市供销社，各镇（街道）]

五、着力实施乡村建设行动

（十五）加强村庄规划。年内全面完成我市国土空间规划编制，明确聚集提升（示范引领）、城郊融合、特色保护、保留改善、搬迁撤并的村庄分类布局。推进33个村“多规合一”实用性村庄规划编制，年内达到规划成果报批标准。加强规划管理，严格按照规划有序开展各项建设，严肃查处违规乱建行为。对暂时没有编制规划的村庄，严格按照市镇（街道）两级国土空间规划中确定的用途管制和建设管控进行建设。强化农房建设质量安全监管，3年内完成农房安全隐患排查整治。实施农村危房改造和地震高烈度设防地区农房抗震改造。[牵头单位：市自然资源和规划局；责任单位：市发展和改革局、市住房和城乡建设局，各镇（街道）]

（十六）推进美丽乡村建设。以村容村貌美、服务设施美、生态环境美、富民产业美、社会和谐美为主要目标，坚持统筹规划、项目推进、精细管理、组团发展、规范治理，坚持新建示范与巩固提升相结合，示范村创建与美丽乡村建设相结合，统筹推进乡村振兴“十百千”和美丽乡村建设。全域推进美丽乡村建设，在现有乡村振兴示范区、示范村基础上，围绕高铁高速沿线、铁路公路沿线、国省干道及市内主要道路沿线、景区周边、城市周边等重点布局，年内重点打造水韵荷香生态小镇、山水诗画小镇2个省、市级乡村振兴示范区，100个乡村振兴提升村。示范区内所有村庄都要按照唐山市美丽乡村建设标准进行高标准重点提升建设，达到示范引领作用。对2019年、2020年创建的市级乡村振兴示范区、示范村进行巩固提升。[牵头单位：市农业农村局；责任单位：市财政局、市住房和城乡建设局、唐山市生态环境局滦州市分局、市卫生健康局、市水利局、市商务和投资促进局、市民政局、市人力资源和社会保障局、市医疗保障局、市教育局、市文化广电和旅游局、市自然资源和规划局、市妇联，各镇（街道）]

（十七）启动实施农村人居环境整治提升五年行动。以建设生态宜居美丽乡村为导向，以整域推进为主要路径，持续开展农村垃圾治理、生活污水治理、厕所改造粪污治理和村容村貌提升行动，进一步提升农村人居环境质量和水平。开展村庄清洁行动和美丽庭院创建活动，加大村庄硬化、绿化、亮化、美化、净化推进力度。推进垃圾治理、厕所改造“两个全域达标”和村容村貌、污水管控“两个全域提升”，年内高标准改造农村厕所2261座，完成36个村庄生活污水治理，农村生活垃圾收集、清运体系覆盖所有村庄，焚烧发电项目安全运营，全市生活垃圾实现资源化、无害化处理，完成村庄造林0.5万亩，建设市级森林小镇1个，市级森林乡村25个，积极争取创建省级森林乡村和国家级森林乡村。[牵头单位：市农业农村局；责任单位：市财政局、市住房和城乡建设局、唐山市生态环境局滦州市分局、市卫生健康局、市城市管理综合行政执法局、市自然资源和规划局、市妇联，各镇（街道）]

（十八）加强乡村公共基础设施建设。继续把公共基础设施建设重点放在农村，实施一批农村水电气路讯网等建设项目，加快构建城乡快捷高效的交通网、市政网、信息网、服务网。加大“四好农村路”建设力度，加快资源路、产业路和旅游路建设，推进农村公路建设项目更多向进村入户倾斜，年内改造农村公路80公里，全面实施农村公路路长制。加大农村客运班线公交化改造力度，开展城乡交通一体化示范创建。完善我市农村供水保障体系，及时对农村供水工程实施维修养护，保障农村供水工程安全运行。完善农村水价水费形成机制和工程长效运营机制。健全完善农村清洁取暖长效机制，巩固提升“气代煤”“电代煤”建设成果，统筹做好扬尘治理、秸秆禁烧等工作，有效减少燃煤消耗，扩大新能源使用比重。实施农村电网建设工程，年内新建改造农村电网线路156.3千米以上。提升数字乡村建设水平，推动农村千兆光网、5G网络、移动物联网与城市同步规划建设。建立农业农村大数据体系，推动新一代信息技术与农业生产深度融合。完善农业气象综合检测网络，加强人工影响天气作业，提升农业气象灾害防范能力。加强乡村公共服务、社会治理等数字化智能化建设。加强村级客运站点、文化体育、公共照明等服务设施建设。［责任单位：市农业农村局、市交通运输局、市水利局、唐山市生态环境局滦州市分局、市住房和城乡建设局、市气象局、国网滦州市供电公司、移动公司滦州市分公司、中国联通滦州市分公司、电信集团滦州市分公司，各镇（街道）］

（十九）提升农村基本公共服务水平。建立城乡公共资源均衡配置机制，强化农村基本公共服务，逐步实现标准统一、制度并轨。提高农村教育质量，加强乡村小规模学校和镇（街道）寄宿制学校建设，多渠道增加农村普惠性学前教育资源供给。实行职称评聘向乡村教师倾斜政策，推进义务教育学校校长教师交流轮岗，年内完成城乡教师交流60人，培训农村中小学教师1000人以上。全面推进健康乡村建设，推动乡村医生向执业（助理）医师转变，提升镇（街道）卫生院、村卫生室一体化管理水平。加强市本级医院建设，持续提升疾控机构应对重大疫情及突发公共卫生事件能力。加快实现紧密型医共体全覆盖，不断提升服务能力，实行医保总额预算管理。健全统筹城乡的就业政策和服务体系，推动公共就业服务窗口向乡村延伸。实施新生代农民工技能提升计划。落实城乡居民基本养老保险待遇确定和基础养老金正常调整机制。完善统一的城乡居民基本医疗保险制度，按照国家和省、唐山市有关规定适当提高城乡居民基本医疗保险财政补助和个人缴费标准，健全重大疾病医疗保险制度和救助制度。健全市镇（街道）村衔接的三级养老服务网络，依托养老机构或社区居家养老服务设施，建设1个具备养老服务行业管理、技术指导、应急支援、培训示范等功能的区域养老服务中心，镇（街道）建设具备全托、日托、上门服务等功能的综合服务养老机构，村级建设互助养老服务设施。加强对农村留守儿童和妇女、老年人及困境儿童的关爱服务，在既有养老服务设施基础上，建设失能、部分失能特困人员专业照护为主的供养服务设施。加强农村社会救助，农村低保标准提高到每人每年6312元。推进农村公益性殡葬设施建设。完善城乡公共文化服务体系建设，加强农村基层综合文化服务中心建设。［责任单位：市教育局、市卫生健康局、市人力资源和社会保障局、市医疗保障局、市民政局、市文化广电和旅游局、市妇联，各镇（街道）］

（二十）加强新时代农村精神文明建设。深入开展习近平新时代中国特色社会主义思想学习教育，弘扬和践行社会主义核心价值观。拓展新时代文明实践中心建设，年内农村文明实践站覆盖率达到70%。在乡村开展“听党话、感党恩、跟党走”宣讲活动。深入挖掘、继承创新优秀传统乡土文化，开展多种形式的群众文化活动。持续推进农村移风易俗，健全“五会一约”，推广“道德银行”、文明积分制等做法，加大高价彩礼、人情攀比、厚葬薄养、铺张浪费、封建迷信等不良风气治理。开展“十星级文明户”“好婆婆”“好儿媳”等评选宣传活动，用群众身边的典型示范引导广大群众见贤思齐、崇德向善。在县级以上文明村、文明镇占比84%、100%的基础上，持续

深入开展文明村镇创建工作。［牵头单位：市委宣传部；责任单位：市民政局、市农业农村局、市文化广电和旅游局，各镇（街道）］

（二十一）加快城乡融合发展。坚持全域规划，统筹产业发展、基础设施、公共服务、生态建设等，加快打通城乡要素平等交换、双向流通的制度性通道。强化城区综合服务能力，把镇（街道）建设成为服务农民的区域中心，加强村级综合服务站建设，实现市镇（街道）村功能衔接互补。实施特色产业振兴工程，重点打造主营业务收入超30亿元的特色产业集群。实施城区扩容提质工程，达到中等城市标准。实施小城镇培育壮大工程，积极推进扩权强镇，有序发展特色小城镇，重点培育具有较强影响力的经济发达镇、工业强镇、商贸重镇等特色小城镇。推动在本市就业的农民工就地市民化，增加适应进城农民刚性需求的住房供给。鼓励建设返乡入乡创业园和孵化实训基地。［责任单位：市农业农村局、市发展和改革局、市工业和信息化局、市住房和城乡建设局、市人力资源和社会保障局，各镇（街道）］

六、深化农村重点领域改革

（二十二）深化农村土地制度改革。健全农村土地经营权流转服务体系，加大政策扶持力度，扩大土地流转规模。加快农村承包地确权颁证成果运用，稳妥推进农村土地承包经营权抵押贷款试点工作，扩大建行“地押云贷”贷款产品的应用范围和规模。推进农村宅基地改革与管理，建立联审联批和综合执法制度，推行镇（街道）一个窗口对外受理运行机制，健全村级宅基地协管员队伍。规范开展房地一体宅基地日常登记颁证工作。完善盘活农村存量建设用地政策，实行负面清单管理，优先保障乡村产业发展、乡村建设用地。根据乡村休闲观光等产业分散布局的实际需要，探索灵活多样的供地新方式。规范开展城乡建设用地增减挂钩，完善审批实施程序、节余指标调剂及收益分配机制。保障进城落户农民土地承包地、宅基地使用权、集体收益分配权，引导进城落户农民依法自愿有偿退出上述权益。［牵头单位：市自然资源和规划局、市农业农村局；责任单位：各镇（街道）］

（二十三）发展壮大新型农村集体经济。巩固农村集体产权制度改革成果，支持农村集体经济组织发展，通过开发利用集体土地资源、发展服务型经济、推进股份合作、规范承办租赁经营、领办入股新型农业经营主体等多种路径，积极发展壮大农村集体经济，重点支持22个村实施扶持村级集体经济发展项目。完善农村集体股份合作社经济治理机制，做好农村集体经济组织换届选举工作，将经济合作社转化成股份合作社。加强农村集体“三资”管理，推进“智慧农经+”监管服务大数据平台应用。［责任单位：市农业农村局、市委组织部、市财政局，各镇（街道）］

（二十四）培育壮大新型农业经营主体。实施家庭农场培育计划，将专业大户、种养大户等规模经营户纳入家庭农场管理与服务体系，年内新增家庭农场15个，培育市级以上家庭农场5个。深入开展农民合作社规范提升行动，推进农民合作社规范化试点建设，积极争创“明星合作社”“明星家庭农场”。推进农业生产托管服务扩面升级，积极参与唐山市示范组织评选活动。支持市场主体建设区域性农业全产业链综合服务中心。推广龙头企业+合作社+基地+农户“四位一体”生产经营模式，完善利益联结机制，以奶业、养殖、饲料加工为重点，建设3个农业产业化联合体，推动小农户与现代农业衔接。［牵头单位：市农业农村局；责任单位：市供销社，各镇（街道）］

（二十五）深化农村金融改革。加大对“三农”领域信贷支持力度，积极推广“党建惠农贷”“惠农通”“冀农担”“农权贷”等金融产品，确保涉农贷款增速高于各项贷款平均增速。大力开展农户小额信用贷款、保单质押贷款、农机具和大棚设施抵押贷款业务，加大对农业农村基础设施投融资的中长期信贷支持。保持农村信用合作社等农村金融机构法人地位和数量总体稳定，鼓励银行业金融机构建立服务乡村振兴的内设机构。深入开展“双基”共建农村信用工程，支持构建域内共享的涉农信用信息数据库，用3年时间基本建成比较完善的新型农业经营主体信用体系。积极推进农业产业化增信基金试点。加强对农业信贷担保放大倍数的量化考核，提高农业信用担保规模。引导保险机构开发针对性强、保障范围广的自然灾害险、特色产业险、农产品价格和收入险等险种，探索“保险+信贷”“保险+期货”模式，构建涵盖财政补贴基本险、商业险和附加险等农业保险产品体系。［责任单位：市农业农村局、市金融办、市财政局、人行滦州市支行、唐山银保监分局滦州市监管组、滦州农商银行］

（二十六）深化农村其他领域改革。深化供销社综合改革，开展生产、供销、信用“三位一体”综合合作试点，积极提供农资供应、配方施肥等系列化服务，大力发展电子商务，建设农村综合服务社和社区服务中心，推动由流通服务向农业社会化服务延伸，向全方位城乡社区服务拓展。加快农业综合执法信息化建设。深入推进农业水价综合改革。继续深化农村集体林权制度改革。［责任单位：市农业农村局、市供销社、市发展和改革局、市水利局、市自然资源和规划局，各镇（街道）］

七、加强党对农村工作全面领导

（二十七）落实“五级书记”抓乡村振兴工作机制。全面落实《中国共产党农村工作条例》，健全市镇（街道）抓落实的农村工作领导体制，将脱贫攻坚工作中形成的组织推动、要素保障、政策支持、协作帮扶、考核督导等工作机制，根据实际需要运用到推进乡村振兴，建立健全上下贯通、精准施策、一抓到底的乡村振兴工作体系。市委定期研究乡村振兴工作。建立市委书记主要精力抓“三农”的责任清单制度，充分发挥市委书记“一线总指挥”作用。建立乡村振兴联系点制度。市委和市政府负责同志都要确定联系点。开展镇（街道）、村党组织书记乡村振兴轮训。将乡村人才振兴纳入党委人才工作总体部署，健全适合乡村特点的人才培养机制，强化人才服务乡村激励约束。［牵头单位：市委农办；责任单位：市委组织部，各镇（街道）］

（二十八）加强党委农村工作领导小组和工作机构建设。充分发挥市委农村工作领导小组牵头抓总、统筹协调作用，成员单位出台重要涉农文件要征求市委农村工作领导小组意见并进行备案。围绕“五大振兴”目标任务，设立由市委、市政府负责同志领导的专项小组或工作专班，建立落实台账，压实工作责任。强化市委农村工作领导小组办公室决策参谋、统筹协调、政策指导、推动落实、督促检查等职能，分解“三农”工作重点任务，落实到责任部门，定期调度工作进展。加强市委农村工作领导小组办公室机构设置和人员配置，配置负责日常工作的副主任，单设秘书科（股），充实工作力量，完善运转机制。［牵头单位：市委农办；责任单位：各镇（街道）］

（二十九）打造素质过硬的“三农”工作队伍。将学习贯彻习近平总书记重要讲话精神作为各级党委（党组）理论学习中心组重要学习内容，开展专题学习研讨。把农村一线工作锻炼作为培养干部的重要途径，积极选派优秀干部特别是年轻干部，通过驻村帮扶等形式到农村基层一线参与乡村振兴实践。拓宽“三农”工作部门和镇（街道）干部来源渠道，利用重点大学选调生招录等政策，有计划引进高学历和短缺专业人才进入“三农”工作队伍。把懂农业、爱农村、爱农民作为基本要求，切实推动各级“三农”干部队伍转变工作作风。［牵头单位：市委农办；责任单位：市委组织部、市委宣传部，各镇（街道）］

（三十）筑牢农村基层基础。突出抓基层、强基础、固基本的工作导向，推动各类资源向基层下沉，为基层干事创业创造更好条件。深入推进农村党组织标准化建设，持续抓好村干部培训、综合服务站、村干部绩效管理等“七个全覆盖”，常态整顿农村软弱涣散基层党组织。巩固36个农村基层党建示范点，谋划全域示范镇（街道）。做好2021年村“两委”换届工作，选优配强村级班子特别是村党支部书记。全面抓好建设“领头羊”队伍，每年对农村党组织书记全员轮训。健全村党组织、村民委员会、村务监督委员会、村集体经济合作社、村综合服务站“五位一体”村级组织体系，落实“四议两公开”、深化小微权力清单制度。完善以财政投入为主的稳定的村级组织运转经费保障制度，建立正常增长机制，提高农村基层干部工资补助待遇，改善工作生活条件。推进村委会规范化建设和村务公开“阳光工程”，创建民主法治示范村。扎实建设平安乡村，健全乡村矛盾纠纷化解机制，常态化推进农村扫黑除恶专项斗争，深化拓展网格化服务管理。加强农村宗教事务管理，落实农村基层党组织宗教工作具体责任，加大对农村非法宗教活动和境外渗透活动的打击力度，依法制止农村非法宗教活动干预农村公共事务。重点抓好滦城街道花果庄村国家级乡村治理试点村规范化建设。加强市、镇（街道）、村应急管理和消防安全体系建设，做好对自然灾害、公共卫生、安全隐患等重大事件的风险评估、监测预警、应急处理。［责任单位：市委组织部、市委政法委、市农业农村局、市财政局、市民政局、市司法局、市民宗局、市应急管理局、消防大队，各镇（街道）］

（三十一）完善农业农村优先发展政策保障。继续将农业农村作为一般公共预算重点保障领域，进一步完善涉农资金统筹整合长效机制，逐步提高土地出让收益用于农业农村比例，制定具体考核办法，确保到“十四五”末用于农业农村比例提高到50%以上。在防范政府债务风险的前提下，允许使用一般债券和专项债券，用于符合条件的现代农业设施建设和乡村建设行动，制定出台操作指引，做好高质量项目储备工作。发挥财政投入的引领作用，积极探索以市场化方式设立乡村振兴基金，撬动金融资金、社会力量参与，重点支持乡村产业发展。强化乡村振兴建设用地保障，市本级安排至少10%新增建设用地指标保障乡村重点产业和项目用地。落实返乡创业各项支持政策，引导外出农民工、退伍军人、高校毕业生等各类人才返乡下乡创业创新、支持乡村振兴。［牵头单位：市委农办；责任单位：市财政局、市自然资源和规划局、市人力资源和社会保障局，各镇（街道）］

（三十二）健全乡村振兴督导考核制度。各镇（街道）、市直相关单位每年向市委、市政府报告推进乡村振兴战略进展情况。把乡村振兴纳入全市督查工作重点，就重点工作实行随机日常督导，形成全方位督导抓落实格局。完善“月度评价、半年评估、年终考核”机制，修订月度评价办法，对各镇（街道）和有关市直单位实行分类评价。对照年度重点任务目标，对镇（街道）党政领导班子和市直有关单位开展年终综合实绩考核，加强考核结果运用，注重提拔使用乡村振兴实绩突出的党政领导干部。持续纠正形式主义、官僚主义，将减轻村级组织不合理负担纳入基层减负督查重点内容。坚持实事求是、依法行政，把握好农村各项工作的时度效。加强乡村振兴宣传工作，在全社会营造共同推进乡村振兴的浓厚氛围。［牵头单位：市委农办；责任单位：市委组织部、市委宣传部、市委督查室、市政府督查室，各镇（街道）］

滦州市普法依法治市领导小组关于在全市开展法治宣传教育的第八个五年规划

（2021—2025年）

全民普法是全面依法治国的长期基础性工作。在习近平新时代中国特色社会主义思想特别是习近平法治思想的科学指引下，在市委、市政府正确领导下，全市法治宣传教育第七个五年规划（2016—2020年）顺利实施完成，取得显著成效。以宪法为核心的中国特色社会主义法律体系得到深入宣传，“谁执法谁普法”普法责任制普遍落实，法治文化建设蓬勃发展，全社会法治观念明显增强，社会治理法治化水平明显提高，法治宣传教育在推进经济社会高质量发展中发挥了重要作用。

2021至2025年，是我国全面建成小康社会、实现第一个百年奋斗目标之后，乘势而上开启全面建设社会主义现代化国家新征程、向第二个百年奋斗目标进军的第一个五年，也是建设“现代中等城市、全国百强滦州”的关键五年。为深入贯彻落实习近平法治思想，贯彻落实中共中央、国务院转发的《中央宣传部、司法部关于开展法治宣传教育的第八个五年规划（2021—2025年）》（中发〔2021〕26号）、省委、省政府转发的《河北省法治宣传教育领导小组关于在全省开展法治宣传教育的第八个五年规划（2021—2025年）》（冀发〔2021〕26号）和唐山市委、市政府转发的《唐山市法治宣传教育工作领导小组关于在全市开展法治宣传教育的第八个五年规划（2021—2025年）》（唐发〔2021〕22号）精神，切实做好我市第八个五年法治宣传教育工作，结合实际，特制定本规划。

一、总体要求

坚持以习近平法治思想引领全民普法工作，推动普法工作守正创新、提质增效、全面发展。

（一）指导思想。高举中国特色社会主义伟大旗帜，坚持以马克思列宁主义、毛泽东思想、邓小平理论、“三个代表”重要思想、科学发展观、习近平新时代中国特色社会主义思想为指导，全面贯彻党的十九大和十九届二中、三中、四中、五中全会精神，全面贯彻习近平总书记在庆祝中国共产党成立100周年大会上的重要讲话精神，深入贯彻习近平法治思想，增强“四个意识”、坚定“四个自信”、做到“两个维护”，坚定不移走中国特色社会主义法治道路，紧紧围绕服务“十四五”时期经济社会发展，以使法治成为社会共识和基本准则为目标，以持续提升公民法治素养为重点，以提高普法工作针对性和实效性为着力点，完善和落实“谁执法谁普法”普法责任制，深入开展普法依法治理，全面推进法治滦州、平安滦州建设，以高质量普法推动滦州高质量发展，促进提高社会文明程度，为建设“现代中等城市、全国百强滦州”营造良好法治环境。

（二）主要目标。到2025年，全市公民法治素养和社会治理法治化水平显著提升，全民普法工作体系更加健全。全市公民对法律法规的知晓度、法治精神的认同度、法治实践的参与度显著提高，全社会尊法学法守法用法的自觉性、主动性显著增强。依法治理深入推进，办事依法、遇事找法、解决问题用法、化解矛盾靠法的法治环境显著改善。制度完备、实施精准、评价科学、责任落实的全民普法工作体系基本形成。

（三）基本原则

——坚持党的全面领导。把党的领导贯彻到全民普法的全过程和各方面，始终坚持正确政治方向。

——坚持以人民为中心。树立以人民为

中心的普法理念和工作导向，做到普法为了人民、依靠人民、服务人民，依法保障人民权益，促进人民高品质生活，夯实全面依法治国、全面依法治市的社会基础。

——坚持服务大局。紧紧围绕党和国家，省委、省政府，唐山市委、市政府中心工作，有针对性地组织开展普法，促进依法维护社会公平正义，促进在法治轨道上推进治理体系和治理能力现代化。

——坚持分类实施。针对不同地区、部门、行业分类实施，加强领导干部、青少年、农民等重点对象的法治宣传教育，带动和促进全民普法。

——坚持示范引领。深入推进“法律九进”（进机关、进单位、进农村、进社区、进学校、进家庭、进企业、进市场、进景区），大力开展“法治九建”（依法行政示范机关、依法管理示范单位、民主法治示范村、民主法治示范社区、依法治校示范学校、学法守法示范家庭、依法经营示范企业、公平守信示范市场、诚信文明示范景区）示范创建活动，充分发挥典型示范、带动和辐射作用，坚持普治结合，切实提高各层次各领域依法治理水平。

——坚持统筹推进。坚持全民普法与科学立法、严格执法、公正司法统筹推进，坚持依法治国与以德治国相结合，弘扬社会主义核心价值观，把普法融入法治实践、融入基层治理、融入日常生活，融入全面依法治市全过程各方面。

二、宣传内容

（一）突出学习宣传习近平法治思想。深入学习宣传习近平法治思想的重大意义、丰富内涵、精神实质和实践要求，引导全社会坚定不移走中国特色社会主义法治道路。把习近平法治思想作为党委（党组）理论学习中心组学习重点内容，列入党校（行政学院）重点课程，推动领导干部带头学习、模范践行。把习近平法治思想融入学校教育，做好进教材、进课堂、进头脑工作。通过多种形式，运用各类融媒体和平台，发挥好各类基层普法阵地作用，推动习近平法治思想入脑入心、走深走实。

（二）深入学习宣传宪法。在全社会深入开展宪法宣传教育活动，阐释好“中国之治”的制度基础，阐释好新时代依宪治国、依宪执政的内涵和意义，阐释好中国特色社会主义宪法精神。加强国旗法、国歌法等宪法相关法的学习宣传，强化国家认同。全面落实宪法宣誓制度。广泛开展以“尊崇宪法、学习宪法、遵守宪法、维护宪法、运用宪法”为主题的宪法进农村、进社区、进机关、进校园、进企业、进军营、进网络活动，组织好“12·4”国家宪法日、“宪法宣传周”系列宣传活动，在各类法治宣传教育基地拓展增加国家宪法宣传教育内容，在青少年成人仪式和学生毕业仪式等活动中设置礼敬宪法环节，推动宪法宣传形式多样化，宣传活动常态化。

（三）深入学习宣传民法典。广泛开展民法典普法工作，宣传民法典的重大意义、鲜明特色和主要内容，阐释好民法典关于民事活动平等、自愿、公平、诚信等基本原则，阐释好民法典关于坚持主体平等、保护财产权利、便利交易流转、维护人格尊严、促进家庭和谐、追究侵权责任等基本要求，阐释好民法典一系列新规定新概念新精神。推动国家工作人员带头学习、模范遵守民法典，组织开展民法典进学校活动，加强对青少年的民法典教育。充分发挥普法骨干、普法讲师团和青年普法志愿者的作用，以“美好生活·民法典相伴”为主题，组织开展民法典专项宣传活动，把民法典列入各类法治宣传教育阵地重要宣传内容，促进民法典实施。结合“法治九建”，将民法典学习宣传融入到示范创建活动中。“以创代宣”，把民法典融入创建全过程；“边创边宣”，让民法典成为创建敲门砖；“常创常宣”，推动示范创建和民法典学习宣传常态化。切实让民法典走到群众身边、走进群众心里。

（四）深入宣传与推动高质量发展密切相关的法律法规。继续把宣传中国特色社会主义法律体系作为基本任务，大力宣传国家基本法律，强化“十四五”期间制定和修改的法律法规宣传教育。适应立足新发展阶段、贯彻新发展理念、构建新发展格局需要，围绕市委

“1395”工作思路，建设“现代中等城市 全国百强滦州”的奋斗目标，大力宣传与“新旧动能转换、扩大内需战略、城乡统筹发展、乡村全面振兴、生态环境治理、深化改革开放、创新驱动战略、保障改善民生、市域社会治理”9项工作密切相关的法律法规。围绕巩固拓展三大攻坚战成果和推动京津冀协同发展等开展专项法治宣传，营造良好的法治环境。

（五）深入宣传与满足人民美好生活需要密切相关的法律法规。坚持把宣传中国特色社会主义法律体系作为基本任务，立足保障和改善民生、维护社会和谐稳定，围绕生态文明建设、食品药品安全、公共文化服务、电信诈骗预防、防范和处置非法集资、民族宗教、扫黑除恶、毒品预防、社区治理、构建和谐劳动关系、防治家庭暴力、见义勇为、网络空间治理、个人信息保护、打击侵权假冒、生态环境保护、绿色发展、资源能源节约、行政处罚、统一战线、社会信用体系建设、市场监督管理、消费者权益维护、教育、就业、收入分配、社会保障、社会救助、扶贫、慈善和妇女、未成年人、老年人、残疾人等，开展经常性法治宣传教育，依法保障社会稳定和人民安宁。

（六）深入宣传与社会治理现代化密切相关的法律法规。适应统筹发展和安全的需要，大力宣传总体国家安全观和国家安全法、反分裂国家法、保密法、国防法、反恐怖主义法、生物安全法、网络安全法等，推动全社会增强国家安全意识和风险防控能力。适应建设法治滦州、平安滦州需要，大力宣传刑法、刑事诉讼法、治安管理处罚法、交通安全法、社区矫正法，加强依法惩治和预防犯罪。围绕国防安全，宣传国防动员、军事设施保护、涉军维权、退役军人权益保障、人防、双拥工作相关法律法规。积极应对突发公共事件，加强传染病防治、安全生产、消防安全、防灾减灾救灾、突发事件应急管理等相关法律法规宣传，促进全社会在应急状态下依法行动、依法行事，依法维护社会秩序。

（七）深入学习宣传党内法规。以党章、准则、条例为重点，深入学习宣传党内法规，注重党内法规宣传与国家法律宣传的衔接和协调。突出学习宣传党章，教育广大党员以党章为根本遵循，尊崇党章、遵守党章、贯彻党章、维护党章。把学习掌握党内法规作为合格党员的基本要求，列入党组织“三会一课”内容，在考核党员、干部时注意了解相关情况，促进党内法规学习宣传常态化、制度化。

三、重点对象

按照实行公民终身法治教育制度的要求，切实把法治教育纳入干部教育体系、国民教育体系、社会教育体系，提升公民法治素养。重点抓好领导干部、青少年和农民的法治宣传教育。

（一）全面加强领导干部法治宣传教育。严格落实国家工作人员学法用法制度，引导国家工作人员牢固树立宪法法律至上、法律面前人人平等、权由法定、权依法使等基本法治观念。重点抓好“关键少数”，提高各级领导干部运用法治思维和法治方式深化改革、推动发展、化解矛盾、维护稳定、应对风险的能力。落实党委（党组）理论学习中心组学法制度，各级党委（党组）理论学习中心组要把宪法法律和党内法规列入年度学习计划，每年至少组织开展1次中心组集体学法。落实领导干部法治讲座制度，充分利用召开常委会议、政府常务会议等时机，结合会议议题，在会上组织领导干部学习相关法律法规，党委（党组）书记要认真履行第一责任人职责，带头讲法治课，做学法表率。建立领导干部应知应会法律法规清单制度，分类分级明确领导干部履职应当学习掌握的法律法规和党内法规，完善配套制度，促进知行合一。推动国家工作人员旁听庭审常态化，每年通过现场或网络至少旁听1次法庭庭审。把法治素养和依法履职情况纳入考核评价干部的重要内容，持续开展全市国家工作人员宪法法律知识考试，切实增强各级领导干部宪法意识，让尊法学法守法用法成为领导干部的自觉行为和必备素质。

（二）全面加强青少年法治宣传教育。落实《青少年法治教育大纲》，充分发挥课堂教育主渠道作用，教育引导青少年从小养成尊法守法习惯。加强法治课教师、法治辅导员队伍建设，完善法治副校长制度。推进教师网络法治教育培训，5年内对所有道德与法治课教师进行1次轮训。持续开展“学宪法 讲宪法”、国家宪法日“宪法晨读”、青少年网上学法用法等活动。广泛开设青少年法治教育第二课堂，扎实推进青少年法治教育实践基地建设，着力推广法治实践教学和案例教学。加强农村留守儿童法治宣传教育，提高留守儿童的法治观念和自我保护意识。进一步完善政府、司法机关、学校、社会和家庭共同参与的青少年法治教育格局。

（三）全面加强农民法治宣传教育。围绕乡村振兴战略总目标，注重加强农民法治宣传教育，引导农民依法参与村民自治和其他社会管理活动、增强法律意识、自觉守法。加强农民工、流动人口的法治宣传，提高其依法维护权益的意识和能力。加强基层组织负责人学法用法工作，加强村（社区）“两委”干部法治培训，提高基层干部依法办事意识和依法治理能力。继续实施村居“法律明白人”培养工程，到2025年平均每20户至少有1名“法律明白人”， 全面落实村居法律顾问和“十户普法宣传员”制度，充分发挥“十户普法宣传员”、村（居）法律顾问的作用，引导农民群众知法守法用法。

各镇（街道）、各部门要从实际出发，注重分业分类开展法治宣传教育。加强基层行政执法人员法治培训，使其掌握与履职相关的法律法规知识，提升依法行政能力。加强对非公有制经济组织、社会组织管理和从业人员的法治教育，促进依法诚信经营管理。加强对媒体从业人员法治教育，将法治素养作为从业资格考评的重要内容，提高其运用法治思维和法治方式解读社会问题、引导社会舆论的能力。

四、任务目标和措施

以提高普法的针对性和实效性为工作着力点，不断创新工作方式和措施，坚持普治并举，进一步提升社会治理法治化水平。

（一）实施公民法治素养提升行动。教育引导公民正确行使权利、忠实履行义务，提高法治意识，培养法治信仰。围绕文明城市创建活动，加强和改进新时代思想政治工作，宣传贯彻《新时代公民道德建设实施纲要》《新时代爱国主义教育实施纲要》，大力弘扬社会主义核心价值观，坚持法治和德治相结合，不断提升公民法治素养和道德素养。把提升法治素养的基本要求融入市民公约、乡规民约、学生守则、行业规章、团体章程等社会规范，融入精神文明创建、法治示范创建和平安建设活动。从遵守交通规则、培养垃圾分类习惯、制止餐饮浪费行为等日常生活行为抓起，把法律规范和道德规范结合起来，以道德滋养法治精神。倡导助人为乐、见义勇为、诚实守信、敬业奉献、孝老爱亲等美德善行，完善激励机制，褒奖善行义举，形成好人好报、德者有得的正向效应。

（二）把普法宣传贯穿到法律实践的各环节。依法治方式贯彻以人民为中心的发展思想，把普法融入法治实践、融入基层治理、融入日常生活，融入全面依法治市全过程。在执法、司法过程中加强“以案释法”“以案普法”。制定执法、司法办案中开展普法的工作指引，加强规范政府共同行为有关法律法规的普法宣传，把向行政相对人、案件当事人和社会公众的普法融入执法、司法办案程序中，在落实行政执法公示、执法全过程记录、重大执法决定法制审核制度中，加强普法宣传，培育以案释法、以案普法的知名品牌。通过公开开庭、巡回审判、庭审现场直播、生效法律文书统一上网和公开查询等生动直观的形式宣讲法律、释法说理。落实法官、检察官、行政复议人员、行政执法人员、律师等以案释法制度和典型案例发布制度，健全以案普法长效机制，使广大法治工作者成为弘扬法治精神、传播法治理念的普法者。坚持法律服务与法治宣传相结合。法律服务工作者在为当事人提供法律服务、调处矛盾纠纷、参与涉法涉诉信访案件处理时，加强释法析理，引导当事人和社会公众依法办事。加快公共法律服务体系建设，整合优化各类法律服务资源，促进公共法律服务多元化专业化，提升法律服务的群众满意度和社会公信力。

（三）落实普法责任制度。完善国家机关普法责任清单，细化普法内容、措施标准和责任，落实“谁执法谁普法”“谁管理谁普法”“谁服务谁普法”普法责任制，加强分业、分类、分众实施普法宣传。全面推行“谁执法谁普法”年度述职报告制度和考核评估做法，逐步形成清单管理、跟踪提示、督促指导、评估反馈的管理模式，压实各责任单位普法职责。落实媒体公益普法责任，广播电视、报纸期刊、互联网等大众传媒及通信运营商承担公益普法责任，利用国家宪法日、全民国家安全教育日、消费者权益保护日、国家网络安全宣传周、知识产权宣传周、安全生产月等重要时间节点，在重要版面、重要频道、重要时段设置普法专栏专题，针对社会热点和典型案事件及时开展权威准确的法律解读。把法治类公益广告纳入媒体公益广告内容，促进媒体公益普法常态化、制度化。

（四）推动社会力量参与普法。整合社会力量参与普法，实现普法主体多元化、运作社会化。发挥群团组织和社会组织在普法中的作用，畅通和规范市场主体、新社会阶层、社会工作者和志愿者等参与普法的途径，发展和规范公益性普法组织。加强普法讲师团和普法志愿者队伍建设，鼓励法律服务工作者、法治新闻工作者、高校法学专业师生等加入普法志愿服务队伍。组织发动支持老党员、老干部、老军人、老教师开展普法志愿服务。加强对社会力量开展普法的管理服务、组织引导和政策、资金、项目扶持，完善政府购买、社会投入、公益赞助等相结合的社会普法机制，建立健全嘉许制度。

（五）运用新技术新媒体开展精准普法。适应人民群众对法治的需求从“有没有”向“好不好”的转变，提高普法供给质量。运用新技术分析各类人群的不同法治需求，提高普法产品供给的精准性和有效性。走好全媒体时代群众路线，鼓励公众创作个性化普法产品，加强对优秀自媒体普法作品制作的引导。加大音视频普法内容供给，注重短视频在普法中的运用。充分发挥“报、网、端、微、屏”在法治宣传教育中的作用，加强普法微信公众号、普法矩阵平台建设，推动智慧普法。创新普法形式，促进单向式传播向互动式、服务式、场景式传播转变，增强群众的参与感、体验感、获得感，使普法更接地气，更为群众喜闻乐见。

（六）加强社会主义法治文化建设。把社会效益放在首位，组织创作生产一批法治文化精品，创建一批法治文化传播品牌栏目、节目和工作室等。推动法治文化数字化建设，建立市法治文艺精品库。加大法治文化惠民行动力度，广泛开展群众性法治文化活动。鼓励支持社会力量参与法治文化产品建设，有力发挥法治文化的涵养功能，不断满足人民群众日益增长的法治文化需求。把法治文化阵地建设纳入全市文化产业发展大局，依托图书馆、文博馆、纪念园、文化馆、文化站、社区文化中心等建设法治文化教育阵地。将法治元素融入全市重大文化项目建设。积极利用新时代文明实践中心（所、站）、爱国主义教育基地和公共文化机构等，开展群众喜闻乐见的法治文化活动。提升市、镇（街道）、村（社区）法治文化阵地建设质量，提高利用率和群众参与度，推动从有形覆盖向有效覆盖转变。加强法治主题公园、广场、长廊和法治宣传教育基地建设，到2025年，基本实现每个镇（街道）至少有一个法治文化场所，每个村（社区）至少有一个法治文化宣传栏（长廊）等阵地。挖掘善良风俗、家规家训中的优秀法治内容，倡导传承优良家风。注重发掘、保护党在各个历史时期领导人民进行法治建设的光荣历史和成功实践，大力弘扬红色法治文化，建设一批以红色法治文化为主题的法治宣传教育基地。

（七）推进多层次多领域依法治理。完善党委领导、政府负责、民主协商、社会协同、公众参与、法治保障、科技支持的社会治理体系，推进社会治理法治化、制度化、规范化。深入开展“法治九建”示范创建，充分发挥示范引领作用，切实提高基层、行业、区域依法治理水平。全面推进基层依法治理，深入开展“民主法治示范村（社区）”创建活动，健全党组织领导的自治、法治、德治相结合的基层治理体系，提高村（居）民参与民主选举、民主决策、民主管理、民主监督的能力。坚持和发展新时代“枫桥经验”，完善社会矛盾纠纷多元预防调处化解综合机制，做到“小事不出村、大事不出乡、矛盾不上交”。加强对全国、省级“民主法治示范村（社区）”动态管理，充分发挥示范效应。深入开展“依法经营示范企业”创建活动，落实经营管理人员学法用法制度，加强企业法治文化建设，提高经营管理人员依法经营、依法管理能力。推动企业合规建设，防范法律风险，提升企业法治化水平。深入开展“依法治校示范校”创建活动，落实法治副校长制度，切实发挥法治副校长的作用，不断提高师生法治教育水平。开展防范校园欺凌、性侵害、毒品、诈骗、非法传教等方面的法治教育，深化学校及周边环境依法治理。深入开展“学法守法示范家庭”创建活动，注重发挥家庭家教家风在基层社会治理中的重要作用。全面推进部门依法治理，深入开展“依法行政示范机关”“依法管理示范单位”创建活动，加强法治政府建设，完善政府法律顾问和公职律师制度，深化对本部门本系统突出问题的依法治理，促进各级政府部门办事依法、严格执法、带头守法。全面推进行业依法治理，深入开展“公平守信示范市场”“诚信文明示范景区”创建活动，引导和支持各行业依法制定规约、章程，发挥行业自律和专业服务功能，实现行业自我约束、自我管理，依法维护成员合法权益。推进业务标准程序完善、合法合规审查到位、防范化解风险及时、法律监督有效的法治化行业治理。深化依法治网，加强对网络企业管理和从业人员法治教育，推动网络企业自觉履行主体责任，做到依法依规经营。完善网络管理制度规范，培育符合互联网发展规律、体现公序良俗的网络伦理、网络规则。加强网络安全教育，提高网民法治意识，引导广大网民崇德守法、文明互动、理性表达。

（八）深入开展专项依法治理。重点围绕市委“1395”工作思路和“三重四创五优化”活动，围绕法治滦州、平安滦州建设，聚焦民生领域重点问题，巩固拓展违法违规圈占土地、违规违建项目、资源能源项目、房地产开发项目、矿山综合治理、地下水超采综合治理6个重点领域清理规范成果，广泛开展相关法律法规规章和政策宣传，提升依法监管治理能力水平。依法妥善处置涉及民族、宗教等因素的社会问题，促进民族关系、宗教关系和谐。围绕深入打击整治涉枪涉爆、暴力恐怖、“黄赌毒”“盗抢骗”“食药环”、传销、高科技犯罪网络犯罪、暴力伤害医务人员、破坏野生动物资源等专项活动，开展经常性普法宣传，增强社会安全感。建立健全扫黑除恶常态化机制，对乱象较多的行业领域开展专项依法治理，从源头上铲除黑恶势力滋生土壤。加强社会应急状态下的依法治理。强化突发事件应急时期的法律服务，加强矛盾纠纷化解，及时为困难群众和企业提供法律帮助，依法维护社会秩序。

五、工作步骤和安排

“八五”普法规划从2021年开始实施，至2025年结束，共分为三个阶段。

（一）宣传发动阶段（2021年下半年）。各镇（街道）、各部门根据本规划制定本单位本系统“八五”普法规划，并报市普法依法治市领导小组办公室备案。

（二）组织实施阶段（2021年下半年至2025年）。各镇（街道）、各部门依据本规划确定的目标、任务和要求，结合各自实际，制定年度工作计划，分解年度重点工作任务，组织实施阶段性检查、专项督查，确保“八五”普法规划全面贯彻落实。2023年开展中期督导检查和表扬。

（三）总结验收阶段（2025年下半年）。在市委、市政府统一领导下，对全市规划实施情况进行检查验收，总结推广典型经验做法，对先进集体和先进个人进行表扬和奖励。

六、组织领导和保障

（一）加强组织领导。各镇（街道）、各部门要把推进全民守法和普法工作纳入总体工作部署，摆上重要议事日程，定期听取汇报。单位党政主要负责同志要严格按照推进法治建设第一责任人职责要求，认真履行普法领导责任，建立健全党政机关法律顾问制度。要加强对规划实施的组织领导和统筹协调，按照《河北省法制宣传教育条例》规定组织推动、检查指导各项任务落到实处。市委、市政府将把“八五”普法规划落实情况纳入法治建设考核、平安建设、文明创建等考核评价内容。

（二）强化基层基础。坚持“落实靠基层，落实到基层”，推动普法工作强基固本。抓好基层建设，激发基层活力，从政策、制度、机制和人员配备数量、待遇、经费、装备等方面，切实向普法基层一线倾斜。各镇（街道）、各部门配备不少于2名普法依法治理工作专职人员，切实将具有法律职业资格或法学专业背景的人员充实到普法工作一线。加强队伍建设，强化对普法工作人员的系统培训，市普法办要在5年内对全市普法工作人员轮训一次。加强法治传播规律和全民守法规律的基础理论研究，加强新时代普法工作的应用性、对策性研究。完善法治宣传教育专家咨询制度，加强法治传播、法治文化等学科建设和人才培养。

（三）落实经费保障。强化各级财政对规划实施的保障作用，把普法工作经费列入年度财政预算，专款专用。各镇（街道）、各部门根据承担的普法工作任务，统筹部门预算资金，合理安排相关经费，保障工作正常开展。按规定把普法列入政府购买服务指导性目录，鼓励引导社会资本参与支持普法工作，加强规范和管理。

（四）加强评估检查。充分发挥考核评价对全民普法工作的重要推动作用，健全普法工作考核评价指标体系，鼓励采用第三方评估的形式，对普法工作开展情况、工作效果以及公民法治素养提升效果开展综合评估。各镇（街道）、各部门要切实加强规划实施中的动态监测，探索使用信息化手段加强日常检查，组织实施好中期督导检查和末期验收。市人大常委会要加强对全民普法工作的监督和专项检查。市普法依法治市领导小组要充分发挥组织、协调、指导、检查的职能作用，强化日常检查和督导，推动全民普法实践创新、制度创新，保障规划落实。

滦州市贯彻落实河北省第二轮生态环境保护督察反馈意见整改方案

为全面贯彻落实国家和省、唐山市关于生态环境保护工作决策部署，加大生态文明建设和生态环境保护工作力度，坚决打赢污染防治攻坚战，坚定不移推动滦州实现绿色发展、高质量发展，根据河北省第八生态环境保护督察组督察反馈意见及《唐山市贯彻落实河北省第二轮生态环境保护督察反馈意见整改方案》（唐发〔2021〕15号）要求，结合我市实际，特制定本方案。

一、指导思想

坚持以习近平新时代中国特色社会主义思想为指导，全面贯彻全国生态环境保护工作会议精神，以空气质量综合指数退出全省“后三十”为中心，以持续改善生态环境质量为核心，以深入推进省生态环境保护督察反馈意见整改落实为抓手，坚持方向不变、力度不减，进一步突出精准、科学、依法治污，突出减污与增容并重、预防与治理协同、保护与修复统筹，切实落实各级各部门环境保护主体责任，着力解决突出环境问题，深入打好环境污染防治攻坚战，加快推进生态环境治理体系和治理能力现代化，确保反馈问题不折不扣整改到位、举一反三建章立制到位、生态环境整治优化到位。

二、工作目标

全面落实河北省生态环境保护督察反馈意见工作要求，确保反馈问题及时、全面、彻底整改到位，推动全市生态环境质量持续改善。空气质量完成唐山市下达任务目标，饮用水水源地得到有效保护，主要污染物减排量完成省、唐山市达目标，主要河流考核监测断面水质达到考核要求；受污染耕地、污染地块安全利用率和重点行业重金属污染物排放量达到国家、省、唐山市要求。深入开展提气、降碳、强生态，增水、固土、防风险各项行动，不断健全完善生态环境保护长效机制，推动滦州市总体环境质量持续向好发展，为“十四五”时期生态环境保护工作开好局、起好步。

三、整改原则

（一）坚持生态优先，确保环境质量持续改善。坚持生态优先、绿色发展的战略定位，深入打好打赢污染防治攻坚战，以生态文明建设为抓手，一体推进治山治水治气治城，巩固蓝天碧水净土保卫战成果，以碳达峰、碳中和为引领，推广绿色能源，发展绿色产业，倡导绿色生活，努力打造空气常新、绿水长流、青山常在的美丽滦州，推进生态环境质量大幅改善。

（二）坚持问题导向，确保整改措施有力有效。各部门、各镇（街道）要对照省生态环境保护督察反馈意见及《唐山市贯彻落实河北省第二轮生态环境保护督察反馈意见整改方案》（唐发〔2021〕15号），坚持问题导向，逐项剖析存在问题，深挖问题根源。严格落实“五个一”工作要求，逐一明确整改措施、整改责任和整改时限，实行清单式管理，完成一项办结一项、整改一个销号一个，确保问题不遗不漏、结果高质高效。按照问题性质和整改要求，分类推进整治，能够立即整改的立行立改；需要阶段推进的限时整改；需要长期整治的，明确时间表、路线图，持续发力推进，确保整改工作顺利开展。

（三）坚持责任落实，确保反馈问题整改到位。整改方案中确定的督导单位要紧盯目标责任，切实履行督导职责，结合工作实际，管控推进过程，掌握整改进度，评估实施结果，严格跟踪问效，指导和督促责任单位按要求推进各项具体整改措施落实，坚决防止整改工作抓而不紧、落而不实的问题。对整改工作不力、未按时限和要求完成整改任务，甚至弄虚作假、欺上瞒下的，一经发现，依规依法从严处理，确保各项工作按照时间节点高标准整改。

（四）坚持举一反三，确保整改成效得到巩固。对照督察反馈意见，举一反三，全面查找生态环境保护存在的其他问题，在改善大气、水、土壤环境质量以及推动结构调整、化解过剩产能、防范环境风险、解决群众反映强烈的突出环境问题等方面提出切实可行、科学有效的整改措施，全方位治理攻坚，尽快补齐短板，以整改推动各项工作全面落实，推动健全完善长效机制，严防问题反弹，确保环境治理见实效、生态环境大改善。

四、整改措施

按照督察反馈意见指出的有些部门落实“一岗双责”有差距、大气污染治理措施落实不到位、危险废物存在较大风险隐患、基础设施建设投入不足、水环境治理能力不够等五方面问题和臭氧污染防治工作专项督察发现问题，对指出的问题逐一分析研究，明确责任、精准分工，根据生态环保工作职责和分管领域将督察反馈问题逐一分解至各镇（街道）、经济开发区管委会等市直相关单位，逐一列出了整改任务，明确了完成时限和责任人。同时，从防止问题反弹、巩固整改成效方面明确了一系列保障措施。

（一）严格落实“一岗双责”，进一步压实工作责任

1.压实部门责任，形成治污合力。生态环境、发改、自然资源和规划、住建、交通、城管、工信、公安、水利、商务、农业农村、行政审批等部门严格履行主体责任，加强协调联动，形成各负其责、齐抓共治的生态环境保护格局，齐心合力、凝心聚力打好打赢污染防治攻坚战，不断健全完善生态环境监管体系。（牵头单位：整改办；责任单位：整改领导小组成员单位）

2.严格生态环境执法监管要求，重点打击生态环境违法行为。以退“后三十”为主线，“严执法，强调度，建制度，提素质”，在“治”字上下功夫，综合运用“行政罚款、拘留、查封扣押、公开曝光、差别评级”等综合惩罚性措施，打击未批先建、未验先投、偷排偷放、无证排污、数据造假等各类突出违法行为，让执法“长牙齿”形成震撼，倒逼企业自律，督促企业整改提升。进一步强化行政执法与刑事司法有效衔接，形成规范化、程序化、多层次、跨部门的协作机制；不断强化污染防治和环境监管合力。持续加大环境违法犯罪行为打击力度，依法严惩危害生态环境犯罪行为，突出刑责治污，形成社会震撼。［牵头单位：生态环境分局；责任单位：整改领导小组成员单位］

3.加大“散乱污”出清力度，严防死灰复燃。按照“清理、取缔、规范”的要求，对无证无照、违法占地等属于关停取缔的，坚决做到“两断三清、拆墙透院”，坚持边查边改、立行立改，实现“散乱污”企业动态清零，严禁反弹回潮。［牵头单位：生态环境分局；责任单位：经济开发区管委会，各镇（街道）］

4.加大矿山监管执法力度，重点打击开采、整治中的违法行为。加强信息共享，做好采矿许可管理。矿业权管理部门采取及时提醒、网站滚动提示等方法，强化对超期证矿山企业的监督管理。加强对矿山环境治理项目的督导检查，督导矿山按照设计实施修复治理工程。加大执法力度，打击违法采矿行为。对无证采矿、持超期证采矿和以矿山修复名义进行非法开采的各类违法违规行为依法予以严厉打击。［牵头单位：自然资源和规划局；责任单位：经济开发区管委会，各镇（街道）］

（二）采取有力措施，持续改善环境空气质量

5.积极压减产能、淘汰落后装备。关停尚未办理产能置换或备案手续的东海钢铁1座680立方米高炉。［完成时限：2022年年底；牵头单位：发展和改革局；责任单位：滦城街道］

6.加快企业退城搬迁，减少城区污染排放。关停金马钢铁所有装备。［完成时限：2021年6月底；牵头单位：发展和改革局；责任单位：市金马公司关停工作领导小组成员单位］

7.实施重点行业减排，严控排污总量。①完成3家钢铁企业13座高炉均压放散收集设施

建设，并同步配套引射器等高效回收设施。［完成时限：2021年3月20日前；牵头单位：生态环境分局；责任单位：经济开发区管委会，相关镇（街道）］②完成2家钢铁企业11座高炉煤气精脱硫治理、11座高炉热风炉、13座轧钢加热炉等高炉煤气用户的脱硫治理；完成2家钢铁企业13座轧钢加热炉的低氮燃烧改造或脱硝治理；完成2家钢铁企业9座转炉一次烟气除尘提标改造工作。［完成时限：2021年6月底；牵头单位：生态环境分局；责任单位：经济开发区管委会等市直相关单位，相关镇（街道）］

8.加快“公转铁”工程建设，减少公路汽运污染。①东海钢铁铁路专用线开通运营。［完成时限：2021年8月底；牵头单位：发展和改革局；责任单位：市直相关单位，相关镇（街道）］②东海特钢专用线建成投运。［完成时限：2021年10月底；牵头单位：发展和改革局；责任单位：经济开发区管委会等市直相关单位，相关镇（街道）］

9.降低燃煤使用总量，减少燃煤污染。①全面完成唐山市达年度燃煤削减目标任务；配合省、唐山市开展节能监察，对超用煤指标企业，依规依法严肃查处。［牵头单位：发展和改革局；责任单位：经济开发区管委会等市直相关单位，各镇（街道）］②依托滦州、杏山两个卸载站设立市场监管、公安、交通等部门执法人员组成的检查站，对进入我市的运煤车辆进行检查。［完成时限：2021年3月底；牵头单位：市场监督管理局；责任单位：公安局、交通运输局、经济开发区管委会，各镇（街道）］

10.开展扬尘污染整治，形成共治合力。①集中开展扬尘污染整治月，对各类料堆场PM10在线监测和视频监控安装及联网工作开展“回头看”，逾期未完成的关停整治。扬尘污染问题突出的，立即停产整治。［完成时限：2021年3月底；牵头单位：住房和城乡建设局、自然资源和规划局、城市管理综合行政执法局、交通运输局、工业和信息化局、生态环境分局；责任单位：经济开发区管委会，各镇（街道）］②集中开展矿山扬尘污染整治月。所有矿山安装PM10在线监测设施并与生态环境部门联网；矿山企业远程视频监控系统实现与自然资源和规划局、生态环境分局联网，逾期未完成的关停整治，扬尘污染问题突出的，立即停产整治。［完成时限：2021年3月底；牵头单位：自然资源和规划局、生态环境分局；责任单位：经济开发区管委会，相关镇（街道）］③完成24处责任主体灭失矿山迹地修复治理任务；实施修复治理工程矿山，采取洒水、雾炮等湿法作业措施抑制扬尘，对暂未清运或平整的露天物料进行有效苫盖，严防扬尘污染。PM10在线监测设施和远程视频监控系统未安装、未联网，或存在严重扬尘污染违法问题的责令立即停止作业。［完成时限：2021年9月底；牵头单位：自然资源和规划局、生态环境分局；责任单位：经济开发区管委会，相关镇（街道）］④集中开展建筑工地扬尘污染整治月，开展拉网式全面检查，严格落实建筑工地整治、处罚、问责制度，对未落实“六个百分百”和“两个全覆盖”的建筑工地，限期停产整治。对扬尘污染问题突出的，立即停产整治。［完成时限：2021年3月18日前；牵头单位：住房和城乡建设局；责任单位：经济开发区管委会，相关镇（街道）］⑤集中开展市政工地扬尘和城区道路扬尘污染整治月行动。［完成时限：2021年3月18日前；牵头单位：住房和城乡建设局；责任单位：经济开发区管委会，相关镇（街道）］

防止问题反弹，巩固整改成效的措施：

①退城搬迁方面。优化服务，全力做好金马钢铁搬迁保障工作，进一步加强监管，坚决确保全市钢铁企业按要求规范用能、用煤、排污，坚持打击面临搬迁企业的报复性用能、用煤、排污等短期行为。［牵头单位：发展和改革局、生态环境分局；责任单位：市直相关单位，相关镇（街道）］

②重点行业减排方面。聘请A级钢铁企业专家团队对钢铁、焦化等行业超低排放进行“回头看”，巩固治理成效。按照秋冬季重污染天气应急减排清单绩效分级要求，严格核定

钢铁、焦化、水泥企业绩效等级，按照“多排多限、少排少限”原则，在不同级别应急响应期间，加大绩效等级低的企业停限产比例，整体减排比例不低于50%。［牵头单位：生态环境分局；责任单位：经济开发区管委会，各镇（街道）］

对企业排污许可执行情况开展全面核实，对存在违法违规行为逾期未完成整改的，污染治理不投入、治理设施不维护、跑冒现象严重、长期“带病运行”的，未按照治理要求时限完成治理任务并通过生态环境部门验收的，未按照时限要求执行国家或省、唐山市新排放标准的企业，责令停产整治，不予办理排污许可证申请、变更、延续等相关业务，已发排污许可证的，依法撤销排污许可。对纳入去产能、退城搬迁的污染企业，调整排污许可时限，逾期不履行整改承诺的，依法撤销排污许可。［牵头单位：生态环境分局、行政审批局；责任单位：经济开发区管委会，各镇（街道）］

针对重点行业逐一重新核实排污总量，对不同企业、不同管理水平、不同绩效级别、不同污染状态下的企业合理区分排污许可总量，对不符合产业政策的，要大幅压减排污许可总量。针对不同时段空气污染状况和污染因子变化，按月实施差异化管控，对超总量排污的企业依法查处。［牵头单位：生态环境分局、行政审批局；责任单位：经济开发区管委会，各镇（街道）］

③降低燃煤污染方面。依据2021年《唐山市节能削煤工作要点》，细化分解目标任务，结合统计部门加强日常监测分析预警，确保完成2021年削煤任务。配合省、唐山市开展节能监察，对超用煤指标企业，依规依法严肃查处。根据钢铁企业生产实际情况，综合考虑市场、企业生产成本等因素，在科学调研的基础上适时推广钢铁企业兰炭代煤，实现降低煤耗。［牵头单位：发展和改革局；责任单位：经济开发区管委会，各镇（街道）］

全域禁止销售散煤，取缔散煤销售网点，严厉打击流动及网上销售散煤行为。对依法查获的散煤，委托第三方严格执行国家强制标准检验，并检验周期控制在3天以内，对检验不合格的散煤，第一时间立案查处，按照法律规定依法没收并处罚。加强散煤输入、加工销售和燃用等环节管控力度，落实市、镇（街道）、村（社区）包联管控措施，严防劣质散煤入村入户。落实对查扣没收的劣质散煤规范处置措施，杜绝劣质散煤再次流入。［牵头单位：市场监督管理局、生态环境分局、发展和改革局；责任单位：经济开发区管委会，各镇（街道）］

重点区域逐户排查散煤情况，利用网格化监管体系，市、镇（街道）、村（社区）三级网格开展常态化巡查，每周、每月对散煤复燃情况进行排名、曝光，依规依纪依法严肃追责问责。［牵头单位：生态环境分局；责任单位：经济开发区管委会，各镇（街道）］

开展春季、冬季扬尘污染物排放“双达标”整治攻坚行动，以建筑工程、物料堆场、城镇裸露地面、城市道路、国省干道、露天矿山等为重点，对检查发现的扬尘污染违法行为依法严厉处罚，并公开曝光。［牵头单位：住房和城乡建设局、自然资源和规划局、城市管理综合行政执法局、交通运输局、工业和信息化局、生态环境分局；责任单位：经济开发区管委会，各镇（街道）］

加大对建成区道路扬尘日常检查力度和“零点”夜查频次，将主次干道和背街小巷全部纳入环卫保洁范围，持续提高机械化清扫率，通过“水洗机扫”和地毯式作业，城区内主次干道达到“以克论净”的标准；做好城市道路洒水抑尘工作，视天气情况做到科学洒水、精准洒水。加强渣土运输车辆常态化规范化管理，全面建设渣土运输车辆数字化监控管理平台，健全完善渣土车扬尘监控系统管理制度，建立渣土运输企业、运输车辆的审批准入机制；对全市渣土运输车辆进行拉网式排查，做到北斗等卫星定位和在线监控全覆盖，实现两点一线全程监管，对车辆苫盖不严、路面遗撒、偷倒建筑垃圾行为予以严管重罚，并纳入全市渣土运输市场“黑名单”，半年内不得从事渣土运输活动。［牵头单位：城市管理综合

行政执法局、行政审批局；责任单位：经济开发区管委会，各镇（街道）]

对国省干道道路施工工地扬尘治理不到位的，立即采取停工整改措施，对复查不合格的施工企业，一律采取停工10天进行整改的措施；督导各镇（街道）落实属地责任，按照“谁建设、谁管理”的原则，尽快完成建设具有车辆冲洗、尾气检测等功能的“三位一体”综合服务区（综合治超站），从源头上减少货车带泥进城、污染公路、产生扬尘问题；加大资金投入力度，提高普通国省干线机械化洒扫水平，全市机械化洒扫设备配置由目前的每9公里一辆提高到每5公里一辆；加快推进绕城项目进度，确保前期工作快速推进、在建项目有序实施。[牵头单位：交通运输局；责任单位：经济开发区管委会，各镇（街道）]

督导全市市政工地采取湿法作业，裸露地面全部苫盖，高标准硬化出入口，严格管理非道路移动机械，全面落实“六个百分百”要求，达到“两个全覆盖”标准；凡是不达标的市政工地一律依规依法从重处罚，整改不到位一律不得开工。[牵头单位：住房和城乡建设局；责任单位：经济开发区管委会，各镇（街道）]

自2月18日起，开展为期1个月的“全市住建系统建筑施工扬尘专项整治”行动，开展建筑工地检查、处罚情况“回头看”。对检查发现未处罚到位的责令查处到位，对一年之内处罚3次的上报上级住建部门列入“黑名单”。对建筑工地进行全面拉网式排查，未达到“六个百分百”要求的在建工地，一律停工整顿并依法予以处罚，限期整改到位，未通过验收的一律不准复工；对未达到视频监控和扬尘在线监测“两个全覆盖”的在建工地（含节期停工工地）予以处罚，并于3月18日前整改到位，逾期未整改到位的责令停工并依规依法从严从重查处。严格落实责任追究制度，特别是对问题严重的，于2月底前依规依纪依法问责到位。[牵头单位：住房和城乡建设局；责任单位：经济开发区管委会，各镇（街道）]

加强对工业企业料堆场的监督检查，发现问题依规依法严肃查处到位，并公开曝光。[牵头单位：工业和信息化局、生态环境分局；责任单位：经济开发区管委会，各镇（街道）]

加强露天矿山扬尘整治，允许生产的矿山在开采、破碎、运输等环节严格落实抑尘措施、污染物达标排放，物料入棚入仓，进出车辆进行冲洗，凡是发现环境违法行为的，一律停产整治；停产矿山对厂区严格落实抑尘措施，各种物料不得露天堆存。[牵头单位：自然资源和规划局、生态环境分局；责任单位：经济开发区管委会，各镇（街道）]

加强对国省干道两侧停车场和物流大院的监管，督导各镇（街道）落实属地管理责任，强化管理，防止出现扬尘污染。[牵头单位：公安局、交通运输局、城市管理综合行政执法局、自然资源和规划局；责任单位：经济开发区管委会，各镇（街道）]

（三）加大监管力度，严控危险废物环境隐患

11.严格规范危废管理要求。按照贮存标准规范建设危险废物贮存场所、杜绝危险废物露天存放；督导企业加强危险废物申报登记管理，及时与有资质单位签订处置合同，严禁超期贮存；指导帮扶企业建立健全危险废物管理台账，完善危险废物管理制度。加大隐患排查力度，每月对环境风险企业进行检查，发现问题隐患，限期进行整改；对存在重大环境隐患企业，由属地政府责令停产整治。[牵头单位：生态环境分局；责任单位：经济开发区管委会，各镇（街道）]

12.严格危险废物审批监管。严把准入环节，强化事前监管，严控新增涉及“两重点一重大”等高风险危险化学品（涉危险废物）生产项目的备案审批，建立危险化学品生产项目联合审查机制，从严核查、从严审批。加强对危险废物经营单位的事中事后监管，依法查处违法违规行为。[牵头单位：生态环境分局；责任单位：经济开发区管委会，各镇（街道）]

13.推进危废利用处置能力建设。加快补齐利用处置设施短板。积极推进重点监管源智能监控体系建设，加大危险废物产生、贮存、转运、利用、处置全流程监管力度。落实《唐山

市加强危险废物收集利用处置能力建设实施方案》，推进蓄电池收集试点、汽车拆解收集试点等建设工作，进一步提高我市危险废物利用处置能力。［牵头单位：生态环境分局；责任单位：经济开发区管委会，各镇（街道）］

14.堵塞危废监管漏洞。充分利用河北省固体废物信息平台，督促所有产生危险废物的单位通过平台向生态环境部门申报危险废物相关资料，将信息向社会公开，主动接受监督。加强对产废单位报备管理计划的监督审核，督促指导其改进完善。完善危废企业智能监管平台，建立“平台报警、交办，部门处置、反馈”工作机制，督促危险废物重点源企业在重要环节安装视频监控，全方位监控危险废物源头识别、定位信息，实时掌控了解动态信息，实现全过程精准监督，堵塞监管漏洞。［牵头单位：生态环境分局；责任单位：经济开发区管委会，各镇（街道）］

15.持续开展危险废物排查整治。对化工、涉酸、农药、医药等重点行业和重点产废单位，围绕环评、排污许可、危险规范化管理等方面，从危险废物的产生、收集、贮存、转移、运输、利用、处置等环节，开展全链条排查，建立涉危险废物企业清单和环境违法问题台账，及时发现和纠正企业在危废管理中存在的问题。将危险废物日常监管纳入“双随机、一公开”，针对日常排查发现和环境投诉举报，依法严厉打击危险废物违法倾倒、违法处置等犯罪案件。各镇（街道）、经济开发区管委会对旧货市场及物流大院全面清理整治，消除危险废物管理风险隐患。［牵头单位：生态环境分局、交通运输局、公安局、商务和投资促进局、城市管理综合行政执法局；责任单位：经济开发区管委会，各镇（街道）］

（四）加大基础设施建设投入，着力提升城市环境管理水平

16.完成雨污分流改造任务。［牵头单位：住房和城乡建设局；责任单位：城市管理综合行政执法局、经济开发区管委会，相关镇（街道）］

17.规范排水许可证发放。完成现有排水户《排水许可证》发放工作。［完成时限：2021年3月底；牵头单位：行政审批局、城市管理综合行政执法局；责任单位：经济开发区管委会，各镇（街道）］

18.提升城乡生活垃圾治理能力。组织生活垃圾填埋场管理人员专业培训，规范垃圾填埋场运行管理，防范环境风险隐患。［完成时限：2021年2月底；牵头单位：城市管理综合行政执法局；责任单位：经济开发区管委会，相关镇（街道）］

防止问题反弹，巩固整改成效的措施：

①雨污分流改造方面。建立台账、落实项目、责任到人、全力推进，实现建成区雨污分流、合流制管网清零；开展“回头看”，发现问题立行立改。［牵头单位：住房和城乡建设局；责任单位：城市管理综合行政执法局、经济开发区管委会，相关镇（街道）］

②排污许可管理方面。开展排查摸底、建立工作台账，开设审批窗口，建立完善《排水许可证》发放机制，确保《排水许可证》发放全覆盖，依法严肃查处无证排水行为。［牵头单位：行政审批局、城市管理综合行政执法局；责任单位：经济开发区管委会，各镇（街道）］

③城乡生活垃圾管理方面。统筹推进城乡生活垃圾的源头减量、投放、收集、运输、处理、资源化利用工作，建立完善生活垃圾分类投放、分类收集、分类运输、分类处理制度体系，促进生活垃圾减量化、资源化、无害化。对建成区实行统一清扫、收集、运输和处理，对农村生活垃圾推行户分类、村收集、乡转运、县处理的模式，进一步提升城乡生活垃圾收集处置能力。［牵头单位：城市管理综合行政执法局；责任单位：经济开发区管委会，有关镇（街道）］

（五）强化深度治理，推动水环境质量持续向好

19.稳步提升中水回用率。开展集中摸排行动，摸清开发区中水回用情况底数；完成“一区一策”中水回用实施方案编制，保障中水回用达到70%的比例要求。［完成时限：2021年5月底；牵头单位：商务和投资促进局、住房和

城乡建设局、城市管理综合行政执法局、生态环境分局；责任单位：经济开发区管委会］

防止问题反弹，巩固整改成效的措施：

①提高中水回用率方面。严格落实属地责任，采取新建设施、设备升级改造、扩大中水使用范围、鼓励企业使用中水等手段，提高中水回用率。2月20日起，利用1个月时间与市生态环境局组成联合督查组，对开发区中水回用情况进行逐一检查，摸清底数，对检查中的突出问题进行指导，制定切实可行的整改措施并抓好落实，提高中水回用比例。建立长效机制，确保中水回用比例长期达标。［牵头单位：商务和投资促进局、住房和城乡建设局、城市管理综合行政执法局、发展和改革局、生态环境分局；责任单位：经济开发区管委会］

②落实河湖长制方面。常态化、规范化开展河湖“四乱”清理整治，推动河湖保护由“集中治理”到“规范管理”转变；提高巡河质量，发现问题早报告、早解决，保障重点流域水环境质量稳定达标。［牵头单位：水利局；责任单位：经济开发区管委会，各镇（街道）］

③水质监测考核方面。开展入河排污口排查，建立清单、分类整治，减少入河排污量；建设地表河流在线监测站点，强化地表水水质监测考核；开展主要河流水环境承载力评价，增加主要河流生态环境容量，保障主要河流水质100%达标。［牵头单位：生态环境分局、水利局、城市管理综合行政执法局；责任单位：经济开发区管委会，相关镇（街道）］

④污水处理厂监管方面：推动实施提标改造工程，督促排污单位落实自行监测要求，完善在线监测系统，并与生态环境部门联网，每季度对污水处理厂在线设备进行比对抽测；将污水处理厂纳入“双随机”检查，加大检查巡查频次，对违法问题依规依法严肃查处。［牵头单位：住房和城乡建设局、生态环境分局；责任单位：经济开发区管委会，各镇（街道）］

（六）开展VOCs治理攻坚，着力解决臭氧污染突出问题

20.实施VOCs综合治理。开展VOCs综合治理攻坚月行动，对涉VOCs企业进行绩效评估，凡是不符合治理要求、污染物排放不能稳定达标、未按要求安装在线监测设施或未与生态环境部门联网，或是使用单一的UV（紫外线）光解、等离子和一级活性炭吸附的企业，全部停产治理；使用单一UV光解、等离子和一级活性炭吸附的企业，全部配套建设蓄热燃烧、催化燃烧等高效污染治理设施或采用购买三方移动式脱附燃烧治理服务，完成治理并通过验收。［完成时限：2021年3月底；牵头单位：生态环境分局；责任单位：经济开发区管委会，各镇（街道）］

21.强化VOCs治理设施运行管理。对涉VOCs企业逐一排查，全面检查治理措施落实和运行情况，对发现污染防治设施不正常运行等违法行为，在依法严厉处罚的同时，向社会公开曝光，并对相关责任单位和责任人追责问责，压实监管责任。［完成时限：2021年4月底；牵头单位：生态环境分局、公安局；责任单位：经济开发区管委会，各镇（街道）］

22.强化重型柴油车管控，提升机动车监管水平。完成淘汰国Ⅲ及以下排放标准的营运柴油货车任务收尾工作。［完成时限：2021年6月底；牵头单位：公安局；责任单位：经济开发区管委会，各镇（街道）］

防止问题反弹，巩固整改成效的措施：

①VOCs治理设施运行管理方面。组织开展专题培训，督促重点企业选任专业、负责的环保管理人员，督促企业加强运行管理，确保污染防治设施正常运行，污染物稳定达标排放。［牵头单位：生态环境分局；责任单位：经济开发区管委会，各镇（街道）］

每月组织突击检查，对发现污染防治设施缺失、不正常运行或超标、超总量排污等违法行为，在依法处罚的同时，实施停产整治；情节严重的，撤销排污许可，并公开曝光；同时，启动“一案双查”，依规依纪依法追究相关责任单位和责任人责任。［牵头单位：生态环境分局、行政审批局、公安局；责任单位：经济开发区管委会，各镇（街道）］

②重型柴油车管控方面。加强对用车单位监管，钢铁、焦化、水泥等重点用车企业，禁止使用国Ⅳ及以下排放标准的重型载货车辆（含燃气）运输物料，内部运输车辆全部采用国Ⅴ及以上或新能源车辆。加大对禁用区和工业企业非道路移动机械监督检查力度，对违规使用未备案或排放不达标非道路移动机械的，依法予以处罚，并公开曝光。[牵头单位：生态环境分局；责任单位：经济开发区管委会，各镇（街道）]

严格落实生态环境、交通运输、公安部门超标排放车辆的检测、处罚、维修信息共享机制，实现本市籍营运超标排放车辆的闭环管理。提高M站车辆维护修理质量，及时上传超标排放车辆维护修理信息，对超期未维护修理的本市籍营运车辆及运输企业停止办理相关业务，车辆不予审验，对违法违规的M站依法进行查处。外地超标排放车辆信息及时报送上级生态环境部门。[牵头单位：交通运输局、生态环境分局、公安局；责任单位：经济开发区管委会，各镇（街道）]

③劣质油品管控方面。严格按照“国Ⅵ标准”强化抽检工作，全年成品油经营主体抽检覆盖率达到100%，年内对国省道、城乡接合部和民营加油站油品质量开展一次快速监测，实施油品质量精准监管。压缩检测周期，质量检验时间压缩为3天以内，确保及时处置不合格油品；对初检结果不合格的，依法责令停止销售，封控不合格油品；对于复检不合格的，第一时间依法立案查处，没收不合格油品并追根溯源，严防不合格油品二次流入市场。对年内2次以上质量抽检不达标的加油站，依法严厉处罚，并责令停业整顿。组织全市系统开展1—2次油品市场油品质量专项整治行动，坚决有效净化油品市场，提升油品质量。[牵头单位：市场监督管理局；责任单位：商务和投资促进局、经济开发区管委会，各镇（街道）]

自2月18日起至4月18日，开展为期2个月的集中打击整治行动，持续开展黑加油站点、黑加油车“清零”行动，采取“查黑——测油——溯源”的方式，严查无证无照及证照不全违法加油站（点），查获一批违法犯罪企业和窝点，惩治一批违法犯罪分子，保持严打高压态势，严厉打击生产、销售、储存和使用不合格油品行为。[牵头单位：公安局、商务和投资促进局、市场监督管理局；责任单位：经济开发区管委会，各镇（街道）]

五、保障措施

（一）加强组织领导。强化滦州市生态环境保护督察整改工作领导小组及其办公室统筹、决策、指挥、调度职能，压实各级各部门责任。各镇（街道）、经济开发区管委会等市直有关单位主要负责同志是本地、本部门整改工作第一责任人，要认真研究制定本地本部门整改落实方案，按照“五个一”工作机制，把问题逐项落到牵头领导和责任部门，逐条明确整改目标、整改时限和整改措施，将任务目标分解压实到具体人；建立验收销号制度，确保问题解决一项、销号一项，切实做好生态环境督察反馈意见整改落实工作。

（二）强化督办落实。注重现场检查和实地核查，加强明察暗访、专项督查，持续跟踪问效。坚持关口前移、重心下移，形成全天候、全过程、全覆盖的监管体系。市整改办要对照责任分工，既督问题又督进度，既督企又督政，真正督出权威、督出实效，以严格的督考问责倒逼工作落实。

（三）严肃责任追究。强化问责追责，对存在的问题公开曝光，对屡查屡犯的单位从严监管，对整改不力的公开通报。各镇（街道）、经济开发区管委会等市直有关单位要常态化组织突击检查，推进整改落实、任务落地、工程实施，对在督察整改工作中不担当、不作为、慢作为、乱作为，甚至表面整改、敷衍整改、虚假整改的，依规依纪依法严肃追究责任，全面加大惩处力度，切实解决“最后一公里”问题。

（四）强化信息公开。充分利用电视、报纸、广播等传统媒体和微信、微博等新媒体，宣传报道督察整改进展和追责问责情况，自觉接受社会监督，全面反映群众获得感和社会各界对环境保护的认知度。注重加强舆论监督，既要筛选曝光典型案件，传递执法监管对违法“零容忍”的鲜明态度；也要注重对问题整改过程和结果的监督反馈，畅通公众参与渠道，保障公众监督权、知情权。对已完成整改并通过验收的问题，要及时在网站上公示7天，并做好舆情管控工作。

附件：滦州市生态环境保护督察整改工作领导小组成员名单

附件

滦州市生态环境保护督察整改工作领导小组成员名单

组　长：李建忠　市委书记
　　　　孙自生　市委副书记、市政府市长
副组长：王合成　市委副书记
　　　　张雪峰　市委常委、市政府常务副市长
　　　　刘翠萍　市委常委人选、市政府副市长
　　　　李瑞岭　市委常委人选、政法委书记
　　　　脱德华　市委常委、宣传部部长
　　　　韩　敏　市政府副市长、公安局局长
　　　　于晓红　市政府副市长人选
　　　　李恩科　市政府副市长
　　　　白金鑫　市政府副市长人选
　　　　高　银　市政府副市长人选
　　　　王国勇　市政府副市长
成　员：尹海生　市政府办公室主任
　　　　高志勇　市委办公室常务副主任
　　　　闫保华　市委办公室二级主任科员
　　　　赵爱军　市委办公室副主任
　　　　李江涛　市政府办公室副主任
　　　　宋占成　市委组织部常务副部长
　　　　刘清喜　市委宣传部常务副部长
　　　　阚炳延　市委组织部副部长、编办主任
　　　　薛立新　市委政法委常务副书记
　　　　张　松　市委巡察办主任
　　　　姜　川　市发展和改革局局长
　　　　商秀军　市工业和信息化局局长人选
　　　　罗文辉　市自然资源和规划局局长
　　　　张绍伟　市生态环境分局负责人
　　　　张晨曦　市住房和城乡建设局局长

刘向民　市城市管理综合行政执法局局长人选
屈俊英　市交通运输局局长人选
康继江　市水利局局长
张志刚　市农业农村局局长
李宗军　市商务和投资促进局局长
侯　成　市市场监督管理局局长人选
申　涛　市应急管理局局长人选
吉　雄　市统计局局长
王汝春　市审计局局长
甄宝江　市人力资源和社会保障局局长人选
田　永　市气象局局长
高铁民　市司法局局长人选
张双和　市财政局局长人选
秦永山　市公安局党委副书记、副局长
祖炳宣　唐山银保监分局滦州市监管组组长
章广云　经济开发区党工委副书记
邱春海　榛子镇党委书记
阚海英　榛子镇镇长
李志岐　东安各庄镇党委书记
张金栓　东安各庄镇镇长人选
杜历军　油榨镇党委书记
邓佳丽　油榨镇镇长人选
葛立国　九百户镇党委书记
董云波　九百户镇镇长
张秋月　雷庄镇党委书记
张志强　雷庄镇镇长
李菁生　茨榆坨镇党委书记
李　健　茨榆坨镇镇长人选
李俊钢　杨柳庄镇党委书记
宋志庆　杨柳庄镇镇长
陆金波　古马镇党委书记
宋　飞　古马镇镇长人选
王建利　小马庄镇党委书记
蔡作彪　小马庄镇镇长
高　香　王店子镇党委书记
裴立忠　王店子镇镇长人选
李金明　滦城街道党工委书记
王永新　滦城街道办事处主任
姜　旭　响嘡街道党工委书记
夏志阁　响嘡街道办事处主任
杨瑞刚　古城街道党工委书记

王继臣　　古城街道办事处主任
黄建男　　滦河街道党工委书记
张冬斌　　滦河街道办事处主任

领导小组下设办公室，办公室设在市生态环境分局，办公室主任由李恩科同志兼任，常务副主任由张绍伟同志兼任。

中共滦州市委
关于全面加强新时代少先队工作的实施意见

（2021 年 10 月 19 日）

为深入贯彻落实习近平总书记关于少年儿童和少先队工作的重要论述和《中共中央关于全面加强新时代少先队工作的意见》（中发〔2021〕4号）、《中共河北省委关于全面加强新时代少先队工作的实施意见》（冀发〔2021〕14号）和《中共唐山市委关于全面加强新时代少先队工作的实施意见》（唐发〔2021〕17号）精神，结合实际，现就全面加强我市新时代少先队工作提出如下实施意见。

一、总体要求

以习近平新时代中国特色社会主义思想为指导，深入贯彻落实习近平总书记关于少年儿童和少先队工作的重要论述，全面加强党对少先队工作的领导，全面加强党、团、队一体化建设，推动形成党委领导、政府支持、共青团牵头、团教协作、社会协同的少先队工作体制机制，团结、教育、引领广大少年儿童努力成长为能够担当民族复兴大任的时代新人，为加快建设“现代中等城市、全国百强滦州”积蓄力量。

二、强化政治引领，旗帜鲜明培养共产主义接班人

（一）教育引导少先队员牢记习近平总书记的教导。大力开展“习语童声”“红领巾爱学习”“习爷爷教导记心中”宣传教育活动，引导少先队员牢记总书记的话、按总书记要求做，树立远大理想、培养优良品德、勤奋学习知识、锻炼强健体魄、培养劳动精神，努力成长为德智体美劳全面发展的社会主义建设者和接班人。［责任单位：市委宣传部、市委网信办、市教育局、市文化广电和旅游局、团市委、市关工委、市少工委，各镇（街道）］

（二）大力培养少先队员对党和社会主义祖国的朴素情感。深入开展“红领巾心向党”主题活动，讲好党史、新中国史、改革开放史、社会主义发展史的故事。引导少先队员发自内心热爱党、热爱祖国、热爱人民，发自内心拥护中国特色社会主义。［责任单位：市委宣传部、市委网信办、市教育局、市文化广电和旅游局、团市委、市关工委、市少工委，各镇（街道）］

（三）从小培育少先队员共产主义理想和道德的萌芽。加强马克思主义基本原理儿童化解读，讲明白共产主义社会是值得追求的最美好社会形态，在少先队员心中埋下为共产主义事业而奋斗的理想种子。开展“红领巾小讲堂”活动，教育引领少先队员发扬集体主义、培养团队意识、增强纪律观念，培育全心全意为人民服务的精神，逐渐养成共产主义道德。［责任单位：市委宣传部、市委网信办、市教育局、市文化广电和旅游局、团市委、市关工委、市少工委，各镇（街道）］

（四）引导少先队员从小培育和践行社会主义核心价值观。坚持立德树人，把培育和践行社会主义核心价值观贯穿少先队教育之中，帮助少先队员明德修身，扣好人生第一粒扣子。持续深化“家乡文化大搜索”活动，深入发掘我市英雄人物、先进人物、美好事物，教育引导少先队员心有榜样，从小做起、从身边做起，养成好思想、好品德。［责任单位：市委宣传部、市委网信办、市教育局、市文化广电和旅游局、团市委、市妇联、市关工委、市少工委，各镇（街道）］

三、着力增强少先队员光荣感，推进新时代少先队组织改革创新

（五）巩固拓展少先队组织体系。强化学校组织基础，在中小学校（含民办学校）全面建立少先队大、中、小队组织，规范开展

少先队工作。拓展校外少先队组织，在社区、农村等校外场所建立大队或中队，配备少先队辅导员。在少先队员集中的活动场所，以假日小队、社区小队、志愿服务小队等形式，灵活建立少先队组织，不断扩大少先队组织动员少先队员的渠道。［责任单位：市教育局、团市委、市少工委］

（六）活跃提升少先队组织生活。坚持全童入队，实施分批入队，加强分段教育，严格推优入团，全面建立阶梯式成长激励体系，持续激发少先队员光荣感。建立健全少先队组织生活制度，定期组织大队会、中队会、小队会、队委会、队课和主题队日，不断强化少先队员组织意识。健全少先队荣誉激励体系，全面开展“红领巾奖章”争章活动，每年开展一次奖章星级评定。［责任单位：市少工委、市教育局、市财政局、市人力资源和社会保障局、团市委］

（七）塑造新时代少先队组织文化。健全少先队仪式教育体系，普遍开展入队、队会、离队等少先队仪式，增强仪式的庄重性、感染力。在中小学普遍建立规范的少先队队室、红领巾广播站、鼓号队等少先队组织文化阵地，以中队为单位由学校负责统一订阅《中国少年报》等队报队刊。加强少先队标志标识的规范使用和保护，严格执行相关法律法规和国家标准，定期开展排查。探索开展少先队队服标准化开发和普及工作。［责任单位：市少工委、市委网信办、市教育局、市公安局、市民政局、市财政局、市文化广电和旅游局、市市场监督管理局、团市委］

四、突出实践育人特色，推动新时代少先队社会化发展

（八）强化少先队实践育人作用。以“争做新时代好队员”主题实践活动为统揽，按照不同年龄和学段特点，分层系统开展学工、学农、学军和生产一线岗位体验、夏（冬）令营、文化体育、科学普及、志愿服务等丰富生动的实践活动，各级各相关部门要积极协调校外实践活动场所对少先队集体实践活动免费开放。着力强化劳动实践。加强少先队员国防教育、法治教育、安全教育，深化少年军校、少年警校建设。将少先队活动作为国家规定的必修活动课落实好，小学一年级至初中二年级每周至少安排1课时少先队活动课，加快推进活动课程内容建设。［责任单位：市法院、市检察院、市教育局、市工业和信息化局、市公安局、市民政局、市司法局、市农业农村局、市文化广电和旅游局、市退役军人事务局、市总工会、团市委、市武装部、市科协、市少工委，各镇（街道）］

（九）提升少先队社会化工作水平。根据我市少先队工作需要，充分利用新时代文明实践中心、爱国主义教育基地、青少年红色教育基地、中小学生研学实践营地（基地）、科技馆、皮影馆、评剧馆、文博馆、基层党群活动场所、青少年活动中心、青年之家等各类文化场馆、社会资源，建设少先队校外实践教育营地（基地），让少先队员就近就便参与校外实践活动。鼓励机关、企事业单位等与少先队组织建立联建共育机制，为少先队实践教育活动提供支持。新建、整修相关文化设施时，条件具备的要开辟少先队员活动场地。［责任单位：市委宣传部、市委统战部、市教育局、市工业和信息化局、市民政局、市文化广电和旅游局、市总工会、团市委、市妇联、市文联、市科协、市少工委、市武装部，各镇（街道）］

（十）提升少先队宣传思想文化工作影响力。充分利用各类展演、展示、展播平台，扶持推广一批主题鲜明、导向正确、有利于少年儿童身心健康发展的优秀文化产品。加强新闻媒体对少先队的宣传报道力度，为少先队事业发展营造良好的舆论氛围。推进融媒体改革，扩大读者覆盖面。持续净化网络环境，依法坚决打击网络有害、错误信息，为少年儿童营造绿色、纯净的网络空间。推进少先队组织上网、工作上网、服务上网，在持续深入挖掘“青春滦州”微信公众号、抖音号影响力的基础上，建好用好各级少年儿童、少先队相关网站和新媒体平台，开展少先队员、少先队辅导员“回家工程”，发动中小学组织少先队员观看各级少工委举办的网络直播活动，不断提升全媒体时代少先队的思想引领力。［责任单位：市委宣传部、市委网信办、市公安局、市文化广电和旅游局、团市委、市少工委］

五、把政治标准放在第一位，强化少先队辅导员队伍建设

（十一）锤炼少先队辅导员政治素质。突出政治要求，强化政治培训，将习近平新时代中国特色社会主义思想作为各级少先队辅导员教育培训的核心内容，在中小学教师培训计划中增加少先队辅导员培训项目，每年举办大队辅导员和学校少工委主任培训。充分发挥各级红领巾讲师团作用，覆盖各级各类辅导员培训，其中政治培训课时不得低于总课时的80%，不断提升少先队辅导员的政治能力。中小学校党组织要优先选派中青年党员担任少先队辅导员，注重从优秀少先队辅导员中发展党员。［责任单位：市少工委、市教育局、市财政局、团市委］

（十二）优化少先队辅导员队伍结构。配齐配强各级少先队总辅导员，加强少先队总辅导员队伍建设并保持相对稳定，确保事有人干、责有人负。明确少先队辅导员岗位职责，严格配备标准，完善任职程序，健全少先队辅导员准入和退出机制。少先队大队辅导员人选应由所在学校按相关人事管理规定选拔，经上级少工委批准后确定。中小学校按照德育主任层级配备大队辅导员，规模较大或集团化办学的学校应当设立副大队辅导员岗位，每周兼课一般不超过6课时，从事少先队工作的时间每周不低于10课时。选拔优秀中青年教师担任中队辅导员，规模较大的学校可探索配备少先队活动课专任教师。加强校外辅导员队伍建设，发挥优秀党员、团员、各条战线先进人物及“五老”等群体作用。建立市少先队校外辅导员人才库。［责任单位：市教育局、团市委、市关工委］

（十三）创新少先队辅导员评价和激励机制。改革完善少先队辅导员评价机制，将大、中队辅导员年度考核纳入学校教师年度考核，由市少工委研究制定考核指标并参与具体实施。加大对辅导员参评职称的支持力度，在少先队辅导员工作年限、工作量、相关业绩等方面与学科教师、思政课教师同等对待，各级团委、少工委表扬的优秀少先队辅导员、优秀少先队集体与同级优秀教师、优秀班主任及优秀班集体同等对待。获得过省、唐山市级优秀少先队辅导员荣誉称号的教师，可优先申报高级教师、一级教师职称。将符合条件的少先队辅导员作为各级总辅导员、少先队学科教研员和教育部门、团委优秀年轻干部人选。将骨干辅导员、辅导员带头人、特级辅导员等级称号评定及少先队名师工作室纳入同级教育部门骨干教师、特级教师评定及学科名师工作室建设范畴，同步申报评审、组织管理、考核评估。［责任单位：市教育局、市人力资源和社会保障局、团市委、市少工委］

（十四）深化少先队相关学科建设和理论研究。加强党校、中学团校对少先队工作的理论研究，积极申报各级各类与少先队相关的社科基金项目。发挥好全国少先队辅导员网络集体备课平台作用。［责任单位：市委党校、市教育局、团市委、市少工委］

六、全面加强党对少先队工作的领导

（十五）强化各级党委领导责任。强化党建带团建、队建，推进党、团、队一体化建设。各级党委（党组）要明确对少先队工作的领导责任，完善领导机制，加大政策支持。党委分管共青团、少先队工作的负责同志担任同级少工委名誉主任，政府明确1名负责同志联系少先队工作。市委常委会议、各镇（街道）党（工）委会议每年至少听取1次少先队工作汇报，党委负责同志要对少先队工作进行调研指导。县、镇两级教育工作领导小组要加强对少先队重要工作的研究协调。将少先队工作纳入中小学教育督导评估和党建工作规范化建设指标，在党建考核中作为单列内容，分值不少于10%。在中小学校全面建立少工委，党组织书记或政治面貌为党员的校长担任少工委主任，学校党组织每学期专题研究少先队工作不少于2次。在条件具备的社区、农村等建立少先队活动组织。［责任单位：市教育局、团市

委、市少工委，各镇（街道）］

（十六）明确各级党委和政府职能部门责任。宣传、网信、文旅等部门要加大对优秀少年儿童文化产品生产创作的支持力度和对少先队工作的宣传力度，加强公共文化服务支持。文明办要把少先队工作作为文明校园重要评价指标。工信、文旅部门要支持少先队开展科学普及、科技创新、体育锻炼等活动。网信、公安、民政、市场监督管理等部门要做好少先队标志标识规范和保护工作。财政部门要支持做好少先队工作经费保障。人力资源和社会保障部门要指导相关单位落实好少先队辅导员待遇保障、职称评聘和职业发展配套支持政策。加大少先队评选表扬支持力度。妇女儿童工作委员会、未成年人保护委员会要将少先队工作纳入相关规划。其他相关部门要按照各自职责，切实为少先队工作提供有力支持。［责任单位：市委宣传部、市委网信办、市教育局、市工业和信息化局、市公安局、市民政局、市财政局、市人力资源和社会保障局、市文化广电和旅游局、市市场监督管理局、团市委、市妇联、市科协等有关部门，各镇（街道）］

（十七）夯实共青团组织全团带队责任。共青团要在政治上、组织上、队伍上、工作上加强对少先队的指导，加大在干部配备、资源分配等方面力度，切实履行好全团带队的政治责任。少先队工作在各级共青团工作考核指标中的分值和权重不低于30%。团市委主要负责同志担任同级少工委主任，各级团的委员会成员制度化担任少先队辅导员。各级团的领导机关职能部门要对少先队工作一体谋划、一体推进、一体考核，配齐配强负责少先队工作的人员力量。加强各级团委少先队工作干部队伍建设，团市委应当明确承担工作职能的部门和人员。加强中小学校和社区、农村等基层团组织对少先队工作的直接领导，符合条件的团组织负责人应当担任同级少工委副主任。共青团组织表扬的优秀青年、先进工作者等，少先队辅导员所占比例不低于受表扬人数的10%。将少先队辅导员、少工委主任培训纳入团干部培训、“青年马克思主义者培养工程”等人才培养体系落实落细。［责任单位：市教育局、市人力资源和社会保障局、团市委、市少工委，各镇（街道）］

（十八）强化教育部门协同责任。教育部门要切实将做好少先队工作作为政治责任抓紧抓实，将少先队工作纳入提升义务教育质量、推进基础教育改革的总体规划，纳入德智体美劳全面培养教育体系，纳入全员、全过程、全方位育人格局，思想政治工作的重要文件和年度计划应当征询同级团委、少工委意见。深化团教协作，教育部门负责同志担任同级少工委主任，按照深化群团组织改革相关规定，组织同级团委和教育部门干部互相挂职兼职。少先队总辅导员或少工委负责同志同时担任当地政府督学，细化各级教育督导清单中的少先队工作指标，充分发挥教育督导委员会成员单位作用，重点督导学校落实立德树人情况。建立团市委和教育部门定期协商研究少先队工作机制，每半年（学期）至少专题研究1次。在教育部门设置少先队教研员岗位。推动将“红领巾奖章”、实践活动、荣誉激励等学生在少先队组织中的表现纳入学生综合素质评价体系。支持少先队开展校内外实践活动，简化审批流程。［责任单位：市委组织部、市教育局、团市委，各镇（街道）］

（十九）加大少先队工作经费保障。考虑少先队员人数等因素，为少先队工作和活动开展、阵地建设提供充分工作经费保障，纳入相关部门预算，由少工委牵头负责落实。各级团组织团费支持少先队工作的比例从10%提高到20%。少先队员首次佩戴的红领巾、队徽徽章、“红领巾奖章”由中小学校统一配发。要因地制宜设立辅导员岗位津贴，纳入绩效工资管理，相应核增学校绩效工资总量。［责任单位：市教育局、市财政局、市人力资源和社会保障局、团市委、市少工委，各镇（街道）］

（二十）努力形成全社会共同关心支持少先队工作的良好局面。充分发挥家庭教育作用，积极动员家长支持参与少先队工作。充分发挥社会组织的辅助作用，加大关于少先队校外实践活动、服务项目的政府购买服务力度，为少先队员创设亲情陪伴、心理辅导、兴趣培养、权益维护、社会托管等更多公益项目，形成社会化教育服务机制。发挥少年儿童工作领域专家学者、志愿者、社会工作者等的支持作用，推动各方面力量加入少先队工作之中。

［责任单位：市委宣传部、市教育局、市民政局、市司法局、市财政局、市文化广电和旅游局、团市委、市关工委、市少工委等有关部门，各镇（街道）］

党务工作

纪委监委

2021年滦州市纪委监委坚持严惩腐败与严密制度、严格要求、严肃教育紧密结合，忠实履职，担当作为，推动党风廉政建设和反腐败工作取得新成效，为“十四五”开好局、起好步提供了有力保障。

【提高政治站位】一是扎实开展党史学习教育、“四史”宣传教育，常态化落实“日学一小时”和周测试制度。二是聚焦基层“微腐败”、供销社、矿山资源、基础设施建设、粮食购销等领域组织实施“5+7”专项整治和专项监督。三是围绕疫情防控，发现和纠治责任落实、政策执行等方面问题241个，批评教育149人。围绕生态环保，处置问题线索77条，问责298人。四是围绕惩腐打“伞”及政法队伍教育整顿，处置线索17件，党纪政务处分3人。五是围绕换届风气，回复征求意见函2338人次，审查选举候选人4658人次，严格把好政治关、廉洁关、形象关。

【整治“四风”顽疾】一是紧盯违反中央八项规定精神和“四风”问题，以及作风纪律问题，突出公务用车、办公用房等领域，组织开展监督检查61次，检查单位708个（次），通报38个单位51人，党纪政务处分8人。二是紧盯持续巩固脱贫成果，查处农村环境卫生整治、农村“三资”管理、乡村振兴工作中的失职失责等问题15个，党纪处分26人、组织处理2人。三是紧盯群众反应强烈、关乎经济社会发展的突出问题，开展专项监督。村务公开专项监督中，发现组织领导虚化弱化、公开不及时不全面、检查走过场、监管和指导力度不够等9个问题。农村厕所改造专项监督中，发现责任落实不到位、台账填写不规范等32个问题。行政审批专项监督中，发现入驻事项率低、“一窗通”系统不予受理、服务大厅管理松散等8个问题。营商环境专项监督中，发现部门之间沟通配合不畅、办事责任不清等11个问题。对发现的问题及时交办、督办，推动一批长期难以解决的问题迅速解决。

【深化反腐败斗争】一是全年共接收信访举报408件次，检举控告188件次，同比分别下降3.8%、2.6%；共立案133件，处分128人，其中科级干部11人，留置1人，移送司法1人。二是严肃查处典型案件，对一批酒驾、打架、伪造证件等非职务违法犯罪党员干部进行处分，其中科级干部5人。三是科学运用监督执纪“四种形态”，占比分别为63.9%、24.8%、2.8%、8.5%，前两种形态占比88.7%，监督执纪进一步向“管住大多数”拓展。四是通过警示教育大会、《警钟》内刊、滦州正风肃纪微信公众号等通报曝光典型案例36起，成立2个宣讲团，逐镇（街）对换届后镇村干部开展全覆盖警示教育，受教育干部2000余人。五是发挥典型引领作用，全年评选“十佳”集体3个、“十佳”个人87人。综合分析全市纪检监察机关2018年以来查处的案件，末次违纪时间发生在十九大之前的为54.6%，之后历年分别为18.9%、14.5%、10.8%、1.1%，呈直线下降态势。

【坚持不懈完善监督体系】一是认真学习贯彻

《中共中央关于加强对“一把手”和领导班子监督的意见》，协助市委制定《实施方案》并狠抓落实，对履职不力的17名“一把手”、5个镇（街）领导班子集体进行约谈。二是扎实推进一届市委第七轮、第八轮常规巡察和粮食系统专项巡察，启动二届市委首轮巡察，全力配合唐山巡察整改“回头看”，省委巡视反馈的26个问题全部整改到位，766个一般信访件和问题线索全部办结。三是探索实施科级干部“政治画像”，为市委决策和干部考核评价、选拔任用提供依据。四是派驻监督作用成效显著，开展日常监督142次，专项监督57次，发现并推动问题整改85个，派的权威、驻的优势持续彰显。

【**加强自身建设**】一是深入开展纪法培训、技能培训、信息化培训，覆盖898人次，深入开展以一次集中学习、一次交流研讨、一次警示教育、一次廉政宣讲、一次红色教育、一次组织生活会为主要内容的“六个一”警示教育活动，推动班子成员大调研、“我为群众办实事”活动出成果、出实效。二是认真落实《监督执纪工作规则》和《监督执法工作规定》，修订完善5项管理制度，确保依规依纪依法、安全文明办案。

市委办公室

2021年，市委办紧紧围绕参谋、服务、协调、督导工作职责，紧扣建设“现代中等城市、全国百强滦州”目标，充分发扬“团结、担当、严谨、一流”的办公室精神，锐意进取、真抓实干、开拓创新，有力保证了市委决策部署的落实和机关的高效运转。全年，共起草整理、编发讲话、调研、文件等1025期（件），承办、组织协调各类会议活动412余次，多项工作得到市委领导的肯定。

【**提升以文辅政水平**】一是文稿起草出精品。按照更高标准、更严规范、更重细节、更好落实、更求创新的“五更”要求，持续发扬“精致、细致、极致”的工作作风，把每一篇综合材料都作为辅助领导决策的过程，将上级精神、本市实际与领导思路有机结合，确保高站位、高标准、高质量完成文稿起草工作。全年，起草各类文稿500篇、240多万字，圆满完成了各项重要文稿撰写工作。二是会议服务求周密。始终坚持科学合理、周全规范、务实高效的原则，从上级规定动作、实际会议需求与惯例会议安排等多方面统筹兼顾，精心安排。突出会议议题、会议要求、会场布置等机关工作的组织协调，做好常委会、四大班子联席会等议题的收集、会议材料的印制、会议记录的整理下发，切实做到了会前准备到位、会中服务到位、会后落实到位。全年，承办、组织协调各类会议活动412次，全部做到了无差错、零失误。三是公文办理讲规范。严把公文政治政策关、法律法规关、文字关、格式关、协调关，突出对文件的政治方向和政治观点的把控、对形势的分析判断，确保文件逻辑严密、表述准确、格式正确，文件制发合法合规。全年，共审核制发文件455件、向上级备案18件，做到工作零差错、零延误。同时，对各类公文按轻重缓急科学合理提出拟办意见，明确办结时限，有效减轻领导阅文压力。

【**强化督办落实**】一是聚焦党委重大决策部署，抓好重点工作落实。对省、市委全会，市党代会决策部署等进行任务分解，特别是对贯彻落实唐山市委“八个发展”工作实行“清单式”督办管理，实现了对党委决策部署贯彻落实督查“全覆盖”。围绕疫情防控、生态环保等方面，深入实地开展30次调研督查，为领导决策部署提供有力参考。二是聚焦日常工作高质高效，不断提升办理执行水平。重点围绕市委常委会、市四大班子碰头会确定的事项抓好督导检查。按照“四定”督办制，以督查交办、催办、通报、问责机制促进工作落实。全年对18次市委常委会、9次四大班子主要领导碰头会共计246项议定事项，全部进行催办并向市委领导反馈工作进展情况，得到市委主要领导肯定性批示20次。同时，按照省、市纠正“四风”和作风纪律专项整治活动安排，完成会风会纪督导检查60次、开展电视问政4期；高质量办理省市纠风办交办问题12个，办理省、市委书记留言交办问题11件，全部按时限要求办结并反馈，开展明察暗访17次，累计上报问题线索51件65人。三是聚焦领导批办件快查快结，着力解决群众的反映热点难点问题。重点抓好市委领导对群众反映问题批示件办理情况的督查，已登记转办各级领导批示件102件。在批示件办理过程中始终坚持“即时交办、专人负责、逐件反馈、及时专报”，做到件件有着落、事事有回音。按照唐山市“问政唐山”网络问政平台相关规定，第一时间受理网民问政，快速交办有关单位，按时限及时向网民反馈办理结果，每周向市委主要领导上报一周问政落实情况，目前共办理问政974件。四是聚焦一中站点环境指标，科学研判有效调度。探索建立“指挥调度、问题交办、督导落实、投入保障”四项长效机制，累计召开晨例会105次、专题调度会64次、现场办公会48次，议定事项378项。2021年，空气质量综合指数排名在全省呈现稳步前进的态势，连续2个月实现阶段性退出全省“后三十”。

【日常运转规范有序】一是强化综合协调。坚持“急事急办，小事快办，尽量超前”的原则，统筹兼顾，合理安排。对上与对口部门的紧密联系，及时了解上级领导活动安排，妥善安排本市各项活动。加强与四大班子办公室、各部委室密切配合，统筹考虑协调、多补位，共同服务大局。对下与各镇街、市直部门沟通到位，形成默契，让部署的工作落实到位。二是规范党务公开。按照“协调有序、重点突出、程序严密”原则，结合疫情防控，扩展公开渠道，每月在“滦州新时代文明实践”APP上适时公开。同时，公开内容紧密结合疫情防控，聚焦打赢疫情防控阻击战、党的领导、爱国卫生运动、新居民俱乐部等党员群众关心关注的热点。全年，在滦州党建网上发布党内文件16篇，在“滦州新时代文明实践”APP公开12篇。三是做好值班处突。严格落实24小时双人双岗值班工作制度，特别是针对紧急情况、重大事件，注重全面客观分析，为领导科学决策提供重要参考。按照“依法有序、有理有节”的原则，及时、妥善处置各类信访事件，回应群众关切、维护良好办公秩序。截至目前，共接待来访群众101批次1160余人。四是保障日常运转。定期召开主任办公会、全体会，统筹研究机要保密、党史编纂、网络建设等工作。历时2年多时间编纂完成《中国共产党滦县历史（第三卷）（1979-2018）》，全书共计41.4万字，5编17章。记录了从改革开放至2018年撤县设市40年来，党带领全县人民以敢闯敢干的勇气和自我革新的担当，推动经济社会实现跨越式发展的历史进程。2021年6月28日，正式出版发行，向中国共产党成立100周年献礼。此外，密码传输安全通畅，机房及网络运行安全，公文交换系统运行通畅。认真开展保密培训检查，未发生失泄密事件。

【重点工作争先进位】一是挖掘改革经验。全面梳理2014年以来中央、省、唐山市深改会审议事项承接落实情况台账950条，结合相关单位完成唐山市第一轮改革集中督察10项，以各单项任务突破促进滦州市整体改革工作争先创优。完成省市研究室调研任务6篇，持续协调和督促38家单位积极推进105项改革任务落实。每周至少撰写上报2篇改革信息，其中“双随机一公开”跨部门联合抽查行动等12篇文章在唐山改革微信公众号刊载；《滦州市五措并举全面推进乡村振兴》等2篇信息在《唐山改革动态》刊发，并得到市委领导肯定性批示。《河北滦州：多措并举全面推进乡村振兴》被中国改革报今日头条官方账号刊登。《滦州市“四个抓手”激发乡村振兴新动能》入选2021年唐山市拟复制推广“十大改革创新经验”。二是抓牢主体责任。制发《中共滦州市委2021年落实全面从严治党主体责任工作要点》等文件6份，明确全市全面从严治党目标任务和责任分工。每月对各单位报送情况进行登记、指导，切实推进各单位主体责任落实落地。截至目前，共审核各类清单900余件次，协调各常委部门及相关科室梳理汇总主体责任清单目录4000余条，市创新实施的“三提”机制得到上级充分肯定。三是捕捉信息亮点。注重打好“精品牌”，唱好“地方戏”，围绕疫情防控、三重四创五优化及经济社会发展工作重点，组织编发、报送了大量有价值的信息，为宣传推介滦州、展现地方特色亮点做出了积极贡献。全年上报信息120余篇，被市（唐山）级采用28余篇，其中《滦州市以交通建设为突破点，奋力迈出高质量发展新步伐》被唐山快报专版刊发；上报网络舆情信息2000余条；编发《滦州快报》42期，滦州信息2期，得到市委主要领导肯定性批示。四是狠抓国家安全。制发《中共滦州市委国家安全委员会2021年工作要点》，健全政治安全等10项重点领域国家工作协调机制，将7个方面26项工作内容落实到县级领导干部和市直部门，确保国家安全工作责任明确、工作落实。统筹市委集中督导、大督查组日常督查、各职能部门对口督查，强化对重点领域国家安全工作协调机制运行情况和防范化解重大风险工作的督导检查，在全市构建“市级主体、领导牵头、市直负责、镇街落实”的责任链条体系。

【打造高素质干部队伍】一是强化学习，提升能力素质。把学习作为提升素质的重要渠道，完善中心组学习和机关日常学习制度，用新思想、科学理论武装头脑，全面熟练掌握各项方针政策和业务知识，做到平时烂熟于胸、用时得心应手。2021年，《干部网络学习课堂》《学习强国》注册率、人均得分等均处于唐山市前列。同时，开展“工作之星”评选、岗位练兵等活动，全力营造“比学赶超”的浓厚氛围。二是转变作风，弘扬实干精神。在广泛征集每名同志对办公室工作意见建议的基础上，凝练形成了“团结、担当、严谨、一流”的办公室工作精神。全体党员干部树立“一盘棋”思想，努力做到大事讲原则、小事讲风格、工作讲配合，在工作质量上一丝不苟、精益求精，在工作实效上迅速及时、雷厉风行，在工作标准上严谨细致、万无一失，办公室整体工作水平得到全面提高。2021年，高标准完成了责任社区晨光南里1—5号楼文明城创建相关工作。在疫苗接种动员工作中，300%完成了任务目标，发挥了良好的示范效应。三是廉洁自律，塑树良好形象。落实好党风廉政建设“一把手”的第一责任人责任和班子成员“一岗双责”，全体党员干部知敬畏、存戒惧、守底线，进一步浓厚了敬业奉献、求真务实、团结协作、清正廉洁的风气，夯实了廉洁从政的思想基础，筑牢了拒腐防变的思想防线，形成了风清气正、廉洁干事的良好环境。

组织部

2021年，滦州市委组织部认真落实新时代党的建设总要求和新时代党的组织路线，以党的政治建设为统领，突出抓好领导班子集中换届这一中心任务，重点开展市镇两级领导班子换届、干部队伍建设、干部教育培训、基层组织和人才队伍建设等工作，履职尽责、担当作为，奋力开创全市组织工作新局面。

【开展党史教育活动】在全市共产党员中开展“建党精神融入血脉，初心使命擦亮党徽”活动，推进党史学习教育和加强基层党建工作进一步走深走实，通过读原著、学四史、参观红色基地、观看革命影片、讲红色故事等形式，使广大党员自觉做到以史为鉴，知史爱党、知史爱国，把爱党爱国的情怀化作干事创业的热情，立足新发展阶段、做好改革发展稳定各项工作。

【完成市、镇领导班子换届】一是选优配强镇领导班子、优化领导班子结构。在镇领导班子换届工作中，坚持“五个聚焦、五个重用、五个不用”用人导向，从基层一线选拔了25名优秀年轻干部进入镇科级领导班子，对180名科级干部进行了调整，提拔重用了13名优秀干部到“一把手”岗位上，对74名领导干部进行了轮岗交流。聚焦发展需要，将11名“三方面人员”和10名事业单位领导人员和县级单位优秀年轻干部补充到镇领导班子中。换届后，镇党政领导班子成员中全日制大学本科以上学历的占比明显提升，镇领导班子中35岁以下干部46名，党政正职中35岁以下干部3名，完成了上级指标任务。二是严格资格条件，把好入口关。严格执行干部人事档案“凡进必审”“凡转必审”“凡提必审”制度，把好干部进入关、干部调动关、提拔重用关，从源头上遏制干部“带病提拔”“带病上岗”现象，在换届过程中审核了346本档案，其中重点档案11人，有效提高了选人用人公信度。三是严格程序组织指导党委、人大、政府、政协换届工作。严把规范关、制度关、标准关三道关口，认真落实“五不准”要求，对428名滦州市本级党代表候选人推荐人选，359名人大代表初步人选，240名政协委员初步人选进行审核把关，指导10个镇级领导班子党委、人大、政府换届工作。圆满组织召开中共滦州市第二次代表大会，顺利完成市人大、市政协做好二届人大、政协换届选举工作。

【加强干部队伍建设】一是精准科学选人用人。全年调整干部15批次456人次，其中，提拔72人、进一步使用45人、交流任职114人、晋升职级及免职执行职级202人。为18个事业单位选优配强领导班子，共6批次，20人次。完成了7名经济开发区公务员职级套转和295名公安干警警衔晋升。二是扎实开展干部教育培训工作。盘活线上线下资源，依托党校、河北干部网络学院、上级培训平台开展党员干部培训，全年累计举办“专职党务干部学习贯彻党的十九届五中全会精神暨党建工作培训班”“2021年优秀中青年干部培训班”等线下培训班4场，开展各类线上培训班10期，选送101名领导干部参加上级培训21次，有效提升了党员干部整体素质。三是以巡视整改为契机，筑牢干部队伍监督防线。紧盯省委巡视组反馈10个问题，剖析原因，清单式推进，台账式管理，10个具体问题已全部整改完成，并报省组审核完毕。开展了“回头看”，深入查摆、举一反三，确保整改有实效、问题不反弹。四是强化正向激励，切实做好考核工作。以作为唐山市平时考核联系点为契机，出台了具体操作方案，充分发挥了考核“指挥棒”作用，突出政治素质考核，综合日常考核和年终考核形式，深入了解各单位及党员干部在重大斗争一线、重点难点工作前沿的现实表现，评选出优秀科级班子30个、优秀科级干部211人，优秀一般同志441人，激发干部队伍干事创业热情。

【夯实基层党建工作】一是高标准高质量完成村（社区）“两委”换届任务。换届前完成28个软弱涣散村的整治工作。共选举产生村“两委”成员2507人，“一肩挑”比例100%。换届后村（社区）“两委”班子进一步优化，年龄结构实现大幅下降，社区新当选人员全部实现40周岁以内，村新当选人员全部实现60周岁以内，村“两委”平均年龄45岁，下降8.2岁。其中50岁以下村“两委”成员1614人，占64.3%，50岁以下村书记271人，占54%；新当选的35岁左右的书记55人。学历结构大幅提升，村“两委”干部高中以上学历1852

人，占74%，其中村党支部书记全部为高中以上学历，大专以上学历占38%。社区党组织书记全部为本科以上学历。来源结构明显改善，致富带头人等“四类人员”村党支部书记占100%；“兵支书”26%，“兵委员”13.8%。二是扎实开展“三基建设年”活动。成立了以市委常委、组织部部长、统战部部长为组长的协调推进小组和6个工作专班，细化分解22项重点任务，建立“三基”建设年工作台账，滦州市城乡基础设施一体化工作成效显著提升，滦州市国土空间总体规划已完成，投资47.76亿元的25个交通路网项目已完工，建设改造农村公路86.5公里，6个棚户区改造、19个老旧小区改造项目已经完成，城中村开工率全唐山市排名第一，建设中心城区停车场，新增停车位2060个，“智慧滦州”综合指挥中心及全域可视“一张网”建设项目已投入使用。基本公共服务均等化水平进一步提升。实施2所中小学新改扩建工程，投入200万元，支持滦州一中与唐山二中开展合作办学；严格落实疫情防控“四早”，基层医疗机构都配备了负压救护车，将12家镇（街）卫生院全部纳入紧密型医共体覆盖范围。以就业创业公众号为依托，发布招聘信息67期，举办“稳就业促就业”线下专场招聘会7场，提供就业岗位8500余个。优化提升社会救助兜底保障，农村低保标准提高到每人每年6312元，城市低保标准提高到每人每月770元。产业体系现代化进一步提高，滦州市现代农业园区（果品）被河北省农业农村厅认定为河北省现代农业精品园区。滦州市被河北省人民政府办公厅评为农业产业化先进县。滦州市扶贫开发办公室被中共河北省委、河北省人民政府授予“河北省脱贫攻坚先进集体”称号，建立了扶贫长效机制，建档立卡贫困户收入实现稳步提高。人居环境洁净化进一步提升，滦州市被评为河北省村庄清洁行动先进县，实现农村生活垃圾治理市场化运作，建设了垃圾焚烧发电厂，日处理生活垃圾能力500吨。推进农村污水集中治理，完成生活污水集中处理村达到30个。创建村庄清洁行动示范村344个。滦州市人居环境整治三年攻坚行动通过河北省人居办验收。基层社会治理法治化进一步提升，全面实行网格化服务管理，以300户、1000人左右的标准将全市划分网格680个，配备专兼职网格员680名，采集更新各类信息79万余条，入户工作1.5万余次，解决各类群众矛盾事件4.28万余件。加强基层法治建设做法被新华社报道。三是抓好基层班子队伍建设，开展村“两委”干部换届后任职培训，选派83名优秀党组织书记参加省“万人示范培训”。组织201名新一届村“两委”干部和后备干部参加学历教育。落实“四个一”整顿措施，制定“一村一策”方案，11月底16个软弱涣散农村党组织全部整顿转化完毕。向20个乡村振兴重点村选派了第一书记和驻村工作队已全部开展工作，严格落实打卡考勤等制度。四是发展壮大村级集体经济。制定出台了《关于进一步发展壮大村级集体经济的实施方案》《关于发展壮大农村集体经济的十项措施》等文件，坚持因村施策，拓宽途径，壮大集体经济。五是扎实推进社区服务效能提升攻坚行动。落实“六位一体”建设的13项要求。党组织建设引领“红色物业”建设成效明显，有效解决环境卫生、养老助幼、网格管理等各类问题，凸显红色物业“连心桥”效能。以“我为群众办实事”为目标，以“十件实事”为具体着力点，持续推进社区“双报到”走深走实，对涉及教育、医疗、审批、社保等27件实事进行公示公开，累计解决群众小困难、帮办小事情等3200余件，用党员干部的实绩作为诠释了群众无小事。扎实推进社区工作者职业体系建设，出台了《社区工作者职业体系建设管理办法》《社区工作者日常管理及考核细则》《社区工作者薪酬待遇实施细则》两个附属细则，并按省市要求落实社区工作者待遇。六是深入开展了非公有制经济组织和社会组织党建工作提升行动。滦州市现有非公企业207个，其中已建党组织的覆盖企业202个，未建企业5个，覆盖率97.58%。现有社会组织32个，已全部建立党组织。七是加强党员教育管理。创新农村党员“一课一堂”（党课、红色讲堂）党员日常教育管理特色品牌。统筹村级阵地资源，把村级阵地打造成体验式、沉浸式的党史教育阵地、党性淬炼基地和党建共享平台，营造“处处是课堂、时时受教育”的浓厚氛围。高质量完成年度1337名发展党员工作任务。对1273名“四类人员”进行春节期间走访慰。91名在党50年以上的党员颁发了“光荣在党50年”纪念章。完成了省、唐山市拟表彰“两优一先”人选推荐工作。对200名滦州市级优秀共产党员、100名优秀党务工作者以及50个先进基层党组织进行了表彰。八是建强党的宣传阵地。组工信息、新闻和网络宣传工作在全唐山市排名前列，扎实做好远程教育工作和电教工作，与各大媒体联合拍摄推介我市人才、党建和优秀共产党员等方面的特色亮点、典型，打造系列精品电教片，其中《从优秀士兵到优秀支书》《一位80后兵支书》相继被市委组织部推荐报省委组织部，并在河北省《燕赵先锋》栏目进行播出。以抓党建促乡村振兴为主题，在电视台开设《滦州党建》周播电视栏目13期。

【提升人才支撑保障】一是印发《滦州市2021年人才工作要点》《滦州市人才工作考核管理办法（试行）》，明确重点工作目标方向，完备了考核体系。召开4次市委人才工作例会，稳步推进全市人才重点工作；根据唐山市出台“凤凰英才”计划3.0新政，进一步修改完善我市“滦州英才”计划。二是组织人社局、教育局等单位赴燕山大学、河北师大等高校开展选聘活动，成功选聘本科及以上教师18名，其中硕士研究生2名。三是对14个镇街及22个成员单位下发了人才重点工作督办通知，总体把握全市人才重点工作情况。四是持续推进“百名高端人才”进滦州。共举办高端人才对接活动15场，促成滦州市本地学校、企业与中国农业科学院、上海交通大学、河北农业大学等多家院所的31名高层次专家人才签订了合作协议。

【加强自身建设】一是提高工作标准，大力弘扬培树“安专迷”精神，实行组织委员每月上站制度，每月6日通过集中开会、现场观摩、交叉检查、座谈交流等形式召开例会，总结交流工作，安排部署任务等。二是举办组工干部“观影悟党史、学教作先锋”党史学习教育主题研讨活动，组织14个镇（街道）组织委员讲述对党史的认知和感悟，锻炼能力，展现风采。组织14名组织委员围绕党员队伍建设、村（社区）“两委”换届后班子建设等开展调研活动，掌握基层实际情况，做好底数清、情况明，为开展工作奠定基础。三是开展抓党建促乡村振兴擂台赛，组织专职党建副书记围绕“抓党建促乡村振兴—基层党建专题”开展擂台比武，压实党委副书记抓党建责任。四是召开专职组织员基层党建专题座谈会，交流思想，学习业务，提升素质。五是开展首批村干部异地驻点学习活动，选派15名相对落后村干部到15个先进村驻点学习，加强了农村干部队伍建设，提升了乡村振兴整体水平。

宣传部

2021年，宣传部紧紧围绕习近平新时代中国特色社会主义思想和市委“1395”工作思路，立足新发展阶段、贯彻新发展理念、构建新发展格局，突出庆祝中国共产党成立100周年，坚持正确政治方向，坚持以人民为中心的工作导向，坚持稳中求进、守正创新，为建设“现代中等城市、全国百强滦州”提供坚强思想保证。

【深入开展理论武装工作】一是加强对全市理论学习指导。坚持以学习宣传贯彻习近平新时代中国特色社会主义思想为主线，完善学习制度和内容，结合党史学习教育等重要专题和时间节点，制定下发《关于理论学习宣传专题及要点的通知》12次，加强对各部门各单位党委（党组）理论学习中心组学习的指导。滦州市共有19.8万名党员干部群众利用“学习强国”开展学习，“学习强国”学习平台注册使用情况位于唐山市前列。二是扎实开展市委理论学习中心组学习。结合习近平总书记“七一”重要讲话等专题和时间节点，积极开展读书班、专家讲座、参观学习等活动。共组织市委理论学习中心组学习31次，刊发《理论学习专刊》9期，市委中心组成员撰写心得体会450余篇。三是多种形式开展理论宣讲。依托市委宣讲团、专家讲师团、“小板凳”志愿服务乡村讲师团、“老爷爷宣讲团”等讲师团队伍的特色宣讲和包联干部的面对面宣讲，推动习近平新时代中国特色社会主义思想入脑入心，共开展各种形式宣讲1800余场次。

【高标准开展党史学习教育活动】一是迅速落实，周密部署。制定下发《关于在全市开展党史学习教育的通知》，对全市党史学习教育进行安排部署，明确相关职责，充分动员，结合实际作出专门部署和具体安排。二是对标对表、扎实推进。将学习贯彻习近平总书记在庆祝中国共产党成立100周年大会上的重要讲话精神作为重要内容，认真组织召开党史学习教育专题组织生活会。共召开全市党史学习教育推进会6次，组织各单位接受省、唐山市党史学习教育巡回指导11次，开展滦州市级党史学习教育巡回指导3次。刊发《滦州市党史学习教育简报》83期，滦州市党史学习教育工作开展情况多次被唐山党史学习教育简报刊发，学习强国、电视台、报纸等平台刊发党史类稿件500余篇。三是实干为民，落地见效。扎实开展“我为群众办实事”实践活动，围绕10项民生工程、“人居环境整治、大气污染防治、道路保畅”三项攻坚行动，广泛宣传。油榨镇马坊村刘忠臣“我为群众办实事”先进事迹被唐山市评为典型事迹。滦州市制定“我为群众办实事”项目34个，投入资金46.31亿元，惠及群众人数达28万余人。通过信访、电话、网络平台以及其他渠道解决损害群众利益的矛盾纠纷18372件，积极开展服务群众的各类活动达3377次，服务群众达56万余人次。

【持续壮大主流思想舆论】一是提升外宣影响力。根据省委宣传部相关稿件计分标准，完善新闻宣传考核管理办法，每月召开外宣调度会，召开外宣培训会，提升外宣水平。组织新华社、河北日报、唐山劳动日报等市级以上主流媒体走进滦州、宣传滦州。新华社等部级主流媒体对滦州市乡村振兴、生态建设、法制建设、党史学习教育等重点亮点工作进行了深度报道。在唐山市级以上媒体刊发稿件1600余篇，其中在部级媒体发稿174篇，圆满完成外宣发稿考核任务目标。图片新闻《春光好 播种忙》在人民日报头版刊发；《冰雪运动进社区 全民欢乐迎冬奥》登上新闻联播；《党史教育进校园》先后在新华社、新华视频、光明日报刊发；中新社以视频和文字通稿形式刊发《探访110年前辛亥滦州起义发生地》；《河北：迁曹高速公路全线通车》《河北：重阳节里送温暖 敬老爱老好风尚》等分别在人民网首页及河北频道焦点刊发，实现了在人民网、中新社等媒体发稿的新突破。全年在唐山劳动日报刊发专版24个。二是抓好内宣提升凝聚力。围绕市委、市政府中心工作，做好疫情防控、人才工作、乡村振兴、党史学习教育等多项重点工作，协调融媒体中心开辟专栏专题。全力做好新闻发布相关工作。按照省市疫情防控工作要求，制定印发系列文件，进一步推动新闻发布工作规范化、制度化、常态化建设。积极参与唐山“奋斗小康路”主题系列新闻发布会，转发转载唐山市新闻发布会89场次。以“我为群众办实事”为主题，重点围绕办好10项民生工程和34个“我为群众办实事”项目，组织相关单位举办新闻发布会20场。配合唐山市委宣传部做好滦州市新冠肺炎疫情新闻发布工作。三是密切关注舆情动态。滦州市舆情信息工作稳居唐山市第一名，在省直报点中位列第二名。作为中宣部舆情信息直报点，1-2月份在全国近

60个平级直报点中排名第14，被中宣部评为舆情信息报送进步单位。2021年报送社会舆情信息稿件22000余篇，采用530余篇。对一些负面不实报道，及时发现、妥善处置，第一时间回应社会关切，累计接待媒体监督50余批次，未发生重大负面舆情信息。

【精神文明建设成效明显】一是稳步推进文明城市创建工作。定期召开推进会、调度会，全市先后6次开展创建全国文明城市实地点位集中整治日活动，对市容环境、交通秩序等问题进行集中整治，发现问题123件，并整改到位。7月16日至17日省文明城市创建测评组对滦州市文明城实地测评，滦州市顺利通过。全力推进文明城档案整理汇总申报工作。制定《滦州市创建全国文明城市常态精细化治理方案》，组织开展“双周”社区观摩拉练和周督导活动。在《关于2021年文明城市创建工作省级年度测评（复检）情况的通报》中，滦州市在全省各县（市）及全省15个创建全国文明城市提名城市中排名第二，在唐山市排名位列第一。二是扎实推进新时代文明实践中心试点建设。遵循“14536”（一个目标、四个定位、五项工作、三个到位、提升六种能力）基本定位，立足实际，从资源整合、统筹队伍、项目打造和机制保障上下功夫，推出新时代文明实践中心试点建设的“滦州模式”。启动实施文明实践“6+2”阶段规划，推进6个常态化志愿服务精品项目和2个公益计划。年内共开展各类志愿服务活动3800余场，参与志愿者89800余人次，受益群众30余万人次，该经验做法在国家省市级主要媒体报道120余篇次，接待外地参观学习20余次。规划筹建“滦州市新时代文明实践中心理论宣讲服务·VR云展厅”，打造“新时代文明实践+志愿服务+理论学习+大数据”互通互融工作平台。三是持续加强社会主义核心价值观建设。扎实开展“我们的节日”系列主题活动。广泛开展悼念革命先烈、经典诗词朗读等一活动。四是持续深化未成年人思想道德建设。积极开展“扣好人生第一粒扣子”主题教育实践活动、“新时代好少年”学习宣传活动、中华优秀传统文化进校园等系列活动。依托滦州市新时代文明实践中心试点建设，启动“艺”动新风尚——文化文艺志愿服务进校园和小红帽亲子志愿服务团公益计划。五是加强农村精神文明创建。围绕新时代文明实践、脱贫攻坚、乡村振兴等工作深入开展精神扶贫、文化扶贫及乡风文明等工作。开展农村惠民电影下乡活动，全市农村电影放映6048场。结合文明城市创建，持续推进新时代文明实践站及志愿服务队伍建设，充分发挥文明实践志愿者作用，开展志愿服务活动。六是大力繁荣群众文化生活。6月28日晚，滦州市举办“永远的旗帜·永恒的使命”唱支山歌给党听——庆祝中国共产党成立100周年咏诵展演活动。

【强力推进文化事业产业发展】一是稳步推进文化体制改革。制定下发《滦州市关于做好复制推广遵化市“红色文化”传承机制改革创新经验工作方案》。详细改革要点，完善改革举措，丰富成果形式。二是打造疫情防控常态化下文化旅游市场新气象。“五一”期间以滦州古城景区为重点，安排文化惠民演出30余场次。景区内组织再现杨三姐、游船吟唱、帝王巡游、汉服美食节、契丹祈福大典等多项文化活动。2021年全市各景区累计接待游客260万人次。三是深度挖掘滦州文化内涵。编辑出版540千字的《滦州故事》单行本。联合文联以“美丽滦河我的家”为主题，开展第二届“滦河文艺杯”文艺作品征集大赛。滦州古城景区对“契丹祈福祭火大典”“契丹迎宾宴”“杨三姐告状”等主打旅游产品进行提档升级。滦州古城入选“2020中国城市夜经济创新案例”奖，滦州市是唯一获奖的县级市。

【深入推进新闻出版和传媒监管】一是积极组织印刷企业、记者年检。全市18家印刷企业和12家出版物发行单位完成年报年检工作；组织开展2020年度新闻记者证核验工作。二是认真落实“扫黄打非”工作部署。印发“扫黄打非”行动方案，开展专项检查。“两节”“两会”和十九届六中全会期间，着重对全市邮政寄递企业、市区书店等重点部位开展巡视检查。三是持续规范出版市场经营秩序。开展“双随机、一公开”抽查，集中开展印刷企业和发行单位专项清查4次；检查发行单位疫情防疫工作38次。四是组织开展“新华书香节”全民阅读活动。开展为期10天的“传承红色基因、庆祝建党百年”暨“护苗•绿书签行动”和“百年华章·书香献礼”全民阅读活动。

【加强思想政治工作和队伍建设】一是认真开展思想政治工作人员专业职务评定工作，严格申报程序，积极组织评选，2021年度，滦州市7名同志获评中级政工师职务，13名同志获评助理政工师职务。二是结合党史学习教育活动，加强机关队伍建设，坚定为民服务宗旨，将宣传思想工作融入疫情防控、党史学习教育、乡村振兴、生态环境保护、保障和改善民生等重点工作中，为建设“现代中等城市，全国百强滦州”提供思想支撑和精神动力。

统战部

2021年，滦州市委统战部落实习近平总书记统战工作重要思想和中央、省、市委统战工作的决策部署，以“维护社会稳定，服务跨越发展”为主线，以“大团结，大联合”为主旨，围绕“事争一流，增比进位”主题，以“五个坚持”推进统战工作开展，全力维护滦州社会经济和谐稳定。

【坚持政治引领】一是把握政治方向。市委高度重视统战工作，强化顶层设计，专题谋划部署。市委常委会及市统战工作领导小组会先后10次专题研究统战工作，制发《滦州市委统一战线工作领导责任制实施意见》等共9个文件，为统战工作稳妥有力推进提供遵循。市委书记李建忠等市主要领导带头在市委理论学习中心组学习统战工作及宗教工作政策理论，带头参加统战重要活动，带头与党外人士交友联谊。二是完成政治任务。统战部认真落实上级决策部署，确保统战工作体现党和国家的工作要求。年内共完成上级统战部门下达各项工作任务19项，市委交办任务26项，实现了稳妥有序推进。三是凝聚政治力量。在人大、政协换届中，选拔推荐优秀非公经济人士、新的社会阶层人士和党外知识分子等非中共人士232名参与到滦州市政治生活中，其中人大代表88名、委员144名，唐山市政协委员7名。同时，全市安排副科级以上党外干部5名，其中副处级1名，正科级1名，副科级3名，严格落实党外代表人士相关待遇。四是强化政治担当。制定下发了《滦州市统一战线和宗教工作考核评价实施办法》《滦州市委统战部部务（扩大）会议制度》《中共滦州市委统战部统战委员（宗教专干）以及市委统战工作领导小组成员单位分管统战工作领导干部述职制度（试行）》等五项制度，先后协调调度统战工作事项6件，开展各类活动10余次，解决各类问题6个。

【保持民族宗教和谐稳定】一是聚焦规范引领，加强教育培训。一方面抓教育引领，以教职人员为重点，组织开展有针对性的教育培训和点对点的交流座谈，累计与350余人次宗教教职人员进行沟通交流，组织培训100余人次，达到全覆盖。另一方面抓自我提升，制定了周自学，月培训，双月交流，季考试，半年现场教学，全年系统总结的学习培训制度，组织对镇（街道）统战委员、宗教专干、综合执法队队长、驻村工作队队员、重点村（居）党组织书记的宗教政策理论培训，参训率100%，强化了从事宗教工作干部对宗教政策知识的理解和把握，解决了对宗教工作不敢管不会管问题。二是聚焦服务引领，强化宣传引导。组织开展文艺演出、放电影、科普宣传、广场舞等各类活动1000余次，不断丰富群众的精神文化生活和人民群众精神需求。开展“为民服务解难题”等活动，各驻村工作队发挥各自派出单位职能优势，开展各类慰问400余次，捐献《滦河文化丛书》《宪法》等书籍1500余册，投资万元建设了“爱心驿站”和“普法小院”。三是深化“双创四进”活动，印发《宪法》《宗教事务条例》等宣传册2500份、制作社会主义核心价值观、传统文化宣传牌88块，推动宪法、国旗、社会主义核心价值观、中华优秀传统文化进宗教场所、深入信众心中。四是强化疫情防控。积极协调相关部门，为宗教活动场所配备18台视频测温设备，实现了全市宗教活动场所100%全覆盖，并发放口罩、消毒液等防疫物资，传递了党和政府对信教群众的平等公平和关心关爱。五是聚焦项目引领，加强民族工作。争取中央财政衔接推进乡村振兴补助资金24万元，用于农业产业发展项目花生种植区田间道路硬化项目建设，改善花生生产区配套道路条件，为提高农民收入改善硬件建设。争取省级少数民族地区补助费9万元，用于民族团结进步创建工作，不断提高该市民族工作水平。在塔坨小学组织开展的“中秋衍纸画、中华一家亲”活动在人民日报刊登，雷庄镇樊店子村 被河北省人民政府授予《河北省民族团结进步模范集体》称号，在唐山市“石榴花开”书画赛活动中，获得一项集体，两项个人优秀。

【优化服务平台】一是搭建法律服务平台。建立企业家学院，推行“政策找企业”创新服务，开展“云”讲堂知识讲座。聘请律师和业务部门主管领导及政策专家对涉企法律、政策进行答疑解读，9月份组织企业家参加了由中国劳动和社会保障研究院副研究员贾东岚主讲的“最低工资标准调整与制度发展”讲座。网络云讲堂授课以来，学习点击率4500余人次，被《唐山劳动日报》报道。二是搭建金融服务平台。为解决小微企业融资难、融资贵的难题，坚持“多渠道融资，多形式引导”思路，建立了银企联系对接制度。根据企业需求，组织唐山银行滦州支行、建设银行滦州支行、平安银行唐山支行、民生银行唐山支行等金融机构与企业座谈交流，30余家企业与四家银行达成初步合作意向金额共计4000万元。三是搭建信息服务平台。加强与媒体的合作，利用官方微信公众号、报纸、电视台等渠道，做好非公经济领域先进典型宣传，推荐宇扬滦州评剧院、东唐电气、吉宏包装、助成混凝土等企业的发展事迹，在《唐山劳动日报》、唐山电视台、唐山人民广播电台“创富唐山”等栏目播出，扩大了企业的知名度。四是推荐报送优秀民营企业参加各种表彰评比，其中，唐山友顺农业开发有限公司参加全国工商联、国家林业和草原局、中国光彩会“第八届光彩事业国土绿化贡献奖”评选并获奖，河北省共2家企业获奖。东海钢铁有限公司、连创制钢有限公司双双获评河北省百强企业和河北省制造业百强企业。五是搭建政企沟通平台，为进一步优化滦州市营商环境，打造风清气正的投资环境，统战部、工商联联合发表《关于在民营经济界开展“优化营商环境、我来建言献策”倡议书》，通过开展线上意见建议征集、走访会员企业、与企业家座谈等方式，共征集到意见建议12条，并及时向有关部门进行反馈。

【加强与党外干部和台侨的协商交流】一是建言献策，凝聚发展共识。组织工商联、无党派人士召开了优化营商环境献计献策座谈会，征求意见建议12条，为全市经济社会发展建睿智之言、献务实之策、尽发展之力。二是以诚相待，开展对台工作。对该市中佑铸造留守台胞走访慰问，送去疫情防控物资，督导落实疫情防控相关工作，解决相关困难问题。认真落实市台办通知精神，协调经济开发区、自然资源局热心帮助台企晔联管件有限公司和百弘管业有限公司解决困难。三是以侨为桥，推进交往交流。通过组织开展红色主题教育、党的十九大精神专题学习、归侨侨眷党史教育交流暨中秋节慰问座谈会、纪念建党100周年书画展等活动，达到以根引人、同心聚侨的目的。以“侨胞之家”为载体，打造“侨之路”，宣传党的政策和典型人物，举办“浓情粽香”“侨胞一家亲，欢度中秋”“情暖侨心”中秋、春节走访慰问活动，营造以情暖人、知侨护侨的浓厚氛围。引导侨企积极参与爱心帮扶、疫情捐款、社区义诊和脱贫攻坚等活动，展示侨界风采，履行社会责任，达到以干为先、发挥作用的目的。滦州市侨联获“全国助力脱贫攻坚先进集体”荣誉称号。

【创新开展新的社会阶层人士工作】开启“新阶层+”工作模式。一是开启“新阶层+红色教育基地”模式，强化思想政治引领。以红色教育基地为载体，先后组织新的社会阶层人士到港北起义纪念碑、潘家峪惨案纪念馆、大钊纪念馆等红色基地，开展“学党史、强信念、跟党走”主题教育活动。进一步激发了新的社会阶层人士的爱国热情和民族自豪感。二是开启“新阶层+创新（实践）基地”模式，推进交往交流。以实践基地、联络站为载体，先后组织开展了庆祝中国共产党建党100周年全国评剧名家名票红色经典演唱会”和“纪念建党100周年书画展”，推进新的社会阶层人士交流、参观、考察、学习，拓展社会接触面。三是开启“新阶层+民族团结创建基地”模式，筑牢民族共同体意识。筛选民族村和民族创建示范社区作为民族团结创建基地，组织开展了民族团结进步宣传月活动、“民族团结一家亲、共建共筑同奋进”主题联谊活动，用文艺作品鼓舞人心，自觉当好民族团结进步的维护者、践行者和推动者。四是开启“新阶层+公益（扶贫）基地”模式，弘扬社会主旋律。公益（扶贫）基地为平台，组织开展了“社区开展义诊活动”“义务理发公益活动”，通过同心帮扶、捐资助学、送医下乡等公益活动，引导新的社会阶层人士积极作为、承担社会责任，用爱心奉献彰显责任担当。

市委政法委

2021年，全市政法系统紧紧围绕市委“1395”工作思路，锚定平安建设“迈开大步、走在前列”和人民群众安全感满意度大幅提升两大目标，忠诚履职、主动担当，较好地完成了各项工作，为“十四五”开好局起好步、实现“现代中等城市、全国百强滦州”目标贡献了政法力量。

【确保稳定】全面维护政治安全，国家安全屏障日趋牢固。第一时间传达落实上级维稳文件精神、要求及领导批示，并加强调度督促、跟踪问效。积极开展涉政治安全领域风险排查工作，排查涉恐重点目标299个，先后举行反恐应急演练6次，侦破“王平川传播暴恐视频案”，赢得了唐山市公安局的充分肯定。积极配合市委国安办抓好“4.15”全民国家安全教育日宣传教育活动。持续做好“法轮功”等邪教组织的打击、防范和帮教巩固工作，共破获反宣活动2次，打击处理4人，发放警示宣传材料500份，对全市253名“法轮功”人员进行核准入库，督导各镇街及公安局等部门全面加强排查管控力度，持续巩固“法轮功”未转人员清零成果。圆满完成暑期、庆祝建党100周年等重大安保任务，确保暑期工作万无一失。

【平安滦州】全面推进平安建设“迈开大步、走在前列”，平安滦州建设水平持续提升。健全平安建设统筹推进机制，建立“五星六级三色”平安稳定指标评价体系，完善平安建设考核评价和督导问效体系。常态化开展扫黑除恶斗争，深度核查重点问题线索10件，倒查评查涉恶团伙案件4起，开展矿山等重点领域涉黑涉恶违法犯罪专项整治，挖出郝树旺等7名涉嫌非法采矿的犯罪嫌疑人。持续推进“雪亮工程”项目建设，协助公安部门破获各类案件43起，为交通肇事、寻人寻物等案事件提供直接线索150条，加快推进社会治理综合服务中心建设。深化网格化管理工作，在唐山市网格化培训会上做了典型发言。加强群防群治队伍建设，成立6个不同群体的志愿服务团队，“一村一警”“一镇一法庭”“一村一法律顾问”配备率达到100%。加强精神障碍患者管控，没有发生肇事肇祸极端事件。完善多元化解机制，年内共排查调处矛盾纠纷1085起，没有发生“民转刑”案件。严厉打击各类违法犯罪，共查破各类刑事案件615起，治安案件804起，打掉犯罪团伙19个，在砺剑铸盾行动中唐山市排名第二；成功收网部督“0203”毒品目标案件，得到了唐山市领导的充分肯定。重头打造反诈合成作战中心，破获各类案件150起，止付资金1.22亿元；批准逮捕135件177人，提起公诉260件311人。审结刑事案件257件。市委政法委被评为“平安河北”建设先进集体。

【法治滦州】统筹推进法治建设，维护公平正义水平显著提升。制发了《法治滦州建设规划（2021-2025）》和《滦州市法治社会建设实施方案（2021-2025）》，全面启动“八五”普法。进一步规范行政执法，有效开展规范性文件合法性审核、梳理，加强行政复议和行政应诉，全力创建省级法治政府建设示范市。开展了“美好生活・民法典相伴”主题宣传活动，出动普法大篷车14辆，走街串巷进行法治宣传，覆盖537个村（居），发放宣传资料3.9万余份。积极推进法治广场建设，已建成1个，在建1个。举办的“以习近平法治思想为指引，坚定不移走中国特色社会主义法治道路”为主题的滦州市2021年宪法宣传周活动，被“央视频”、人民网等媒体广泛报道，响嘡镇闫庄村和古马镇西老里村通过全国民主法治示范村（社区）复核保留。市法院和检察院高质高效完成司法体制改革任务。全面清理判处实行未执行刑罚罪犯8人。全面推进执法监督，共督办案件11件，交办案件4件，转办案件2件，召开会商会议1次。充分发挥检察监督职能，实施刑事检察监督77件、民事检察监督10件、行政检察监督34件。

【服务发展】着力服务保障重大项目建设，为公园悦府回迁、赤曹国道滦州段施工、乡镇村居生态环境建筑治理等办理证据保全公证，进行现场安保，查破阻工案件1起。倾力守护公共利益，发出诉前检察建议75件，立案刑事附带民事公益诉讼案件16件、提起诉讼4件，民事公益诉讼案件1件。主动服务生态领域整治，共侦办环境刑事案件44起，采取强制措施71人。积极打造良好营商环境，办理经侦案件32起，破案26起，挽回经济损失258万元，审结民商事案件3906起，深化“放管服”改革3项。着力服务民生保障，积极出台各类便民措施64项，多渠道提供司法救助20人，发放救助金10万元，办理法律援助案件160件，共获当事人赠送锦旗66面。

【政法队伍建设】一是扎实开展政法队伍教育整顿，142名干警主动说明问题293个，36个单位主动说明问题156个，受理政法干警违纪违法线索22条，运用“四种形态”处理29人，主动为群众办实事好事436件，在唐山市委政法委委托的2021年群众安全感满意度调查中，我市群众安全感全市排名第12，满意度全市排名第7。在河北省委政法委委托的2021年群众安全感满意度调查中，我市群众安全感全省排名第117，满意度全省排名第127，完成了退出全省后20名的目标。二是组建了政法系统政治督察人才库和5个专项巡查组，圆满完成市委第七轮巡察整改工作任务。组织各类培训20场次，在“六小警务”“两所一庭”考核晾晒中，响嘡法庭、雷庄法庭和老城法庭在全市排名前10密度较高。三是制定实施了《进一步加强政法队伍管理的规定》和《全市政法队伍建设日常实效评价办法》，不断加强政法队伍管理考核。积极选树政法先进典型，82名干警、21个单位荣获唐山市级以上各项荣誉。充分利用传统媒体和新媒体传播手段，宣传政法系统典型人物、典型事迹，印发了《政法系统先进事迹汇编》，2021年度被唐山市级媒体采用280篇，河北省级媒体采用151篇，国家级媒体采用20篇。

市直机关工委

2021年市直机关工委紧紧围绕“1395”工作思路，全面落实新时代党的建设总要求，不断加强市直机关党的政治建设、思想建设、组织建设、作风建设和党风廉政建设，较好地完成了各项工作任务。

【加强政治建设】一是坚定政治立场。全面落实党的十九大和十九届二中、三中、四中、五中全会精神，深入贯彻《中共中央关于加强党的政治建设的意见》，牢固树立“四个意识”，增强“四个自信”，坚决做到“两个维护”，全面贯彻执行党的理论路线方针政策和中央、省、市委决策部署。二是严格党内政治生活。组织党员深入贯彻落实《关于新形势下党内政治生活的若干准则》和《关于加强县直机关党的建设规范化实施意见》，建立健全党内组织生活制度，强化“三会一课”、民主生活会、组织生活会、民主评议党员等制度。

【开展党史学习教育】一是把党史学习教育作为党员干部、入党积极分子理论学习的重点内容，通过集中培训、“三会一课”、主题党日等形式对党员进行教育。二是利用重大纪念日、党员活动等到爱国主义教育基地开展红色教育、忠诚教育，提高党员意识。三是开展党建调研、思想交流、专题研讨等活动，交流学习体会、查摆问题不足、开展批评和自我批评，通过实际工作检验学习成果。

【开展爱国主义教育】一是6月24日，组织45名新党员赴乐亭李大钊纪念馆开展了新党员入党宣誓仪式和爱国主义教育活动。二是6月25日，又组织20名新党员代表参加了市委组织部在港北起义烈士陵园举行的百名新党员入党宣誓活动，进一步增强了党员党性意识，升华了思想境界。

【抓好组织建设】一是开展基层党组织书记述职。2月份开展了基层党组织书记抓党建述职评议工作，市直机关党委所属18个党总支、38个党支部的支部书记全部提交了书面述职，市直机关成立评议小组对基层党组织书记的述职进行了评议。二是选举出席滦州市第二届党代会代表。6月份，市直机关工委成立3个考察小组，对出席中国共产党滦州市第二次代表大会代表初步人选进行了考察，并进行公示、提交各总支、支部党员讨论，6月19日，市直机关工委常务副书记、机关党委书记王礼主持召开了“滦州市市直机关委员会党员代表会议”严格按照组织程序选举产生了出席中国共产党滦州市第二次代表大会的代表46名。三是开展基层组织规范化检查。按照《关于加强县直机关党的建设规范化的实施意见》要求，9月份调阅26个基层党组织《党支部工作手册》，对基层党建工作中出现的问题进行了一对一的指导和规范。四是开展党务干部培训。为提高基层党组织党建业务水平，分别于4月1日和10月13日开展党务干部培训2次，培训基层党务干部60人，培训内容包括机关党的组织建设、阵地建设、三会一课、发展党员、组织关系转接、党员档案、党费收缴等方面。五是组织入党积极分子集中学习。4月22日组织入党积极分子开展集中培训，聘请了滦州市委党校副教授程飞同志为84名入党积极分子开展了党史教育。

结合党课内容，课后对全体积极分子进行了党史、党章知识内容的考试。六是严把“入口关”做好党员发展工作。按照控制总量、优化结构、提高质量、发挥作用的总要求，有计划地做好党员发展工作。严格落实《中国共产党发展党员工作细则》规定，把政治标准放在首位，结合个人素质和综合能力，通过严格的组卷、政审、考察程序，2021年分两批次发展新党员82名。七是组织十九届六中全会精神宣讲。12月9日组织市直机关主管党建副职开展党的十九届六中全会精神专题讲座。

【迎接市委巡视巡察工作】滦州市委第二巡察组于3月25日至6月10日对市直机关工委进行了全方位巡视巡察。经过为期三个月的巡视巡察工作，巡察组提出了全面、准确、客观、实际的指导性意见。市直机关工委针对问题进行了分类汇总、逐项梳理，认真研究制定整改措施，个性问题对号入座，落实到人，建立“台账式管理”和“销号制落实”制度，明确整改目标和整改时限。

【开展纪念建党100周年活动】一是开展以规范党员行为、增强党员意识为主题的重温入党誓词活动，教育引导广大党员牢记党章的根本要求，进一步深刻领会党章内涵。二是结合工作实际通过参观爱国主义教育基地、党员志愿服务、演讲比赛、知识竞赛、党性体验等形式开展各类主题活动，结合学习贯彻习近平新时代中国特色社会主义思想和党的十九大、十九届二中、三中、四中、五中全会精神，把主题活动与中心工作相结合，激励广大党员干部爱岗敬业、奋发作为、激情工作。三是选树先进典型，发挥引领作用。从基层广大党员中评选优秀党员共产党员113名、优秀党务工作者49名、先进基层党组织22个，进行通报表扬，引导和鼓舞广大党员，激发正能量。四是积极参与滦州市庆祝中国共产党成立100周年演出活动。组织30人的合唱团利用4天时间完成了学习、训练、彩排、正式演出等环节，并在演出中取得了圆满成功。

【抓好作风建设】一是廉洁自律，以身作则。在机关自身建设上，市直机关工委领导班子带领一班人马认真学习《党章》《宪法》《关于新形势下党内政治生活的若干准则》《中国共产党纪律处分条例》等法律法规，以身作则，模范遵守法律法规。二是加强廉政教育。为切实解决机关单位不作为、慢作为、乱作为、“中梗阻”等问题，8月份开展了市直机关百名科（股）长晒权工作，制定了《2021年度滦州市市直机关中层干部绩效晾晒考评活动实施方案》，成立工作组，对市直机关事业单位进行明察暗访，开展绩效晾晒工作。三是严格党员管理。做到从严治党、执法必严、违法必究。2021年，按照党章和党员纪律处分条例规定，共对5名党员分别给予纪律处分。

【推进精神文明建设】一是助力文明城创建。作为文明窗口单位创建工作部牵头单位，建立了“窗口单位工作部微信工作群”，线上线下统筹安排部署。成立三个督导检查组，严格按照创建标准逐窗口、逐项进行督导检查，制定《问题清单》和《整改通知单》，压实责任，落实到人。市委常委、市委办公室主任、市直机关工委书记宋焕强亲自带领工作部人员到窗口单位检查督导创建工作，提出指导性意见，顺利完成窗口单位创建任务。二是积极开展“主题教育进万家、为民服务解难题”活动。机关全体党员利用节假日时间分别到后佘庄、田庄子、马庄子、西高坎等进行植树、打扫卫生、入户督导“双代”工作。到包联社区开展拔草、清理垃圾、铲除小广告等包联共建活动。到平青乐公路两侧、205国道两侧清理垃圾、打扫卫生。到交通路口做文明志愿者进行文明劝导，助力“三城创建”工作。

【开展疫情防控工作】一是1月11日，结合“双报到”工作，全体党员干部积极投身紫薇园社区疫情防控工作，对出入车辆和人员逐一进行排查、登记、测温，全力把好疫情防控关；积极配合核算检测并做好统计工作。二是督导疫苗接种工作。自4月份全市开展新冠疫苗接种工作以来，市直机关工委负责全市机关单位疫苗接种情况的督导、统计工作。每天对78个单位的情况进行收集、上报数据，为疫情防控领导小组和主要领导提供真实有效的疫苗接种情况，并深入基层动员疫苗接种，逐人了解不能接种、暂缓接种的原因。

【组织人大代表选举工作】6月16日组织滦州市第92号选区人大代表选举集中投票工作，顺利选举了出席滦州市第二届人民代表大会的3名代表。

编委办公室

2021年，市委编办聚焦市委“1395”工作思路，以机构编制“改革、管理、创新”为重点，积极推动实现各类机构职能优化协调高效，抓实推进重点领域体制机制改革，着力促进公益服务事业平衡充分发展，统筹优化配置机构编制资源，全面提升机构编制管理科学化规范化法定化水平，为全市经济社会发展提供强有力的机构编制保障。

【推进权责清单编制工作】一是根据中央和省市安排部署，按照《滦州市全面开展政府部门权责清单编制工作推进方案》（滦办字〔2020〕22号）要求，积极谋划、精心组织、扎实推进政府部门权责清单“两单合一”工作。全面完成全市27个部门权责清单编制工作，共含事项2827项（其中，行政许可331项，行政处罚2060项，行政强制104项，行政征收5项，行政给付22项，行政检查138项，行政确认55项，行政奖励16项，行政裁决4项，其他类92项）。并于2021年5月底前，全部通过网站、办事服务大厅、公告栏等渠道公布了本部门清单。二是为切实发挥权责清单制度基础作用，以滦州市权责清单编制联席会议办公室的名义印发了《关于贯彻落实权责清单制度的通知》，进一步厘清权责边界、规范权责运行、细化权责要求，编制权力运行流程图和服务指南，强化了权责清单制度的实效性。

【推进重点领域体制机制改革】一是加快推进开发区改革。按照省委、市委关于规范开发区管理机构和促进开发区创新发展有关要求，全面摸清滦州市经济开发区管理机构，合理确定职能定位，创新编制管理，持续完善开发区管理模式和运行机制，积极谋划开发区“三定”规定。二是聚焦民生，健全燃气管理体制改革，明确滦州市相关部门燃气管理职责。根据《河北省燃气管理条例》等法律法规，印发《关于明确燃气管理职责的通知》（滦机编字〔2021〕11号），明确了全市各级各部门燃气管理职责，进一步健全燃气管理体制机制，确保人民群众生命、财产安全和公共安全。三是强化服务功能，推进重点领域改革。组建滦州市智慧滦州综合指挥中心。将市政府办公室所属事业单位滦州市电子政务中心更名滦州市智慧滦州综合指挥中心，加挂滦州市电子政务中心牌子，整合森林防火、生态保护、国土巡察、防汛抗旱、城市管理、社会综合治理、市民热线等职能部门资源，负责全市城区智慧城市管理及政务服务工作，通过全时段、全方位、全覆盖的数字化管理模式，为政府高效决策提供科学依据。组建滦州市生态环境保护事务中心。将市政府管理的相当于正科级事业单位滦州建材大市场服务中心更名为滦州市生态环境保护事务中心，承担生态环境保护方面的服务、保障、技术推广等职能，为全市打好打赢污染防治攻坚战提供坚强保障。成立滦州市滦河实验中学。为解决“就学难”问题，缓解教育资源紧张局面，成立了滦河实验中学，并结合实际，明确了该校的机构规格、人员编制，在全市中小学教职工编制总量中调剂100名编制用于加强该校师资力量建设。

【开展公益类事业单位专项调研】按照唐山市委编办统一安排，6-8月份，市委编办分成两个工作组，采取到事业单位主管部门听取汇报和现场调研相结合的方式，深入全市48家部门和10个镇（街），对所属公益类事业单位（中小学、幼儿园、公立医院除外）开展调研，重点对卫健局、交通局、安监局、信访局、自然资源和规划局等涉及民生保障、安全生产、信访稳定、生态环境和提供其他公益服务的事业单位进行了调研。通过全面摸底调研，对相关事业单位履行职责情况、业务工作开展情况、人员编制及实名制管理情况、单位经费收支情况、事业单位法人登记情况、贯彻落实机构编制部门文件情况及存在问题进行了全面了解，对职能弱化和重点领域事业单位进行现场走访查看，进一步摸清全市公益类事业单位现状，掌握了各部门职能履行情况和落实机构编制部门政策文件情况，为下一步优化事业单位结构布局、合理配置机构编制资源，建立精细化管理机制、顺利推进公益类事业单位改革工作奠定坚实基础。

【创新机构编制管理】一是统筹管理各类进人计划。把机关事业单位进人计划管理工作与贯彻落实《条例》《规定》相结合，与落实机构编制部门“三定”规定相结合，与严禁超编进人相结合，由机构编制部门统筹机关事业单位各类进人计划，预留编制，明确各类进人计划的审核原则、报批程序及工作纪律，保证各类计划有序进行，各类进人有编可用。2021年滦州市公务员招录、事业单位招聘和其他政策性安置新入编人员共计450名，其中：公务员和选调生招录34名、事业单位招聘371名、选聘卫生专业技术人员、教师26名、公费师范毕业生1名、“三支一扶”志愿者定向招聘3名、退役士官安置15名。二是严格机构编制管理权限和程序。坚持机构编制集中统一办理。严格执行机构编制“一支笔”审批制度，凡涉及机构编制事项的，严格执行编制核准，按照程序向机构编制部门申请。三是全面落实机构编制实名制管理。强化机构编制实名制管理系统动态管理，建立动态调整长效机制，确保数据全面准确。每月将“两表”与“一系统”数据进行对接，即行政事业单位实有人员统计月报表、机构编制管理证基本信息表与“实名制系统”的相统一，及时更新维护系统各项信息，做到静态的编制数与动态的实有人员一一对应。四是着力推动机构编制动态管理。从源头上控制编制使用，完善统筹使用各类编制资源的机制，加大部门间统筹调剂力度，持续做好控编减编工作，加大机构编制动态调整，下大力搞好内部挖潜，加大编制资源向基层、重点领域倾斜力度。2021年，向生态环境、社会保障、行政审批等重点领域调剂、增加编制47名。五是全面组织开展镇街改革“回头看”。对改革涉及的14个镇街职能运转情况开展了“回头看”，对各部门“三定”规定职能界定情况、履职情况、领导和人员配备情况进行全面检查，特别是对新组建的综合行政执法队、行政综合服务中心的职责配置进行严格审核，确保权责到位，对部分业务衔接不到位的及时纠正，进一步巩固和扩大改革成果。六是认真开展机构编制实名制核查工作。按照中央和省、市编委关于开展机构编制核查工作要求，通过调查研究并结合滦州市实际，制定、印发了《关于开展第二次全市机构编制核查工作的实施方案》，对全市机构编制核查工作做出了具体安排部署。按照方案规定的时间节点，扎实稳步地开展核查工作。要求单位认真开展自查，准确填写核查信息，经单位领导审核同意后，在单位醒目位置进行公示，公示期结束无任何异议后，再按照规定的时间进行上报编办审核备案。加强对各单位编制实名制的集中审核。全面完成了对全市各级机关、事业单位、派出机构及内设机构的机构设置、人员编制和实有人员、领导职数核定和配备等情况的核查。

【优化全市事业单位登记管理工作】一是提前

谋划部署事业单位年度报告工作。根据一年一度的事业单位法人年度报告工作要求，市委编办及时印发《关于做好2020年度事业单位法人年度公示工作的通知》，从部署安排，创新方法，强化服务等方面全面抓好落实，在唐山市第一家完成事业单位法人年度报告公示工作，合格率100%。二是从严从实推进事业单位登记管理和机关群团赋码工作。按照行政审批标准化、规范化要求，着力规范业务办理流程，严格法定程序，做好事业单位登记和机关群团赋码工作。登记的事业单位共247家，全年共办理设立登记2家，变更登记76家，注销登记3家。已完成机关群团统一社会信用代码赋码单位70家，其中机关62家，群团5家，垂管单位统一社会信用代码赋码3家，全年共办理机关群团变更单位32个。三是强化事中事后监管，促进事业单位规范化管理。进一步规范对事业单位业务范围的审查要求、明确法定代表人的资格确认程序、细化事业单位章程应载明的具体事项，形成事业单位登记管理措施的高效管理模式。加强对事业单位年度报告的审核。对事业单位公示信息继续实行“双随机、一公开”监管，按照3%的抽查比例抽取27家事业单位，现场实地核查，对发现的问题进行了限期整改。与信用办协同发力，有效纠正信用代码重码率。四是优化“信用服务”积极推动事业单位信用体系建设。贯彻落实社会信用体系建设构建新型监管机制相关精神，市委编办将信用监管贯穿于事业单位法人登记管理全过程，助推“诚信滦州”建设。在全国信用信息共享平台整理发布“双公示”信息440条，促进事业单位法人登记诚信自律，签订信用承诺书300个；同时，积极推进信用信息数据归集工作，向信用办报送全部统一社会信用代码信息168条。

【强化机关自身建设】一是将学习宣传习近平新时代中国特色社会主义思想作为首要政治任务。制定年度学习计划，定期组织学习。二是不断加强从严治党和党风廉政建设工作。全面履行主体责任、落实党支部书记“第一责任人”责任和个人廉洁自律责任。严格落实三会一课制度，定期召开党支部委员会、党支部大会，支部书记讲党课3次。把从严治党和党风廉政建设与机构编制工作同安排、同部署、同落实。严格执行中央“八项规定”，履行领导干部廉洁自律承诺制度，签订《领导干部廉洁自律承诺书》，面向社会公开承诺，接受群众监督。三是加强意识形态工作。落实意识形态工作责任制，强化机构编制阵地管理，加强舆情研判和信息管控。深入学习贯彻党的十九大精神和习近平新时代中国特色社会主义思想及系列重要讲话精神，定期召开专题会议，采取多种形式，结合党史学习教育活动，开展党员干部廉洁自律教育，营造风清气正的工作环境。

信访局

2021年，滦州市信访局深入贯彻落实省委、市委提出的“北京不能去、河北不能聚、北戴河去不了，家里不出事、网上不炒作”重要指示精神，坚持工作思路新站位、任务目标新定位、创新实施新机制、重点任务新突破，各项工作有力有序有效开展，全市信访维稳工作持续向好发展。

【重点工作指标完成情况】2021年全年共发生进京访73件次75人次、赴省访40件次43人次，同比往年降低近半成。2021年下半年，通过重复访治理、依法处置等各项工作持续有序有力开展，全市进京赴省访明显好转，共发生进京访32批32人次、赴省访14批14人次。创新实施异地训诫、核酸筛查比对机制，圆满完成全国

“两会”“七一”建党百年系列活动、十九届六中全会三个重要敏感时期的信访维稳工作。中联办交办第一批重复访、信访积案涉及该市216件，第二批涉及81件，已全部按时化解。

【健全信访工作机制】一是完善信息畅通机制。实施日推送、周动态、月评比、信访专报等工作机制，灵通工作信息，对信访数据进行分析、研判下步工作重点。二是市委、市政府主要领导和分管领导多次对周动态、信访专报等进行批示、提要求，主动过问和处理重大信访问题，大量信访问题得到妥善解决，切实起到了率先垂范作用。三是完善通报问责机制。建立健全《滦州市信访工作明责、尽责、问责实施办法》，对因责任不实、工作不力，导致发生进京访或重复访回流案件的，严肃追究相关领导和工作人员责任，倒逼责任落实到位。

【注重矛盾化解】根据势态变化，调整工作思路。充分利用疫情“空窗期”，把解决问题作为首要任务，开展重点案件化解工作。按照“清单式推进、台账式管理”的模式，建立台账，动态管理，以问题解决推动信访总量的持续下降，推动案结事了、息诉罢访、事心双解，实现控增量、减存量、防变量。

【加强风险防范】一是在疫情防控严峻时期，北京实施“不做核酸不进京”的要求。以此为契机，首创核酸筛查比对举措，按照“不漏一人”的原则，于2月起启动核酸筛查信息比对机制，凡发现重点人员做核酸检测的，第一时间落地查人。2021年，共筛查出重点人员做核酸检测的167人次，全部采取了及时有效的稳控措施。二是在疫情防控缓解时期，启动火车站购票信息对比，该局每天安排专人到火车站警务站点，比对人员购票信息，发现重点人员购买进京、赴省火车票的，第一时间通知属地镇街和驻京、驻省值班人员，坚持前后方联动，尽最大限度将上访人劝返在外围。

【引导信访秩序良性发展】坚持“零”容忍和“六个必处”（对进京到非接待场所人员必处，对越级上访、恶意记账的必处，对串联集访挑头者、组织者必处，对缠访闹访、“滞留”“回流”者必处，对采取极端行为上访、故意制造恶性事件的必处，对负面炒作、造成恶劣影响的必处），采取异地训诫、行政拘留、刑事拘留“三管齐下”的打击手段，持续加大依法打击力度，对恶意记账、缠访闹访等违法上访人员形成了强有力震慑。2021年，异地训诫109人，通过实施异地训诫，31人息诉罢访，36名初访人员未发生一起回流，让信访人认识到进京越级访属于违法行为，不敢触碰进京越级访“红线”。同时，实施行政拘留20人、刑事拘留1人，信访秩序得到进一步规范。

【党史学习教育活动落到实处】按照上级及市委的统一部署和要求，该局全面推进党史学习教育工作。既注重按照上级要求把“规定动作”做到位，又注重发挥“信访工作是党和政府密切联系群众的桥梁和纽带”作用，使“自选动作”有特色，推动党史学习教育真抓实做、高效开展，与信访工作深度融合，有力推动了学习贯彻习近平新时代中国特色社会主义思想走深走实、知行合一，提高了运用理论指导实践、推动工作的能力。

老干部局

2021年，滦州市老干部局认真贯彻全国、全省、全市老干部局长会议及滦州市党代会、组织工作会议精神，深入开展党史学习教育活动，强化督导落实老干部政治、生活待遇，深化开展增添正能量活动，确保滦州市老干部工作走在唐山市前列。

【落实离退休干部待遇】一是按政策提高离休干部相关待遇。提前测算出离休干部提高待遇后2021年全年需增加的开支数额，上报给唐山市老干部局服务管理科，待得到正式通知后，与相关部门沟通，确保离休干部生活补贴按期补发到位。二是精心组织好慰问老干部工作。涉及全市70个单位，73名离休干部，5113名退休干部，共计5186人。慰问金共计215.7万元。“七一”前夕，对67名离休干部和26名职副县以上退休干部党员开展了走访慰问活动，慰问金共计10.8万元。中秋走访慰问离休干部66人，退休干部5183人。三是开展“燕赵红枫”河北省离退休干部服务管理系统离退休干部信息录入工作。督促各单位按月将新退休干部信息录入系统，为人员年统及体检、慰问工作提供依据。四是创建老党员驿站。组织滦城街道、团结里社区、晨光南里社区3个离退休干部党支部开展老党员驿站创建活动，为老党员驿站统一制定了标识、展牌、规章制度，配备了休息设施等。五是按期完成离退休干部报纸杂志征订发放工作。11月为全市离退休干部订阅杂志，并督促相关企业为所属离退休干部缴费征订，确保待遇落实，无人遗漏。六是为老干部帮难解困办实事。向全市特困离退休干部发放了5万元的帮扶资金，确保每位老同志都能够度过温暖祥和的春节。

【做好老年教育工作】滦州市老年大学共开设11个专业、13个教学班，在校学员300多人。疫情期间坚持防疫、教学两手抓，严格管理、落实责任，确保了学期教学工作顺利开展，增开了瑜伽和葫芦丝两项专业课，深受学员欢迎。3月份老年大学将所有校舍进行了粉刷，4月份又新购进老年人教育、学习、生活图书近5000册，并对学校水电及教学设施设备全面进行了检修，确保按时开学。积极推进校园文化建设，在楼道、门厅、教室、舞蹈大厅等师生活动场所，制作悬挂了具有政治性、激励性、启发性、观赏性，又充满老年特色内容的牌匾数十块，在教室黑板上方悬挂了国旗图板和激励文字，在教室侧面墙上还悬挂了学习该专业的好处及注意事项，使校园文化建设迈上了一个新台阶。

【发挥离退休干部正能量】一是注重协调联动，形成各方广泛参与关心下一代工作的强大合力。应教育局及学校邀请，先后参与了横渠实验小学举办的“童心向党、艺向百年”庆六一文艺汇演、中山实验学校举办的“铭记该铭记”主题建党庆祝活动等。6月1日，联合团市委开展了“红领巾学党史—向革命先辈致敬”走访慰问活动，组织优秀少先队员代表入户走访了抗战期间参加工作的离休干部杜素英、老爷爷宣讲团的发起人骆宗明等5名老干部、老战士。二是强化指导支持，搭建“五老”人员参与关心下一代工作的平台。立足党建带关建工作模式，强化各老干部党支部书记的关工工作牵头人责任意识，组织党员离退休干部积极参与到关工工作中来。为庆祝中国共产党成立100周年，开展了“追忆百年党史、赓续红色基因”主题教育系列活动。3月31日，关工委在小马庄镇李兴庄村举办了第一场党史宣讲报告，邀请“老爷爷宣讲团”发起人骆宗明为孩子们做党史报告。2021年，“老爷爷宣讲团”深入14所中小学校，开展党史、地方革命史及法制宣讲，受教育师生6000余人次。此外，“老爷爷宣讲团”还应邀为该街道所辖范庄村、大徐庄村等作宣讲报告，面向各村优秀青年开展党史、地方革命史及法制教育。由老党员、老干部组成的“小板凳”志愿服务乡村讲师团走进革命老区杨柳庄镇，将老区红色精神融入党史教育课中，为当地小学生们上了一堂生动的党史教育课。三是充分肯定“五老”人员的工作成绩。6月底，争取省关工委慰问金2000元，另出资金1000元，对吴振合、李臣、骆宗明、何汝民等积极参与关工工作的“五老”人员进行了慰问，鼓励他们在身体条件允许的情况下，为青少年健康成长多做贡献，再立新功。

市委巡察办

2021年滦州市委巡察办坚持巡视工作方针，按照“三个聚焦”重点内容，深入贯彻落实市委党代会精神，突出“1395”工作思路，围绕“现代中等城市、全国百强滦州”奋斗目标，紧盯被巡察党组织履行职责使命情况，坚定不移深化政治巡察。

【目标任务完成情况】一是《河北滦州做好巡前准备为高质量巡察找准方向》的做法在中央纪委和省纪委网站刊发。在唐山市各县（市、区）巡察述职考评予以“好”的档次（前30%）。二是有序推进巡察全覆盖任务。认真落实《2021年巡察工作计划》，坚持统筹兼顾、系统谋划，高质量推进巡察工作。全市已完成常规巡察8轮，提级（交叉）巡察2轮，上下联动巡察1轮，巡察单位80个，巡察村（社区）党组织535个，解决了一大批群众反映强烈的突出问题，圆满完成一届任期内巡察全覆盖任务。累计发现问题5216个，发现问题线索161个，立案30件，党纪政务处分55人，组织处理5人，有效发挥了巡察震慑作用。三是深入开展市委巡察“回头看”和粮食购销系统专项巡察。为深入推进市委本级巡察发现问题整改落实，9月1日起，利用1个月时间对6家单位开展了巡察整改“回头看”。同时，根据九届省委第十一轮巡视任务安排，按照省委关于粮食购销系统上下联动专项巡视巡察要求开展专项巡察，按时上报了发现的6方面28个重点问题，并于11月11日完成了反馈工作。四是扎实推进巡察工作专项检查整改。坚持压紧责任、深化整改，逐项梳理省委巡视组反馈的巡察工作专项检查意见建议，结合全市巡察工作实际，组织各责任单位对照反馈意见深刻剖析问题根源，制定整改问题清单，压实巡视整改工作责任，实行清单式整改、挂账式销号，做到省委巡视组反馈问题件件有安排，事事有人抓，整改有措施，完成有时限，确保所有反馈问题全面彻底整改到位。五是全力配合唐山巡察整改“回头看”。按照唐山市委工作安排，9月22日，唐山市委第三监督检查组进驻滦州市，重点对3个被巡察单位开展了巡察整改“回头看”。在巡察期间切实做好协调联络和服务保障工作，结合相关单位认真撰写报告材料，协调3个被巡察单位全力支持配合做好测评汇报、个别谈话、下沉了解等环节工作，配合唐山第三监督检查组圆满完成在滦州期间的巡察整改“回头看”任务，受到监督检查组领导充分肯定。六是积极开展二届市委首轮巡察工作。对标河北省委和唐山市委巡视巡察工作部署，启动了二届市委首轮巡察工作，2021年11月16日召开了二届市委首轮巡察工作动员部署会议，持续强化巡察的权威性和震慑力，为全市经济社会发展提供坚强政治保障。

【配合省委巡视协调联络工作】加强与省委巡视办、省纪委监委第五监督检查室和唐山市委巡察办的联系，对巡视整改相关要求进行详细沟通，对相关工作进行了有效对接，及时做好各种信息的上传下达，全过程、全方位配合巡视反馈意见整改工作。按时将市委书记和市委班子整改报告（含整改台账和问题线索台账）、选人用人整改落实情况专项报告、意识形态责任制整改落实情况专项报告、巡察专项检查整改落实情况报告及社会公开稿等报告全部按要求报送至省委巡视办。

【巡察工作机制】一是起草制定五年规划。按照中央和省市委工作新部署新要求，起草制定了二届市委巡察五年规划初稿，坚持统筹兼顾，算好时间、任务和进度账，科学安排、系统谋划巡察全覆盖任务，明确时间表、路线图，细化巡察任务，综合运用常规巡察、专项巡察、机动式巡察和巡察“回头看”等形式，合理安排巡察轮次，精准发现问题，持续形成震慑，高质量推进市委巡察全覆盖。二是推动制度体系建设。结合唐山市委巡察工作指导督导，修订完善各项制度和模板63个，编辑形成《市委巡察制度及模板选编》，初步形成了一整套具有滦州特色的巡察制度体系。积极探索推进“巡察+N”模式，出台《市委巡察机构与有关单位协作配合机制的实施办法》，加强巡察与纪检监察、组织、审计、财政、信访等部门在巡前、巡中、巡后的协作配合，实现巡察监督贯通融合。三是完善巡察工作流程。坚持从提升巡察规范化流程入手，实行巡察全过程、精细化、节点式管理，将整个巡察过程细化分解为8个链条、36项任务、85个节点，在唐山市率先制定巡察工作规范化建设流程图，相关做法受到唐山市委巡察办的充分肯定，在全市予以推广，并被唐山市委改革办和市政府网站刊发。四是强化巡视巡察上下联动。全面贯彻中央巡视工作方针，参照中央和省市《关于加强巡视巡察上下联动的意见》，结合实际起草了滦州市落实办法，制定出台20条落实措施，与中央和省市巡视巡察保持形式和内容、质量和效果相统一，充分借助上级政策、制度、力量支持，有效推动了巡察工作高质量发展。

【巡察队伍建设】一是配强巡察干部队伍。认真落实《关于抽调优秀年轻干部到市委巡察机构进行实践锻炼的实施方案》要求，抽调优秀年轻干部和后备干部到巡察岗位锻炼，充分发挥巡察“熔炉”作用。提拔晋升表现突出的巡察干部12人次，新提拔任用3名巡察组组长，为巡察干部队伍注入了新鲜血液。二是持续优化巡察“人才库”。全面加强巡察“人才库”建设，科学配置入库人才结构，实行模块化配备、动态化管理，采取定期调整与日常监管相结合的办法，在原有209名人才基础上，从财政、国资、审计等部门选拔优秀人才28人充实到巡察人才库，为巡察工作顺利进行提供人才保障。三是提高业务培训质量。制定出台《2021年度巡察干部教育培训计划》，采取集中培训、巡前培训、“请进来、走出去”等多种方式，全面提升市委巡察干部综合能力素质，2021年共组织培训28人次。10月，巡察办主任赴杭州参加了中央巡视办组织的“新任职县级巡察办主任提级培训班”，全面领会中央新部署新要求。10—11月，按照全省巡察干部大培训计划要求，全体巡察干部积极参加了培训，加深了巡察干部对业务工作的理解和升华，拓宽视野、活跃思路、增强本领。四是严格巡察工作纪律规矩。严格落实巡察人员“五个过硬”要求，严格执行巡察干部“十六个不准”“十个严禁”和巡察“后评估”制度，要求巡察干部不留情面查找问题，不留余地反馈问题，不留死角督促整改，对巡察干部严格监督、严格管理，打造忠诚干净担当的巡察干部队伍。

党　校

2021年，市委党校重点围绕贯彻落实党的十九届五中、六中全会精神以及市一届四次党代会、二届一次党代会精神，突出主责主业，创新务实，奋发有为，较好地完成工作任务。

【主体班次形式多】开展全方位办学，与相关部门和单位联合办班8期，培训各级各类干部1100人次。一是3月5日至3月7日，在市委多功能会议厅，和组织部联合开展了全市领导干部学习贯彻党的十九届五中全会精神专题研讨班，46名各级干部参加了培训。二是4月12日，在党校二楼报告厅，和组织部联合举办了

“滦州市专职党务干部学习贯彻党的十九届五中全会精神暨党建工作培训班”，各市直单位专职党务干部、各镇（街道）专职组织员75人参加了培训。三是4月22日上午，在党校三楼会议室，和市直机关党工委联合举办了入党积极分子培训，86名入党积极分子参加了培训。四是9月26日、27日、28日和30日和市委组织部联合组织了为期四天的“全市乡镇（街道）党（工）委书记专题培训示范班”（利用“云视频”收听收看相关培训课程）。五是10月11日—12日，和市委组织部联合组织了滦州市换届后科级领导班子成员培训班。10月13日、14日、15日和17日，和市委组织部联合组织了全市直属部门主要负责同志专题培训班。六是12月9日下午，和市直机关党工委联合举办了学习贯彻党的十九届六中全会精神专题讲座，50名市直机关党工委所属的各单位分管的党务副职参加了培训。七是12月6日至31日，和市委组织部联合举办了为期一个月的滦州市2021年优秀中青年干部培训班，36名优秀中青年干部参加了培训。

【理论宣讲惠基层】为配合全市党史学习教育培训，党校组织优秀教师成立党史宣讲团，3月11日开始已深入市直机关及各镇，开展党史宣讲共送党课下基层32场次，受众党员干部1610人次，同时配合市委宣传部在市委理论学习中心组学习会上做专题辅导3次。一是3月11日下午，高级教师程飞为市市场监督管理局40名机关干部，作了《中国共产党的政治初心和政治使命》专题讲座。二是3月17日下午，一级主任科员张欢为市人民医院150名干部职工，作了90分钟的《以十九届中纪委五次全会精神为指针推动党风廉政建设和反腐败斗争高质量发展》的专题讲座。三是4月20日上午，高级讲师倪庆朋为市交通运输局机关干部100人，作了《学党史三大事件 树政治大局观念》专题宣讲。四是4月22日下午，张欢为市水利局50名机关干部，作了《关于党史观的几个问题》理论宣讲。五是4月23日下午，张欢为市发改局60名机关干部，作了《关于党史观的几个问题》理论宣讲。六是4月29日上午，程飞到市检察院进行了《中国共产党的政治初心和政治使命》党史教育专题讲座。七是4月29日下午，张欢到电力局机关宣讲《关于党史观的几个问题》专题宣讲，受众70人。八是4月30日下午，张欢为市住建局50名机关干部，作了《关于党史观的几个问题》理论宣讲。九是5月7日上午，倪庆朋为市行政审批局机关干部100人，作了《学党史三大事件 树政治大局观念》专题宣讲。十是5月13日下午，张欢为环保局40名机关干部，作了《关于党史观的几个问题》理论宣讲。十一是月30日下午，程飞到退役军人事务管理局，为26名机关干部做了《学党史守初心 为建设“现代中等城市 全国百强滦州”而奋斗》的专题讲座。十二是6月2日上午，张欢为杨柳庄镇100人镇村干部，讲述了《关于党史观的几个问题》这一专题。十三是6月16日，程飞为电力局36名机关干部，做了《中国共产党的政治初心和政治使命》党史教育专题讲座。十四是6月18日上午，张欢为电视台讲了《关于党史的几个问题》，受众40人。十五是7月8日下午，程飞在市委平房会议室的市委理论学习中心组学习会上，做了《铸就百年辉煌 书写千秋伟业》——学习习近平总书记在庆祝建党一百周年大会上的重要讲话的专题辅导。十六是7月20日下午，张欢在市委平房会议室的市委理论学习中心组学习会上，领学了《中共河北省委关于深入学习贯彻习近平总书记在中国共产党成立100周年大会上讲话重要精神的意见》。十八是8月9日下午，张欢为响堂街道办事处30名机关干部，讲授了《习近平在中国共产党成立100周年大会上的讲话》导读。十九是8月17日上午，张欢在杨柳庄镇讲述了《习近平在建党100周年大会上的讲话》导读，听众镇机关干部和十个村书记80人。二十是8月28日，程飞在市委平房会议室的市委理论学习中心组学习会上，作了《学习习近平法治思想》专题辅导，20位领导参加了学习。二十一是9月3日，程飞在滦州市经济开发区，为入党积极分子和发展对象培训作了《学党章 悟党史 勤践行》

专题讲座，受众40人。二十二是9月6日，张欢在滦州市打造农村党员日常教育“一课一堂”特色品牌现场观摩会议上做长征精神永放光芒的讲座。二十三是9月23日，倪庆朋在滦州市教场村为50名新任支部书记培训班讲授了《弘扬建党精神 推进伟大事业》的内容讲座。二十四是9月23日到25日，滦州市举办的学习贯彻习近平总书记“七一”重要讲话精神暨抓党建促乡村振兴专题培训班上，倪庆朋讲述了《习近平总书记“七一讲话”精神》，50名新一届村党组织书记参加了培训。二十五是11月29日，倪庆朋在滦河大酒店为市退役军人事务局组织的80名退役军人讲述了《滦州市情基本概况》。二十六是12月16日，程飞为滦州市人民医院60名机关干部讲述了《勿忘昨天的困难辉煌 无愧今天的使命担当 不负明天的伟大梦想》专题讲座。二十七是12月17日，程飞为滦州市中医院50名机关干部讲述了《勿忘昨天的困难辉煌 无愧今天的使命担当 不负明天的伟大梦想》专题讲座。

【理论研究结硕果】党校加强教育教学的同时，积极走出去，到农村、到企业、到单位，与社会各界进行接触交流，汲取基层的营养，努力撰写高质量学术征文，不断提高科研、调研水平，发挥党校智库作用。一是11月12日，我校在市委组织部的支持下，组织全体教职工先后到响堂街道、榛子镇观摩学习我市农村党员日常教育“一课一堂”特色品牌，开阔了眼界，增强了动力。另外，实行每个科室负责一篇调研文章制度，由科室负责人牵头负责，均较好地完成了调研任务。共完成调研文章6篇，其中有3篇被市领导予以肯定性批示。二是在唐山市党校系统“庆祝中国共产党成立100周年”主题征文活动中，党校教师积极参与，有三名同志获奖。一级主任科员贺建桥的文章《唐山抗震精神的形成背景、内涵和当代价值》在《唐山党政干部论坛》2021年第3期上公开发表。副校长薛会文的文章《基层党建引领乡村振兴途径探讨》在《唐山党政干部论坛》2021年第4期上公开发表。《唐山劳动日报》刊发了5篇党校人撰写的文章。崔会萍的课题《构建我省脱贫攻坚与乡村振兴有效衔接机制研究》经审核已结项。

网信办

2021年，市委网信办以习近平总书记关于网络强国的重要论述为指导，以庆祝中国共产党成立100周年为主线，认真贯彻落实省委、唐山市委全会精神以及滦州“1395”工作思路，紧紧围绕全市中心工作，立足新发展阶段、贯彻新发展理念、构建新发展格局，突出重点、创新举措，强化担当、履职尽责，网信事业发展取得明显实效。

【加强党对网信工作的组织领导】全市网信系统始终把党管互联网放在首位，不断压实各级各单位网信工作的政治责任、领导责任。一是坚持高位推进。唐山市副市长、滦州市委书记李建忠高度重视网信工作，主持召开市委网信委第三次全体会议、市委常委会议统筹推进全市网络安全和信息化工作，先后出台《网信委2021年工作要点》《网络安全工作考核评价办法》等系列文件，推动网信工作部署落地落实。二是坚持强化学习。市委理论学习中心组专题学习《党委（党组）网络意识形态工作责任制实施细则》《习近平关于网信事业的八个比喻》《习近平关于网络强国论述摘编》等内容。全市网信系统先后组织专题学习40余次，认真学习习近平总书记在庆祝中国共产党成立100周年大会上的重要讲话精神、十九届六中全会精神、《中国共产党史》和《互联网用户公众账号信息服务管理规定》等内容，不断提升理论水平和业务能力。三是坚持压实责任。推动各级党委（党组）签订网络意识形态工作责任书和网络安全工作责任书，落实“谁主管谁负责”“属地管理、行业负责”原则，压实各方责任。四是坚持重点推进。围绕庆祝建党100周年、做好网上首都政治“护城河”、筑牢滦州网上防线等内容，召开部署会、推进会、协调会20余次，对网信重点任务细化工作举措，保障工作成效。该市召开《习近平关于网络强国论述摘编》专题学习会，“清朗·滦州净网2021”网络生态治理专项行动部署会等工作信息在中央网信办网站、网信河北公众号等平台发布。另有30余篇工作动态在省、市网信系统新媒体宣传报道。

【网络综合治理取得新成效】一是强化网络阵地建设。坚持互联网思维，坚持移动优先，持续推进新媒体矩阵建设，构筑以融媒体中心公众号为龙头，“法治滦州”“科普滦州”“青春滦州”等政务公众号互动，“滦州生活网”“滦州大小事儿”“深度滦州”等自媒体公众号联动发力的新媒体传播网络矩阵，打造网络传播新力量。持续推进微信公众号、微博、今日头条、抖音、快手等平台政务新媒体账号建设，打造网络传播新高地。二是精心开展网络文明建设。依托“好网民、好作品、好公益”的“三好”网络文明工程，策划推出系列主题宣传、典型宣传，做好正向内容供给。推选出“滦州好网民”典型47人，网络文明建设项目122个。三是增强网络舆论主导权。紧紧围绕“庆祝中国共产党成立100周年”“十九届六中全会”“常态化疫情防控”等重大主题宣传，增强信心、凝聚共识，精心绘制网上正面宣传工作蓝图。全年网上各平台累计发稿3217篇，制作H5、短视频、海报相关新媒体作品700余件，网评稿件79篇，累计阅读量达700余万次。动画作品《经典儿歌版<河北省网络生态文明公约>》在中央网信办官网刊登，另有多篇作品荣获省级以上荣誉。四是加强网络内容管理。持续开展网络举报和辟谣工作，开通“7312377”网络举报电话专线，顺应群众期待，回应百姓关切。开展网络专项举报和政治类、低俗类、侵权类等八大类违法和不良信息举报。大力开展“清朗·滦州净网2021”等系列行动，清理网络有害信息800余条。网信、网安、市场监管等部门针对涉及违规发布涉赌信息、不实信息、新闻信息等内容的平台账号开展联合执法，对属地13家网站、自媒体账号负责人进行依法约谈处置，切实营造清朗网络空间。在河北省“清朗·燕赵净网”活动中，市委网信办荣获全省网络生态治理先进集体。

【网络安全保障实现新提升】一是提升网络安全应急能力。通过人工加技术手段，对全市300余家网站开展监测监管，督促各级各类网站严格落实网络安全要求，加强安全技术防护和应用管理。制定网络安全应急响应预案和工作措施，组织开展网络安全应急培训等活动，参训人员超1000人次。二是开展网络安全专项整治。针对网络安全防护工作的重点领域和关键环节，在全市范围内开展专项整治、公共区域LED屏幕专项整治、具有舆论属性或社会动员能力的互联网新技术新应用安全评估检查等系列行动，提升重点领域网络安全防护能力。切实筑牢网络安全坚固防线。三是推进网络安全宣传教育。以榛子镇、市文化馆、第三实验小学为示范，以点带面构建全市各级网络素养教育培训基地，广泛开展网络安全培训、网络文明素养教育、网络法律法规宣传，积极培树安全文明用网行为。深入开展网信普法活动，依托国家网络安全宣传周，开展校园日、电信日、法治日等主题日特色活动，有效强化了全民网络安全意识。全年累计开展各类网络安全宣传活动百余场，发动网络文明志愿者3000余人次，发放宣传品8万余份，受教育群众超30万人次。滦州市“儿童之家网宣站，护航网络安全”在人民日报客户端报道。在“冀信”网络安全技能竞赛中，我市连续三年获得县区组第一名。

【构建现代化的治理体系】充分发挥协调联动机制，立足于建设“智慧滦州”，深入探索“互联网+”智慧应用，助力全市信息化建设高质量推进。一是工作目标更加明确。制定《2021年滦州市信息化重点工作台账》，先后下发《关于进一步推进信息化工作的实施方案》《信息化工作考核评价暂行办法》，为全市2021年信息化工作画好路线图、绘好施工图、定好时间表。二是基础设施逐渐完善。召开互联网协议第六版（IPv6）推进工作部署会和应用情况摸底工作推进会，推进全市IPv6规模部署领跑快跑。智慧滦州综合指挥平台建设完成，综合指挥中心投入运营，实现城市管理和服务更加智慧。三是各行业信息化工作统筹推进。坚持以项目建设为抓手，工业企业两化融合成效凸显；坚持以信息化为支撑，助力疫情防控稳中向好；坚持以数据平台为基础，智慧景区建设日趋完善；坚持以服务乡村为重点，农业信息化建设卓有成效，各领域信息化特色亮点助推了滦州经济社会高质量发展。

群团工作

总 工 会

2021 年，滦州市总工会紧紧围绕全市工作大局，认真贯彻落实唐山市总工会、滦州市委、市政府的指示精神，突出重点，狠抓落实，各项工作均取得了良好成绩，对推进我市高质量发展和维护社会和谐稳定发挥了积极作用。

【建党百年庆祝活动】一是组织广大职工开展了庆祝建党100周年职工诵读活动。二是大力弘扬劳动精神、工匠精神，组织蓝贝酒业集团分阶段、分批次开展了技术比武大赛5场。三是积极加强职工文化建设，举办了职工书画大赛、职工文艺汇演、乒乓球比赛、羽毛球比赛、健步跑等职工文化体育活动。

【关心关爱活动】一是积极组织开展各种慰问活动。完成了14名困难劳模的慰问工作。组织各级工会圆满完成了3485名在滦过年外地务工人员“春节送水饺”工作。为1633名抗疫一线职工第一时间送去了4900盒连花清瘟胶囊；对我市驰援石家庄等地40名抗疫医务人员开展“关心关爱”慰问活动，其中第一批涉及11人，发放慰问金19800元；第二批涉及29人，发放慰问金52200元；建党100周年，慰问困难劳模20户；在疫苗接种工作攻坚阶段，积极开展“送清凉”活动，为滦州市人民医院、中医院等14家单位的一线干部职工送去矿泉水、毛巾等慰问品；中秋、国庆期间，按照唐山市委安排，唐山市人民政府副市长、滦州市委书记李建忠带队走访慰问了1名省级困难劳模（许广太），送去了1000元的慰问金和200元慰问品；我单位对2名困难职工和1名市级困难劳模进行了走访慰问，发放了1200元的慰问金和慰问品。二是根据省、市妇联号召开展关爱女性健康要求，利用“三八”妇女节等重要节日，积极开展关爱女职工活动。今年以来累计为2名女职工进行了防癌排查；5月份邀请平安保险公司保险员为全市176名女职工及男职工配偶参保了“女职工团体重大疾病保险”。10月份，组织全市工会主席或工会干事60余人开展了“心理健康”培训。

【产业工人队伍建设】坚持唐山市总和市委、市政府的统一领导，及时成立了滦州市推进新时期产业工人队伍建设改革协调小组，统筹推进产业工人队伍建设改革各项工作。将产改工作纳入了《滦州市全面深化改革2021年工作要点》（滦改发〔2021〕1号）之中。将蓝贝酒业集团作为我市产改试点单位，指导其大力开展职工岗位练兵和技术比武活动。2021年，蓝贝完成了公司级个人比武项目5个；部门级个人比武项目21个：财务部比武项目1个。各子项目分别开展了培训、理论考试、技能操作、考核评价、技术比武后讲评和交流等具体工作，更好地发挥了产业工人队伍的主力军作用。

【劳动公园建成】按照省、市总工会要求，经市委主管领导同意，在市森林公园内增加劳动元素，打造滦州市劳动公园，上半年已完成选址，于八月初开工，10月底已完工并投入使用。

【基层工会组织建设】滦州市总工会深入贯彻省委办公厅、省政府办公厅《关于加强新时代工会工作和产业工人队伍建设的意见》（冀办发〔2021〕3号）精神，着力推进工会组建扩面提质。2021年，两次召开了班子专题会议，研究如何开展“强基固本促发展、凝心聚力助开局”建会入会集中攻坚活动，让全市百人以上非公企业建会率早日达到100%，并进一步推进八大群体入会，选取先进经验，培树特色典型，全市建会入会工作稳步推进。年内为1家省级创新工作室（张国创新工作室）申请了河北省工人先锋号。

【维权服务】一是落实工会与政府联席会议制度，积极参与相关工作。二是推进民主管理制度建设，2021年，累计完成了8家单位的建会工作，其中新建非公企业工会7家、其中有5家为百人以上非公企业，新建社会组织1家。有6家单位召开了职代会，分别为连创，蓝贝，军供站，粮食储备库，金马，伊利；三是积极开展法人资格证书办理及变更工作，9家单位和4家单位分别完成了办理和变更工会法人资格登记。五是认真贯彻落实五方维权维稳联合机制建设，办理法律援助案件4个。

【重大疾病医疗互助】职工重大疾病医疗互助活动任务超额完成。第十二期医疗互助活动参加单位130个，缴费职工20937人，收缴互助金837480元，超额完成唐山市总工会下达的19842人任务。第十一期补助182人次，补助金额287864元。

【党史学习教育活动】召开专题会议，认真学习领会习近平总书记在庆祝中国共产党成立100周年大会上的重要讲话，并开展了集中研讨。成立党史学习教育领导小组，制定党史学习教育工作方案，并号召各基层工会组织积极开展各项学习教育任务。2021年，共召开集中学习党史专题会议7场次，党组书记作宣讲报告1次；为12名党员干部购置四本指定用书6套，累计撰写学习笔记50余篇。同时，组织9名包联干部深入古城街道郭庄村开展党史宣讲；七一前夕组织机关全体党员干部19人赴迁西喜峰口开展红色教育，使广大党员干部对党史学习教育更加入脑入心。

【党风廉政建设】认真贯彻落实党的十九届六中全会以及省、市委全会精神，不断提高制度执行力和治理能力。以党史学习教育为契机，持续改进作风，强化责任担当，狠抓各项工作落实。落实党中央和上级党组织关于基层党建工作部署要求，结合自身职能，切实抓好“党建带工建”工作，充分发挥群团组织优势，确保党的全面领导和党风廉政建设工作落到实处。

中国共产主义青年团滦州市委员会

2021年，团滦州市委在市委市政府正确领导下，先后被团中央确定为中长期青年发展规划实施国家试点、县域共青团基层组织改革试点。团市委紧扣两个国家试点建设工作要求，以“建设青年友好城市，实现青年与滦州共发展”为目标，逐步构筑“城市空间+链接模式+政策体系”的“三位一体”“青年友好城市”建设架构，各级团队组织活力、战斗力进一步迸发。

【团组织建设】一是优化管理链，打造“选配+管理+考核”真香现场。拓宽团的工作骨干来源，选优配强团干部。各镇（街道）团（工）委均配备至少9名委员（其中包括1名书记，1-3名副书记），并由35周岁以下党政班子成员担任第一书记，充实了团的工作力量。严格管理团干部，提高团干部的战斗力。团干部实行双重管理，由所在单位党组织和上级团组织共同管理，团组织书记是党员的，应列席同级党的委员会的会议，同等条件下优先提拔担任副科级职务。加强考核运用，打通团干部成长渠道。团干部（含挂、兼职）在工作中表现优秀、潜力较大的，在评优评先以及推荐“两代表一委员”时予以倾斜，根据实际情况，予以提拔或重用，在同一年度滦州市事业编制考试中，同等条件下优先录取。二是拧紧组织链，开启“共青团+青工委+青年社会组织”一键三连。筑牢团组织“树根”。成立了市直机关团工委、两新组织团工委、教育团工委、美团外卖团工委、经济开发区团工委等派出团组织，新增非公企业团组织27家，总数达到50家，位列唐山市第一。伸展青工委“树干”。成立了14个镇（街道）青工委，2个片区青工委，1个快递行业青工委，1个经济开发区青工委，逐步构建起“共青团+青工委”的新型青年工作体系和组织网络；培育青年社会组织“树枝”。已建成青年志愿者协会、青年创业协会2家团属青年社会组织，直接联系社会组织2家。塔群式建立网上青年社群53个、联系覆盖团员青年2547人。三是锻造成长链，开启“积分入团+团校+推优入党”梦幻联动。严格入团标准和程序。把思政课考评优良、8学时团课学习合格、年度20小时志愿服务时长等作为入团必备条件，全年规范发展团员1456名。规范建设中学团校。全市建成了2家中等职业学校团校，27家全日制普通中学团校，建设率达到100%。加强推优入党工作。明确吸收28周岁以下的青年入党，一般应从共青团员中发展，发展团员入党一般应经过团组织推荐，“推优”的比例一般占全市年度发展党员计划的20%左右。严格规范“3+1+1”推优程序，改革后推优入党65人。

【青少年思想政治引领】一是顶层设计，整体布局，建立一体联动学习教育机制。成立团市委党史学习教育领导小组，制定下发《团滦州市委关于开展“学党史、强信念、跟党走”学习教育活动实施方案》，开展动员部署，落实主体责任，确保党史学习教育活动有机制推、有任务牵引。二是“线上+线下”同频共振，掀起党史学习热潮。线上通过“青春滦州”抖音号发布党史学习小视频，在“青春滦州”微信公众号开设《青年学党史》专题学习栏目，全年发布党史学习资料200余篇。线下，依托全市32家“团习所”，每周四定期组织全市团员青年学习党史，2021年累计参与人数超过5万人次，邀请华北理工大学韩继伟副教授为全市团员、团干部宣讲习近平总书记“七一”重要讲话精神。利用滦州市现有的10个青少年爱国主义教育基地，让党员干部和青少年在追寻革命足迹、领悟革命历史的过程中传承红色基因、接受党史教育。三是传承五四精神，喜迎建党百年。五四期间，组织全市青年开展“喜迎建党一百年，青春扬帆十四五”主题活动，邀请四大班子领导参加纪念五四运动102周年座谈会。组织开展“学党史、强信念、跟党走”主题团日、入团宣誓仪式。

【服务联系青年】一是与社会发展大局的融合贯通。扩大团组织覆盖面，健全县域团的组织体系。成立了共青团滦州市教育工作委员会、滦州市快递行业青年工作委员会，共青团滦州市美团外卖工作委员会，巩固了团的基层组织基本盘且持续扩大了“两新”组织、新兴青年群体团的覆盖。抓住青年需求，发挥联系青年桥梁纽带作用。建立了各基层团组织工作群、各镇（街道）团（工）委、各学校、返乡大学生志愿者、青年志愿者等微信群，组织化、塔群式建立基层团组织、青年社团的网上形态，提高组织动员穿透力和有效性。明确工作思路，切实维护青少年合法权益。以阵地建设为突破，不断扩大团青工作影响力。发挥团属阵地服务社会作用，通过引领青年商铺献爱心，打造“小青星驿站”10家，为过往群众提供力所能及的帮助，以实现“商家品牌形象提升”和“团青工作影响扩大”双赢的良好局面。二是构建“1+9+N”多点集成化青年友好政策体系，擦亮青年友好城市品牌。以《滦州市中长期青年发展规划（2020—2025年）》统领试点工作全过程，坚持党管青年、优先发展、共享发展三个根本遵循，在“十四五”规划中设立青年发展专章，着力建设“青年友好”型城市。制定青年婚恋交友、青年文化繁荣等惠青政策38个，青年政策体系已基本成型。

【创新创业】与滦州微生活平台举办网络招聘会4场，共提供就业岗位600余个，累计超过3万人在线观看直播。推报不同领域冀青之星26人。组织开展2021年暑期大学生社会实践活动，共有50余名滦州籍返乡大学生参加社会实践。深入开展省市级“青年文明号”创建，推荐永安堂医药公司获省级青年文明号，推荐油榨镇行政审批中心、市审批局、市医保局医保中心创建市级青年文明号。组织创业青年用好京津冀协同创新创业云平台，开展线上课程培训12次，累计观看青年人数超过1000人次。

【青农工作】出台《团滦州市委“乡村振兴 团青建功”实施方案》。摸底全市各镇街青年电商情况，指导镇街团委组织志愿主播走进大棚，采摘新鲜瓜果蔬菜，并借助网络直播平台，现场吆喝，就地带货，帮助农户拓宽销售渠道，让乡村振兴战略深入乡村。响应“一村一品”特色种植理念。着力助力乡村振兴，打造特色种植产业园，培育出“奶牛青年”“蚂蚱青年”“蔬菜青年”等乡村振兴青年品牌。

【预防青少年违法犯罪】依托青年工作联席会议机制，推进“青年法治滦州工程”建设。组织开展全市未成年人线上观看《防范地质灾害与自护教育》讲座。组织全市中小学生观看“珍爱生命 安全出行”讲座。组织青年观看《金融防诈骗专题讲座》。利用“青春滦州”订阅号推送防艾、禁毒、防电信诈骗等内容，警示教育广大青少年。联合检察院成立“青少年法律援助中心”和“喻青林”，并共建未成年人法治教育基地，全力打造“平安校园”“法治校园”。在全市初高中学校建立青年心理咨询室，开展心理健康知识宣传，优化青年成长生活环境。

【希望工程】组织开展两期“温暖少年心”活动，共为48名困境学生资助4万余元现金。向上级推报“学子阳光”——北京本科院校困境学生2名，享受助学金每人4000元。推报“芙蓉学子”——困境家庭优秀大学生1名，享受助学金5000元。继续与陡河电厂团委对接，对口帮助古马镇15名困境学生，每人500元、共计捐助资金7500元。社会爱心人士伦慧琪坚持做好对口帮助东安各庄镇2名困境学生，2021年捐助金额分别为2000元和3200元。

【青年志愿者工作】一是禁住疫情防控“大考”。累计2万余人次青年志愿者，37个青年突击队投入抗击新冠肺炎行动中，青年捐赠抗疫物资价值百余万元，涌现出“河北省最美青年”等大批青年典型。二是常态化开展“寸草心”爱老敬老志愿服务。持续组织青年开展孝老实践，实现“寸草心”爱老敬老志愿服务活动常态化，做好敬老道德建设，营造孝老敬老的舆论氛围，年内累计开展活动22场次，参与青年志愿者超过300人次。三是打响青少年蓝天绿水保卫战。实施青年助力生态滦州建设，开展“绿色风尚行动”“每周少开一天车”“保护母亲河”“清水润滦州”等特色活动。

【少先队工作】加强辅导员的队伍建设。学校大队辅导员配备率达100%，始终不渝地抓好辅导员的培训工作，组织各镇（街）少先队总队辅导员、中小学大队辅导员100人参加滦州市少先队总辅导员培训，提升辅导员综合素质。组织优秀大队辅导员参加唐山市少先队辅导员技能大赛。聚焦少先队主责主业，深化党史学习教育。制定并印发了中共滦州市委《关于全面加强新时代少先队工作的意见》，大力推进少先队改革，组织开展“请党放心，强国有我”主题中队会、“党的故事我来讲——争做红领巾讲解员”等系列活动，不断加大少先队员红色基因培育，有力地促进了全市少年儿童健康成长和少先队事业的蓬勃发展。

妇联

2021年，滦州市妇联围绕中心、服务大局，充分发挥妇联组织优势，主动作为，积极融合，以服务妇女儿童为导向，扎实做好各项工作。

【妇联组织建设】一是选优配强村（社区）妇联班子。2021年滦州市532个村（社区）全部完成妇联组织换届，100%实现村（社区）妇联主席全部进“两委”。村（居）委会中女性成员达到643个，占村（居）委委员总数的38.57%，村（社区）党组织中有女性成员的行政村数237个、社区26个，女书记、主任“一人兼”人数54个，占村（社区）一把手总数的10.15%。二是强化机关事业单位妇女组织建设。按照唐山市妇联《关于实施“县级妇联改革破难争星行动”进一步深化妇联组织建设改革的意见》要求，推进机关、企事业单位“妇委会改建妇联”工作，下发《关于机关、企事业单位妇委会改建妇联工作的通知》，推进机关、企事业单位“妇委会改建妇联”工作，全市32个机关事业单位妇委会全部改建为妇联。高标准完成省示范妇女之家建设。东安各庄镇铁局寨村成功创建省级“示范妇女之家”。

【维护妇女儿童合法权益】市妇联深化法律宣传力度，提高妇女儿童维权意识。利用微信公众号推出反家暴法、民法典等法律维权知识，利用重要节日和重大活动，开展集市、广场、入户等宣传活动，发放宣传资料1000份。加强与司法、公安、民政等部门的联合协作，开展反家暴、毒品预防知识、艾滋预防知识、个人信息保护等宣传活动发放宣传维权资料2000份。

【“我为群众办实事”实践活动】学党史，践初心，深入开展“我为群众办实事”实践活动。一是联合中国人寿股份有限公司滦州分公司，开展“关注女性健康，助力乡村振兴巾帼行动”，向全市446名建档立卡贫困妇女捐赠“国寿关爱女性生殖健康”团体疾病保险。二是认真落实全国妇联等11部门关于开展“把爱带回家”关爱服务“四送”活动精神，为10名患两癌致贫妇女申请救助金9.5万元，为2名白血病患儿申请救助款1.5万元。三是开展“童心向党庆六一 暖心关爱促成长”活动，与东安各庄镇20名困境儿童一起制作红色手工粘贴画，为每名儿童送去一套运动衣。四是开展520完美守护你—慰问抗疫女医务工作者”公益活动。6月17日上午在滦州市中医院举办“520完美守护你—慰问抗疫女医务工作者”公益活动，为50名抗疫医护人员送去价值2.5万元的慰问品。五是开展全国妇女中央彩票公益金妇女“两癌”防治知识到村庄、到社区宣传活动。在全市14个镇（街道）开展宣传活动14场次，参与妇女1400余人。

【美丽庭院创建】2021年初下发《滦州市妇联关于深入推进“美丽庭院”创建工作的实施方案》，对美丽庭院创建工作进行安排部署。充分发挥村级妇联组织的半边天作用，利用微信群、标语、条幅、倡议书等载体对美丽庭院创建活动进行宣传。市妇联开展入户宣传260人次，组成督导组深入各镇（街）重点村街实地调研30次。发放宣传挂历、雨伞、门帘、床单、垃圾桶等宣传品8000个，发放明白纸3.6万份。2021年开展美丽庭院创建观摩拉练活动2次，评选滦州市“十佳百优”美丽庭院110户，完成美丽庭院创建13591户，精品庭院创建2956户。

【家庭工作】深化家庭教育工作，组织优秀家庭教育讲师到横渠实验小学和二实小开展家庭教育公益讲座，宣传先进家教理论。市妇联下发《2021年开展“寻找最美家庭·创建绿色家庭”活动的实施方案》，广泛开展寻找“最美家庭”、创建“绿色家庭”、家风家训主题活动等各类特色家庭评选活动。开展家风家训分享座谈活动1场，家风宣讲活动1场，“寻找最美家庭、创建绿色家庭”动员活动2场。开展“学党史颂党恩”家庭亲子朗读竞赛活动1场。

科学技术协会

2021年，滦州市科协紧紧围绕大局深化科协系统改革，服务中心，发挥作用。坚持创新、争先、有为的工作理念，打造科协品牌，努力开创滦州市科协新局面。

【科普工作成绩】一是2021年，滦州市科协被确定为全国新时代文明实践中心建设试点单位，获得省级科协支持资金5万元。2021年2月，被省科协命名为2020年度省级学会基层服务站建设活动“三个一批”（基层服务站、基层服务活动、典型案例）单位。二是2021年6月，推荐中农聚智（唐山）生物科技有限公司芳香谷农村科普示范基地为国家级基层科普行动计划项目。滦州市花生种植协会、中农智聚（唐山）生物科技有限公司芳香谷科普教育基地、滦州植物园、滦州皮影博物馆均成功申报并被认定为2021-2025年唐山市科普教育基地。滦州市科协在“科普中国”队伍推广建设活动中获得优秀组织单位奖，滦州市共11人获得优秀个人奖。“百年再出发，迈向高水平科技自立自强”滦州市举行 2021 年“全国科普日”主场启动仪式”获2021年河北省全国科普日优秀活动。滦州市科协获2021年河北省全国科普日活动优秀组织单位奖。滦州市第三实验小学获得唐山市关工委、唐山市老科协“争当热爱科学优秀学生，创建科普育人”示范学校。10名学生获得唐山市关工委、唐山市老科协“热爱科学优秀学生”。三是唐山宝乐智能科技股份有限公司荣获河北省科协科技专家企业工作站。中农智聚（唐山）生物科技有限公司荣获河北省科技专家企业工作站和河北省、唐山市、河北省老科协、唐山市老科协优秀科普教育基地和老专家工作站，积极助力企业发展。

【开展党史学习教育】一是积极参加专题网班学习。4月26日，完成“党史学习教育”全部课时，均获得结业证书，圆满完成专题培训任务。4月28日，继续开展“党史教育读书班”学习，重点学习了习近平关于党史的重要论述、在党史学习教育大会上的重要讲话和党的百年历史、习近平《论中国共产党史》《毛泽东、邓小平、江泽民、胡锦涛关于中国共产党历史论述摘编》《习近平新时代中国特色社会主义思想学习问答》《中国共产党简史》等指定学习材料。二是“学党史、我为群众办实事”实践活动。每周积极开展“包联共建同参与，文明创建我先行”卫生整治活动及“主题教育进万家，为民服务解难题”植树造林活动。定时到平青大和205国道卫生责任区开展卫生清理整治工作。每周二、周六到所包联村西安河开展植树造林活动，特别是了解到村里急需绿化树苗，出资2000元购置了海棠树、山楂树苗。三是积极做好干部包联工作。组织包联干部深入到东安各庄镇西安河村，开展党史学习教育专题宣讲工作，将打印好的学习资料分发到党员村民手中。围绕贯彻习近平总书记关于党史的重要论述，在党史学习教育动员大会上的重要讲话等内容进行宣讲，推动党史学习教育深入群众、深入基层、深入人心。四是积极组织参观党史学习教育基地活动，感悟当代“愚公精神”。2021年5月10日组织全体党员干部同志到遵化沙石峪参观学习教育。在周恩来总理雕像前，全体党员举起右手重温入党誓词。在沙石峪陈列馆，伴随着讲解员的讲解，全体党员干部参观了一幅幅老照片、一件件旧工具，深刻感悟沙石峪人民从石头缝里取土，在青石板上造田的愚公精神。五是开展习近平总书记“七一”重要讲话精神学习研讨。7月14日，滦州市科协党组召开专题学习会议，党组书记、科协主席卫立刚主持会议并领学“习近平总书记在庆祝中国共产党成立100周年大会上的重要讲话”精神。党组成员分别进行了交流研讨发言。六是开展习近平总书记“七一”重要讲话精神宣讲。为了更好地向群众宣传习近平总书记“七一”重要讲话精神，让大家更好地了解中国共产党的发展历程，2021年8月6日，科协全体人员来到响嘡镇山西刘庄，在村中心广场竖立展示牌，派发党史宣传的资料，并派专人讲解，利用多种形式传递党的声音，让百姓了解党的新思想、新政策，实现党心民心相通相融。七是召开党史学习教育专题组织生活会。2021年7月6日召开“学习党史守初心、牢记使命启征程”专题组织生活会，在会上紧扣主题，谈对党史学习教育的感悟想法、谈通过参加专题学习、参观红色教育基地、重温入党誓言等活动体会、感受。同时领导班子也交流、分析并检查了自己身上的不足，大家广开言路，畅所欲言，体现了民主氛围，解决了问题，增进了团结，促进了工作。

【疫情防控科普先行】发布“防控疫情—致滦州市广大科技工作者的倡议书”。运用移动短视频平台每天定时发送关于科学防控疫情知识的短彩信。依托“科普滦州”微信公众平台，转发疫情防控科普文章，发布防疫知识视频。印制科普图文资料4万份，联合13个镇通过科技文明志愿服务分队向广大群众发放资料。制作科普防控宣传视频2条，在市内6个电子大屏滚动播放。在中山公园、植物园制作防控疫情科普橱窗专栏。制作防疫抗疫科普宣传展牌80块，分别摆放在7个社区，传播官方科学健康有效应对疫情的生活方法。

【开展全国科普日活动】一是全国科普日主场启动仪式活动。在“全国科普日”期间9月15日上午，滦州市举行“百年再出发，迈向高水平科技自立自强”2021年“全国科普日”主场启动仪式暨新时代文明实践科技志愿服务科普宣传联合行动。二是碳达峰碳中和科普联合行动。8月25日上午在人民广场，联合滦州市应急管理局、滦州市环境保护局等多家单位在全国科普日期间开展碳达峰碳中和科普宣传联合行动。三是青少年科技教育联合行动。2021年9月1日，滦州市科协于开学之际、全国科普日期间走进滦州市晨光艺术幼儿园开展科普进校园联合行动科技启蒙教育活动。四是科普阵地联合行动。9月2日联合滦州市滦河街道晨光南里社区开展社区科普宣传联合行动。五是乡村振兴科普联合行动。9月8日，联合滦州市农业农村局、滦州市响嘡街道在全国科普日期间开展乡村振兴科技指导科普宣传联合行动。六是卫生健康科普联合行动。9月11日上午滦州市科协与滦州市中医医院和专家团组成的志愿服务队来到了榛子镇大岗上村，专家团在大岗上村委会会议室为全镇乡医和榛子镇卫生院医务人员进行接地气的中医知识和外科急救知识培训。活动已在全国科普日网站申报，均获得通过。

【助力企业发展工作】一是积极做好人才引进工作。全年共柔性引进华北理工大学中医学院院长、硕士研究生导师李继安教授，华北理工大学中医学田春雨教授、唐山师范学院姜峰教授与杨柳庄镇中农聚智生物科技有限公司芳香谷科普教育基地达成合作意向，为企业提供芳香植物种植提炼等方面技术咨询指导服务。二是搭建科技助力企业发展平台。根据产业特点和企业需求，有针对性地设立专家工作站。年内成功申报中农聚智（唐山）生物科技有限公司芳香谷科普教育基地为河北省科技专家企业工作站。三是深入基层调研指导，开展科技下乡活动。深入到杨柳庄镇中农聚智唐山生物科技有限公司芳香谷科普教育基地调研。今后将立足上级科协系统专家资源，科技、人才助力企业发展，推动基地充分利用现有资源做大做强企业，对接高层次专家提升企业档次，做好农业+科普+生态+文旅，推动乡村振兴建设等方面作出有效工作。积极培育本土科技专家，团结带领广大科技志愿者团队深入基层，开展科技下乡活动。

【做好科普教育示范基地项目】一是积极开展基层科普行动计划实施项目。3月3日，推荐中农聚智（唐山）生物科技有限公司芳香谷农村科普示范基地为国家级基层科普行动计划项目，6月17日获得项目确认，并该基地争取15万元的奖励资金。二是滦州市花生种植协会、中农智聚（唐山）生物科技有限公司芳香谷科普教育基地、滦州植物园、滦州皮影博物馆被认定为为唐山市科普教育基地。唐山宝乐智能科技股份有限公司获河北省科协科技专家企业工作站。中农智聚（唐山）生物科技有限公司荣获河北省科技专家企业工作站和河北省、唐山市、河北省老科协、唐山市老科协优秀科普教育基地和老专家工作站。三是加强科普互联网信息化建设。1月份以来，共在移动短信视频平台上发放科普短视频260条，20万人次受益。科普滦州微信公众平台上推送文章350篇，175000人次受益。

【加强青少年科技创新教育】2021年10-11月，滦州市科协、滦州市教育局联合举办了滦州市青少年三维虚拟机器人项目竞赛，总报名参与人数260人，有效成绩提交81人。其中：鲸探世界项目37人，逐梦航天项目44人。竞赛奖项设置为鲸探世界：一等奖8人，二等奖11人，三等奖18人。逐梦航天（小学组）：一等奖8人，二等奖12人，三等奖21人。逐梦航天（初中组）：一等奖1人，二等奖2人。辅导老师：中山实验学校李学江，第四实验小学刘建华、吴春光、李越；第三实验小学张超、高海民、杨泽新、阚福全，横渠实验小学付会玉。组织单位：滦州市中山实验学校、滦州市第三实验小学、滦州市横渠实验小学。二是滦州市第三实验小学获得唐山市关工委、唐山市老科协“争当热爱科学优秀学生，创建科普育人”示范学校。十名学生获得唐山市关工委、唐山市老科协10名学生获得唐山市关工委、唐山市老科协“热爱科学优秀学生”。

【开展新时代文明实践中心建设工作】2021年滦州市科协获得省级科协支持全国新时代文明实践中心建设资金5万元。印制科普图文手册、党史学习教育知识和农民科学素质网络竞赛宣传彩页5000套，制作科普宣传板80块，在有关镇街社区展出，进行科技志愿服务科普宣传活动。

【推进滦州科技馆建设】科技馆位于文化广场项目整体建筑的球形部分及与之相连接的三层楼体，使用面积共计5000平方米。2月22日、3月15日，参加了市政府召开了工程推进会议。按照会议精神，科协作为科技馆布展项目组织实施主体单位，积极推进：3月15日，向市政府提交了3150万元的资金申请；3月17日得到市领导资金批复。4月进行《滦州市科技馆展陈工程建设可行性研究报告》编制工作。4月19日，发改组织召开评审会议，根据专家提出的意见进行了进一步的认真修改，4月底《可研报告》通过。5月8日项目得到市审批局的立项批复。8月30日，向有关领导作专题汇报。11月9日，参加市文化广场项目设计方案汇报会议。11月10日，到唐山市科技馆进行学习调研，并与省科协有关部室沟通联系，掌握建设标准及有关政策，积极为科技馆建设争取上级支持。

工商业联合会

2021年，滦州市工商联围绕滦州市委、市政府工作重心，充分发挥党委政府联系非公有制经济人士的桥梁纽带作用以及政府管理和服务非公有制经济的助手作用，在党史学习教育、服务民营企业、组织企业开展爱心公益活动、加强组织建设四个方面开展工作，荣获“2020-2021年度全国‘五好’县级工商联”称号。

【党史学习促进思想提升】一是组织党员认真学习《习近平新时代中国特色社会主义思想学习问答》《中国共产党简史》等著作。组织机关干部观看红色电影，通过学习强国平台和“冀云”客户端党史学习教育网络答题等形式，进一步提升党员干部思想政治理论水平。组织承办了“庆祝建党100周年全国评剧名家名票红色经典演唱会”和“纪念建党100周年书画展”，选送《把一切献给党》《滦州情怀》两首歌曲参加河北省工商联、唐山市工商联建党100周年文艺会演。二是加强对非公企业思想政治教育引领，开展了丰富多彩的党史学习教育活动。开展了“学党史，强信念，促发展，做贡献”理想信念教育活动。组织18名企业家党员到乐亭县李大钊纪念馆和李大钊故居参观学习，组织20名企业家到遵化市沙石峪村和西铺村学习参观。通过重温入党誓词和学习了解李大钊同志的革命事迹，增强企业家的爱国主义信念，坚定了企业家们“学党史，听党话，跟党走，报党恩”的理想信念，坚定了把企业做强做优做大的信心和决心。三是组织企业参加庆祝建党100周年活动。组织冀东金鼎房地产公司职工参加唐山市工商联“青春铸忠诚、铁肩担使命”党史演讲比赛。四是开展建党百年走访慰问活动。组织企业开展了对建国前老党员、老军人慰问活动，为他们送去米、面、油等生活用品，并为听力障碍的老人配备了助听器。

【服务民企助力经济发展】一是大力推介优秀民营企业。共推荐宇扬滦州评剧院有限公司、东唐电气有限公司、吉宏包装有限公司、助成混凝土有限公司等企业的发展事迹，在《唐山劳动日报》、唐山电视台、唐山人民广播电台“创富唐山”等栏目播出。二是组织优秀民营企业参加评比表彰活动。2021年1月，推荐报送唐山友顺农业开发有限公司参加全国工商联、国家林业和草原局、中国光彩会“第八届光彩事业国土绿化贡献奖”评选并获奖，董事长武铁友在表彰会上做了典型发言。8月，推荐报送的东海钢铁集团有限公司入选民营企业100强榜单38位，河北省制造业100强榜单32位；唐山连创制钢科技有限公司入选河北省民营企业100强榜单74位，河北省制造业100强榜单56位。9月，推荐报送的东唐电气股份有限公司同时荣列河北省社会责任百强和科技创新发明专利百佳两个榜单，分别位列第78位和第17位；北极熊建材有限公司位列河北省科技创新发明专利百佳第20位，宝乐智能科技股份有限公司位列河北省“研发投入百佳”第43位。三是创新方式开展涉企政策解读。建立企业家学院，推行“政策找企业”创新服务，开展“云”讲堂知识讲座。网络云讲堂授课以来，全年学习点击率4500余人次，此项工作创新被《唐山劳动日报》刊登报道。四是帮助企业拓展扶贫产品销售渠道。向河北省工商联推介鸡冠山生态农业产业园等6家企业的30种扶贫产品，在京东河北中冀扶贫馆销售，并向广大会员企业和商会会员推荐，促进扶贫产品销售，提升扶贫企业的帮扶能力。五是积极搭建企业融资发展平台。为解决小微企业融资难、融资贵的难题，开展“多渠道融资，多形式引导”，建立起银企联系制度。根据企业需求，组织唐山银行滦州支行、建设银行滦州支行、平安银行唐山支行、民生银行唐山支行等金融机构与企业座谈交流，30余家企业与四家银行达成初步合作意向金额4000万元。六是建言献策，优化营商环境。制发了“关于在民营经济界开展‘优化营商环境、我来建言献策’倡议书”，通过开展线上意见建议征集、走访会员企业、与企业家座谈等方式，共征集到意见建议12条，并及时向有关部门进行反馈。七是开展“法律进企业，法治体检助发展”活动。聘请河北滦天律师事务所专职律师，深入东唐电气股份有限公司、冀滦纸业有限公司，实地走访座谈、深入交流，开展法律咨询、为企业解决经营过程中遇到的法律问题。八是打造中秋、国庆“招商引资节”。制发了《滦州市工商联（总商会）中秋寄语暨招商引资倡议书》，组织企业家积极宣传滦州、推介滦州，为招商引资搭桥，吸引更多有识之士来滦投资置业。

【爱心公益彰显社会责任】一是暑期慰问公安干警。8月份组织带领副主席单位翼翔建材有限公司、助成混凝土有限公司、冀滦纸业有限公司负责人慰问公安干警，送去慰问品猪肉300斤、花生油200斤、矿泉水60箱、方便面30箱。二是尊师重教慰问师生。教师节期间工商联副主席单位唐山吴氏建筑工程公司负责人慰问秦庄小学师生，捐赠大米、月饼、水果、彩笔等慰问品。冀东金鼎房地产公司向学校捐赠书包、篮球，价值10000元。为东南都会幼儿园捐赠教学用品4000元。为滦州市26名“优质课评比”获奖教师提供优惠购房政策，给予房款折上折的优惠。三是参与脱贫攻坚和乡村振兴。组织183家企业在春节和中秋期间走访慰问贫困群众，送信息、送政策，并送去米、面、油等生活用品和慰问金，全年帮扶款物金额达18万元。组织民营企业开展消费帮扶活动，购买扶贫产品3.5万元。四是开展“百企帮百村”行动。确定唐山宏海固体废弃物处理有限公司结对帮扶响嘡街道沙营村，为沙营村提供树苗2000棵，招聘工人6名。工商联会员企业中，唐山市冀滦纸业有限公司等14家企业因在脱贫攻坚工作中表现突出，受到唐山市人民政府表彰。

【组织建设延伸服务触角】一是3月份召开了滦州市工商业联合会第二次会员代表大会。选举产生了新一届工商联、总商会领导班子。调整、充实了会员队伍，把一批政治素质好、企业发展有潜力、在行业中代表性强、热心工商联事业的企业家吸纳到工商联队伍中来，全年新发展会员100名。二是开展镇（街道）基层商会组建工作。14个镇（街道）全部建立了商会，进一步扩大了会员队伍，并通过指导镇（街道）商会工作，把工商联服务工作向基层进一步延伸，打通了服务企业“最后一公里”。三是加强企业人才库建设。对符合入库条件的企业家进行摸底调查，将支柱产业或产业集群中处于引领或领导地位的民营企业，积极参加“万企兴万村”行动并能发挥较大作用的民营企业，积极参加新时代民营企业家培养计划、年轻一代理想信念培训班等的年轻一代企业家，所属商会和团体会员的副会长，以及受到一定级别认定、表彰的民营企业负责人纳入企业家人才库管理，进行重点培养，为滦州市经济实现高质量发展做好人才储备。

文学艺术界联合会

2021年滦州市文联紧紧围绕建设“现代中等城市，全国百强滦州”目标，以及省市文联工作部署，全面组织开展了全年工作。一年以来，取得了实实在在的成效。

【围绕中心，服务大局】一是筹办举办第二届

“滦河文艺杯”文艺作品大赛活动。3月1日，唐山市文联、滦州市委宣传部联合发文，由滦州市文联承办第二届“滦河文艺杯”文艺作品征集大赛，继续推动滦河流域3省8市27个县市区旗文化交流共享，塑造滦河文化品牌。活动以“美丽滦河我的家”为主题，结合庆祝中国共产党成立100周年，征集红色题材散文和红色题材摄影作品。进一步加强了与滦河流域各地文联的联系、沟通和合作。9月29日，举办了有唐山市文联主席、滦州市委副书记、滦州市委宣传部副部长参加的第二届“滦河文艺杯”文艺作品大赛颁奖活动，对于塑造滦河文化品牌起到了积极的推动作用。二是制作安装楹联、匾额。制作安装了滦州古城西牌楼、南牌楼、古城东门、燕山景区牌楼、大觉寺景区牌楼的楹联和匾额。三是开展为新时代文明实践中心建设志愿服务活动。成立组织、明确实施意见，积极在市新时代文明实践中心试点建设中有所作为。

【紧跟时代，唱响主题】一是承办“光辉的历程，壮美的诗篇”主题摄影作品展。按照市委统一部署，由市委宣传部主办，市文联承办，市摄影家协会、市老科协协办，共同筹办庆祝中国共产党成立 100 周年主题摄影展。整体活动是以摄影作品为主，加以文字说明的形式。摄影展共展出作品 165 幅，展线 120 延长米，展期从 6 月 25 日开始，共展出 25 天。主题内容分峥嵘的岁月、火红的年代、走入新时代三块设计。展示了共产党组织在滦州的成长历程，自力更生、艰苦奋斗、努力建设新中国的光辉业绩和十八大以后取得历史性成就和发生历史性变革。展览活动得到了各方面的好评。二是组织开展“学党史、颂党恩、跟党走”“百名文艺家”送书画活动。以庆祝中国共产党成立 100 周年为主题，深入贯彻习近平新时代中国特色社会主义思想，7 月 1 日、2 日，在人民广场，组织了“百名文艺家”展出主题作品、现场创作赠送书画活动。共展出书画作品 186 幅，赠送出书画作品 200 多幅。三是组织文联协会开展各类庆祝活动。以作协、民协为主体，组织多种形式的庆祝活动。作协组织出版了庆祝中国共产党成立 100 周年《滦河文艺》增刊。民协组织了《唱支山歌给党听》主题演唱会，送文艺下乡专场演出 5 场。作协、诵读协会联合组织了歌颂党文艺作品创作和诵读活动。

【团结协作，履职尽责】一是做好“主题教育进万家，为民服务解难题”活动工作。按照市委要求，做好分包的东安各庄镇西安河村的主题教育活动。坚持每周入村，建立140多个联系户，发放宣传单、明白纸，特别是美化绿化、疫情防控等工作，做到了入户经常化、宣传经常化。二是做好“创城”工作。坚持每周两天时间搞卫生、做宣传，楼盯户、户盯人，做好了晨光里小区、紫薇园小区的创城、创卫工作。三是做好扶贫户帮扶工作。按照市委、市政府要求，做好了责任帮扶工作。

【凝聚人心，强化建设】一是抓队伍建设。对于文联协会进行了全面整顿。以活动促建设，加强协会管理。坚持政治高素质、文艺高水平、思想高境界，选拔出了机关老干部、老艺人担任协会主席。二是加强支部建设。逐步完善了管理制度，坚持按要求组织会议。三是积极开展各种学习活动。

【从严治党，洁身自律】认真开展“不忘初心，牢记使命”主题教育工作。以“不忘初心、牢记使命”主题教育为契机，坚持以上率下，完善具体措施和明确方向。量化学习内容，强化学习措施，保证学习时间，务求学习时效。坚持以现实表现来检验教育的成果，努力形成先进经验、教育成果不断涌现的局面。坚持强化“一把手”的责任，确保率先垂范、自觉学习、自觉革新，起到模范带头作用。坚持开展主题教育要抓住重点。根据问题导向，坚持紧密联系实际解决重点问题。坚持边教育边改正，边改正边提高，边提高边健全机制。加强“四风”建设，坚持反腐倡廉，严格执行党的各项纪律，没有违反任何纪律，做到了廉洁从政。认真贯彻执行党的各项方针政策，特别是党的各项纪律规定，认真写学习心得、读书笔记，从思想上筑起反腐大堤，不断提高廉洁从政意识，认识其重大意义。

残疾人联合会

2021年，滦州市残疾人联合会扎实开展党史学习教育及“我为群众办实事”活动，全面贯彻落实助残服务工程，认真履行“代表、服务、管理”职能，脚踏实地，真抓实干，不断夯实滦州市残疾人社会保障和服务体系建设，积极推动残疾人事业又好又快发展。

【推进党史学习教育】一是制定了《滦州市残疾人联合会党史学习教育工作推进方案》《党史学习教育计划安排表》《滦州市残联中心组学习制度、学习档案管理制度》等文件。二是认真学习《论中国共产党历史》《毛泽东、邓小平、江泽民、胡锦涛关于中国共产党历史论述摘编》《习近平新时代中国特色社会主义思想学习问答》《中国共产党简史》《中国党史简明读本》等著作，共组织开展专题研讨7次，理论中心组集中学习10次，讲党课3次。三是组织全体工作人员前往迁西县魏春波烈士纪念馆和喜峰口长城抗战遗址开展党史学习教育实践活动，传承革命精神。

【为群众办实事】一是开展假肢适配活动。开展以“帮扶残障朋友，共享社会关爱”为主题的假肢适配服务，为20名肢体残疾人适配假肢20副。二是开展康复体育进家庭活动。市残联送器材上门，现场组装、演示、指导，教会使用方式，面对面教授训练方法，共发放拉力绳20个，无障碍健身车12个，肩肘关节训练器1个，综合健身器7个。三是开展重度残疾人入户鉴定活动，全年开展入户鉴定活动6次，走访56个村，行程超1500公里，为76名出行困难残疾人免费提供评残服务。四是开展残疾人文化进家庭“五个一”工程。共组织30名贫困、重度残疾人开展游园、读书、参观展览、观看电影、文化演出等一系列活动，丰富残疾人文化生活。

【抓好助残服务工程】一是残疾人康复服务。共为839名残疾人提供了基本康复服务，其中为80名儿童提供康复救助服务，为120名精神残疾人提供服药补贴，为25名精神残疾人提供住院补贴，为614名肢体残疾人提供肢体康复服务。共为30户残疾人家庭提供体育康复器械，满足残疾人康复需求。二是就业培训。累计为460名残疾人提供技能培训，其中，为411名残疾人提供中西面点、农业技术、按摩保健等技术培训，为49名在岗残疾人提供就业培训。三是托养服务。共为103名精神、智力、重度肢体残疾人提供以居家服务为主的托养服务。四是辅助器具适配。共为452名残疾人适配基本型辅助器具，其中发放轮椅150台，助行器274架，盲杖11根，其他辅助器具17个。五是无障碍改造。共为12户残疾人家庭实施了坡化改造、安装不锈钢扶手、路面平整等无障碍改造工程，累计硬化、坡化面积超65平方米，安装不锈钢扶手超64米。

【推进村（居）残协建设】一是村（居）残协全覆盖。制定并下发了《关于加强和改进村（居）残疾人协会工作的实施意见》《滦州市残疾人联合会关于加强和改进村（居）残疾人协会工作的实施方案》，全市538个村（居）均已按要求成立残协组织，配备残协主席538名，残协工作人员共计1740名，均由村“两委”兼任。二是村（居）残协规范化建设。滦州市残联争取财政资金10.76万元，为各村

（居）残协统一设计制作村（居）残协各项规章制度展板、“残协”牌匾及残疾人办事事项明白纸等硬件设施，确保各村（居）残协按照“七标准”“六公示”“五清晰”工作要求，提升为残疾人服务的水平。三是提升残协服务能力和水平。依托专职委员在线平台，将村（居）残协负责人和专职委员的教育培训纳入残联教育培训计划，开展线上教育培训。四是强化规范化建设指导。印发了《关于做好村（居）残协规范化建设的通知》，明确各村（居）残协规范化建设任务，规范了5项硬件标准，统一了6项镇（街）级、12项村（居）级档案资料要求。

红十字会

2021年，滦州市红十字会依法履职，积极工作，充分发挥党和政府在人道领域的助手作用，取得了一定工作成效。

【开展党史学习教育活动】一是学党史强化理论武装。按照市委相关安排部署，积极参加各种政治理论集中学习、革命传统教育、红色英雄故事会等，持续强化理论武装，保持政治上的清醒与行动上的坚定，不断提高以理论指导实践、促进工作的水平。二是学党史指导工作实践。深入包联社区、村居开展党史宣讲，开展“主题教育进万家、为民服务解难题”活动，参与义务植树、人居环境卫生整治等实践，把党史学习教育所得所悟真正转化为推进工作、服务群众的实际成果，为包联的66户群众解决实际问题3个，群众很满意。

【做好主责主业】始终把“三救”和“三献”两项核心业务抓在手中，干到实处，争取单项工作实在新突破。一是坚持用主题宣传提升知名度。5月8日第74个“世界红十字日”当天，悬挂条幅，发放造血干细胞、遗体和人体器官捐献等宣传资料2000余份，接受群众现场咨询，受到了广大市民的欢迎和称赞。二是坚持用主责主业提升美誉度。认真落实“天使计划”，先后完成3名贫困白血病患儿和1名贫困先天性心脏病患儿申请救助资金初审。春节期间筹集资金近13.5万元，开展“博爱送万家”活动，为我市部分低保家庭送去温暖。积极做好唐山市第八届优秀志愿者评选活动，3名志愿者受到表彰。三是坚持用疫情防控彰显参与度。在单位人员紧张的情况下，按照滦州市决策部署和上级业务部门有关通知，单位主要负责同志始终坚持在疫情防控参与督导、信息反馈等工作，体现了红十字人在疫情防控的担当与作为。

【为民务实 塑树形象】一是认真配合巡察。把当年市委对该会的巡察作为一次全面体检的机会，本着对组织、对同志、对自己负责的态度，实事求是汇报工作，主动衔接做好服务，与巡察组同志一起合作，一起共事，共同把巡察工作做好。二是认真推进改革。根据红十字改革相关精神，在已经完成征求意见的基础上，大力完成红十字改革相关任务，力争在管理体制、内部治理结构、人事制度、组织建设等方面取得实质性突破。三是认真保持形象。牢记党和政府赋予的职责，勇于担当，无私敬业，不折不扣把各项政治要求和各项工作落实到位，认认真真干事，堂堂正正做人，努力保持红十字组织良好形象。

政务工作

政府办公室

2021年，政府办公室紧紧围绕市委、市政府中心工作，以习近平新时代中国特色社会主义思想为引领，以“机关效能提升年”活动为抓手，在全体同志的共同努力下，充分发挥参谋、协调、督导、服务等职能，精益求精，履职担当，高质量、高标准、高效率完成了各项工作任务。获评2020年度唐山市政府系统信息工作优胜单位，被市委、市政府评为综合考评优秀单位。

【主要目标完成情况】一是呈递上级单位来文3426件，制发本级文件539件，处理下级单位请示报告1135件，办理平级来文380件、会议活动要事通知427件。二是撰写各类文稿1000余篇，文字差错率低于万分之五，领导满意率100%。三是编发《政府快讯》80期，《学习与交流》10期，编发《政府调研》《领导参阅》《政府简报》等调研类材料20余篇。累计上报《滦州信息》168篇，被省、市采用34篇，其中有15篇信息被推荐上报国办，组织编写的《以党史学习教育为引领推动机关党建和工作效能大突破》《滦州市五项举措打造食品安全新标杆》等5篇长篇经验交流类信息被省市媒体刊发。四是办理国务院“互联网+督查”问题线索交办事项43件，办理唐山市督查督办平台交办事项21件，均按要求进行了反馈和办理。五是承办唐山市人大代表建议政协提案14件，承办本级市人大代表建议和政协提案223件，2021年已全部办理完毕。六是处理群众来信来访2800余人次，办理12345政府服务热线群众诉求25351件，在办414件。上级转办办结1288件，在办46件。按时办结率全部达到100%。

【强化管理抓建设】一是加强学习提素质。开展“日学一小时，每周一交流，月读一本书”活动，并开辟《学习与交流》专刊，落实每周五下午集中学习制度，不定期，不定人，采取“专人讲、大家评、集体议”的学习方式，锻炼提高了大家的胆识、口才及业务能力。利用河北网络干部学院、“学习强国”等在线学习平台，加强理论学习，用理论武装头脑，及时掌握当前形势，聚焦现实问题，与时代进步和事业发展同频共振，以学促知，以知促行。二是提高标准严要求。发扬“忠诚、严谨、高效、拼搏”办公室精神，激励全员树立工作高标准，干出工作新业绩。办好文方面，按照“短、活、新、实”要求，严把政策关、内容关、行文关，力出精品。办好会方面，优化制定预案、下发通知、组织协调等办会流程，确保会前准备周密细致、会中服务万无一失、会后落实全面有效。办好事方面，围绕市政府领导每周活动日程和下周工作计划，超前工作，主动服务，责任到人，落实到位。

【强化服务升水平】一是综合文字水平不断提高。工作中，紧密跟进国家和省市会议精神，注重领会领导思想和意图，努力把上级精神与工作实际有机结合起来，将领导的思路系统化、文字化，突出文稿的思想性、政策性、针对性和实效性，确保各类文字材料把握准确，意图体现明显，内容表述清楚。一年来，共起草撰写《政府工作报告》、领导讲话等各类文稿1000余篇，得到了领导的认可。二是立足市情积极建言献策。紧贴政府工作的“关注点”，在领导密切关注的项目建设、招商引资、经济指标、园区发展、中等城市建设、大气污染防治、改善民生等方面进行深入调研，最大限度地掌握第一手资料，为建设现代中等城市、全国百强滦州建言献策；关注全市工作的“闪光点”，着力在经济建设、农村面貌改造提升、教育、医疗、社保等惠民工程上下功夫，为领导科学决策提供依据；挖掘经济社会发展中的“增长点”，重点在促进农村消费升级、培育壮大新兴产业、发展产业链经济、拓展融资渠道等工作中深入调研，提出建设性的意见和建议，为全市经济持续健康发展提供客观依据。三是积极改进服务方式，积极抓好上下级之间、各部门之间、同志们之间的工作对接，及时传达重大决策部署，及时反映基层意见和建议，着力提升办公室统揽全局，综合协调的能力，确保桥梁和纽带作用发挥在实处。

【强化协调保顺畅】一是围绕重点工作搞好协调。在项目建设工作中，积极协调资规、生态环境、水利、电力等部门及有关镇（街）在占地、用水、环保、电力供应及周边环境治理等方面对重点项目给予全力支持，并及时了解项目进展情况，对项目建设中存在的问题按领导要求积极协调有关部门妥善予以解决。在“招商引资”工作中，全年外出对接企业80余次，接待外来客商200余次。截至目前，累计上报亿元以上签约项目30个，总投资179.34亿元。北京伟光汇通文化旅游投资集团有限公司滦州古城二期项目，天津龙源鑫煤炭销售有限公司建设新型建筑支护材料制造项目，大连辽冶矿产有限公司建设年产10000吨耐火材料项目等共10个项目参加了唐山市2021年第一季度、第二季度、第三季度项目集中签约活动，河北鸿卓生物科技有限公司PVC手套生产线项目参加了7.28唐山应急装备产业招洽会集中签约活动，中农聚智（唐山）生物科技有限公司开发芳香谷农旅康养项目参加了河北省第五届园博会“文化和旅游产业专题招商推介会暨项目签约仪式”。在疫情防控工作中，对重点场所常态化防控措施落实、新冠病毒疫苗接种等工作的重点点位、重点环节、重点人员，定期不定期开展明察暗访和专项督导检查，针对发现的问题，及时印发督查通报，要求相关单位点对点整改和全面整改，并就整改情况进行隔天核验，确保真整改、改彻底。另外，根据省市县三级疫情防控视频调度会议精神，累计制发重要事项交办清单51个，强化压实“四方”责任，“快、准、稳、狠”推进各项工作，确保了疫情防控有力有序有效开展。在构建大交通格局工作中，紧紧抓住“交通建设年”契机，全力攻坚克难，2021年，迁曹高速滦州段已全线开通运营，为滦州市增加了3个环城高速进出口，农村公路建设中，何茨线、钢联北路、杨柏线已具备通车条件，滦古路路面提升工程已全面启动，城市道路建设、干线公路建设以及开发区道路建设均取得显著成效。在人居环境整治工作中，实施乡村治理工程，健全农村现代治理体系。扎实筑牢农村基层基础，围绕“抓抗惠保促”“七个全覆盖”等内容，组织农村党支部书记上台比武、互学互促，村级组织凝聚力战斗力明显增加，村级“五位一体”组织架构实现全覆盖，高标准建成504个农村综合服务站，符合“六有”标准的农村综合服务站覆盖率达到了60%以上。加强乡风文明建设，全市县级以上文明村、文明镇占比达到了84%、100%，现有省级以上文明家庭2个。扎实推进平安乡村建设，构建市镇村三级社会治理综合服务中心体系，综治中心规范化达标率、城乡网格化管理信息化率均达到100%。积极推进“燕赵-砺剑铸盾2021”专项行动，在砺剑铸盾行动考核最终排名为唐山市第二名。二是围绕常规性工作搞好协调。围绕环境整治、实事工程、治超整改等重点、难点工作，通过开会协调、电话催办、现场督办、下发通报等强力推进，确保领导关注、群众关心的热点、难点问题落到实处。协调教育局推进滦河实验中学项目按时间节点保质保量完成进度，依法依规推进城镇小区配套幼儿园、无证幼儿园分类整治进展。督导扶贫办坚持“脱贫不脱责任、不脱政策、不脱帮扶、不脱监管”，确保脱贫户稳定脱贫、边缘户科学防贫，持续巩固脱贫攻坚成果。

【强化督查抓落实】一是按照上级部署开展专项督查。全力做好唐山市“八个发展”工作。按照唐山市“八个发展”工作安排部署，滦州市将每月“八个发展”工作目标任务进展情况进行详细梳理汇总，按要求将汇报材料及时报唐山市督导检查组的同时，进一步做好市督查组实地检查工作。详细部署国务院大督查工作。为确保国务院重大决策部署落到实处，按照要求，督查室对我市“国务院第八次大督查”工作情况进行详细安排部署，制定工作方案和问题整改“回头看”通知，全面细致地做好各项检查工作。做好科技局监控点周边环境的督导检查。每天梳理督查负责人对站点周边巡查检查情况，每周汇总督查负责人巡查发现问题并对发现问题督导整改到位。二是抓好市政府主要工作目标的督查。制发《滦州市人民政府2021年重点工作目标任务计划表》，下发各类督办通知、督办卡116件，编发《政府督查》18期，对全市国民经济、环境建设、社会稳定及各项社会事业发展目标进行了分解量化，逐级分解，全程跟踪督办，适时督导反馈，全程覆盖抓落实。按照城区道路交通秩序综合整治工作要求，联合公安局、城管局、市场监管局、教育局等单位对城区道路整治情况进行督导检查，城区环境治理成效明显。三是认真做好人大代表建议和政协提案承办工作的督查。2021年，办理唐山市交办省、市各级人大代表建议、政协提案237件，本级223件。经过各承办单位积极办理，全部办理完毕，代表、委员满意率均达到100%。

机关事务中心

2021年，机关事务中心在市委、市政府的正确领导下，坚持围绕中心服务大局，以打造“让党委政府满意的服务机关”为目标，以推进标准化建设为抓手，大力弘扬“忠诚、勤政、担当、高效”的工作精神，高质量完成党政机关服务保障工作，推动机关事务中心各项工作迈上新台阶、取得新实效。

【机关党的建设抓严抓到位】一是狠抓思想建设。常态化开展“不忘初心 牢记使命”主题教育、党史学习教育活动，组织各类学习、培训、交流研讨、考试等30余批次。积极丰富学习载体，充分发挥“河北网络干部学院”“学习强国”平台作用。2021年，事务中心“河北网络干部学院”人均173学时，在66个市直单位中排名第四。二是狠抓组织建设。紧扣基层党组织标准化建设和党建工作要点，严格落实每月10日主题党日制度，进一步增强组织生活的针对性、实效性，发挥好党支部的战斗堡垒作用和共产党员的先锋模范作用；紧扣全面从严治党要求，认真开展民主生活会、组织生活会、民主评议党员等活动，进一步提高组织生活质量。三是狠抓队伍建设。大力弘扬“忠诚、勤政、担当、高效”的工作精神，着力锻造一支“政治过硬、业务精湛、开拓奋进、务实有为”的后勤保障队伍。2021年，1名同志被评为全省机关事务管理系统先进个人；2名同志被授予优秀科级干部，10名同志被授予嘉奖；3名同志获得滦州市优秀共产党员称号；中心荣获滦州市文明单位称号。

【机关标准化建设抓实抓到位】一是强化组织领导。成立由机关事务中心主要负责同志为组长的标准化建设工作领导小组，设立标准化建设办公室，安排机关党建、资产管理、公务用车、安全保障、后勤接待等岗位的8名干部专职负责标准化建设工作，确保标准化建设工作有人抓、能落实。二是强化顶层设计。率先制定《滦州市机关事务中心标准化建设手册》，确立了打响“一大品牌”、树牢“一个理念”、抓实“八项重点”的工作思路，确保标准化建设有序有效推进。打响“一大品牌”：即“精心服务、精细管理、高效保障、常做常新”。树牢“一个理念”：即“细节决定成败”，注重细节把握、过程管控、后期评价和结果运用，强化“100-1=0”的风险意识，不断提升服务质效。抓实“八项重点”：即机关党建、机关运行管理、干部人事管理、财务资产管理、公务接待管理、公务用车管理、办公用房管理、后勤保障管理。做到以标准化促进规范化，以制度化保障高效化，确保高标准、高质量做好各项服务保障工作。三是强化责任落实。明确各科室标准化建设的目标要求和任务分工，本着“去粗留精、查漏补缺、整合资源、切实可行”的原则，全面收集整理国家、地方、行业有关法律法规政策、规范性文件，系统梳理现有岗位职责、业务流程、服务标准和管理制度，筛选了涉及机关办公、公务用车、后勤保障等10大类50项标准化机制体系，实现了机关建设全覆盖。

【机关后勤保障抓好抓到位】一是严格日常管理，增强过紧日子意识。严格办公设备及办公用品的购置与维护，做好各类设备的维修保养工作，严禁提前报废更新办公设备，做到节约不浪费，降低行政运行成本。严格办公用品的签领程序，不得超量超标使用办公用品。对市委、市政府两院亮化系统进行整体维修，增强亮化效果，延长使用寿命，达到节能降耗效果。提升机关两院绿化、美化品味，坚持“三分栽、七分管”原则，2021年两院绿植增加到50余种，绿化覆盖率达到33%，在全市排名前列。二是严格细节管控，增强精准服务意识。扎实做好党政机关办公用房统计管理工作，建立联络员工作制度，对全市所有市直单位及镇街的联络员进行现场培训指导，摸清全市办公用房底数。同时全面细致掌握全市各级各部门现有办公用房信息，提高预见性、时效性、科学性，优化办公用房使用效率。12月底，唐山市机关事务管理局对我市办公用房使用情况进行检查，事务中心办公用房管理工作得到上级领导的充分肯定。不断规范会议服务流程，制定了更加详细的会前准备、会后完成、设备运行等相关制度表格，任务分解到人，责任落实到岗，做到会务服务保障精细化、人性化、规范化，确保参会人员感受周到细致的会务服务。三是严格公务接待，增强勤俭节约意识。深入贯彻落实习近平总书记关于厉行勤俭节约制止餐饮浪费的重要指示精神，研究制定了《落实中央八项规定进一步规范公务接待活动的六项要求》、出台了《关于厉行节约制止浪费的五条措施》，率先推行“小份菜、半份菜”接待模式。较好地完成了各级领导来滦考察、调研、评估检查等后勤保障服务工作，得到了省市领导和来宾的高度好评。四是严格财务管理，增强科学管控意识。严格执行财务制度，规范财务行为；加强日常财务管理，提高财务核算质量；严把支出审核关，确保财政资金使用安全高效；坚决杜绝“三公经费”以及会议费、培训费等开支超标准、超范围、超预算报销。五是严格公车管理，增强安全行车意识。深入推进公车改革，指导全市70余家单位公车使用实现平台化管理，公车电子平台正在进行试运转，唐山市机关事务管理局对我中心平台建设以及公车使用情况给予肯定；按照“集中管理、统一调度”的工作模式，合理利用、有效配置公务用车资源，切实降低公务用车运行费用。特别是在疫情防控工作中，科学制定“应急预案”，对全市市直机关单位公车进行统一调配，为全市做好突发疫情应急处置提供了车辆保障。六是严格机关安保，增强安全防范意识。严把市委、市政府大院的第一道防线，对党政机关工作人员车辆登记造册，做好机关来访登记、车辆管理、安保巡查和群访人员疏导，督促保安公司认真扎实做好两院机关安保勤务工作，圆满完成“党代会”“人大会”“政协会”换届选举等全市大型会议安保工作。七是严格队伍建设，增强争先创优意识。中心以标准化建设为抓手，在全体干部职工中开展“提素质、树形象”活动，突出“服务、管理、务实、创新”工作主题，牢固树立争优创先意识，强化敬业意识、奉献意识、忧患意识和保密意识，以闯的精神、争的斗志、实的作风，在补短板强弱项上有了新突破，在推动提升机关事务效能上有了新突破，在培养建设高素质专业化人才队伍上有了新突破，全面提升了服务保障和管理效能。

行政审批局

2021年，滦州市行政审批局认真落实市委“1395”工作思路，在“百事通”改革、基层审批服务体系建设、新市民中心建设等重点环节和关键领域取得突破，同时立足大厅建设，通过“一窗受理”改革，推进审批服务“全流程网办”提升政务大厅审批效能。

【全年业务完成情况】2021年，完成“滦州市规划展览馆改造滦州市市民服务中心工程（EPC）项目”，行政审批局、公共资源交易中心以及政务服务大厅整体迁入位于惠民西道2号的新市民服务中心并正式对外办公。被省政务服务管理办公室确定为唐山市唯一的“行政许可事项标准化”县级试点单位。完成了行政审批“无差别”受理改革，推动省市两级“百事通”审批服务平台落地。2021年累计受理审批服务事项38550项，其中各进驻窗口受理服务事项28771项，限时办结率100%。组织实施各类公共资源交易项目261宗，成交金额349884.82万元，节约（增值）资金16298.05万元，实现了增收节支、减轻财政压力的目标。

【新市民服务中心正式投入使用】作为2021年全市“民生工程”重点项目之一，滦州市规划展览馆改造滦州市市民服务中心工程（EPC）项目及新市民中心搬迁工作被我局列为全年工作的重中之重。在市委市政府的统一部署下，该局协调财政、资规、审计、住建、公证处等部门，严格按照相关流程完成了工程量确认、规划馆主体借用、项目可行性报告、工程设计、资金申请与审核以及招投标等各项准备工作，在疫情防控形势依然严峻的情况下于2021年7月进场施工，并于当年12月基本完成内部装修改造工作。2021年12月30日，滦州市市民服务中心正式投入使用，面向广大市民和市场主体办理审批业务，翻开了滦州市政务服务新篇章。

【深化“放管服”改革】一是印发了《滦州市深化“放管服”改革实施方案》《关于服务“六稳”“六保”进一步落实“放管服”改革有关工作实施方案》和《滦州市深化“放管服”改革着力培育和激发市场主体活力重点任务分工方案》，为进一步加快转变政府职能，优化营商环境，推动经济社会高质量发展提供制度保障。二是出台了《滦州市深化“放管服”改革优化营商环境十项措施》，对政务大厅标准化建设、全流程网办、政务服务“不打烊”起到了规范指导作用，有利于提升办事群众的获得感和满意度。配合纪委第三方督导就“放管服”任务完成情况，定期对全市有审批职能单位进行群众满意度测评。出台了《滦州市政务服务大厅实行政务服务预约“不打烊”实施办法（试行）》，为有特殊需求的办事群众解决了急难愁盼问题。印发了《滦州市行政审批局致市场主体和办事群众的倡议书》，在疫情期间保障群众办事更便捷更安全。三是水电气暖等市政服务进驻大厅工作，便民利企更加高效。

【**推动改革事项落地落实**】（一）持续推进工程建设项目审批制度改革。一是对于可以依托现有审批平台事项，取消工程规划许可证作为4个审批事项的要件，凭工程建设设计方案联审意见书办理即可的要求。符合土地和规划要求的房屋建筑工程和市政基础设施工程，可不办理施工许可证的限额由工程投资额30万元以下（含30万元）或建筑面积300平方米以下（含300平方米），调整为100万元以下（含100万元）或500平方米以下（含500平方米），在工程建设项目审批领域进一步推进精简审批要件和放宽准入门槛。二是11月启动了社会投资新建工业项目"拿地即开工"审批改革，通过部门联动，对现有2021年重点项目库和已签约的140多个项目进行梳理，对具备"拿地及开工"条件的项目纳入储备项目，待取得省政府批复后适时进入"拿地及开工"审批流程。"拿地即开工"的实施，对滦州市"滦河文化产业带"等重点项目开工建设起到了巨大的助推作用。（二）继续深化"一窗受理"及"百事通"改革，真正实现"最多跑一次"。一是完成"无差别"受理改革，组建5个"无差别"受理窗口和1个证件发放窗口，全年共受理业务2549个，受理率达到100%。二是省级"百事通"审批服务平台正式上线试运行，共上线38个主题内容，按照省政务办工作要求推广普及"百事通"平台应用工作，已通过"百事通"平台受理业务50余件。三是不断拓宽"不见面受理"渠道，通过微信、电话等方式积极帮助办事人员对材料进行核查，使其达到受理标准，审批结果到达证件发放窗口后，电话通知领取人五百余次，通过快递、网络等方式，快速将审批结果发放到申请人手中。四是在综合受理窗口设立"跨省通办"窗口，实现了企业和群众异地办事"马上办、网上办、就近办、一地办"。（三）扎实推进行政许可事项标准化试点工作。一是按照省市工作要求，组织各试点单位分别通过"河北省政务服务管理平台"线上审核的方式，对48项行政许可事项的实施清单核心要素信息进行审核，按具体办事情形逐条逐项完善核心要素信息，确保事项不漏项，信息不缺项。二是组织全市27个单位对全部政务服务事项进行了重新认领，并完善了实施清单和办事指南。（四）认真落实上级商事登记改革的各项政策措施。设立网上自助申报区、企业开办专区，指导办照群众进行网上申报；在市场主体名称、经营范围等申办方面主动为办照群众出谋划策，缩短办照时间，将法定企业开业登记时间从15个工作日压缩到4个工作小时内，累计办件1895件，大大提升了群众的满意度，让办事群众真正体验到商事制度改革带来的高效和便捷。2021年，我市实有企业市场主体10483户，其中新增企业市场主体931户，市场主体企业净增目标完成率为116.2%，在唐山市排名第二位。

【**提升基层审批服务体系建设**】一是夯实责任基础，强化制度保障。印发了《关于加快高标准基层行政综合服务机构建设的通知》和《滦州市全面加强基层行政综合服务机构建设工作方案》，针对性地为基层综合行政服务机构建设工作提供了制度保障，推进村（社区）综合服务站的提升与建设更加规范化。连续多次组织各镇街与各相关单位召开滦州市基层行政综合服务机构建设工作会，细化任务清单，明确具体责任人和完成期限，夯实责任基础。二是推动试点先行，实现服务到家。全面加强村（社区）综合服务站建设，在14个镇（街道）532个村（社区）实现了综合服务站全覆盖，改造提升了场地、硬件设施，出资五万余元统一配置了桌牌、制度牌匾等设施。选取2个镇（街道）行政综合服务中心和10村（社区）综合服务站，精心打造基层综合行政服务机构"样板间"，并通过了唐山市审批局组织的专项验收，建设工作得到了上级的充分肯定。三是优化事项目录，提升服务效能。重新梳理乡村两级政务服务事项清单160项，其中村级事项34项及时在政务网上公开公示，制定包括事项名称、政策依据、申报材料、办事流程、办理时限等要素的办事指南，实现一套业务告知单、一套申报材料范本、一套审批流程图，公开“群众办事流程图”，实现为群众办事公开透明，有依可循。

【提升信用体系建设水平】一是不断深化提升信用体系建设水平。制定了新版《“诚信滦州”建设情况月考评指标》，不断巩固深化信用制度建设、信用信息平台优化、信用信息归集、信用承诺、“双公示”、信用修复、重点领域失信治理等方面工作，2021 年上传信用承诺书 42 万余份，修复 800 余条。及时发布政策法规、工作动态等信息，累计报送工作动态信息 80 余篇。2021 年我市全国综合信用排名为第 31 名，创造了我市全国综合信用排名的新高。二是积极推动企业入驻信易贷平台。2021 年，滦州市已成功向国家信用信息中心推送“白名单”企业 5 个，其中 1 个已授信成功；入驻“信易贷”平台企业数量为 19128 家，注册企业数量在唐山市排名第 2；通过该平台成功授信笔数为 76 笔，在唐山市排名第 1；成功授信金额为 2.43 亿元，在唐山市排名第 6。三是积极探索“信易 +”应用成果。研究制定《滦州市“信易 +”守信激励工作实施方案》，全年共制定出台“信易 +”制度 23 项。举行“信易 + 哈啰共享单车”守信激励活动，让 57 名信用“红名单”人员获得了免费骑行年卡，让守信者受尊重、享便利、得实惠，并进一步弘扬社会主义核心价值观，推进社会信用体系建设向纵深发展。

【公共资源交易情况】2021年，滦州市公共资源交易中心共组织实施各类交易项目261宗，成交金额349884.82万元，节约（增值）资金16298.05万元，其中政府采购186宗，成交金额64828.4万元，节约资金2737.4万元，节约率为4.2%；建设工程招投标50宗，成交金额193341.34万元，节约资金2437.9万元，节约率为1.2%。国有土地使用权出让23宗，成交金额87395.13万元，增值11055.07万元，增值率14.5%。国有产权交易出让项目2宗，成交金额4319.95万元，增值67.68万元，增值率5.4%。

【强化党的建设和干部队伍建设】一是扎实开展群众满意度提升活动，持续优化提升政务服务标准化质量。制定并印发了《“迈开大步、走在前列”解放思想大讨论活动实施方案》《深化“放管服”改革优化营商环境重点工作分工方案》《在全局开展“迈开大步、走在前列”献一计活动的通知》《关于开展包联镇街行政综合服务中心活动实施方案》等活动方案。并制定了《一次性告知及退件管理制度》《档案管理制度》等日常管理制度，明晰行政审批标准，推动实现行政审批事项综合受理、服务流程、服务提供、档案管理标准化，实现群众获得感、满意度不断提升。二是以开展党史学习教育为契机不断夯实党建工作，以优异成绩庆祝中国共产党成立100周年。制定印发了《党史学习教育实施方案》，理论学习中心组带头示范，组织集中学习研讨10次。深入学习习近平总书记“七一”重要讲话和十九届六中全会精神，局党组书记、局长张卫忠全年为全局党员干部作专题授课4次，并特邀市委党校倪庆朋高级讲师开展党史专题宣讲。从4月起开展“每日一缅怀，每日一故事”党史教育线上专栏活动，向群众征求急难愁盼和意见建议，全年共发布150余期。开展“我为群众办实事”系列实践活动，深入社区、分包村开展党史宣讲和人居环境改善服务26次，举行“我为群众办实事”演讲比赛，分享办实事经验和理想目标。坚持疫情防控常抓不懈，在核酸检测、疫苗接种、政务大厅防疫值守等工作中充分发挥党组织战斗堡垒作用，共组织集中核酸检测20余次，全体人员完成了新冠疫苗常规接种，并有序组织加强针接种工作。以党建为引领推动创建全国文明城市各项工作有序开展。

档案馆

2021年，滦州市档案馆坚持基础工作抓规范、中心工作强服务，较好地完成了各项目标任务，得到了上级有关部门的充分肯定。

【抓好基础业务工作】一是农业农村档案工作。开展农业农村档案管理工作。加强镇机关档案管理，做好服务指导，镇（街道）机关年度建档率100%，规范化率达95%以上。二是机关事业单位档案管理。开展机关事业单位档案管理工作，加强业务指导，电话业务咨询、微信网络指导和现场指导相结合。开展档案执法检查验收，已完成验收56家单位。开展档案目标管理认定复查工作，对全市档案工作目标管理认定满五年的26家单位进行复查，其中16家单位合格，其余10家单位按照《河北省机关档案工作目标管理认定办法》进行完善。

【抓好档案馆安保工作】认真贯彻执行档案馆安全保管各项规章制度，落实“十防”措施，定期开展档案安全检查，及时排除隐患，确保馆藏档案安全。

【做好各项基础业务工作】一是做好档案的鉴定开放工作。按要求鉴定开放档案260卷，涉及91个全宗，编制了开放档案目录。目前我馆已累计鉴定开放1947—1991年档案21989卷，满足了社会各界对历史档案的需求。二是积极开展提供利用工作。坚持资政惠民宗旨，利用馆藏档案为我市重点项目，群众办理退休、退职、落实政策，职称评聘、纪检办案、解决矛盾纠纷等提供服务，共接待查档者3189人，查阅档案资料5538卷（册）。三是做好现行文件的收集整理和服务利用工作。四是开展档案资源建设。依法开展档案接收工作，将各单位室藏2016年档案9449件接收进馆。五是积极开展三级党报刊载我市文章的摘录工作。

【开展档案服务】一是做好扶贫档案管理工作。认真落实河北省档案馆、省扶贫办《关于全力做好脱贫攻坚档案归档移交有关工作的通知》精神，加强培训指导，全力做好扶贫档案管理工作。组织市直成员单位、各镇街档案员收听收看河北省脱贫攻坚档案归集整理培训会，联合农业农村局开展脱贫攻坚档案归集整理培训，为扶贫档案整理工作的开展打下基础。同时选派业务骨干多次深入卫健局、医保局等成员单位，滦城街道办、东安各庄镇等镇街及市扶贫办开展现场服务指导工作，确保扶贫档案的齐全完整。二是做好疫情防控档案管理工作。积极发挥部门职能，继续选派业务骨干深入疫情防控指挥部，全程参与疫情防控档案管理工作，做好疫情防控档案的指导，档案资料的收集、整理等工作，确保疫情防控档案的齐全完整，共收集整理档案3453件。

【开展党史学习教育活动】组织全馆党员干部开展集中学习研讨，进一步提升党员干部的思想政治理论水平。召开党史学习教育专题组织生活会，进一步统一思想，明确目标。同时围绕我市“三城同创”活动，引导广大党员干部“学党史，做贡献”，积极开展志愿服务。疫情期间到社区义务值班值守，周末到平青大公路、205国道开展志愿劳动，参加义务植树活动，深入包联社区进行小广告清理、楼道杂物整治和卫生清扫等工作，参加好文明交通行值岗工作，为我市文明城创建贡献力量。

【开展家庭建档工作】积极挖掘培树家庭建档典型，将吴述东家庭作为培树重点，多次选派业务骨干深入建档家庭进行服务指导，并以点带面，促进家庭建档工作的全面开展。在当年唐山市档案馆举办的“十佳家庭档案”评选活动中，吴述东家庭获评第八届唐山市“十佳家庭档案”一等奖。

【开展档案法制建设】认真学习贯彻《档案法》《河北省档案工作条例》等档案法律法规，特别是新修订的《档案法》，组织全馆干部职工深入学习，进一步增强全员的档案法制意识。开展年度立卷执法检查等专项检查验收，加大依法治档的力度。开展档案法制宣传，以“档案馆日”和法律法规宣传日为契机，做好档案法制宣传，不断提高全社会的档案法制意识。

发展和改革局

2021年，发改局层层压责、步步务实，在思想上合心、工作上合力、行动上合拍，不断朝着“现代中等城市、全国百强滦州”奋斗目标加速前进。

【经济指标完成情况】1-3季度，地区生产总值完成378.4亿元，同比增长7.6%；服务业增加值完成97.3亿元，同比增长12.2%；社会消费品零售总额完成65.96亿元，同比增长8.4%；城市居民人均可支配收入完成36257元，同比增长7.4%，农村居民人均可支配收入完成17466元，同比增长11.9%。1-11月，一般公共预算收入完成22.76亿元，同比增长10.1%；固定资产投资同比增长6.5%、规上工业增加值同比增长5.2%。实际利用外资完成7421万美元，同比增长32.5%。

【做好规划完成编制】一是编制完成了《关于滦州市2020年国民经济和社会发展计划执行情况与2021年国民经济和社会发展计划（草案）的报告》，并经市第一届人民代表大会第三次会议审议通过并印发各单位。二是做好高质量综合绩效考评指标，召开工作调度会，将各项指标任务分解到各责任部门，及时掌握我市指标完成情况，与唐山市发改委对接，第一时间了解全年排位情况。三是开展“三基建设年”活动，拟定滦州市具体工作方案和考核办法。积极推进城乡基础设施一体化及基本公共服务设施均等化专班相关工作。四是拟定了《滦州市新型城镇化和城乡融合发展工作实施方案》，并经市委常委会议审议通过；印发《滦州市关于加快推进特色小镇高质量发展的工作方案》，推进特色小镇工作开展。

【项目建设突破新高度】一是抓好项目谋划储备。2021年共谋划实施重点建设项目110个，总投资705.36亿元，年度计划投资155.06亿元，其中争列省、市重点项目24个，总投资405.36亿元，年度计划投资92.8亿元。市本级重点项目完成投资163.3亿元，占年度计划的105.2%。24个省市重点，总投资405.4亿元，年度计划投资92.8亿元，累计完成117.8亿元，占年度计划127%。二是积极开展“三个集中”活动。参加唐山市季度项目集中签约4次，共签约13个项目，总投资170.2亿元。参加唐山市重点项目集中开工活动4次，集中开工48个项目，总投资158.409亿元。参加唐山市组织重点项目集中观摩活动3次，在10个A类县区中排名分别为第五、第八、第六。三是谋划申报2022年重点项目。2022年全市谋划实施重点项目145个，总投资855.35亿元，计划投资188.37亿元。共列入省、市重点项目31个，总投资521.5亿元，计划年度投资143.5亿元。其中计划新开工项目15个，总投资228.4亿元，计划投资87.5亿元。续建项目3个，总投资28.4亿元，计划投资9.5亿元。保投产项目4个，总投资189.1亿元，计划投资34.2亿元。前期促开工项目（7月-12月开工）9个，总投资75.6亿元，计划投资12.3亿元，（其中：列入省重点项目5个，总投资235.97亿元，计划投资41.2亿元。市重点26个，总投资285.53亿元，计划投资102.3亿元。）四是“四个一百进唐山”活动进展。自活动开展以来，共签约8个项目，总投资142.7亿元。其中5个项目已落地，按计划持续建设。五是做好协同发展工作情况。10月份，全市20个项目，形成5840万吨固体废弃物综合利用产业集群，提前完成全年目标任务。

【推进产业优化升级】一是统筹做好钢铁行业产能、产量压减调控。完成金马关停工作。按照市委、市政府统一部署要求，实现金马钢铁7月底前，所有装备已全部安全、平稳关停到位。聘请专家对东海钢铁限制类装备秋冬季前关停情况进行验收，680立方米高炉已关停。98平方米烧结机、112平方米烧结机已拆除，不具备生产能力。推进重点产业转型升级项目建设，东海钢铁1650立方米高炉减量置换项目已完成项目备案和节能审查，兴隆钢铁110吨电炉炼钢项目产能置换方案已上报至省工信厅，并完成现场核查。二是培育壮大新兴产业新动能。2021年该市战略性新兴产业攻坚项目累计完成投资20.8亿元。重点推进的东海特钢500万吨冷轧项目一期已经完工投产，易新科技装配式、筑城建筑科技装配式项目等均取得显著进展，河北东海特钢集团有限公司被认定为唐山市2021年企业技术中心。三是对现有石灰生产企业及在建、拟建项目进行摸底调查。对接中咨公司专家组现场核查企业现状，该市现有独立石灰企业在全市范围内同类企业中设备较为先进、厂区建设较为完备。夯实新能源产业发展基础，从制氢、加氢、光伏发电等多方面入手，推动我市新能源产业尽快实现新突破。四是做好项目审批、备案工作。共完成西双山棚户区改造、体育场改造、胜利道供排水管网改造工程等政府投资项目评审16项。项目审批、备案420余项。

【强化节能减排工作】一是做好节煤降碳工作。截至10月底，全市规模以上工业企业综合能源消费量为715.74万吨标准煤，比2020年1-10月份下降146.79万吨标准煤；煤炭消费量为416.76万吨，比2020年1-10月份下降1.98万吨。二是加强节能监察工作。组织域内12家重点企业（其中用煤企业9家）能耗“双控”目标自评自检全部完成，并上报省、市发改委，待上级进行复核。配合唐山市发改委对东钢500万吨冷轧项目进行节能监察，为该市能耗企业安装了能耗在线监测系统，并进行了培训。三是积极推进能耗替代工作。对唐山市全域治水清水润城县区工程PPP项目滦州市工程项目完成了能耗指标购买，为唐山东海钢铁集团有限公司炼铁减量置换转型升级项目办理了能源消费增量及煤炭替代手续。兴隆轧钢生产线加热炉燃料品种变更技改项目以及特钢的新建4万Nm3/h空分装置项目、钢渣有压热闷处理线项目、数字智能储运系统项目能耗购买手续正在办理之中。四是落实好能源方面的各项工作。结合相关单位就涉及全市的16块地，是否符合发展光伏项目进行了核实，并形成反馈意见上报唐山市发改委；与大唐热电、河北建投等相关企业进行对接沟通，为该市光伏发电产业发展打好基础。完成了该市2021年供气合同，合同量15666.22万方，能够足额保障气源供应。对该市充电基础设施建设情况进行了走访调查，积极谋划该市充电基础建设。五是积极推进清洁取暖工作。完成2020年度采暖季CO报警器补贴金额发放工作。2021年度采暖季洁净型煤取暖农户新安装CO报警器58954台，累计安装63780台，库存9885台。全市洁净型煤保供确村确户需求市达总任务为3.8339万户、5.24048万吨，完成配送4.8199万户、7.271万吨，超额完成了洁净煤保供市达配送任务。

【狠抓粮食安全工作】一是做好2020年粮食安全责任制考核自评和市级（唐山市）抽查工作。全面完成了2020年粮食安全责任制自评工作及粮食安全责任制考核抽查工作，被评为优秀等级，在唐山市得分排名第二。二是积极开展粮食系统专项巡察整改活动。9月份，滦州市第二巡察组对全市粮食购销系统开展了专项巡察，在巡察中就贯彻落实党的理论方针政策以及中央和省市委决策部署情况、粮食储备管理职能责任落实情况、全面从严治党主体责任和监督责任落实情况、粮食购销过程中的廉洁风险和安全风险情况、贯彻落实新时代党的组织路线情况、各类监督决策发现问题的整改落实情况等六方面进行重点巡察。针对巡察反馈问题由发改局、滦县国家粮食储备有限公司迅速组织召开党组会等会议，成立巡察整改工作领导小组，制定整改方案，落实整改责任人，按时限要求全面落实问题整改。三是全力做好粮食购销领域腐败问题专项整治工作。为深入贯彻落实习近平总书记关于根治粮食购销系统性腐败问题的重要批示精神，全力配合做好粮食收购领域腐败问题专项整治，立足部门职责，围绕责任、作风、腐败问题开展自查自纠，聚焦粮食收购、储存、轮换、销售等环节，组织对国有企业开展大排查大起底，堵塞漏洞，补齐短板，强化长效机制，切实改变监管缺失缺位状况，确保粮食购销领域腐败问题得到有效根治。四是加强管理，确保储备粮安全。严格落实“一符三专四落实”的储备粮管理规范，严格落实储备粮质量管理、粮情检查、安全管理等制度，按储粮规范要求及时测温、化验，做到有检查、有记录，发现问题及时处理，确保各级储备粮数量真实、质量良好，储存安全。五是发挥主渠道作用，积极收购农民余粮。储备公司发挥国有粮食企业主渠道作用，筹措收购资金，在粮食主产区设立收购网点，积极收购农民余粮，累计收购粮食20000吨。六是加强粮食市场监控，确保市场供应稳定。开展粮食出入库专项检查，不定期组织人员进行抽查，开展粮食科技周宣传活动，组织人员在东安现代城、人民广场、朝阳里社区开展了科学储粮、爱粮节粮等宣传活动，发放宣传材料1000余份，接受群众咨询120人次。七是加快粮食仓储物流及粮油质检站项目建设。利用地方政府专项债券资金，加快粮食仓储物流项目建设，总投资5995.83万元，可扩大仓容7.6万吨。利用该市产油大县奖励资金新建粮油质监站项目，工程全部完工，等待验收。

【强化物价监管职责】一是按照价格管理权限依法进行价格备案。完成了非居民天然气销售价格、公办幼儿园收费定价工作，对金鼎东南都会、兰亭尚品、荣旺府等房地产开发项目部分商品房进行了价格备案。二是按照“日监测、日报告”制度，完成全市4个监测点37种人民生活必需品价格监测数据采集、汇总、上报工作。深入农户，做好市达花生、露天黄瓜、奶牛3个品类的农产品成本调查工作。三是做好价格认定工作。今年以来共办理案件65件，标的金额203万元。案件办结率100%，当事人满意度98%。

【强力推进督导检查工作】一是做好“三重四创五优化”相关工作。深入贯彻落实省、市有关精神，将“三重四创五优化”活动定位全年工作主线，并将《方案》中的工作要点涉及该局服务国家战略、重大项目建设、优化营商环境、优化经济结构四项任务进行分解，制定工作台账，抓好工作统筹推进和跟踪问效。二是做好民生工程督导工作。按照“五个一工作机制”及责任分工，逐条推进，挂账督导。根据省达任务目标，涉及全市共计16大项，多次召开协调会、督导会、现场会等形式推进相关工作。2021年按照要求完成年度任务。三是做好包联企业（项目）工作。制定《滦州市2021年市领导包联重点企业（项目）工作方案》及《2021年滦州市领导干部包联重点企业（项目）台账》。全市共抽调单位64家，下派干部总数1700余人，共包联企业（项目）7859个，其中项目25个、企业7834家（规上工业企业67家、规上服务业企业55家、科技型中小企业31家、外贸企业6家、其他中微小企业7675家），其中全市28名市领导包联重点企业159个，重点项目25个。四是持续开展建设一流优化营商环境工作。制定了《2021年滦州市优化营商环境实施方案》《2021年滦州市优化营商环境工作要点》。该市作为唐山市的2家代表单位之一，圆满完成了2021年省优化营商环境评价工作，被河北省评为唐山市唯一一家优化营商环境推动高质量发展先进县。五是扎实推进“公转铁”项目建设。强力推进铁路建设工作，唐山东海钢铁“公转铁”项目作为唐山市第一个直接与国铁干线相连的标准化、专业化、规范化铁路顺利开通运营。河北东海特钢“公转铁”项目建设完工，达到投运条件。六是做好采煤沉陷区治理规划编制工作。加强与开滦矿的联系、沟通，为下步实施治理夯实基础，配合唐山市发改委认真扎实做好深化改革目标考核工作，目前该局工作考评档次为较好（第一档）。七是做好铁路沿线环境安全隐患整治工作。今年来我市共完成各类隐患整治380处，其中硬漂浮物类366处，轻漂浮物类4处，树木整治类10处，砍伐树木21000余棵。在完成唐山市铁路办交办整治任务的基础上，陆地双段长排查距离铁路线路100米以外的彩钢板硬漂浮物隐患255处，并完成整治销号。八是持续做好长输油气管线安全。在重大节日及重大活动、敏感时期组织人员对我市境内中俄天然气东线、永唐秦天然气等4条管线的安全隐患情况，采取定期和不定期的方式进行地毯式拉网排查。

工业和信息化局

2021年，工信局紧紧围绕市委、市政府的中心工作，按照市委提出的“1395”工作思路，聚焦产业体系和工业发展实际，着力夯实工业基础，补齐工作短板，打造发展亮点，全市工业经济总体呈现稳中有进的良好态势，为县域经济实现高质量发展，建设“现代中等城市，全国百强滦州”做出了积极贡献。

【主要目标完成情况】规上工业增加值增速6.1%，新增规上企业：市达目标任务10家。全年共完成14家。工业投资增速：市达目标7%，同比增长11.3%，完成市达目标。研发经费（R&D）支出与地区生产总值比重增速：市达目标10%。2021年结果需待2022年3月底前企业统计网申报后公布。技术合同成交额与地区生产总值之比：技术合同成交额市达目标12.13亿。完成13.32亿元。新认定高新技术企业数：市达目标12家，共通过省科技评审13家（新认定10家，复审3家），科技型中小企业88家。“专精特新”企业情况：今年，瑞达精细化工、耀瑞铁路配件、捷澳建材和吉宏包装四家企业获得河北省“专精特新”中小企业称号，我市“专精特新”中小企业数量达到了14家。两化融合项目任务：市达目标任务6个，实际完成6个。百信农业等企业科技创新取得新突破。

【抓运行稳增长】一是紧盯年度目标，强化动态监测。采取“周监测、月分析、季调度”的主要措施，扎实做好工业企业特别是重点企业的经济运行监测分析，对经济运行的特点、存在问题认真会商，及时向市委、市政府反馈情况，报送各类信息和统计报表，提出积极的应对措施，为领导决策提供科学依据。二是加强行业监控，稳住经济底盘。密切关注重点行业，掌握原材料、产成品的价格及其市场行情，确保钢铁、建材等重点支柱企业平稳运营。针对负增长、低增长企业，深入了解其生产经营状况，精准施策，力促企业止跌回升。同时，认真做好钢铁行业规范条件年审、铸造企业产能核查等相关工作，牵头做好“地条钢”常态化巡查，杜绝非法生产。三是强化跟踪服务，协调解决问题。突出包联帮扶工作机制，落实各分包领导责任，认真抓好规上工业企业、停产企业和减产企业包联全覆盖工作。同时，持续推进工业“四十条”等相关惠企政策落实落细，帮助企业纾难解困，为企业发展保驾护航。四是防范疫情风险，力促稳步增长。为营造稳定的发展环境，加大工作力度，在积极落实“六稳六保”政策的基础上，督导规上工业企业接种新冠疫苗，防范疫情风险隐患。五是创新工作机制，加强料仓管理。印发了工业企业料堆场管理工作方案、扬尘污染治理攻坚方案等系列文件，实施了工业料棚料仓动态管理。期间，成立了6个专项检查组，督导检查企业重污染天气应急响应情况。累计检查233次，出动检查人员485名，共整改问题832个。六是严管民爆行业，确保安全生产。对民爆企业采取定期检查、不定期抽查的方式进行监管，全年检查38次，提出整改意见29条，及时消除了安全隐患，杜绝事故发生。为此，全省民爆行业安全生产专项整治三年行动现场会在滦州市召开，该局在会上做了典型发言，介绍了工作经验，民爆行业管理工作得到了省市领导充分肯定。

【培育市场主体】一是协调联动，为规上工业企业入统实施跟踪服务。加强与统计、发改、税务等部门及开发区、各镇街的协调联动，紧盯东海特钢冷轧、易高、滦兴、易新装配式住宅等重点项目，加强跟踪服务，加快推进项目早建成、早投产、早达效，达到入统条件后主动对接，指导企业入统。二是挖掘潜力，借力专业服务机构为高新技术企业、科技型中小企业提质增量。新培育高新技术企业12家，待审1家。新发展科技型中小企业146家，其中已通过省厅认定88家，待审78家。全市累计拥有高新技术企业44家，科技型中小企业445家。三是引导企业聚焦主业、打造优势、走专精特新发展之路。围绕专业化发展、精细化管理、创新能力提升、产业链配套等需求，积极培育专精特新中小企业。瑞达精细化工、耀瑞铁路配件、捷澳建材、吉宏包装等4家企业获省“专精特新”中小企业称号，全市“专精特新”中小企业累计达到14家。其中，北极熊建材、吉宏包装被认定为河北省专精特新示范企业，北极熊建材还获得了国家专精特新重点“小巨人”称号，得到200万元的奖补资金支持。

【项目牵引促转型升级】一是以技改项目为载体，促进企业转型升级。2021年谋划实施了唐山连创制钢承担的“新建高精度热浸镀锌管材”“热浸镀锌板材生产线项目及镀板生产线搬迁改造”项目等9项省重点（省千项）技改项目，其中已完工2项。计划总投资487547万元，11月底，累计完成投资95239万元。谋划实施了唐钢美锦（唐山）煤化工承担的“废水处理”项目等7项市重点（市百项）技改项目，其中已完工3项。计划总投资413848万元。11月底，累计投资100667万元。二是实施两化融合，以信息化提升工业化水平。2021年，全市规上工业企业共有71家参加两化融合评估工作，参评率达到97.3%。期间，共投资2082万元，先后培育了金隅冀东水泥承担的“中控plc控制系统升级改造”、冀滦纸业承担的“污水用DCS系统”等6个两化融合项目。其中冀滦纸业承担的“绿色造纸全生命周期一体化管控平台”项目被认定为“河北省2021年度工业互联网创新发展试点示范项目”，获得62万元省财政资金支持。推荐伊利乳业承担的“机器人码垛作业改造”申报了唐山市两化融合试点项目。三是围绕去产增效，推动钢铁全产业链长新发展。重点组织推进东海特钢500万吨冷轧项目，加快精品钢铁产业做强做优。突出抓好东海钢铁两化融合项目深度挖潜，着力推进智能化数字化应用。加快推进兴隆钢铁规划环评编制、土地手续办理、协调置换产能等前期相关工作，规划建设绿色铸造产业园区及相关项目实施。

【搭建创新平台】一是筑巢引凤，借助外脑为县域经济发展提供技术支撑。依托特色产业和优势资源引进了6家科研机构并签约。如东海钢铁与冶金工业规划研究院合作，谋划实施了“超低排放评估监测系统”项目。北极熊公司与河北工业大学建筑智能建造国际联合中心合作，共同开展“特种水泥基复合材料3D打印成套技术与应用”等多个项目开发。以百信农业公司为龙头，联合省市农科院以及上下游13家企业，合作建立了高油酸花生产业技术创新战略联盟。二是积极培育企业技术创新中心，不断增强科技创新能力。重点培育了东唐电气、北极熊建材、百禾丰化肥等3家企业申报了省级技术创新中心，其中百禾丰承担的“省级技术创新中心”已在省科技厅立项。帮助美锦申报了市级技术创新中心，吉宏包装、滦牧科技等5家“市级技术创新中心”已通过唐山市专家组验收。全市企业建立研发机构的比例达到40%以上。三是加快科技成果对接转化，集聚高质量发展动能。2021年，新建省科技特派员工作站3个，发展省科技特派员4个，滦州市科技特派员15个。全年，依托科技特派员开展产学研合作和科技成果转化对接活动6次，引进项目和转化科技成果5项，完成技术合同成交额13.32亿元。与此同时，该局还采取借船出海的办法，让企业与科研院所积极对接合作，互惠双赢。

【营造创新创业氛围】一是加强政策解读和辅导培训，不断浓厚创新氛围。在保障疫情防控前提下，累计组织召开惠企政策专题培训10余场次。期间，邀请专业服务机构先后为130多家企业进行政策解读和业务培训。同时，深入40余家企业调研指导，为企业答疑解惑，解决实际困难。二是向下发放政策红包，激发社会创新活力。修订了《关于深化科技改革创新推动高质量发展的若干措施》，积极兑现滦州市各项科技创新奖励政策，已申请并发放科技扶持奖励资金430.8万元。三是向上争项目争资金，增强企业内生动力。争取国家、省、市科技资金922.8万元，支持企业研发创新。其中易高生物能源承担的“农业秸秆纤维素乙醇生物炼制与产业示范”项目，列入国家重点研发计划项目，获科技部499万元资金支持。通过落实惠企政策，优化营商环境，激发了企业发展活力。

商务和投资促进局

2021年，滦州市商务和投资促进局围绕中心、服务大局，团结带领商务局全体同志勇于担当、扎实作为使得各项工作实现新突破。

【招商引资】商促局全年外出对接企业80余次，接待外来客商200余次。一是新增签约亿元以上项目36个，投资总额189.06亿元，超额完成唐山市下达的新增签约亿元以上项目20个的任务目标。二是集中攻坚。在“招商引资百日攻坚专项行动”中，市委市政府领导做表率、打头阵，市四大班子领导全面出动，赴京津、闽粤、长三角、珠三角开展招商引资活动，洽谈意向项目，全市上下迅速掀起招商引资百日攻坚行动热潮。11月16日滦州市在唐山率先成功举行招商引资百日攻坚重点项目签约仪式，共34个项目签约，计划总投资261.3亿元，在唐山市招商引资百日攻坚考评中在18个县区中位列第5位。

【向海发展】一是滦州市社会消费品零售额全年已完成97.66亿元，增速6.5%，14个县区排名第四。二是跨境电商交易额年度目标任务为2.1亿元，全年完成2.1亿元，完成率100%。三是网络零售额年度目标任务为1.22亿元，全年完成1.61亿元，完成率132%。四是1-10月滦州市完成出口创汇约4807万美元，折合人民币31246万元，同比增长21.26%，进出口完成约16361万美元，折合人民币106347万元，同比增长71%；五是进出口实绩企业年度目标任务达到10家，滦州市1-11月累计达到10家，完成率达100%。六是实际利用外资年度目标任务7000万美元，滦州市1-12月完成实际利用外资总额为7421万美元，完成率达106%。

【人才工作】按照《市委人才工作领导小组2021年工作要点》和《2021年人才工作任务清单》要求，商促局深入实施“双招双引”，把招商引资与招才引智同步谋划、同步部署、同步实施，坚持招商引资与招才引智同频共振，做好招商、招才同步宣传推介。2021年商促局人才工作累计得分53分，市直单位及园区排名第7位。

【六稳六保】一是精准帮扶、服务到位。落实疫情期间外贸及商超企业帮扶措施，定期检查、常态督导，协调解决疫情期间用工用能、防疫物资紧缺、供应链不畅等困难，加强对企业的风险警示，督促企业落实疫情防控主体责任。全力做好进口高风险非冷链货物检测和预防性消毒工作，控制新冠病毒由物流渠道由境外向境内传播，有效阻断疫情传播渠道。协调联系市场监督管理局和疾控中心对进口货物进行消杀及采样检测，2021年已完成对林肯电气的43批次进口货物消杀采样检测工作，结果全部为阴性。二是督促重点商超、餐饮企业严格落实各项常态化疫情防控措施，定期召开疫情防控会议，对疫情防控措施落实不到位的企业下达整改通知书，要求立即整改并复查是否整改落实。该局负责的外卖企业、重点商超、福盛农贸市场及餐饮企业共有员工1773人，按要求企业每周进行一次核酸检测，2021年全年共进行核酸检测42338人次。该局在疫情防控工作中为企业减压力、增动力，力保及时投产、交货，为企业防疫保驾护航。三是暖企促贸、执行到位。疫情以来，国家、省、市下发了多个惠企政策，促复产稳投资，金融护航稳外贸、惠企20条、春雨金服、暖企促贸等系列政策，对外贸企业的减免税费、金融信贷、用工用能、进出口优惠等类别相关政策，企业都尽知无误，结合各企业的状况分别与相关部门结合，做到应享尽享，切实减压增效。根据《唐山市商务局关于做好2021年唐山市外贸发展专项资金项目申报工作的通知》的要求，积极组织企业申报。林肯电气（唐山）焊接材料有限公司外贸发展专项资金国际认证类型审核，共计申报11个项目，其中6个产品认证，申请金额为20万元；5个体系认证，申请金额为15.93万元，合计申请金额35.93万元。让企业在疫情期间复工复产减压增效，最大限度稳客户、稳生产、稳订单、稳出货。

【电子商务】一是探索新模式。积极引导北极熊水泥等传统外贸企业在唐山市跨境电商综合服务平台完成注册、备案，并开展跨境电商业务。二是运营新平台。推进直播电商、社区电商、小程序电商业务，2021年企业已自主开发乐团心选、盒马集市小程序，刚刚投入运营。推进支付宝刷脸支付业务，全年已免费投放190台设备，范围涵盖唐山市区、迁安市区、滦州市全域。三是人才大培训。多次邀请唐山电子商务协会讲师团讲师对农业合作社、产业集群、直播网红等进行“互联网+”知识培训，帮助企业打造电商品牌、网红思维，有力提升专业技能水平和综合素养，开发网红产品、培育更多直播网红人才。

【市场体系建设】一是规范报废汽车回收拆解。依据《报废汽车回收管理办法》和《报废汽车回收拆解企业技术规范》等法规强化管理，规范操作流程，完善污染防控措施，确保环保绿色拆解、安全拆解。二是规范二手车市场行业经营。全面摸底排查，督促未备案的二手车企业及时备案和录入，进一步完善二手车信息采集工作备案流程、信息录入、平台操作。三是开展双随机抽查。全年共出动执法车辆16余次，执法人员50余人，形成强大震慑力量，并未发现被抽查对象有违法行为。

【成品油市场管理】一是开展专项整治。按照“政府统一领导，商务部门指导协调，多方联合行动”方针，落实“三个必须要求”，对全市营业中92家成品油零售企业共开展拉网式安全隐患排查治理5次，全年执法队共出动执法车辆128辆次，286余人次，检查企业385家次，检查中发现的问题隐患12处，已全部整改到位。二是提供精准服务。落实《河北省成品油零售市场管理规定》精神，主动对接、精准服务，积极帮办企业到期、变更法人等相关手续。2021年共办理成品油零售经营许可证年检92家，办理企业投资主体变更5家，办理企业原址扩建3家。三是做好大气污染防治工作。按照政府生态办要求，制定出台了《商务和投资促进局2021年空气质量综合指数“退后三十”工作方案》，并与政府签订了责任状。同时配合公安部门制定出台了《打击整治黑加油站点、黑加油车专项行动方案》，对黑加油站、黑加油车进行治理，查处黑加油站1处，黑加油车1辆，出具甄别报告一份。四是积极响应应急指令。认真落实《成品油行业重度污染天气应急专项执行方案》《滦州市启动重污染天气Ⅱ级应急响应的通知》要求，2021年以来共响应应急指令8次，随机检查企业1120家次，检查中未发现问题。

市场建设服务中心

2021年，市场建设服务中心紧紧围绕年初制定的各项工作目标任务，不断强化市场管理服务，全力抓好各项工作，取得了阶段性的成效。

【狠抓职工队伍建设】一是深入开展党史学习，提高思想政治素养。深入开展党史学习教育活动，集中学习与自学相结合的形式，认真学习习近平总书记“七一”重要讲话精神及十九届六中全会精神。严格按照相关要求组织开展组织生活会。扎实推进“我为群众办实事”活动，通过和平路市场、晨光南里市场升级改造，将学习成果转化为为民办实事的实际行动。二是顺利完成机构改革，平稳有序推进合并事项。7月份，按照市委、市政府事业单位机构改革要求，开展市场建设服务中心和建材大市场服务中心合并工作。12月，人员安置、机构设置已顺利完成，进入资产交接阶段。合并后，干部职工思想稳定，各项工作平稳有序开展。三是外出学习先进经验，取长补短助力市场发展。组织中层年轻干部先后前往天津、秦皇岛、杭州、丰润进行考察学习，重点学习外地市场管理、市场发展等先进经验和做法，在借鉴中奋进，拓展思路，不断开创市场建设发展高质量新局面。

【圆满完成规费收取】一是克服困难保收费。在疫情防控大环境影响下，树立年度目标不变、任务不减的责任意识，认真核定收支总量做到应收尽收。克服困难保收费。疫情防控期间，仅有城区市场有部分收入，市场中心创新思路，采取线上线下相结合的方式，促进经营。通过分析研判市场运行情况，各市场因地制宜、分别施策，保证进度与实践同步。二是招商育市挖潜力。对晨光南里市场，惠民道市场、岩山商业城市场二楼空摊招商，入驻一户收一户。适应市场现代化、标准化建设要求，组织干部职工赴外地考察学习，围绕现代化市场建设、市场规范管理、市场环境卫生整治等进行交流探讨。三是调整任务增收费。根据各市场实地情况，适度调整部分市场所收费任务，下发任务目标，签订目标责任状。多次召开调度会，清点各市场收费台账，逐一核对收费项目，开展实地核查工作，各市场所做到应收尽收。2021年，市场中心圆满完成市达任务目标。

【扎实开展疫情防控】一是严格落实常态化疫情防控工作。严格执行“人人测温、亮健康码、佩戴口罩”等措施，加强市场环境卫生全面清理，每天3次进行全方位喷洒消毒液。严格摸排中高风险地区来滦返滦人员，详细了解市场内商品进货渠道，尤其是海鲜、冷鲜食品及进口食品追根溯源，登记造册。二是科学有效组织疫苗接种工作。充分利用发放宣传单、面对面讲解、循环播放音频等多种形式，广泛传播接种疫苗重要性，正面宣传疫苗安全性及有效性，提高接种意愿。本着“全民接种、应打尽打”的方针，全面摸排职工和商户信息，在规定时间内，全面完成疫苗接种工作。针对第二针到期半年商户和职工，通知到每个人，按照时间节点完成加强针接种工作。三是有序组织核酸检测工作。按照上级安排部署，每半个月定期组织一次对市场从业人员及外环境重点部位进行核酸采样检测工作。

【实施市场升级改造】一是和平路市场升级改造项目。投资50多万元，对和平路市场进行升级改造，更换市场南门地砖和门市雨搭，改造南北下水口，粉刷市场内外墙体，水产区增设杀鱼台，摊位内和市场西侧加装屏风隔断，更换电表箱和监控摄像头，包装市场内立柱，市场内排水沟板更换成树脂排水沟板，重新包装市场柜台台面立身，新安装棚顶并配套照明灯设施，柜台立身增设挡鼠板。二是晨光南里市场升级改造项目。投资5万多元，将市场内排水沟板更换成树脂排水沟板，更新市场破损台面立身，增设挡鼠板，粉刷市场外部墙体，重新规划市场内地面电线。三是建材市场升级改造项目。按照市委、市政府安排部署，财政投资600多万元，对建材市场外立面改造、粉刷、大门改造、道路改造提升、亮化提升、弱电入地等进行提升改造。项目已于10月10日进场施工，12月份完成弱电入地、建材市场正门口粉刷及15栋楼粉刷等工作。四是镇级集贸市场搬迁改造。杨柳庄集贸市场与乡村振兴行动同步谋划实施，现新址市场地面已平整，四周围墙建设完成。

【稳步推进三城同创】一是加强创城宣传，营造浓厚氛围。为进一步提升市场形象，营造浓厚创城氛围，对照创城标准，对各市场公益广告和标识牌进行详细排查统计，对破损过时的广告进行更换。新增、更换公益广告、各类提示牌、标识等共计86块。二是人员力量下沉，分包责任到人。一把手负总责，全员下沉分包2个点位市场，明确职责，分配任务，确保市场符合标准。对抽调人员进行分划责任区，确保市场各出入口都有人把守，确保没有断岗，漏岗等现象，对责任区内进行文明劝导、卫生清理等，对车辆进行统一摆放，禁止乱停乱放现象出现。三是加强监管督导，规范市场秩序。商户统一配发服装，规范管理市场。增强商户主体意识和环境保护意识，每个摊位增设垃圾桶，确保垃圾随收入桶。加大清理市场内摊位外溢现象。重新施划停车位，规范市场车辆摆放秩序，按照停车泊位指示方向和位置有序摆放。四是加大整治力度，完善市场环境。全面清除市场卫生死角，市场全日制保洁，保持地面摊位干净整洁，清除地面积存垃圾、纸屑、烟蒂、污物等，定期清扫下水道。聘请专业人士对和平路市场卷帘门、排水沟进行清理。因业绩突出，被推荐为唐山市文明建设先进单位。

【加强综合整治工作】一是扎实开展安全生产工作。成立安全生产专项领导小组，层层签订了安全生产目标责任书。重点市场实行24小时值班和交接班制度，认真做好检查和值班记录。充分利用广播、报刊、网络等媒体，广泛宣传安全生产常识。采取专项督导、暗查暗访、综合检查等形式，做好安全生产督导检查工作。二是持续开展大气生态保护整治工作。积极开展禁止经营烧纸冥币、禁用燃煤灶具、整治油炸食品工作。各市场管理所坚持每天巡查，未发现使用燃煤灶具、油炸食品和销售冥纸冥币商户。

教育局

2021年，滦州市教育局以办好人民满意的教育为目标，深入实施“教育振兴”战略，教育事业发展呈现稳中求进、持续发展态势。在对该市人民政府履行教育职责评价中，获得河北省政府教育督导委员会全省通报表扬，荣获唐山市学前教育先进单位、五四红旗先进集体，诞生了全国文明校园、全国中小学中华优秀传统文化传承学校、全国网络学习空间应用普及活动优秀学校各1所，省中医药文化进校园特色学校1所。

【基层党建】一是开创党建工作新局面。利用“三会一课”“学习强国”等平台，组织党员干部教师加强常态化学习。开展理论学习和宣传教育专题学习研讨，撰写学习心得。持续推动基层党组织和党员队伍建设，培养青年教师加入中国共产党77名，每月按时开展“党员活动日”活动。二是提升师德建设新水平。开展优秀教师评选表彰活动，发挥典型示范引领作用，开展“做四有好教师”主题师德论坛征文暨师德风采演讲等活动。三是组织党员志愿服务队利用周末时间积极开展“千名教师大家访”“文明城创建志愿清扫”等活动，推动党史教育进教材、进课堂、进头脑。扎实开展党史专题宣讲和专题党课，创新活动载体开展红色基因传承教育，“红领巾讲党史”等系列活动在学习强国河北平台刊登，百米长卷绘党史、童心巧制“南湖红船”等在学习强国唐山平台刊登。

【疫情防控】一是筑牢校园疫情防线。疫情防控常态化，实行“日报告、零报告”制度，构建排查上报机制，对师生健康状况进行监测。加强对关键场所的重点防控，对人员密集场所每天进行通风、消毒。加强学校出入管理，健全台账登记。实施全封闭管理和走读生实施“一日一出入”制度相结合，全面掌控学生每日行动轨迹。强化学校食堂采购、加工监管，采取延时错时和分班错峰同向用餐制度，避免人员聚集和交叉感染。二是构建校园免疫屏障。制定疫苗接种工作方案和应急预案，推进接种计划，有序组织学生接种。健全各年龄段儿童接种信息台账，实现动态管理，精准摸排“接种禁忌”“拒不接种”两类人群数量，精准掌握儿童底数和接种进展，做到底数清、情况明。开展校园心理健康教育，加强接种前后儿童健康状况监测。营造浓厚舆论氛围。面向儿童及家长开展宣传教育引导工作，广泛传递疫苗安全性、有效性科学信息，增强接种意愿，提高接种率。

【师资队伍建设】一是不断壮大教师队伍。向社会公开招聘事业编制教师302人，其中重点选聘师范类高校毕业生9人，提升教师学历层次。持续开展“晚霞情”退休教师返聘工作，遴选100名老教师重返教学一线发挥余热。提高干部能力素质，选拔13名新校长，11名校长异校交流。促进教师交流，31名农村教师选聘进城，40名城区教师下乡支教。二是持续提升教师素质。出台滦州市中小学幼儿园名师、骨干教师培养对象推荐选拔办法及培训方案，认定评选250名名师、骨干教师，推选唐山市第九批骨干教师培养对象74人，认定唐山市中小学幼儿园名师1人。三是采用线上视频讲座方式，开展师德大讲堂、名师大讲堂、校长大讲堂活动，提升教师专业化水平，带动全体教师的终身学习和专业发展。四是继续做好人才培养。推进教育系统干部人事制度改革，在学校中层干部聘任中引入竞争机制，认命524名学校中层干部；积极开展人才引进工作，引进6名特级教师专家。

【教育改革】一是拓展育人平台。健全完善小学、初中、高中等学段主要学科课程资源，构建点播、直播和双师课堂三种模式，组建联校网教共同体10个，“双师课堂”常态化开展。深入开展网络学习空间建设与应用活动，组织信息化骨干教师培训达千余人次，不断提高教师信息化素养和信息技术应用能力。二是创新集团化办学，引进优质教育资源。滦州一中加入唐山二中教育集团，通过深度融合、资源共享、教研互动，快速拉动滦州一中整体办学水平提升。与成都七中的教研沙龙活动成功开展，促进教学水平稳步提升，外出生源实现新回流。三是推进幼儿园全覆盖。按照辐射半径1.5公里，对504个行政村、3个居委会的常住人口及常住适龄幼儿进行了详细摸排，精确核算。成立督导工作专班，投资5万余元添置幼儿桌椅等基础教学设施设备。建立9个学前教育服务点，审批金灿灿民办幼儿园，农村幼儿园覆盖率达100%。

【办学环境整治】一是切实减轻学生负担。建立“双减”工作专门协调机制，集中组织开展专项治理行动。规范教育教学秩序，优化课堂教学、改进作业管理、改革考试评价，全面提高课堂教学质量，避免学生作业过重。建立责任追究机制，对责任不落实、措施不到位的严肃追责。推动课后服务全覆盖。有效破解“三点半”难题，以“课后延时+特色社团”相结合的课后服务模式，打造“以人为本”的课后服务体系，学校开展率、家长知晓率、学生参与率均达100%，惠及小学103所、非全寄宿制初中20所、有需求的学生近4万人，实现城乡学校全覆盖。二是强化校外培训机构治理。建立群众反映、信息公开制度，公布黑白名单及学科类培训情况，规范收费备案手续并公示项目明细。建立常态化巡查督导整改机制，协调多家部门，实行联合审查，对18家整改后的无证幼儿园进行了现场勘验，关停取缔11所非法培训机构。对学科类、非学科类培训机构重新审核认定，4家认定为学科类培训机构，7家认定为非学科类培训机构。

【教育保障】一是改善办学条件。城区学校扩容增量，滦河实验中学建设工程已完工，提前完成年度任务。滦州市第一、第五实验小学新建教育项目，开工建设。幼儿园改造提升，投资508万元对油榨镇油榨幼儿园等15所幼儿园进行改造提升。农村中小学校办学条件提升，投资2487万元改善油榨镇于家河小学等5所中小学校办学条件。投资1709万元对64所中小学校实施专项维修工程，消除安全隐患，确保师生安全。投资1149.51万元提升中小学教育装备水平。二是保障校园安全。对校舍安全等重点环节编制风险管控清单，做到存量隐患全部清零，增量隐患动态清零。安全防范建设实现专职保安配备率、校园重点区域视频监控覆盖率、“一键报警”和视频监控系统与属地公安机关联网率达到3个100%。排查整治校园及周边重大安全风险204处，评选出20所“双控机制建设示范校园”。开展以“珍爱生命”、防溺水等主题警示教育活动，提升学生安全防范意识，提升心理健康水平。促进教育公平。三是全面落实“1222”资助政策。全年资助贫困幼儿220人次，资助金额11万元。补助义务教育住宿生人数601人，发放资金37.70万元。补助义务教育贫困非寄宿四类学生922人，发放资金25.18万元。资助高中学生634人，发放助学金63.4万元。资助普通高中建档立卡家庭等经济困难学生337人，资助资金28.61万元。资助中职学生329人，发放助学金32.9万元。为3.1万余名农村小学生免费提供营养餐470万份，保障学生健康成长。

经济开发区

2021年，经济开发区在市委、市政府的坚强领导下，紧紧围绕“大干200天、年内超千亿，争创全省一流开发区”目标，引导各种资源向招商引资和项目建设倾斜集聚，推动各项工作取得了新进展，圆满完成了年初确定的各项目标任务。

【园区经济指标完成情况】全年主营业务收入完成1080亿元，同比增长16.76%，首次突破千亿大关，成功迈入“千亿园区”行列；税收完成45.7亿元，同比增长17.86%，一般公共预算财政收入完成16.38亿元，同比增长4.33%。实际利用外资完成7421万美元，同比增长32.45%。

【狠抓项目建设和招商引资】全年开发区共谋划实施项目32个，总投资369.83亿元，规划占地6672亩。一是省、市重点项目18个，总投资资332.88亿元。滦州市本级重点项目14个，总投资36.95亿元。易新装配式项目、冀滦纸业30万吨高强瓦楞纸项目等7个项目已进行试生产，和信精品管材、东海特钢等18个项目取得土地指标1880亩，河北筑城智能自动化PC装配式住宅生产线、利达建筑支护产业基地等等18个项目已完成供地1644亩。开发区项目建设进入开工建设加速期，形成供地手续高效推进、项目建设全面开工的局面。河北筑城建材集团有限公司智能自动化PC装配式住宅生产线项目代表滦州市参加2021年唐山市第三季度项目观摩活动，取得唐山市第6名的成绩。2021年开发区新增规上工业企业4家，新增规上服务业企业2家，新增限额以上批零住餐企业3家。二是全年累计上报市签约项目12个，总投资44.8亿元。与中科院、中建材、中国振华进出口有限公司等央企、国企和深圳恒昌达环保新材料有限公司、深圳绿思达环保科技有限公司等大型企业开展对接招商活动100余次，累计储备意向项目32个。其中投资30亿元的中建材北新建材有限公司新型建材产业基地、投资15亿元的中国建筑材料科学研究总院固废资源综合利用、投资10元的中科院和中国振华进出口有限公司气凝胶、投资4.5亿元的蓝贝酒业集团15万千升高端啤酒生产销售中心项目、投资4.3亿元的河钢集团滦州制氢项目、投资15亿元的固体废弃物综合利用项目等一批重大支撑引领性项目达成合作意向。三是积极推进中小微产业园创建工作，组织开展了滦州中小微企业专项招商，先后到迁安市富达中小企业园和乐亭县城区工业聚集区进行了实地参观学习，累计报名入驻中小微产业园企业21家，经过筛选16家企业符合园区产业发展规划，其中9家企业上报项目建议书或初可研。

【优化行政审批服务】着力推进行政许可事项审批承接工作，累计承接行政许可审批事项21项。一是为唐山通凯科技有限公司、唐山晟磊桥梁工程有限公司等6家企业办理项目土地组卷报批手续。为唐山利达网架设施科技有限公司、河北濡春新源集团有限公司等18家企业办理项目供地手续。二是为河北筑城建材集团有限公司自动化PC装配式及保温结构一体化生产线项目、耀火智能科技唐山市有限公司智能数控光纤激光切割设备项目等25家企业办理立项、环评、规划、施工许可等审批手续。三是为河北易高生物能源有限公司、唐山市冀滦纸业有限公司等8家企业办理排水许可证。四是积极组织编制区域地质灾害危险性评估报告及规划水资源论证，区域地质灾害危险性评估报告已提交技术成果。

【加强基础设施建设】一是扎实推进调区工作，着力将榛子镇兴隆钢铁、利丰铸造等项目共计面积0.61平方公里纳入开发区管理，区域环评已通过专家评审。二是着力完善园区规划。开发区市政专项规划初步完成，编制完成化工产业园总体规划、产业规划。三是加大基础设施建设力度。城北新兴产业园污水处理厂项目、装备制造产业园（南园）污水处理厂项目、城南化工建材产业园供水厂项目目前正在施工建设。城南化工园区配套基础设施建设一期工程项目，计划总投资29274万元，该项目已取得地方专项债券资金23400万元。北区基础设施建设改造提升项目一期工程项目计划总投资12334.82万元，完成可研立项。装备制造产业园改造提升项目一期工程项目计划总投资为26190万元，完成可研立项。园区道路建设及改造提升项目稳步推进，总投资2.2亿元，其中债券资金1.8亿元，新建道路总长度9.542公里（北区建丰南道、研山道、筑城东路）；化工园区易高北道、易高南道、冀滦西路；装备制造产业园源泰南道等七条道路工程开工建设。

【强化安全生产和环境保护监管】建立安全生产网格化监管体系，强化“双控机制建设”和“化工园区专项整治”，建立化工园区信息化监管平台，组织开展企业应急演练，严格落实环保驻厂督导检查制度，加大开发区站点企业管控巡查力度，集中力量开展化工园区认定工作，着力提升开发区安全生产和环保水平。园区99家企业全部实现网格化管理，55家生产企业全部完成双控机制建设，累计开展应急演练19次，开展安全生产巡查110多次，发现并整改安全生产问题300多条、环保问题396个，19家涉vocs企业已完成改造，对开发区站点5平方公里内156家企业、酒店餐馆、门店全部实现了台账式管理和分类管控，滦州化工产业园顺利通过认定审核。

【稳步推进人事薪酬制度改革】圆满完成开发区二级A岗、二级B岗、三级岗、四级岗、五级岗岗位聘任工作，该项工作在唐山市并列第2名。

【扎实推进校企合作和人才工作】一是组织园区10家重点企业赴秦皇岛燕山大学参加了2021年大中城市联合招聘高校毕业生春季巡回招聘会，组织园区东海钢铁、易新装配式房屋、筑城建材、美锦煤化工、烯润科技五家企业赴哈尔滨工业大学土木工程学院和黑龙江科技大学就校地合作、校企合作事宜进行对接洽谈，开发区管委会与黑龙江科技大学签订了校地合作协议。二是唐山易新装配式房屋科技有限公司与哈尔滨工业大学土木工程学院卢爽教授团队签订了项目合作协议。针对唐山宝乐智能科技股份有限公司在大数据、智能装备等方面的实际需求，依托唐山市驻北京中关村引才引智工作站邀请3名相关领域专家深入企业，进行现场指导、交流洽谈，并与宝乐公司签订了小型智能化产品研发设计和工业自动化产线改造项目协议。强化校企合作，引导开发区化工园区涉及糠醛行业企业，深化与北京林业大学合作，邀请北京林业大学张力平教授、宋先亮教授来滦分别与开发区河北易高生物能源有限公司、滦县滦兴生物科技有限公司签订专家顾问协议。

【加强党的建设】一是扎实开展党史学习教育，强化党风廉政建设，认真落实党风廉政建设主体责任和“一岗双责”，引导党员强化自律意识，严格遵守政治纪律和政治规矩，营造了清廉创业的浓厚氛围。二是扎实推进基层党建工作，新发展党员49名，按期转正27名，确定发展对象49名，吸收积极分子53名，新成立滦兴生物科技有限公司党支部。三是着力加强纪律作风建设，推行了上下班签到制度、周一点名通报制度、周五班子例会制度、班子带队检查制度，进一步提振机关干部的精气神，干部队伍的执行力明显增强，为推动开发区各项工作提供了坚强保障。

民政局

2021年，滦州市民政局坚决贯彻党中央国务院和省市党委政府决策部署及上级民政部门工作安排，按照“1395”工作思路，以人民至上的理念和走在前列的担当，充分发挥民政工作兜底性、基础性作用，为全市经济社会发展作出了积极贡献。

【社会救助】一是社会救助体系进一步完善。2021年，全市共有农村低保2445户4502人，城市低保对象215户281人，特困人员3865人（集中供养412人），当年发放农村低保资金2368.7万元，城市低保资金234.25万元，特困供养基本生活费、照料护理费3833万元。当年临时救助1019人次，发放救助金23.738万元。二是社会救助标准进一步提高。城市和农村低保标准分别达到每人每月770元和每人每年6312元，农村分散、农村集中和城市特困人员基本生活标准分别达到每人每年8844元、10104元和13860元。三是社会救助质量进一步提升。围绕“重残”“大病”等5类重点人群，开展社会救助政策落实兜底排查，努力提高保障率，当年新增低保对象224户445人、特困供养对象139人，确保应保尽保；坚持线上信息比对与线下入户核查相结合，持续巩固社会救助专项治理成果，提高政策落实精准度，全年通过核对系统核查新申请社会救助对象639户1759人；按30%比例对125户374人新申请低保家庭进行了入户核查。四是做好省民政厅全量复核结果核查处置工作，累计清退城乡低保、特困供养对象231人。抓好省审计发现2014-2016年违规发放低保资金追缴工作，逐户分析情况、积极协调督办、精准强力追缴，累计追回低保资金265.57万元，圆满完成整改任务。五是脱贫攻坚成果进一步巩固。健全防致贫防返贫机制，建立低收入人口数据库，认定并录入农村低保边缘户345户。坚持动态监测、定期核查、风险预警、分类救助，保持过渡期内兜底救助政策稳定，全市413户867名建档立卡脱贫户继续享受低保政策、特困供养兜底政策103户112人，兜底保障率60%。六是流浪乞讨救助进一步加强。全年救助流浪乞讨人员546人次，通过“互联网+”成功寻亲11人，支出救助资金82.5万元。救助管理站新建项目工程主体完工。

【养老服务】。一是围绕任务抓进度，省市县三级民心工程圆满收官。完成省下达的养老服务提质增能民心工程和党史学习教育为民办实事工程，新增养老床位120张，新改造护理型床位104张，城市社区日间照料站实现了全覆盖，同时一并完成了唐山市下达的社区和居家养老民心工程建设任务；市本级实事工程民政事业综合服务中心老年养护院续建项目，发行了地方债券资金3000万元，完成了内外装修及设施设备安装，具备了使用条件。同时，加快推进第五养老服务中心项目建设，完善项目立项变更手续，并发行地方债券资金2300万元。二是围绕问题抓整改，养老领域“微腐败”专项整治扎实开展。聚焦工作作风、服务态度等十个方面开展“十看”活动，并深入养老服务机构问作风、问诉求、问症结、问线索，做到自查到位、对症下药、标本兼治，共自查发现问题18个，“典型事例”3个，全部整改到位。三是围绕服务抓管理，养老服务规范化建设深入推进。组织开展了全市养老机构护理员培训，推动落实养老机构服务安全基本规范、服务质量基本规范等国家标准。持续开展安全生产隐患排查，严防各类事故发生。第二、第四养老服务中心通过省二星级养老机构复审，全市星级养老机构已达7家，占比37%。四是围绕政策抓落实，养老服务普惠政策严格执行。全年为172名经济困难高龄失能老年人发放津贴补贴21.1万元，为12985名80周岁以上老年人发放高龄补贴868.78万元，为3家养老机构发放建设补贴、运营补贴253.35万元。

【**社会服务**】一是强力推进殡葬改革。深入贯彻落实全市民政工作会议精神，在全市范围内集中了开展土葬阻击战、殡葬市场乱象歼灭战和公墓违规建设经营整治攻坚战。通过加强宣传引导，建立目标考核、网格化盯办和日报告日通报等制度，火化率直线提升，全年火化遗体1106具，其中2021年11月19日至12月31日火化遗体597具，占1-10月份的124%，占全年的54%，阶段性火化率达到97.5%以上，较1-10月份提高80个百分点。开展了违规制售大棺材联合执法检查行动，查禁棺材铺12家。完成违规土葬起尸火化8例，形成了强有力震慑。对13家违规建设经营公墓下达了《停止违规建设经营通知书》，进行土地性质核查比对和“一案一策”处置。二是新建改建殡葬设施。启动滦州市骨灰堂及墓地项目，项目占地40.3亩，计划总投资5546.23万元，已完成项目立项审批，勘察、设计、环评招投标及方案设计等前期手续。投资150万元对火化炉的尾气处理及遗物花圈焚烧尾气处理设备进行了更新，殡仪服务条件得到进一步改善。在落实殡葬惠民政策的基础上，完成非税收入122万元。三是严格规范婚姻登记。认真贯彻落实《民法典》，不断推进婚姻登记规范化建设，全年办理结婚登记2400对，离婚登记751对，补发结婚登记证2145对，补离婚证199对，完成婚姻登记历史档案补录12.4万余份。四是持续加强社会组织管理。开展了行业协会商会违规收费专项治理行动和打击整治非法社会组织专项行动，完成了全市137家社会组织年检工作，制定出台了《滦州市社会组织信用分级分类监管制度》，落实“双随机一公开”监管，开展社会组织负责人专题培训，提升了社会组织管理水平。五是提升地名管理服务水平。实施了122个村街路牌设置工作，设置街路牌976块。维修更换城区街路标志74块，助力文明城创建。完成“唐秦线”第四轮行政区域界线联合检查。抓好地名命名及不规范地名整改工作，提升了地名法治化、科学化、标准化水平。

【**基层民主政治建设**】一是村（居）委会换届工作圆满完成。坚持党管换届、依法换届，有序组织指导各镇（街）开展村（居）委会换届选举工作，规范选举程序，提高选举工作制度化、规范化、程序化水平，截至2021年4月10日，全市504个行政村、28个居委会全部完换届工作，“一人兼”比例100%，发放当选证书1683个、基层群众性自治组织统一社会信用代码证书532个，并组织各镇街对河北省民政业务综合信息管理平台及全国基层政权建设和社区治理信息系统中两委成员信息进行录入完善。二是基层治理能力不断提升。建立健全“六位一体”社区治理模式，进一步推进共建共治共享格局的形成，切实把党的领导延伸到每一个“微单元”。打造完成具有代表性的精品社区10个，精品社区率达34.48%。扎实推进社区工作者职业体系建设，200名社区工作人员纳入社区工作者管理。指导全市各村（居）及时完成村规民约（居民公约）修订，推动开展城乡社区民主协商，有力促进了乡风文明、净化了社会环境、推进了村（居）民自治进程，滦城街道范庄村被评为全国村级议事协商创新实验试点单位。

【**福利慈善事业**】一是未成年人保护工作全面加强。认真贯彻落实《未成年人保护法》，建立了县级未成年人保护协调机制，6个镇（街）及61个村（居）设立了未成年人保护工作站，站点建设率分别达到42.86%和11.44%，超额完成上级下达任务。二是儿童福利工作稳步推进。全年为116名孤儿和事实无人抚养儿童发放基本生活费128.38万元。三是残疾人“两项补贴”按时发放。全年发放困难残疾人生活补贴1609人、113.87万元，重度残疾人（含三级精神、智力和多重残疾人）护理补贴6643人、468.62万元。四是慈善捐助工作成效显著。广泛募集资金，积极推动常规捐赠向指尖行善转变，“99公益日”网上募捐活动共募集慈善资金88.28万元，在全省26个参加活动的慈善组织中位列第二，募集资金占全省募集总额的21%。全年累计募集慈善资金148万元。加强慈善捐助，拨付140万元继续支援疫情防控工作，支出128.6万元救助困难群众167人，资助完成白内障患者免费复明手术718例，全年累计支出慈善资金369.3万元，较好发挥了慈善事业的第三次分配作用

【**疫情防控**】一是坚决贯彻市委市政府决策部署，担起城市社区疫情防控责任。抽调15人成立了3个督导检查组，持续开展督导检查，指导落实“三查八有一提示一扫码”和“五有一网格”，组建并培训了328人的社区防控队伍建设，全面加强社区管控和排查，确保了社区安全。二是坚决履行民政职责，全方位做好民政系统疫情防控。坚持“四个严格”（严格管控、严格防护、严格排查、严格督导），分级精准落实养老服务机构封闭管理措施与恢复秩序工作，常态化开展养老机构人员及外环境核酸检测，扎实推进疫苗接种，累计完成养老机构工作人员核酸检测10764人次，外环境检测49批次，入住老年人核酸检测3批次，累计完成全流程疫苗接种660人、加强针122人，确保了应检尽检、应接尽接，疫情管控无死角。严控人员聚集，根据疫情防控形势，采取服务机构限人、限时等措施，及时倡导喜事停办缓办、丧事简办，避免因婚丧嫁娶等人群聚集带来的疫情风险。

【**党风廉政建设**】一是突出党的政治建设。深入学习贯彻习近平新时代中国特色社会主义思想和党的十九届五中、六中全会精神，深入开展党史学习教育，深化理论中心组学习，广泛开展理论宣讲。认真落实意识形态工作责任制，定期开展意识形态领域分析研判。不断加强基层党组织建设，组织开展了庆祝建党100周年系列活动。二是持续推进全面从严治党。认真学习贯彻十九届中央纪委五次全会精神，把党风廉政建设和反腐败工作融入民政事业改革发展全过程。强化主动接受监督的意识和机制，落实“一岗双责”，积极支持和配合市委巡察工作。坚持民主集中制，形成了决策科学、执行坚决、监督有力的权力运行机制。严格落实中央八项规定，深化纠正“四风”和作风纪律专项整治。健全完善廉政风险防控机制，强化警示教育，用好“四种形态”，持之以恒正风肃纪。三是加强干部队伍和作风建设。加强干部教育培训和日常监管，强化责任担当，提升业务能力水平。大力弘扬严、实、细、快、久的优良作风，推动中央和省市重大举措部署在民政系统落地落实。

财政局

2021年，财政局贯彻新发展理念，落实积极财政政策，支持构建新发展格局，有力促进了全市经济持续健康发展。当年，被财政部、发改委等四部门评为“节约型机关”；被省财政厅评为2021年度“全省优秀财政局”；入选2021年涉农资金统筹整合长效机制建设示范县；被唐山市市委市政府评为“2018-2020年度市级文明单位”；被滦州市委、市政府评为2021年3月份“迈开大步、走在前列”“月评十佳”先进集体；被滦州市委评为2020年度科级领导班子考核优秀单位、2020年度文明单位和先进基层党组织。

【**收入指标完成情况**】2021年，滦州市一般公共预算收入完成25.47亿元，占年初目标的100.5%，同比增收1.89亿元，增长8%，增幅位居唐山市14个县（市）区第4位，非税收入占比17.3%，同比下降6.7个百分点，收入质量位

居唐山市14个县（市）区第2位。清收原财政周转金、基金会贷款300万元，占年任务数的100%。

【全力组织收入】按照“迈开大步、走在前列”要求，积极谋划，主动作为，不断强化执收部门组织收入积极性。实施砂石行业治理提升行动，验收14家企业，实现增收506万元。核算惠泽园和富丽小区二期房地产税费遗留问题，增加公财收入2410万元。修订《滦州市镇街财税收入管理办法》，推进零散税收增税行动，同比增加1725万元，增长68.7%。通过下达限期缴纳通知书和催缴残保金通知书方式，追缴11家企业欠缴2019年度残保金1112.67万元。协调资规部门，向有项目占地需求的企业出售耕地占补指标，增加财政收入1200万元。积极发挥职能作用，争取赤曹国道奖补资金4.73亿元、抗疫特别国债883万元、革命老区转移支付资金883万元、农村综合改革资金2604万元、信息化建设项目资金1495.13万元；争取县域经济高质量发展奖励资金2901万元，资金数额在唐山市直管县中位居第一位，在全省116个受奖直管县中排名第二位。

【提升保障能力】一是统筹调度保障工资运转支出。统筹安排，科学调度，确保全市公教等各类人员工资及时发放到位，保障了机关事业单位正常运转。落实物业补贴及公务员移动通信补贴、乡镇津贴补贴增长20%、乡镇事业人员公务交通补贴、绩效考核奖和年终一次性奖励。二是助力教科文卫事业发展。拨付资金8906万元，落实了教育经费保障机制。拨付资金1.56亿元，支持滦河实验中学建设、中小学幼儿园校舍改造等项目，促进了教育均衡发展。拨付资金3675万元，落实教育资助全覆盖政策、民办教师教龄补贴、“晚霞情”教师返聘及教育志愿者志愿服务费，维护校园治安，支持了农村小学营养改善计划。拨付资金572万元，支持文化旅游产业发展、农村文化建设、市图书馆、文化馆（站）、体育场等场馆免费开放、举办文体活动、加强新时代文明实践中心试点建设及全民科学素质提升工作。拨付人才发展基金144万元，支持“滦州英才”计划顺利实施。拨付资金9952万元，保障疫情防控工作中设备采购、物资采购、疫情防控人员补助及其他防治性资金等支出。落实基本公共卫生服务补助、药品零差率补助和卫生院经常性收支差额补助1.49亿元，支持了医疗卫生工作顺利开展。四是不断完善社保体系建设。拨付资金8.33亿元，落实城乡居民、失地农民及离退休人员养老金，保障了各类人员老有所养；落实城乡低保、优抚对象、特困补助、孤儿保障补助补贴资金，保障了弱势群体基本生活。社保政策再调标，农村低保年标准、城镇低保月标准分别提高到6312元、770元；优抚对象生活补助标准再提高，农村集中供养、分散供养特困人员基本生活补助、城市特困人员基本生活补助年标准分别提至8844元、10104元和13860元。五是统筹做好“六稳”“六保”工作。积极落实中央、省、市减税降费政策，2019年－2021年10月份，滦州市共减免税费13.4亿元，其中税款9.9亿元，社保费和非税共3.5亿元。认真落实增值税留抵退税政策，累计为企业退付增值税1.6亿元。拨付资金53.54万元，支持创业担保贷款，扩大有效就业。拨付资金3207万元，落实了创业担保贷款贴息、就业补助、创业扶持、职业技能培训等稳就业政策，支持了就业创业工作。六是促进农业农村发展。拨付3.22亿元，支持乡村振兴示范村示范区建设、农村综合改革、农村抗震民房改造、农村街道改造提升、大中型水库移民后期扶持、农村饮水安全、河沙治理，切实为困难群众排忧解难。累计拨付养殖业、种植业、林业保险保费补贴2377.1万元，解除农民后顾之忧。统筹整合涉农资金2.03亿元，重点用粮食产业和果品产业，保障重要农产品供给。拨付9152万元，发放村干部工资、绩效及村级组织运转经费；申报扶持壮大村集体经济项目22个，争取上级资金1100万元；连续三年成功申报综改示范村项目，每年争取项目2个、资金600万元，位列全省第一位；拨付资金3286万元，对口帮扶承德县，支持产业扶贫，发放扶贫公益岗、帮扶岗补贴，为建档立卡脱贫户代缴养老保险、医疗保险个人资金，实施医疗、教育扶贫救助，巩固拓展了脱贫成果。七是支持新型城镇化建设。拨付资金6.6亿元，确保了赤曹国道项目、上下康搬迁、水曹铁路、唐秦高速、锦郑石油管线、津秦客专补偿及何茨线、滦古路、杨柏线、钢联北路综合提升改造等重大项目顺利推进。拨付资金3477万元，支持老旧小区改造、体育场综合改造、胜利道部分路段改造提升等重点工程，进一步完善城市基础设施，改善城市面貌。八是支持生态环境建设。拨付生态环境治理资金2.48亿元、绿化补贴资金6662.9万元，落实“双代一清”补助和国三及以下排放标准营运柴油货车淘汰补贴，支持大气和水污染防治、农村垃圾清运、公路养护整治、“三位一体”综合服务区运行管理，打造高速两侧高标准景观绿化带，打好蓝天保卫战。九是维护社会和谐稳定。拨付资金1.44亿元，保障政法、信访维稳、公检法司业务装备配备及专项业务支出；支持全域可视一张网、“雪亮工程”及智慧平安社区等项目建设，实现治安防控“全覆盖、无死角”；保障食品安全、质量检测、特种设备安全监督、消费维权、打假办案等工作开展，维护了社会和谐稳定。

【坚持科学规范理财】一是做好财政资金管理。出台《直达资金暂行管理办法》，明确监管范围和内容，做好直达资金系统监控。消化暂付款4919.5万元，有效降低了暂付款风险。累计清理盘活存量资金6662万元，提高了资金使用效益。严把支出关口，对动态监控系统预警拦截的2.36万笔业务进行核实，确属合规业务逐级审核后予以支付，涉及资金15.41亿元。二是提高预算管理水平。印发《关于全面实施预算绩效管理的意见》，健全绩效预算管理机制，推动预算绩效评价第三方机构信用管理平台上线运行。对全市68家一级预算部门开展了部门整体绩效监控和评价，覆盖全市所有预算部门2494个项目，涉及资金50余亿元。对重点民生领域8个项目开展财政重点绩效评价，审减及收回资金294万元。三是加强政府债务管理。加强债券资金申报项目储备，积极争取专项债券等新增债券。完成到期债券还本付息工作，化解存量债务，遏制隐性债务增量。成功申报债券项目9个，申请到位资金11.33亿元，支持了我市重点项目建设。四是强化财政监督检查。抽取21家单位对非税收入、国有资产管理、中俄天然气管线等项目进行专项核查；抽取20家预算单位开展财务会计核查，实施代理记账机构监管。完成了唐山市财政局扶贫项目绩效自评检查县区互查以及农业保险费补贴资金、农业生产发展资金、水土保持项目绩效评价自评工作。对滦州市政府、部门预决算公开及财政扶贫资金公开情况进行了重点核查，进一步提升了全市财务管理水平。五是规范国资国企管理。加强资产购置、出租、出借和处置管理，规范审批手续，督办超期合同33件，处置资产138处、车辆49辆、石料395万吨，回笼资金1.14亿元。制定国企改革三年行动方案，推动企业创新转型高质量发展。“三供一业”分离移交、国企退休人员社会化管理移交稳妥实施。修订国有企业负责人绩效考核办法，完善经营业绩考核指标；出台国有企业投资管理办法，国有企业投资管理更加规范。六是强化财政投资项目评审。创新评审方式，扩大评审范围，着力解决项目预算不实问题。年内完成预算投资评审11.51亿元，审定造价9.61亿元，审减1.9亿元，平均审减率16.49%，涉及老旧小区改造、农村公路建设等项目276个。完成工程前期费用评审1.85亿元，审定造价1.26亿元，审减0.59亿元。七是加强政府采购及公车管理。全年完成政府采购项目252批次，采购预算18.29亿元，实际采购16.92亿元，节约资金1.37亿元。深化“放管服”改革，建立“中介服务超市”，入驻项目单位67家、中介服务机构358家，有效降低了采购成本。完成办公用品定点采购和办公自动化设备协议供货招标工作，取消中小微企业投标保证金，开展代理机构检查，问责违规采购主体，营商环境持续优化。推进新能源汽车普及，开展公车专项整治，公车管理更趋规范。八是其他财政管理工作。有序推进实拨资金业务电子化和差旅电子凭证网上报销，提高财政电子票据使用率。加强公费医疗管理，支付离休干部和新中国成立前退休工人医疗费518万元；严把报销关口，拒付非医保费用30余万元。做好会计管理工作，开展内控建设专项督导检查，狠抓乡镇会计财务管理规范化建设；完成会计信息采集108人，审核会计专业技术考试资格168人。

【加强财政队伍建设】一是抓好学习教育。把学党史、学理论当作明理崇德增信力行的“强劲引擎”，制定了《理论学习中心组学习计划》《党史学习教育计划安排》，采取中心组学习、理论研讨、集中宣讲、读书班等灵活多样的学习方式，推动党的理论入脑入心；组织召开党的十九届六中全会精神辅导培训会，切实把全会精神转化为解决问题的有效办法、推动工作的务实举措。开展“学党史、走在前”财政擂台赛、参加河北省财政厅“庆百年 学党史 开新局”主题征文活动，获二等奖一名。二是扛起主体责任。制定《2021年度全面从严治党主体责任清单》，坚持党风廉政建设和财政业务两手抓、两手硬，党组书记认真履行第一责任人责任，党组成员自觉履行“一岗双责”，把管党治党抓严、抓实、抓具体、抓深入。建立廉政档案，对党员作风及重大事项记录在案，深入推进党风廉政建设。三是强化组织建设。以庆祝建党100周年为契机，结合“迈开大步、走在前列”解放思想大讨论活动，组织青年干部主题演讲比赛、支部书记讲党课等系列活动，全局上下争先氛围更加浓厚，形成了抓执行、重实效的强大合力。认真组织“三会一课”和党日活动，开好党史学习教育专题组织生活会，推进组织生活严肃化、制度化。坚持在疫情防控和志愿活动中锤炼干部，2名青年干部递交了入党申请书，新发展党员3名，为党组织注入了新活力。四是锤炼优良作风。完善考核办法，实行常态化、多维度考核。结合“群众满意度提升年”活动，制定活动方案，狠抓作风建设。扎实推进“我为群众办实事”活动，局新时代文明实践志愿服务队，入村开展党史学习教育宣讲，发放宣传资料，推动党史学习教育深入群众、深入基层。积极参与疫情防控，开展疫苗接种排查；开展志愿服务，解决部门困难11个，粉刷包联居民楼6栋，更换破损楼道灯和开关；为包联村争取资金91万元，用于临街门市建设、村街硬化、绿化亮化。多渠道筹措资金，扎实推动十件民生实事34项工程落实落地，全力保障和改善民生。

人力资源和社会保障局

2021年，滦州市人力资源和社会保障局紧紧围绕全市经济社会发展大局，突出“问题、目标、结果”导向，坚持以“就业创业、社会保障、人事人才、劳动关系”等为重点，圆满完成各项工作任务，为全市建设“现代中等城市、全国百强滦州”做出了积极贡献。

【目标任务完成情况】一是城镇新增就业。城镇新增就业7211人，占市达目标任务6700人的107.6%。二是城镇居民可支配收入。全年城镇居民人均可支配收入达48568元，增速7%，位居唐山市14个县（区）第4名。三是“三重四创五优化”活动指标。全年提供创业服务10908人次，完成年度任务7000人次的155.83%。开展各类补贴性培训11025人次，完成年度目标任务5300人次的211%。四是社会保险扩面。完成企业职工养老保险、工伤保险、失业保险扩面5800人、6344人、6095人。完成基本养老、工伤、失业保险分别覆盖43.01万人（企业养老保险8.25万人、机关事业养老保险

2.15万人、城乡居民养老保险32.6万人）、6.51万人、5.02万人。五是人才引进。全职引进国内外重点高校毕业生37名，其中全职引进研究生32名。六是案件办理。受理欠薪投诉举报案件86起，为507名农民工追讨工资694万元。接待劳动争议案件362起，立案268起，已结案228起，结案率100%，调节率53%。

【畅通劳动力就业渠道】一是“线上线下”相结合，提供更多就业岗位。2021年，面对疫情影响，坚持“就业服务不打烊、网上招聘不停歇”，依托“滦州市就业创业微信公众号”，不断创新服务方式，主动对接企业征集用工需求，累计发布网络招聘信息67期；充分发挥滦州市人力资源市场配置主渠道作用，先后召开“春风行动”“稳就业促就业”专场招聘会7场，吸引200余家企业前来现场招聘。通过“线上线下”招聘累计提供就业岗位8500余个。二是强化政策扶持，鼓励创业促进就业。对现有滦州市大学生创业孵化基地、滦州市大众创业园2家创业孵化基地进行规范提升，不断完善政策咨询、项目推介、开业指导、创业培训、跟踪扶持等“一条龙”服务体系，在2家创业孵化基地入驻的创业项目达100家，带动就业500余人。提供创业服务10908人次。加大创业担保贷款政策实施力度，为15名创业者和2家小微企业发放创业担保贷款772万元，带动213人就业。三是加强公共服务平台建设，推进就业创业服务向基层延伸。在原有14个镇（街道）34个村级就业服务平台的基础上，新建26个村级就业服务平台，完成设备购置、标牌制作、人员配备等相关工作并投入使用。滦州市村级人力资源服务平台已达60个，实现了就业创业服务更好地向下延伸和覆盖。滦河街道晨光南里社区被河北省人社厅评为“2021年度省级充分就业社区”。四开展职业技能提升行动，促进更高质量就业。加强与规上企业及各培训机构联系，疫情期间采取线上理论培训和线下实操培训的方式，共开展线上线下培训班316期，累计培训学员11025人次，涉及电工、养老护理员、育婴员等15个工种。被唐山市政府评为第四届唐山工匠职业技能大赛优秀组织奖。制作宣传短片《培训技能促就业、铺就人民幸福路》在唐山市电视台播放，参加唐山市“我为群众办实事”擂台赛，通过网络测评投票排名第二。

【构建覆盖城乡的社会保障体系】一是进一步规范失业保险待遇审核发放程序，共为8514人次发放失业补助金646.63万元。为194家企业拨付失业保险稳岗返还资金140.23万元。二是2021年完成2014年10月至2017年12月机关事业退休“中人”待遇计算968人，占比91.6%。发放827人，占比78%。完成2018年“中人”计算373人，占比92.3%。发放309人，占比76%。

【提供高质量人才社会化服务】一是发挥桥梁作用，实施精准化引才引智。在全市范围内开展紧缺人才需求调查的基础上，编制了《滦州市2021年紧缺人才目录》，为实施滦州英才计划提供参考。先后为20家用人单位与哈尔滨工业大学、燕山大学、黑龙江科技大学等4所高校搭建人才引进合作平台，为滦州市发展提供人才智力支撑。二是搭建选拔推荐平台，发挥高端人才引领作用。推荐河北省政府特殊津贴专家1名，推荐河北省“三三三人才工程”资助项目3人，申报第五届唐山市市长特别奖人选2名。申报滦州市百信花生种植合作社国家级专家服务基层服务团项目1个，向人社部申报现代农业高效种植研修项目1个。三是提高人事代理水平，完善人才社会化公共服务。为人事代理人员办理退休登记274人，为538名人事代理人员办理人事档案转移手续。完成23700名流动人员档案的电子化档案整理录入。

【提升干部人事管理水平】一是加强干部队伍建设。制定了2021年事业单位公开招聘计划，通过报名、笔试、资格复审等程序，为全市教育、卫生及市直单位招聘工作人员426人，9月底前以全部完成入编手续。进行考核，共完成55个科级以下事业单位的9214名工作人员的考核工作，核准优秀指标1342个、合格7708个、基本合格2人，不合格1人，不定等次151人，记功173人、嘉奖1710人。二是深化专业技术职称管理。完成全市企事业单位专业技术人员初级职称认定151人。审核卫生专业技术资格考试报名265人，其中中职125名。完成2021年专业技术人员岗位聘用1423人，其中高职297人、中职741人、初职385人。向唐山职改办上报高职244人，其中：卫生43人、教育170人、小系列31人。完成中职申报192人，其中教育181人，小系列11人。三是做好各类人员工资待遇调整、退休审批工作。审批退休手续890人。为全市7872名事业单位工作人员审批升级升档。结合组织部、财政局制定了《关于调增镇街工作人员乡镇工作补贴的实施办法》，完成13个镇街691名在编在岗工作人员乡镇工作补贴调增工作。

自然资源和规划局

2021年，自然资源和规划局紧紧围绕市委、市政府重点工作安排，全力克服疫情影响，统筹推进资源保护、要素保障，全面完成了森林城市创建、矿山环境治理、国土空间规划、不动产登记、土地供应等重点工作任务。

【保发展】一是组建服务保障专班，制定项目用地保障推进图，将保障服务责任细化到各科室，做到项目用地应批尽批、应保尽保。全年为古城二期、东海特钢冷轧、党校搬迁、公转铁等20余个重点建设项目报批建设用地1815亩，唐秦高速滦州段、迁曹高速滦州段两个重大线性工程用地上报省市审核审查。二是全年核发用地预审与选址意见书12件、建设用地规划许可证20件，建设工程规划设计方案联合审查意见书24件，建设工程规划许可证27件、45件规划条件通知书、21件建设工程规划设计方案联合审查意见书和23件建设工程规划许可证。

【保供给】一是持续开展批而未供和闲置土地盘活处置，2021年唐山市局下达滦州市2009-2018年批而未供土地处置任务1462.54亩，实际处置1497.5亩，占整改任务的102.4%。全市不存在闲置土地。二是全年完成土地供应1853亩，收取土地出让金12.13亿元。对45宗3517.98亩土地进行收储，并在土地储备监测监管网进行录入和管理。三是完成津秦客运专线、清水润城、一实小等10个项目的划拨供地工作，对各项民生项目的顺利实施提供有力保障。

【保资源】一是以建设促保护，积极推进占补平衡项目建设，全年补充耕地1830亩，占唐山市达任务的102%。年末全市耕地保有量89.62万亩，永久基本农田保有量65.2万亩，圆满完成了唐山市达保护任务。二是以卫片执法检查为抓手，深入开展自然资源执法专项整治行动，对国家下发的卫片监测图斑和2个新发生“非农化”图斑、47个农村乱占耕地建房图斑进行整改，并顺利通过上级检查验收。三是采取“人防+技防”手段，购置无人机对全市矿山进行巡查管控，累计开展督导检查72次，全市自然资源利用秩序持续向好。

【保生态】一是全力开展森林城市创建工作，全年营造林6.55万亩，建成森林小镇1个，市级森林村庄25个，省级森林村庄4个，绿色企业5个，打造荒山绿化示范点2个，完成省达24处矿山迹地修复治理任务，打造了司家营等一批矿山生态修复亮点。滦州市自然资源和规划局被授予“河北省国土绿化突出贡献单位”，滦州市人民政府被命名为“河北省森林城市”荣誉称号。二是稳步推进林长制建设，建立森林防火协同机制，实现了多部门火情联合监控和信息共享，全年未发生一起重大森林火灾。

【强支撑】一是完成国土空间总体规划阶段性成果，包括文本、图集、说明和21项专题研究成果，顺利通过唐山市局组织的第二轮专家技术审查和滦州市规委会阶段性审查。目前设计单位正在按照省市要求进行修改完善。二是统筹开展了全市10个建制镇的国土空间总体规划和30个村庄规划编制工作。三是开展了中心城区道路和市政专项规划、中心城区公共服务设施专项规划编制工作，完成前期现状调研和整理工作，正结合滦州市国土空间总体规划的编制同步开展编制工作。

【促服务】一是按照打造“四最”唐山品牌要求，制定了《工程建设项目的审批流程图》《滦州市工程建设项目许可审批实施细则》和《滦州市社会投资新建工业项目“拿地即开工”审批改革暂行办法》等改革配套措施，大力推进“多审合一、多证合一”和“一窗受理、并行办理”，最大限度地简化申报材料、精简审批环节、压缩审批时限、提高审批效率。二是在政务服务大厅设立综合受理窗口，统一受理不动产登记、交易和税务业务事项。开通“绿色通道”，落实“四项服务”，以实际行动践行让群众“只进一扇门”“最多跑一次”的承诺。全年共核发不动产权证书5110本，不动产登记证明2817份，开具首套房、公积金等各类证明4500份；农民集体土地所有权证447本。滦州市“办理不动产登记‘一次不用跑’”被河北省发改委评为不动产登记领域改革亮点，不动产登记中心获河北省自然资源厅“提质提效、文明服务”竞赛活动“文明服务流动红旗”。

【抓好疫情防控常态化管理】及时传达上级疫情防控会议和文件精神，安排部署全局疫情防控工作。一是在年初制定下发了《滦州市自然资源和规划局关于进一步加强新冠肺炎疫情常态化防控的若干措施的通知》，建立了干部职工疫情防控排查周报告制度，加强对重点疫区来滦（返滦）人员排查频率和力度，及时了解干部动向，掌握机关状况。二是组织系统干部职工按时接种新冠疫苗加强针，积极参加每周全员核酸检测，坚持每天对电梯、洗手间、楼道等公共区域进行两次消毒，每天安排工作人员在警卫室对来访人员进行扫码登记进入，定期发放口罩、洗手液等防疫物资。三是加大野生动物保护力度，对野外野生动物和人工驯养场所进行实时监控，建立滦州市野生动物人工驯养场联络群，通过微信群及时发布疫情防控要求。组织开展我市美国白蛾进行2次飞机防治工作，共飞防30架次，作业面积6万余亩，有效地遏制了美国白蛾的大发生。

【全面落实从严治党主体责任】成立了以党组书记、局长为组长的局全面从严治党领导小组，制定下发了《党风廉政建设和反腐败工作实施方案》和《局党组落实全面从严治党主体责任清单》，逐级签订了《“一岗双责”责任状》和《党风廉政建设责任书》，形成了一级抓一级，层层抓落实的全面从严治党建设机制。

【积极开展党史学习教育活动】一是成立组织，加强领导。成立了党组书记、局长为组长，党组成员副局长为副组长，科室负责人为成员的党史学习教育领导小组。制定印发了《滦州市自然资源和规划局关于开展党史学习教育的实施方案》。二是组织集中学习。充分利用每周五下午集中学习，组织全体党员干部进行集中学习，开展专题党史学习教育12次。三是丰富学习形式。采取线上线下相结合的方式，充分利用“学习强国”学习平台、河北干部网络学院，组织开展“三会一课”、主题党日和重温入党誓词等活动，内容与自然资源和规划工作相结合，主题突出、特色鲜明、形式多样。四是讲好专题党课。局党组书记为全局党员讲党课两次，领导班子成员结合学习教育的心得收获和分管工作，在所在党支部讲党课一次。五是深化“主题教育进万家、为民服务解难题”活动。5月10日-15日，按照“主题教育进万家、为民服务解难题”的活动要求，组织包联干部到榛子镇进村入户开展党史学习教育专题宣讲工作。六是学习贯彻落实习近平总书记在庆祝中国共产党成立100周年大会上的重要讲话精神。7月10日，该局理论学习中心组召开学习会议，认真学习习近平总书记在庆祝中国共产党成立100周年大会上的重要讲话精神，结合实际工作开展交流研讨。各党支部在8月份陆续召开了党史学习教育专题组织生活会。

住房和城乡建设局

2021年，滦州市住房和城乡建设局立足加快建设“现代中等城市，全国百强滦州”总体目标，拉大城市框架、完善服务功能、提升城市品位，构筑具有滦州特色的城市发展体系，为加快推进住建事业高质量发展贡献了力量。

【进一步完善城市功能】一是圆满完成年度工作任务。实施城市畅通工程。投资3700万元，实施团结道、建华路、胜利道等5个道路维修改造项目，全部完成投入使用。实施城市停车工程。2021年河北省下达滦州市公共停车位建设任务1050个，完成2060个，超额完成年度建设任务。同时中医院、中山公园等5个立体停车设施正在加紧推进中。实施城市降尘工程。总投资760万元，实施205国道城区段、团结道、滦河西道等多个路段的路灯喷雾降尘项目，4月安装完成并投入使用。实施农村抗震房屋改造项目。滦州市在省以上补助资金3450万的基础上，积极配套补助资金2317.36万元。2021年，2300户全部完工。实施农村“双代”工程。滦州市达改造任务共1.9131万户，其中气代煤1.6332万户、电代煤0.2799万户，共涉及10个镇（街）242个村，总投资1.49亿元。10月底已全部完成。实施农资市场、建材市场进行提升改造工程。项目总投资955.32万元，总建筑面积11万平方米，59栋单体，项目正在积极施工。二是公共服务能力进一步优化。实施净水保障及污水处理项目。集中式饮用水水源地建设总投资8342万元，已基本完成。全年供水总量580万吨。完成水费收入1620万元，代收污水处理费约317万元。经济开发区北区污水处理厂项目，总投资4500万元，土建工程已全部完成。更新供热管道760余米，更换各种老旧入户阀门1560个，锁闭阀118个，完成光明里小区66户平房暖气入网，得到了群众的认可与好评。新建天然气管道135.98余公里，新增调压设备806台，新增阀门123个，确保了滦州市人民群众安全用气。

【进一步改善人居环境】一是实施棚户区改造项目。2021年滦州市棚改项目共有6个，总投资26.34亿元。其中西双山新开工项目1个，古城北区、北双山、友谊里、光辉里、东双山续建项目5个，全部完成年内目标任务。滦州市城中村开工率全唐山市排名第一。二是实施老旧小区改造项目。总投资5630万元，对晨光里、体育里和朝阳里等19个老旧小区进行改造，总建筑面积为23.14万平方米。住房和城乡建设局积极争取到位了上级资金4800余万元，大大减轻财政负担。2021年底已全部完工。在唐山市综合排名第一。滦州市先进经验做法，在今日头条、学习强国、唐山电视台等媒体进行推介。三是实施农村抗震房屋改造项目。滦州市在省以上补助资金3450万的基础上，积极配套补助资金2317.36万元。2021年，2300户已全部完工，极大地改善了农村居民居住环境，提升了老百姓的幸福感。四是强力推进绿色建筑工作。滦州市2021年竣工验收绿建项目7项，建筑面积16.99万平方米，其中居住建筑16.1万平方米，公共建筑0.89万平方米，绿色建筑占城镇新建建筑面积比例为100%。

【大力推进处遗工作】一是完成康迈小区、康迈旺座分户办证后续推动工作。二是将响水花园项目、滦河大酒店项目、紫薇园低层住宅项目、朝阳里东侧广场商住楼项目、天鼎化工项目列入了处遗办证范畴，参照处遗政策持续推进解决。三是卧龙山庄、温馨家园等项目“入住回迁难”问题得到解决，已开工建设。四是积极协调完善卧龙山庄一期项目验收备案及相关设施。五是积极推动集资楼办证工作。对符合集资楼办证政策的25项申请，出具了确认意见。对房地产开发公司建设的住宅楼、冀东家园住宅楼等项目制定了解决方案，并有序推进。共完成集资楼分户登记171户，其他集资楼正在办理土地，规划等相关手续。

【凸显滦州住建品特色】一是广辟宣传渠道树形象。2021年，住房和城乡建设局《农房抗震改造圆群众“安居梦”》《滦州市积极推进老旧小区改造》《河北滦州督导推进棚改项目建设》《住建局强力推进城区道路纳米喷雾降尘取得新进展》《让绿色建筑更完美——滦州市全力推广建筑节能保温与结构一体化技术写实》《住建局积极推进老旧小区改造》等18篇稿件被国家及省市媒体发表。二是拓宽融资渠道增活力。积极协调跑办，争取到位2021年度河北省地方政府专项债券资金6.88亿元，其中西双山棚改项目4.5亿元，城区路网工程1.15亿元，胜利道改造项目3800万，老旧小区改造项目争取中央补资金1056万元、省级奖补资金223万元、申请地方政府专项债券3500万元，立体停车楼5000万元。已全部到位，为城市建设发展提供了强有力的资金保障。三是开展特色活动助发展。6月16号下午，省发改委、住建厅、文旅厅、教育厅等省直部门和部分市、县城建办负责同志来滦州市调研观摩县城建设提质升级工作。省调研组充分肯定了滦州市县城建设提质升级工作取得的成绩。自然灾害综合风险普查工作，滦州市被确定为全国86个、河北省3个试点县（市）之一，已完成滦州市全域房屋建筑和市政设施基础调查工作，调查数据成果已通过软件系统在线完成纵向和横向汇交，滦州市按时全部完成了普查任务，得到了唐山市住建局领导的充分肯定，并在唐山市会议上加以推广。8月29日至30日，唐山市农村房屋建筑自然灾害综合风险普查工作培训会议在滦州市召开。10月12日，唐山市住建局召开全市住建系统房屋建筑自然灾害综合风险普查推进暨技术培训会议，住房和城乡建设局在会上作了典型经验介绍。唐山市房屋建筑自然灾害综合风险普查工作已初步形成了“滦州模式”。9月8日，唐山市地震断裂带房屋改造工作现场会在滦州市榛子镇召开，省委常委、唐山市委书记张古江，唐山市委副书记、市长田国良等四大班子领导及唐山市相关直单位主要负责同志等参加了观摩视察。同时，住房和城乡建设局注重开展人才活动，先后开展了2021年度夏季燃气行业及农村气代煤安全生产培训、公共租赁住房保障申请受理初审、经济适用房销售、住房租赁补贴申请受理业务培训等10余次活动，有力推进住建工作高质量发展。

【进一步提升行业监管水平】一是审批服务提效提速。共完成招标项目39项，招标造价总额14.29亿元，中标总额14.03亿元，节省财政资金2591.75万元。二是规范物业管理行为。对28家公司、44个物业管理小区实施日常监管及考核，常态化开展物业服务提升活动，累计收缴住宅专项维修资金4.02亿元。2021年，鑫府庭院、东南都会小区连续被评为物业管理“标准化示范项目”。东南都会小区被评为河北省“十佳”物业管理项目。三是严厉杜绝拖欠农民工工资行为。全年收缴农民工劳务费12296.89万元，使用11422.26万元，涉及农民工人数3412人，收缴农民工工资保证金1424万元。按照规定退还施工企业农民工工资保证金25项，总金额1695.5251万元。收缴率为100%。四是深入开展大气污染防治。严格落实上级有关规定，截至21年底，共立案处罚23件，处罚金额35万元。唐山市综合排名第二名。五是加强建筑质量监管。2020年滦州市有

3项工程被评为省结构优工程、6项工程被评为唐山市结构优工程，2021年已组卷上报9项省结构优质工程、2项唐山市结构优质工程，积极发挥结构优质工程的引领带动作用。六是建筑及燃热行业实现了安全生产无事故。七是完成房屋普查工作。滦州市房屋建筑自然灾害综合风险普查工作，全部按时完成了任务，得到了上级领导的充分肯定，并在唐山市会议上加以推广。

【进一步增强队伍建设】一是认真履行主体责任。该局党组书记严格履行全面从严治党第一责任人责任，先后召开12次党组会议，对党建工作进行全面部署。该局党委4次深入各支部调研指导党建工作，督导解决了个别支部阵地建设不规范、党务人员不足等实际问题。二是夯实学习基础。该局制定了本单位《党员党史学习实施方案》，并制定了《集中学习提纲》，为基层党组织和党员列出学习内容，指明学习方向，梳理学习要点。三是做实规定动作。党组理论中心组每月最少集中学习研讨一次，党组成员均以普通党员身份参加了所在支部的党史学习教育专题组织生活会。同时充分利用“三会一课”、党员活动日，开展党组书记讲党史专题党课、“七一讲话精神”宣讲、邀请滦州市委党校教授进行党史宣讲、组织党史学习教育专题考试、组织机关党员到遵化沙石峪接受党史教育、参加全市庆祝建党100周年文艺汇演等主题突出、特色鲜明、形式多样的学习教育活动，确保党史学习教育持续往深走。四是创新活动载体。通过在全体党员中开展“党员先锋做表率，志愿服务显初心”活动，引导广大党员“亮身份、当先锋”。通过开展党员志愿服务、窗口单位设置“党员示范岗”标识、在实际工作中亮明党员身份等方式，用心、用情为群众搞好服务，发挥先锋模范作用。五是积极推进党建示范点建设。2021年共打造并上报城市供水中心党支部和唐山胜富集团党支部两个党建示范点，全面提升基层党组织建设水平。

城管执法局

2021年，城管执法局深入贯彻省委“三重四创五优化”、市委“迈开大步、走在前列”决策部署，坚持“1395”总体思路，强力推动提标、提质、提速、提效，提高城市精细化管理水平，提升城市综合管理效能，创造高质量城市人居环境，为实现“现代中等城市，全国百强滦州”贡献城管力量。

【狠抓项目建设】一是市政建设。完成燕山路辅道、古城北路、西路便道及胜利东道、人民东道、滦新街、平青大两侧便道翻修，实施步行街、一中体育馆及家属院、火车站广场、重点桥涵、城市照明、景观亮化等项目改造提升。持续推进城市道路维护工作，全年共维修城市机动车道路路缘石5241延长米，更换污水井盖208套、雨水篦子363套、树穴石150延长米，照明设施亮灯率不低于99%。二是景观绿化建设。按照居民出行“300米见绿、500米见园”要求，高标准实施经济适用房游园绿化工程、荣望府游园、平青路游园工程。完成滦州路、燕山路、平青路等主次干道及公园广场黄土裸露地段补植花草43000余平方米。新增园林绿地面积34.06公顷，新建0.2公顷以上的公园、游园3个，完成义务植树8万株，新建绿道绿廊3公里，新建或改建林荫路6公里，创建省级园林式小区1个，创建省级园林式单位1个，新建林荫停车场0.2公顷。三是服务保障设施建设。积极开展39座公厕提升改造项目攻坚行动，完善城区内76座公厕无障碍设施，新设置公厕指示牌78个，补齐无障碍设施提示卡、残疾人救助提示牌等各类标识标牌161个。严格执行公厕管理标准，保持公厕清洁，确保设备设施完好。

【狠抓环境整治】一是加大市容治理。调整执法中队人员和区域划分，合理设置3个临时便民服务疏导点，引导120余个流动摊贩进场经营，积极推进门前三包样板街区创建活动，创建商业步行街为首批示范街，逐户推进“门前三包”机制，打响“精品街道”工程，实现共治、共享、共建的城市治理格局。累计规范商品外摆商户3100处（次），规范占道经营行为1900处，清理各类乱栓乱挂及道旗灯箱800余处，各类非法广告5200余张，督导拆除违章建筑1例。二是严格渣土治理。强化源头防控，严格渣土运输行业管理标准，将全市5家车企、60部车辆纳入渣土运输车辆监控管理平台，会同交警、交通等部门集中开展重型车辆穿城整治，加强252省道、205国道城区出入口等重点道路巡查，实施卡口值岗与数字化监管，24小时监控，线上+线下双重管理，车辆穿城共查处备案车辆2695辆，劝返267辆，其中涉及车辆违规罚款大车21.4万元，其他罚款0.24万元，共计21.64万元。三是狠抓扬尘治理。以“退后三十”为目标持续攻坚，坚持“以克论净”和全天候保洁机制，结合生态办和各专班，列出省控点周边“1公里范围内”问题清单，对三个省控点一公里范围内全天候带水作业。持续开展“全城大清洗”行动，90多辆洗扫车、洒水车、喷雾车等设备“歇人不歇车”，24小时满负荷作业，城区31条主次干道机械化清扫率超过90%。根据道路积尘负荷走航监测结果，精准溯源，“一路一策”精细化洗扫作业。根据车载定位及“掌上环卫”APP，专项督导清扫保洁、洒水情况，实施奖惩。

【增强综合管理能力】一是疫情防控措施有力。强化对重点区域和公共场所的消杀处理。累计出动3000多环卫工人、500多车次，每天早中晚三次对城区66个垃圾中转站、465个果皮箱、76座公厕、11个公交站点及火车站、高铁站等900多个点位全面消杀。强化垃圾清理清运及无害化处理，春节期间城区和500个村保洁员全部在岗作业，83辆洗扫清运设备全力运转，平均每天处理垃圾400余吨，确保日产日清，坚决切断病毒传输途径，构筑起城市疫情防控严密防线。二是油烟治理成效明显。配合滦河办专班、生态环保分局等部门对监控点周边餐饮饭店进行排查，上门进行宣传，规范经营行为，要求申请店招设置前必须安装油烟净化设施并保持清洁，实现达标排放。针对露天烧烤全部进店经营加装净化装置，对抗拒执法、屡教不改的露天烧烤行为坚决依法取缔。三是智慧城管高效运行。为进一步提升城市管理精准、高效、规范化，城管局数字化城管积极构建城市管理二、三级平台，将建成区域纳入数字城管范围，通过网格划分、部件普查、责任界定，明确各部门责任人，对辖区基础设施、重点区域实时监控、实时反馈，实现定位精确、实时、动态、可视化管控。数字城管采集员对新、老城区32个责任网格的大街小巷逐日巡查，日均案件采集量260条，结案率达98%以上。

【科学构建长效机制】一是市场化运作环卫保洁工作。完成环卫保洁市场化招投标，分别为滦县通达物业服务有限公司（一标段）、长沙中联重科环境产业有限公司（二标段）、滦县海峰环卫有限公司（三标段），严格按照标书要求完成验收、交接、进场无缝化衔接工作，并加强考核力度。总投资3166万/年，2021年8月20日全部进场作业，负责城区51条主次干道，约294万平方米的清扫保洁、每天108个地坑、移动罐、散点，200余吨生活垃圾的清运及新老城区76座公厕及15个开放式小区的管理工作。二是持续深化创城工作。按照文明城市创建常态精细化治理方案，严格文明城市创建迎检评审要求，对31条主次干道、商业大街和9个公园广场开展全方位督查和志愿劝导服务，实施申报点位的包挂包创和长效管理，实地考察，对照测评体系分解指标任务，迎评期间，清理流动摊点、店外商品外溢420余处，破损地砖及路面15000余平方米，补植各类花草3230余平方米，冲洗道路40余万平方米，清除各类杂草、废弃物等1000余吨。三是创新生活垃圾综合处置项目。该项目以生活垃圾无害化终端处理为目标，于2020年12月4日开始单体设备调试，接收滦州市生活垃圾。2021年，累计接收滦州市生活垃圾98573.8吨，发电量4319.986万kW·h；农村生活垃圾采用“镇村保洁收集、企业清运、市处理”模式，农村生活垃圾日进场量约350吨，国道、省道、高速公路、铁路以及主干道沿线村基本做到日产日清，全年累计督导检查240余次、处罚三方清运公司17万余元，全市13个镇街500个行政村人居环境质量得到有效提升。四是规范法规制度建设。推行“双随机、一公开”监管，随机匹配执法检查人员与检查主体，下发检查任务10余次，对6家企业开展了行政执法检查，完成率达100%；重新规范权责清单共8类242项，整理执法卷宗72件，同步完成行政处罚信息到河北省执法信息平台、两法衔接平台；在政府网事前公开31条，事后公开行政处罚事项178条。罚没收入323万余元，垃圾处理费共184万余元。五是加大监督考核力度。成立以局主要领导为组长的道路扬尘巡查组，上、下午上路巡查，对发现问题，现场调度、限期整改，达不到整改要求的，按照《滦州市城区环卫作业标准及检查考核办法》处罚，处罚三方公司共计65000余元。同时，安排环卫站24小时值班，利用微信群、对讲机等方式，及时传达河北省、唐山市及滦州市各级生态指挥中心指令，按时、按质完成销高值作业。

【狠抓党建引领】一是不断提高政治理论水平。深入学习中央、省、市纪委全会精神，按月开展学习教育和“主题党日”活动，组织学习习近平系列重要讲话、《习近平谈治国理政》第三卷等10场次。推广使用“学习强国”平台，系统在职党员接入率达100%。先后组织集中学习10次，专题学习研讨9次，撰写学习心得200余份。二是抓好意识形态工作。学习贯彻《中国共产党宣传工作条例》。成立意识形态和网络意识形态工作领导小组，落实党组意识形态工作责任制。以庆祝“中国共产党成立100周年”为契机，推进党史学习教育常态化，健全“三合一”机关党建工作体系，扎实开展“再学习、再调研、再落实”活动，力争“学党史悟思想办实事开新局”。严格落实“三会一课”、讲党课、谈心谈话、组织生活会、民主评议党员等各项制度。

交通运输局

2021年，交通运输局在市委、市政府的正确领导下，牢牢把握“稳中求进”工作总基调，落实滦州市委“1395”工作思路，以“交通建设年”为契机，在项目建设、道路管养、行业管理、队伍建设等方面，按下“快进键”，勇当“先行官”，以蹄疾步稳的奋进之态，实现了交通事业的跨越发展。

【项目建设亮彩】一是高效推进重点项目“新高度”。以赤曹国道新建工程、迁曹高速、唐秦高速项目为重点，进一步疏通城区交通“主动脉”、优化连通市域交通“大外环”、畅通农村交通“微循环”。目前，赤曹国道征地拆迁累计完成54.5公里，路面累计完成施工43.5公里，路基累计完成54.5公里，桥梁累计完成96%，其中跨迁曹铁路转体桥累计完成79%。迁曹高速公路续建工程及连接线于10月22日已建成通车。唐秦高速滦州段项目全线国土组卷所需土地权属库调整、国土组卷三方单位完成所需社会稳定调查问卷、土地现状调查表、被征地农业人口明细表、各标段场站建设等已完成。全线共涉及3777户，补偿协议完成3621户，签订率达到95.81%，达到国土组卷所需必要条件。涉及的139处无权证构（建）筑物拆除清理工作全部完成。二是全力推进惠民工程“新台阶”。以提等级、促衔接、重服务为宗旨，6月底完成平青乐线（S252）八里桥至马城桥段功能性修复养护（中修）、赤曹线（G508）部分路段排水、平青乐线（S252）响堂桥维修加固工程。省道S252平泉至乐亭公路部分路段安保工程于6月10日进场，7月19日开始现场安装施工。三是着力打造便民设施“新亮点”。启动集汽车修理、停车休息、货车冲洗、尾气检测、治超治限等综合服务项目为主的国道205线和省道平青乐线三位一体综合服务区项目。总投资2553.42万元的国道205线服务区项目于5月17日进场施工，11月底全部完工。总投资2220.2万元的平青乐线服务区项目于4月10日进场施工，9月30日主体完工，11月22日完成竣工验收。四是积极拓宽城市公交“新广度”。为进一步优化城市公交，采取社会投资建设模式，重新规划设计城区公交线路，设立候车站点52个（新城城区和古城旅游区），建设双侧候车亭104个，设立公交站点10个（205国道和其他不宜设置站亭路段），建设双侧公交站牌20个，共计124个，12月底完工。五是畅通农村公路脉络“新目标”。按照“三个一批”思路，进一步优化道路通行环境，实施的钢联路改建、何茨线改建及杨柏线改建工程9月30日已主体完工，滦古线（滦州路至赤曹公路段）改造工程原计划工期2年，当年完成征拆，2022年实施工程主体建设，但因该工程列入省民心工程，立即调整工程计划，已提前着手开展征拆工程。同时，结合“四好农村路”建设，2021年实施农村公路建设任务133.2公里，总投资9990万元，至11月底全市农村公路建设项目完成131.7公里，较唐山市交通运输局下达的80公里建设任务比较，已完成任务数的164.6%。7月31日，省公路局局长白军华一行督导调研农村公路建设，对我市农村公路建设、防汛工作给予肯定。9月19日，张古江书记、田国良市长等领导专项调研该市重点交通基础设施建设，并在该市召开唐山市重点交通基础设施项目建设座谈会。10月1日交通建设年项目通车仪式成功举办。

【**提升道路管养水平**】以“交通建设年”活动为主线，以促进道路养护提升为目标，深化养护精细化管理，公路通行能力和综合服务水平得到显著提高。一是把握重点，美化公路环境。按照“一条道路、两道风景、三季有花、四季常绿”的要求，全方位打造多层次、多色彩和高品位的公路绿化景观带。同时，加强上路巡查力度，及时整治公路两侧枯枝、生活垃圾、堆积物等不良现象，营造了畅洁绿美的路域环境。期间，县乡道路安装警示桩922个，警示墩232个，栽植野花组合12.389公里，修整路肩、边坡7.2公里，修整路肩、边坡6.8公里，清理、疏通边沟3.5公里，栽植路树680棵、美化村街2.1公里。国省干线清理杂树6000平方米，清理险树、修剪路树150株，栽植苗木6万株。二是持续发力，优化养护方式。按照“以段带线、以线带面”的标准化养护格局，落实“一巡、二扫、三检、四疏、五清”工作法，督导三方公司加大国省干线、县级公路清扫力度，及时修补坑槽。同时，加强道路交通项目施工工地监管，强化防控措施，落实主体责任，保证路面干净整洁无扬尘。截至目前，共完成填垫坑槽10000余平方米，处理翻浆、沉陷3490余平方米，路面灌缝9312延米，清理垃圾21444立方。三是换挡提速，完善市场机制。采取EPC+F方式，建立政府主导、市场运作、行业稳定、监管科学的养护作业体系，形成“企业运作自主化，市场竞争有序化，资金使用高效化，监督管理科学化”的养护作业新模式。同时加强监督考核，实现效益最大化，确保公路养护迈入专业化、规范化、科学化轨道。

【**做好行业监管**】一是强化排查，提高安全系数。以“防风险、除隐患、保安全”为目标，深入危货、汽修、驾培、客运、事故易发路段等地全面排查各类安全隐患，对排查出的薄弱环节，做到边查边改、立查立改，做到“五到位五落实”。同时，重拳打击“黑车”违规载客、违法停车等交通违法行为，改善出租汽车运营环境。2021年组织督导检查24次，发现一般问题隐患23处，已全部完成整改。二是精准施策，推进全域治超。以交通问题顽瘴痼疾专项整治为抓手，坚持关口前移，依托固定治超站和联合检查点，积极协调公安交警、环保等部门，严格落实24小时联合治超执法机制，实行4班3运转，做好市域内超限超载治理工作。全年共查扣各类违法违规车辆196辆，其中超限超载车辆134辆，改型车辆7辆，飘洒车辆42辆，处罚货运源头企业43家次，货场处罚72家次，卸载货物6013.54吨，罚款188万元。三是强基固本，规范执法行为。以交通执法领域专项整治为契机，将执法工作学习教育培训贯彻交通发展始终，加强“专家授课”“执法体验周”“司机之家”等活动推广，重点加强出租、客运市场、源头治超管控、超限超载车辆治理，使规范、文明、理性、平和执法成为一种自觉行动和自发要求。四是常态监管，坚守疫情防线。作为全市疫情交通管控组牵头部门，充分发挥“蓝军”作用，与卫健、公安等部门共同构筑滦州疫情防控“绿码”，坚决做到“外防输入、内防反弹”。同时，全面严格落实人脸识别测温、查验“健康码”、佩戴口罩、“一米线”等措施，督导重点行业从业人员进行疫苗接种，全市客运、出租、公交、驾培等企业管理人员和从业人员疫苗接种率达到100%。

【深化党建工作】一是开展党史学习教育，传承红色基因。按照党史学习教育“五张图”责任清单，组建交通运输局党史学习教育专班，制定学习方案，开展动员部署。采取党组中心组带头学，总支、支部集中学，党员干部个人自学相结合的方式，营造浓厚学习交流氛围。通过开展专题宣讲、书记讲党课、党史理论考试、党史知识竞赛、参观红色教育基地、百年党史图片展等活动不断延伸“我为群众办实事”活动的深度和广度，加快推进城市大外环建设项目、道路综合提升改造工程、三位一体服务区项目及城市公交候车亭新建项目。积极组织开展爱心送考、周末卫生整治、义务植树志愿服务活动，不断延伸交通人为民服务触角。二是压实从严治党责任，厚植发展之基。制发《中共滦州市交通运输局党组2021年度全面从严治党主体责任清单》，严格落实党组主体责任、党组书记第一责任，及班子成员“一岗双责”，确保全面从严治党始终“在线”。制定《意识形态工作责任制实施意见》，积极研究党建、理论教育等意识形态领域工作，全面加强思想舆论阵地管理。强化“学习强国”平台的使用，实现党员网络化学习全覆盖。持续深入做好各总支、支部阵地规范化建设。并以“三会一课”、组织生活会、党务工作人员队伍建设、党内基层民主等工作为重点，将各项机关党建工作基本规章落到实处。三是推进文明创建工作，汇聚交通合力。持续深入开展省级文明单位创建工作。组织开展“温暖夕阳 爱心敬老”、五一志愿不打烊等活动，形成党建与文明创建深度融合，双向提升的良好格局。同时，按照市委“勇夺三项桂冠”决策部署，全面助力滦州市全国文明城创建工作，结合我局工作实际，制定《滦州市交通运输局2021年争创全国文明城市工作实施方案》，充分发挥职能作用，确保各项工作落实到位，为文明城创建贡献力量。四是抓牢党风廉政建设，筑牢防腐堤坝。分层分级常态化开展“一对一”或集体等形式廉政谈话，筑牢拒腐防变思想防线。在全系统开展政治性警示教育，全面加强对干部的日常监督管理。五是从严抓好疫情防控，筑牢健康防线。成立核酸检测志愿服务队，专门负责机关人员的常规核酸检测工作。协调医疗机构毫不松懈持续推动疫苗接种工作，做到“应接尽接”。六是着力增强服务宗旨，培树为民情怀。以“便民、高效、廉洁、规范”为宗旨，以业务大厅和治超站服务大厅为重点，开展擦亮“小窗口”推进“大服务”活动。重新整理行政审批项目和内容，优化营商环境，积极推行“网上办”和

"不见面"审批工作方式，不断拓展和延伸窗口办结制、延时服务制、一次性告知、预约服务等窗口服务便民利民措施，实现了群众"零跑腿"。开展"情满旅途"、建设"青卡驿站"，给群众带去温暖。同时，落实市人大及其常委会决议、决定，自觉接受人大和社会监督，规范办理流程，健全完善从督查督办到反馈落实等一系列办理制度，持续提高办理实效，确保事事有回复、件件有着落。2021年，共答复唐山市市民公共服务热线282件，市交通运输局交通热线、市局应急指挥中心热线以及市局转办热线共计86件，办理人大建议17件、政协提案14件，按时答复率100%，满意率100%。

农业农村局

2021年，滦州市农业农村局深入践行"迈开大步、走在前列"工作要求及市委"1395"工作部署，以实施"乡村振兴高质量建设年"为统领，全力推进巩固脱贫攻坚成果与乡村振兴有效衔接、农产品稳产保供、"双十双百"工程、农业项目建设、农村重点领域改革、乡村建设行动等各项重点工作创先争优。2021年，滦州市先后被评为河北省村庄清洁行动先进县、河北省农业产业化先进县；滦州市农业农村局被评为河北省"争创人民满意公务员集体"十佳先进集体、唐山市高质量发展示范区建设先进集体；滦州市扶贫办被评为河北省脱贫攻坚先进集体。

【强化防贫机制建设】一是持续巩固脱贫攻坚成果。全面落实"四个不脱"要求，"两不愁三保障"帮扶政策得到持续有效落实。着力做好教育精准帮扶，唐山海月景区管理有限公司与滦州市50户贫困户学生签订《帮扶协议》，每季度给予每户1250元现金帮扶，除身体原因不具备学习条件外，脱贫家庭义务教育阶段适龄儿童无辍学现象；着力做好医疗健康帮扶，全市定点医疗机构住院"先诊疗后付费"等健康扶贫政策全部落实到位；着力做好住房、饮水安全保障，全市抗震房改造中涉及四类重点人员1600户；着力抓实产业就业，落实产业帮扶资金1740.05万元，每户建档立卡脱贫户产业扶贫资金总额达到6.96万元，有劳动能力且有就业意愿的实现就业584人；着力做好社会兜底救助，现有建档立卡贫困户中，享受低保413户867人，享受特困救助103户112人。12月2日-4日，滦州市代表唐山市接受了河北省督导组的巩固脱贫成果实地评估验收，在责任落实、政策落实、工作落实和巩固成效等4个方面25项指标完成上均得到了督导组的充分肯定。二是强化防止返贫动态监测。制定出台《滦州市防止返贫动态监测和帮扶机制工作方案》等系列政策文件，严把监测对象识别纳入、政策落实、风险消除标注等关键环节，切实加强对脱贫户、边缘易致贫户、突发严重困难户的动态监测、精准帮扶，全市落实镇（街道）、村防返贫网格（信息预警）员2485名，累计筛查预警信息1606条，有1户6人履行了纳入程序，3户10人正在履行纳入程序，向符合条件的12户、13人发放防贫保险37.66万元。三是推进全面脱贫与乡村振兴有效衔接。6月5日，挂牌成立了滦州市乡村振兴局。8月，滦州市扶贫开发和脱贫工作领导小组更名为巩固拓展脱贫攻坚成果领导小组，并出台了《关于实现巩固拓展脱贫攻坚成果同乡村振兴有效衔接的实施意见》，明确在财政投入、金融服务、土地支持、人才智力支持等方面有效衔接的各项措施。12月，市编办设立滦州市乡村振兴服务中心，加挂滦州市防贫中心牌子，核定事业编制6名，专门负责乡村振兴和防贫的服务、保障等事务性工作。

【实施乡村建设行动】一是全力推进乡村振兴“十百千”工程。坚持统筹化规划、项目化实施、精细化建设、组团化发展、规范化治理，全面打造乡村振兴“滦州样板”，在榛子镇、杨柳庄镇创建了省、市乡村振兴示范区各1个，其中省级乡村振兴示范区——榛子镇水韵荷香生态小镇总投资4.06亿元，唐山市级乡村振兴示范区——杨柳庄镇山水诗画小镇投资3亿元，主要用于村容村貌提升、产业建设、人居环境整治等项目，省市示范区建设任务现已全部完工。省级示范区榛子镇《“四个抓手”激发乡村振兴新动能改革》列入2021年唐山市“十大改革创新经验”。二是全域推进美丽乡村建设。以村容村貌美、服务设施美、生态环境美、富民产业美、社会和谐美，坚持示范村创建与美丽乡村建设相结合，在榛子镇和杨柳庄镇两个省市级乡村振兴示范区内重点打造省级美丽乡村55个，现已全部完成街道硬化、绿化、亮化等建设任务，申报省级认定精品村16个。三是持续开展人居环境整治。坚持常态化开展人居环境整治提升行动，进一步完善了“一规五责六到位”长效机制，全力推进垃圾治理、厕所改造“两个全域达标”和村容村貌、污水管控“两个全域提升”，积极创建河北省村庄清洁行动全域示范县2021年，共组织开展人居环境整治拉练评比6次，完成改造农村厕所7751座、建设农村公厕319座，建设粪污处理中心13个，实现了农村厕所粪污市场化运营、无害化处理、资源化利用。

【提升农业综合生产能力】一是全力保障粮食安全。坚决遏制耕地“非农化”、防止“非粮化”，实施了6095万元的耕地地力保护补贴、1350万元的耕地轮作制度试点、991.91万元的实际种粮农民一次性补贴、428万元的2021年小麦节水品种及配套技术推广补贴等强农惠农项目，切实提高农民的种粮积极性。着力改善农田基础设施，完成2020年高标准农田项目建设1.67万亩，2021年1.4万亩高标准农田建设已经开工，在响嘡街道、古马镇、九百户镇实施水肥一体化项目5000亩。全市粮食作物播种面积61.03万亩，产量26.257万吨，圆满完成了粮食生产任务总目标，滦州市人民政府在唐山市粮食安全责任制考核中位于优秀等级。二是加快恢复生猪生产。依托大型生猪养殖集团项目建设，积极推动生猪产能恢复，滦州东方希望畜牧有限公司榛子镇葛庄繁殖场项目总投资1亿元，建设存栏2500头母猪繁殖场，年可出栏6.25万头仔猪，已完成一期工程；九百户镇赵百户营育肥场项目投资4亿元，建设存栏规模9.5万头育肥猪养殖场项目，项目土建完成40%，明年投产。全市生猪生产基本恢复到正常年份水平，存栏达到18.2万头，出栏29万头。三是着力提升农业装备水平。实施农机购置补贴、农机深耕等项目，落实补贴资金414万元，补贴机具202台套；开展深耕作业2万亩。全市农机动力增长6680千瓦，增长1.1个百分点，小麦、花生综合机械化作业水平达到100%，玉米综合机械化作业水平达到91%。

【落实“双十双百”工程】一是发展壮大特色优势产业。围绕特色粮油、畜禽养殖、果品等优势主导产业，创建了省、市级农业高质量发展示范基地9个，全市蔬菜播种面积14.96万亩，产量达到84.45万吨；水果播种面积2.68万亩，产量3.62万吨。实施奶业振兴工程，落实了奶牛家庭牧场升级改造、生鲜乳喷粉补贴、奶牛贷款贴息等项目，全市奶牛存栏达到3.66万头，智能化奶牛场占比达到75%以上；积极推进省确定的高油酸花生现代农业示范园区建设，培育高油酸花生高端精品，依托特色粮油（高油酸花生）产业发展、高油酸花生精品示范基地等项目，推广高油酸花生“冀花18号”1万亩、建设高油酸花生精品示范基地1万亩，示范带动全市高油酸花生种植达到3.8万亩；聚力将“滦州苹果”做大做强，实施了苹果精品示范基地、山地苹果产业集群等项目，建设苹果精品示范基地2000亩，友顺农业开发发展有限公司红富士苹果荣获2021年河北省山地苹果鉴评及品牌推荐金奖；滦州市现代农业园区（果品）被评为河北省现代农业精品园区。二是加快“四个农业”发展。积极发展绿色农业，大力开展化肥、农药减量增效行动，推广测土配方施肥、绿色防控、秸秆综合利用等技术，化肥使用量较上年减少130吨（折纯），肥料利用率达到40%以上，农药使用量较上年减少2%，秸秆综合利用率保持在98.3%。聚力打造品牌农业，强化“滦字号”农业品牌创建，积极申报了“滦州苹果”“滦州花生”农产品地理标志登记保护，其中“滦州苹果”通过中华人民共和国农产品地理标志登记机构公示，全市新增“两品一标”农产品认证企业1家，申报产品4个，滦州市高油酸花生、水果花生、高油酸花生油等多款产品被审核通过国铁采购平台。大力发展质量农业，积极引导农业企业、合作社、种植大户等开展标准化生产，全市农业标准化覆盖率达到73.1%。强化农产品日常监测，完成定量检测1344批次，农产品质量安全监测合格率达到98%以上。加快发展科技农业，创建了河北滦牧农业开发股份有限公司、唐山友顺农业开发发展有限公司、滦州百信花生种植专业合作社等省级创新驿站3个，加强与国家、省、市农业科研院校合作，完成了河北省高油酸花生绿色高效新产品新技术、特色粮油（高油酸花生）产业发展项目生物有机肥对比等多项试验示范，引进推广花生冀花11、冀花18、冀花572、小麦轮选266、航麦247等农作物新品种6个，黄瓜等蔬菜新品种10个，实现了品种优化升级。三是加速产业融合发展。立足全产业链开发、全价值链提升，高质量打造滦州奶业产业联合体、滦州市兴农农业产业化联合体、滦州市农发产业化联合体等省级农业产业化联合体3家，打造出年产值超33亿元的省级乳产品加工产业集群1个。着力发展生态休闲农业，围绕打造践行“两山”理论的标杆、乡村振兴的模范样板、弘扬李保国精神的重要基地，建设鑫沃、卧龙谷、鸡冠山等市级生态休闲农业示范基地3个，其中鸡冠山生态农业产业园成为省级五星级休闲农业园、唐山卧龙谷生态农业科技有限公司成为省级五星级休闲农业采摘园，鑫沃农业科技有限公司被评为河北省四星级休闲农业与乡村旅游精品企业，重点打造了滦州休闲度假冬趣线路、滦州夏纳凉旅游线路等省级休闲农业精品线路2条，全市休闲农业和乡村旅游综合收入达到7.8亿元。积极拓展线上新渠道，持续推进信息进村入户工程，建设市级益农信息社站点8个，通过微信群、集中培训、开展农民手机应用技能培训周等方式，积极对384名村级信息员进行应用培训，着力解决了信息进村入户“最后一公里”难题。

【狠抓农业项目建设】一是强化农业招商引资。依托滦州市农业产业、区位、地理优势，持续开展农业“大招商、招大商”活动，项目库储备项目20个，签约项目5个，招商引资额达到17亿元。二是认真落实强农惠农项目。争办实施了耕地轮作制度试点、耕地地力保护补贴、粮改饲试点、高标准农田、智能化奶牛场等强农惠农项目，落实上级资金1.34亿元，有效改善了农业生产条件。三是推进产业化项目建设。2021年，共实施农业产业化重点项目10个，总投资6.6亿元。其中，上海东方希望集团养殖场项目、蓝贝酒业集团有限公司技改项目为唐山市产业化重点项目，10个项目已完工并投产。四是推进经济指标圆满完成。一产增加值达到50.3亿元，增速7.5%；农村居民人均可支配收入达到22667元，增速为10.7%；一产固定资产投资达到114.4%。

【深化农村重点领域改革】一是稳步推进农村宅基地改革和管理。制定出台了《滦州市农村宅基地审批管理办法》，全市13个镇（街道），建立了联审联办制度和宅基地动态巡查制度，设立了宅基地审批受理窗口，纳入镇（街道）行政综合服务中心受理事项，并做到制度、办事指南公示上墙。506个村均设立了农宅审批工作协管员，制定了宅基地村级民主管理程序，并纳入村规民约。在上半年全省农村宅基地改革工作排名中，滦州市在179个县区中位于优秀行列。二是积极推进农村土地规范管理。持续推进农村土地承包经营权确权登记颁证工作，全市应确权农户13.18万户，现已完成土地承包经营权登记颁证12.79万份，完成率97%。进一步引导农村土地有序流转，共流转土地21.33万亩，土地流转率达到28.1%；规模流转面积16.16万亩，规模流转率达到75.9%。三是增强新型经营主体示范带动作用。大力发展以“农业龙头企业、农民合作社、家庭农场”为重点的新型农业经营主体，全市现有农业产业化龙头企业59家，其中省级农业产业化龙头企业有伊利乳业、蓝贝酒业等7家；培育各类农民专业合作社2000余家，其中省级示范社10家，国家级示范社3家；家庭农场发展到1055家，其中省级13家，市级27家。滦州市百信花生种植专业合作社被评为全国社会化服务创新试点组织、全国星级农业科技社会化服务组织、河北省“十佳”农业生产托管服务品牌组织、唐山市“十佳农民合作社”；金甄农民专业合作社被评为河北省农业生产托管服务示范组织；鑫沃家庭农场被评为四是助推农村集体经济发展壮大。唐山市“十佳明星家庭农场”。进一步做好农村财务监督管理工作，制定了《滦州市农村集体资金资产资源监督管理暂行办法》，加强对农村“三资”监管。完成全市所有村资产清查工作，所有经济合作社全部转化为股份经济合作社，全部将股权（成员）证书发放至农户，发放证书14万多册。积极推进千村农户增收工程，形成了以128个村为主的百村示范带动创建村，并打造了小马庄镇的佘庄村、古城街道办事处的教场村7个农民增收样板村，样板村农村居民人均可支配收入均增长10%以上。着力推动“一村一品”发展，滦州市滦城街道于家洼村（花生）被评为2021年度河北省农业产业“一村一品”示范村。

【防范和化解重大风险隐患】一是加强重大动物疫病防控。坚持“密罐式”管理常态化、疫情排查常态化、部门抽检常态化、预防消毒常态化，持续开展非洲猪瘟防控，全年未发现临床可疑病例。夯实重大动物疫病免疫体系，应免动物防疫密度达到100%，有效保障了重大动物疫情稳定。加强动物产地检疫及畜禽屠宰检疫，对检疫不合格的严格按照法规要求进行无害化处理，将染疫、病死的动物控制在源头。2021年，共集中无害化处理病死猪60996头，病死牛222头，病死鸡22.817吨。二是加强农产品质量安全监管。组织开展滦州市“瘦肉精”专项整治百日行动、农产品质量安全“百日大排查”行动、畜禽定点屠宰企业“百日大排查”行动、“迎冬奥保安全”百日大排查等专项整治行动，全年无农产品质量安全事件发生。三是加强农业重大病虫害监测防控。及时开展小麦“一喷三防”、玉米“一喷多效”和花生重大病虫等专业化统防统治作业，大力推广绿色防控技术和专业化统防统治。全市农作物病虫害防治面积174.54万亩次，专业化统防统治43.76万亩次，农作物绿色防控技术覆盖176.32万亩次，主要农作物绿色防控覆盖率达到54.86%。四是进一步提升农业法治化水平。严格落实“双随机一公开”监管机制，全面推行执法全过程记录、行政执法公示、重大执法决定法制审核三项制度，树立公正文明执法的良好形象。突出重点时节、重点领域，深入开展春季打假、畜禽屠宰、农产品质量安全监督执法“三大专项行动”，共出动执法人员380人次，检查各类经营单位256余家，立案18起，解决纠纷18起。《使用应当经审查批准而未经审查批准即生产的按假兽处理的兽药案》案件被评为全省农业行政处罚优秀案件。五是加强安全生产监管。按照“管行业必须管安全、管业务必须管安全、管生产经营必须管安全”要求，牢固树立“红线”意识，严格落实安全生产监管责任，深化农业机械、农药、饲料、畜禽屠宰、沼气、畜禽养殖、农产品产地初加工等行业领域排查整治，深入乡村道路、田间地头和集市开展农业安全生产宣传活动13次，发放农业安全宣传资料1.5万余张，全市无重大农业安全事故发生。推进冬季洁净煤推广与安全使用，强化洁净煤使用安全宣传，悬挂条幅494条，发放明白纸5万余份，开展安全隐患排查4.89万户，发现隐患并排除186处，推广使用一氧化碳报警器60056个，全力保障了农户安全、温暖过冬。

水利局

2021年，滦州市水利局紧紧围绕习近平总书记提出的“节水优先、空间均衡、系统治理、两手发力”治水思路，牢牢把握“水利工程补短板，水利行业强监管”总基调，把保障和改善民生作为水利工作的出发点和落脚点，为滦州市经济发展做出应有的贡献。

【全面落实河湖长制】大力推进水生态文明建设，重点抓好清理河道垃圾、取缔非法采砂、封堵入河排污口、清理河道违建、解决河湖“五乱”问题等工作，全面落实了河长制各项工作措施。11月24日，河北省水利厅滦河（唐山段）综合治理可行性研究调度会议在滦州市召开扎实推进全域治水清水润城工程建设。滦州市全域治水清水润城PPP项目，总投资7.7亿元，涉及的河道综合治理、水源供水和“乡村振兴”水环境综合整治3大类工程6个项目已全部开工建设，重要审批手续全部完成批复，整体工程进度在唐山市各县区中始终保持前列。

【加强水政水资源管理】（一）扎实推进水资源税改革。一是非农取水户水量核定。2021年，对145家纳入管理范围的水资源纳税非农取用水单位进行水量核定，累计核定水量4848.2591万立方米。二是农业用水户水量核定。对涉及滦州市10个镇3个街道497个行政村986户农业水资源税纳税人，核定水量3710.73万立方米，通过比对，所有纳税人的用水量均在用水限额以内。三是2021年度非农取用水户取水计划批准工作。根据上级部门下达滦州市2021年用水计划，滦州市批准145家非农取用水户计划用水量5147.6632万立方米，其中：地下水4592.8091万立方米、再生污水554.8万立方米、地表水0.541万立方米。（二）地下水超采综合治理。按照河北省超采办下达滦州市2021年度地下水超采综合治理任务的约束性指标1279万立方米，争取完成的指导性指标1975万立方米，编制了《滦州市地下水超采综合治理2021年度实施方案》，共谋划5个实施项目，总投资达4.75亿元，可实现压采能力3671.07万立方米，能够覆盖和完成2021-2022年的全部压采任务。一是实施高标准农田水肥一体化建设项目。投资350万元，农田建设水肥一体化0.5万亩，主要农作物为玉米、小麦，采用喷灌和微灌两种，喷灌0.2万亩，微灌0.3万亩，分季节播种玉米和小麦，压减水量60万立方米。二是实施中水管网项目。投资4936万元，利用污水处理厂中水回用，置换东海钢铁、东海特钢、雅新环保、唐钢美锦四家企业地下水，可实现压采能力1423.5万立方米。已正式通水运行。三是实施水环境综合整治工程。投资1.1亿元，新建茨榆坨污水处理厂1座，占地25亩，处理达标后的中水供园区企业回用，可实现压采能力40万立方米。到2021年底，综合办公楼基坑开挖已完成。四是实施滦州市水源置换工程。投资3.11亿元，新建司家营净水厂1座，占地85亩，从滦河引用地表水，年供水能力约3000万立方米，主要满足工业企业用水需求，可置换地下水1839.35万立方米。已完成主体工程建设。五是其他措施。调整产业结构，关停金马钢铁，自备井予以关停，压减308.22万立方米。（三）加强水政执法。一是打击非法采砂。对河道违法行为查处的高压态势，开展“飓风行动”，实行24小时不间断巡河，出动执法人员592人次，出动执法车辆149台次，河道非法采砂案件发案率大幅下降。二是清理河湖“五乱”。对全市河湖“五乱”问题进行“回头看”，认真自查自纠，开展拉网式排查，列出问题台账，制定整改方案，明确责任，依法依规，有效遏制新增问题发生。三是违法井整治。按照要求，制定了《滦州市人民政府办公室关于开展全市违法取水井专项整治行动的通知》，对符合补办条件的，限期补办，不符合的予以关停。2021年，滦州市完成全部无证取水井整改工作，其中：已申请补办取水许可证475眼、关停200眼、申请更改信息69眼。

【加强水利项目质量监督】一是水库、水闸安全鉴定。利用本级资金44万元，对董寨子水库、马台子水库两座水库大坝，夏庄子闸、护城河闸、后窑闸、老站闸4座穿堤闸分别进行安全鉴定，经专家评定，水库大坝和水闸按常规维修养护均可保证安全运行。二是水利行业安全生产。开展了2021年元旦春节期间水利安全生产事故隐患大排查大整治行动、“防风险、除隐患、保安全”安全生产大排查大整治行动、安全生产大排查大整治“回头看”等一系列安全生产排查整治活动，迎接唐山市水利局专项检查2次，综合检查2次，真正做到了滦州市安全检查全覆盖，水利行业零事故。

【推进水土保持建设】采用工程、林草和封育治理三大措施相结合的办法，在九百户镇实施沙河小流域综合治理，治理水土流失面积300公顷；收缴水土保持补偿费2847.0965万元，占全市任务的151.85%。

【实施饮水安全工程】一是巩固提升工程。2019年第一批农村饮水安全巩固提升工程总投资3161万元，共涉及滦州市13个镇（街）67个行政村，受益人口为7.62万名。二是维修养护工程。投资100万元，通过配套水泵10台套、变频柜21台套、新建健康水站8台套，维修井房、管道等措施，解决全市13个镇（街）、115个村、10.88万人的吃水困难问题。三是贫困户饮水工程。对13个镇（街）建档立卡贫困户的用水进行全面摸排，为全市736户脱贫户更换了净水机滤芯，更换净水机45台套，确保净水机正常使用、贫困户喝上安全水，饮用水达标率达到100%、群众满意率达到100%。

【全面落实水旱灾害防御】（一）完善各类预案方案及培训演练。为切实保障人民群众生命财产安全，结合滦州市实际：一是修订完善各类预案。重点围绕滦河河道、山洪灾害监测预警、小型水库调度及抢险等方面，修订完善了2021年滦河滦州市段超标洪水防御方案、山洪灾害市、镇（街）、村三级预案、水库调度运用方案、应急处置等预案；二是开展山洪灾害培训及演练。主要对辖区内7个镇（街）防汛责任人、重点山洪灾害村村镇街责任人、村干部进行了山洪灾害防御培训、群众避险转移演练的桌面推演、山洪灾害防御预警设备、宣传册、明白卡等资料的发放和使用培训，并组织全市重点水库、山洪灾害村开展群众避险转移演练44场，确保一旦发生险情，让群众遇到灾情知道怎么做，能够保障群众顺利转移避险。（二）加强防汛物资储备。滦河堤防管理所储备土工布、救生衣、救生圈、编织袋、胶丝绳、木桩等市、县两级防汛物资13种，总价值210余万元，结合市防指增储防汛抢险应急物资，对发电机、橡皮艇、冲锋舟、应急灯等重点防汛设备进行了全面维修保养、调试，确保关键时刻拉得出、用得上。

【做好移民稳控工作】一是足额兑现后扶资金。发放移民后扶直补资金548.58万元，涉及全市14个镇街、185个行政村、移民9141人。二是管好、用好后期扶持项目资金。安排并上报资金计划902.436万元，其中：中央资金745.436万元，省级小型水库资金157万元，包括农田水利、交通道路和太阳能路灯项目等方面，改善库区和移民安置村基础设施条件，解决了当地移民群众的实际问题。三是春节慰问。2021年春节期间对潘大水库240户移民进行慰问，每户发放500元现金及大米、面粉等过节物资，确保移民群众安度春节。

【推进党史学习教育】一是领导干部带头开展

学习。局领导班子成员、各股室负责人和各下属单位负责人率先垂范，先学一步、深学一层。全体机关干部坚持真学、细学、深学，确保把学习内容落实到位。二是邀请专家授课。邀请市委党史专家作党史学习专题宣讲报告，水利系统80人参加了报告会，受教育面达了95%，助推全局党史学习教育热潮。三是组织参观红色基地。组织全体干部职工奔赴潘家峪纪念馆和沙石峪纪念馆，开展以“参观红色教育基地，接受红色传统教育”为主题的党日学习教育活动。四是发挥优势办实事。水利局党员干部立足水利工作实际，开展“我为群众办实事”实践活动，着力解决农村居民饮水安全、河道整治两个方面群众急、难、愁、盼的具体问题。

文化广电和旅游局

2021年，文化广电和旅游局紧紧围绕滦州市委、市政府1395工作部署及上级要求，牢固树立以人民为中心的工作导向，统筹协调、履职尽责、重点突破、服务大局，牢牢把握“文化惠民、文化强市”主题，加快现代公共文化服务体系建设，推进文化旅游体育事业快速发展。

【完善公共文化服务体系】一是投资2.79亿元，占地60亩、4.5万平方米的市公共文化服务中心主体完工。投资2.5亿元，占地51.11亩的新体育中心完成立项。二是完成图书馆、文化馆总分馆建设，建成分馆14个。市文化馆通过了文旅部二级馆评定验收。三是完善了文化馆流动舞台车设备，采购音箱100个、秧歌服180套、乐器101台套、农家书屋及图书9.44万册，捐赠学校、军营图书28000册。四是投资70万元采购100套（每套5件）室外健身器材并全部发放到位。完成体育中心综合训练馆、东篮球场塑胶场地改造，更换体育中心篮球架，新增加公园广场室外健身器材25件。

截至2021年底，全市14个镇（街）都新建或改造提升了基层综合性文化服务中心和镇级图书馆、文化馆分馆建设；全市533个村级（社区）都建成了综合文化服务中心建设；全市14个镇（街道）中，农家书屋、农村数字电影放映等文化惠民工程实现全覆盖。截止2021年底，全市共有体育场地1086个，场地总面积115万平方米，人均场地面积2.03平方米。2021年本市人均接受文化场馆服务次数0.9次，唐山市排名第3，同类县排名第2。

【广泛组织开展文化体育活动】一是广泛开展文化活动。全年开展文体活动273场次。完成“七进”惠民活动105场、电影放映6048场次、送书下乡10000册。组织评剧、大鼓、皮影及演唱会等文化文艺调演10场次。组织安排乐亭大鼓（45场）、皮影（10场）、评剧（30场）进学校、进景区、进农村（社区）85场次；开展评剧、地秧歌、舞蹈等培训60场次。组织收看庆祝建党100周年活动、辛亥起义纪念大会等，配合市政协、市委办、城管局、网信办、团市委和文联等单位承办相关活动。二是注重文化队伍建设。实施青年文化人才培养计划，组织开展基层文化干部和业务骨干轮训，已开展评剧、皮影、地秧歌等滦州传统艺术传承活动16场次，培养传承人35人。推选《家在滦州》《山里的日子》《炫彩滦州影》3部音乐作品参与申报唐山市群众原创文艺作品征集。近百人参加“百姓舞台群星风采”唐山市群众文艺团队“大比武”活动。邀请国家省市级诗人、散文家、记者开展“诗意文旅行—唐山站（滦州）”采风活动。三是传承传统文化精品。深入挖掘并传承发展滦州评剧、皮影、地秧歌等传统文化的时代价值，成立了滦州市评剧团、滦州地秧歌艺术团和滦州市皮影剧团，并与唐山师范学院合作成立了滦州评剧实践基地和唐山师范学院评剧工作坊，与唐山艺术学校联合建立滦州地秧歌实践基地，培养传承滦州文化艺术。四是积极参加并举办赛事活动。组织承办乒乓球等体育赛事活动25场次。积极参加国家、省、市组织的田径、游泳、乒乓球等体育赛事活动，徐丽敏在第十四届全国运动会中担任举重裁判。五是全力助推冰雪运动健康发展。积极参加唐山市第三届冰雪运动会并举办滦州市第三届冰雪运动会。为农村学校发放轮滑鞋380双，在36个重点村、29个社区进行冰雪宣传体验活动，助推冰雪运动健康发展。新华社报道：河北滦州，冰雪运动进社区，全民欢乐迎冬奥”新闻；中央台《新闻联播》《朝闻天下》、新华社播出、报道了“滦州市冰雪大篷车进社区”相关内容。

【提升文化旅游市场管理服务水平】一是督导全市文化和体育场馆、A级景区、旅行社全面落实常态化疫情防控措施，各景区全部配备了人脸识别测温系统，取消了聚集活动和旅行社出团业务，各旅行社暂停经营出入境团队旅游和“机票+酒店”业务，严格落实跨省旅游“熔断”机制，督导3家A级景区和各类文旅场所做好游客限流、门票预约、游客扫码登记测温、场所消杀、一米线等措施。二是强化文旅市场监管，开展文化场所、旅游企业和校园周边出版物市场和互联网上网服务营业场所专项整治行动，加强对滑雪场、游泳馆等高危体育场馆安全监管，完成A级以上景区取水井电子标识认证。加强文化旅游市场执法检查，全年共出动检查车辆140台次、检查人员420人次，对检查发现的15处问题进行了严肃处置。三是持续推动全域旅游发展。坚持“山水为形、文化为魂”的文旅产业发展思路，打造“千年古城·魅力滦州”城市旅游名片。持续打造滦河文化产业带、滦州古城夜景提升，加快古城二期和教场等乡村旅游示范点建设，完善吃住行游购娱配套设施，推进滦州古城和青龙山景区争创5A景区，加快鸡冠山生态农业产业园和中国评剧馆争创3A级景区。受疫情影响，2021年重点景区接待游客260万人次。

截至2021年底，全市共有文旅单位51家，其中旅游景区3家（4A级景区2家、2A级景区1家）、旅行社22家（总社、分社5家、营业部17家）、星级酒店1家、互联网服务场所8家、营业性演出单位10家、歌舞娱乐场所3家、游泳体育经营单位（滑雪场、游泳馆）4家，文化旅游业从业人员1.5万人。

【加强非物质文化遗产发掘整理工作】一是2021年6月10日，国务院国发〔2021〕8号文件公布滦州地秧歌入选国家级第五批非物质文化遗产项目，滦州市实现了国家级非遗项目零的突破，中国政府网站、今日头条网站、中国旅游报网站分别刊载滦州地秧歌入选国家级非遗项目，新华社报道“滦州地秧歌扭出美好新生活”。二是2021年11月26日，滦州地秧歌传承人刘永健列入省级非遗传承人。三是2021年省文旅厅分别命名滦州市人民政府（滦州地秧歌）和滦州市古城街道办事处（滦州评剧）为“河北省民间文化艺术之乡”荣誉称号。四是2021年10月19日，滦州市政府滦政办〔2021〕10号文件公布第四批县级非遗项目4个；2021年10月19日，滦州市政府滦政办〔2021〕11号文件公布第四批非遗传承人5人。

截至2021年底，全市共有非遗项目31个（国家级1个、省级1个、市级7个和县级22个）；非遗项目传承人52人（省级3人、市级13人和县级36人）。2020——2021年，新增国家级非遗项目1个（滦州地秧歌）、省级1个、市级5个、县级20个；新增省级非遗传承人1人、市级8人、县级25人。

【推进文物保护工作】一是本市新增省级第一批革命文物1处（辛亥滦州起义旧址）（冀文物发〔2021〕39号，2021年2月26日）。本市新增唐山市级文物保护单位2处（唐政字〔2021〕14号，2021年2月9日，东风渡槽、滦河大桥光荣碑纪念碑）。本市新增县级文物保护单位13处。（2021年1月21日）。二是完成市级以上文物保护单位建设控制地带界桩、文物保护及警示标志设置。三是完成辛亥滦州起义、港北起义纪念碑等9处红色及革命文物调查。四是配合省文物科研院进行了三年的孤竹国遗址调查，发现西汉中晚期大型墓葬（墓葬117座、窑址6座、汉代城址2座）。五是深入挖掘滦州铁桥工业历史遗存，完成了《滦河铁桥检测报告》《滦河大铁桥勘察设计方案》，已上报省文物局审核。六是2021年滦州市文化广电和旅游局增挂滦州市文物局牌子。

截至2021年底，全市共有不可移动文物名录文物保护点97处，全国重点文物保护单位1个（滦州铁桥），国家首批工业遗产名录1个（滦州铁桥）、省级3个、市级5个、县级11个。

【加强党建引领工作】一是加强政治理论学习。开展“三会一课”、民主生活会、党员活动日等学习教育活动，到沙石峪进行党史学习。二是完善责任目标体系，明确党组书记为第一责任人、分管领导为直接责任人，班子成员根据职责分工，履行“一岗双责”。三是完成巡察整改“回头看”任务。四是扎实开展行业作风建设。强化文化馆、图书馆服务意识，提高队伍素质建设和提高执法水平，提升旅游服务档次和水平。五是加强执纪监督检查。认真落实廉政建设责任制，严格执行中央八项规定，加强“四风”建设，开展警示教育活动，积极营造风清气正良好氛围。强化重大事项决策、招标采购等制度，加强过程监督。

滦河文化产业发展服务中心

2021年，滦河文化产业发展服务中心紧紧围绕“1395”工作思路，奋力推进项目建设、招商引资、全国文明城市创建、疫情防控等重点工作，圆满完成市委、市政府下达的各项目标任务。滦河文化产业发展的影响力、美誉度持续提升，省政协副主席、唐山市委书记张古江等省市领导来园区视察，对滦河文化产业融合发展给予充分肯定。

【项目招商】按照全域旅游发展思路，通过网上招商、以商招商、会议招商等多种形式，主动对接北上广等国内大企业、大集团，开展项目对接、洽谈、签约等工作，并积极邀请客商来园区考察，推进景区项目建设提档升级。滦州研山养心谷项目。项目总投资 1 亿元，占地 90 亩，主要分为养心修养、养心餐饮、四季恒温户外水疗、四季恒温水上乐园等板块，项目计划分三期进行。目前已经完成主题酒店、停车场、第一期水上乐园、滑雪场等建设。

【基础设施建设】一是全力推进唐秦高速收量工作。与唐山市交通局、滦州市交通局、唐秦高速公路施工方等项目单位积极对接，就唐秦高速施工中打桩、修建临时便道时对滦泽湖防渗破坏后期修复初步方案进行论证，在不影响滦泽湖防渗效果和橡胶坝行洪能力的同时，积极配合施工单位开展工作。二是抓好旅游厕所建设。围绕助力“三城创建”，投资 36.5850 万元，在滦河母亲广场西侧、滦河道南侧建设一座旅游厕所，当年九月已经完工。三是狠抓基础设施维护。投资 22.9929 万元，对文峰塔景区监控设备进行更换。投资 49.8836 万元，对文峰塔进行修缮改造提升。投资 457.2873 万元，对年久失修的橡胶坝坝袋维修更换。2021年，已完成发改备案、设计、造价、监理等前期手续。

【景区管理】2021年4月-5月，利用两个月时间，协调滦河派出所、市场监督管理局古城分局、城管执法古城执法中队等部门联合作战，组织开展滦州古城景区综合治理活动和环境卫生整治月活动。对景区摊点外溢、流动商贩、噪声污染等进行集中治理，收缴广告牌匾150块，引导商家入店经营、对旅游厕所等重点地段环境卫生进行了彻底提升，对古城景区内私搭乱建进行全面排查、严格整治，有效提升了景区秩序和旅游环境。加强治安和宗教管理，对古城违规违纪经营场所进行了治理整顿。滦州古城代表滦州市入选“2020中国城市夜经济创新案例”奖，是唯一获奖的县级市，2021年参加领奖。

【安全生产】一是严格落实安全制度。通过组织学习《新安全生产法》、举办知识竞赛、收看电视专题片等方式，持续强化安全生产意识，加大安全隐患排查力度，组织园区各部门定期到各企业检查安全生产情况，重点对研山滑雪场、嘉年华游乐场、母亲广场等大型游乐场所和娱乐活动加大督导检查，及时排查整改各类安全隐患，确保安全生产形势持续稳定、不出问题。二是全力推进防火工作。建立健全企业、村庄联防联控机制，组织防火消防演练4次，在园区重要部位设置防火宣传牌20块、宣传条幅50条、发放防火宣传明白卡8000余份。加强巡查频次，积极整治春节、清明节上坟烧纸问题，特殊时期严格控制人员进入景区、严禁人员携带火种进山，昼夜把守。创新实施“三查一清两桶水”举措，着力打造古城“消防文化示范”一条街，成立4支消防宣传小分队，切实筑牢古城安全防线。文产中心荣获2021年河北省第六届“消防之星”。三是不遗余力抓好防汛工作。坚持超前谋划、联防联动，成立汛期应急救援队伍，修订完善抗洪抢险工作预案，确保汛期物资储备充足；加大宣传力度，在滦河沿岸重点位置安装安全警示牌13块。落实24小时值班备勤，加强滦州古城景区、横山景区下水管道检查，及时排除安全隐患，确保遇到汛情及时处理。

【文明城市创建】一是高标准推进责任落实。第一时间成立文明城创建工作领导小组，制定了创建任务推进表，明确创建任务、时间节点、具体落实责任人，层层压实责任，确保创建工作高起点展开，高标准推进。二是积极营造浓厚氛围。为提高园区群众知晓率和参与度，在园区创建点位和重要位置悬挂条幅50条、设立提示牌20块，向企业及商家发放宣传单500余份，各企业电子屏积极宣传社会主义核心价值观等内容，通过多渠道多形式积极营造创建氛围。三是凝聚齐心创建合力。在园区范围内大力开展志愿服务活动，组织企业党员骨干、商业协会等具有一定影响力的商家，共同参与文明城创建工作，实现企业、商家、游客联动，确保了创建工作的顺利开展和有效推进。

【疫情防控】一是坚决提高政治站位。始终把疫情防控当作一项政治任务抓紧抓实抓好，多次召开会议周密安排部署，古城景区、研山景区、横山景区和办公机关入口均安装了体温检测设备，保障安全旅游环境。二是坚决落实防疫各项制度。积极组织机关工作人员和园区各企业接种疫苗，坚持每周一次核酸检测、每日进行体温监测、每天对公众区域进行消杀，景区内各商户严格落实体温监测、信息登记、疫情码、必须佩戴口罩等制度。三是坚决做好联防联控。组织滦河派出所、市场监督管理局古城分局、综合执法局古城执法中队坚持不定期深入景区，检查疫情防控工作落实情况，重点加强对辖区范围内98家客栈、2家敬老院、2家幼儿园、4家大型游乐场所、7家娱乐场所等重点密集活动场所的督导检查，加强食品生产、加工、储藏、运输、销售等各环节监管，严防病从口入。与相关企业签订责任状，明确企业主体责任，确保疫情防控工作落实到位。

【党建引领】一是抓紧抓实党史学习教育。以建党“100”周年为契机，通过集中专题学习和个人自学相结合的方式，每月下发学习计划，每天组织线上党史知识竞赛答题、组织撰写心得体会18份。每季度组织一次支部书记学党史专题课，全体党员干事担当的思想基础更加牢固。扎实开展党史学习教育专题民主生活会，以及习近平总书记在建党100周年上的重要讲话。深入开展专题研讨会议、各科室讨论、撰写学习心得等活动，坚持用最新学习成果指导实践、推动工作。二是创新党建特色活动载体。创新开展了庆祝中国共产党建党100周年全国评剧名家名票红色经典演唱会。6月份，组织全体党员和园区各企业参观了“启航新征程、图说党史百年历程”图画展，激发爱党爱国热情。积极开展宣传教育工作，新华社客户端、河北广播电视台冀时客户端、学习强国唐山学习平台、河北新闻网、唐山广播电视台，对园区文化旅游、消防安全等亮点工作进行了宣传报道。三是全面推进从严治党。严格落实“三会一课”制度、民主集中制、每周一党支部办公例会和重大问题、重大事项党支部支部会研究决定等制度，严格规范理论中心组学习、每周五集中学习等制度，形成了靠制度办事、按程序履职的工作格局。四是持续强化意识形态工作。严格落实上级意识形态重大决策部署安排上，深入落实意识形态工作责任，将意识形态工作纳入“一岗双责”责任范围，定期分析研判意识形态领域情况，积极组织宣讲活动，牢牢掌握主动权。

融媒体中心

2021年，市融媒体中心牢牢把握正确政治方向、舆论导向、价值取向，认真贯彻市委市政府、市委宣传部相关工作部署，紧紧围绕庆祝建党100周年为主线，加快推进媒体深度融合，致力于打造集舆论引导、新闻宣传、信息发布、公共服务为一体的新型主流媒体。

【舆论引导精准有力】一是做好以《滦州新闻》为重点的内宣工作。2021年播发新闻稿件2000余篇，开设《新时代、新气象、新作为》《迈开大步走在前列，深入开展3+5创建工作》《在习近平新时代中国特色社会主义思想指引下——学党史悟思想办实事开新局》《学习宣传贯彻党的十九届六中全会精神》《党史学习教育》等专题专栏8个，完成24期《滦州纵横》栏目播出的基础上，为更好地宣传党的方针政策，反映基层党建工作动态，交流党建工作经验，指导基层党建工作、展示一线党建风采、探讨研究新问题、开阔干部视野，由中共滦州市委组织部、滦州市融媒体中心联合主办的《滦州党建》专题栏目每周二在滦州电视台《滦州新闻》后播出（周五重播）。为方便全市广大党员干部随时学习收看，《滦州党建》栏目同时在《冀云滦州》APP和《滦州发布》微信公众号上线。二是全力以赴抓好外宣工作。重点围绕“党史学习教育、庆祝建党100周年、学习宣传贯彻党的十九届六中全会精神、工农业生产、文化教育、项目建设、传统民俗、经济社会发展”等内容，创作出了多篇贴近实际、贴近生活、贴近群众的优秀作品。当年累计在中央、省、市级电视媒体播发稿件413篇。其中，中央级电视媒体（含中央电视台、新华社、人民日报社）播出稿件88篇、河北电视台播发6篇，唐山新闻综合频道319篇。《走进滦州》专题节目在唐山电视台新闻综合频道播出50期。三是认真做好《滦水之声》采、编、发工作。《滦水之声》围绕滦州市委、市政府的中心工作、重点亮点工作，坚持正确的舆论导向，对滦州市各镇（街道）、市直各单位及全市各行各业的亮点工作、创新做法、精神面貌进行宣传报道。2021年共出版报纸50期，刊出消息、通讯、图片等约2000余篇，发行量30万份。新开设“党史学习教育”“弘扬优良传统 加强军政军民团结”“勇于担当 攻坚克难”“人居环境整治、大气污染防治、道路畅通攻坚行动”“学习宣传贯彻党的十九届六中全会精神”等专栏进行重点宣传报道。四是做好新媒体平台运营工作。“话说滦州”微信公众号发布信息1600多条；“智慧滦州”客户端和“冀云”客户端分别发布滦州新闻148期，信息1300多条；“滦州发布”微信公众号发布信息500条；“滦州发布”微博发布信息230多条。五是认真谋划，做好“建党百年”宣传。围绕庆祝“建党百年”这一重大主题，积极安排专题栏目《百炼成钢》《榜样5》《学党史、传精神、跟党走》、电视剧《毛泽东》《历史转折中的邓小平》《焦裕禄》《营盘镇警事》《太行山上》《我的故乡晋察冀》《我们的法兰西岁月》《彭德怀元帅》《海棠依旧》《亮剑》、动画片《中国梦动画展播》《可爱的中国》《梦娃》、公益视频《传承百年 强国有我》《信仰给予我们永远奋斗的力量》、滦州四中师生同唱《唱支山歌给党听》等节目的播出，展现百年来中国共产党领航中华民族伟大复兴的光辉历程。《滦水之声》特刊发“在习近平新时代中国特色社会主义思想指引下——学党史 悟思想 办实事 开新局”专栏，系列报道滦州集中开展党史学习教育情况，展现基层一线继承和发扬伟大建党精神，传承红色基因，从百年党史中感悟真理力量，并用于指导具体实践。

【融媒发展强基固本】为全力护航建党100周年，坚决落实安全播出责任制，早部署、严强调，牢固树立“安全播出重于泰山”“安全无小事”的责任意识，开展建党百年广播电视安全播出演练，及时排查消除安全隐患，全力以赴保障网络安全运行。特别是在安全播出保障期内，严格实行重要岗位24小时双人双岗值班制和技术人员值班制度，圆满完成了“全国百年建党庆祝活动”“全国两会”“省两会”等一系列重要时期以及元旦、春节、五一、七一、十一等重要节假日安全播出工作。

【队伍建设抓实抓好】一是加强新型主流媒体建设，全力开展好党史学习教育，开展以“大钊故里，缅怀先烈 不忘初心，永续前行”为主题的党史学习教育活动，引导党员干部弘扬英烈精神，赓续精神血脉。二是提升业务技能。除了政治理论学习外，中心定期开展业务知识学习，不断提升业务知识。同时，坚持“走出去”学习先进经验，派遣业务骨干赴南宁市参加“新技术·新业态·新模式”融媒体内容创新与运营研讨会；派遣广播电台业务人员赴衡水市先进县区融媒体中心交流学习，进一步提升了专业技术人员的业务水平。三是提高作品的质量。为进一步服务好群众，不断增强新闻工作者的“四力”，融媒体中心坚持在实践中锻炼队伍，根据各个时间节点、节假日、重大事件、重大活动开展宣传工作，派遣记者深入一线，围绕当下热点和各乡镇、部门工作亮点，紧跟宣传导向、把握宣传时机、及时组织宣传报道，营造了良好的舆论氛围。

卫生健康局

2021年，滦州市卫生健康局紧紧围绕市委、市政府确定的“1395”工作思路，高质量发展，常态化疫情防控，深化医药卫生体制改革，统筹推进构建强大公共医疗卫生服务体系、创建国家卫生城市等重点卫生健康工作，圆满地完成了各项工作任务。滦州市获评2020年度省级深化医药卫生体制改革工作先进（市）县，连续三年获此殊荣；在公立医院综合改革2020年度中期评估中位列全省第五名，唐山市第一名。

【抓好常态化疫情防控工作】一是同心协力，

筑牢疫情监控防线。卫健局立足自身职责，以排查管控、核酸检测、转运隔离、流调追踪、院感防控、疫苗接种等工作为重点，举全系统之力抓好抓细各项疫情防控措施的落实，防范了疫情输入传播、反弹。同时勇于担当、敢于斗争、医者无畏，主动放弃一切休假，闻令而动、尽锐出战，逆行出征驰援石家庄、保定、哈尔滨等地的21名医务人员，更是彰显了滦州市医务工作者的风采与担当。二是抓牢重点人群排查流调管控。全年累计排查来返滦23569人，其中：境外264人，国内中高风险地区294人、相关低风险地区4036人，国内其他低风险地区18975人。累计追踪流调在滦密接19人、次密292人、三密410人。全部按要求闭环落实了管控措施。三是坚持开展常态化核酸检测。全市现有人民医院、中医院、康诚医院3个核酸检测实验室、1个核酸检测基地及1辆移动核酸检测车，共配备提取仪18台、扩增仪39台，按照每日八个循环计算日单检能力2.79万份，20合1混检日检测能力55.8万份。坚持“人、物、环境”同防，定期开展“34类”重点人群和冷链食品物品、非冷链集装箱和外环境核酸检测，做到应检尽检。全年开展重点人群核酸检测90.8万人次，采集检测环境、物品样本14965份，检测结果均为阴性。四是牢牢守住院感防控底线。规范二级医院发热门诊管理，发热患者挂号、就诊、缴费、检查、取药全流程、全封闭在发热门诊完成，实行24小时接诊服务。各级各类医疗机构均设立了预检分诊点，配置了隔离观察室。强化市镇村三级医疗机构落实预检分诊和首诊负责制，严禁基层卫生院和村卫生室、诊所私自接诊发热病人，实现了院内“零感染”的目标。五是全方位做好应急处置准备工作。购置负压救护车18辆，12家镇（街）卫生院实现全覆盖，提高了医疗机构安全转运能力。调整充实加强流调、隔离、救治、采样、检测、消杀、健康教育等队伍建设，采取线上线下相结合的方式，适时组织开展全员业务知识培训和实战演练，着力提高应急处置能力。按照平战结合和满足30天满负荷运转的要求，强化防控物资动态储备。建立集中隔离点启用和退出动态管理机制，共准备集中隔离点14个（房间1303间）。六是高效稳妥推进疫苗接种工作。按照“应接尽接、应快尽快”的原则，高效稳妥有序推进3周岁以上目标人群新冠病毒疫苗接种工作，筑牢全社会人员免疫健康屏障。全年加强针接种192401人，完成率69.86%；3-11岁目标人群已接种58292人，完成率91.11%。

【持续深化医药卫生体制改革】一是着力抓好紧密型医共体建设。学习借鉴保定市唐县等地县域紧密型医共体建设的先进经验，优化调整医共体成员单位，持续加强分别以市人民医院和市中医院为龙头的两个紧密型医共体建设，深化人、财、物统一管理。市人民医院医共体成功入选成为河北省“典型县域医共体”案例。二是着力抓好“四医联动”改革。结合医保部门，积极探索落实按病种付费政策，公布101个单病种及收费标准。继续实行药品耗材集中采购、带量采购，压缩药品、耗材流通空间。按照“腾空间、调结构、保衔接”的原则，健全完善医疗服务价格动态调整机制。三是着力抓好国家基本药物制度综合试点工作。按照“巩固、完善、提高”的思路，巩固2020年试点成果，持续做好国家基本药物制度综合试点工作。市人民医院、市国家基本药物品种占比及金额占比在全省排名位于前列。四是着力抓好“互联网+医疗”建设。市中医院与迈瑞集团共建的标准化实验室暨医共体检验中心于4月投入使用。市人民医院牵头建立的八大医共体资源共享中心建设进一步扩面提效，全年心电中心出具报告19985份、影像中心出具诊断报告8559份、检验中心出具报告20074份、病理中心468份、消毒供应中心接收物品4561件。

【聚焦公共卫生服务】一是抓实基本公共卫生服务。十二项基本公共卫生服务项目规范管理率均达到国家要求。按“费随事走、以事定费”原则实施的基本公共卫生服务项目资金分配方式改革被省卫健委向全省推广。二是抓实疾病预防控制工作。针对季节传染病流行的特点、特征，加强重点传染病监测与防治工作，全市传染病发病率继续保持低流行水平。积极开展健康企业创建活动，8家企业顺利通过县级“职业健康企业”验收，3家企业顺利通过市级验收，达到省级“职业健康企业”标准。以入选首批全国儿童青少年近视防控适宜技术试点县（2020—2021年度）为契机，积极开展儿童青少年近视防控。对126所中小学校的58203名学生开展脊柱侧弯免费筛查工作。三是抓实妇幼健康工作。以免费孕前优生健康检查、农村妇女“两癌”筛查等妇幼卫生项目为抓手，扎实开展妇幼保健工作。2021年底，孕产妇健康管理率、0—6岁儿童健康管理率、5岁以下儿童死亡率、孕产妇死亡率均超额完成省市下达的任务。免费孕前优生健康检查完成率106.27%。免费婚前医学检查率为72.31%，农村妇女“两癌”筛查项目完成率125%。积极参与婴幼儿照护服务示范创建活动，10家托育机构完成备案登记。四是抓实卫生监督执法。扎实做好“三项制度”建设、“两法衔接”等工作，监督执法的规范性不断提高。深入开展医疗卫生、公共卫生、饮用水卫生、学校卫生专项监督检查，累计监督检查单位542户次，下达《卫生监督意见书》185份。圆满完成198家双随机抽检任务。全力推进卫生健康领域“信用+综合监管”“放管服”和信用体系建设工作，在“诚信滦州”建设工作排名一直名列前茅。

【稳步提升诊疗服务能力】一是构筑人才队伍发展优势。全职引进高层次卫生人才40人，其中研究生15人。柔性引进研究生及京津冀专家13人。切实加强人才培养，全科医生规范化培训15人，自主培养博士研究生 1 名。7人获评唐山市名医，4人获评唐山市名护，4人获评唐山市名基层院长。二是大力推进卫生健康重点项目建设。投资7940万元的医疗救治能力提升项目完成车载CT、CT、快速核酸检测仪等设备购置，市人民医院门诊楼、病房楼维修改造进行扫尾。市人民医院古城院区续建项目完成康复楼、门诊楼、住院楼的主体工程建设任务。投资1410万元实施防疫能力提升项目，依托疾控中心核酸检测实验室建设的核酸检测基地，于2021年1月正式投入使用。三是着力提升中医药服务能力。东安各庄镇卫生院“国医堂”建成并投入使用，全市12家镇（街）卫生院全部完成了国医堂建设。市中医院被命名为市级中医重点专科建设单位。积极开展中医药文化进校园活动，省中医药管理局将横渠实验小学纳入重点建设单位。四是加强镇村医疗机构服务能力建设。持续开展“优质服务基层行”活动，油榨镇中心卫生院和榛子镇中心卫生院创建推荐标准卫生院顺利通过省级验收，全市推荐标准卫生院达到6家。全面加强乡镇卫生院内涵建设，积极培育响嘡街道中心卫生院打造中医特色专科、茨榆坨镇卫生院打造医养结合特色专科。计划投资528.96万元，对13个镇（街）347个集体产权村卫生室进行维修改造，完成改造61个。全市12家镇（街）卫生院、村卫生室全部达到标准化建设要求。

【深入推进健康滦州建设】一是高标启动国家卫生城市创建。2022-2024年为国家卫生城市创建周期，2021年为整改准备的缓冲期。组织开展科普进机关、进社区、进校园、进企业健康科普巡讲8场次。积极开展省级卫生镇、村创建工作，确定榛子镇、雷庄镇、东安各庄镇、茨榆坨镇及杨柳庄镇创建省级卫生镇，43个村创建省级卫生村，唐山市创卫办督导组对我市创建工作给予了充分肯定。二是常态化开展爱国卫生运动。出动人员19.26万人次，各类清扫车辆3.7万台次。开展健康科普宣传活动804次，发放宣传单21055张，清除“四害”滋生地3465处。完成对665户66818.54平方米有蟑户的三次消杀。各镇街到位鼠药12.63吨用于病媒生物防制工作。46家党政机关创建成为无烟党政机关。三是优化提质医养结合工作。8家医疗机构和18家养老机构签订医疗服务协议，养老机构签约率100%。唐山康诚医院医养结合康复中心及中医院中医特色医养结合康复中心均通过实地验收。四是巩固拓展健康扶贫成果。

全面落实过渡期政策，坚持“四个不摘”。组织贫困人口中患有33种大病的207人开展大病集中救治工作。119个979人的家庭医生签约服务团队为732户1622名建档立卡贫困人口进行了履约，做到了应签尽签。

【打造惠民计生服务计生】一是严把奖扶特扶政策落实关。全市共有符合条件的奖扶对象17537人，落实资金1683.552万元。符合条件的特扶对象643人，落实资金691.62万元。分别为全市224名、224名农村独生子女办理了高考、中考加分审核。二是严把计生特殊家庭帮扶关。持续开展“亲情关爱、精准帮扶”计划生育特殊家庭行动，为每户计生特殊家庭建立信息档案，为647人失独家庭和独生子女伤残家庭购买了住院护工保险。为符合条件的特殊家庭提高居民养老保险，家庭医生签约服务率达到100%。三是严把避孕药具发放关。在省药具平台累计注册人数113087人，注册率21.74%，唐山市排名第二，为群众发放免费避孕药具35481人次，受到了唐山市药具中心的表扬。四是严把免费手术核查关。核定了8家医疗单位为免费避孕手术定点单位。全市完成免费避孕手术1447例并对全部患者进行了术后回访，手术符合率99.9%，满意率99.8%。

【全面加强党的建设】一是加强制度规范化建设。构建以党组书记负总责、分管领导具体抓的“一岗双责”的党建工作责任体系。党组书记主持召开党组会9次、理论中心组学习会9次，全员理论学习30次，书记讲党课6次。组织各医疗卫生单位党支部书记开展述职评议，现场进行民主测评。二是加强党风廉政建设。严格贯彻落实中央八项规定精神，坚持抓常、抓长、抓细，强化压力传导，增强落实党风廉政建设主体责任的政治自觉，扎实推进“四风”整治和卫生健康民生领域问题专项整治。共检查出各类问题7个，已全部整改到位。三是加强群团组织建设。组织开展党员志愿者到社区、企业、敬老院开展义诊、健康咨询等20余次。先后到遵化市沙石峪纪念馆、港北抗日起义纪念碑等地参观学习，接受红色教育洗礼。

医疗保障局

2021年，滦州市医疗保障局全面落实国家、省、唐山市医疗保障工作会议以及全面深化改革工作部署，以强化医保基金监督管理为抓手，以“保障民生、服务民生”为工作主线，不断完善医疗保障体系，切实保障了广大参保人员基本医疗需求，圆满完成了全年各项工作任务。

【保障参保人员医疗待遇】一是扩大医保覆盖面。参加各类基本医疗保险47.8万人，其中城镇职工参保6.6万人、居民41.2万人。累计征缴基金6.05亿元，支出3.04亿元（城乡居民支出1.96亿元），受益人群18.7万人次。二是深化京津冀医疗保障协同发展。滦州市3家二级定点医疗机构和17家一级医疗机构全部开通京津冀就医普通门诊直接结算服务。三是实现跨省异地就医直接结算。9月1日起，实现了省内无异地就医，滦州市参保人员可按规定在省内所有统筹区选择已开通异地就医住院、门诊费用直接结算定点医疗机构和定点零售药店就医购药，无须备案，实现河北省内异地就医直接结算。四是强化服务保障。启动长期照护险试点工作，确定定点服务机构16家，累计受益2669人。开展城乡困难群众医疗救治，审核发放2722名城乡困难群众医疗救助款792万元，门诊特殊疾病审核通过3237人次。

【开展打击欺诈骗保专项行动】一是加强宣传

《医保基金使用监督管理条例》，举行了医保基金监管集中宣传月活动启动仪式，提高《条例》的知晓率和遵守《条例》的自觉性，形成打击欺诈骗保高压态势。二是加强协议管理，确保监督检查“全覆盖”。组织全市定点医药机构开展医保协议续签工作，完成了全市201家定点零售药店、40家定点诊所、28家定点医疗机构医保服务续签协议工作。三是开展打击“三假”专项行动，强化基金监管。采取定期与随机相结合的方式，大力开展打击欺诈骗保维护基金安全专项行动，累计拒付或追回违规资金84.71万元，暂停医保服务2家，约谈或集中约谈38家，通报批评8家。行政处罚5家医疗机构，行政罚款15.6万元。四是组织定点医药机构开展信用承诺活动。组织定点医药机构开展信用承诺，签订承诺书279份。

【打赢疫情防控阻击战】一是预付定点医药机构结算款，减轻其资金周转压力。2021年初预付12家定点医疗机构药费结算周转金420.87万元，14家医疗机构新冠肺炎专项预付金585.75万元。4月份起，因医保信息系统切换，导致各定点医药机构正常结算存在困难，相继预付各定点医药机构结算款28172.38万元。二是预付新冠肺炎疫苗费用及接种费用，有力地支援了全市疫情防控工作。全年分四次预付新冠肺炎疫苗费用共计7125.6万元，到2021年底预计结算20家定点医疗机构新冠肺炎疫苗接种费用共计741.49万元。

【巩固脱贫攻坚成果】一是确保贫困人员应保尽保。根据市扶贫办提供的数据，本年度现有建档立卡脱贫人口1668人，除16人参保职工医保，2人自愿放弃建档立卡参加医保资格，其余1651人均已参保城乡居民医疗保险并享受建档立卡脱贫人口有关待遇。二是落实医疗扶贫倾斜政策。全市建档立卡贫困人员执行市域内定点医疗机构建档立卡贫困人口住院起付线降低50%、合规医疗费用报销比例不低于90%的规定。

【推进药品集中采购改革】一是落实药品价格和医用耗材集中带量采购。按照要求，全市对集中带量采购的药品有采购需求的定点医疗机构共计 19 家，全年开展了 9 个批次集中带量采购药品相关工作。对集中带量采购的耗材有采购需求的定点医疗机构共计 15 家，全年开展了 5 个批次集中带量采购耗材相关工作。2021 年度，全市医疗机构带量采购药品金额 999 万余元。二是积极落实医保基金结余留用资金复核工作。2021 年，全市共计 19 家相关定点医疗机构完成了三个批次医保资金结余留用额度初评工作，涉及医保资金结余留用额度共计 603 万元。

【扎实开展党建工作】一是认真组织政治理论学习。紧跟上级安排部署，把党史学习教育作为重要政治任务。二是组织召开党支部大会，进行了支部委员选举工作，调整了党支部书记和支部委员。三是调整壮大党员队伍，增添新生力量。把好发展党员入口关，严格发展程序，吸收四名积极分子入党。四是实行学习交流制度，党组成员、科室负责人和业务骨干开展轮讲，浓厚学习氛围，强化医保服务理念。五是全面有序开展巡察整改工作。全力配合市委第三巡察组工作，对照巡察问题，认真制定整改方案，抓好落实，确保整改到位。六是做好信访案件督办工作。积极做好人大代表、政协委员提案回复工作，全年共收到人大代表建议和政协委员提案各1件，已全部办结。

市场监督管理局

2021年，滦州市市场监督管理局在滦州市委市政府的正确领导下，锚定目标任务，强化担当落实，奋力争先创优，各项工作取得了显著成绩。

【主要指标完成情况】2021年执法办案792件，超额完成非税收入。每万人口发明专利拥有量3.0件。有效发明专利156件。市场主体培育净增6355户。全年未发生食品、药品、特种设备、产品质量等安全事故。食药安全、质量强市考核连续保持A类档次。“国家级农村综合改革农业社会化服务标准化试点项目”、全省“基层建设提升工程”两大试点建设圆满收官。

【商标管理】加大对中国驰名商标、国家地理标志商标、地理标志产品的培育力度，引导发展国际商标注册。2021年新增注册商标151件，共查处侵犯知识产权案件7起。

【登记管理】通过全域调度、分包分片、督导检查系列举措，扭转市场主体培育工作进展缓慢局面，全年市场主体培育净增6355户。

【广告管理】在加大广告日常监测的基础上，以关系人民群众生产生活和健康安全的“五类”虚假违法广告和危害未成年人身心健康的非法涉性、低俗不良广告信息为重点，对辖区内的医疗、药品、保健食品、化妆品、美容服务、集资融资、涉农涉牧和非法代孕等广告信息进行全面清理检查和集中整治，坚决遏制虚假违法广告屡禁不止的现象。进一步加强与宣传、网宣、公安、通信、卫生等部门的协调配合，完善信息沟通、广告案件移送、协查、通报、督办等机制，形成执法监管合力。

【合同管理】紧紧围绕强化职能、服务经济、信用建设、行政监管等方面多维度强化合同管理。积极主动做好合同鉴证管理工作，最大限度地降低和减少因工作不规范、不严格而产生的合同纠纷案件。充分发挥合同监管职能，营造公平竞争的市场秩序。

【反垄断执法】聚焦民生领域，坚持问题导向，深入开展重点领域反不正当竞争执法行动，严厉打击侵害经营者消费者合法权益的不正当竞争行为。共出动执法人员600余人次，累计排查社区（村庄）499个。排查出租房屋、宾馆175个。悬挂打击传销条幅25条，发放各类宣传资料8800余份。接受群众咨询126人次，为滦州市经济健康发展献力献策。

【市场秩序】突出抓好防护用品和食品质量安全监管，开展民生领域“铁拳”行动，聚焦解决民生领域群众“急难愁盼”问题，深入开展以水泥、装饰装修材料、家用电器、儿童用品、轮胎、车用汽柴油等建材和日用消费品为重点的执法行动，对生产、销售和经营活动进行“全链条”打击。开展农资专项整治，强化农资产品质量抽查，为百姓春耕生产保驾护航。集中开展防疫用品、医疗价格、停车场、行业协会、粮食、殡葬业、水电气暖等领域价格专项执法检查。深入开展劣质散煤和流通领域成品油专项检查，保持劣质散煤管控高压态势，加大成品油抽检力度，共查处劣质散煤案件51件，助力打赢“蓝天保卫战”。

【计量管理】全面推进“双随机、一公开”监管工作，开展企业标准监督检查，并围绕政府、社会和消费者关注的热点，对事关人民群众福祉和切身利益的民生领域计量开展专项执法检查。共计检查集贸市场、商场超市，检查贸易结算用电子计价秤近240台。检查加油站82家，加油机235台，联合市所对46家眼镜制配用的123台件计量器具进行检定。联合市所检定20家医疗单位，检定强检计量器具270余台。

【标准化管理】滦州市政府承担的第三批国家级农村综合改革农业社会化服务标准化试点项目以103分优异成绩通过终极考核评估。为期三年的全省“基层建设提升工程”试点建设走在前列，被省局列为重点支持单位，在唐山市工作会议上作典型发言，被《中国市场监管报》报道。紧抓标准化示范区工作，省级生态林果标准化示范区以95.6分的优异成绩顺利通过验收，“百城千业万企对标达标”工作在唐山市排名第二。每10亿元地区生产总值发明专利拥有量在唐山市同类优化开发区排名第三。

【产品质量管理】配合开展国家监督抽查、省级重点工业品“铸底”专项监督抽查和市级监督抽查涉及钢铁、肥料、水泥和危险化学品等产品共30批次，县本级监督抽查建筑用砖10批次、型煤11批次。对全市1家洁净型煤生产企业开展日常巡查和驻厂监管。对2家建筑用外墙保温材料生产企业进行摸底排查。联合省、唐山市局专家工作组共同对2家化肥、4家危险化学品及6家水泥获证企业开展了检查，开展重点产品质量提升和安全隐患排查整治行动，积极引导市场主体依法经营、规范生产，实现高质量良性循环发展。

【特种设备安全管理】坚持日常监察、重点检查和专项整治相结合，相继开展了一系列特种设备安全检查专项行动。全局共出动执法人员613人次，检查企业315家次，检查特种设备869台次，发现安全隐患66条，所有隐患全部整改完成。扎实推进气瓶信息化工作，全市绑定智能角阀和电子标签的液化石油气瓶55369只，绑定电子标签的工业气瓶24861只。牢固树立宣传安全监管理念，开展“安全生产月”等宣传活动，共发放宣传资料7000余份。组织特种设备安全知识进校园专题讲座1场、进企业专题讲座2场、督促指导企业开展特种设备应急演练12场次。

【食品药品监督管理】食品安全稳中有序。加强食品生产企业安全管理人员考核制度，扎实开展食品小作坊整治提升行动。开展放心肉菜超市创建、食品风险分级、食品追溯录入、农贸市场质量提升等一系列行动。大力实施“网络明厨亮灶”，将明厨亮灶、清洁厨房标准作为验收发证中的重要环节。全市小学、幼儿园已全部完成“网络明厨亮灶”单位112家，完成率100%。根据《网络订餐管理办法》要求，逐步规范网络订餐平台餐饮服务经营行为，严厉打击网络餐饮提供者资质及经营不规范、第三方平台入网审查及信息公示不规范等行为。严护药械妆安全。相继开展了非法渠道购销药品、中药饮片专项整治、新冠病毒疫苗专项检查等专项行动，检查经营使用单位600多家，配合唐山市局对2家连锁药店总部及医疗机构进行药品抽检，共抽检药品23个批次，合格率达到100%。有效开展了民营医院药品医疗器械安全专项整治活动，检查医疗器械经营使用单位334家，立案查处违法案件7起。积极开展“安全用妆、美丽有法”义诊活动，被唐山市局评为年度优秀宣传活动。

【价格监督检查】加大日常特别是元旦、春节等节假日期间，对生活必需品、交通、旅游等领域价格行为监管力度，重点规范和查处经营者不执行明码标价的行为，制止和打击价格欺诈、哄抬价格、串通涨价、欺客宰客、借机涨价及乱收费行为，进一步规范经营者价格行为。

统计局

2021年，滦州市统计局紧紧围绕全市中心工作和统计重点工作，坚持依法统计，扎实推进各项统计调查工作，充分发挥统计在经济社会发展过程中的监测、咨询和服务作用，强化担当，主动作为，为市委市政府决策当好参谋助手。

【主要经济指标完成情况】地区生产总值。年计划增长7%左右，前三季度完成378.4亿元，同比增长7.6%，在唐山市14个县区（下同）排名第7。其中一产增加值完成39.6亿元，增速4.8%，排名第10；二产增加值完成241.5亿元，增速6.0%，排名第7；三产增加值完成97.3亿元，增速为12.2%，排名第7。固定资产投资。年计划增长7%左右，1-11月份同比增长6.5%，在唐山市14个县区排名第10。规上工业增加值。1-11月份全市规上工业稳中回落，增加值同比增长5.2%。在唐山市14个县区排名第8。一般公共预算收入。年计划增长7.5%左右，完成23.3亿元，同比增长8.2%，在全市14个县区排名第4。社会消费品零售总额。年计划增长8%左右，前三季度完成659638万元，同比增长8.4%，在唐山市14个县区排名第9。城镇居民人均可支配收入。年计划增长8%左右，前三季度完成36257元，同比增长7.4%，在唐山市14个县区排名第5。农村居民人均可支配收入。年计划增长8%左右，前三季度完成17466元，同比增长11.9%，在唐山市14个县区排名第3。

【提供优质统计服务】一是认真把握全年目标任务，主动对接各监控单位和责任单位，对各项指标发展趋势认真研究，为市委、市政府确定年度目标提出合理建议。二是坚持编印“两报”。每月编印一期《滦州统计月报》，为市领导决策和责任部门推进工作提供有力依据。注重加强数据比对分析，以《统计专报》形式上报滦州市主要经济指标进展情况，及时对波动较大数据和行业变化做出预测预警。三是创新服务方式。组织业务骨干编印了《主要统计指标说明》小册子，对各项经济指标的名词解释、数据来源、相关单位、意见建议等进行详细说明，为市领导及相关部门普及统计业务知识。四是加强部门协作。主动与发改、工信、商务、农业等相关单位密切联系，共同研究新增入统“四上”企业的培育对象，并赴各“四上”企业走访指导，针对短板弱项指标提出对策建议，及时做好实地核查，组织相关材料向上申报；并针对新入统的“四上”企业开展专项调研，积极指导企业做好数据统计工作，确保源头数据应统尽统、颗粒归仓。

【接待领导来滦指导统计工作】4月12日，国家统计局河北调查总队和唐山调查队领导来滦督导调研劳动力调查工作。省队领导到茨榆坨镇大石佛庄村、九百户镇李庄村，实地了解调查员入户调查登记工作开展情况；4月16日，国家统计局唐山调查队来滦就“耕地规模化经营与农业社会化服务”和农业农村统计调查“质量提升年”活动进展情况开展调研；9月15日，国家统计局唐山调查队副队长雷鸣一行10人来滦对全市农业统计、工业品生产者价格和劳动力调查等基层基础工作进行检查，检查组对全市基层基础工作开展情况给予了高度肯定。

【完成第七次全国人口普查】第七次全国人口普查是在中国特色社会主义进入新时代，开展的一次重大国情国力调查，将全面查清全市人口数量、结构、分布、城乡住房等方面情况，6月23日发布了第七次全国人口普查数据公报。充分利用普查数据成果开展专题调研，深入挖掘人口普查数据，进行深入剖析对比，形成了《关于滦州市“七人普”常住人口变动情况的汇报》专题报告，为领导决策提供参考。

【依法规范统计工作】一是维护数据质量生命线。认真贯彻执行《统计法》《实施细则》和《河北省统计条例》，坚持实事求是，按照上级统计制度规范要求，规范各种台账、报表，做到说真话、报实数。严肃查处统计违法行为，强化统计执法监督，做到有法必依，执法必严，违法必究。二是开展“双随机”执法检查。制定全市“双随机”执法检查工作计划，在全市进行多次统计执法检查工作，涉及统计目标单位34家，其中利用“河北省双随机监管平台”开展执法检查2次，共抽取17家企业（第一次抽取10家企业、第二次抽取7家企业）；统计局完成内部执法检查2次，17家企业在执法过程中严格遵守执法流程和行政执法三项制度要求，均未发现统计违法行为。三是统计法学习常态化。组织学习《关于深化统计管理体制改革提高统计数据真实性的意见》《防范和惩治统计造假、弄虚作假督察工作规定》等统计法律法规和文件精神。形成以领导干部“带头学”、部门领导“深入学”、统计人员“系统学”、统计调查对象“普遍学”的常态化学习机制。

【强化常态化疫情防控】针对疫情严峻复杂的形势，认真落实“双报到”工作，坚持严格落实常态化疫情防控制度，全力投入到联防联控工作中，安排专人到社区值班值守，积极落实责任分工，每天两次签到、测温、扫码、消毒，筑牢疫情防控屏障。充分发挥党组织和广大党员在疫情防控中的战斗堡垒作用和先锋模范作用。

【发挥党建引领优势】一是突出学习主题。以习近平总书记在建党100周年和承德考察调研时重要讲话精神、十九届六中全会精神、党史学习教育、“四史”宣传教育为重要抓手，补足“精神之钙”。二是丰富学习方式。线上利用“学习强国”、干部网络学院等平台，线下采取自主学习、集体研讨、读书班、实践活动等方式进行学习；组织全体党员赴李大钊纪念馆、沙石峪陈列馆，开展“红色革命教育”实践活动。三是加强廉政教育。制定了党组日常监督责任清单，印发了《中共滦州市统计局党组2021年度全面从严治党主体责任清单》，签订了党风廉政建设责任书。树立严肃党内政治生活的意识，完善和落实民主生活会、“三重一大”事项集体决策、重大事项报告、民主集中制等规定。

【建强统计队伍】组织和选派业务骨干参加上级组织的统计业务学习培训；全年组织统计业务知识培训24次，主要是各相关部门、各镇（街）主管副职、统计人员和全市150多家“四上”企业的统计员，全市统计队伍业务能力素质得到进一步提升；采取“进农村”“进镇（街）”“进企业”等工作方式，对镇（街）、企业主管领导和统计人员进行现场指导，进一步夯实统计源头数据的质量。

审计局

2021年，审计局全面落实市委市政府、唐山市审计局的各项工作部署和市审计委员会的工作要求，开展审计监督。优质高效地完成了各项工作任务。机关内部形成了风清气正、争先创优、干事创业的浓厚氛围。

【主要工作目标完成情况】共完成审计项目915个，其中计划内项目11个，审计资金总额102.54亿元，查出违规行为和管理不规范资金10.48亿元，提出审计意见和建议42条，被采纳42条，及时上报并在省厅、市局、政府网等媒体刊登发表审计信息20余篇。1个审计项目被唐山市审计局评为优秀审计项目，1名同志被唐山市审计局评为优秀审计能手，局机关被市委市政府授予文明单位。

【加强审计队伍建设】一是局党组始终坚持以党的政治建设为统领，把思想政治理论学习作为重要的政治任务，采取学原著、悟原理、讨论座谈、心得交流、理论测试等多种形式，紧密联系自身思想、工作实际，找准局机关、科室和个人在思想、工作、作风上存在的不足，努力在学习中提升政治站位和政治素养、锤炼坚强党性，始终把讲政治贯穿审计工作全过程。二是认真开展党史学习教育，提高政治站位。局党组结合审计工作实际，认真组织部署，有序推进党史学习教育工作落地落实。成立了以局党组书记为组长的党史学习教育领导小组，制定了党史学习教育工作方案，采取了“分散自主学、集中宣讲学、实践感悟学、检验提升学”的学习方式强化学习教育。并坚持学习党史与学习新中国史、改革开放史、社会主义发展史相贯通。举行了“牢记初心使命、展示青春风采”演讲会，到喜峰口抗战遗址接受爱国主义教育、重温入党誓词，开展“学党史、增信念、聚力量、启新程”知识竞赛，观看红色教育片等活动。注重学习教育成果转化，扎实开展“我为群众办实事活动”，组织开展卫生清扫、交通志愿、植树造林、政策宣讲等服务群众活动40次，参与党员干部1203人次、服务群众1316人次。三是认真落实党建工作责任制。将机关党建与审计工作深度融合，严格落实“三会一课”、谈话谈心、主题党日等制度，并通过志愿服务、爱国教育、警示教育等方式，激发审计干部创先争优的热情。四是狠抓业务能力提升，强化业务知识学习。坚持集中学习和自学相结合，采取“请进来、走出去”等多种办法开展干部素质和能力的培训学习。加强了政策法规、财经纪律、审计实务、审计案例等培训学习，加大了对计算机、大数据、工程造价、绩效审计、自然资源资产审计等新知识新技能的培训学习，并强化实战锻炼。以干代训的方式，派出1名领导、4名业务骨干分别参加了省审计厅、唐山市审计局开展的审计项目。鼓励审计人员在职提高专业学历层次，积极主动参加审计、会计、工程、计算机等职称考试和资格考试。全面提高审计人员业务水平及依法审计能力。1名同志被唐山市审计局评为优秀审计能手，局机关被市委市政府授予文明单位。

【开展跟踪审计和民生资金审计】一是上半年由主管局长带队，组成2个审计组，对财政局、卫健局、民政局、慈善协会、红十字会等5个相关部门及人民医院、中医医院、安各庄卫生院、滦城卫生院等4所医院开展了新冠疫情防控资金和物资专项审计，审计资金总额5360.29万元，保证了疫情防控资金和物资的安全有效使用。二是对财政专项扶贫资金和整合使用其他财政涉农资金分配管理使用情况进了审计、对稳就业政策落实情况和农村地区冬季清洁取暖政策措施落实情况进行了跟踪审计、对扶贫政策落实和扶贫资金分配管理使用情况进行了审计，审计资金总额9.34亿元。

【深化财政预算执行、决算草案审计】当年的预算执行审计，坚持审深、审透、审细、审严的原则，严格以《审计法》《预算法》《预算审查监督条例》及市人大批准的市本级2020年财政预算为依据，紧紧围绕预算执行和财政收支的真实性、合法性和效益性，以推进预算管理，提升财政资金安全规范绩效为目标，重点审计了财政资金的收入、支出和管理情况。通过审计发现，存在预算编制未细化到部门、预算执行率低、上级专项资金当年未投入使用、应入未入财政收入、应交未交财政结余等问题，共查出违规行为和管理不规范资金10.1亿元，针对存在的问题提出了审计处理处罚意见，并提出审计建议5条。对规范预算执行，促进重大政策落实，提高财政资金使用效益具有重大意义。

【加强领导干部经济责任审计】依据组织部门

委托，对榛子镇原任党委书记宋焕强、杨柳庄镇原任党委书记钱立军、杜历军、九百户镇原任党委书记李菁生、总工会原常务副主席韩进良、供销合作社原主任王志强、信访局原局长薛会东等17名领导干部开展了任期经济责任审计。发现固定资产未列账、往来款长期挂账、超限额支付现金、不合规票据列支、往来账户列收列支等问题，查出违规行为资金343.81万元，提出审计建议29条。按照“三个区分开来”要求，客观准确地界定了责任、做出了评价，积极鼓励领导干部干事创业。

【**强化政府投资项目审计**】该局不断加大对政府投资项目的审计力度，对滦州古城北区城中村改造项目一标段预算、友谊里旧区改造一期工程拆迁成本情况结算、第二实验小学在建项目工程结算、交通运输局平青乐线城区南段绿化提升及排水改造工程结算、滦河街道办事处永安里社区市民中心建设项目工程结算、小马庄镇邢各庄无水处理厂项目工程结算、榛子镇狼窝铺村等四个村土地整治（占补平衡）项目结算、滦河天佑堤景观绿化工程结算等883个工程项目进行了结（决）算、预算审计，审计工程资金总额10.69亿元，审减工程造价7201.97万元。不仅减少了工程投资，同时优化了投资环境，规范了工程建设和市场管理，提高了投资绩效。

【**配合唐山市审计局对滦开展的各项审计工作**】按照唐山市审计局工作安排，市局派出审计组自4月16日起分批次对市党政主要领导开展的经济责任和自然资源资产审计、滦州市人民政府优化营商环境政策措施落实情况审计、2019至2020年度财政收支审计。审计组进驻前，市委市政府召开由32个部门单位参加的专题会议部署迎查工作，由该局主要领导讲解审计的重点，安排自查自纠工作。按照市领导安排，组成了以局主要领导、主管领导为主的专班，全力配合审计组工作，圆满完成了任务。对审计查出问题，牵头按时限要求全部完成整改，使审计监督落到了实处。

【**开展十八大以来审计查出问题整改“回头看”**】按照省、市审计委员会办公室、省审计厅、市审计局关于十八大以来审计查出问题整改“回头看”的通知要求，局党组梳理出十八大以来涉及滦州市的审计项目24个、存在问题221个，对唐山市委市政府主要领导经济责任审计反馈问题涉及滦州市3个。将梳理出的审计项目和问题分解到各科室，责任落实到人，逐项目逐单位逐问题进行核实，按时保质保量地完成了整改任务。

【**开展疫情防控工作**】一是全局干部职工积极行动，遵守上级关于疫情防控工作的各项规定，并明确专人专门负责统计重点人群排查情况，每日上报卫生健康局。局机关专门有专人负责每天两次消毒工作，积极组织全体机关干部和家属接种疫苗，接种率达到百分之百。二是积极组织机关党员干部到社区进行防疫值班。自发生疫情以来，出动党员干部150人次到金鼎丽城社区开展疫情防控工作。三是积极开展疫情防控督导。组织全体机关干部到所包联的大霍庄子村、包麻子村、大门庄村、小门庄村、永安里社区督导疫情防控和疫苗接种，圆满完成了任务。四是抽调8人，组成核酸检测专班，配合人民医院组织9个单位354名干部职工开展每周一次的核酸检测40多次。

【**加强机关党风廉政建设**】一是强化党组领导班子集体责任。局党组始终把党风廉政建设责任制摆在重要的议事日程，成立了以局党组书记、局长为组长，其他班子成员为成员党风建设领导小组，形成了一把手负总责，一级抓一级、层层抓落实的良好格局。二是强化整体部署，严格落实党风廉政建设责任制、领导班子成员“一岗双责”制，认真执行民主集中制，严明政治纪律和政治规矩。严格落实中央八项规定及其实施细则精神，严格执行审计“四严禁”工作要求和审计“八不准”工作纪律。班子成员带头廉洁从政、遵规守纪。三是加强对党风廉政建设形势研判掌控，健全了审计权责清单，把握重要工作内容和履行重要职权廉政风险点，强化过程控制。四是坚持公开、公平、公正原则调整中层干部，将政治素质高、业务能力强的工作骨干提拔到股级岗位。在选人用人过程中，实现了公开透明，程序规范，群众公认。五是切实加强教育引导，筑牢思想防线。利用每月学习日，开展警示教育、廉政党课、党政纪法规、廉洁从政专题学习，深刻领会新形势下反腐倡廉的重大意义，筑牢反腐防线。通过党组书记与班子成员、班子成员与分管同志开展一对一廉政谈话，层层压实责任，经常性地开展批评与自我批评，让党员干部知敬畏、存戒惧、守底线。六是加强作风建设，提高审计效能。把改进审计干部作风建设作为加强党风廉政建设的重要举措，重点督查上班迟到、早退、空岗、串岗、网上聊天、玩游戏、炒股、工作日中午饮酒、公款吃喝等违规行违纪行为，促进机关作风进一步转变。七是完善审计权力运行制约和监督机制。完善落实了审计实施各个环节的廉政监督制度。完善实施了审前廉政纪律教育、审前公示、审中廉政监督、审后回访和审计执法过错责任追究等制度，使审计执法的每个环节都置于严格的制度约束之下。成立了法制审理室，配齐了法制审理人员，完善了审计处理处罚行为的监督和制约机制。同时还健全完善了政务事务管理、业务管理、机关党建、作风建设、廉政建设、财务管理、人事管理等规章制度23项。使各项工作有章可循、有据可依、有序开展。所完成的审计项目无一发生复议和行政诉讼，审计人员无一违规违纪，为依法履行审计监督职责提供了坚强保障。八是积极支持、配合纪检监机关工作。审计工作、局领导、审计人员的执法行为自觉置于纪检监察机关的监督之下，还积极配合其工作。今年抽调两人次参加纪检监察机关的巡视巡察工作，审计人员的工作表现得到了纪检监察机关的肯定和好评。

唐山市生态环境局滦州市分局

2021年是打赢污染防治攻坚战最为艰苦卓绝的一年。滦州市委、市政府坚决扛起生态文明建设的政治责任，实行常态化环保工作调度机制，定期召开现场调度会、环保攻坚专项推进会，安排部署月度攻坚专项行动。成立了以四大班子有关领导为组长的生态环保工作专班，建立指挥调度、工作队伍、问题交办、推进落实四项工作体系，生态环境保护管理体系日渐完善。在深入研判的基础上，先后制定了《滦州市2021年大气污染综合治理暨“退后三十”工作方案》《滦州市扬尘污染防治方案》《滦州市机制砂行业治理方案》《滦州市空气质量月度管控方案》等系列文件，进一步压实压紧各部门生态环保责任，为推动各项工作落实明确了方向。滦州市将推动绿色发展作为全市生态环境保护的重要内容，每月调度汇总住建、交通、市场监管、发改等11个市直部门和14个镇（街）公转铁、车油路厂、生态修复等561项生态环境指标完成情况，及时解决突出环境问题，推动生态滦州建设迈出了坚实的步伐。环保指挥中心结合三方公司、气象等部门，及时发布指令，对高值点位进行精准分析，精准实策。环保专班组织责任部门和相关镇（街）每天召开专题例会，随时调度各部门工作开展情况，分析存在问题和不足，统筹推进各项大气污染防治工作。

【环境质量状况】一是大气环境质量状况。2021年，省达空气质量改善任务目标为：优良天数247天，PM2.5浓度达到47微克/立方米，PM10浓度达到95微克/立方米。全年全市优良天数达到272天，较2020年增长30天，优良天数比率达到74.5%；PM2.5浓度42微克/立方米，同比下降14.29%，下降率全省排名

118位；PM10浓度91微克/立方米，同比下降10.78%，下降率全省排名98位。综合指数5.29，同比下降12.85%，下降率全省排名103位。二是水环境质量状况。2021年，滦州市1条国考和6条唐山市考断面全部达到考核要求，滦河庄窠村桥、管河前小寨桥、龙湾河响水桥断面水质均达到了Ⅲ类水质标准。集中式饮用水水源地水质达到Ⅲ类标准，饮用水水源水质达标率100%。三是土壤环境质量状况。各类土壤环境质量状况良好，全年未发生重大土壤环境污染事件。四是声环境质量状况。城区区域环境噪声和交通噪声均达到相应功能区标准。

【大气污染防治工作】一是推进钢铁、焦化企业深度治理。投资4.1亿元，完成钢铁、焦化等重点企业高炉均压放散煤气全回收设施、煤气精脱硫、轧钢加热炉低氮燃烧改造等46个治理项目。实施重点行业专项治理。按照唐山市十项行业治理方案要求，投资约1.2亿元，对全市水泥及水泥制品、砖瓦窑、独立灰窑、铸造、除尘灰综合利用等72家企业开展提升整治工作，对未按时限完成的企业予以停产整治。完成企业退城搬迁。制定了《滦州市人民政府关于唐山金马钢铁集团有限公司关停工作方案》，金马钢铁于7月31日所有生产工序关停到位。完成公转铁项目建设。东海钢铁于10月底投入运营，东海特钢12月底前具备了通车条件。二是深入开展扬尘管控。投入资金4000余万元建成平青大、205国道集货车冲洗、尾气检测、治超治限于一体的综合服务区2个。全市建筑工地均落实"六个百分百"、两个"全覆盖"的要求。市区城市道路机械化清扫率达到100%，城市出入口及城市周边重要干线公路、普通干线公路穿越城市路段清扫作业机械化清扫率达到90%以上。工业料场物料全部入棚或进行苫盖。司家营铁矿、冀东水泥实现扬尘在线和视频监控全覆盖。24处矿山生态修复治理任务全部完成。三是严格机动车管控。全年对重型货车尾气路检3005辆，入户抽测1017辆，非道路移动机械检测754台，非道路移动机械备案1837台，对发现的29台超标车辆移交相关部门进行处置。四是强化油品监管。完成91家加油站二次油气回收装置监测任务，抽检油品共计313批次，其中柴油197批次，汽油116批次，车用尿素6批次，抽检覆盖率100%，合格率100%。五是加大"两散三烧"及餐饮油烟管控力度。制定下发《滦州市禁止秸秆垃圾露天焚烧暗访巡查整治方案》《滦州市2021年严防散煤复燃整治方案》《关于做好农村散煤复燃驻村监督工作的通知》以及《滦州市"散乱污"企业清理整治"回头看"专项检查方案》，全面构建全市"两散三烧"排查整治工作体系，按照网格化监管职责，建立了以镇（街）为单位，村委会为基础的全方位、全覆盖、无缝隙网格化监管责任机制。城市核心控制区210家餐饮单位已全部安装在线监控设施。强化煤质抽检抽测。完成14家重点燃煤使用单位煤质抽检工作，共抽检170家次，合格率100%。六是加强重污染天气应对。印发重污染天气应急预案，437家涉气企业纳入减排清单，按照多排多限，少排少限、不排不限的原则完成"一厂一策"编制工作，将停限产措施落实到各工艺、各环节，最大限度降低应急响应期间污染物的叠加效应。

【水污染防治工作】一是完善河长制管理体系。构建县、镇、村三级河长制管理体系，设县级河长9名，镇级河长119名，村级河长242名，各级河长累计巡河2.95万人次。二是推进全域治水清水润城工程建设。总投资7.7亿元的全域治水清水润城PPP项目，涉及的河道综合治理、水源供水和"乡村振兴"水环境综合整治3大类工程6个项目已全部开工建设。三是加强饮用水水源地保护。对陡河水库饮用水水源地16个疑似图斑问题进行"回头看"，经核实问题已全部整改到位。四是强化水污染防治执法检查。对污水处理厂、伊利乳业、蓝贝酒业集团等7家企业污水处理设施和在线运行情况进行常态化监管，严厉查处涉水企业超标排放行为，全市重点排污单位废水排放达标率、数据传输有效率达到95%以上。规范入河排污口管理。采取明察暗访和无人机航拍等方式对全市河流沿岸进行排查，对发现的非法入河排污口，发现一处，封堵一处。开展地下水超采综合治理。编制了《滦州市地下水超采综合治理2021年度实施方案》，投资4.75亿元，通过实施农田水肥一体化建设、污水处理厂中水回用、司家营净水厂水源置换等工程，实现地下水压采3671万立方米。五是加强农村环境综合整治。制定《滦州市2021年农村环境综合整治实施方案》，完成农村环境综合整治村庄41个，生活污水治理村庄36个，建设覆盖289个村庄的农村生活污水无害化处理设施。投资242万元，保障榛子镇1个污水处理厂、5个污水处理站正常运行。持续开展纳污坑塘、黑臭水体排查整治工作，发现一处整治一处，实现动态清零。

【土壤污染防治工作】一是严格建设用地准入。与自然资源、住建等相关部门依托全国污染地块土壤环境管理系统对4块建设用地依法开展土壤污染状况调查，确保了再开发利用的污染地块得到风险防控和安全利用。二是强化土壤污染重点企业监管。17家土壤重点监管企业均已完成自行监测和隐患排查。对16家涉重金属企业开展隐患排查，消除存在的环境安全隐患。三是强化危险废物监管。对17家涉危废物企业进行风险隐患排查，产废在3吨以上的9家重点企业全部安装智能监控系统，与生态环境部门联网实施在线监控。四是开展执法专项行动。联合公安、交通等部门开展打击固体废物、危险废物环境违法行为专项行动2次，排查产废企业76家，发现环境问题企业53家，发现问题86个，均已完成整改。六是强化医疗废物安全处置监管。监督检查全市28家医院的医疗废物收集、处置、转运情况。3家定点医院和3家发热门诊和7家隔离场所明确了具体监管人员，对医疗废物和废水定期开展现场督导管理。七是强化农业面源污染治理。全市规模化养殖场粪污处理设施配建比率达到100%，畜禽养殖废弃物资源化利用比例90%以上。完成推广测土配方施肥技术面积91万亩次，肥料利用率达到40%以上，化肥使用量较上年减少130吨。综合利用秸秆34.07万吨，利用率达到98.3%。农膜回收率90.22%，有效降低了“白色污染”。八是强化养殖污染治理。重点推进9个养殖专业合作社等级提升，推广养殖场应用干湿分离机对粪污进行处理。对新建规模养殖场严格按照“同时设计、同时施工、同时投入使用”要求配套建设、运行符合标准的畜禽粪污收集、贮存、处理、利用设施。

【生态环境执法工作】2021年生态环境部、省厅督察组向滦州市交办各类环境违法问题243件，全部查处、整改到位。一是为严厉打击环境违法行为，深入开展了在线数据打假、涉铊执法检查、涉气企业监测执法、异味污染整治、排污许可证后监管、涉水企业排查等专项行动。全面开展晨查、夜查、交叉执法行动，全年共出动执法人员23475人次，检查企业7825家次，发现问题7886个，已全部整改到位。立案处罚241件，收缴罚款3093.4万元，其中按日计罚5件。移交移送未落实停限产措施案件线索35件。二是全年“双随机”抽查企业413家，推送移动执法终端数据3560个。334家企业安装分表计电装置，随时监控企业生产、污染防治设施运行、停限产措施执行等状况。三是钢铁、焦化、水泥等28家重点排污单位安装了在线监控设施，其中北极熊、磐石等4家水泥企业实施了系统升级，实现时段内异常数据自动标记。3家钢铁、4家水泥、2家焦化企业全部安装DCS系统，并与上级生态环境部门联网，实时上传DCS参数。及时化解信访隐患，全年受理各类环境信访案件446件、领导包案22件，处理率、结案率达到100%。

【生态环境基础工作】一是环境基础管理规范化，新建项目施行现役源倍量削减，出具现役源调剂方案68份、排污权交易手续出具4份。二是对涉危险废物环评与排污许可开展证前现场核查67次，有效降低环境隐患。有序推进排污许可证后核查工作，排污许可证执行报告提交率审核14个，排污许可质量审核38家。三是72家企业完成突发环境应急事件备案。监测能力提升配套化。投资40万元购置执法、应急车辆3台。投资313.9万元改造环境监测专用实验室1200平方米，新增试验台235平方米，新增监测设备6台（套），更换大气监测仪器设备20台（套），实验室监测项目由33个增加到58个。四是清洁生产审核全面化。组织磐石水泥、利丰铸造、唐钢气体等8家企业完成清洁生产审核项目实施方案编制工作，并通过专家评估。五是生态环境宣传覆盖面逐年扩大化。紧紧围绕全市生态环境中心工作，讲好环保故事，线上线下环境宣传教育有声有色。在6.5世界环境日等重要时间节点组织重大宣传活动8次，发放《环保法律制度汇编》等宣传资料万余份，为我市全面打好污染防治攻坚战、推进生态文明建设提供了强有力的舆论支持和营造良好的社会氛围。

应急管理局

2021年，应急管理局深入实施“1395”工作思路，在各级各部门有力配合和机关上下共同努力下，较好地完成了应急管理各项工作任务，安全生产形势持续平稳，防灾减灾和应急救援能力进一步得到提升。全市工矿商贸领域未发生亡人的生产安全事故。全市未发生较大森林火灾。安全生产形势、森林防火形势持续稳定向好。2021年被国务院第一次全国自然灾害综合风险普查领导小组办公室评为“典型经验做法单位”，局党委被唐山市委授予“先进基层党组织”荣誉称号。

【宣传培训】严密部署全国第二十个“安全生产宣传月”活动，组织12个重点单位在人民广场开展安全月咨询日活动，各单位组织志愿者200余人参加宣传活动，为群众解答问题30余个，发放宣传材料12000余份，摆放展牌40余块，确实增强了全民安全意识。

【专项治理】以专项整治三年行动为主线，全力提升安全生产本质水平。一是统计分析、上报及时，确保决策精准。按照上级主管部门要求，逐月以安全生产专项整治三年行动统计表、“防风险 除隐患 保安全”安全生产大排查大整治报表、“三查”汇报以及各类大检查隐患排查治理汇总情况对全市安全生产行动及时进行汇总梳理，并按时上报，为领导在安全生产工作中的决策部署提供了精准的依据。二是强化工作职责，狠抓安全生产责任制的落实。草拟了全年安全生产目标责任书，及时将工作目标下达各镇街、开发区、相关成员单位，按要求全部完成了市政府与各级各部门安全生产目标责任书的签订工作。同时，督促各级各部门与本辖区、本行业领域生产经营单位签订安全生产目标管理责任书，形成了一级抓一级，层层抓落实的安全生产责任体系，确保安全监管责任到人、到企业、到具体点位。

【安全生产检查】始终坚持问题导向，不断强化安全生产执法。2021年，共检查各类企业256家次，查出隐患783项，整改783项，整改率100%，立案61起，罚款147.25万元。滦州市应急管理局安全生产执法质量排名位居唐山市应急管理系统前列。

【安全生产综合监管】全年协助市政府办组织安全生产调度会等各类安全生产工作会议10余次。配合政府组织相关单位和部门迎接上级督导检查10余次。起草领导讲话、发言、工作汇报及总结等材料40余份。认真办文，起草安委会文件3份，安委会办公室文件140余份。起草政务信息180余篇，市局审核通过100余篇。对接交警大队对道路交通事故进行统计，并上报5起。2021年，实现了监管道口无责任事故、重大事故和群死群伤事故，保证了铁路运输安全畅通和人民群众生命、财产安全。

【**森林防灭火**】森林草原防灭火指挥部办公室指导相关部门和镇街严格落实森林防火网格化管理，严格执行24小时值班、领导带班、防火队员全员在岗在位制度，如遇紧急情况按规定动作做到及时处理。全年召开市、镇街、防指有关单位森林草原防灭火会议共20余次。营造浓厚防火氛围，对宣传碑牌字体重新刷写，清晰醒目，宣传标语增添数百条，遍及镇村各个角落。发放明白纸50000份，并将森林防火这一重要内容纳入了村规民约。张贴唐山市人民政府关于2021年春季森林防火封山防火的通告，通告张贴到有防火任务的每一个镇街的每一个村，张贴数量1000多张。

【**防汛抗旱**】一是防汛抗旱指挥部办公室指导相关部门和各镇街设立了防汛公示牌，公布防汛责任人和联系电话。对全市4座小型水库、44个山洪灾害点位、16个地质灾害点位等重点部位防汛责任人，进行调整并对外公布。二是截止到2021年底，已储备防汛抢险用多功能打桩机、编织袋、救生圈、应急灯具等几十种价值135多万元的防汛物资。另代唐山市储存二十多种价值57多万元的防汛物资。三是组建市、镇街、村三级防汛应急抢险队伍，制定暑期汛期安全生产工作方案，从6月1日开始至8月底，进行全面排查消除防汛安全隐患，有效管控防汛安全风险，防止各类事故发生。四是严格落实24小时应急值守制度，时刻做好抗洪抢险工作准备。于4月14日组织开展了2021年度滦州市防汛抢险应急演练，通过演练检验了《预案》的可行性、实用性和操作性，提升了防汛应急抢险保障能力。2021年全市防汛抗旱工作保持了总体平稳的态势。

【**地震监测环境巡视**】全年共进行巡视30次，排除仪器各类故障26次。及时做好地震信息上报工作，按照规范要求全年向市委市政府及时上报地震信息10次。特别是4月16日滦城河街道新城发生4.3级地震按照省市县的统一要求向上级及时反馈，提示局党委向市政府启动四级地震应急响应。

【**防震减灾宣传**】一是组织开展第13个全国防灾减灾日活动，5月12日上午联合市人防办、气象局、消防救援大队、自然资源规划局、卫健局、滦河街道办事处等11个部门在人民广场开展了以“防范化解灾害风险、筑牢安全发展基础”为主题的集中宣传活动。活动现场发放相关防灾减灾宣传册3500余册，宣传单500余张，展出宣传展板20块，发放宣传品共1000余份。二是5月12日下午，在滦州市第三中学开展了5.12防灾减灾日应急疏散演练，副市长张雪峰出席。参与此次演练的师生达2800余人，通过演练，增强了广大师生科学避险逃生技能，对促进学校安全管理起到了重要作用。

【**全国自然灾害综合风险普查试点**】滦州市是全国第一次自然灾害综合风险普查试点，涉及应急管理、住建、交通运输等6个牵头部门8个主要灾种的风险普查，形成普查工作简报25期、工作专报3期，普查资料归档建档17类500余册，全年完成了2336份调查表全面自检工作，形成检查记录表49份。应急成果数据抽检方面，抽检比例30%，形成检查记录表30份；采集调查对象照片1671张，工作照片203张，现场核实点位767个，调查表格73份，督促各镇（街）在全国自然灾害灾情管理系统中完成灾害信息员录入完善工作。同时组织各镇街灾害信息员收听收看业务知识学习，做好自然灾害核灾和灾情报送工作。2021年被国务院第一次全国自然灾害综合风险普查领导小组办公室评为“典型经验做法单位”。

【**应急物资保障**】一是全力组织应急货源。全市已安装人脸测温设备1217台，已全部接入联通数据平台。采取自采和企业代储等方式积极储备应急物资。协调保障疫情防控资金，积极争取上级对口部门的资金、物资支持。配合上级部门完成人脸识别系统的采买以及督导网络连接。二是统筹合理物资调配。市疫情防控物资保障组及时向市领导小组请示汇报工作，应急物资分配严格按照市领导小组指示，优先保障医疗一线需要，科学调配应急物资，扩大保障覆盖面，尽力让有限资源使用效益最优化最大化。三是建立健全物资储备、保管、发放工作规程和台账。及时准确地对入库物资的品种、类别以及性质来源进行登记。严格按照物资拨付单发放，对物资当日的入库、支出、库存以及物资支领单详细核对登记，对台账装订成册入档备查。

税务局

2021年，滦州市税务局在唐山市局党委和滦州市委市政府的坚强领导下，以高质量推进税收现代化建设为方向，大力强化基层党建，深入落实减税降费，不断优化营商环境，以奋发姿态实现工作突破创新。

【高质量组织税费收入】一是加强多角度税源调查，重点围绕税源大户、新增税源、萎缩税源、潜在税源，由局领导、股室、税务分局分级开展深度税源调查，掌握组织收入主动权。二是加强对重点税源企业的风险应对，按照“精准执法”要求，依托互联网大数据开展对重点税源企业税收风险识别、依托政府部门三方数据开展多税种风险识别、依托网格员采集的数据开展重点税源企业风险识别、依托企业自主申报数据开展关联税种风险识别等，多渠道、具体化提供增收着力点。三是加强新上项目税源管理，梳理辖区内重点项目并开展调研，研判新上项目各税种税收可能实现的时间、数额等情况，加强日常监控和管理，确保新上项目税收及时足额入库。全年共组织税费收入79.22亿元，增长31.13%，税收大口径完成55.25亿元，创历史新高，同比增长22.25%，占唐山市局下达任务46.6亿元的118.56%，超收8.65亿元。地方公财收入完成21.32亿元，同比增18.1%，占政府任务20.87亿元的102.1%，超收0.45亿元，滦州市税收大口径增幅在全唐山市20个县区中排名第二，一般公共预算收入增速排名第三，非税占比为17.3%，社保费累计完成16.68亿元，同比增长18.92%，非税累计完成9317万元，同比增长23.8%，占政府任务7500万元的124.23%，超收1791万元。

【高效率落实征管改革】一是强化税务行政处罚裁量基准规范落实，综合运用说服教育、提示提醒等柔性执法方式，做到宽严相济、法理相融。二是健全精细服务体系，深化拓展“非接触式”办税缴费服务，前移服务端口，延伸服务触角，提升服务质效。通过精细服务方式，精准定位纳税人缴费人服务需求，高效推送税收优惠政策，为纳税人提供“近在身边”的纳税服务，推进事项办理由“最多跑一次”向“一次不用跑”转变，智慧型“便民办税服务网络”初步形成。三是拓展精诚共治格局，发挥双重领导管理体制优势，健全定期向地方党委政府汇报的制度，年度收入汇报材料得到市长批示肯定，积极融入地方发展，统筹共治。提升精准监管质效，加强注销流程逾期监控，狠抓申报征收工作，加大欠税多缴管理力度，2021年，共办理即办注销667户次，即办率93.7%，顺利完成纳税申报工作量合计331874户次，清理本年新欠151户，清缴税款281万元。

【高精度落实减税降费】一是坚持把落实减税降费政策作为重大政治任务来抓，以减税降费工作领导小组为中轴，全年召开7次减税降费专题会议、5次工作推进会、11次工作例会，对减税降费工作进行针对性安排、清单化部署、链条式推进。二是精准落实各类减税降费政策，多维发力，全面开展“税收惠民办实事 深化改革开新局”第30个税收宣传月活动，“点对点”服务重点工程项目、重点企业。充分发挥税收大数据优势，积极开展税收经济分析，获得市政府主管领导肯定性批示8次，有力地服务了地方党委和政府决策。2021年，共为326户纳税人办理1238笔合计23641.3万元的退税，累计减免各类税费26895.3万元，各类市场主体在“税力量”的助力下蓬勃发展。

【高水平优化纳税服务】一是立足落实“纳税服务质效提升年”活动，优化全流程服务格局，针对滦州市区域跨度大的特点，积极落实远程帮办体系建设，不断延伸服务触角，推进事项办理由“最多跑一次”向“一次不用跑”转变，为纳税人提供“近在身边”的纳税服务，“1+1+N”智慧办税服务网络初步形成。二是对焦需求，便民办税项目持续扩容。线上，深入拓展“非接触办税”缴费服务，引导纳税人缴费人选择电子税务局、微信公众号途径办税，同时为无法来本地办理业务的纳税人，通过邮寄资料方式办理。线下，优化办税服务厅功能分区，将导税服务、自主网上办税辅导、发票领用等业务进行合理划分。定制服务方面，面向老年办税人员和新手财务人员开通服务专区和服务套餐定制，添置老花镜、新办企业服务礼包等服务设施，提升纳税人办税体验，力促形成“线下服务无死角、线上服务不打烊、定制服务广覆盖”格局。三是内外联动，开展税收宣传。围绕“税收惠民办实事 深化改革开新局”税收宣传月主题，结合“我为纳税人缴费人办实事暨便民办税春风行动”，深化内外部门联动，将税收宣传相关活动融入地方宣传的“大盘子”，在国家级以及省市级媒体刊发新闻稿件57篇，立足滦州区域开展专项宣传4次，不断提高滦州税务部门形象。

【高标准开展党史学习】一是坚持领导干部自学与理论学习中心组学习相结合，集中培训与在线学习相结合，讲专题党课与交流学习体会相结合原则，高标准开展5次专题学习、6次自主学习、3次党委理论学习中心组专题研讨，切实在学思用贯通、知行信统一上下功夫见成效。二是充分挖掘党建品牌亮点，通过打卡滦州红色地标、组建“党员先锋宣讲队”和支部党史学习微型宣讲站，在系统上下营造出党史学习教育百花齐放的氛围。三是通过深度融合滦州市委组织开展的“主题教育进万家 为民服务解难题”专题活动，在志愿服务和为纳税人缴费人排忧解难中践行学习成果。2021年，滦州市税务局“税蓝先锋”党员志愿服务队先后入企开展宣讲13次，开展线上专题志愿辅导服务4次。全局党员干部结合滦州市委市政府开展参加植树造林和城区、国道、省道卫生专项整治活动16次，栽植树木160余株，清扫城乡垃圾2万余平方米。

【高起点强化队伍建设】一是坚持“好干部”选拔标准，严格干部选拔任用，股室搭配老中青结合，干部梯队逐步形成。稳步推进干部职级晋升，全局共有11名干部得到职级晋升，并配合唐山市局顺利做好纪检组长和分局长选任工作。二是建立定期教育培训机制，2021年全局通过线上线下相结合的方式共举办参与各类培训12期。组织各类形式的学习活动，形成崇志力学的学习氛围。三是坚持以真情关爱凝聚干部队伍合力，走访慰问退休老同志和困难职工，落实离退休人员福利待遇。2021年获评“滦州市先进基层党组织”“全市税务系统先进基层党组织”荣誉称号，1人获评“全省税务系统先进共产党员”荣誉称号，1人荣获“全省税务系统脱贫攻坚先进工作者”称号，文明创建工作取得可喜成绩。

气象局

2021年，滦州市气象局深入贯彻习近平新时代中国特色社会主义思想，紧紧围绕2021年全省、全市气象局局长确定的总体思路和工作部署以及市委、市政府的中心工作，以工作目标和问题为导向，不断推动气象事业发展。

【扩大现代化气象服务范围】一是做好重大活动的气象服务保障工作。开展应急加密观测和人工影响天气作业，圆满完成庆祝建党百年系列活动的气象服务保障工作。二是开展乡村振兴气象服务保障工作。多次联合唐山市气象局生态中心、滦州市农业农村局组成专家技术团队深入百信花生种植合作社开展服务需求调研，为高油酸花生“量身定制”本地化的全生育期气象服务产品。三是提升人影工作能力。开展人影作业5次，充分开发了空中云水资源、补给了地下水。制定了《滦州市人工影响天气安全责任清单》和《滦州市人工影响天气作业经费管理办法（暂行）》，实现人工影响天气弹药物联网监控，使人工影响天气工作更加规范。

【做好气象防灾减灾工作】完成了2021年气象灾害防御预警信息服务对象的更新工作。完善气象灾害预警信息发布和传播机制，利用手机短信息、微信等渠道将灾害预警信息覆盖到村。更新气象灾害防御重点单位信息库，并在政府网站公示，指导重点单位完成气象灾害应急预案和气象灾害风险数据普查工作，联合应急管理局开展雷电灾害防御示范单位建设，申报的示范单位已通过河北省气象局初评。积极参加唐山市组织的气象灾害防御应急演练，提高气象灾害应对处置能力。联合市应急管理局举办了2021年气象地震灾害防御工作培训会，提高全市各部门对气象灾害的风险意识和风险防范水平。更新各镇街和指挥部成员单位应急责任人备案。与移动运营商签订协议，实现预警信息靶向发布。突发事件预警信息发布无错情。完成了气象灾害综合风险普查试点工作。推进基层气象信息员队伍建设，更新气象信息员队伍，开展气象信息员培训。建立了气象灾害风险预警服务快报机制，印发了《气象灾害风险预警服务快报服务规范（试行）》，并向指挥部成员单位发布《气象灾害风险预警服务快报》。充分利用气象灾害决策支撑平台，与资规和水利部门联合开展山洪和地质灾害的气象风险预警服务，共发布地质灾害气象风险预警6期。

【构建现代气象业务体系】（一）发展全方位精密监测。一是全面提升观测基础业务质量。2021年该局年度综合气象观测设备运行质量100分，月度综合气象观测设备运行质量、各种设备的考核指标均在90分以上，未出现综合气象观测重大差错及系统性业务问题。及时响应省级各类设备告警信息，按时完成维修维护，完成了国家级气象观测站的计量检定。配合省气象局完成了观测质量管理体系内部审计。二是提升地面观测能力。按要求开展地面气象观测自动化业务运行总结评估。开展了中国共产党成立100周年庆祝活动气象服务保障和11月7-8日重大雨雪过程应急加密观测。在鸡冠山生态农业园区新建六要素自动气象站一套。三是提升综合气象观测业务运行信息化水平。完成综合气象观测业务运行信息化平台元数据录入，滚动修订，填报业务运行、维护保障、仓储供应、计量、质量控制等数据，确保填报数据真实准确。四是加强观测队伍建设。组织全体综合观测业务人员参加全市业务轮训统考，配合唐山市局参加第四届河北省气象技术装备保障业务技能竞赛。五是发展无缝隙智能精准预报。暴雨（雪）预警信号准确率

100%，强对流天气预警时间提前量达到130分钟。预警信号发布精细到镇街。（二）推进信息化建设。一是加强信息网络安全建设。落实网络安全工作责任制，完善网络安全管理制度，按时提交信息安全保障和信息通报工作情况，开展网络安全检查、网络安全应急演练。二是加强气象数据安全管理。按照《河北省气象数据管理办法（试行）》要求，所有业务人员签订了数据保密协议，进一步规范了数据产品的提供和使用。三是加强观测设备稳定运行。加强对重大气象装备和气象观测铁塔的巡检维护，建立了管理台账。

【高质量开展党建工作】一是加强干部与人才队伍建设，做好机构编制工作。规范人事管理，严格执行干部教育培训、工资和津贴补贴、编外用工招聘及备案审批等政策和制度。以政治建设为统领，加强党的建设，扎实推动“模范机关”创建，推进党建和业务工作深度融合，结合党史学习教育活动，充分发挥气象部门自身优势，开展“我为群众办实事”活动。二是深化理论武装。4月1日，滦州市气象局召开党史学习教育动员会议，学习贯彻中央、省委、市委以及唐山市气象局党组党史学习教育动员会议精神，研究安排工作任务。利用“三会一课”和主题党日等，开展主题突出、特色鲜明、形式多样的学习活动。制定学习计划，为全体党员购买了党史学习书籍，充分兼顾党员干部自学和集体学习。组织党员干部观看《榜样5》和《老英雄红色故事》等教育片，从榜样和老英雄汲取力量。组织干部职工参观港北起义纪念碑和辛亥滦州起义爱国主义教育基地，深切体会前辈英烈们的革命献身精神。共组织集体学习12次，开展党史学习教育读书班2次，党史学习教育宣讲2次，党史学习理论考试2次。三是夯实基层基础。严格执行《关于新形势下党内政治生活的若干准则》，加强支部标准化规范化建设，该局党组织领导班子坚强有力，党建工作创新富有成效，围绕中心工作，在党支部战斗堡垒作用和党员先锋模范作用发挥上举措务实、成效明显，七一前夕被市直机关党委评为“先进基层党组织”称号，一名同志被评为“优秀共产党员”。四是巡视问题整改落实。7月8日-9日，河北省气象局党组第五巡察组对该局开展巡察工作，巡察组通过听取汇报、现场查看、民主测评、召开座谈的方式，对该局全面从严治党工作进行了详细了解。9月9日，省局反馈对该单位的巡察问题，该局领导班子高度重视，召开会议专题研究部署巡察整改工作会4次，经多次修缮，制定了《关于落实省局第五巡察组反馈问题的巡察整改方案》和《巡察反馈问题整改清单》，根据《清单》内容，领导班子主动作为，制定巡察整改问题台账，12项31个问题全部整改到位。

烟草专卖局

2021年，滦州市烟草专卖局在滦州市委、市政府和行业上级主管部门的正确领导下，坚持稳中求进工作总基调，致力于各项工作取得新进展，促进企业在“十四五”开好局、起好步。

【常态化疫情防控】一是深入推进疫苗接种，动态跟进干部职工疫苗接种情况，积极动员员工及其家属按要求接种第三加强针，有特殊原因不能接种5人已于地方疾控部门备案。二是严格出入管理，坚持外来人员持健康码、行程码，体温检测登记备案后进入机关院内和办公区域。三是减少人员流动，严格执行离省、市申请、报备制度，严禁前往中高风险地区，确需离滦、离唐人员经部门负责人和主要领导签字同意后，报局疫情防控办公室备案，返滦时持48小时核酸检测阴性结果后方可返岗工作。四是备足防控物资，适时研判疫情形势，计划性备足口罩、消毒液等防护物资，依据岗位有序分发。把好食品安全关，严格食堂采买、存储和烹饪程序，确保食堂食品及就餐人员安全。五是减少聚集，倡导健康文明生活方式，要求客户经理、稽查员及物流配送人员在一线工作期间佩戴好口罩，严格个人防疫措施，外出乘坐交通工具保持一定社交距离，返回单位及时进行个人卫生清理。

【提升营销网建水平】一是年度内共销售卷烟16112.78箱，同比增长1.11%。二是力推卷烟零售合作终端，403个商户有做邮政快递接收业务意向，已有295户签订协议，100个户商户已经开始接收快递业务。三是积极开展“我与客户共成长”活动，共计制作5套课件，培训客户经理45人/次，培训商户2234人/次。走访现代终端、加盟终端15户，占辖区加盟终端的100%。走访21户终端管理系统使用客户，占辖区使用客户的100%，收集2条对终端管理系统应用的使用建议。诚信互助小组运行评估153个，占辖区小组数的100%，未发现小组日常运转存在的短板或弱项情况。核实1904客户基础信息，占辖区零售客户的100%，未发现虚假客户。打造2户农网示范现代终端，2户加盟终端。

【提升专卖管理水平】一是完善打假打私体系，累计查处涉烟违法案件78起，其中五万元案件4起。二是强化市场专项整治，严管卷烟大户，加大对物流中转站、快递货运部及汽车站监管力度，根据其业务类型和营业时间，积极发展“眼线”坚决查处天价烟、样品烟、假烟、走私烟、串码卷烟等非法流通行为。三是加强市场联合治理，协调公安、检察院、法院等职能部门，严厉打击各类涉烟犯罪案件。协调工商管理部门，全面摸排清理无证户，“僵尸户”鼓励符合办证条件商户办理烟草专卖零售许可证，依法依规取缔违规商户。四是深化“放管服”改革，依法许可准入。推进合理布局，提升服务效能，基本实现许可证免费快递送达全覆盖，偏远以及行动不便零售户由专卖稽查人员送证上门。累计办理行政许可561个，其中新办152个、变更20个、延续234个、停业9、恢复营业2个、歇业92个、审批注销41个、收回11个，无一起违规办理、超期现象和投诉。五是依法公开公示。累计办结63起行政处罚案件、406个行政许可均于7个工作日内在政府门户网站，省双公示平台、行政执法与刑事司法衔接共享平台等6个平台进行了公示，接受社会监督。六是注重内部监管，严格事前、事中、事后过程监管，积极推进日常监管，不存在内部违规行为。

【党建工作提质增效】一是增强党史学习教育源动力。采取自学与集中学习、线上与线下、理论与实践相结合，组织党员认真学习党史，全年召开党史学习教育领导小组会议4次，党组理论学习中心组会议17次，专题读书班6次，讨论交流5次，全体党员接受“三级书记”党课教育5次，组织全体党员参观滦州市第一个党支部诞生地——滦州市响嘡街道老陈营党性教育馆1次，开展“清明祭英烈”活动1次，于建党100周年之际，参加全市行业“学党史、跟党走”知识竞赛、“金叶先锋、担当奉献”主题演讲比赛、“讴歌党史伟业、传承红色基因”主题征文、书画、摄影及微视频评比活动。获得知识竞赛三等奖、主题征文二等奖，书画、绘画、摄影作品三等奖、演讲比赛市局一等奖、省局三等奖。二是开展“我为群众办实事”实践活动。制定领导项目清单1份，科室项目清单4份，普通党员项目清单33份。组织“双创”环境卫生整治志愿服务活动14次；开展“主题教育进万家、为民服务解难题”活动6次，植树34棵。联合退役军人事务局、众业诚爱心协会开展“双拥献爱心、军民鱼水情”主题党日活动1次，组织捐款3400元，走访慰问民兵预备役和16户烈士遗属，被中国公益记录者在线、中华记录者等多家媒体进行报道。深入油榨镇六个包联村800户，开展党史学习教育宣讲活动6次。积极开展“我的客户我辅导”“我的终端我维护”等活动4次，服务群众260人/次。三是强化支部标准化、规范化建设。优化支部设置，将原8个党小组合并为5个，明晰职责范围，认真贯彻落实《中国共产党党支部工作条例（试行）》《中国共产党国有企业基层组织工作条例（试行）》及党内政治生活各项制度。年度内召开党员大会5次，支部委员会13次，党小组会议12次，党课6次，主题党日12次，谈心谈话330人/次，组织召开班子民主生活会1次，全体党员组织生活会2次，民主评议党员1次，评议优秀党员10人。

供销合作社

2021年，滦州市供销合作社立足供销的特点和优势，以拓展服务领域、加强项目建设为抓手，持续深化供销社综合改革。滦州市供销合作社荣获2020年度唐山市供销合作社系统综合业绩考核一等奖。

【聚焦专项整治】聚焦中央重大决策部署和省委、市委要求的贯彻执行情况。聚焦社有财产规范化管理和使用情况。聚焦供销合作社系统全面从严治党主体责任落实情况。对供销社系统政治生态进行分析研判，并要求班子成员、机关中层干部、社属企业经理实事求是填写《调研谈话提纲》。全力配合市纪委专班工作组，破除梗阻障碍，助力深化改革。

【调研规划农庄】滦州市供销合作社驻杨柳庄镇孟家峪村工作队主动作为，深入了解基本情况。孟家峪村耕地面积1404.92亩，以种植玉米为主；林地面积959.55亩，以种植苹果、梨、桃、核桃树为主；四荒地2179.2亩。村民收入来源以外出打工和种植果树为主。结合河北省供销合作总社主导建设的为农服务综合平台项目，规划建设村级B类服务站，协助村两委开展党务政务服务，为村民提供社会公共服务、供销商品服务等便民服务。

【基层社促发展】按照“政府主导，供销社主办，市场化运作”原则，对各镇（街）供销社、联合社加强工作考核管理，不断完善工作机制，夯实基层组织基础。滦州市供销社恢复组建的14家生存能力强、带动能力强、服务能力强的供销社基层组织，正在发挥自身业务经营优势，带动区域内农业产业发展、助力农民增收、促进农民就业。

【有序流转资源】一是滦州市农村产权交易中心与省平台续签使用协议，做好“七统一”涵盖的统一交易平台。二是推进档案数字化改造，现已实现100%数字化档案管理。三是做好农村集体产权项目进场交易，现已办理完成农村集体四荒、经营性资产出租、工程建设项目竞包业务19笔，交易金额765.61万元，为农村集体节省70余万元。四是建设竞价中心，为交易双方提供场地、人员多种便利条件，提升服务水平。五是做好金融增值服务，2021年滦州市农村产权交易中心办理“农权贷”业务80笔，放款金额达到5686万元。

【活跃供销经济】滦州市供销商贸有限公司作为改革工作的重要参与者，积极推进供销合作社基层组织、服务网络向农村延伸，积极探索政务服务、供销服务、社会综合服务“三位一体”发展新路子。市级信息服务大厅硬件建设完成，软件平台框架完成，村级综合服务站正式运营48家。

【党建引领未来】观看中共中央庆祝中国共产党成立100周年大会实况直播，汲取精神财富，感受红色力量。学习《求是》杂志重要文章《加强党史军史和光荣传统教育，确保官兵永远听党话、跟党走》，学习交流大会历时三个小时，参会成员讨论交流次数高达十次，党员干部继续传承红色基因，紧密团结在以习近平同志为核心的党中央周围，推进滦州市供销事业蓬勃发展。

【开展便民行动】一是积极配合疫苗接种，做到全员接种疫苗，并向社会基层推广接种疫苗18剂次。二是组建创城工作领导小组，进行社区环境卫生整治，清扫面积约20000平方米，清理社区楼内外小广告、杂物、垃圾约3.5吨。三是成立办实事工作组，积极办理社属企业职工家属楼（永安里5号楼）个人房产确权手续，《滦州市供销合作社不动产权证书》确权成功后，将大本分割至20户职工名下，办妥分户不动产权证书。

退役军人事务局

2021年，滦州市退役军人事务局边健全完善机构、边扎实开展工作，在从严治党、双拥共建、关心关爱、移交安置、服务体系、就业创业、权益维护等方面做了大量工作。平安建设和服务体系建设走在了唐山市前列，荣获了河北省双拥模范城荣誉称号。

【开展双拥工作】一是成功创建省级双拥模范城完成“3+5”创建工作任务。2021年12月30日，省委、省政府、省军区印发关于命名河北省双拥模范城（县）的决定，滦州市被授予“河北省双拥模范城”称号。原退役军人事务局局长张爱国同志被授予河北省爱国拥军先进个人称号，武警河北省总队唐山支队滦州中队中队长赵冀君被授予河北省拥政爱民先进个人称号。为感谢市委市政府高度重视拥军工作，12月31日武警滦州中队为退役军人事务局送来“情系现役军人 竭诚暖心服务”的锦旗。二是双拥工作打造出滦州品牌。在创建省级双拥模范城过程中，通过形式多样、内容丰富的宣传教育活动，广泛开展国防教育、爱国主义教育、红色文化教育。选送的双拥主题歌曲《鱼水相依》，获得全国双拥办组织开展的双拥主题文艺作品征集评选活动歌曲类三等奖。开展“五个一批”双拥品牌创建活动，组建3个双拥社区、4个少年军校、1条拥军示范商业街、4家拥军模范企业、3家拥军医院。2021年4月22日，在唐山康诚医院成立滦州市退役军人医院，为退役军人及优抚对象提供专属服务，走在唐山市前列受到唐山市领导高度肯定。三是建立各类拥军服务组织190个，社会化拥军平台企业入驻135家，在全市14个镇（街）建立了拥军服务站，形成了“纵向到底、横向到边，上下一条线、左右连成片，各级有人抓、事事有人干”的双拥工作新格局。圆满完成唐山市2021年度巩固全国双拥模范城创建成果任务。

【落实各项优抚政策】一是严格贯彻落实《军人抚恤优待实施细则》等文件，按要求完成抚恤补助款、死亡丧葬费、1-6级伤残军人报销药费和缴纳医保等资金发放工作。为178名立功受奖人员送喜报并发放奖励金38.4万元。2021年“两节”期间走访慰问对象总计22588人，发放慰问资金91万余元。二是在“七一”前夕圆满完成“最美退役军人”、生活困难退役军人党员、退役军人老党员、烈士遗属等510人的走访慰问工作，为庆祝建党100周年送去党和政府的关怀。三是精心安排组织开展“八一”期间走访慰问活动，深入广大退役军人等优抚对象家中，深入基层部队官兵中进行走访慰问，走访慰问对象2.7万人。四是实现退役军人关爱基金会的精准救助。全年实现救助人数89人，发放救助资金37.2万元，让困难退役军人充分享受到来自党和政府的关心和关爱。

【做好褒扬纪念工作】一是开展2021清明祭英烈活动和举行9.30烈士公祭日向人民英雄敬献花篮仪式。清明期间通过烈士陵园祭扫、校园缅怀、网络追思等多种形式，祭扫烈士墓62座，代为祭扫烈士2168位，组织全市9所学校开展祭扫活动，现场祭扫人数达到1200余人。二是组建退役军人英烈故事宣讲志愿服务队，开展宣讲活动10次，参与人数2000余人，形成良好社会反响。三是开展烈士纪念设施摸底、核对及维护工作，对全市739座散葬烈士墓，全部签订《零散烈士纪念设施保护管理协议书》，开展社会化维护。四是对滦州市烈士陵园、小马庄张济烈士纪念亭、榛子镇陈官营烈士陵园进行整修。五是对14座散葬烈士墓就地维护，2座烈士墓迁入滦州市烈士陵园。

【深化服务保障体系建设工作】一是2021年申报5个（镇街级）和14个（村居级）国家“示范型”退役军人服务站，全部顺利通过验收。通过“示范型”退役军人服务中心（站）建设，滦州市辖区内1个服务中心和14个镇街级服务站全部达到国家“示范型”标准，其中1个服务站获评2021年度河北省“优秀退役军人服务中心（站）”，1人获评河北省优秀退役军人服务中心主任。二是适时组织退役军人专场招聘会。于3月8日、3月28日，在滦州人力资源市场两次举行了“春风送岗位、就业暖民心”“春风行动”退役军人专场招聘会，11月12日开展“金秋招聘月”退役军人专场招聘会，退役军人通过多场招聘会与多家用人单位达成劳动用工意向。12月18日参加唐山市组织的抖音“唐山市退役军人直播带岗专场招聘活动”。充分发挥社会力量在帮扶退役军人就业创业中的积极作用，1人获聘河北省退役军人就业创业导师。三是圆满完成2021年度140余名自主就业退役士兵的适应性培训工作，宣讲十九届六中全会精神，拓展了职业技能，提高了就业竞争力。审核安排公益性岗位35人，吸纳9名退役军人到公安辅警，为38名退役士兵审核享受减免学费待遇。

【做好退役军人接收安置工作】一是按照省市对符合政府安排工作条件退役士兵安置工作要求，圆满完成17名转业士官和1名转业干部的选岗安置任务。结合组织部、编办、人社、纪委监委等部门制定了安置工作方案，按照公开、公平、公正的原则，先后完成了选岗、公示、手续办理等工作，14人选择事业编制岗位，1人选择中国农业银行央企岗位，其余2人选择自愿放弃安置工作，安置率和满意率均达100%。二是缴纳待安置期间医疗保险和发放生活费14.2万元。接收自主就业退役士兵144人，已履行报到接收手续，正在测算一次性经济补助金按要求于2022年发放到位。

【做好退役军人信访维稳工作】按照上级安排部署，滦州市按要求开展退役军人信访“攻坚月”“两治理一防范”专项行动、政策落实“回头看”工作，对全市各类退役军人信访案件进行了全面梳理，成立专班攻坚化解。2021年全年实现了退役军人进京到部访“零”登记。

生态环境保护事务中心

2021年，滦州市生态环境保护事务中心实时监控大气和各项污染因子，精准分析各项指数，及时发布管控指令，调度相关部门开展工作。汇总分解生态环境保护工作任务，并对任务落实情况进行督导检查。督促指导二、三级网格建设。确保全市生态环境保护工作健康发展。

【主要指标完成情况】2021年，滦州市综合指数为5.29，同比下降12.85%。PM10浓度为91微克/立方米，同比下降10.78%。PM2.5浓度为42微克/立方米，同比下降14.29%。SO_2浓度为17微克/立方米，同比下降37.04%。NO_2浓度为39微克/立方米，同比下降11.36%。O_3浓度为149微克/立方米，同比下降13.87%。全市优良天数为272天，同比上年增加30天。

【指挥调度】一是对接唐山市工作指令。按日编发管控指令，累计发布精准管控指令15060条，会商指令136条，共推送高值提醒（乡镇站、微型站）2453个。接收并发布唐山市交办问题共计743条、高值炮点问题1026条，反馈率100%。二是协调三方公司做好分析研判、指挥调度。结合三方公司，对各项因子指数进行分析，对污染源进行解析，对比科技局、交通局等七个点位监测数据，全力推动新站点搬迁。监督站点运维，紧盯异常数据剔除，累计剔除沙尘天气22次异常数据。定期编发《环境空气质量状况专报》，累计编发空气质量专报331期，其中市委书记李建忠批示2期。三是发挥“天眼”作用，及时交办整改问题。坚持24小时值班制度，利用223个视频监控设备，全方位、无死角对污染源实时监控，交办各单位13454个问题，包括视频监控交办问题9880个，高值点位问题2511个，其他问题1063个，全部问题均已按时整改。通过视频监控发现问题，撰写秸秆焚烧情况通报19期，其中受市委书记批示1期。四是公布全市及各镇（街）空气质量状况。每日通报乡镇站综合指数排名情况，设定乡镇站控制目标完成值，通报完成情况，督促各镇（街）加大管控力度。

【督导落实】一是积极完成上级交办问题。根据上级问题下发督办卡156份，撰写督查专报11期，其中受市委书记批示1期，完成上级交办问题764件，其中生态环境部交办4件、省大气办交办8件、省三专办交办5件、省“退后十”专项督察组交办15件、唐山市政府办交办3件、唐山市督查组交办662件、唐山市水办交办1件、唐山市城管局交办1件、唐山市大气办交办65件。完成整改唐山市空气质量“退后十”日调度会问题50件。按时反馈整改省市通报问题470件。二是全力做好销号工作。完成2016年第一轮中央环境保护督察（环境保护督察试点）、2018年中央环境保护督察“回头看”及大气污染整改销号问题24件，其中“回头看”问题9件、大气专项问题8件、省共性问题7件。完成第二轮省生态环境保护督察组交办的整改销号问题238件，其中信访举报问题210件、一般问题22件、直查信访问题6件，对所有整改销号问题全部建档立案。三是加大督查巡查力度。结合视频监控进行日常巡查，累计巡查722次，发现解决问题1241个，其中扬尘问题828个、企业问题196个、露天作业48个、露天焚烧13个、售卖冥纸冥币27个、交通拥堵等其他问题129个。针对上级督查交办问题，累计出动431人次对整改情况进行现场复查，复查点位796个，整改率100%。针对应急管控、月管控等落实情况进行现场巡查263次。针对环保专班交办问题进行督查巡查264次。四是组织约谈抓责任落实。对突出的环境问题有针对性的组织约谈12次，其中对乡镇站空气质量两个月内排名后二十的约谈2次。对扬尘问题突出的镇（街）、相关单位约谈1次。对影响站点指数的钢铁、焦化、水泥企业约谈5次。按市大气办、市督查组提示函要求对镇（街）、相关单位约谈4次。

【网格化工作】一是全面做好网格化服务保障体系。2021 年换届后，对 2432 个网格人员进行调整，进一步完善网格化体系建设。组织召开网格化联席会议 23 次，编发网格化联席会议纪要 23 期，重点安排部署网格化环境监管工作。二是全面推进二、三级网格化建设。积极对接唐山市网格化办公室，每季度上报高质量网格化考核资料，网格化考核多次被唐山市评为优秀等次。加强对二、三级网格日常工作进行走访调查，特别是在散煤、秸秆焚烧、散乱污企业等方面，累计走访调查200余次。三是全面落实网格化监管责任。印发《关于进一步加强"网格化"监管工作的通知》，进一步提升网格化监管水平，强化督导问责，压实监管责任。按照生态环境领域问题线索，累计问责网格员、网格长等447人（科级干部5人，科级以下干部44人，其他人员398人），其中政务处分1人，党纪处分3人，诫勉谈话28人，通报批评243人，批评教育谈话18人，提醒谈话154人。

【财政支撑】积极向财政部门申报环保经费。其中：生态办大气网格化精准监测系统运维费用19.5万元。生态办聘请第三方服务机构对全市管河、龙湾河断面水质进行提升治理355.9860万元。生态办大气污染防治精细化管理服务项目405.6万元。生态环保工作专班入驻以来，共审批各单位环保经费986.03余万元，环境改善资金得到保障。

【宣传工作】累计撰写工作信息美篇460余篇，领导汇报材料50余篇，发布生态滦州公众号63篇，发表环保工作信息3篇，并被学习强国、长城网转载，制作《秸秆焚烧害人害己》宣传视频、露天焚烧宣传动画，在全市广泛宣传，完成2020年滦州年鉴编辑供稿工作。报送唐山市级文明单位、环保工作先进集体、先进个人材料等综合文字材料37次。

【队伍建设】6月底成立生态环境保护事务中心，采用公开招聘、个别选调、退役士兵安置等形式，招录了30名事业人员，并办理了入职手续及档案资料。通过第三方劳务派遣公司，新增8名劳务派遣人员，劳务派遣人员累计达到24人。

【党建工作】2021年11月8日，正式申请成立了"滦州市政府办第三党支部"，组织开展党员活动4次（参加爱国卫生运动2次，学习十九届六中全会精神1次，学习河北省第十次党代会精神1次），上报党员活动日落实情况2篇；同时积极鼓励单位有志青年积极加入中国共产党，已有3人提交入党申请书。

政法工作

法 院

2021年，法院紧紧围绕市委“1395”工作思路，全面抓好审判工作及队伍自身建设，忠实履行宪法法律赋予的职责，扎实推进法治建设工作，为滦州高质量发展提供了优质司法服务，为滦州创建“现代中等城市、全国百强滦州”提供坚强的司法保障。全年共受理各类案件5715件，结案5303件，结案率92.79%，法官人均结案189.40件，调撤率为66.33%。

【服务保障大局】 一是服务保障大局发展。严厉打击危害社会安全、人民群众生命财产安全的各类犯罪，扎实推进扫黑除恶工作常态化，落实“六清”要求，强力推进“黑财清底”专项工作，全力做好杨国全、邢有存等人涉黑案件财产处置工作。加强府院联动，依法稳妥处置重大敏感纠纷，促进行政争议实质化解，力争案件审理的政治、法律、社会效果相统一。二是优化法治营商环境。着力规范市场交易秩序，严惩合同诈骗、非法经营等扰乱市场生产经营秩序的犯罪行为，促进市场经营活力持续激发。加强破产及清算案件专业化审判工作力度，组建了专业破产清算案件团队，建立常态化的府院破产工作协调机制。针对依法慎重适用财产强制措施、平等保护民营经济、加强案件监管、延伸司法职能等六个方面出台服务民营企业具体工作方案，助力企业健康发展。组织法院公众开放日活动，邀请人大代表、政协委员和企业家代表走进法院，近距离感受法院工作，并诚恳征求对法院工作意见建议。三是推动行政争议实质性化解。根据中央、省委和最高人民法院关于深化多元化解纠纷机制改革的部署，按照省、市法院创新行政争议化解机制、实质性化解行政争议的工作要求，滦州法院积极探索多元解纷机制向行政纠纷领域延伸，始终坚持把行政争议化解挺在前面，把化解、息诉作为行政审判工作重点，推动行政争议在诉前得到实质性化解。

【维护公平正义】 一是依法惩处刑事犯罪。截止12月底共受理刑事案件375件，审结311件；加大对涉黑恶犯罪涉案财产的追缴力度，以“打财断血”的扩大延伸进一步巩固扫黑除恶战果，推进扫黑除恶专项斗争向纵深发展。二是妥善审理民商事纠纷。准确把握疫情防控和经济形势的阶段性变化，出台实施意见为企业复工复产提供司法服务和保障。举办主题开放日，邀请代表委员视察工作、专题座谈、旁听庭审和列席会议，开展精准司法服务，帮助企业提升依法治企能力，为经济高质量发展营造良好法治环境。截止12月底，共受理民商事案件5192件，审结4849件。三是依法审理行政案件。坚持监督、支持行政机关依法行政与保护公民合法权益并重。加强司法与行政的良性互动，推进行政机关负责人出庭应诉，推进法治滦州建设。当年审理的一起政府信息公开案件中，邀请全市15家行政执法单位分管法治工作负责同志参加旁听了庭审活动，达到了以案释法、以案促学的效果。截止12月底共受理行政案件130件，审结127件。

【高效便民解纷】 一是创新审判监管机制，攻坚克难提质效。多次召开班子专题会，对照审判质效指标逐项查找短板，研究部署下步工作。完善院、庭长审判监督管理机制，细化“四类案件”的监管范围，改进监督管理程序。充分发挥审判委员会和专业法官会议作用，加强对疑难复杂案件的把关。紧扣案件质量，开展审判质效百日攻坚活动，实行“周提示、月通报、季考核”常态化、规范化动态监控管理机制，利用大楼电子显示屏进行考核指标晾晒通报，审管办逐人逐案进行督办管理，切实促进审判质效提升。二是完善诉讼服务举措，践行司法为民宗旨。严格执行立案登记制，完善立案窗口设施，依法高效保障群众诉权。在立案大厅配置导诉员迅速分类引导，配备自助立案、自助查询等设备，提供自主式便捷服务。设立诉服中心负责人接待日，开通节假日线上线下“不打烊”便民服务渠道。打造“一站式”诉讼服务平台，为当事人提供立案、咨询、调解、信访、法律援助等“一站式”服务。坚持线上线下相结合，从传统的大厅现场服务拓展为信息化、立体化诉讼服务，为群众诉讼提供“多选项”。打造全域诉讼服务网，设立跨域立案、网上立案专窗，让“家门口立案”变成现实。2021年，收到网上立案3459件，其中微法院立案3174件，律师服务平台立案117件，诉讼服务网立案165件，其他诉讼平台网上立案3件，引导推广案件网上成功交费2514笔，网上交费占应交费案件比48.22%。三是加大宣传教育力度，营造良好法治氛围。大力开展“送法六进”活动，6次组织法官走进校园，为中小学生进行法治宣讲，持续为青少年健康成长保驾护航；4次组织青年干警志愿者深入社区，以开展法律讲座、发放资料等形式进行普法宣传。开展政法队伍群众安全感满意度提升工作，班子成员全体下沉基层，奔赴14个乡镇、街道办实地走访“两代表一委员”；与团委、妇联等单位沟通联系，征求意见建议。全年共主动为群众办实事办好事百余件，接受群众赠送锦旗25面。四是助推法治强基工程，延伸司法服务触角。不断改善法庭工作环境，加大对派出法庭的资金投入力度，为法庭配齐必要的办公设备，使法庭工作管理更加规范化。下沉力量资源，转变法庭职能作用，依托派出法庭设立法官工作联络站4个，员额法官、法官助理下沉一线，主动参与社会综合治理，推动法院定纷止争职能向纠纷产生的源头和前端延伸，向引导和疏导用力。加大对非诉解纷力量的业务培训、法律指引和类案指导，力争将基层矛盾纠纷降到最低点，争创“无讼乡镇”。2021年开展普法宣传、巡回审判等活动20余次，受众达万余人，推动形成学法、懂法、遵法的良好社会氛围。

【加强队伍建设】一是扎实开展党史学习教育。一年来，滦州法院积极发挥党建引领作用，开展一把手上党课、党史天天学、“我为群众办实事”活动，完善“党建+党史”“集体学+自主学”“线上+线下”长效学习机制。活动开展以来，我院为民办实事23件，推出便民措施5项，组织“六进”大走访活动36人次。二是深入进行队伍教育整顿。全面把握政法队伍建设主体要求，深入开展队伍教育整顿和党史学习教育，期间召开动员部署会议5次、领导小组会议8次，措施方案制定5项。围绕教育整顿“四项任务”目标，持续深化理论武装，共进行政治教育2次，参加政治轮训10次，党史教育8次。充分利用网络专题培训、政法大讲堂视频培训、学习强国APP等形式，先后组织20余人次参加上级部门举办的各类培训班，普遍提高干警综合素质和能力水平。认真做好先进典型培育选树和学习宣传活动，共选出3个先进集体和4个先进个人，组织干警收听收看先进事迹报告会5场、发布相关宣传报道13篇。开展警示教育，全年召开全院干警警示教育大会16次，组织收听收看政法干警忏悔纪录片和政法干警涉嫌受贿案庭审直播6次，不断营造知廉敬廉守廉的良好氛围。三是努力加强司法能力建设。积极为干警创造学习条件，多次组织干警对网络办公系统的应用培训，提高审判效率，推进智慧法院建设。开展“三精品”（精品文书、精品案例、精品庭审）评选活动，进一步提高法官庭审驾驭能力，逐步提高庭审质量，以信息化和科技手段推动庭审公开工作。

检察院

2021年，检察院紧紧围绕全市工作大局，坚持以人民为中心的发展思想，以高度的政治自觉、法治自觉、检察自觉，忠实履行法律监督职责，为滦州经济社会高质量发展提供了坚强检察保障。

【精准服务大局】一是聚焦中心工作优服务。制发《服务保障全市“3+5”创建工作方案》《护航“滦河文化产业带项目”发展实施方案》，作为检察服务品牌立项。依法严厉打击侵害企业合法权益犯罪，提起公诉16人。审慎办理涉企经营人员案件4件，最大限度减少司法办案对正常生产经营活动的影响。协同司法行政机关依法简化涉民营企业社区矫正对象外出审批程序，办理的一起监督案件获评河北省检察机关精品案例。二是聚焦平安建设护稳定。全年批准逮捕各类刑事犯罪139件181人，提起公诉305件371人。常态化开展扫黑除恶斗争，专案办理了姜某某等5人涉恶案件，提前介入引导侦查，准确指控犯罪，5名被告人均被判处有期徒刑。杨国全、邢有存涉黑案办案组获评“全省检察机关扫黑除恶专项斗争先进集体”。严厉打击抢劫、强奸等严重暴力犯罪，提起公诉21人。坚决惩治盗窃、诈骗等侵犯财产犯罪，提起公诉57人。积极参与“断卡”行动，对出售、出借手机卡、银行卡供电信网络犯罪使用的13名犯罪嫌疑人提起公诉。持续加大对合同诈骗、虚开增值税专用发票等经济犯罪的打击力度，提起公诉12人，涉案金额达6000余万元。三是聚焦法律监督担使命。全面贯彻落实《中共中央关于加强新时代检察机关法律监督工作的意见》，代拟起草了《中共滦州市委关于加强新时代检察机关法律监督工作的具体措施》，并出台具体贯彻落实意见60条，全方位推进法律监督工作。会同市公安局挂牌成立“侦查监督与协作配合办公室”，从刑事案件统一对口衔接、信息共享等方面加强协作，合力提升办案质效。在全市中青年干部培训班上进行检察专题授课，进一步提高了法律监督工作的知晓度、认同感。

【恪守为民初心】一是办好为民实事。积极开展“我为群众办实事”实践活动，人民群众满意度得到大幅提升。始终坚持以人民为中心，强力推进司法救助工作，向20名案件当事人发放救助金。针对该院办理的一起重大刑事案件，配合协助唐山市院为被害人家属申请司法救助金10万元，传递了检察温暖、展现了司法温情。司法救助工作经验做法被省委政法委官微转发。提起公诉制售有毒有害食品、假药劣药等犯罪19人，守护群众“舌尖上”的安全。开通互联网阅卷服务，真正做到了让“数据多跑路，律师少跑腿”。二是参与社会治理。落实“少捕慎诉慎押”刑事司法政策，适用认罪认罚从宽制度334人，决定不批准逮捕52人、不起诉50人，释放司法善意，修复社会关系。发挥12309检察服务中心的职能作用，接待群众来信来访126人次，全部实现“7日内程序回复、3个月内办理过程或结果答复”，有力促进了案结事了、事心双解。对拟不批捕、拟不起诉等64件案件进行公开听证，让公平正义“看得见”。开展“知识产权保护宣传周”“宪法宣传周”等法治宣传活动12场次，制作防范电信诈骗、校园防疫顺口溜等普法小视频，部分视频入选最高检“金融检察微课堂”。三是保护未成年人合法权益。坚持“教育为主、惩罚为辅”原则，对犯罪情节较轻的未成年犯罪嫌疑人依法不批准逮捕5人、附条件不起诉3人。对一名涉罪未成年人定制个性化帮教方案，减少刑事诉讼影响，助其考入“双一流”大学。坚持未成年被害人、未成年犯罪嫌疑人双向保护，开展社会调查13件、法律援助5件、心理疏导19次、亲职教育25次。制发“督促监护令”8份，督促家长切实履行好监护职责。集中开展“检察官送法进校园”活动，为32所学校的孩子们送去“法治大礼包”。联合公安机关对辖区宾馆进行检查，严格入住登记，查封违规宾馆、日租房8家，筑牢未成年人“保护墙”。未成年人检察工作办公室获评河北省“青少年维权岗”。

【强化法律监督】一是刑事检察监督。发挥刑事诉讼主导作用，对24起重大疑难复杂案件提前介入、引导侦查。纠正侦查活动违法36件，监督侦查机关立案10件、撤案3件，追捕2人、追诉3人。纠正审判活动违法3件，对认为确有错误的刑事裁判依法提出抗诉3件。加强刑事执行监督，依法纠正刑罚执行和监管活动中的不规范问题，发出书面纠正违法、检察建议94件次。二是民事检察监督。受理民事裁判结果监督案件2件，提请抗诉1件。对民事审判违法送达、执行措施不当等行为，提出检察建议3件，均被采纳。助力交通肇事被害人依法维权，办理支持起诉案件3件。积极参与诉源治理，发挥检察监督智慧，促进行政争议实质性化解3件。办理行政非诉执行监督案件30件，监督执行机关依法对违建、新型墙体材料专项基金征收等行政处罚立案执行。三是公益诉讼检察监督。立案行政公益诉讼案件75件，全部发出诉前检察建议，诉前行政机关采纳和整改率达到100%。针对滦河周边垃圾堆放问题，深入现场调查取证，制发诉前检察建议5件，督促整改到位。加强英烈纪念设施保护，制发检察建议7件，督促相关部门及时维护修缮零散烈士墓，守护红色资源、捍卫英烈荣誉。提起环境资源及食药领域刑事附带民事公益诉讼案件16件，同比上升430%，依法向当事人追偿环境修复赔偿金210余万元。立案唐山市县区首例民事公益诉讼案件。

【加强队伍建设】一是筑牢绝对忠诚的政治根基。深入开展党史学习教育和“四史”宣传教育，坚定落实《中国共产党政法工作条例》，主动向市委请示报告检察工作9次。坚持党建引领，落实“三会一课”制度，组织开展庆祝建党一百周年主题演讲、革命传统教育、重温入党誓词等系列主题党日活动12次，进一步坚定理想信念。落实意识形态工作责任制，制定工作要点及任务清单，牢牢把握意识形态工作主动权。二是锤炼担当实干的过硬本领。突出实战、实用、实效导向，组织干警参加各业务条线培训26场，累计培训430余人次。检委会、检察官联席会常态化开展指导性案例、典型案例集中学习，有力促进干警素能提升。加强对青年干警的培养，通过列席会议、跟班学习，力促青年干警快速成长。扎实开展检察官业绩考评，在全院营造“比学赶超”的工作氛围。科学运用案件质量评价指标，每月开展业务数据分析研判会商，15项业务指标位居唐山市检察系统第一位次。三是锻造风清气正的工作作风。扎实开展队伍教育整顿，聚焦“四项任务”，紧抓“三大环节”，以刀刃向内的决心和勇气整治顽瘴痼疾。召开警示教育大会7次，党组理论学习中心组、各支部组织集中学习72次，开展谈心谈话166人次，征求社会各界意见建议53条，梳理自查存在问题94条，全部整改到位。开展“跟班先进找差距”活动，培树了“河北省优秀共青团员”“冀青之星”“滦州市优秀青年”等一批先进典型，激励干警创先争优、担当作为。该院12个集体、34人次得到滦州市级以上表彰奖励。坚持“当下治”与“长久立”相结合，出台规范司法办案、强化监督制约等10项规章制度，进一步筑牢政治忠诚、优化纪律作风。

【深化检务公开】始终把检察工作置于人大监督、政协民主监督和社会各界监督之下，认真落实市人大及其常委会决议决定，主动向市人大常委会报告工作8次，邀请人大代表、政协委员参加公开听证会7次、征求意见建议座谈会5次，接受代表委员监督的方式不断拓展。加大检察宣传力度，检察工作信息被新华社客户端、河北法制报等省级以上媒体转发12次。通过12309中国检察网公开法律文书306份、案件程序性信息522条，检察工作更加公开透明。

公安局

2021年，滦州市公安局紧紧围绕市域重点工作决策部署和上级公安机关年度重点任务目标，聚焦主责主业，坚持稳中求进，疫情防控、严打整治、信访维稳、项目护航、队伍建设等工作实现了整体推进、重点突破、全面提升。

【疫情防控】一是始终坚持担当作为、精准施策，成立了疫情防控“一办十六组”，通过“三道防线”“查”，派出所“排”，特巡警及治安部门“巡”，交警部门“防”，机关内部“控”等措施，较好的策应了全市疫情防控工作。二是抽调30名警力组成流调专班，全力开展流调核查工作。三是组织开展了5次疫情封闭管控应急演练活动，提高应急处突能力。四是加强内部防控，适时组织全局进行集中核酸检测和疫苗接种，确保了内部稳定。五是滦州市公安局作为疫情防控排查控制组公安大数据组成员单位，主要负责上级及相关部门推送数据核查、汇总和研判，自2021年以来，公安大数据排查2万余条，落地核实在滦6千余人，接收各地外推数据500余条，接收外地协查函500余条，落地核实200余人。给外地推送协查函2000余条。

【政治安全】一是始终坚持恪尽职守、主动进攻，对全市299个涉恐重点目标开展安全隐患排查，先后举行反恐应急演练6次，侦破“王平川传播暴恐视频案”，赢得了唐山市局的充分肯定。针对重大安保制定维稳方案，圆满完成“两节”“两会”村“两委”换届等工作。二是开展信访攻坚，打破常规、精准分包，公安部交办79件信访案件，化解42起，剔除37起。

【砺剑铸盾】一是始终坚持紧盯主业、重拳出击，共破各类刑事案件615起，抓获各类违法犯罪嫌疑人642人，查破各类治安案件804起，处罚732人。打掉犯罪团伙19个，抓获团伙成员74人，破案19起。砺剑铸盾成效显著，破获各类刑事案件385起，抓获犯罪嫌疑人287人，走在了唐山市前列。二是打击毒品犯罪取得实效，破获刑事案件2起，抓获8人。对部督“0203”毒品目标案件开展收网行动，收缴毒品4000余克，抓获犯罪嫌疑人6人，得到了市领导的充分肯定。三是聚焦反诈工作，调配6名专技民警，选拔16名辅警，重头打造合成作战中心，建设成信息化、权威化、专业化的情报信息“加工厂”。中心成立以来，累计预警电信诈骗电话20000余次，成功劝阻237次，累计止付资金1.22亿元，冻结涉案资金568万元，破获各类案件150余起，有效震慑了电诈违法犯罪。五是以命案必破为龙头，严打打击严重暴力犯罪。在巩固现有严重暴力案件破案成效的基础上，滦州市公安局切实提高快侦快破有广泛社会影响案件的能力水平。一旦发生有影响的重大突发刑事案件，快速查明犯罪事实，快速抓获犯罪嫌疑人，快速消除不良社会影响。刑侦大队快速反应仅用30分钟，成功破获许某玉故意杀人案。六是紧盯“盗抢骗”民生小案不放松。通过重点蹲守、合理布控、信息研判、审讯深挖等多种手段，加大对盗窃、两抢、诈骗等多发性侵财案件现案的侦破力度，努力做到线索查不清不放过，余罪挤不清不放过，团伙成员抓不完不放过，开展了“盗抢骗”、掩饰隐瞒犯罪所得等侵财性犯罪专项行动，均取得了显著成效。七是开展扫黑除恶。滦州市公安局制定了《滦州市打击整治“沙霸”“矿霸”等自然资源领域黑恶犯罪专项行动工作方案》《滦州市公安局信息网络领域整治工作方案》，对利用信息网络实施涉黑涉恶违法犯罪，在全市范围开展专项整治，开展为期一年的打击整治“沙霸”“矿霸”专项行动。共接收唐山市公安局扫黑办交办、滦州市扫黑办交办以及自行摸排线索共16条，2021年底已全部查结。八是积极开展追逃行动。滦州市公安局刑侦大队采取多种措施创造性开展追逃工作，利用“云镜”系统，为抓逃服务。同时强化追逃意识，进一步加大网上追逃力度，开展“云剑抓逃犯专项行动”等专项行动，抓获各类网上逃犯232名，其中历年逃犯6名，外省逃犯15名，本省外市2名。

【**治安整治**】一是始终坚持严抓严管、强力攻坚。环安部门共侦办环境刑事案件44起，刑事拘留17人、取保候审42人、逮捕12人。办理治安案件106起，行政处罚118人。查破省督松树营村非法倾倒固废案，对涉案8人采取强制措施；食药部门紧盯热点问题实施强力打击，破案16起，采取强制措施16人；交警部门持续开展“减量控大”行动，查处各类交通违法行为29万余起，罚款2610余万元；治安部门共破获“黄赌”刑事案件15起、行政案件132起，刑事拘留17人、行政拘留588人。二是滦州市公安局对城区娱乐场所的治安秩序。进行了集中整治，严厉打击“黄、赌”等社会丑恶现象，对全市210家旅馆、6家KTV、21家足疗店、93家加油站、8家加气站、重点单位及重点部位开展大排查，逐一登记造册，采用不定期巡逻检查的工作机制，对于存在的问题隐患及时整治。查处民爆物品、烟花爆竹、易制爆隐患整改案22起，整改22家，易制爆隐患行政处罚案件70起，处罚70家，管制刀具案件53期，行政处罚53人，收缴管制刀具53把，枪支案件12起，行政拘留12人，收缴枪支13支、炮弹1枚、子弹26发，查处烟花爆竹案件18起，拘留10人，行政处罚11人，收缴烟花爆竹440件。三是为认真贯彻落实河北省省厅、唐山市局及滦州市局对2021年暑期环秦“三道防线”安检查控工作的安排部署，扎实做好2021年暑期警卫安保工作，全面加强赴秦车辆、人员、物品的安全检查，提前筹划、主动作为、警种联动、形成合力，2021年共出动警力9286人，核查车辆85656辆，人员593002人。发现涉毒人员267人，经尿检呈阴性放行256人、阳性拘留2人；涉访人员203人，经联系当地接回33人、放行165人、自行返回5人；涉军人员12人，经联系当地放行11人、接回1人；监控人员200人，41人接回、147人放行、4人劝返、8人自行离开；刑满释放不满五年116人，经联系放行112人，接回4人；精神病9人，放行8人；发放安检证706张；抓获网上逃犯16人，已移交。

【**服务发展**】始终牢记宗旨、锐意进取，开展了古城碧桂园拆迁、公园悦府回迁、雷庄及小马庄违建拆迁、赤曹高速施工等现场安保，确保了项目有序推进；强化了涉众型犯罪打击，共受理各类经济犯罪案件20起，立案18起，破案6起，抓获犯罪嫌疑人8人。查破阻工案件1起，行政拘留2人。推出便民利民服务举措50项，深化“放管服”改革3项，优化了营商环境。

【**队伍建设**】一是始终坚持严管厚爱、双轮驱动，开展了政法队伍教育整顿，政治轮训9次，警示教育3次，英模报告6次，84名民警主动向组织说明问题。针对接警出警、办文办会、争先创优、信访维稳等工作，制定出台了20多项制度，推动了各项工作的高效运转。开展省委和唐山市委提级交叉巡察巡视工作，推动了省、市精神的落地生根。落实了民警体检、困难帮扶等从优待警举措，投资156万元对办公大楼、停车场等进行修缮、改造，营造了拴心留人环境。积极开展先进典型的选树和培养工作，并以深入学习“创先争优”活动和“大走访”开门评警活动为载体，推树典型。今年滦州市公安局共有3人获得河北省级荣誉，19人获得唐山市级荣誉。二是强化理论学习，全面打好党建工作主动仗。由政工部门拟定和下发了滦州市公安局党委理论中心组和政治学习教育计划，完善了党委中心组学习制度，深入学习贯彻习近平总书记重要讲话精神、《中国共产党政法工作条例》，组织党员干部继续深入学习党章党规和习近平总书记系列重要讲话精神，扎实开展政法队伍教育整顿，提高党员干部的思想自觉和行动自觉。为切实解决重大安保活动中民警和辅警队伍中存在的问题，组织召开全局政治性警示教育大会。三是丰富活动载体，确保党建工作取得实效。坚决贯彻落实省市委和公安部系列会议要求，在全市公安机关部署开展党建工作各项活动，明确责任分工，细化分解党组书记、班子成员、支部书记责任。以政法队伍教育整顿为契机，坚持政治站位，持续强化管党治党政治责任，组织全体党员学习《中国共产党支部工作条例》。滦州市公安局组织40多名中层干部前往唐山市公安局廉政教育基地进行参观学习，接受廉政文化洗礼。在七一期间举行重温入党誓词和入警誓词活动。组织民警赴古马镇港北起义纪念碑，缅怀革命先烈，重温入党誓词。四是强化业务培训，切实提升党建工作水平。扎实开展教育培训，2021年滦州市公安局通过开展学习习近平总书记的重要讲话、执法执勤规范和刑事诉讼法、警务实战技能、重大事件应对处理和新媒体时代舆论导向、体能训练等内容的培训，进一步提升民警业务素质，为全市公安工作提速升位打下坚实的基础。在局党委的积极组织下，对全局辅警进行了集中培训，通过培训提高了辅警队伍的法治意识和宗旨意识，进一步强化了职业道德、纪律作风和业务技能。五是积极选树典型，不断激发党建工作活力。2021年，滦州市公安局共有1人荣获个人二等功，3人荣获个人三等功，15人获得个人嘉奖，7人被滦州市委市政府评为优秀共产党员，3人被评为优秀党务工作者，1人被唐山市委市政府评为优秀党务工作者。

司法局

2021年，司法局聚焦“法治建设、基层治理、法律服务、队伍建设”四大重点，不断提升司法行政核心战斗力，确保“十四五”规划开好局、起好步，为建设“现代中等城市、全国百强滦州”提供坚强的法治保障。

【法治滦州建设】（一）统筹推进依法治市工作。牢牢把握全面依法治市总体目标和工作重点，坚持法治政府、法治社会一体化建设，一是印发了《中共滦州市委全面依法治市委员会2021年工作要点》，研究制定了《法治滦州建设规划（2021-2025年）》及分工方案、《滦州市法治社会实施方案（2021-2025年）》及分工方案。二是9月23日召开了全面依法治市委员会第三次会议，会议深入贯彻落实习近平法治思想，传达学习中央、省委、市委有关会议精神，听取2020年以来全面依法治市工作开展情况汇报，安排部署重点工作。积极落实党政主要负责人履行推进法治建设第一责任人职责，各市直单位、14个镇（街道）全部制定本单位职责清单并开展主要负责人年度述法工作。（二）全力推进法治政府建设工作。一是2021年年初印发了《滦州市2021年法治政府建设工作要点》，着力在统筹指导、优化职能、制度建设、执法监督等方面加强建设力度。近年来市法治政府建设成效显著，经市委、市政府研究决定，2021年申报省级法治政府示范市，由司法局牵头全市创建工作。该局成立工作专班，组织协调全市各相关单位扎实开展省级法治政府建设示范市创建工作，已完成全力攻坚，正反复检查完善中，随时迎查。二是进一步规范全市行政执法行为，加大对镇（街）执法人员的业务培训力度。5月26日，举办镇（街）综合行政执法人员专题培训会；6月16日，组织开展镇（街）行政执法案卷点评交流会。7月20日，组织开展行政执法能力提升大比武、大练兵活动。加强行政执法队伍建设，为976名行政执法人员换发新版执法证件，组织、协调市直赋权单位对镇街执法人员进行培训共9场，全面提升镇街行政执法人员业务能力。持续深化'放管服'改革，开展'减证便民'行动，公布《滦州市保留证明事项目录》，共计98项，从根本上铲除"奇葩"证明、重复证明。全面推行证明事项告知承诺制，公布第一批实行告知承诺制证明事项目录，共13项。三是有效开展规范性文件合法性审核、梳理工作。审查各类文件、协议12件，出具审核意见5条，在全市范围内开展规范性文件清理工作，清理结果保留规范性文件22件，失效规范性文件9件。四是加强行政复议和行政应诉工作。2021年共受理行政复议共21件，法定期限内结案率100%；代表市政府参加行政应诉9次，依法及时有效化解了行政纠纷，推进依法行政，有效维护社会稳定。（三）精准开展法治宣传教育。一是2021年6月，"美好生活·民法典相伴"主题宣传活动正式启动，司法局及相关责任部门通过多层次多渠道全方位深入乡村、企业、学校、社区等开展宣传活动，进一步掀起全市民法典普法热潮。二是8月份，装饰14辆普法大篷车，采取流动宣传的形式，利用三天时间，走街串巷为百姓讲述防电诈知识，传播防电诈声音，累计驶出4500公里，覆盖全市537个村居，发放宣传资料3.9万余份，播放语音3600余次，为民众的生产生活筑上一道严密的防火墙。三是9月25日，中共第二届滦州市委第五次常委会议审议并通过《关于在全市开展法治宣传教育的第八个五年规划（2021-2025年）》，为法治宣传工作提供了可操作、能落地的重要行动指南。四是10月下旬，投资70余万元，占地约3.5万平方米的滦州"法治广场"正式建成启用；滦州市体育场法治广场为全市提供提升公民法治素养和社会治理法治化水平的重要载体和平台，让法治文化广场真正"广"了起来，让法治内容天天与群众见面。五是12月"以习近平法治思想为指引，坚定不移走中国特色社会主义法治道路"为主题的滦州市2021年宪法宣传周活动全面展开，活动被"央视频"、人民网等媒体以图片和短视频方式广泛报道。2021年，全市共计开展宪法民法典等法律法规宣传教育活动235场次，组织各类培训讲座40余场次，发放宣传资料8.9万余份，解答群众咨询760余人次。利用两微一端发布民法典等法律法规信息2300余条，直接受阅群众干部群众80万余人次。

【基层治理能力】一是扎实做好人民调解工作。织密调解网络，该局在村委会换届完成后第一时间组织各村做好人民调解委员会换届工作，选优配强各村人民调解委员会调解队伍，全市新聘任人民调解员1984人。注重品牌培育，全市重点打造培树特色品牌调解室19个，其中茨榆坨镇普惠调解室、杨家坨村调解室、滦城街道小山村调解室被唐山市局评为优秀品牌调解室。整合力量全力攻坚，充分运用多元矛盾纠纷化解机制，在重要时间节点、重点区域、重点行业开展矛盾纠纷排查化解集中攻坚行动。2021年共排查化解各类矛盾纠纷916件，调解成功874件，调解成功率达到了95%。二是加强特殊人群管控。对社区矫正对象采取手机定位+微信双定位模式，严格落实请销假审批制。有针对性地采取监管措施，完成了对涉枪涉爆、网络电信新型诈骗人员排查摸底并进行集中教育，受教育人数135人次。2021年全年共接收社区矫正人员257名，解除矫正235人，出具评估调查报告214份，给予训诫20人次，书面警告8人次，执行收监1人，衔接接收刑满释放人员134人，未发生脱管、漏管和再犯罪，实现了"收得全、管得住、教得好、矫得正、不出事"的工作目标。三是加强司法所规范化建设。不断加强基层司法所装备建设及经费投入，依托于现有专用政法网络，以社区矫正应急指挥、执法调度、监督管理、教育矫治、帮扶工作各环节为主要内容的视频监控系统已建成启用。2021年，全市14个司法所全部达到规范化司法所建设标准，6个司法所在唐山市司法局“双百创优”创建工作中被评为优秀司法所。不断加强干部队伍建设，采取多种措施，加强基层人员的政治理论和业务知识学习，提高干部职工专业素质。2021年为基层司法所招录大学生见习岗7名，进一步充实基层司法所队伍力量，提升规范化管理水平。

【公共法律服务】一是公共法律服务体系日益完善。在实现法律服务全覆盖，站（所）建成率、挂牌率均达到100%的基础之上，探索公共法律服务融合联动，打造网络化综合法律服务平台。全年各中心共接收法律咨询263人次，调解纠纷177件，解答法律问题咨询302人次，引导办理公证、法律援助案件67件，为群众提供精准、普惠、便捷的公共法律服务。二是法律援助工作水平不断提高。规范办案流程，简化法律援助申请、审查、受理、批准程序，放宽经济困难标准，扩大法律援助事项范围。全面开通法律援助“绿色通道”，对于符合要求的军人、军属免予经济状况审查，直接给予援助。对于行动不便的老人、残疾人及严重疾病患者实行预约式、上门式、一站式服务。2021年，共受理法律援助案件162件，相关咨询286人次。三是公证服务质效不断提升。公证处不断优化公证服务，推出三方面护航企业发展举措，四条便民利民服务措施，受到社会各界和广大群众的一致好评。3月15日河北省司法厅网站公证工作栏目刊发《滦州市公证处多措并举护航企业发展》文章，7月20日河北法制报第二版头条发表了《残疾兄弟三小时免费拿到公证书》文章，河北法制报、河北法制网陆续报道9篇滦州市公证处事迹，公证处案例入选河北省政法系统“我做的群众最满意的一件事”十大经典案例。2021年全年共办理公证1980件。四是律师法律服务保障更加有力。首先严审把关，进行律师事务所及律师年度考核，完成了该市4家律师事务所和37名专职律师的年检验证注册工作。其次是联合部署，扎实推进律检协商机制，建立了检察院、司法局联席会议制度，定期沟通检律协作的工作情况。开展律师行业突出问题专项治理活动，及时制定了《滦州市律师行业突出问题专项治理实施方案》，通过开展学习教育、核查自查，督导各律所制定整改措施完成整改。2021年，律师共代理案件624件，担任法律顾问34家，法律咨询2349人次和代写法律文书1016件。

【政法队伍教育整顿】一是3月12日召开全市司法行政队伍教育整顿动员部署会议，研究制定滦州市司法行政系统队伍教育整顿实施方案和律师、公证两个教育整顿专项方案，成立了由局长任组长的司法行政队伍教育整顿工作领导小组，成立了公证、律师、基层司法行政和法律服务三个专项督导组，负责对各专项队伍教育整顿工作开展常态化督查。二是紧紧围绕政法队伍教育整顿工作中“四项任务”“三个环节”工作要求，在队伍教育整顿工作中坚持把学习教育贯穿始终，明确以学促改的工作要求，毫不放松抓好“四项教育”，筑牢全系统干部职工忠诚根基。全市司法行政系统共组织开展政治教育17次，党史学习教育10次，警示教育活动共10次，红色教育共1次，英模教育中组织先进事迹报告会3场，刊发宣传报道46件。三是认真开展自查自纠，深入进行思想发动，广泛开展谈心谈话活动。全面开展个人自查并进行专题解读宽严政策。稳步推进线索核查，抽调精干力量组成专班，坚持刀刃向内，清除司法行政队伍害群之马，并向社会公布举报电话和举报信箱。坚决整治顽瘴痼疾，召开专题会议精准安排部署顽瘴痼疾整治工作任务，制发《滦州市司法行政系统顽瘴痼疾专项整治方案》，明确提出整治重点、内容、措施及工作目标，达到工作方案指引“除疾”的目的。四是制发《滦州市司法局党组关于开展“送法到基层 为民办实事”活动的通知》，从“我最满意的一件事”做起，积极开展“我为群众办实事”主题实践活动。共推出便民利民举措4项，用心用情用力做好顺民心、解民忧、惠民生的实事好事89项。五是针对队伍教育整顿过程中发现的问题，从制度上分析原因，把整改融入各项制度建设中去，进一步完善了《滦州市司法局管理制度》《滦州市司法局机关平时考评制度》，制定了《滦州市司法局我为群众办实事制度》《滦州市司法局政治理论学习制度》，实现司法行政队伍管理制度化、规范化、常态化。

【司法行政队伍建设】一是深入开展党史学习教育。以“一把手”上党课、中心组党史学习教育交流会、支部“主题党日”为依托，通过专题讲座、集体研读党史书籍等方式，回眸百年党史，激发党员话初心，开展各类专题学习24次。通过“主题教育进万家、我为群众解难题”活动实地走访党员、群众300余户，摸实情、解难题10余件次。二是积极发挥党员先锋模范作用。疫情防控工作中，机关30多名党员干部深入古城富丽小区，开展一线摸排值守防疫工作，为全力打赢疫情防控硬仗贡献司法行政力量。创城工作中，全体党员干部多次到平青大两侧清除落叶、垃圾，深入康迈小区开展卫生整治，彻底解决了小区长期无物业管理的6栋楼31个单元的卫生环境问题。三是积极推进司法行政信息化建设。探索公共法律服务实体、热线电话、网络三大平台的融合联动，打通法律服务最后一公里。继续加强科技投入，利用网络视频等新兴载体，建设网络平台，打破空间限制，使得司法局指挥中心、法律援助中心、14个基层司法所与四个律师事务所实现远程视频互通，做到来访群众在所辖区基层司法所就可以随时在律所与援助中心之间咨询法律问题，让群众少跑路好办事，提高人民群众获得感幸福感安全感。

军事工作

武装部

2021年以来，武装部党委全面落实省军区、军分区党委和滦州市委市政府年度工作部署，坚持筑牢忠诚抓根本、瞄准强敌抓备战、厉行法治抓管理、严实作风抓落实，主要完成了以下几个方面工作。

【思想政治建设】一是扎实推进党史学习教育开展。对习近平主席在党史学习教育动员大会上的讲话进行专题学习讨论。4月23日，举办党史学习教育专题讲座暨“军事日”活动，邀请国防大学王洪福教授围绕“国家总体安全观下的海洋形势”做专题讲座，滦州市委书记、滦州市人武部党委第一书记李建忠主持会议。组织人武部现役干部、文职、职工和基层专武部长用实际行动践行“学史崇德、学史力行”，5月7日，为节振国小学捐款2万元，邀请党校教授为学校师生进行党史教育宣讲，6月30日，在滦州市军事教育展馆开展“迎七·一庆祝建党100周年”主题党日活动，重温入党誓词。7月1日，组织所属人员收听收看“庆祝中国共产党成立一百周年庆祝大会”，召开党委会、专题组织生活会对习近平主席重要讲话进行学习讨论，现役干部、文职人员逐人进行对照检查。结合民兵训练、夏秋季新兵役前教育等时机，邀请滦州市委党校退休教授唐印讲述红色故事，进一步增强应征青年和广大民兵的责任感、使命感。二是突出抓好党委中心组学习。始终做到及时跟进学习习近平主席重要讲话精神，班子成员自觉带头读、带头记、带头讲，注重在学习中紧跟步伐、在理解中看齐追随、在领悟中铸牢军魂。党的十九届六中全会召开后，我部集中利用11月16日和17日两天时间，重点学习了党的《十九届六中全会公报》《中共中央关于党的百年奋斗重大成就和历史经验的决议》以及习近平主席对《决议》所作的说明，组织全体现役、文职、职工进行交流发言，遴选5篇优秀发言材料进行了展示。三是深入开展张连印先进事迹学习。重视学习和宣传张连印老首长先进事迹，制定了人武部《深入学习“张连印”先进事迹实施方案》，重温了省军区党委《关于向张连印同志学习的通知》，学习了《张连印同志事迹专刊》。10月18日，组织全体党员就学习情况集中讨论，当晚21时，组织全体人员收看央视综合频道《时代楷模发布厅》栏目，所属人员积极参与，自觉转发分享宣传新闻稿件，学习氛围浓厚。2021年，该部累计形成学习心得体会、交流发言材料30篇，党委书记、副书记、委员进行党史学习辅导3次，更新主题展板3块、主题灯箱6座，切实浓厚学习教育氛围，全体官兵看齐追随的意识更加牢固。

【民兵建设和军事训练】一是坚决贯彻河北省军区《民兵建设工作实施方案》和省军区、军分区关于民兵建设有关指示要求，推动开展潜力调查、进行部署准备、优化结构布局、调整配备人员、预建党的组织、清点落实装备、集合点验民兵、组织检查验收八个步骤落实。2021年，全市共编组基干民兵分队34支，基干民兵1028人，普通民兵21800人。2021年6月，高标准完成承德军分区民兵建设交叉互检。二是坚决贯彻习近平主席2021年全军开训动员令，认真落实军委军事训练会议精神，按照每周不少于1个训练日加课题训练时间安排，坚持每周二军事训练日制度，狠抓首长机关基本技能指挥业务训练，在唐山军分区年度首长机关训练考核中取得第一名。根据年度训练计划安排，5月10日至21日，组织市民兵应急分队181人，区分8个科目完成基地化训练。7月5日至16日，组织民兵铁路护路分队、医疗救护排30人完成专业训练。严格执行《常态化疫情防控条件下组织军事训练规范》，做到防疫和训练“两手抓、两不误”，圆满完成了年度训练任务，民兵遂行任务能力有效提升。

【兵员征集】以国防部征兵办公室关于征兵“五率”量化考评办法为依据，紧紧围绕确保新兵质量这个核心，把大学生作为征集主体，突出大学毕业生这个重点，严把兵役登记、宣传发动、网上报名、体格检查、政治考核、役前教育和审批定兵各个环节，圆满完成了上级赋予的129人征集任务，新兵素质较去年进一步提高。严格落实廉洁征兵纪律规定，选聘廉洁征兵监督员80余名，组织全体征兵工作人员进行业务培训、参加警示教育，学习上级关于违反征兵纪律问题通报，签订廉洁征兵责任书，组织应征青年及家长逐人填写《廉洁应征责任书》《廉洁征兵问卷调查表》《廉洁征兵问题排查表》，确保了兵员征集工作“公平、公正、公开”。

【规范化建设】一是根据国动部《省军区系统战备、训练、工作、生活秩序规范》和《唐山军分区“四个秩序”规范化建设方案》要求，严把建设标准，狠抓制度落实，更新更换营区制度展板和安防设施，完善软硬件建设。二是为使保密工作入脑入心，及时传达学习上级安全情况通报，签订安全保密责任书，加强安全隐患排查，完善各种安全设施和安全机制，紧盯“人车枪弹密、水火电钱网”深入开展大排查活动，坚持落实每日一次巡查，每月组织一次安全检查，每周组织一次机要密码装备检查。三是滦州市委、市政府投资，对人武部机关办公楼用电线路、楼顶防水升级改造，对内墙进行粉刷，进一步消除了安全隐患。在营区重要场所增设了手机存放柜，定期对消防设施进行检测，及时消除安全隐患，持续保持安全稳定良好态势。四是严格落实常态化疫情防控要求，及时调整《疫情防控工作方案》，加强人员和营院管控、防疫物资储备、人员防疫数据信息收集汇总报送及核酸检测、疫苗接种等工作，密切跟踪驻地疫情发展变化，确保疫情不输入、不扩散、不反弹。

【规范后装领域秩序】一是充分发挥监管职能。做到预算及预算调整党委审定、收支党委清楚、大项经费投向党委把关、大项经费开支党委研究，确保经费投向精准、聚焦主业。每季度向党委专题汇报预算执行及财经管理形势分析和装备管理工作汇报，对财务收支情况、伙食费开支情况进行公开公示，自觉接受群众监督，确保经费开支阳光透明，后装保障工作在群众监督中运行。二是扎实开展自查整改。结合省军区《后勤、装备保障工作量化考评实施方案》《后勤2项重点工作检查方案》《后勤重点行业领域普查工作实施方案》和军分区《军需能源供应专项整治方案》等后勤行业工作方案，深入开展食堂伙食管理、油料供应管理、社会化保障人员规范、五千元以上财务经费开支情况自查梳理，对标对表整改提高，进一步正规伙食管理秩序、油料供应秩序、社聘人员管理秩序和财务运行秩序，不断提升后装保障规范化运行能力。三是提升经费保障能力。积极协调驻地政府及相关部门，推动关于武装经费政策落地，在地方武装经费连年压减的情况下实现年度预算较去年进一步提升，确保兵员征集、民兵建设经费保障充足。结合民兵应急连装备编配实际，积极协调驻地政府，将民兵应急装备器材保障经费纳入地方政府预算开支，为分阶段补全补齐民兵应急装备器材提供有力保障。

金融保险工作

中国人民银行滦州市支行

2021年，中国人民银行滦州市支行全面贯彻落实中央经济工作会议精神和上级行决策部署，强化党史学教，推进从严治党，聚焦主责主业，优化金融服务，完善内部治理，有效助推支行各项工作见真见效，辖区经济发展行稳致远。

【强化全面从严治党工作】一是强化党建主体责任，加强政治理论学习，组织召开党组中心组理论学习7次，集体研讨7次。完善支行全面从严治党主体责任和监督责任清单，各责任主体履职尽责，以上率下，严格落实“一岗双责”，层层压实责任。针对上级行全面从严治巡查中存在的问题，认真对标对表，逐条逐项制定整改措施，细化责任清单，确保整改一竿到底。二是强化党史学习教育，开展讲党史专题党课4次、主题党日活动10次、党史知识竞赛、专题理论测试、主题征文演讲、专题组织生活会、“正确的党史观”主题讨论活动以及组织观看红色爱国影片《悬崖之上》《革命者》、参观李大钊故居和纪念馆、走进滦南县潘家戴惨案纪念馆等。三是加强廉政文化建设，召开党风廉政建设专题分析会4次，认真抓好节假日等重要时间节点廉政教育，开展反腐倡廉警示教育和违纪违法案件学习，加强对外服务窗口和执法检查人员的廉政教育和作风监督，开展《央行案鉴》警示教育月学习活动等。

【贯彻落实货币政策】一是加速推进支农支小再贷款落地，发挥再贴现降低企业融资成本的作用，对滦州市两家法人金融机构累计发放支农再贷款7853.6万元，支小再贷款1.2245亿元，再贴现资金2.6亿元。二是积极落实两项直达货币政策工具，缓解中小微企业还本付息的资金压力，为符合条件的2.7679亿小微企业贷款延期本金开展了利率互换操作，带动地方法人金融机构向小微企业发放普惠小微信用贷款7915万。三是积极引导辖区金融机构精准有力发挥金融支持和服务保障作用，为企业办实事、增实惠、渡难关。滦州市金融机构共助企、惠企近500余家，金额达50多亿元。四是积极推进“贷动小生意 服务大民生”专项行动，组织召开推进座谈会，辖区金融机构深入走访个体工商户1097户次，累计支持个体工商户455户，支持金额2.42亿元，相关做法被唐山中支工作动态165期转发介绍。五是进一步优化辖内营商环境，代表滦州金融系统在滦州市电视台做关于落实优化营商环境访谈并被实况转播。六是2021年底，滦州市金融机构人民币各项存款余额480亿元，较年初增加39亿元；人民币各项贷款余额214亿元，较年初增加23亿元；人民币存贷比44.48%，较年初增加1.7个百分点。

【加强国库监管】一是修订完善《滦州市支库国库业务系统突发事件处置预案》《国库业务大额审批制度》。二是严守安全底线，提高核算质量和水平，截止11月底，全辖各项收入笔数22.6875万笔，金额76.39亿元，支出笔数4.3862万笔，金额85.42亿元，收入退库笔数1.8245万笔，金额1.42亿元，办理更正笔数143笔，金额0.46亿元。三是强化国库核算监督检查，认真落实“三查”制度。四是加强柜面监督，严格拒办各类不合规业务5笔，金额0.39亿元。五是规范国债发售和兑付，截止11月底，共发行国债1584.25万元，提醒兑付25万元，较去年同比增长23%。

【规范账户管理】一是持续优化银行账户开户流程，8月15日全面推行提供简易开户服务。二是采取暗访方式真实掌握各基层网点和业务人员落实账户管理政策情况和效果，共电话暗访25家银行网点，对56家企业进行满意度调查，客户满意度高。三是加强支付手续费减费让利工作，滦州中成村镇银行实现了对首个或指定一个账户按现行公示价格减半收取开户手续费。四是持续推进“断卡行动”，积极参与严厉打击整治开办贩卖“两卡”违法犯罪活动，强化银行账户风险管理。

【强化财务和会计核算管理】一是制定《滦州市支行预算外资金管理办法》，修订《中国人民银行滦州市支行差旅费管理实施细则》和《中国人民银行滦州市支行差旅费管理实施细则补充规定》，确保财务行为有章可循，避免财务资金风险。二是建立严谨的工作程序，严把凭证审查关，严格坚持换人复核，杜绝业务处理“一手清”。三是与商业银行进行利率互换清算，鼓励商业银行为小微企业做贷款延期，办理利率互换清算协议共2.74亿元。

【加强反洗钱工作力度】一是强化培训，打造反洗钱专业队伍，反洗钱岗位人员年培训率达100%。二是加大考核，对辖内义务机构进行反洗钱分类评级，提升反洗钱工作有效性。三是成立反洗钱监管小组，对滦州农村商业银行进行走访，对泰康人寿、燕赵财险和平安财险三家保险公司约见谈话，不断强化对义务机构反洗钱非现场监管工作。

【强化金融宣传服务】一是开展“315金融消费者权益日”“钱袋子”宣传，金融知识普及月和征信宣传活动，进一步增强金融知识普及力度。二是组织存款保险“五进”宣传和非法集资宣传，积极构建和谐金融环境。三是集中开展支付结算、国债、反诈骗、反洗钱综合宣传工作，切实提升群众金融素养以及反洗钱意识。

【深化农村支付环境建设工作】一是提高非现金支付工具在农村地区的认知度和使用频率，实现助农取款点全覆盖。二是强力推进移动支付便民工程建设，不断扩大云闪付用户规模，全辖可受理云闪付的小微商户数27515户，实现1所县级医院缴费窗口支持云闪付受理，实现银联移动支付无障碍受理。

【深化外汇管理与服务】一是对行政许可业务开展情况以及货物贸易核查等情况开展自查，及时完善业务操作流程。二是对唐山中首特钢有限公司等5家企业办理名录登记，并对企业经办负责人等进行现场培训指导。三是完成对唐山利保丰国际贸易有限公司等20家次涉外企业货物贸易非现场核查，整理外汇档案20余份。四是协助市局完成对林肯电气（唐山）焊接材料有限公司利润汇出情况现场核查。五是对唐山成成食品有限公司等10家重点企业贸易信贷报告质量情况进行专项核查，并有针对性地进行沟通指导。

【深化人民币管理】一是制定《滦州市整治拒收人民币网格化管理制度》，引导社会各界自觉维护人民币法定货币地位。二是联合滦州市市场监督管理局对辖区内非法使用人民币图样的物品和仿纪念币（钞）类物品进行重点排查。三是组织召开人民币管理工作推进会，该项工作被《唐山市反假货币工作简报》推介。四是组织开展集中宣传活动8次，其中2次被《唐山反假工作简报》推介。

【做好征信服务工作】一是按月开展征信信息安全监测和统计工作，全年辖区未发生信息泄露等风险事件。二是做好个人和企业信用报告查询服务工作，共查询企业信用报告431笔；

查询个人信用报告约1.1万笔，其中司法查询8笔，完成咨询解释超过50次。三是做实做细征信宣传，发放宣传资料6000余份，极大增强了社会公众信用意识。四是强化农村信用体系建设，开展信用乡（镇）、信用村（街道）评定工作，全市已评定信用乡镇2个，信用村152个，大力推进农户信用采集工作，累计建档总户数53831户，较年初增加3575户。

农行滦州市支行

2021年，农行滦州支行坚持党建统领，全面从严治党治行，有效推进党建与经营的“四个融合”。围绕“转型创新发展”，狠抓对公和零售抓转型提升，加强案件防控和基础管理，实现全行向高质量发展目标稳步迈进。

【主要指标完成情况】截至2021年12月末，全行各项存款517094万元，比年初增长19348万元；各项贷款185428万元，比年初增长40775万元。实现中收943万元，拨备后利润6654元，同比多盈利102元。

【主要工作措施】一是坚持党建引领，促进经营管理水平提升。坚持站在政治立场观察经营问题，引导增强政治意识，担当有为，效果明显。增强合规意识，十二条禁令深入人心，全年未发生违规违纪现象。各个部门攻坚克难，思想引领工作劲头足，创造性开展工作。其中：个贷增长34100万元、对公贷款增长6331万元，服务小微企业取得阶段性成果，惠农e贷增长7919万元，存款、贷款业务均达到历史最好水平。二是服务“三农”，助力乡村振兴。全年辖内“三资”账户开户355个，智慧乡村APP上线运行，智慧乡村app注册8257户，为下步智慧政务推进打下了基础。为乡镇小微企业累计投放税e贷、抵押e贷等线上贷款13869万元，为省市农业产业化龙头企业发放“农业产业化增信基金”风险补偿贷款800万元。

农发行滦州市支行

2021年，中国农业发展银行滦州市支行内设客户部、综合部两个职能部门，共有员工19人，未设立辖属营业网点。截至12月末，贷款余额28046万元，其中：棚户区改造贷款11880万元、粮食挂账贷款8784万元、地方储备粮油贷款7382万元。未发生风险贷款，不良贷款余额为零。

【做好粮油购销工作】积极支持粮油收储企业做好2021年度秋粮收购和县级储备粮轮换、增储工作。其中：发放粮食收购贷款4000万元，用于支持滦州国家粮食储备有限公司收购玉米、稻谷等秋粮；发放贷款1860万元，支持完成了县级储备小麦的增储和轮换，保证了县储粮食的质量安全，增加了地方储备粮存储规模，彰显了农发行“粮食银行”的主体地位，全力服务国家粮食安全。

【推进中长期贷款项目】2021年，在统一思想，分析研判上一年及年初以来，业务经营方面所面临的机遇和挑战的基础上，以“破题进位补短板”为驱动策略，明确了营销党委政府关切的基础设施建设、粮食购销调控项目、生态宜居、县域支柱企业等贷款项目为主攻目标，持续紧盯营销滦州市城市建设投资有限公司主导的党史教育基地等三个项目，历经各项项目资料的前期准备和工作筹备，经省分行立项、项目实地调查，最终获上级行审批。有效破解中长期贷款营销难题和短板，实现高质量、快速发展。

【加强党建工作】一是成立党史学习教育工作领导小组，研究制定农发行滦州市支行《党史学习教育实施方案》和《党史学习教育工作安排情况表》，进一步明确目标责任、细化具体任务、完善学习研讨、思想交流等工作机制，将党史学习教育与“三会一课”“主题党日”“支部书记讲党课”等紧密结合，组织购买党史学习教育四本指定书目和《社会主义发展史》《中华人民共和国简史》《改革开放简史》，深入持续推进党史学习教育。二是坚持“走出去”学习。2021年，组织全体干部职工瞻仰滦州市古马镇港北起义纪念碑，组织全体党员到杨柳庄镇东上五岭革命老区，参观抗日遗址、拜访抗战老兵，进行了爱党和爱国主义教育。三是积极组织支行青年员工参加市分行组织的“学党史强党性 听党话跟党走”主题演讲比赛，浓厚比学争优氛围，提升党史学习效果。四是积极参加市分行组织的“传承红色基因、牢记初心使命”红歌比赛，取得了独唱组第一名和合唱组第三名的优秀成绩。五是坚持每周到包联社区开展“学党史办实事 携手共创文明城”包联共建活动，向社会公众和当地党政，展现该行“学党史、悟思想、办实事、开新局”成效。

中国工商银行股份有限公司滦州支行

2021年，中国工商银行股份有限公司滦州支行全面贯彻落实总、省、市行战略部署和工作要求，在做好疫情防控确保安全的前提下，坚持举全行之力抓好存款工作，持续夯实客户基础，突出抓好基础上收，努力增加贷款投放，强化管理和清收，提升资产质量，深化内控案防各项工作，确保实现“双无”的总方针，促进了各项工作顺利开展。

【抓经营促发展提效益】2021年，全行实现中间业务收入1539万元，完成计划的73.30%，实现重点产品收入1285万元，完成计划的74.19%，实现拨备前利润10332万元、净利润-8587万元。2021年底，全部存款余额35.38亿元，比年初增加0.64亿元，其中：储蓄存款余额28.18亿元，比年初增加1.74亿元，公司存款余额2.9亿元，比年初增加-1.78亿元，机构存款余额4.29亿元，比年初增加0.71亿元。各项贷款余额17.82亿元，比年初增加1.03亿元，其中：公司贷款余额6.83亿元，比年初增加0.02亿元，个人贷款余额10.98亿元，比年初增加1.01亿元。

【抓好存款工作】一是全面推进落实客户分包，开展分层营销，落实奖惩机制，发动全员营销代发工资业务，在专人维护现有代发客户的基础上，重点营销冀建通项目，增加发卡和工资代发，推动商户二维码及POS业务发展，筑牢个人存款增他基础。二是切实强化存款基础观念，始终将存款抓在手上，工夫下在平时，营销城投、金鼎地产、东海特钢等钢铁大户以增加公司存款。三是坚持扎实做好滦州市财政局、滦州市国土资源局等重点大户的维护、服务工作，增进深化合作，加强资金监测分析，稳定增加机构存款。

【增加贷款改善资产质量结构】一是通过组织业务培训，全员参与营销，严格考核奖惩，筛选纳税大户及纳税额稳定的客户，主动深入营销贷款业务，促普惠业务发展。二是进一步维护好现有存量客户，挖掘剩余房源潜力，增加投放；同时，积极跟进金泉都会和三石地产项目，全力营销、准入新楼盘，抢占按揭资源，努力做大做强个贷业务。三是通过与法院、外聘律所、庞大乐业深入沟通、联络，多措并举，推进汽车分期不良贷款的清收工作。2021年，全行累计发放E抵快贷贷款79笔，金额15946万元，发放金额唐山市系统排名第5位。累计发放个人贷款319笔，金额17111.8万元，其中：个人一手房贷款316笔，金额16986.8万元，个人二手房贷款3笔，金额125万元。全年累计压降不良贷款1924万元。

【突出重点积极增收创效】以唐山分行确定的基础上收重点产品为抓手，立足实际，进一步完善营销方案，细化业务流程，分解任务，研究制定具体措施，切实抓好落地实施，发挥自身优势，切实抓好代理保险、代理个人基金、贵金属、卡结算与回佣、外汇买卖结售汇等产品营销，全力增收创收。

【开展客户服务质量提升年活动】一是充分运用工商注册信息系统，加强与滦州市工商部门的合作，及时获取新注册企业客户信息，有针对性地开展营销工作。二是充分利用税务代理公司的优势，加强双方的合作，争揽客户。三是大力发展代发工资业务及商户二维码及POS业务，联系当地住建局和走访各建筑企业，批量办理“冀建通”卡。

【强化内控案防确保安全稳健运营】紧紧围绕巩固提升“双无”专项行动，同步实施、一体推进内控合规“价值创造年”“强风控 保双无”“内控管理建设年”等各项活动，加强组织领导，强化员工合规教育培训，持续增强全员合规意识，全面增强合规操作、防范案件的自觉性，严格流程、高质量开好案防分析会议，持续深化治理、切实压降风险事件，全面夯实内控基础，提高内控案防管理水平，实现了“双无”安全目标。

建行滦州支行

2021年，中国建设银行股份有限公司滦州支行对内提升执行力，对外提高竞争力，狠抓业务精细化管理，全行上下戳力同心，加压奋进，实现了党建工作和业务发展的双提升。

【强化党建工作】（一）全面加强党史学习教育、积极开展主题党日活动，提升党员党性修养。一是支行党支部与重点对公客户党支部开展了“学党史、强使命，学愚公、传精神”红色基因传承主题党日活动、“传承大钊精神、赓续红色基因”主题党日活动。二是联合滦城街道办事处、甄庄小学隆重举办了建设银行“裕农通”杯“建党100周年主题朗诵比赛暨裕农通杨家院标杆村打造汇报演出”。开启了“裕农通+乡村教育”模式的乡村振兴深度实践。三是正风肃纪，坚守党纪行规，营造遵规守纪自觉。全面加强惩治和预防腐败体系建设、常态化的作风建设，突出日常监督，切实把纪律和规矩挺在前面。构建支行“七个层次”内控案防体系，推动由被动合规向主动合规转变，筑牢合规案防根基。以案析规，警示教育全行员工真爱职业生涯，将“三线”意识入脑入心，形成“不敢、不能、不想”的长效机制，为建设银行健康快速发展贡献力量。（二）严格党内组织生活，高度重视人才培养。一是健全优化支部建设。2021年12月17

日，对党支部委员进行了补选。组建了李洪武为支部书记、刘春风为纪检委员、李小鑫为组织委员平均年龄仅有40岁的年轻化新一届支部委员会。二是高度重视人才培养。在分行党委领导关怀下，该行2名优秀员工加入党组织，一名预备党员如期转正。一名英才库党员提拔为副行长，一名提拔为九职等运营主管，一名提拔为网点运营主管。滦州支行党支部党建工作得到上级党委高度认可。被市分行党委评定为“先进基层党组织”。

【主要业务完成情况】年末一般性存款时点余额48.97亿元，较年初新增4.77亿元。新增同业四行排名第一位。年末各项贷款余额23.65亿元，较年初新增5.39亿元，余额、新增均稳居同业四行第一位。年末完成中间业务净收入2171万元，同业四行排名第一位。实现拨备前利润7454万元，较上年同期增加402万元。

【对公板块】一是全力开展资产业务攻坚，加大信贷投放力度。坚持G端突破打法。领导班子积极营销地方政府各层部门，借助乡村振兴政策，2021年末各项贷款余额23.65亿元，较年初新增5.39亿元。存贷比领先同业，深受地方认可。二是战略引领创新发展，新金融行动结硕果截至2021年12月末，支行普惠贷款余额达到2.68亿元，较年初新增0.93亿元。其中裕农快贷授信客户新增系统排名第2位。贷款余额新增系统排名第2位。

【零售板块】重点打造零售业务“生态”，促进战略性业务长足进展。支行紧紧围绕重点打造“三大生态”，新金融无感融入各类场景，实现平台化、圈链群经营，做强大零售的工作部署要求，结合支行实际贯彻落实，取得零售业务快速发展。一是打造滦城街道杨家院标杆村，创新“裕农通+乡村教育”模式，依托裕农学堂、港湾资源打造乡村图书馆，为孩子提供优质自主阅读空间积极推进“乡村振兴”深度实践。二是深化古城景区、东安购物广场、滦州国际大酒店等重点头部合作，成效显著。

【做实风险防控】一是风险管理方面。持续加强对大中型客户、微企业客户、信用卡客户、个贷客户的潜在风险分析管理，提高风险敏感度和警惕性，提前谋划制定风险化解方案，加强风险防控。将数字化风险防控渗透到贷前、贷中、贷后的各个领域，提升全行整体风控数字化管理水平。目前支行不良贷款余额超额完成控制计划，信贷质量得到有效提升。二是内控案防方面。深化“七个层次”内控案防体系建设。进一步压实主体责任，量化考核指标。落实“网格管理”。扎实推进“线上智能化”和“线下网格化”深度融合，全面应用员工行为管理系统、“天眼”系统，充分利用大数据及平台优势，提升员工管理线上化、智能化水平。全行上下传导风控理念，建立合规文化，将合规意识体现和落实到经营管理各领域各环节，全年实现安全运营无事故。2021年被市分行评为“内控合规及风险防范先进集体”。

中国银行滦州支行

2021年，中国银行滦州支行坚持“三比三看三提高”的工作方法，以党建为引领，坚定不移走高质量发展之路，从加快转型发展、管理制度深化、体制机制建设入手，践行“增加EVA贡献、做强个金业务、做大公司业务、夯实双基、实现三个不低于”的发展思路。全面推行新的绩效考核管理办法，发挥绩效考核指挥棒的作用，通过系统化、明细化、差异化的管理机制，激发全行员工的工作活力，打造进取型、团结型、学习型组织，取得了较好的经营业绩。

【主要经营业绩】截至2021年12月末，支行两项核心存款余额411261万元，其中公司存款余额194328万元，个人存款余额216933万元；各项贷款余额191714万元，其中公司贷款余额74816万元，个人贷款余额116898万元。

【主要工作措施】一是为河北通力公路有限公司投放中长期公司贷款，加大对公普惠、对私普惠宣传及投放，为滦州市地方经济发展做出了积极的贡献。二是着力营销新开楼盘，合理投放住房贷款，满足群众需求。三是发展并维护助农取款点，做到基本覆盖滦州市大部分乡镇，满足了民众的消费升级和对金融服务便捷性的要求。

【加强党的思想建设】滦州支行党支部高度重视党员的思想建设，认真学习贯彻党的基础理论及各项会议精神，定期为全体党员进行党课教育及党建活动。2021年6月30日，支行党支部与河北通力公路有限公司党支部共同组织参观港北起义纪念基地，重温入党誓言。通过各项教育及党建立活动，来提醒共产党员所肩负的责任和使命，让党员时刻以先进的思想武装头脑，保持党员的先进性。

河北滦州农村商业银行股份有限公司

2021年，滦州农商银行严格落实省联社、唐山审计中心党委决策部署，坚持稳中求进工作总基调和“531”工作思路，扎实推进依法合规稳健经营，在打造现代金融企业进程中迈出了坚实步伐。

【主要经营业绩】一是存款规模稳步增加，结构不断优化。各项存款余额206.19亿元，较年初增加21.88亿元，同比多增4.74亿元。低成本存款余额34.67亿元，较年初增加3.87亿元，同比多增2854万元。二是信贷规模持续提升，支农支小力度不断增强。各项贷款余额116.07亿元，较年初增加13.23亿元。涉农贷款余额54.65亿元，较年初增加7.04亿元。小微企业贷款余额79.37亿元，较年初增加14.72亿元。存贷款市场份额分别达到42.92%、54.21%，稳居县域金融机构首位。三是经营效益稳步提升。实现考核利润2.85亿元，同比增加1.05亿元。利润总额0.9亿元，同比增加0.2亿元。成本收入比30.48%，同比压降1.17个百分点。四是市场拓展能力显著增强。新型收单活跃商户数量等三项指标均已超额完成全年目标，发放乡村振兴卡1.02万张、签约手机号码支付业务1825户、建成乡村振兴综合体8个。五是主要监管指标持续向好。资本充足率12.6%，较年初提高0.57个百分点。拨备覆盖率133.19%。

【支持县域经济】一是加大“三农”信贷支持。围绕乡村振兴战略将信贷资源优先向“三农”倾斜，与滦州市农业农村局签订战略合作协议，重点支持花生种植、现代养殖、奶业振兴等特色产业发展。2021年，涉农贷款余额54.65亿元，较年初增长7.04亿元，占各项贷款余额的47.08%：其中普惠型农户贷款余额1.99亿元，较年初增长2727万元。二是坚持支小支微。深入开展“春雨金服”“专精特新”“贷动小生意、服务大民生”及银企对接会等系列活动，及时制定支小再贷款专用额度推进措施，加大对小微企业、个体工商户，特别是制造业、线下零售、住宿餐饮等领域的金融支持力度。截至2021年末，已办理支农再贷款7854万元，办理支小再贷款1.2亿元。

【开展金融扶贫】一是扎实推进“双基”共

建。制定用信户数全员营销方案，扎实推进“双基”共建—“整村授信”新模式，确定的小马庄镇南赵各庄村“双基”共建示范村，受到了唐山农信普惠金融观摩团的领导和同行的高度认可。二是继续巩固脱贫成果。与滦州市政府签订《滦州市脱贫人口小额信贷合作协议》，全力满足建档立卡脱贫户和边缘易致贫户贷款需求。2021年，发放脱贫人口小额贷款1笔，金额2万元。

【加强风险管控】一是坚持全面从严治党。2021年，员工行为排查380人，签订党风廉政建设责任状105份、遵守纪律合规操作承诺书386份、家庭助廉承诺书105份、新提拔中层签订廉洁从政承诺书12份。组织廉政谈话2次，涉及285人次。认真贯彻落实“四项制度”，实现高管交流22人次，重要岗员工轮换77人次。二是加强案防合规建设。开展“案防合规建设提升深化年”活动，组织以“合规”为主题的演讲比赛、征文比赛、合规知识竞赛、合规教育培训等活动，开展系列案防自查自纠工作，逐级签订案件防控责任书，排查员工异常行为。开展“存款保险宣传深化年”活动，制作“存款保险明白卡”2万张，将存款保险嵌入到整个业务流程中。三是疫情防控扎实有力。坚持疫情防控和金融服务“两手抓”“两手硬”，落实落细常态化疫情精准防控措施，并积极配合当地金融办对辖内其他金融机构进行核酸检测，彰显了特殊时期河北农信的责任与担当。

【推进自身建设】一是提升内部凝聚力。开设“每周一学”系列讲堂，组织职工健步走、歌咏比赛、演讲比赛、业务技能比赛等活动；对困难党员、退役军人进行走访慰问，畅通基层员工反馈渠道；于3月份开展了后备中层干部竞聘工作，最终34名后备中层正职、25名后备中层副职顺利进入后备中层干部库，进一步加强了中层干部队伍建设。二是多角度塑树企业形象。总行开通“大美滦州 爱在农商”抖音公众号，新型小贷中心开通微信订阅号，以“数量+质量”为突破口，加强信息宣传，多篇文章在各级学习强国平台及河北日报发表，全面构建起“线上+线下”“新媒体+传统媒体”信息宣传矩阵。加强消费者权益保护工作，开展系列金融知识宣传、助力海阳学校“远足”、争做学雷锋志愿者、“跑腿”上门服务等活动，总行被滦州市委评为“文明单位”，营业部被中国银行业协会授予“2021年银行业营业网点文明规范服务千佳示范单位”荣誉称号，城关支行被省联社评为“五星级网点”，有力提升了河北农信品牌和社会形象。

【加强党建工作】一是强化党建引领，制定党委前置研究讨论重大经营管理事项清单，坚持和落实“第一议题”制度，推进党的领导与公司治理有机统一。二是开展系列活动为党“庆生”，深入学习贯彻党的十九届五中全会精神，购买党的理论书籍619套，加强“线上+线下”培训，筑牢党员干部思想理论根基。开展“建党百年”主题宣传活动，收集包含散文诗歌、摄影及书画等33篇作品；组织开展“团结就是力量”专题学习教育活动，举办“迎七一”歌咏大赛活动，营造爱党爱国主旋律。三是深入推进党史学习教育，成立领导小组，召开动员大会，领导班子深入基层宣讲，开展“学百年党史 守初心情怀”党史夜校培训班、“党史天天学”“微视频 学党史”“我为群众办实事”等活动，推动党史学习教育走“新”更走“心”。加强基层党组织建设和党员队伍建设。四是深入开展“基层党建质量提升年”活动，提升基层党支部活力，其中茨榆坨支行党支部被评为“河北省农村信用社先进基层党组织”，范达青同志被评为“河北省农村信用社优秀共产党员”。

中国人民财产保险股份有限公司滦州支公司

2021年，中国人民财产保险股份有限公司滦州支公司以习近平新时代中国特色社会主义思想为指导，始终秉承“人民保险，服务人民”的企业使命，转思想、促发展、强合规、重服务、增效益为工作主线，坚持对标市场发展目标不动摇，实现支公司持续健康稳定发展。

【业务保费完成情况】全年实现保费收入10778.72万元，处理各险种赔案金额7932.5万元，向地方缴税1574.12万元。

【主要工作完成情况】（一）车险。一是2021年在车险经营过程中，我们坚定不移地大力发展家用车和精准获取10吨以上营业性货车，认真做好数据清分，明确业务归属，追踪每一辆车，切实提高续保率、续转保率、竞回流失比等主要过程指标，着重提升家用车三者200万及以上、车上人（座均保额1万及以上）、假日翻倍险等效益险种投保率。二是找准优质客户群体，推动集团客户发展，同时与客户开展互助活动，强化客户认可度。同时做好数据监控，依据综合成本率调整费用政策的投入。继续发展续保团队，扩大团队规模，加大管理力度，2021年被省分公司授予“县域优秀团队”称号。三是首批“农电联动”榛子镇营销服务部团队成立于2021年4月。2021年车险保费收入6366.4万元。（二）稳步提升非车业务，着力强化亮点新小险种。一是积极开拓新保源，确保商非业务稳步提升。巩老拓新，在商团业务中续保客户很重要，因此建好真正的续保专员，进行定期续保提醒，提前一个月进行攻关走访，确保业务不丢失。2021年以来顺利完成治安险、防贫保险、学幼险等续保工作，新增起重机械综合险等。截止12月底商非共收取保费2077.96万元。二是加强政企互动，拓展综合业务平台。充分利用与政府部门在民生和政策性保险上建立的良好关系，强化与职能部门的沟通，年初率先协调政府及卫健局后新保突发公共卫生事件应急救助保险。（三）农险业务提早安排，全面占领农险市场。2021年农险业务全省重新遴选，该公司在县域内第一名中标。承保方面，一是努力提高农险覆盖率，基于多年来的承保经验，种、养两业均做到提早谋划并形成比较成熟的承保理赔模式，每项险种承保工作开始前均召开专题会议，提早谋划，与县政府联合召开病死动物无害化处理与育肥猪保险联动工作会议，全方位铺开农险预备工作，通过各五级机构与所辖村镇对接，紧密配合，依法合规开展各项工作，确保农险阵地不流失。二是农险理赔方面，2021年经历了暴雨、暴雪灾害事故，受灾面广，农险团队及各营销服务部迅速行动，取消周末休息，做好统筹协调，不光理赔查勘而且帮助客户救援，在案件频发人员紧张的情况下，查勘及时，理赔到位，得到了政府及农户的高度认可。（四）加强理赔管控，强化未决案件的清理加强未决清理力度。严格考核监督，通过理赔时效管控，提升理赔服务质量。重点加强小额案件清理速度，提升客户满意度。加强投诉管控，强调服务意识。积极开展打假和诉讼案件的调解工作，稽查打假金额283.13万元。

【强化部门管理】根据银保监会“严”字当头的合规监管要求，结合上级公司内控体系建设标准，认真贯彻银保监会及行业协会有关文件精神，依法合规经营。结合自查工作全面梳理内控、流程标准化、权责相关工作，明确责任分工，提升工作合力，强化全员的风险防范及合规经营意识。一年来公司全员无违法违纪行为。

【服务乡村振兴】一是面对外部的竞争压力，与对手展开品牌战、服务战。开展培训，提高公司营业厅与农村营销网点标准化服务水平。2021年荣获平安建设先进单位。二是2021年为深入贯彻落实乡村振兴战略，根据国家及银保监局工作部署，全面做好保险与乡村振兴有效衔接，做好民生重点险种服务的同时，利用防贫保障资金，助力脱贫攻坚，农村养老健康保险等业务，扩大普惠保险覆盖面。2021年防贫保障资金支付赔款19.06万元。2021年6月开办乡村振兴保业务，保费3.02万元；为充分发挥金融保险资金融通优势，有效支持农户复工复产，协助农户开展农e贷业务10笔，金额293.32万元，人保温暖工程服务各大领域。

【开展疫情防控工作】一是2021年初，河北省疫情出现反弹趋势，为精准防控，滦州支公司第一时间响应，组织中层以上管理岗召开疫情防控专题会议进行专项部署，充实防疫物资，营业厅安排值班人员进行客户体温出入登记，严格履行出入扫码登记制度，同时加强公共场所、快递消毒，配备消毒柜、免洗消毒液，柜面人员配戴口罩。二是将“警保联动”榛子镇劝导站升级为榛子镇围城十村主要“疫情防控点”，并为全市人民疫情防控提供专属保险保产品和服务，切实体现保险的“社会稳定器”作用。

【落实职工福利待遇】员工实行带薪休假制、给员工创造舒适办公环境，职工之家设有一批健身器材，丰富员工业余生活、设立食堂、一年一次体检等等，使员工的凝聚力、向心力得到进一步增强。员工遇有婚、丧、病、困，经理室成员必到，同时工会组织全体员工向病、困职工捐款，营造全员爱岗、敬业和谐企业文化的良好氛围。

中国人寿保险股份有限公司滦州支公司

2021年，中国人寿保险股份有限公司滦州支公司秉承为人民群众提供人身保险保障、服务实体经济、保障居民生活为己任，大力发展保险业务，为滦州市民提供最优质的服务。

【业务发展情况】全年保费总量2.02亿元。长期险首年保费1617.15万元。短期意外险保费615.27万元。短期健康险503.11万元。全年处理理赔案件2321件，服务团体业务客户案件1326人，包括寿险、意外险、健康险在内共计支付赔款1566.8万元。实现“重疾一日赔”案件76件，赔付金额289万元。受理客服电话咨询服务1700余件。客户关键信息治理达1264件。完成客户信函e化3527余件。

【营销管理】个险渠道利用健康险训练营，再次将健康理念全城铺开，重点关注康悦转续保工作，确保短期健康险新规平稳落地，客户保障得到无缝衔接。第十四届616客户服务节之际，推动各营业部组织团康及客养活动，六一儿童节举办“手工DIY蛋糕”、健步走、草原一日游、手工包粽子、星级客户温泉祈福两日游等活动全面开展。银保渠道注重精细化运作，组织召开网沙215场次，固化新途径；团险渠道秉承为农村人口、学生、老龄、失独老人等特殊群体提供低保费、高保障产品为宗旨，以服务企业、团体为中心开展业务，精心谋划，发挥保险职能，为全市平安建设工作助力。

【风险防控】一是滦州支公司加强客户投诉处理工作，扎实开展内控合规建设年、案件防控提升年、人身保险市场乱象治理、诚信文化建设、强化风险防范“三道防线”，持续强化销售人员违规处理和职场监管，坚决打击违规违纪行为。二是妥善化解各类矛盾隐患，一年来未发生由满期给付、退保引发的群体性事件；

3.15期间未发生投诉及上访事件。三是非法集资宣传自查、反洗钱宣传及整改、风险防控教育工作等有序推进，坚持每周推送相关内容、督导员工及营销员积极学习，制作诚信墙，分批张贴承诺书进行公示，持续加强单证、证照管理，坚决避免违规问题发生，确保经营安全。

【疫情防控】滦州支公司认真贯彻落实市政府疫情防控的各项决策部署，把保证员工、营销员生命健康安全放在首位，将疫情防控工作作为头等大事，强化责任担当，外防输入，内防扩散，全体人员统筹协调，手套、口罩、消毒液、酒精等防疫用品准备充足，强化疫情应对。全年未发生员工、营销员感染事件。

【党建工作】落实“一岗双责”，全年扎实开展党史学习教育，持续推进“我为群众办实事”，组织支部党员观看《革命者》纪录片，赴遵化市沙石峪党建基地进行深入学习，召开支委会21次，全体党员大会19次，书记讲党课4次。

企业工作

城市建设投资有限公司

2021年，滦州市城市建设投资有限公司围绕“1395”工作思路以及“十个滦州”战略举措，以项目建设为中心，抓好融资及发债工作，推进公司转型发展，团结奋进，开拓进取，整体工作取得显著成效。

【项目建设工作】一是古城北区棚户区改造项目。该项目占地48.68亩，分两期三个地块建设，一期计划投资3.5亿元，建筑面积6.8万平方米，共建设8栋住宅楼，安置楼房共计630套。已完成主楼主体结构、装饰装修工程，外网管道基本完成，具备路基施工条件，燃气工程处于施工阶段。二是光辉里建设项目。一期项目建设4栋住宅楼和1栋综合服务中心，建筑面积3.8万平方米。二期项目用地面积30.94亩，可建设6栋18层高安置楼，住宅面积6.6万平方米。一期主体工程全部完成，已完成二次结构、主体认证工作；二期土地证、用地规划、工程规划手续已办完。三是东双棚户区改造项目。该项目占地95.68亩，共建设8栋（17+18）层住宅楼852套安置房，总建筑面积17.57万平方米。配套建设附属设施。5栋住宅楼主体已封顶，其余3栋施工至17层。四是盛泰家园和温馨家园续建项目。盛泰家园、温馨家园为解决拆迁户“回迁难”问题城投公司承办的续建工程。温馨家园已完成场地硬化及临建工程，完成地下室防水；盛泰家园具备验收条件。五是古城二期安置房北侧临街商铺项目。该项目占地4.1亩，共建设2栋三层商业楼，总建筑面积 4722.36平方米。主体结构全部完工，二次结构内墙完成30%。完成预售手续办理，共计销售商铺8套。六是河北省环渤海应急救援中心项目。2021年3月完成项目立项，5月底完成原储运中心拆除工作。设计方案已通过规委会审核。七是滦州市党史教育实践基地项目。完成场地平整和围挡、临路、临建等搭设，已完成工程规划许可证及施工预许可证的办理。八是第一实验小学、第五实验小学项目。一实小、五实小均已完成工程规划许可证及施工预许可证的办理，五实小已完成施工图审，一实小正在进行线上图审。

【融资工作】（一）完成融资情况。2021年共计融资6.02亿元，一是通过医院作为融资主体做售后回租模式融资3.27亿元。二是光辉里一期项目向唐山银行申请开发贷款0.75亿元，成本年化7.2%，正在按工程进度放款。三是利用恒信公司所属设备做售后回租模式融资1亿元，期限3年，成本年化8.3%，资金已到位。四是水务公司通过股份制改革，在石家庄股权交易所挂牌后发行可转换公司债券1亿元，综合成本7%-8%，已募集完毕。（二）重点融资项目进展。一是发行企业债项目。完成2020年度审计工作和双评级工作，城投公司主体长期信用等级均为AA，本期债券信用等级均为AA+。该项目7月6日上报省发改委，7月21日上报国家发改委，12月8日获得国家发改委批复。成为近三年河北省唯一一支通过国家发改委审核的县区级企业债。二是中建投融资租赁。利用水务公司所属设备融资5000万元，已签订融资协议，成本9.3%/年。三是农发行贷款项目。就新建党校项目和环渤海应急救援中心项目对接农发行，分别申请1亿元和2亿元的银行贷款，党校项目已在农发行省行审核，放款进度视项目进展情况而定。（三）申请政府专项债。2021年共申请政府专项债券6.09亿元。其中：西双山棚户区改造项目申请债券资金45000万元；东双山棚户区改造项目申请专项债券15900万元。

【经营工作】（一）资产收入、管理工作。一是资产收入情况。2021年全年实现收入1550万元。其中：安置房北侧临街商铺项目实现收入585万元；房屋、场地租赁收入450万元；物业公司收入160万元；人民医院停车场收入115万；汽车租赁公司收入126万元；水务公司中水收入30万元。二是资产管理情况。完成民政局干休所二楼、制鞋厂、和平路门市二楼等闲置资产出租出售工作。完成滦州古城惠泽园13套房产不动产证、古城安置房二期9栋楼不动产证的办理工作。对古城临街商铺外墙北侧墙砖进行维修杜绝安全隐患以及游客中心地面维修、电气设备维修等，确保正常使用。（二）榛子镇文喜采石厂矿山治理多余土石料外运工作。根据市委市政府安排，2020年6月由城投公司通过公开拍卖取得原滦县文喜采石厂矿山治理A、B区矿山治理多余土石料所有权，土石料约68.47万立方米（约合183.51万吨）。已收缴货款、保证金共计1665万元，完成土石料外运108万吨。

【行政工作】（一）党建工作。一是夯实基层组织建设。经过民主推选、支部投票等程序发展3名预备党员。积极开展“主题教育进万家，为民服务解难题”活动，深入郭坨子、老孟营、东法宝等5个包联村开展包联共建工作，参与农村环境卫生整治10余次，栽植各种树苗百余棵；积极筹措资金为庄户村铺设路旁硬化，改善农村环境面貌。二是创新学习载体。结合纪念建党100周年及党史学习教育活动，开展“百年党旗红，重走长征路”红色教育主题、百年党史成就展，组织观看红色教育主题电影，组织“学党史、知党情、跟党走”党史知识擂台赛。三是推进党支部规范化建设。按照《中国共产党支部工作条例》要求，落实好“三会一课”、组织生活会、民主评议党员等制度。（二）内部管理工作。一是常态化抓好疫情防控。已完成全体员工疫苗接种工作。抓好各项目工地疫情防控，减少人员流动，落实疫情防控要求。二是企业文化建设及精神文明建设工作。全年发刊《城投快报》20余期。积极参与“文明交通志愿行”、卫生环境整治、文明城市创建等活动，被评为2020年度市级文明单位。三是转型发展工作。2021年4月，成立滦州市恒盈商贸有限公司，开展贸易，增加经营性现金流，改善收入结构。聘请专业咨询机构制定发展战略规划，确保完成市场化转型工作。

国网滦州市供电公司

2021年，国网滦州市供电公司积极推动公司高质量发展，全面落实“争排头当标杆‘171’创新发展三年行动”。学党史、强信念、谋发展、干事业，各项工作稳中有进，实现了公司“十四五”良好开局。

【供电概况】国网冀北电力有限公司滦州市供电分公司（简称国网滦州市供电公司）2021年售电量完成18.28亿千瓦时。售电均价完成562.65元/兆瓦时，同比提高17.81元/兆瓦时。综合线损率完成2.89%，同比降低0.21个百分点，优于指标0.31个百分点。截至12月31日，安全生产长周期实现7592天。

【安全管理】动态修订安全责任清单，编制领导班子成员“两个清单”（安全生产责任清单和2021年安全生产工作清单），压紧压实全员安全责任。实施安全素质能力提升计划，组织《安规》准入考试438人次、安全培训303人次。保持对“违章”零容忍态势，领导干部和管理人员到岗到位460人次，管控各类作业现场116个，查处违章及不规范行为37起。积极推进疫苗接种，应接尽接率100%，加强针接种率超过88.90%。“双控”机制扎实推进。以安全生产专项整治三年行动、“五查五严”和班组安全大检查为抓手，大力开展隐患排查治理，整改问题隐患45项。严把安全质量关，完成4座35千伏变电站和3条10千伏线路检修预试。新装配电馈线终端（FTU）76台、调试故障指示器184台，实现故障有效定位35次。公用配电线路故障停电次数同比减少18.97%。按照“四个不发生”目标，开展春节保暖保供专项行动。应急能力有效提升。促请市政府召开庆祝建党100周年保电工作会议，砍伐修剪各类树障4.3万余棵，保障了建党100周年期间滦州电网和滦州境内进京输电通道的安全稳定运行。参与国家抗震救灾指挥部检查滦州市地震防范应对准备工作迎检，公司应急管理工作得到中国地震局领导的充分肯定。

【电网建设】一是主动对接滦州发展规划，加快建强地区电网。规划前期有序开展。稳步推进“十四五”电网规划，城西110千伏变电站纳入“十四五”项目库。贾变进线改造、坨变518出口CT调整、茨变新增10千伏出线取得上级批复。二是重点工程加速推进。属地协调成绩显著，雷庄-马柳110千伏线路于2021年5月20日投产送电，理廊道树木超过1.6万余棵。城南110千伏变电站成为唐山公司第一个取得消防备案合法手续的项目。三是配电网建设改造项目提速实施，2020年一批农网3个项目全部完工，10个频繁停电治理农网项目完工7项，新增高低压线路31.55千米，新增箱变5座、3150千伏安。5个频繁停电治理内部成本大修项目完成3项。7个技改大修项目和18个低维费项目全部完工。

【经营管理】一是电力保供行动迅速。面对电力供需紧张问题，第一时间向政府报告，履行用户告知义务，得到政府和用电客户的理解与支持。规范执行有序用电12天、2800户次，最大限度地保障了经济社会发展和民生用电需求。二是增收节支成效明显。新增高低压接电3400户、14.65万千伏安。实现电能替代6010.93万千瓦时，超额完成指标的150.27%。优化停电计划，开展不停电作业85次，累计减少停电204小时。加强同期线损治理，营销口径台区线损合格率99.32%。按时间节点完成工商业用户代理购电告知工作，签订高低压代购电合同3978份。三是合规管理持续深化。扎实开展“四清理一规范”合规管理专项行动，2017年响变10千伏遗留线路工程完工。落实重大决策合法合规性审核要点，重大经营事项“应审尽审”率100%。在省市公司的大力支持下，加强与司法部门及市县党委政府的汇报沟通，全力推进遗留担保案件进程。

【营商环境】一是持续优化营商环境。主动对接用电需求，为96户小微企业提供“三零”服务，报装容量1721.11千伏安。网上国网注册率完成36.31%，户号绑定率完成56.04%。修订《供电服务奖惩实施方案》，用好绩效考核“指挥棒”，投诉工单下降78.79%，95598业务处理满意率达到98%，较2020年提升4个位次。二是积极服务乡村振兴。精准实施村网提升工程，新增台区电源点67个，治理薄弱台区176个，维修改造老旧低压线路372千米，更换计量表箱超过5000个，更换低压接户线超过260千米，为乡村振兴提供可靠电力支撑。新闻稿件《全电牛舍助力乡村振兴》被新华社报道。在唐山首家推出移动式乡镇供电所，为客户提供现场服务383次，经验做法被《唐供工作动态》刊发。榛子镇供电所被冀北公司命名为四星级供电所。

【党建融合】一是党史学习教育成果丰硕。党委会“第一议题”传达学习36次，中心组集中学习12次，党支部开展“三会一课一日”1450

次，党员的理想信念更加坚定。广泛开展庆祝建党100周年系列活动，赴李大钊纪念馆开展党史教育，23个党支部高质量召开专题组织生活会，“我为群众办实事”活动解决职工群众“急难愁盼”问题127件。公司党委荣获冀北公司“红旗党委”称号。二是党建工作质效稳步提升。圆满完成公司党委换届，汇聚高质量党建引领保障高质量发展的强大合力。深化共产党员服务队建设，启动“365新行动”。6名党员逆行出征奔赴河南，参与完成多个居民小区和政府机关抢修送电工作，展现了滦电铁军的责任担当。三是全面从严治党纵深推进。深入贯彻十九届中央纪委五次全会精神，深化对“一把手”和领导班子监督，严格落实全面从严治党“两个清单”（主体责任清单和监督责任清单），层层压实管党治党责任。顺利完成冀北公司党委第三巡察组对公司党委提级巡察，巡察反馈的14项问题整改完成率100%。落实“两个责任”和“一岗双责”，党风廉政主责约谈和专业约谈126人次。开展“以案示警、以案促改、举一反三”专题警示教育和“酒驾、醉驾”专项整治活动。四是和谐企业建设不断深化。党委会审议通过《青年人才培养实施方案》，为青年职工建功立业搭建起制度保障。8名职工公开竞聘到班组长或管理岗位。职工活动中心投入使用，丰富了职工业余文体生活。持续保持河北省文明单位荣誉称号。“张国”创新工作室被评为“河北省劳模和工匠人才工作室”。响嘡镇供电所荣获河北省质量信得过班组建设二等奖。《提高95598业务处理满意率》课题荣获河北省质量管理小组二等奖。

中国移动通信集团河北有限公司滦州分公司

2021年，中国移动通信集团河北有限公司滦州分公司深入落实省市公司战略部署，在市政府和市公司的正确领导下，以客户为中心，以优质服务打造核心竞争力，以守正创新打造转型内驱力，以铸就生态打造发展助推力，扎实推进企业高质量发展。

【电信设施】滦州市在网运行基站746个，其中塔类基站648个，室分站点86个，5G基站113个，4G基站531个，2G基站210个，京沈动车89个、高铁139个，自留站46个；汇聚机房24个；综合业务区13个；专线总数961条，其中3A专线1条，跨省专线3条；光缆路由总长度2358KM，其中管道286KM，本地接入网2582KM，骨干汇聚326KM，一千二千105KM；共建设家庭宽带小区435个，实现覆盖用户数218263户，开通用户数40506户。

【电信服务】一是服务管理能力持续提升。建立服务管理问责体系，压实服务管理责任。二是服务协同能力持续提升。围绕“申诉治理”，开展“阳光行动”“削峰行动”网点服务验收工作，新建基站短信告知，建立网络问题主动搜集互动机制，提升客户问题解决满意率。三是精细服务能力持续提升。强化品质牵引，建立5G及高价值客户专属服务体系，应需打造差异化服务权益与品质标准，打造“营业厅惊喜服务、客户经理专属服务、宽带装维匠心服务”三大触点绝佳体验。四是服务推广能力持续提升。建立“移动好服务”服务品牌，将每月20日定为移动感恩日，开展优质服务体验季活动，全面强化客户互动。五是通过改善营业环境治理、“开展高价值客户优先叫号活动”提升高价值客户满意率。六是营业厅改善排队等候时长，自营厅及社会渠道、宽带装维人员同步开展“用后即评”活动，引导客户通过短信实时测评方式对触点人员服务进行评价，有效改善了宽带装机及维修的处理时限，增加了宽带客户的满意度。另外通过互动有礼、低分回访等工作，切实解决客户问题，有效提升了客户满意度。

中国电信集团有限公司滦州分公司

【公司组织结构】2021年公司本部共计6个部门，17个划小单元。企业用工总数123人，员工平均年龄32岁。营销类员工104人，占比82.3%。经营结构上，拥有自营网点6个，农村支局8个、商圈支局1家、社区支局2个，泛渠道合作网点120余家，服务触点遍及滦州各个乡镇。

【主要业务指标】滦州分公司以全面加强党的建设为统领，把建设网络强国和“云改数转”战略部署作为全面深化改革和推进企业转型升级的总框架和总视图，打造差异化竞争优势，保持了用户与收入规模的高速增长，市场份额逐年增长，确保国有资产保值增值。2021年，滦州分公司年度综合评价唐山市排名第一，2021年移动用户20万户，宽带用户7.7万户，电信电视用户6.1万户。

【通信服务品质保障】一是2021年投资800万，完成FTTH新增覆盖1.1万户，农村覆盖率达到97.5%，还有24个村庄未完成覆盖。投资100万，完成了建华大街综合业务区的建设，新立光交5个，布放光缆14.7公里，提升了建华大街机房的承载能力，对后期的业务发展打下了坚实的基础。二是得益于良好的发展及小区改造的及时割接，端口占用率完成较好。整体末端端口占用率占比59.7%，新增末端端口占用率42.1%。三是开通基站25个，室分2个，共计投资900万元，目前在用基站数量达到636个，在用室分90个。四是投资400万，完成汇聚设备替换升级，提升县区出口带宽，提升用户上网速率。

【强化硬件建设】持续开展“支局四小建设”专项改造活动，为基层一线员工购置休息床、小冰箱、健身器等，满足县区一线员工的生产活动需求。优化党员活动室、职工之家的硬件建设，购置专业图书，丰富党员和员工书屋的图书种类，满足了基层员工的精神文化需求；购置文体设施和用品，因地制宜建设员工健身活动室，组建了乒乓球、自行车、羽毛球、足球、篮球、长跑等体育项目的兴趣活动小组。

滦州联通

中国联合网络通信有限公司滦州市分公司（简称滦州联通）隶属于中国联通。2021年全面贯彻上级公司“1+5+5”工作思路，紧密配合市委市政府各项工作，扶贫攻坚、各项党建主题活动冲锋在前，主题教育活动丰富多彩，得到社会各界广泛好评。

【各项指标完成情况】（一）市场中心完成情况。2021年滦州分公司市场线主营收入完成5855.94万元，基础收入完成5633.86万元，完成序时进度95.76%。（二）运维指标完成情况。一是2021年滦州联通执行政府决定，对榛子镇杏山村，小贺庄村，一村，杨柳庄村，油榨镇郑庄村，柏店子村，响嘡镇响堂村，小王庄子村，滦州镇杨家院村，滦河街道办团结里小区，晨光里小区，永安里小区，文化里小区，胜利路体育大街至福州路段，滦新街等等线路进行了无偿迁改，迁改费用高达三百万元。二是2021年滦州联通计划投资1950万元，在全市城区、重点乡镇、高铁、高速、国道等重点区域开通5G基站65个，实现5G信号全覆盖，满足人民群众对高速率、低时延、大容量的需求。三是在疫情最紧张期间，滦州联通直面疫情，逆向而行。技术人员加班加点，全力保障高质量视频画面传送到省、市指挥中心，为市政府疫情专题电话会保驾护航；同时重点保障公安、银行、教育、医疗等业务电路，满足特殊时期人民群众的需求。维护人员严格遵守巡视制度，出现障碍及时处理，力争缩短障碍历时，特别是确保宽带当日通，障碍连夜修，为疫情期间在家办公、上网课的滦州居民提供强有力的网络支撑。

【疫情防控】2021年1月，中国联通滦州分公司积极响应市委、市政府号召，组织全体党员和职工配合居委会下沉到栗香园小区进行疫情防控值班，从早上7点到晚上8点全天坚守防控岗位，严守组织纪律和操作规程，帮助宣传和化解人民群众对疫情防范的误区和矛盾。由于联防值守任务下达时间紧急，防疫值班点的简易值班室还没来得及搭建好，该公司员工忍受着室外零下十几度的寒冷，对出入车辆及人员逐一进行健康码排查、测温、登记、消毒等工作，滦州联通全力织牢社区疫情防护网，把好疫情防控关，充分发挥了党组织战斗堡垒作用和党员先锋模范作用，得到了市委、市政府领导的肯定以及光辉里居委会和小区群众的高度赞许。

【精准扶贫】按照市委、市政府脱贫攻坚工作部署会议要求，积极做好精准扶贫工作，制定了2021年扶贫工作计划，与榛子镇于家庄村和小贺庄村三户贫困户结对帮扶工作，为贫困户解决了不少实际困难。

【作风建设】一是党员干部特别是党员领导干部积极争做带头人，切实解决好世界观、人生观、价值观和权力观、政绩观的问题，同时，从增强服务意识、健全规章制度入手，提高工作效率、改善服务质量，得到了基层单位和员工的肯定和认可。二是强化党风廉政教育，组织党员干部学习党纪法规，《中共中央八项规定》、纠正“四风”等文件，结合各类案例搞好警示教育，增强党员干部防腐拒变的能力；三是坚持“一岗双责”、落实“两个责任”，认真履行“第一责任人”的职责。四是加强重点领域廉洁风险防控工作。成立了重点领域廉洁风险防控工作领导小组，确保重点领域廉洁风险防控工作取得实效；落地执行市公司重点领域廉洁风险防控工作相关文件精神，重点领域廉洁风险防控工作得到全面开展。

【精神文明建设】一是抓好企业文化建设，广泛开展健康向上、丰富多彩的文体活动，活跃干部职工的业余文化生活。分别组织了健步走、乒乓球比赛、跳棋比赛、象棋比赛等活动以及到扶贫点走访慰问和调研活动。二是深入学习习近平总书记陕西榆林考察重要讲话精神，贯彻生态和经济协调发展、人与自然和谐共生理念，落实巩固脱贫攻坚成果与乡村振兴的有效衔接，实现高质量党建引领乡村振兴，持续推动组织优势转化为发展优势，定期组织全体员工深入包联社区开展环境卫生整治活动。

中国邮政集团有限公司河北省滦州市分公司

【年度获得荣誉】 2021年1月25日，政法委及滦河街道办给表彰文件——滦河街道发〔2020〕44号《滦河街道党工委 滦河街道办事处 关于2020年平安建设先进单位和个人的表彰决定》，滦州分公司燕山南大街支局被评为先进单位。2021年1月，中国邮政集团有限公司唐山市分公司、中国邮政集团工会唐山市委员会授予滦州分公司老城支局乡邮投递员陈继艳“2020年度质量创新先进标兵”荣誉称号。2021年6月24日，根据唐山市总工会唐工字〔2021〕10号文件《唐山市总工会关于选树2020年度模范职工之家、模范职工小家、优秀工会工作者、优秀工会积极分子的决定》，授予中国邮政集团工会滦州市委员会“2020年度唐山市“模范职工之家”荣誉称号。2021年6月，总经理师建宝被中国共产党滦州市市直机关委员会评为优秀共产党员。2021年7月，滦州分公司总经理师建宝被评为“优秀党务工作者”；蔡念增被评为“优秀共产党员”。

【邮政设施建设】 一是辖区内设邮政支局（所）15处，支局所对外服务窗口共设有24个，对外服务客户设有ITM柜员一体机8个，存折取款机2个，叫号机9个，补登折机4个；设有ATM取款机具4个，CRS存取款一体机13个，全部24小时对外服务。二是每个乡镇均设有信筒1个，共计13个，各村庄、小区内设有订户信箱共计1216个。三是辖内设有委代办汽车邮路3条，邮路总长度193公里，城市投递段道15条（总长度850公里），农村投递路线30条（单程长度2250公里），邮政生产用汽车27辆，电动三轮车14辆，自有房屋建筑面积6635平方米。

【金融业务】 2021年年末储蓄存款余额12.7亿元；一是与省、市公司同频共振，紧抓跨赛增储。二是统筹安排，做好基础客户提升和价值客户增长，助力储蓄业务持续发展。三是大力发展商户收单业务，拉动金融业务持续发展。通过每月商户活动+日常走访提升商户活跃度，从而增加有效的商户增长，通过活动提升商户的活跃度及与商户的黏合度，拉动金融业务全面发展。四是全力打造第二曲线业务增长，拉动金融业务收入增长。五是代理保险每月分三阶段开展保险竞赛活动，用小目标化解大目标，每天复盘会，形成常态化发展。

【寄递业务】 一是不断提高寄递业务揽投时限。通过增加客户用邮体验，严按规定时限揽、投邮件，树立邮政良好品牌形象。二是努力开拓市场，增加客户储备。通过走访宣传，加大营销力度，今年较去年新增协议大客户5户（日件均500件以上）、协议基础客户27户（日件均50件以上）以及长期散户126户，有效地提升了寄递业务收入规模。三是开展精准营销，实现源头获客。自今年年初，分公司就启动寄递客户大走访、大开发活动，围绕“重点客户抓收入，基础客户抓数量”的发展思路，组建专属营销团队，实施项目制运营，做到因户施策，精准开发。

【邮务类板块】 一是电商分销专业上组织好专项营销，以“两险”业务为抓手、“渠道平台”打造为延展，以线上营销为主，抢抓收入。二是中邮车务与“田军汽车专项修理部”达成合作，为邮政会员提供保养和维修专属服务套餐；通过烟草业务的搭载，开辟了渠道增收的新增长点。三是集邮文传业务公司领导班子高度重视函件旺季营销活动的开展，成立专项营销活动小组，组织专项会议研究产品的营销方案，通过多种形式的营销，实现收入150万元。文传部紧抓时政热点，专门设计、制作疫情防控纪念邮戳、印象滦州主题邮局邮戳、保护母亲河日连体戳等纪念邮戳各一套，集邮组织辛丑年生肖贺岁季活动。对《财富盛典》珍藏邮册的推营销活动。在建党百年之际，通过开发大客户，积极抢订线上邮品等方式，销售邮品。四是报刊业务为更好地完成政务图书计划目标，公司领导专项组织，积极与政府部门沟通，最终成功销售图书《习近平新时代中国特色社会主义思想学习问答》《中国共产党简史》《论中国共产党历史》《毛泽东邓小平江泽民胡锦涛关于中国共产党历史论述摘编》、同时销售《中国共产党章程》4000套，超额完成市公司下达计划指标，为全年报刊收入的完成奠定基础。

【其他重点工作】强化了市分公司经营核心指标考核的推进，强化服务及质量管控，协同各专业进步，提升窗口服务水平，杜绝了客户有理由投诉。2021年度加强普遍服务质量过程管控，加大检查力度，确保揽收、投递及时率达标。

河北东海特钢集团有限公司

河北东海特钢集团有限公司位于河北省滦州市经济开发区，成立于2009年，注册资金21.05亿元，总占地面积4500余亩，员工总数10000余人，是一家集焦化、烧结、白灰、球团、炼铁、炼钢、轧钢、精品冷轧为一体的钢铁联合企业。公司主要生产钢筋混凝土用热轧带肋钢筋和碳素结构钢、优质碳素结构钢、低合金高强度钢、冷轧冲压用中宽带钢及热轧卷板、精品冷轧板材等。

【主要指标完成情况】2021年营业收入481.68亿元，利润23.61亿元，税金15.16亿元。铁、钢、材产量分别为839.16万吨、1041.5万吨、899.11万吨，2021年企业主导产品螺纹钢产量为116.43万吨，带钢产量为782.68万吨。

【创新驱动，开发精品】在新常态经济形势下，在钢铁行业多元化、多角度碰撞的激烈竞争大背景下，公司实施精品战略，不断进行技术创新和产品升级。公司成立了技术中心，建立了品牌培育管理体系和质量控制体系，现已形成产、学、研、销一体的自主创新体系，即以市场为导向，以国家重点科研单位和院校为支撑，积极开展多领域的自主创新活动。2021年公司获得唐山市企业技术中心称号，2021年所属理化实验室已经获得中国合格评定国家认可委员会的认可，取得CNAS实验室证书。与北京科技大学合作开展1580热轧生产线轧钢自动化系统研究并投入运行，卷板产品质量控制水平处于国内领先水平。公司积极瞄准市场，热轧卷板开发了SPHC和SPHD等冷轧用钢，螺纹钢开发了500MPa级高强抗震钢筋等中高端产品。创新体系的建立和创新成果的取得，提高了企业竞争力，为建成技术先进、品种合理、节能高效、生态环保、效益良好、竞争力强、稳定和谐的大型联合钢铁企业插上了腾飞的翅膀，为发展高强、耐腐精品钢材奠定了坚实的基础。“品质是企业的生命，是企业价值的基石”！秉持这一理念，公司坚持走“品种、质量、效益”之路，以优质的产品树立东钢的品牌价值。在已通过质量管理体系认证的基础上，持续改进，严格把控每一道工序、每一个环节，确保产品“零缺陷”。公司成立了产品质量管控中心，将产品质量控制活动贯穿于产品质量形成的全过程，各生产环节都建立了严格的控制、监督和改善机制，各工序质量控制点都有明确的控制目标和控制手段。公司产品质量检测手段达到行业先进水平，配置先进检测设备，保证生产各环节和产品质量检测数据的及时、准确、真实、可靠。“东钢”牌钢筋混凝土用热轧带肋钢筋和盘卷产品获得全国工业产品生产许可证，被河北省质量技术监督局评为优质、名牌产品；带钢被评为“河北省优质产品”；获得中国质量检验协会颁发的“全国冶金行业质量领先品牌”“全国质量检验稳定合格产品”“全国产品和服务质量诚信示范企业”；公司生产的“东钢”牌螺纹钢通过上海期货交易所品牌注册，可作为期货进行交易。优质的产品和完美的服务是东钢集团开拓并稳固市场的制胜法宝，市场满意度始终保持100%。

【转型升级，优化产品结构】公司于2018年3月份开工建设的年产500万吨精品冷轧项目，是2018年河北省重点项目，生产线全部采用国外最先进的技术和装备，引进全套自动化控制系统，采用一体化控制技术和质量一贯制管理模式，生产冷轧薄板、彩涂板、镀锌板、镀锡板、镀铬板等高端产品，不仅广泛应用于汽车、家电、建材、包装等传统领域，而且还能满足光伏、高端建筑、新能源等新兴行业的用钢需求。该冷轧项目采用符合国家产业政策的工艺和装备，立足于节能、低碳、环保，污染物排放指标达到国内最低值，实现清洁生产。同时，以“精品＋规模”作为公司的战略发展思路，通过自动化、数字化、互联网、人工智能等技术实现冷轧产品的“智能制造”。

【打造生态文明、和谐共赢的绿色钢企】安全生产是企业生存与发展的基础。公司始终坚持“安全第一、预防为主、综合治理”的安全生产方针，严格贯彻落实安全生产法律法规，建立健全各项安全规章制度，强化全员安全意识，强化现场监督监管，深化隐患排查整治体系，制度化、标准化、规范化、系统化地推进安全生产管理工作。公司已通过了职业健康安全管理体系认证，建立了安全管理网络，实行制度化、标准化、规范化、系统化，实现了权责明确、责任清晰、管控有效，为安全生产提供了组织保障。“创新、协调、绿色、开放、共享”是我国“十三五”规划经济发展的五大理念，绿色发展被提到前所未有的高度。“美丽中国，绿色东钢”是公司永恒追求的目标，并率先走出了一条绿色和谐健康的发展之路，实现了钢铁企业的超低排放。公司严格遵照《环境保护法》，依法开展环保工作，在大力增加环保设施投入的同时，建立行之有效的环保排放管控体系和废气、废水、废固循环利用体系，下大力量进行厂区硬化、亮化、绿化、美化，着力打造绿色钢企。公司在厂区和生活区内构建立体绿化体系，打造特色景观，建设“花园式”旅游型绿色工厂。依托有利条件建设铁路专用线，实现原料和成品的绿色清洁运输。公司已通过环境管理体系认证；污染物排放已全部达到国家标准和地方限定值。公司全面推行了“7S”管理和清洁生产，建立了现代化污水处理中心，配有先进的超滤+反渗透深度处理技术，污水处理能力为1500t/h，其中深度处理能力达600t/h，污水处理全部达到国家规定的先进指标，满足二次使用要求，实现了废水零排放……

公司严格遵循国家能源发展大趋势，坚持节约、清洁、安全、经济的发展方针，强化能源管理，努力打造循环经济，最大化实现能源的循环再利用。公司组建能源管理中心，利用信息技术对二次能源和动力介质进行统一调度和指挥，能源利用达到最优化。公司新建的焦化干法熄焦（CDQ）项目，每年可减少熄焦耗水54万吨。建设钢渣处理生产线，回收转炉尘泥、氧化铁皮等废弃物用于烧结生产，提高固体废弃物的循环利用水平；建造2座8万立方米威金斯式煤气贮柜，实现了转炉煤气（LDG）的有效回收。2017年6月始，把高炉冲渣水余热全部供给滦州新城区居民冬季供暖，供热面积可达280多万平方米。

公司努力建设生态、绿色、旅游观光型钢铁示范企业，并带动建设宜居、宜业的特色城镇化建设，让企业员工和当地老百姓充分感受到绿色钢企带来的活力、幸福。

文化是企业的灵魂。公司始终秉持“提高效益、创造财富、惠泽员工、回馈社会”的企业宗旨，坚持“创新、效率、诚信、共赢”企业精神，引一流人才，争一流指标，创一流效益，建一流企业，追求卓越，创新发展，高效服务于京津冀协同发展和“一带一路”的经济发展战略。“德才识人、人尽其才、绩效用人”是东钢集团行之有效的选人、育人、用人、留人机制中总结出的人才观。公司推崇以人为本的用人理念，即尊重人的需要、培养人的能力、激励人的进步、成就人的价值，着力培养一支具有团队意识、良好个人品质、卓越专业素养，既富有活力又富于创造的员工队伍。公司非常重视每一位员工的工作和生活环境，创建了整洁、优美、舒适的办公楼、培训中心、文化展馆、员工阅览室、员工餐厅、职工公寓、招待会所及文体活动中心等，经常开展篮球、乒乓球比赛和安全知识竞赛、演讲比赛、主题征文等文体活动，以此展现员工特长与才能，使员工充分感受到“家”的温馨氛围，使员工在东钢集团工作和生活感到安心、放心、舒心。每一位员工也用满腔热情、执着奉献回报公司，达到了企业与员工的和谐共赢。

公司已成为中国钢铁工业协会理事单位；河北省冶金行业协会副会长单位；荣获河北省农业银行AAA级信用单位、市政府授予“守合同、重信用”先进单位；被市环保局评为“环境达标”先进企业；被市工信局评为“节能先进企业”“精神文明建设先进单位”；被市委、市政府评为“文明建设先进单位”；连续六年被唐山市安委会评为“唐山市安全生产先进单位”；被市统战部、工商联合总会评为“十佳转型升级企业”；连续六年被县委、县政府评为（授予）“强县富民先进企业”“卓越功勋奖”“振兴滦县立功竞赛卓越贡献奖”“文明单位标兵”等各项荣誉称号。

“和社会一同成长，回馈社会”是东海特钢的宗旨。公司始终真诚履行社会责任，热心回馈社会，资助社会公益事业。多年来，公司向慈善协会捐款用于扶贫济困；向地震灾区捐资捐物帮助受灾人民渡过难关；捐建公众设施和捐资助学支持当地社区建设和教育事业……

滴水无以汇大海，尺土难以聚仞峰。公司成长与壮大，得益于各级政府和社会各界同仁的鼎力相助。面向未来的东海特钢，将一如既往地坚持“提高效益、惠泽员工、创造财富、回馈社会”的企业宗旨，本着“创新、效率、诚信、共赢”的企业精神，创新驱动，科学发展，管理治企，环保净企，安全护企，文化促企，努力做大，做强，做久，打造百年钢铁基业。

司家营铁矿

2021年，司家营铁矿以习近平新时代中国特色社会主义思想为指引，深入贯彻落实集团和公司的各项要求，强化管理创新和科技创新双驱动，突出保矿石供应、保产销均衡、保综合效益，全力突破生产经营制约瓶颈，打造高效有序绿色安全矿山，为公司实现转型发展新跨越和“十四五”规划开局之年做出了应有贡献。

【谋划生产，持续顺行】一是统筹规划采场布局，保证矿石稳定供应。加快边帮靠界速度，东帮二三标已完成-112米水平靠界，东帮矿体已全面揭露，基本具备长期稳定供矿条件，当前月供矿占比在60%以上。二是实施选矿短平快项目工艺技术改造，实现增产降本。完成司家营原生矿湿式预选原振筛设备升级，完成司家营精螺精矿筛前增加磁选改造，实现增产提产。三是增强服务客户理念，确保实现产销平衡。过低品精粉“订单化”模式组织生产，成功将低品精粉销至浙江、山东、江苏等省外市场。

【安全发展，筑牢基石】一是以安全风险再辨识、隐患排查再提升为抓手，全面组织学习习近平总书记关于安全生产重要论述和新安全生产法，完成全员安全生产责任制与岗位安全操作规程修订。二是深刻吸取内外部事故教训，制定大排查大整治行动方案，以消除习惯性违章为目的组织开展交叉检查及专业检查，提升安全工作整体水平。三是针对汛期降雨量较大的情况，有针对性地制定防洪防汛方案，确保了汛期的安全生产。四是持续加强外委单位管理，从基础管理入手，通过选定两家试点单位带动全部外委单位的方式，全面提升了外委单位的安全基础管理水平。

【绿色发展，打造名片】一是制定重点工作推进清单组织开展绩效评级工作，现已通过唐山市环保局验收，并按照计划做好相关工作推进，确保通过省厅验收，进而减少重污染天气对司家营铁矿生产的影响。二是通过不断开展环保建设提升工作，司家营可绿化率达100%，取得了环境与能源管理体系双认证，被授予“绿色矿山突出贡献奖”“全国绿色高质量发展二十佳矿山”等荣誉称号，于2021年12月初，以优异成绩入选绿色矿山名录。三是制定环境卫生网格化管理体系，编制生态环境保护体系与全员岗位生态环保技术操作规程，进一步提升内在潜力，在生产作业区域安装技术监控设施等提升硬件实力，并加大生态环保自查逐步提升基础管理水平。

【设备管理，保障生产】一是组织开展设备“见本色”活动，全面提升设备基础管理，降低设备故障发生率，全年设备可开动率达到98.38%。二是通过持续优化完善“特种设备双控机制建设”，加强特种设备管理人员安全意识。全年组织矿级设备联查85次，发现整改问题915项。三是全面推动机旁库降库工作，实现降库465.76万元，超出目标90.76万元。

【科技创新，助推发展】一是以实现科技创新创效为目标，积极组织工程技术人员共计开展科技创新立项26项，已完成《露天采场边坡安全监测系统技术研究与应用》等3项技术攻关课题，《优化采矿工艺与提产降本的研究与应用》等4项课题，司家营铁矿科技成效项目均按计划稳步推进。二是组织申报科技成果及专利各30项，获中国冶金矿山企业协会科学技术三等奖2项，获河北冶金科学技术三等奖1项；获国家专利局授权16项，受理8项；组织申报QC成果9项，其中获河北省冶金行业协会QC成果一等奖1项，获二等奖8项。

【强化管理，助力发展】一是通过建立健全合规管理体系，实现对合规风险的有效评估和应对，努力提升依法治企能力和合规管理能力，筑牢合规经营的思想基础。二是持续加强制度体系建设，通过制度的不断完善优化提升工作规范性及高效性。2021年共计梳理公司级制度145个、部门级制度166个。现行制度共311个，其中新增制度26个，废止2个，修订31个。三是组织开展作业区基础管理季度亮牌评比和“三项提升”活动，从基础管理入手，明确目标，压实责任，并将活动开展结果进行总结评比，效果提升显著。

【党建提升，保驾护航】一是紧密围绕生产经营提产创效中心工作，积极发挥把方向、管大局、促落实重要作用，结合迎庆建党100周年系列活动，以党史学习教育和党建品牌创建两条主线为基础，以巩固拓展星级党支部建设为重点，全面加强党的建设各项工作。二是将“强一流党建、育一流党员、创一流业绩、促一流发展”四个一党建工作理念贯穿始终，党组织战斗堡垒更加坚实，党员先锋模范作用发挥更加凸显，党风廉政建设更加完善，群团组织纽带更加紧密，广泛凝聚了矿山建设发展精神合力。三是全面落实上级党委安排部署，积极打造“5+1+N”开展模式，坚持“严”标准、探索“新”形式、务求“实”效果，在党史学习教育中激发矿山建设新动能。四是严格落实党委重大事项前置研究讨论程序，按照国企改革三年行动方案要求，进一步理清了党委会、董事会、经理层的权责关系，形成“三重一大”事项议事决策清单，充分发挥“把方向、管大局、保落实”的领导作用。

镇街工作

滦城街道

2021年，滦城街道按照市委“1395”工作思路，持续实施“126”发展战略，全面唱响“迈开大步、走在前列”主旋律，全街呈现出经济运行稳中有进、社会大局和谐稳定、政治生态风清气正的良好局面。

该街道荣获“河北省第七次全国人口普查先进集体”“唐山市先进基层党组织”荣誉称号；前明碑村获得唐山市农村综合改革示范村项目第一名；杨家院村获批河北省“革命老区振兴发展示范村”；于家洼村被评为河北省农业产业“一村一品”示范村；老干部骆宗明被评为“河北省优秀党务工作者”；范庄村被民政部确认为“全国村级议事协商创新实验试点单位”、百信花生种植专业合作社获得“全国星级基层农技推广机构和星级农业科技社会化服务组织”的“国”字号荣誉。

【经济实力持续增强】全年完成公财收入6.21亿元、社会固定资产投资24.1亿元、零散税收730万元，新增规上企业4家，各项经济指标增幅均居全市前列。抢抓京津冀协同发展重大机遇，投资7675万元的晟琛建材有限公司项目开工建设，全年落地途远车业等项目10家，成功签约投资3亿元的腾达汽贸商用车配件、整车仓储物流中心项目，3天完成20余亩征拆工作，解决铸城集团的建设问题。

【项目建设提速提质】投资60余万的陈庄、杨家院、邹家洼移民工程落地落实；连续3年获批的前周“300万农村综合改革示范村”项目全面竣工；投资583万的小横山营、热庄子、沈二革命老区乡村道路及饮水安全工程高质量完成，解决了困扰群众多年的吃水和出行问题。同时，停滞10年的西双平改进场施工；涉及71亩的污水管线、供水管网工程，83亩的清水润城，32亩的滦张路改建、40亩的电力线路改建、88亩的滦古路拓宽、233亩的天福道西延、建华路南延城区道路建设，632亩的赤曹国道、785亩的北区以及888亩的唐秦高速征占地工作顺利推进，全年征占地3000余亩，再创历年新高。

【乡村振兴成果丰硕】一是持续开展全域环境卫生集中治理。共处置垃圾近11万立方米，拆除私搭乱建、残垣断壁等3000余处，修建水泥路15.7万平方米、沥青路25.8万平方米，铺设S砖18.6万平方米，立面改造6万平方米，在全市卫生拉练活动中连续3次排名第一，获市奖补资金27万元。特别是毛庄村集中拆除私搭乱建238处、清理废墟10000立方米，开创了村庄建设新局面。二是狠抓村庄基础设施建设。投资27万元在27个村建设的高标准水冲厕所投入使用；投资100万元在邸庄、马庄户等10个村的“一事一议”项目全部完工；投资142万的八里桥等村自来水工程顺利收尾；投资520万的沈官营高标准农田改造建成见效。同时，投资200万建成东坨、小徐占地3000平方米的文化休闲广场，投资390万建设后周党群服务中心工程，为农村建设城市化探索了新路子；总投资296万的高官营、杨家院革命老区建设项目获批。三是发展壮大村级集体经济。田庄子、前明碑、陈庄、姚庄、后佘集体项目成功发包，每年为集体创收50万元；筹资100万的菱角山、邹家洼温室大棚项目、投资160万的西高坎市场综合改造项目实现当年完工并发包，每年为集体创收38.6万元；总投资330万元的前周农村合作社、花果庄、张坎沿街门市、半碑店大棚项目均已完工并具备发包条件；投资120万的小山门市主体完工，沿平青大、205沿线两条经济发展示范带辐射作用更加突出。全年招投标159次，涉及资金1284.1万元，节约资金50.1万元。范庄以党支部为引领，建设农业合作社的运营模式得到时任河北省委常委、唐山市委书记张古江的充分肯定。涉及30个村投资1500万的农村综合改革项目获批，连续4年获得全省唯一。

【民生事业深入人心】一是疫情防控有序有力。坚决落实习近平总书记关于疫情防控的重要指示精神和省市委决策部署，扎实推进疫苗接种、全民核酸检测演练、防控物资储备、冷链食品全领域检测等各项防控工作，12月底完成12周岁以上人群两针剂接种58235人，三针剂接种28050人，接种人数全市第一。二是脱贫攻坚成效显著。坚持脱贫与防贫两手抓，105户贫困户比上年人均收入增加8.25%，均无返贫风险；强化落实防返贫动态监测和帮扶机制，有效防范了新的贫困户产生。12月代表滦州市接受河北省巩固脱贫攻坚成果领导小组评估验收。三是防范化解风险扎实有效。坚持守土有责、履职尽责，做好极端天气下溯河、横河防汛安全；完成翻建8户、加固192户的抗震房改造工程，《农村抗震房改造圆群众“安居梦”》的典型经验被新华社报道，切实保障了人民群众的生命财产安全。四是社会事业全面发展。养老保险扩面278人，完成任务的185%；完成城乡居民医疗保险51835人，征缴进度全市第一；为教育投入近100万元，是历年新高；10名优秀青年光荣入伍，11人次获得喜报，极大地增强了全社会爱国情怀；为农民工欠薪立案31起，讨薪415.45万元；率先开展个体工商户执照办理893件；投资69.6万元对45个村卫生室完成修缮和重建，各项社会事业得到普遍提升。

【环境保护持续加力】一是在治标上下功夫。在石门山、纸马山完成荒山绿化110亩，村庄绿化562亩；筹集475万元对科技局周边8个村修路53000平方米，完成平青大、205国道路口11000平方米硬化任务，减少扬尘污染源头；完成2909吨型煤订购配发工作，减少二氧化硫排放，实现清洁取暖全覆盖。二是在治本上敲重锤。全年实施集中行动10次，拆除唐秦高速沿线、东高坎、沈官营、贾官营等地违建51处、78000平方米，有力保障了省市重点交通项目顺利实施，同时，为解决城市拥堵、降低PM2.5做出积极贡献。三是在结果上见实效。完成企业卫片执法整改图斑9个、恢复耕地159亩，加快清除散乱污企业滋生土壤；成立科技局环保专班，对域内企业实施网格化管理，严格落实省市15次企业停限产要求，整改违反规定企业35家；高标准推进10余处矿山整治、修复、停车厂治理工作；持续推进秸秆禁烧，全年处罚25人次、罚款27000元，环境违法行为得到明显扭转。

【社会治理升级加力】一是狠抓信访维稳工作。认真落实领导包案化解、带头接访制度，全年累计化解老案积案9件，成功劝返进京6人次，训诫16人次，行政拘留6人次；坚决果断的对毛庄集资楼问题给予定性答复，有效遏制了缠访闹访歪风邪气，实现新增信访案件为“零”的目标，超过历史最好水平。二是狠抓社会综合治理。实施社会治安防控网格化管理，扎实做好公共安全和社会矛盾纠纷排查化解，依法解决东高坎、西坨拆除违建案件和小横山营淹地事件，街道依法行政能力显著提高；常态化开展扫黑除恶斗争，防范打击各类犯罪；圆满完成暑期安保工作，进一步形成齐抓共管的强大合力。三是狠抓安全生产和食品药品安全工作。认真落实“党政同责、一岗双责”安全生产责任制，加大对辖区内非煤矿山、钢铁企业、烟花爆竹存储销售的监管力度；多次代表滦州市完成省、市食品安全检查工作，获得各级领导肯定。

【党的建设全面加强】一是抓换届，加强基层组织建设。坚持党管换届，首次实现 100% 村党组织书记、村主任“一肩挑”，各项换届指标综合排名全市第一；提升阵地建设，以杨家院、前后周、东西甄等为核心的城区南部党建示范区的引领作用更加突出。二是树形象，加强意识形态建设。扎实开展党史学习教育，举办“我为群众办实事”“庆祝建党百年”系列活动，MV 作品“唱支山歌给党听”被河北省总工会评为“最佳作品奖”；坚持落实“三会一课”“主题党日”“组织生活会”制度，在新华社、学习强国等省级以上媒体刊发《村级综合服务站，服务群众“心贴心”》《强化阵地建设，夯实党建基础》等稿件 86 篇，滦城“好声音”传遍全国。三是立规矩，加强党风廉政建设。坚决落实基层党建工作责任制，做好巡视“后半篇文章”，完善并执行《2021 年度村干部考核管理办法》，管党治党责任体系更加完善；驰而不息正风肃纪，全年处分违纪党员 26 人，其中党内严重警告 9 人，开除党籍 2 人；对履职不利的村干部停职 4 人、免职 5 人，进一步营造了崇廉尚实的社会环境和用人导向。

榛子镇

2021年，榛子镇紧紧围绕市委“现代中等城市、全国百强滦州”的战略目标，强力落实市委提出的“1395”工作思路，以“京东福地、最美古镇”为主题，奋力推动各项工作在高质量发展中迈开大步、走在前列。

【推动镇域经济稳步发展】全年公共财政预算收入完成3056万元，比上年增长0.13%；非税收入完成80.11万元，完成率100.14%，完成固定资产投资10.94亿元，比上年增长0.7%，人民群众生活水平稳步提高。

【狠抓美丽乡村建设】一是全面提升人居环境。按照“硬化、净化、亮化、绿化、美化”的“五化”标准，点、线、面持续发力，推进农村人居环境整治向纵深发展，绘就最美古镇蓝图。对全镇61个村人居环境进行高标准打造提升，新建高标准村级公园6个，文化广场21个，村标、门楼18个，党建标识134个，景观节点11处，安装路灯760盏，景观灯笼530对。制定村规民约，打造文明乡风，创建美丽庭院、评选最美家庭，实现全域镇容村貌整体提标。二是强力打造精品路网。以朱官营、大岗上、晒甲岭为中轴，栽种特色花卉，串景成链，精细化打造精品观光路，打造“中轴样本”。以于家营、葛庄、宋家峪、椅子山、吴庄子、大贺庄子为环线，打造精品绿化带，成为串联党建示范区、亮点村庄、重要节点的精品路线，打造“环线纽带”。全年投资1580万元进行新路修建，修建G102至榛子镇连村路7条线，共计23.7公里，打造古镇二环线。61个村主要街道改造扫尾，硬化面积10万平方米，形成了覆盖全镇村级的五纵五横、贯通城乡的古镇路网。对旧路进行提升，高铁辅道、村庄连接路、102国道、迁曹公路线两侧进行景观提升，绿化面积22000余平方米，做到春、夏、秋、冬四季融合。三是突出典型示范片区。投资1000余万元打造水韵荷香省级乡村振兴示范片区，精雕细琢榛阳门荷花池景观公园、高铁桥下游园、唐王雕塑、榛子岭等别具特色的景观节点。同时匠心打造25个精品村级观摩点，形成了处处有景观、处处有景点的乡村振兴示范区。榛子镇的乡村振兴工作取得的成效也得到了省政协副主席、唐山市委书记张古江，唐山市长田国良和其他市四大班子领导的赞赏及省农业农村厅、省水利厅领导的认可，县级领导参观调研及兄弟单位交流学习120多场4000多人次，均对榛子镇乡村振兴工作给予了高度的评价和赞誉。

【**促进产业转型升级**】一是大力发展农业产业。持续优化升级南新庄子村薯炕育秧、椅子山村薯类深加工项目、榛子镇豆片制作等农业产业化项目，产品远销京津冀地区和东北三省，打响了“杉荷小镇”“龙湾河”“双全”“忆雪”等独具特色的榛子镇农产品品牌。二是有力推动工业转型。以新型高端优质项目支撑调旧育新，唐山中首铸造产业有限公司新型建材产业园项目建成投产，东方希望集团有限公司滦州现代养殖产业基地项目完成基建，利丰铸造技改项目争创B级企业，实现工业企业转型升级。三是大力发展旅游服务业，充分利用邻近市区的地缘优势，因镇制宜、因村施策，依托现有的千亩红豆杉基地、千亩荷塘和示范区景观资源，大力发展乡村游。2021年十一黄金假期共接待游客500余人次，使美丽乡村成为“旅游打卡地”。

【**抓好项目建设**】聚焦聚力招引大项目、好项目落户榛子镇，积极走出去、请进来，打好产业招商、以商招商、精准招商“组合拳”，开展招商引资活动41次，涉及机械加工、农产品加工、服装生产加工等方面。滦州市斯桦美制衣生产项目建成生产，产品远销澳大利亚、意大利等国，唐山兴隆钢铁有限公司110吨电炉特钢项目、唐山中首铸造产业有限公司新型建材产业园项目成功签约。

【**修复生态环境**】开展治山治水治气一体化行动，加强矿山生态修复，完成3处矿山基地综合治理，荒山绿化造林186亩。大力推进清水润城工程，开展龙湾河、管河河道治理，清运河道垃圾152立方米。深度治理水源地保护区交办问题，清理保护区内养殖户59户、企业料场大院45户；修复围挡75处，设置口门37处。

【**防治大气污染**】使用“技防+人防”模式，开展全域巡查。严格落实重污染天气应急响应，重拳打击“散乱污”企业，对重点行业、重点企业做到六必查（必查料、必查电、必查声、必查亮、必查气、必查尘）。全面开展102国道、迁曹公路线两侧扬尘治理专项行动，硬化路面5300平方米。下大力度打击“三禁一烧”行为，共问责处理77人次，收缴散煤36吨，罚款24924元。2021年全镇空气质量综合指数4.98，比上年下降6.65%；PM2.5浓度42μg/m³，比上年下降56%，未发生过重大水污染、土壤污染问题。

【**落实惠民工程**】（一）文化教育。优化教育资源配置，改造提升15所农村中小学教育教学质量，落实“双减”政策，中小学课后延时服务实现全覆盖，扎实推进教育事业持续发展。（二）社会保障。养老、医疗、失业等社会保险扩面提标，城镇农村低保依规办理，现有城镇低保43户62人，农村低保297户526人，特困供养人员353人，资金全部落实到位，违规低保资金全部追缴到位。残疾人生活补贴、护理补贴、高龄老人补贴、孤儿待遇人员补贴按时发放。（三）脱贫攻坚。与乡村振兴有效衔接，高质量完成河北省巩固脱贫成果后评估。农村抗震房改造加固翻建完成289户，超任务26户，全部解决建档立卡脱贫户住房安全问题。落实产业扶贫资金900万元，开发困难人员公益性岗位61个，实现产业扶贫全覆盖，全镇未发生返贫现象。（四）疫情防控。对61个村（居）和4个住宅小区进行全面排查，密切关注中高低风险区及出入境返乡人员，实时把握重点人群的信息动态，摸排来榛返榛人员4500余人次，集中隔离返榛人员219人次，居家健康监测391人次。全面严格落实“五包一”责任，每周组织33类重点人群核酸检测，加大冷链食品排查力度，确保疫情防控“零死角、零盲区、零疏漏”。疫苗接种工作坚持“知情自愿，应打尽打”的原则，疫苗接种走在全市前列。（五）安全防线。一是安全生产。扎实推进安全生产专项整治三年行动，61个村、31家企业、10个加油站、20所学校全部签订了安全生产责任状，提升辖区单位安全生产意识。对沿街商铺消防安全、“两客一危”企业、矿山生产安全、特种设备安全隐患等重点问题日常巡查、循环抽查、回头检查，确保所有安全隐患全部整改到位。二是铁路安全。在铁路沿线重点区域安装高清摄像头，实施24小时全方位监控，共整治消除铁路安全隐患点位296处，确保了铁路安全持续稳定。开展暑期安保工作，实行24小时巡逻，及时清除铁路沿线危树，加固彩钢瓦，清理涵洞积水，消除隐患，对重点人员采取全天候“五包一”管控，确保平安度过暑期。（六）厕所改造。不断加大改厕工作力度，做到应改尽改。新建卫生户厕484座，新建高标准公厕7座和标准公厕45座，解决了群众公共场所如厕难问题。（七）清洁取暖。大力宣传推广使用安全洁净型煤，完成洁净型煤订购配送18814.1吨，落实网格化管理，镇、村干部齐上阵，通过全面排查、重点抽查等方式，加大散煤清零巡查力度，确保不出问题。（八）殡葬改革。利用线上线下相结合的方式全方位宣传引导群众树立文明殡葬风气，明确奖惩措施，压实殡葬改革主体责任，加强与计生、社保、派出所之间的数据共享，自查比对人员去世及火化情况。自2021年11月份开展殡葬改革工作以来，榛子镇逝者火化率100%。

【党建引领乡村振兴】一是激活基层党组织。把基层农村工作一线作为练兵场，全面提升“领头羊”综合素质。大力加强党群服务中心和村民广场硬件建设，把党群服务中心建成服务群众的区域性党建综合体，全力打造宣传群众、关心群众、服务群众的最后一公里。通过开展庆祝建党100周年“学党史、七促进”特色活动，组织“小马扎、红马甲、大喇叭”进农村等活动28次，“我为群众办实事”125件，镇村干部工作有干劲有激情。二是壮大村集体经济。深入实施集体经济强村工程，用活“党建+土地流转服务”“党建+盘活资产”“党建+财政扶持”“党建+村企共建”“党建+合作社”“党建+品牌商标”“党建+电商经营”七种“强筋壮骨”模式，因村施策，不断发展壮大村级集体经济。年初大岗上村临街商品房，成功对外承包，为村集体增加10万元的收入，2021年共计7个村成功申报财政扶持壮大村集体经济项目。三是打造党建示范区。依托村级公园、广场、长廊等，树立党建地标、融入党建元素，把红色“小阵地”打造成党建“大课堂”，全面唱响“古镇新风党旗红”主旋律，让党的建设持续深入基层、贴近群众，不断提高参与度、扩大覆盖面、增强认同感。以“党建+人居环境整治”“党建+乡村治理”“党建+美丽庭院”等一揽子举措激活古镇区、新镇区和现代工业区的党建资源，精心打造椅子山村、狼窝铺村等党建先行示范村，持续提升基层党建品牌质量，引领打造出贯通全镇的基层党建示范区。

响嘡街道

2021年以来，响堂街道以深入开展“党史学习教育”为契机，以市委“1395”工作思路为指引，统筹经济社会发展和疫情防控，扎实推进各项工作，拼搏实干，锐意进取，镇域经济社会民生各项事业均取得新进展、新成效。

【主要经济指标完成情况】2021年累计完成全部财政收入47261万元，零散税完成22.8万元，城镇土地使用税完成2161万元，非税收入完成89万元。完成全社会固定资产投资14.1亿元。新增及复审科技型中小企业9家，新增规上服务业企业1家，新增规上工业企业1家，圆满完成各项年度目标任务。

【疫情防控】一是强化政治担当。始终站在讲政治的高度，扎实开展疫情防控工作，累计组织召开疫情防控专题会议60余次，制发防疫文件11余个。以“四级联包”机制为有效抓手，深入开展“疫情防控党旗红”活动，全面加强党委对疫情防控工作的坚强领导。二是激发榜样力量。组建“志愿者巡逻队”21支、115人，在宣传政策、维护秩序、疫苗发动等方面发挥了积极作用，疫情防控取得决定性胜利，牢牢守住了全镇净土。三是精准有序推进疫苗接种工作。始终站在讲政治的高度，将疫苗接种工作当成疫情防控头等大事，成立由“一把手”任组长的工作专班，依托镇村“四级联包”机制，健全组织，强化领导，精准发动，有序实施，全街道接种率达90%以上，确保适龄人群“应接尽接”，全力筑牢全民免疫坚固防线。

【项目建设】一是在招商上发力。2021年共有重点建设项目4个：1.总投资9432万元的滦州市达瑞事业有限公司年产300万吨精品骨料项目1-11月份累计完成投资5000万元，目前土建基础建设已基本完成。2.投资8700万元的研山铁矿选矿改造及补水工程（精粉管道输送）计划2022年8月开工，目前初设及施工图设计已完成。3.投资8000万元的司家营铁矿选厂红改磁项目（3、4两个系列）计划2022年10月开工，目前正在进行初设。4.投资12.78亿元的研山铁矿第二尾矿库项目已获批河北省重点项目，完成省发改备案，目前正在进行初设。二是在配合全市重点项目上尽力。1、唐秦高速征占地工作。唐秦高速公路共涉及该街道5个村，285户，其中涉及住宅、养殖场等建筑物24处，共计222.477亩土地。截至目前我街道已对24处建筑全部拆除并清运到位，协议签订完成率达到96%，全市排名前列。2、水源输送管道工程，水源井管道是我市一项重点工程，该工程的70%的工程量在我街道境内，由于涉及村庄多，地形地貌复杂，征占地工作难度非常大，该街道主要领导多次调度，现场办公，现已完成征收工作。

【社会治理】一是持续优化基层治理体系。以依法治市和争创全国社会治安综合治理先进市为抓手，将社会维稳工作与矛盾纠纷调解、扫黑除恶专项斗争、退役军人服务有机结合，紧盯重要节点、重点人群，采取老案积案定责任人、定办结时限，新案急案高效办理、抓难点细节的办法，全力做好重要时期信访安全保障。二是倾心倾力化解信访案件。信访系统办结70件，年初省委巡视组信访举报转办案件18件已查清办结，专项市级领导包联案件3件均息诉，第二批国家重复治理案件7件并已全部签订息诉保证书。以全市“大接访”活动为契机，积极化解了一批老案、积案，信访稳定形势持续向好。三是充分发挥人民调解作用。定期开展矛盾纠纷排查活动，针对矛盾纠纷及早介入，萌芽化解，年内累计排查矛盾纠纷23件，化解率100%。顺利组建新一届人民调解委员会，充分利用“云课堂”在线学习方式，不断提升镇村两级调解员的专业水平。四是深入开展普法宣传。通过IP广播、条幅、明白纸、入户宣传等多种形式，大力宣传《民法典》《宪法》《调解法》、反诈骗等法律知识，认真开展“国家安全法的宣传活动”，累计开展各类教育宣传4次，发放宣传资料5400份，法制氛围不断浓厚。五是提升应急安全。全年按照省市关于安全生产工作要求，结合安全生产专项整治三年行动、“防风险、除隐患、保安全”专项行动、暑期汛期及冬季安全生产、“双控”机制建设、安全生产隐患排查整治和执法检查专项行动等各项工作，强化企业自查、街道办应急办定期、不间断巡查，加强《新安全生产法》宣传学习，组织知识测试，切实树牢安全生产意识，压实安全生产工作责任，筑牢安全生产坚实屏障。

【生态环境】（一）是多措并举，全面投入“环保百日攻坚战”。一是持续抓好砂石骨料企业整治提升工作。2021年，该街道严格按照《滦州市机制砂石行业治理提升工作实施方案》要求，细化工作举措，秉承“整改规范一批、手续补办一批、依法关闭一批”的原则对辖区内23家机制砂石行业开展治理提升工作，推动整体行业向着“布局合理、手续完备、规模适度、安全生产、节能环保、绿色生态”的良好目标发展。各企业已累计投资1800余万元，新建厂区内料堆围挡1000余延长米，新硬化地面5000余平方米，新增喷淋150余个。二是持续抓好道路扬尘管控工作。平青大每日过境重载车辆约3万辆。目前此段公路的扬尘治理工作由三方公司负责，该街道负责督导。通过沿线安装的6个高清摄像头，安排专人进行实时监测，发现问题第一时间发送给宏大公司，确保调度及时、精确。制定了平青大线响嘡段公路扬尘及周边环境考核办法，明确扣分标准，每月末由司家营铁矿公司根据考核结果进行扣分罚款。除平青大外，严抓企业与平青大连接线的道路硬化和洒水、限速等抑尘工作，最大限度降低扬尘污染。（二）加大执法力度。一是整合“街道环保所、执法队、村巡逻队、街道无人机”四方巡查力量，本着发现一起，处罚一起，绝不姑息的态势，全年对违法违规生产企业立案处罚40人次、罚款88.8万元。二是露天焚烧问题53件，反馈办结53件，涉及13个行政村，绩效罚款10600元，通报批评13人次。镇域空气指标持续向好。（三）狠抓清洁安全取暖工作。2021年街道完成38个村12078户双代改造之后，仍有7个村为型煤使用村，坚持清洁取暖“全覆盖”原则，扎实推进型煤推广配送工作，累计完成洁净型煤推广1231户，2229.5吨，统一采购配备一氧化碳报警器1800余个，严格落实网格化管理和常态化安全隐患排查制度，发现问题迅速整改，确保群众安全温暖过冬。（四）狠抓河长制工作落实。持续加大对镇域三条河道的巡查整治力度，先后投资24万元实施滦河河道监测设备采购安装工程，投资240余万元实施沟酿河清淤疏浚及垃圾清理工程，切实守住一方净水。（五）狠抓土地整治复垦工作。强力开展土地“非粮化”排查、“撂荒地”排查、“大棚房”集中整治等专项行动，清除违法地块6个，腾出土地50余亩，发现问题坚决整改，坚决守住粮食安全底线。

【乡村振兴】一是高标准推进农村“四化”提升。道路硬化方面，重点支持研山新村、邢里庄等 16 个村铺设沥青路 15 万平方米，有效改善了村民出行环境，得到了基层群众的拥护。村庄亮化方面，更换维修路灯 135 盏。街村绿化方面，完成村庄绿化面积 2.6 万平方米。村庄美化方面，村庄美化粉刷墙体 2.8 万平方米。二是精心谋划实施“补短板”项目。对全街道农业产业进行广泛调查，建立了农业产业发展工作台账。在山西刘庄、任店子、邢里庄推行了“水肥一体化”项目，既节水节电，又提高了单位产量。结合我街道实际，重点支持悦丰牧业、隆升农业合作社、联盛养殖场发展奶牛、肉牛、猪等产业，其中悦丰牧业主要经营进口奶牛隔离培育、进口肉牛育肥，建成标准化养殖牛舍 24 栋，青贮池 4 座，年可出栏量 12000 头，每年实现年度利润 1500 多万元，青贮能力达 2 万吨，直接给农户带来了收益 600 多万元。每年用工 100 多人，为周边农民增加收入 350 多万元。三是扎实推进农村改厕工作。新建公厕 22 座，并对全街道 6741 个户厕进行了 5 次全面摸排，重新完善了工作台账，完成了 568 个问题整改，进一步完善街道村档案，做到一户不落、户户走访，“漏排率”“误排率”清零。四是纵深推进美丽乡村建设。借助全市人居环境整治热潮，因村制宜，确定任务，夯实责任，街道干部一线勘实，一线定位、一线破解难题，村干部真抓实干，点线结合，全面推进，在全市人居环境拉练中，均取得较好成绩。

【民生福祉】一是用足用好保障政策。在全街道33户74名建档立卡贫困人口全部脱贫退出基础上，精准摸排“边缘户”4户，全部纳入防贫台账。全街道现有低保户170户275人，五保户250人，全部落实保障政策，做到“应保尽保”，脱贫攻坚后评估工作取得阶段性成果。二是扎实办好民生实事。2021以来，全镇累计完成农村医疗保险参保30279人，完成养老保险缴费12703人，累计临时救助27人，发放救助金17300元。社会保障体系不断完善。全年完成抗震房改造189户，保障了百姓住房安全，先后多次迎接上级部门考察调研，此项工作在全市排名首位。三是做好退役军人管理服务工作。按照全国村级示范型退役军人服务站创建标准，规范做好山西刘庄村退役军人服务站档案管理工作，得到上级验收组充分肯定。四是提高服务质量，为民解难题。街道行政综合服务中心积极推进“一站式”“一网通办”审批窗口，实行村级代办，特事特办，一般事项“马上就办”“即时即办”原则，截止到年底成功办理发放再生育审批证13个；办理发放林木采伐证10个；办理个体工商户开业登记41户、增补个体营业执照7户、变更个体营业执照9户、注销个体工商户登记13户。办理以放卫生许可证2个、延续1个；为28名拖拉机、联合收割机驾驶证报考人员组档上报。五是全面提升公共文化服务效能。新时代文明实践站、所创建取得新成效。凸显村级服务活动平台，突出志愿服务和讲师团两大特色主题，充分运用“讲、评、帮、乐、庆”五种实践形式，打通宣传群众、教育群众、关心群众、服务群众的“最后一公里”。此外，街道人大工委充分发挥监督作用，武装部完成征兵任务，民族、宗教工作全面加强，工会、共青团、妇联等人民团体充分发挥作用，机关事务、统计、档案等工作都取得了新的成绩。

【党建工作】一是突出主责主业抓党建。坚持用习近平新时代中国特色社会主义思想武装头脑，深入系统推进“党史学习教育”，做到规定动作不走样，自选动作有创新，教育引导广大党员干部学党史、悟思想、办实事、开新局。二是全力打造农村党员日常教育特色品牌。认真落实市委“建党精神融入血脉、初心使命擦亮党徽”活动部署，充分利用老陈营、前迁义、后迁义、东法宝等村级阵地资源，围绕“长征精神”主题，在全市率先打造了农村党员日常教育“一课一堂”特色品牌。今年9月，滦州市打造农村党员日常教育“一课一堂”特色品牌观摩会议在该街道召开。三是突出基层基础抓党建。规范基层阵地建设，圆满完成两委干部换届工作，51个村共选出两委干部246名，书记主任一人兼达到100%，年龄结构、学历水平得到明显优化，为基层堡垒注入了新鲜血液。四是严把党员发展质量。坚持严把标准、严格程序，确保党员发展质量。2021年度该街道三年以上不发展党员村5个，已全部完成党员发展任务。全年发展党员72人，其中35岁以下年轻党员38人，大专以上学历18人，女性11人，按市委组织部各项指标要求圆满完成全年党员发展任务。五是大力发展壮大村级集体经济。坚持把发展壮大农村集体经济作为一项硬任务，不断破解村集体经济增收难题。通过树样板、传经验，培育出了葛田庄鱼坑经济、姜庄村大白菜合作社经济、老陈营大棚经济、研山新村入股分红经济等多种经济发展模式，推动了农村集体经济的全面发展。全街51个村集体经济资金全部达到5万元以上。

【廉政建设】坚持纪在法前，纪严于法，用纪律管住大多数。严肃查处违反党的政治纪律、组织纪律、廉洁纪律、群众纪律、工作纪律和生活纪律的行为，将问题线索反映集中、群众反映强烈的问题线索作为纪律审查重点，一年来，共收到滦州市纪委转交办件39件，其中案管室交办要结果件7件，信访室交办要结果3件、转办25件，七室交办要结果3件，三室函询该街道1件。该街道自收2件。共涉及问题线索19个，其中14个已经了结，5个正在调查之中。2个问题线索转入初核，立案2件，已结案1件，处分2人，另外1件仍在初核阶段，正在加紧办理。协助市纪委办案3起。在日常审查中，“严”字当头，不断严格审查程序、审查纪律，纪律审查的规范化水平进一步提升。

东安各庄镇

2021年，东安各庄镇坚持以习近平新时代中国特色社会主义思想为指导，聚焦市委“1395”重点工作任务，聚焦群众反映强烈的突出问题，以“三双”活动为引领，高质高效完成了镇域经济转型、人居环境整治提标、疫情防控常态化、基层党建提质、社会民生保障提档等工作。

【经济指标完成情况】完成固定资产投资14.231亿元，占全年任务的101.65%，完成滦州市重点项目建设4个。完成一般公共预算收入3974万元，占总任务的105.9%，高效完成35万元两金任务。

【项目建设结硕果】广泛搭建对接平台，开展招商活动，推动更多产业转移项目落户东安，不断增强经济发展的实力和后劲。一是推动绿港现代农业争创国家级高新技术企业，发展无土栽培、自动调温科技大棚技术。推进桑园小镇项目，发展休闲观光、桑果产业，辐射22个村庄，近4万村民。二是创新开展债券融资方式，申报2.38亿农资交易市场、仓储物流、康养中心债券项目，已上报省财政厅审核。三是实质推动滦州未来城项目，已完成土地开发方案，取得了59.91亩教育用地指标，正在办理手续，力争2022年开工建设。四是总投资3.25亿元的唐山沃隆实业有限公司及投资3.18亿元唐山亨达东安矿业有限公司环保安全绿色提升改造项目、投资0.85亿元的滦县旭达货物运输有限公司旭达仓储物流项目成功落户，将成为战略性新兴产业的经济增长点。五是多举措培树规上企业，坚持“一月一分析、一季一总结”，加强对重点行业和企业的监测和预判、预警分析。全年，新增规上企业4家，统一录入系统，新增后备培树企业10家。

【三大攻坚见成效】一是聚焦人居环境整治，建“美丽”乡村。单周抽查、双周拉练、季度点评常态化保持机制，并将绿化作为提质提标重要内容打造，累计栽植绿化苗120万棵、绿化树木47万棵，村街绿化率达85%。开展“五边一线”深度整治，纳入了常态化保持范围，路域环境得到改善。推进纳污坑塘、沟渠治理，新增水面2.6万平方米，新增硬化面5.6万平方米。厕所升级改造常抓在手，累计完成改厕1.5万座，水冲式厕所普及率达到80%以上。被唐山市确定为乡村振兴示范片区。二是聚焦大气污染防治，建“幸福”乡村。投资95万元，对空气监测点周边常态化深度整治。开展散煤管控行动，收缴散煤130余吨。全方位督导辖区内63家企业严格落实扬尘管控措施；严格落实重污染天气二级应急响应相关管控要求，对8家预警期间用电量异常企业依法依规处置到位，PM2.5同比下降30%，PM10同比下降20%。三是聚焦道路保畅，建“便捷”乡村。投资5928万元完成道路硬化104万平方米。投资750万元乡道（安孟线）已完成招投标，2022年启动开工。

【疫情防控全覆盖】一是全面摸清重点人员底数。对辖区境外人员45人，省外人员2753人进行滚动排查，实时掌握行动动向，对有返滦意向人员第一时间上报市防空办，并严格落实管控措施，以高效工作跑赢大数据。全年，集中隔离264人，居家监测1268人。二是全面加强外来人员管控。对进出镇域道路设立疫情防控卡点，严格执行24小时值班值守制度，对进入人员严格实行管控办法，从源头上实现了全镇疫情安全稳定。抽调精干力量成立疫情防控督导组，对全镇疫情防控进行常态化督导检查。三是全面落实全民核酸检测。做好镇村全员核酸检测应急物资储备，组织村级全员核酸检测实战演练（现场培训会）6次，不断提升全员核酸检测实战能力。全年，完成现场核算检测53074人次。四是全面构建免疫屏障。“宣传、发动、送站、入户”多线作战，“5+2”“白加黑”全时段作战，党员、机关干部全员作战，共同推动新冠疫苗及加强针接种，共接种第一针47809剂次，接种率89.43%，第三针到期26409人，已接种19377人，接种率73.37%。

【民生保障提档次】一是打造便民服务窗口。对承接的144项行政审批事项，采取“综合窗口”服务模式，通过前台综合受理，后台分类审批，村级服务站高效办结，切实打通群众办事最后一公里。全年，办理再生育许可证75个，个体工商户许可证127个，林木伐木许可证6个，居民医疗保险收缴5524人，居民养老保险收缴20069人，医疗救助（大病二次报销）431人，小额创业贷款审核27人，受理申报就业困难人员补贴23人。二是巩固脱贫攻坚成果。镇村两级干部按照精准防贫标准和程序开展防止返贫动态监测和帮扶工作，将各项政策补贴及时发放到位，坚决守住不发生规模性返贫的底线。现全镇脱困户87户，224人，均有稳定可持续的收入来源，保障了脱贫户的生活需求，无因贫辍学学生，脱贫人口基本医疗保障到位，脱贫人口住房安全保障率达到100%，全部实现了“两不愁三保障”。12月2日，顺利通过省巩固脱贫攻坚成果验收组考核验收。三是优先发展教育事业。深入推进平安校园建设，对安各庄小学、安各庄中学、松树营小学、樊各庄小学校园周边卫生进行治理，拆除违章建筑、铺设水泥路面、规划停车场，对无证经营、占道摆摊、乱停乱放等进行了整顿，有效改变了校园周边环境。持续引导辖区企业与贫困学生开展结对帮扶。帮扶贫困学生390名，结对帮扶资金42万元。加强特色学校建设，增设国学课堂，开展丰富多彩的武术、陶艺、剪纸等文化活动，传承传统技艺，强化传统文化教育。四是全力做好防汛备汛工作。严格制定《防汛抢险应急预案》，成立了4000人的抗洪抢险队、后备队，筹备防汛编织袋3万条，抢险应急车7辆。汛期前对镇域内河道、尾矿库、低洼村、山体村及全域17个鱼塘进行安全检查，补齐了相应安全设施。

【基层党建树品牌】一是强化基层党组织的政治功能。圆满完成“村两委”换届任务，配齐配强了村支部书记，100%实现“一人兼”，100%按指数完成换届选举，未发生到市赴省进京访事件。二是强化基层党组织的经济功能。推广“党组织+合作社+农户”模式，完成10个市级农业合作社、2个唐山市农业产业化龙头企业党组织建设，天申蔬果、三山院蓝莓、盛禾畜牧等企业增收3000余万元，受益群众1600余户。三是强化基层党组织的服务功能。探索推进村庄联建模式，完成铁局寨村六心联创项目和无税庄联建联创项目。如期完成北李各庄村后进村转化工作，27天完成以钢结构为主体的“抗震村委会”建设。四是强化基层党组织的治理功能。探索构建“大调解”工作体系，完善了信访维稳责任体系，息诉罢访21人，打击处理18人，其中刑事拘留1人。

油榨镇

2021年油榨镇党委政府团结带领全镇各级党组织和广大党员干部群众，不忘初心、砥砺前行，团结实干，拼搏进取，圆满完成上级下达的各项任务指标，全面推进各项工作顺利开展。

【各项经济指标完成情况】油榨镇完成固定资产投资8.6031亿元，占7.5亿任务的114.7%；财税收入544万元，占528万任务的103.03%，圆满完成各项任务。

【疫情防控工作】一是油榨镇时刻绷紧常态化防控这根弦，及时高效完成中高风险地区来滦人员动态排查、核酸检测、疫苗注射等任务，实现“人物同防”工作闭环。妥善处置了两个村密接事件应急处置工作，积累了实战经验。二是全力推进疫苗接种，3周岁以上人群第一针接种31910针，第二针接种32387针，二针接种率达到101.50%，全市排名第二。加强免疫到期接种17287人，全市排名第三。

【重点工程项目】一是重修全长3.9公里的102国道至王官营路段，打造了良好的路域环境。孙薛营至102国道、102国道至郑庄、郑庄至滦河3条路段前期手续完成。二是历时六年的上下康各庄740户2426口人应搬迁户全部搬入新村，基本实现平稳和谐搬迁。

【农业农村工作】一是土地规模经营达到1.2万亩，其中矮生芸豆和豌豆种植面积达到2800亩，烟薯种植面积达3100余亩，年收入可实现1200万元。二是成功推广优质、高产的津优系列稻种1500亩，成为滦州两大水稻产区之一。三是于家河农产品试验示范推广基地，成为推广玉米、花生新品种引领农民增收致富的重要平台，所推广的花生先进品种占全镇种植面积的78%，累计助农增收580万元。

【乡村振兴】一是清理农村生活垃圾60325立方米，清理积存垃圾堆放点304处，清理村内塘沟22处，清理畜禽养殖粪污等农业生产废弃物5003立方米，清理残垣断壁或杂物416处。二是村街道改造提升18个村，道路硬化138348平方米，墙体美化约1万平方米。补发大垃圾桶400余个。三是严格按照保洁员考核办法，每月对镇144名保洁员进行考核，依据考核标准予以奖惩。乡村振兴共10个提升村，建成美丽庭院1325户，精品美丽庭院541户。通过全面综合整治，村容整洁，各村面貌日新月异，村庄的人居环境得到较好的改善，村民得到了实实在在的实惠。

【民生事业】一是加强低保特困人员从严动态管理，根据村级申报及入户调查，今年新增低保8户16人、特困8户8人，因有大额存款、有企业保险、名下有汽车等原因取消低保5户5人、特困24户25人。追缴省委巡视反馈的违规领取低保金人员35人，涉及金额495326元。为418名建档立卡、低保、特困、残疾等重点群体免费代缴养老保险，38460名城乡居民办理了城乡居民医疗保险。高标准通过省巩固脱贫成果后评估验收。二是大力实施农房抗震改造，新建5处、加固187处，完成率100.5%。三是扎实做好退役军人服务保障工作，上康各庄村退役军人服务站被评为“全国示范型退役军人（村）级服务站”。村级新时代文明实践所创建完成31个。四是科、教、文、卫事业取得长足进步，累计投入2000多万元对学校软、硬件建设进行完善，投入1500万元的于家河小学改造提升工程进入开工阶段。

【脱贫防贫工作】油榨镇现有建档立卡户65户142人，全部脱贫，档案资料完备，且脱贫后各户收入稳定，不存在脱贫不稳定户。疫情期间为保障脱贫户生产生活不受影响，镇扶贫办继续密切与脱贫户的联系，积极关注脱贫户的生产生活，对外出就业打工的脱贫户家庭进行重点关注，每周对他们的务工情况进行了解。

【生态环境治理】一是持续督导相关企业环保设备使用、场内洒水、物料苫盖、物料入棚入库等情况。采取日常巡查、举报受理、用电量监测等手段对所有企业落实重污染天气响应跟踪问效。定期巡查已经依法取缔的“散乱污”企业原址，实现“散乱污”企业动态清零。二是落实“三烧一禁”要求，在已有的网格化监管体系基础上，成立散煤管控巡查队，有力防止散煤复燃现象的发生。加大秸秆禁烧和森林防火巡查力度，对16个出现火点村进行了全镇通报，扣罚村干部绩效工资1.5万元。新增“双代”改造工程7个村2853户。

【持续稳定社会治理】一是积极化解信访隐患，全年信访办共接待群众来信来访76起150人次，调解化解率达到96%。加大执法案件查处力度，全年共办理执法案件39件，罚款总数共40.85万元。二是严厉打击河道非法采砂行为，全年共处理6起非法采砂行为，查扣车辆28辆，处罚5起、移交公安机关1起。河道违章建筑燕兴养殖场拆除完毕，长达2年多的遗留问题得到有效解决。三是完成卫片整改60处，巩固了耕地“非农化”“非粮化”整治成果。深化实施殡葬改革，实现了火化率100%的目标。

【基层党建】油榨镇在滦州市委的正确领导下，按照市委“村（社区）两委换届办公室”的统一安排部署，油榨镇党委高度重视，严格执行换届制度，秉持研判摸排精细化、宣传动员广泛化、选举流程规范化的原则，顺利地完成了全镇39个村两委的换届选举工作，党支部选优配强、村委会选强配齐。按职数设置共选举产生新一届村两委干部202人（交叉任职42人），其中，党支部成员123人，村委会成员121人。村党支部书记兼村委会主任39人，100%实现了一人兼，且全部为高中及以上学历。村两委干部年龄严格控制在60周岁以下。保证了每村都配备35周岁以下村两委成员，其中35周岁以下村书记4人。

九百户镇

2021年，九百户镇全面贯彻落实滦州市“1395”工作思路，着力在“打造十个滦州”中找准自身定位，团结依靠各级党组织和广大干部群众，以奋发向上、大有作为的精神状态推动科学发展，朝着建设“现代中等城市、全国百强滦州”目标加速前进，全镇呈现出经济持续快速发展、社会全面进步、人民安居乐业的良好局面。

【经济发展运行概况】2021年，公财收入任务为492万元，全年收入完成756万元，完成全年任务的153.66%，位列全市第三名；固定资产投资任务为8亿元，全年完成投资9.2亿元，完成全年任务的115%，位列全市第三名。

【经济发展稳步向前】一是项目建设呈现良好态势。投资6000万元建设金岭有机肥项目计划总投资8亿元的德祥废钢压块项目建成投产。投资1.2亿元、占地80亩的仓储物流项目已完成前期手续。年产36万吨猪饲料项目已签约，存栏9.5万头的上海东方希望集团现代化养殖场项目已完成基建，计划2022年6月投产。二是结构调整呈现稳中提升。投资5000万元新建开文水泥制品生产线两条，高标准实验室1个。投资3500万元，完成了永旺建材等企业的技改升级。投资662万元，完成了志成等企业的整治提升。三是招商引资呈现稳中向好。充分发挥九百户镇区位及乡贤优势，扬长避短，精准招商，引进产业链上下游项目，实现招商引资效益最大化。重点对接了上海东方希望集团、唐山旭韵新型材料有限公司、山东金坤新能源科技发展有限公司等意向企业。

【乡村振兴焕然一新】一是激发革命老区发展活力。立足团山子村丰富的山地资源优势，发挥革命老区红色精神，投资150余万元打造400平方米农家乐基地，开发小团山，建设成多位一体的红色乡村旅游项目。2021年，团山子村获评省级革命老区振兴发展示范村称号，宜安村荣获唐山市先进基层党组织称号。二是发展壮大村集体经济。积极利用电商网络等平台，打造精品，打响品牌，拓宽山地小米、大葱、红薯等农作物销售渠道，延长产业链，增加农产品附加值，提高农民收入水平。三是注入乡村振兴人才活水。2021年，召开专家人才活动36项，引进各类人才21名，人才工作始终在全市保持“领跑”水平。四是农村人居环境整治扎实推进。多次组织人居环境整治拉练活动，进行垃圾清理、卫生清扫、硬化道路、美化亮化、农村厕所改造提升等深度治理。

【民生事业再上新台阶】一是全力兜住民生保障底线。社会保障水平持续提高，城乡医保、养老保险等社会保险扩面提标，60 周岁以上老人应保尽保，发放各类社会救助 30 余万元，全面落实退役军人安置政策，为 92 名赤脚医生发放养老补助，新增抗震房改造 133 户、双代改造 123 户，发放洁净型煤 11576.2 吨，安装一氧化碳报警器 7900 个，普及率达 100%。二是全面巩固脱贫攻坚成果。2021 年 6 月，建档立卡脱贫户重新与鸡冠山生态产业园、冀滦纸业、蓝贝酒业集团、顺合畜牧 4 家企业签订入股合同，每户每月收益 405.99 元。同时深入开展防贫监测和结对帮扶工作，通过相关部门预警和实际排查等手段，监测返贫、致贫风险。对已有的 1 户边缘户建立工作台账，提供就业帮扶、结对帮扶及产业帮扶。三是切实加强基础设施建设。对沙河沿岸翟各庄、小阚庄、河新庄三个村的漫水桥进行拆除重建，全部采用上跨式钢筋混凝土结构，有力保障了周边 9 个村庄近 10000 名群众出行的安全。在郭各庄村南新建一条长 200 多米、宽 5 米的混凝土排水渠，在郝庄村沿杨柏线两侧新建排水渠 1000 余米，解决了两村 3000 余名群众的庭院内涝问题。打通了永兴庄至杨柏线群众出行的最后一公里，雷王线至柳新庄新修“四好农村路”4.5 公里。革命老区道路改造 1300 平方米，投资 37 万在小阚庄、宋家峪、宜安村铺设 S 砖 10 万余平方米，投资 15 万对大河湾道路进行路硬化 2700 多平方米，进一步优化了镇域道路通行环境，提升道路通行质量。南赵庄子投资 10 万安装路灯 54 盏，宜安村投资 10 万元完善宜安小学教学环境，投资 30 万元为天华中学装修宿舍楼，极大改善了全镇中小学生就学环境。累计投资近 20 万元对九百户卫生院、宜安卫生院漏雨问题进行了修缮；投资 22.1 万元，对 17 个村卫生室进行了提标，解决卫生室漏雨、年久失修等问题。

【生态保护得到新提升】一是生态名片重点打造。以张古江书记、李建忠书记等省市县级领导来我镇调研为契机，持续推进鸡冠山生态产业园项目，累计投资1.7亿，栽植各类生态绿化树种160多万株，绿化荒山1.5万亩，建成了集有机种植、特色养殖、生态恢复、观光旅游和农产品加工为一体，一二三产业融合发展的山区综合开发示范区，先后获得河北省现代农业园区、河北省农业综合开发创新试点等多项殊荣。二是环保突出问题整改持续发力。充分利用智慧滦州指挥中心网络平台进行环保巡查，提高取证能力和工作效率，发现问题及时整改到位。督促企业落实非硬即绿、物料入棚、洒水降尘、设备自检等规范化动作，辖区内企业累计绿化69亩。三是自然资源保护修复深度开展。全年新增荒山绿化面积3745亩，开展矿山治理项目3处，复垦项目4处，同时积极宣传保护野生动物的相关法律法规，共张贴条幅80余条，新设立警示宣传牌5处，发放明白纸1000余张。四是卫片图斑整改全面压实。严格落实国土资源执法检查、每周动态巡查以及违法责任追究制度，对于违法行为发现一起、制止一起、查处一起，坚决守住耕地保护的红线和底线。2021年不定期巡查300余次。

【社会稳定得到新加强】一是加强社会稳定风险防范。信访维稳实现长效管控。严格落实“五包一”包联制度，对突发性事件或群体访事件特事特办。全面系统排查矛盾和隐患，帮助解决群众生产生活中的困难，化解矛盾和问题，最大限度地减少不和谐因素。全年，共排摸不安定因素19件，有效化解19件，化解率100%，镇村两级调委会共受理调处各类矛盾纠纷232件，全年未发生群体性械斗和群体上访案件。护航暑期安全通道，全力做好京哈、津秦、阜水三条铁路线路的护路工作。聘任9名护路队员及选任20名镇级护路小组成员在两会期间、暑期做好护路联防工作。二是加强安全生产风险防范。2021年，全镇共组织开展安全生产大检查和专项治理工作15次，共查出隐患12处，下达整改指令书12份，整改率达到100%，大大提高了安全生产系数，未出现重特大安全生产事故。三是加强自然灾害风险防范。建立“横向到边，纵向到底”自然灾害防御预案体系，提高可操作性和实战性。安装防汛警示牌60块，签订防汛责任书32份，安装山洪灾害警示牌120块，组织山洪灾害以及水库防汛应急演练3次。强化应急、防火、水利、国土等部门协调联动，形成防御合力，做好防大险、救大灾的各项准备。四是筑牢疫情防控安全防线。充分利用网格化排查体系和大数据排查系统加强境内“四类重点人员”及境外人员的摸排工作，并对重点人员建档立卡，以便随时进行健康监测或回滦意向询访。2021年共排查上报境内外来人员1397人，境外回国人员7人次。全镇疫苗接种到位，第二针完成率达到100%，3-11周及12周以上人群接种已基本完成，加强针正在积极推进，接种率已达71.51%，有力保障了生产生活的快速恢复。

【自身建设得到新提高】一是强化思想引领。认真开展党史学习教育，坚持党委理论中心组学习制度，深入开展“大宣讲、大调研、大讨论”活动，镇村干部运用科学理论指导实践、推动工作的能力不断增强。二是健全干部队伍。圆满完成村“两委”换届工作，坚持“党管换届”原则，严把程序关口，打造坚强有力的农村干部队伍。此次选举共产生新一届村“两委”班子成员165人，其中女委员44名，35岁以下成员42名。32个村党组织书记均为高中以上学历，100%实现“一人兼”。书记35周岁以下6人，大专学历及以上15人。党组织书记四类人员占比100%，两委干部退伍军人27人。新一届两委干部充分发挥带头示范作用，提升全体党员干部干事热情。三是夯实基层基础。深入开展党建样板工程创建，计划投入30万元用于后进村转化、村级活动场所规范化建设，正在抓紧打造大河湾、宜安、南赵庄子村3个党建示范村，村级班子凝聚力和战斗力进一步增强。全年发展党员68名，完成40人次组织关系接转，村干部养老保险缴纳37人，核实离任补贴12人次，整顿后进村2个。四是狠抓党风廉政建设。认真落实党风廉政建设“两个责任”，切实把主体责任、监督责任落到实处。坚持把纪律和规矩挺在前面，认真落实中央“八项规定”精神，持之以恒纠正“四风”“懒政怠政”等行为。

雷庄镇

2021年，雷庄镇党委、政府围绕市二次党代会报告和政府工作报告提出的目标任务，高标开启“十四五”发展主旋律，团结带领全镇干部群众，“以党建为统领、以项目促落实、以发展惠民生”，全镇经济社会发展有序推进，为“打造滦州繁荣靓丽西大门”提供了强劲的动力。

【基层党建扎实推进】一是完成村两委换届工作，2021年雷庄镇村两委换届调整农村党支部书记16人，换届后29个村党支部书记中有大专以上学历11人，本村致富能手22人，退役军人5人，村书记平均年龄44岁，同时全部实现至少有1名35周岁以下两委成员，班子结构得到优化。二是实现干部管理精细化，修订《雷庄镇农村干部考核管理办法》，完善农村干部考核管理制度，细化奖惩目标，量化奖惩数值，使雷庄镇的农村两委干部管理工作和十四五时期目标任务更加匹配。三是完成镇党委、政府的换届工作，重新选举了党代表、人大代表和政协委员。召开了中共雷庄镇第二次代表大会和滦州市雷庄镇第二届人民代表大会，成功选举了新一届的党委、政府。四是通过党史学习教育、专题党课、“两优一先”评选表彰等各种活动为庆祝建党100周年献礼。

【疫情防控成效显著】2021年，雷庄镇严格按照滦州市疫情防控决策部署，从严管控来滦返滦人员，准确掌握人员信息，全面落实核酸检测、集中隔离、居家健康监测等措施。一是全镇累计摸排人员10102户，35258人次，摸排外地来滦返滦人员732人，落实集中隔离措施33人，居家健康监测156人。排查境外来滦人员5人，全部落实“14+7+7”管控措施。二是疫苗接种工作，2021年3月开始接种疫苗以来，至12月底，全镇18周岁以上人员新冠疫苗总接种第一剂次27041人，二针剂次26199人，第三剂次17325人。

【项目建设成效显著】一是水曹铁路完成扫尾工作，方便群众出行。赤曹国道完成组卷，雷庄段已具备通车条件。二是首钢滦南马城矿业有限责任公司精矿管道输送项目涉及雷庄镇8个村，管道填埋基本完工。天然气管道项目涉及雷庄镇6个村，已完成4个村的管道填埋。三是清水润城项目涉及雷庄镇4座漫水桥改造及1个橡胶坝建设，目前中新立庄、后张亭子、石佛口村桥体已完工顺利通车，大阚庄村基本完工，正在铺设引道，橡胶坝正按照计划施工建设。四是G205滦州市联合治超站项目占地42亩，已于12月16日正式运营启动。五是镇区生活污水处理工程作为我镇“我为群众办实事”的民心工程，目前污水收集管网已铺设完成，预计2022年建成投入使用。

【乡村振兴纵深发展】一是深入开展农村人居环境整治提升行动，逐排清理、逐排验收，在2020年农村人居环境整治工作的基础上，紧抓街道“两面清、两面净”、督促垃圾定期清运，卫生整治工作中共出动机械设备5000余辆次，清理垃圾2万立方米，粉刷墙壁2万余平方米，绘制文化墙2000余平方米，清理杂物柴草5000余处，清理小广告1000余处；强化农村绿化、亮化、硬化，新增维修路灯500座，新栽树木共计11000余棵，实现村庄绿化面积增加2000余亩，在多个村在之前主街硬化的基础上，对副街进行了道路硬化，截至2021年底共计铺设路面76290平方米，铺设S砖13860平方米。二是大力抓好改厕工作，对雷庄镇12402座厕所进行了登记造册，整改问题厕所整改1237座，验收奖补厕所7314座，超额完成全市下达的改厕任务100座，厕所改造进度全市第一。三是推进农业产业化，以调整农业结构为突破口，大力发展现代农业，现代农产企业实力增强，带动雷庄镇农业增效、农民增收，推动雷庄镇农业和农村经济发展。

【社会事业加快发展】一是全镇城乡居民医疗保险参保总人数为27811人，同时为雷庄镇1823人的特殊人群进行了城乡居民医疗报销代缴。二是全力做好养老保险保费收缴工作，2021年养老保险累计征缴11158人，征缴率95.88%；同时为16-59周岁低保、五保、建档立卡、重残人员等394人做好代缴工作。低保变更坚持每月一报，严格规范低保申请程序，确保把真正困难的群众全部纳入低保范围，2021年雷庄镇享受低保对象234人，月发放低保金90212元；五保对象242人，月发放供养费178254元。残疾人生活补贴对象164人，月发放补贴10824元。80周岁以上高龄老人共802人，共计发放高龄补贴44850元。三是医疗救助193人次，救助金额567363.71元。临时救助231户，发放救助金83630元。

【生态环保整治有力】一是加强企业管控，严格落实管控方案。通过安排镇班子领导分片入企督导管控的方式，强化企业的网格化管理，对镇域内企业开展了多轮次的日常巡查、夜间抽查、重污染天气情况时的停限产检查及其他按上级要求进行的专项环保检查，加强企业日常监管，强化企业环保意识，强化落实监管责任，对发现未落实管控措施的企业进行限电管控，针对上级部门发现的问题进行督导整改。二是强化企业落实环保措施管理。要求现有企业按要求进行改造提升，从生产工艺优化、设备设施升级、环保措施落实等方面进行提标整治，提升企业环保能力，2021年有3家水泥制品行业企业通过提标改造。三是强化“两散一烧”治理工作。综合运用“人防+技防”手段，采取无人机巡查结合常态化巡查、夜间抽查，针对散乱污、散煤治理和秸秆焚烧情况开展摸排，对29个村的所有常住户进行了入户散煤摸排、对疑似“散乱污”大院进院检查和飞检，安排防火员全天巡查，确保“两散一烧”的治理效果，同时加强散煤禁烧和烟花禁放宣传，提升雷庄镇生态品质。另外，镇执法队结合市场监管和公安部门加强源头治理，严查流动售煤摊贩以及流动售煤车辆，依法追究相关人员责任。雷庄镇2021年平均空气综合指数为5.21，同比下降12.58%。

【社会发展和谐稳定】一是信访工作。镇党委、政府将解决信访问题作为首要任务，实行镇领导班子成员每日执勤接待制，发现群众上访及时处理，决不拖延，对一时难以解决的问题，也做好登记，并给上访群众一个明确的答复，按期解决，避免矛盾激化，2021年共接待群众来访并批办127起，办理市长热线291件。受理答复河北省阳光信访工作平台交办信访案件97件，解决群众合理诉求28件，信访量下降。二是执法工作。2021年，雷庄镇综合执法队共开展巡查检查150余次，立案查处非法案件47起，其中查办涉嫌非法取水案29起，关停无证取水井3眼，涉嫌露天焚烧秸秆10起，涉嫌非法取土案件5起，共收缴罚款66.72万元，有效的保障雷庄镇的依法行政工作。

茨榆坨镇

2021年，茨榆坨镇全面落实省、市委决策部署，以加快建设“靓丽宜居、产业兴旺”的经济强镇为目标，团结带领全镇上下，紧紧围绕“1395”工作思路，统筹推进疫情防控和经济社会发展，全镇经济社会发展实现高质量发展。

【深化思想教育工作】一是以深入学习习近平新时代特色社会主义思想和十九大历届全会精神为依托强化理论武装。镇党委把抓好政治理论学习作为思想建设的首要任务，坚持每周学习制度，深入领会学习习近平总书记最新讲话精神，通过集中学习与自我学习相结合的方式，不断提高班子成员的政治理论和业务水平。尤其是十九届六中全会后，镇党委第一时间下发了学习计划、印制了学习资料，通过学习，全镇团结奋斗的共同思想政治基础不断巩固。二是以开展好党史学习教育为契机不断强化思想统一。认真组织开展自学的同时深入组织集中研讨，共发放《论中国共产党史》等指定图书256本，人均4本，全体党员紧紧围绕自学计划安排和“每日一学”内容认真开展自学，做好学习笔记，撰写好学习感悟，均按照要求完成了自学任务。组织开展了专题学习研讨。8月12日，组织召开了专题组织生活会，全体党员按照党史学习教育专题组织生活会相关要求，紧紧围绕个人检视剖析出的问题进行了发言，组织生活会取得了预期效果。三是以全面加强思想舆论阵地建设为契机积极落实意识形态工作责任制。强化组织领导，落实意识形态工作责任制。将意识形态工作纳入党委中心工作，与经济等工作同部署、同落实、同检查、同考核，镇党委班子会、党政班子会多次研究意识形态工作。扎实推进新时代文明实践中心试点建设，坚决守好意识形态“护城河”。强化学习教育，补足精神之钙。采取中心组理论学习的方式、传达学习习近平总书记关于意识形态工作的重要讲话、重要指示精神和中央、省委、市委关于意识形态工作的重大决策部署，不断加强思想政治建设，提高政治站位。加强舆论宣传引导。充分利用宣传栏、广播等多种形式传播民族团结进步好声音，讲民族团结进步故事，坚持正确舆论导向，注重正面宣传引导，积极应对网络舆情，营造良好宣传氛围。四是强化管理，做好“学习强国”平台推广工作。依托“学习强国”平台拓宽学习教育范围，全镇注册人数超过1.7万人，学习强国APP注册使用率已达到92%。

【全面发力产业兴镇】2021年完成公共财政收入5.9681万元，固定资产投资17亿元，全面完成市达任务。连续三年入围全国千强镇，位列唐山第三位，全国第274位。（一）转型升级实现新突破。狠抓重点项目。一是以打造现代工业样板镇为目标，聚焦精品钢铁、装备制造主导产业及配套产业，依托东海特钢、宝乐智能等“四梁八柱”，全面推进重点项目落地增效。作为滦州市钢铁产业转型升级的标志性工程，总投资160亿元的东海特钢500万吨冷轧项目，已投入试生产，强力助推我市由钢铁大市向钢铁强市转变；总投资12.5亿元的源泰德润300万吨精品钢管项目，已完成主体建设，正在进行设备安装。二是大力招商引资。坚持以商引商、代理招商、小团组招商。全年接待外商考察12批次，镇主要领导带队赴北京等地对接项目7次，与35余家企业建立了联系，达成合作意向6个，签约投资2亿元的坤信物流、投资1.2亿元的筠成牧场等项目稳步推进。三是优化营商环境。开通重点企业“服务直通车”，组织机关干部开展“进企业、解难题、促发展”走访活动，为辖区内50家企业提供跑办、咨询等服务30余次，协调解决各类问题10余个。为更好发挥为企业发展壮大服务职能，协助正德物流完成茨榆坨镇商会注册，为密切联系辖区内企业，镇域经济实现跨越式发展提供坚强保障。（二）乡村振兴实现新跨越。一是加快发展现代农业。坚持棚菜、果蔬、花卉、畜禽、奶业、特种养殖六业主导，一手抓“一村一品”主导产业，形成以草塘坨村为代表的万头奶牛养殖、以宋各庄村为代表的盆栽花卉、以谢各庄村为代表的玫瑰种植、以芦苇庄村为代表的金蝉养殖等特色产业；一手抓“一业一支撑”重点项目，精准培育新希望和建民合作社的千亩果蔬种植、以省级龙头企业顺合牧场建设的奶牛养殖、总投资4500万的集民农业大型现代化养鸡场等项目，形成集聚发展优势。全镇多元富民产业发展格局日趋完善。二是打造宜居农村环境。以建成三条景观大道、建设15个精品村、30条主题街区、打造1000个高标准生态庭院为目标，集全镇之力推进人居环境卫生整治。全年投入2100多万元，硬化主副街道37万平方米，栽植各类绿化树木7万余株，喷绘文化墙2.2万平方米，粉刷墙壁4.5万平方米，清理垃圾杂物13.2万立方，打造美丽庭院727个，精品庭院154个。全镇28个村全部达到“两面清、两面净”。把滦迁线、塔茨线、芦小线三条纵穿南北、横贯东西的主路打造成了景观大道。三是发展壮大集体经济。按照“一村一特色，一村一产业”发展思路，推行支部引领、村集体主导、农户入股的“党支部+合作社+农户”模式，取得良好成效。按照“一村一特色，一村一产业”发展思路，深入实施“一村一品”工程，坚持发展壮大集体经济，2021年，精准培育新希望和建民合作社的千亩果蔬种植、以省级龙头企业顺合牧场建设的奶牛养殖、集民农业大型现代化养鸡场等项目，形成集聚发展优势。全镇28个村中，5-10万元1个，10万元以上27个，农村集体经济呈现高质量发展态势。（三）污染防治攻坚取得新成效。落实网格化管控措施，建立镇村网格化环境监管体系，坚持每月至少召开一次生态环保工作会议。召开党政班子联席会，对金马钢铁停产搬迁、永恒工业铺设煤气管道、262省道、迁曹引线及重点路段、重点企业环保问题进行研究部署，坚决以高压态势、临战状态进行巡查夜查。“公转铁”项目、“双代一清”、散煤治理工作扎实推进，实现了清洁、安全供暖，同时严厉打击“散乱污”企业，空气质量在滦州市排名始终保持较好位次。严格落实河长制，沙河水质持续保持稳定达标。持续开展全域造林绿化攻坚，形成覆盖城乡、景观优美的生态屏障。（四）各项事业取得新成果。一是全面打赢脱贫攻坚战。坚持脱贫与防贫两手抓，104户、239人贫困户全部实现稳定脱贫，防贫工作实现了纵向到底、横向到边，有效防范了新的贫困户产生。代表滦州市顺利通过了省扶贫开发领导小组验收考核。二是筑牢防疫安全线。不断压紧压实疫情防控主体责任，落实市委疫情防控各项工作部署，疫情防控工作高效推进，发放防护知识宣传手册2.8万余份，第三针疫苗接种率达到93.5%，全镇28个村核酸检测演练实现全覆盖，人民群众生命安全和身体健康得到有效保障。三是抓实党管武装工作。牢固树立党管武装工作责任意识，努力提高党管武装工作水平。人武各项工作受到了上级军事机关和人武部领导的充分肯定。四是进一步加强社会保障工作。新增最低生活保障人口8户10人、五保6户5人、双残21人、高龄65人。办理临时救助23笔，共计10800元。城乡居民医保参保做到了应保尽保。城乡居民养老保险扩面工作超额完成任务。成功化解3起欠薪案件，有效保障了农民工合法权益。五是狠抓安全生产。始终把安全生产工作摆在突出位置，严格落实安全生产责任制，深入开展安全生产大排查大整治和重点领域专项整治，共开展拉网式大检查12次，参加检查人员达300多人次，排查事故隐患35处，发出《限期整改通知书》35份，全部进行了彻底整改。食品药品安全、农村集体聚餐管理等工作位居全市前列。六是积极推进教育事业发展。投入60万元，对茨榆坨中学门前进行绿化硬化、为塔坨小学门口铺设柏油，进一步提升了中小学学校环境。2021年重点高中录取人数112人，重点高中录取率达42%，在全市同类校中名列第一位。七是着力做好涉军工作。镇退役军人服务站顺利通过国家和省验收，进入全国示范标杆型服务站行列。积极参与河北省精品服务站成果展示活动，11月底参评“河北省百家优秀服务站”评选活动。全年完成345名优抚对象的年度确认和帮扶工作，发放康城医院荣军卡95张，为退役军人及其家属补充报销医药电子蓝卡700余张，帮助退役军人及其家属减轻了就医用药产生的经济负担。

【聚焦聚力平安建设】一是强化宣传普法、带头学法用法。认真落实全面依法治国基本方略，党政主要负责同志牢固树立宪法意识、法治思维，带头学法尊法守法用法，严格依法依规按程序作决策、办事情。严格落实党内政治生活各项制度，制定完善《议事决策规则》《重大行政决策程序规定》等文件，细化9项指标85项重点任务，运用法治思维改善行政方式、提高依法行政能力，通过法治手段保障党的路线方针政策在镇村基层末端落地见效。深化“雪亮工程”建设，投资315万元建立“以镇网络信息中心为节点，辐射28个行政村为支点的”网络信息系统，安装智能高清监控探头637个，设置镇村（警务）监控平台30个，打造了集镇域治理系统、视频监控、政法平台、矛盾纠纷受理“四合一”的综合指挥平台，形成了“上有天眼、下有联防”立体防控体系。深入开展“法律六进”活动，依托“学习强国”平台，深入细致学习各项法规，运用各类媒介在潜移默化中普法，受教育群众达7万余人次。二是严格规范执法，助推依法行政。建立行政执法公示、执法全程记录、重大执法决定法制审核“三项制度”，开展多领域综合执法，累计查纠违法占地、焚烧秸秆、散煤燃烧、道路扬尘等各类违法行为52起，拆除各类建筑物20万平方米。设置了政务公开栏和公示牌，对群众关心的热点问题、敏感事项全部进行公开公示。自觉接受党的监督、人大监督、司法监督、舆论监督，诚恳听取意见和建议，不断改进工作的方式和方法。三是创新社会治理、防范化解风险隐患。创新“镇长”、片长、“村长”、街长、户长等“五长制”管理模式，推行基层无缝隙、全覆盖、环闭合管理，确保了“最基层”的信息随时收集、风险及时化解，实现了基层治理工作“街街有人看、户户有人管”。充分发挥信息技术在化解风险隐患、创新社会治理、促进和谐稳定中的支撑作用，充分发挥镇村及（警务）监控平台作用，打造集镇域治理系统、视频监控、政法平台、矛盾纠纷受理“四合一”的综合指挥网络信息平台，形成了“上有天眼、下有联防”立体防控体系。依托镇社会治理综合服务中心建设，整合律师事务所、派出所、法庭、执法队和镇各站（队、所）等资源，推行“1+N”平安互助协作机制，让群众进一家门、办多家事，切实打通基层社会治理“最后一米”。2021年6月，我镇被河北省全面依法治省委员会授予第一批法治政府建设示范镇。

【扎实推进党建工作】一是强化思想政治引领。镇党委带头树牢“四个意识”、坚定“四个自信”、做到“两个维护”，持续深化党史学习教育成果，推动“我为群众办实事”活动深入开展，全镇82名机关干部全部包联入户，打通服务群众“最后一公里”，累计为群众办实事好事420余件，化解矛盾隐患100余个，解决问题100余个。坚持和创新党内学习制度，以党委中心组学习等制度为主要抓手，坚持每月开展一次集体学习。二是夯实基层战斗堡垒。在创新实行“党建+X”工作模式，抓好干部培训、六个基本规范化建设和“抓防促保”“五提双争”等活动的同时，本着各村实现“有人干事、有钱办事、有章理事”的思路，着力管好人和事。出台村干部千分制考核管理办法，进一步促进奖优罚劣、彰先策后、抓两头带中间。突出“从严”管理，重新梳理了村级事务“小微权力清单”，用制度规范村务运行。全年整治转化农村软弱涣散基层党组织1个，解决多年不发展党员预警村1个，对3名在工作中履职不力的支部书记给予了警示性谈话。三是切实履行党风廉政建设主体责任。强化管党治党的政治担当，党委带头落实全面从严治党主体责任，认真履行党风廉政建设“第一责任人”职责，坚持重要工作亲自部署，重大问题亲自过问，重点环节亲自协调，重要案件亲自督办，先后12次主持召开会议研究全面从严治党相关工作，对重要信访案件批示3件次。对年度落实全面从严治党主体责任，按领导班子分工进行了责任分解。党委书记亲自与领导班子定期组织谈心谈话。组织召开3次警示教育大会，持续营造了遵规守纪、崇廉拒腐的浓厚氛围。

杨柳庄镇

2021年，杨柳庄镇紧紧围绕“1395”工作思路，奋力推动全镇各项工作迈开大步、走在前列，朝着建设“山水诗画小镇”目标阔步前行，全镇经济社会发展呈现稳中加固、稳中有进、稳中大好态势。

【主要经济指标完成情况】2021年，杨柳庄镇固定资产投资完成10.04亿元；公共财政收入完成5854万元，非税收入完成24万元。

【经济建设】一是传统产业扩量提质。总投资6100万元的金隅冀东滦州环保科技有限公司矿山资源综合利用项目建成投产，年产量300万吨。二是农旅产业大放异彩。总占地4000亩的滦县旺山健康养老文化旅游生态园项目正在建设当中。总投资2.25亿元的中农聚智芳香谷生态旅游园项目，已完成旅游设施、雪地游乐项目的建设。三是现代农业提质增效。坚决制止耕地“非农化”，防止耕地“非粮化”，新建高标准农田2000亩，粮食生产再获丰收，总产量达3.15万吨。

【乡村振兴】一是认真开展扶贫防贫工作。脱贫户已全部实现城乡居民医疗保险代缴，享受慢性病签约服务和大病救治总计划，享受唐山范围内定点医疗机构“先诊疗后付费”和“一站式”结算等政策，做到脱贫不脱政策，结合实际落实防返贫机制和边缘户防贫监测机制，全面巩固小康建设成果。二是发展壮大村集体经济，引导各村精心谋划壮大村集体经济项目，探索发展村集体经济有效路径。晁家庄村、罗古庄村、吉庄子村，三村联建食用菌大棚项目，项目总投资165万元，预计年产鲜食用菌400吨。吉家坟村发展温室大棚项目，投资52万元，占地15亩，建设温室大棚4个。大下五岭村建临街门市，提高村集体经济“造血”功能，让村集体的“家底”厚起来。中赵庄村引进外资，盘活村存量资源资产，拟利用村办公大楼建电商平台，并盘活荒山等村集体资源发展生态观光乡村旅游，村集体经济薄弱的难题正在有效破解。四是持续改善民生。积极推进抗震房屋改造工作，全年共改造89处。投资472万元修建农村公路9.2公里，葛杨线、吉庄子到晁家庄连村路成功创建“四好农村路”。投资近60万元，建设杨柳庄镇集贸市场，有效规范了农村集贸市场建设，规避了集贸市场距离省道太近造成的安全风险隐患。落实农村厕所升级改造。2021年新建改厕户364户，并建立“一图一册一档”。对20个村进行村公厕建设，全部完成施工。对台账梳理和入户检查中发现的138座问题厕所，实施挂账推进，分类建立整改台账，已全部整改到位。加强“三个机制、三支队伍、三个电话”等软件建设，建立健全改厕后续管护长效机制，有效巩固厕所升级改造成果。五是扎实推进唐山市乡村振兴示范区建设，按照“产业兴旺、生态宜居、乡风文明、治理有效、生活富裕”的总要求，投资1270万元，高标准打造示范村27个、提升村3个，项目施工效果显著，各村庄硬化路面铺设S砖67106平方米、道路硬化5310平方米。村庄绿化植树8500棵。村庄亮化安装路灯362盏。进行墙体立面整治提升，共改造修建各类墙体达12243平方米。

【生态保护】一是加强扬尘管控，对辖区内临时料堆全面排查，确保全部苫盖到位，装卸物料时配备雾炮车进行喷雾、严格控制扬尘污染。镇域内所有主干道路每天坚持实施洒水、清扫，坚决杜绝扬尘污染。二是加强散煤治理，镇综合执法部门联合市场监管和公安部门，严厉打击非法销售散煤，市场监管部门做好散煤经营点的取缔工作，建立长效机制严防反弹。深入开展劣质散煤清理工作，逐村逐户摸排并建立好台账，同时加大宣传力度，确保散煤清零。三是严防露天焚烧，按照“全域、全时段、全面禁烧”工作要求，组织村干部、党员、巡查员采取多种形式加大禁止露天焚烧的工作力度。深入禁烧宣传，营造浓厚的舆论氛围。镇综合执法和公安机关严格执法，露天焚烧行为得到有效控制。“散乱污”动态清零，对 2017 年 18 家“散乱污”企业进行回头看，严格按要求关停取缔，两断三清。对辖区企业进行全域环保督查，对环保督查出的问题全部及时整改到位，严防“散乱污”死灰复燃。

【社会治理】一是安全生产排隐患。定期召开专题会议，在春节、清明、五一等节假日前后开展节前大排查，对镇内重点企业交通安全、校园食品安全、矿山、加油站、烟花爆竹销售点等重点领域开展专项排查和常态化巡查，及时消除隐患，年内未发生安全生产事故。二是做好防汛工作，2021年雨季降雨量较往年明显增大，为做好防范与处置工作，镇村两级细化防汛预案，明确各部门工作职责和责任制，建立了应急队伍，做好防汛物资储备，进行小龙潭水库下游山洪灾害村群众避险转移演练，实现了安全度汛。三是狠抓森林防火，持续强化宣传引导，注重源头管控，依托云广播、发放明白纸、流动宣传和设立警示标志等方式，提升镇域居民防火安全意识。各村防火巡查员深入田间地块进行全方位、无死角巡查；镇防火队全面巡逻，做到以防为主，防患未然。四是加强信访维稳，立足化解矛盾隐患和解决问题，坚持“小事不出村，大事不出镇”，千方百计把问题化解在基层。对重点案件，成立专班，主动作为，切实维护群众利益。深入开展“无访村”创建，年内信访量同比明显下降，23个村成为无访村，为全镇经济建设、社会发展提供了稳定的社会环境。

【疫情防控】一是成立了以镇党委书记、镇长为组长、主管副职为副组长，党政班子成员及相关人员为成员的领导小组，下设多个工作专班，分工细致、职责明确，为抗击新冠疫情提供了坚强的组织保障。二是抓好线上线下两个宣传渠道：一方面用好微信等网络平台及时发布疫情防控讯息，全力提升群众知晓度；一方面运用广播、发放明白纸等形式进行疫情防控宣传，提高群众防控意识。三是实施镇党政班子成员包片，包村干部包村，村两委包街制度，对重点人群开展多频次网格化排查，做到了村不漏户，户不落人。对全镇23311人逐人摸排到位，2021年，杨柳庄镇未发现确诊和疑似病例。四是利用每周周一对镇直单位机关工作人员开展核酸检测，对重点村开展全员核酸检测达3212人次，截至12月底检测结果全部正常，未发现确诊和疑似病例。五是4月中旬开始，杨柳庄镇全面推行全员疫苗接种，建立新一道疫苗防火墙。截至12月底，杨柳庄镇疫苗接种工作第一针已接15579针次，第二针已接13448针次，加强针已接7328针次，为有效抗击疫情构建了坚强屏障。

【基层党建】一是深入开展党史学习教育。落实了开一场研讨会议、上一堂专题党课、办一次实践活动、颂一段红色经典、做一本党史学习教育口袋书、建一本实事台账“六个一”工作措施，落实“三会一课”制度，巩固“两学一做”和“不忘初心，牢记使命”主题教育成果，将党史学习教育与实际工作相结合，与弘扬老区精神相结合，为各项工作的有力开展提振了士气。二是圆满完成镇村两级换届。统筹安排、周密部署，本着公平、公正、公开的原则，高质量完成了镇村两级换届工作，通过换届产生的新一届镇领导班子和村两委班子成员的素质明显提高，精神面貌和干事创业激情明显提升，为推进各项工作提供了坚强的组织保障。三是加强基层组织建设。充分挖掘本地红色资源，以“讲好红色故事、传承红色精神、赓续红色血脉”活动为抓手，充分落实“一讲三促”工作举措，培育了“革命老区党旗红”的党建品牌，打造了“红色驿站”“红色书屋”“红色故事主题街”，成功完成北高家庄村党支部党建示范点创建目标。以北高为示范，全面开展村级活动场所整体提升，推进全镇村级活动场所规范化建设提档升级。抓好党员队伍建设。年内发展党员60名，其中7个预警村成功接收预备党员，进一步壮大了党员队伍。解决了多年不发展党员问题。

古马镇

2021年，古马镇按照市委、市政府工作部署，坚持以习近平新时代中国特色社会主义思想为指导，认真落实“1395”工作思路，勠力同心、务实担当，拼搏奋进、增比进位，经济社会发展取得新成果。

【主要经济指标完成情况】2021年，全年完成公共财政收入14685万元，占目标值（6763万元）的217%；完成全社会固定资产投资7.7亿元，占目标值（7.7亿元）的100%。2021年，古马镇积极谋划项目，全年共谋划项目21个，总投资8.1亿元，引进悠百滋食品加工等项目2

个，进一步蓄积了镇域发展后劲。

【重点项目建设】一是全力保障项目。组织做好唐秦高速、迁曹铁精粉管线、园区中水工程、何茨线和钢联路大修等项目的协调服务工作，确保了项目建设的顺利推进，其中在全市率先完成了唐秦高速征占地工作。二是加快建设项目。加大工作力度，组织推进唐山益亨通食品有限公司、唐山华瑞鑫农面粉有限公司等项目增产扩建、提质增量，新引进的悠百滋食品加工项目建设进展顺利，为古马镇实现高质量发展增添了动力支撑。

【实施乡村振兴战略】一是现代农业园区发展迅速，2021年，古马镇持续推进“两西模式”设施农业建设，大棚种植面积达5000亩。全镇花生种植面积达3.8万亩，其中与百信农业合作社联合种植高油酸花生3200亩。二是农业龙头企业不断壮大，拉动了产业、带动了就业，其中唐山益亨通食品有限公司已形成10余个品牌，产品远销20余个省市。三是农民生活条件持续改善。全年完成5条乡道6.2公里、3.1万平方米的水泥硬化，在小霍庄子等9个村实施了铺砖硬化11.67万平方米，对港北等3个村的10600平方米道路进行了改造提升，创建了“四好农村路”示范镇和美丽农村路。在全域村庄栽植绿化景观树1.18万棵，完成立面改造6000平方米，绘制文化墙2569.6平方米，完成新建休闲广场2个。兴一村被确定为全省农村综合改革示范村，农村集体项目建设顺利完工。2021年，古马镇在全市历次农村人居环境观摩中始终处于中上游水平。

【加强生态环保工作】一是组织综合执法大队、环保所、工商所、派出所等成立联合执法队，持续加大环保督查整治力度，对石渣厂、砖厂、木材加工厂等企业进行全覆盖巡查。按照市石渣机制砂行业整治规范标准和要求，加速推进我镇辖区5家相关企业落实整改要求，切实降低企业扬尘污染。二是严厉打击“两散一烧一放”问题，本着散乱污动态清零的原则，对重点地段、敏感区域等周边无名厂院进行常态化、全覆盖巡查，发现一起、打击一起、坚决做到“两断三清”，防止散乱污企业死灰复燃。对镇域各村散煤复燃问题进行解剖式巡查，坚持镇村两级网格全覆盖入户排查，形成联防联控的“网格化”监管体系。采取人工巡查、无人机飞检及智慧滦州视频监控平台等多种形式，坚决防止露天焚烧问题发生，坚决防止违法采沙等破坏生态环境行为。三是严格落实河长制，不定期深入溯河实地踏勘巡河，严防非法排污等行为，确保河湖清理取得预期效果。

【保障改善民生】2021年，古马镇脱贫攻坚成果得到了进一步巩固，后评估考核工作得到上级肯定；教育事业软硬件建设逐步改善，其中投资500万元的古马中学宿舍楼、食堂新建工程完成主体建设；农村就医环境持续改善，对14个村卫生室进行了改造提升；镇、村两级新时代文明实践站所全部投入使用，累计安装健身器材7套；农村改厕工作深入推进，完善了镇、村两级改厕台账，整改问题厕所286座，新建卫生公厕18座；救助基本生活困难家庭41人次、1.93万元，对五保户、低保户提供医疗救助243人次；深入宣传殡葬改革政策，引导农户树立新风尚、倡导新文明；加强爱国主义教育基地建设，完成对港北起义纪念碑的修缮，得到市委主要领导和广大人民群众的充分认可。

【保持社会大局稳定】一是全镇上下扎实做好疫情防控工作，多次组织开展核酸检测应急演练，规范和加强疫情监控点建设，严密开展人员排查，确保疫苗接种应接尽接，织密疫情防控网络。二是全镇安全生产形势持续稳定。全年共开展安全检查26次，出动车辆65车次、人员118人次，安全隐患全部整改到位。三是继续严格落实信访包案责任制，做到早介入、早控制、早化解，在全国“两会”及其他会议活动等重要时期，均实现了“零进京、零非访”目标，信访维稳工作走在了全市前列。四是坚持深化扫黑除恶专项斗争，严厉打击黑恶势力和盗、抢、骗等行为，助推平安滦州建设，古马派出所年终考核排名位居全市前列。

【推进基层党建工作】一是抓学习教育，组建了以港北起义先烈后人为骨干、以优秀政史教师为血液、以港北起义精神为灵魂的“红马甲”宣讲团，在港北起义纪念碑组织开展了“清明祭英烈、共筑滦州魂”“烈士纪念日献花篮”活动，重温入党誓词、秉承革命遗志，以实际行动推进党史学习教育走深走实。二是抓队伍建设，全面推行党建工作“四抓”责任制（抓书记、抓班子、抓队伍、抓保障），建立基层党建三张清单（责任、问题、整改），持续开展机关干部月评最佳、年评标兵活动，严格落实农村干部考核细则，全镇上下比干劲、赛作风、争上游的干劲蔚然成风。三是抓阵地提升，深入开展“乡村振兴党旗红”活动，高标准建设了大门庄村、兴四村党建文化广场，新建港北村、兴一村便民服务大厅等村民活动阵地2600平方米，绘制党建文化墙6200平方米，建成了北四村革命老区红色文化基地，着力打造以“红色传承促发展、提标提档求跨越”为主题的全域党建示范区。四是抓两委换届，提高政治站位，以最高标准、最严要求、最实举措推进村两委换届工作，切实换出了一支德才兼备、空前团结的村干部队伍，换出了在一线奋战、担当作为的攻坚主力军，也换出了推动古马奋进的新动力、新导向、新风貌。

小马庄镇

2021年，小马庄镇紧抓“学党史、悟思想、办实事、开新局”党史学习教育目标任务，围绕“1395”工作思路，抢抓建设“现代中等城市、全国百强滦州”发展机遇，强基础、补短板，团结带领全镇广大党员干部群众，扎实苦干、攻坚克难，各项工作取得了新成绩，经济社会平稳发展，社会环境和谐稳定，乡村振兴扎实推进，农业产业优化调整，民生事业得以保障，政府自身建设长足发展。

【综合实力稳步增长】一是农业经济稳中有进。巩固基础发展特色优势农业。全镇围绕“农业大镇”的功能定位，不断完善万亩棚菜基地规模，在发展传统大棚蔬菜种植的同时鼓励农户发展特色种植，该镇“西兰花海”基地和桑黄基地已初见规模，收益可观。鼓励农产品经济人建设田头市场，为群众提供就业岗位近万个，辐射带动周边农户生产的同时促进了物流、包装、餐饮等行业的发展。为了保证粮食安全，2021年共为33个村的24685亩提供节水麦种740550斤。二是探索发展休闲观光旅游农业。依托宝福现代农业产业园、绿达园生态采摘园建设，精心打造乡村旅游精品线路，发展休闲观光旅游农业，努力将小马庄镇打造成为滦州市的后花园。三是重点项目提质增速。始终把项目作为主攻方向，举全镇之力推进项目建设，增强经济发展后劲。2021年，共完成固定资产投资6亿元，完成市级公财收入520万元。投资7.9亿元、占地1605亩的滦州优特奶牛养殖科技示范园区项目正在积极与完达山集团对接，项目建成达产后，可存栏奶牛2万头，日产鲜奶300吨。后续将采取多元投资方式发展上下游相关产业，包括有机种植项目、生物质能发电、生物有机肥厂项目等，项目建成后可直接安排800人就业，年实现利税5000万元，并推动该镇农业机械化和运输服务业迅速发展。四是涉及10个村、743户、征占土地面积1179.593亩的唐秦高速公路小马庄段主线、滦古路改线已先行拆除构筑物并清运完成65处，土地合同签订比例超过90%，已发放补偿款5079万元。赤曹国道小马庄段历时三年最难啃的刘各庄7处民宅、1处养殖场、1处种植院目前已全部完成拆除，确保了小马庄镇域内赤曹全线施工贯通。

【镇村面貌整体优化】一是生态环境持续提升。2021年，该镇以“村庄干净整洁有序、村容村貌明显提升”为目标，全镇累计出动钩机铲车、清运车辆5610台次，人工16230人次，累计清理农村生活垃圾38000立方米，清理禽畜养殖粪污等农业生产废弃物3600立方米，清理残垣断壁15处，清理村内塘沟3处，清理各类小广告800条，刷写环境卫生整治、乡村振兴等方面墙体标语120条，村庄绿化面积12000平方米，立面墙改造52000平方米。对2013年以来改造的7090座户厕进行大摸排、大起底，并对问题户厕进行立行立改、彻底整改。投资34万元为村集体建设高标准公厕34座。持续加强大气污染综合治理，2021年，完成“气代煤”扫尾541户，镇域内全部实现清洁取暖，安全取暖。持续开展深入开展“散乱污”企业回头看行动，巡查小组和3000余名网格员对辖区内6个村、12个厂院无人机飞检和突进巡查73次，确保“散乱污”“零发生”。155名镇村巡查员24小时不间断对秸秆禁烧工作进行巡查，确保打赢蓝天保卫战。二是“两违”整治不断发力。加大对违章建筑、欺街占道建筑拆除力度。完善动态巡查制度，成立土地巡查队和违章建筑应急小分队，强化日常监管和巡查，形成高压态势，有效遏制了违建行为。2021年来，按程序依法拆除临建、违法建筑15处，恢复耕地52.8亩。

【社会和谐日益巩固】一是筑牢疫情防控防底线。建立疫情防控工作专班，织密基层防疫和农村防控保护网，用实际行动守护住了人民群众的生命健康。压紧压实疫苗接种任务，2021年，该镇完成首针接种23948人，完成二针接种20566人，完成加强针接种11192人，做到了应接尽接。排查沿街商户194家，摸排在控流动餐桌6家，冷链食品经营者94人，就地封存进口水果车厘子、进口带鱼、北极鲜虾等13家，30余箱进口冷链食品，分送核酸检测15批次。二是巩固脱贫成果，严防返贫致贫。全镇26户60人实现了稳定脱贫不返贫。扎实推进防返贫监测工作。各村安排防贫预警员，及时处理上级部门下发的预警名单，针对每月省市推送的预警表，及时传达到各村，由各村认真调查核实并上报，并对脱贫户、边缘易致贫户、一般农户进行排查，确保无遗漏。三是民生事业不断发展。2021年，完成农村合作医疗保险缴费31110人，完成企业退休人员工资调整185人，城乡居民养老保险扩面101人，累计发放城镇低保保障资金76382元，对261户265名农村五保户发放生活补贴、照料护理费共计190.9682万元。对469名重度残疾、76名困难残疾、36名年新增重度残疾、11名困难残疾人发放残疾人补贴66.2712万元。对3名无人抚养儿童发放生活补贴7.7万元。对全镇80周岁以上778名高龄老人发放生活补贴50.7600万元，共为9名重点优抚对象减免医疗费用8639元，为1-6级伤残军人报销药费9658元。完成抗震房改造176户，真正实现了弱势群体的“安居梦”。四是基础设施持续改善。不断优化农村公路路网结构，把农村公路建设作为解决农村出行难、实施交通扶贫、推动乡村振兴的重要抓手，满足沿线群众出行需求，服务镇村经济发展。2021年投入280余万元完成滦古路-沙埠农村公路建设，投入100万元对董各庄村、杨庄子村等五个村的路面进行硬化，投入20余万元对沙埠村进行亮化。五是平安建设成绩斐然。下发禁种铲毒宣传明白纸40000余张，有奖举报等宣传公告200余张，设立村级综治信息网格员38名，稳步推进综合指挥和信息化网络中心建设。在邢各庄新民居建成社会治理综合服务中心村级试点，设立了社会治理综合服务中心、群众接待室、矛盾纠纷调解室和心理咨询室，积极开展平安建设工作，提高群众满意度。落实主要领导、责任人、包村干部、村干部、包案民警“五包一”工作机制。2021年，该镇共摸排出信访隐患130件158人，其中重点人员23人，共化解信访案件5件，其中老案积案2件，共接待群众来访70起，完成上级部门转来的督办案件5件，交办案件11件，市级领导包联案件12件，河北省阳光信访工作平台案件89件，及时受理率100%，及时答复率100%。对缠访闹访越级访的，全年共训诫12人次，拘留3人次。

【政治保障更加有力】一是注重提升基层组织，顺利完成村“两委”换届选举工作。选举产生村“两委”干部186名，37个村全部实现了书记、村主任“一肩挑”。调整村党支部书记9人，新选任35岁以下村党支部书记2人。村“两委”干部年龄、文化结构得到进一步提高，其中两委干部平均年龄45岁，党支部书记平均年龄49岁，35周岁以下村“两委”干部42人。大专及以上学历63人。女性干部48人，农村致富带头人达到150人。狠抓基层党组织规范化建设。投入50余万元实施胡里庄村两室改造提升工程。新打机井2眼。新修建水泥路面1000平方米，安装太阳能路灯30盏，栽植景观树200棵。邢各庄党总支300平方米高标准村民服务中心投入使用，重点建成邢各庄红色基地，缅怀先烈，不忘初心，传播革命老区村优秀红色基因。二是注重思想教育。以党的十九大精神、习近平新时代中国特色社会主义思想武装头脑，先后以镇村干部大会、党委会、党政联席会、中心组理论学习会等形式集中学习，累计培训95次。成立新时代文明实践“讲习所”和“团习所”，开展微宣讲248场次。三是注重廉政建设。全面落实党风廉政建设责任制，强化党委主体责任，落实纪委监督责任。2021年，该镇纪委共受理上级转办问题线索13个，其中案管室5件、信访室交办8件，结案数11件，共环保约谈5人次，疫苗接种约谈6人次，乱占耕地建房约谈3人次。

王店子镇

2021年，王店子镇在市委、市政府的坚强领导下，按照滦州市委“1395”工作思路，以打造“现代农业强镇，京东旅游名镇”为工作目标，扎实推进各项工作，拼搏实干、锐意进取，镇域经济和各项社会事业均取得了新进展、新成效。

【经济指标完成情况】一是全年镇财税收入任务为367万元，已完成400万元，占全年任务109%；固定资产投资任务数7.5亿元，完成投资7.75亿元，占全年任务数的103%；发展个体工商户任务220家，已发展231家，占全年任务105%。二是引企增税稳中有升。全年招商引资签约项目6个，签约总额4.19亿元，其中投资亿元以上项目2个。分别为米佑多肉鸡养殖及果树种植项目、广全农业种养殖项目。全年共谋划固投项目23个，计划总投资11.6亿元，为来年首季开门红打下坚实基础。三是项目建设拓展提升。米佑多肉鸡养殖及果蔬种植项目，占地300亩，其中果蔬种植190亩、养殖占地110亩，计划总投资1.3亿元，建设50座现代化养殖车间及其他相关附属设施、2000立方米大型沼气池1座，厂区绿化、硬化等，该项目投产达效后，肉鸡年出栏900万只，果蔬年产300吨，新增就业岗位360人，年利税4500万元。米佑多饲料加工项目，占地30亩，计划总投资8000万元，建设1万平方米的饲料加工车间及其附属设施、5000平方米办公生活区域，可新增就业岗位150人，年产值2亿元，实现利税3000万元。

【保障民生福祉，加强社会治理】一是持续办好民生事业。加大民生投入，现有低保111户231人，散居五保210户216人，临时救助2.65

万元，慈善救助7户1.3万元。二是全力做好信访维稳。坚持常态化接访与特殊时期维稳相结合，严格执行副职信访接待日、包片领导负责制等制度，全年未发生重大越级访或集体访事件。全力推进“六无”村居创建，全镇无访村21个；大力实施“六个清理规范”，扎实开展“6+1”联动监督，彻底解决了一批历史遗留问题，全年累计化解各类矛盾纠纷45起。三是抓紧抓好安全生产。定期召开专题会议，在节假日前后开展大排查，重点对镇内交通安全、校园食品安全、加油站等领域开展专项排查，及时消除隐患，全镇未发生安全事故。四是加快构筑免疫长城。严格落实重点人员排查管控、重点场所监管，“十个常态化”、30项防控措施，坚决筑牢疫情防控线。按照“应接尽接”的新冠疫苗接种要求，镇领导班子、包村干部深入到村宣传、动员疫苗接种，截至12月底，累计接种新冠疫苗加强针8306剂，完成率76%。

【夯实“三农”基础，推进乡村振兴】一是巩固拓展脱贫攻坚成果。全镇40户、63人脱贫户持续做好防贫监测。扎实开展边缘易致贫户动态监测，5户、14人边缘易致贫户全部落实帮扶措施，累计发放防贫资金4.6万元。二是农村人居环境显著改善。深入实施乡村振兴“十百千”工程，开展农村人居环境综合整治攻坚行动，全年清运垃圾7.96万余立方米、清理村内坑塘91处、残垣断壁及杂物6145处、拆除违章建筑1820处、墙体绘画6900平方米、墙体刷白4.15万平方米。强化农村道路建设，投资193万元对高城子、梅庄等7个村翻修柏油路3.39万平方米；投资223万元，全面翻修葛杨线至102国道。全面推行环卫“全域一体化”治理模式，统一配发村街专用大垃圾桶329个、农户专用垃圾桶8024个、垃圾清运车辆47台，实现了清扫与清运同步化。培育示范典型，发挥引领效应，累计创建美丽庭院4234户、精品庭院853户。三是发展壮大新型产业。坚持产业发展与美丽乡村建设有机结合，由低效的传统农业转变为高效的设施农业，以卧龙谷苹果产业基地为代表的设施农业典范，催生了万亩高产花生轮作、现代化奶牛养殖、千亩烟薯栽培等一系列高标准设施农业。不断深入挖掘生态自然资源，依托国家4A级景区 -- 青龙山风景名胜区，大力发展医养一体、爱国主义教育等旅游新业态，走出了一条农旅融合发展新道路。

【重拳出击，改善生态环境】一是镇环保所结合镇执法队开展日常巡查、夜查、重点抽查，规范企业环保管理，避免扬尘污染，全镇空气质量综合指数显著改善，摆脱落后局面。二是持续关注散煤复燃排查，每天至少对一个村进行入户检查，同时利用无人机对36个行政村进行飞检，全域实现了洁净煤取暖。三是充分发挥网格化管理作用，调动各村环境网格员工作积极性，加大秸秆禁烧巡查、黑臭水体排查力度，全镇无一处黑臭水体。四是持续进行散煤锅炉排查，两家违规浴池已全部整治到位。

【全面从严治党，优化政治生态】一是狠抓基层组织规范化建设。持续推进“六个基本”规范化建设，严格落实农村党组织书记备案管理制度、农村党组织书记规范化管理办法，坚持每月10日主题党日活动，村级年度目标实行“双诺双述双评双公开”，坚持重大事项“四议两公开”等。扎实开展“建党精神融入血脉、初心使命擦亮党徽”活动，统筹村级阵地资源，打造“一课一堂”党员日常教育特色品牌，培育干河草村、兴户村两个党建示范点。创新实行数字化考勤机制，利用钉钉软件让每天值班的村干部在指定时间到村委会签到，真正让村干部坐班制度落到实处，相关特色做法被网易河北刊发。二是圆满完成村“两委”换届工作。严格按照换届政策要求，圆满完成村“两委”换届工作，未发生一起进京赴省访，36个村全部实现“一肩挑”。按照“一降两升”目标要求，选举出159名村“两委”干部，平均年龄48.9岁，比上一届降低了4.9岁，优化了村干部队伍结构。分级分层开展了村干部任职培训，通过职能部门教、包村干部教、离任干部教等方式，丰富培训内容，不断锤炼村干部干事本领。全力以赴推进“开门一件事”打好“履职每一仗”，累计为群众办实事108件，为群众解决问题80余件，让群众看到实打实的换届成效，提升新一届村“两委”班子的领导力、战斗力、凝聚力。三是狠抓党风廉政建设。持续开展政治性警示教育，紧盯三项攻坚、疫情防控、脱贫攻坚、信访维稳等重大决策部署开展专项监督工作，累计开展各类监督检查82次，有力维护了政令畅通。完善信访联席会议制度，做好信访接待，认真办理滦州市纪委交办件，坚持有案必查、有腐必惩，全年镇纪委办结上级交办案件12起，自收问题线索并办结5起，诫勉谈话 3 人，批评教育 4 人，提醒谈话20人次。召开镇村干部警示教育大会 4 次。

古城街道

2021年古城街道紧紧围绕市委、市政府中心工作和总体部署，凝心聚力，真抓实干，在做好常态化疫情防控的同时，群策群力，上下同心，各项工作均保持良好发展态势。

【经济指标完成情况】2021年，年度财税任务1350万元，完成1471万元，完成率109%；土地使用税全年任务275万元，完成487万元，完成率177.1%。全社会固定资产投资总任务12.9亿元，1-10月份完成10亿元，完成任务的78%，库内项目剩余投资3.4亿元。

【重点项目稳建设】一是协调推进国道G205赤峰至曹妃甸公路滦州绕城段改建工程。已完成全部评估收量及协议签订工作，新站村及秦庄村85户农宅已拆除。二是有序完成城区集中饮水水源地项目。涉及古城街道占地121.74亩，已完成地上附着物收量、核算、补偿款发放及清表等工作，涉及古城辖区工程已完工。三是积极开展“清水润城”工程别故河段综合治理工作。涉及河道4.3千米延长线，涉及古城街道占地176亩，已完成全部青苗及树木评估收量与协议签订工作。四是强力推进滦州古城二期项目征拆进程。占地约745亩，其中，首批294亩已完成评估收量及协议签订工作，目前正有序开展补偿金发放与建（构）筑物拆除工作。

【疫情防控抓全面】一是加强组织领导，落实主体责任。多次召开班子会、专题调度会进行研究部署。疫情防控指挥领导小组带领疫情防控指挥办公室有序推进各项工作，督导辖区35个村、10个居委成立以村（社区）两委成员为主体的领导小组，落实常态防控措施、收集情况、汇报工作，积极推进疫苗接种工作，确保防疫工作稳步开展。二是强化联防联控，织密防控网络。首先，常态化落实各项防控措施。严把村居入口关，各村（社区）共设立53个疫情防控检测点，严格落实24小时值班值守和定时报告制度。其次，做好隔离观察工作。分类施策，密切监控。三是强化宣传引导，健全防控体系。首先，加大宣传力度，持续利用大喇叭、微信群转发公开信、发放宣传单和明白纸、电子显示屏、宣传车等方式宣传，继续倡导戴口罩、勤洗手等良好卫生习惯，引导群众做好个人防护。其次，动员辖区群众积极接种疫苗。机关事业单位干部和广大党员带头接种、带动家庭、带动群众，采用多样化方式宣传接种政策、注意事项、接种流程及时间节点等关键信息，打消群众顾虑，主动参与接种工作。四是优化服务保障，筑牢疫苗屏障。在提高接种意愿和优化接种服务两方面持续发力，同滦城医院、城关医院配合，建立以固定的大型临时接种场所为主体，村级流动接种点为补充的疫苗接种服务体系。先后开展了18周以上人群、12-17周学生、3-11周学生接种新冠疫苗工作。截至11月，第一针共接种4.26万剂，第二针共接种3.9万剂，第三针共接种8748剂（包括龙科马，加强针），12月推进加强针、3-11周在册人口疫苗接种工作。

【防范风险保稳定】一是信访维稳。坚持布局前沿、分级管控，全年共接待群众来信来访521次，其中网上案件22件，办结率100%，做到了事事有回声，件件有着落。创建1+3信访稳定工作法，共设立了街（楼）长165人，乡贤236人，为辖区信访维稳夯实了基础。落实科级以上领导值班值守制度，及时接待并解决信访群众问题，消除信访隐患。二是安全生产。不断深化开展安全隐患大排查大整治攻坚行动，强化督查，督促企业定时开展自查自改，建立“一个台账、三个清单”，并多次开展“回头看”，将安全事故扼杀在萌芽状态。抓住重点行业和重点时期，年关前后强力开展烟花爆竹“打非治违”。三是防汛抗旱。严格落实河长制，严抓“四包、四落实”，紧盯重点时段、重点部位，采取常规巡查与集中巡查相结合的形式，多次对辖区内滦河、别故河、横河水位情况进行踏查。汛期别故河南关段修复水毁道路、堤坝800米，出动车辆120台次。四是社会综合治理。重视法治宣传工作，利用网络平台、横幅、标语等形式开展法治宣传教育，其中，发放扫黑除恶宣传单（手册）1.6万余份、平安建设宣传单（手册）0.5万份、拒绝校园暴力宣传单（手册）400余份。坚决维护社会稳定，加强社会治安综合治理、做好禁种铲毒工作、打击邪教组织反暴恐等工作，签订平安建设责任状45份、禁种铲毒责任状45份、扫黑除恶责任状45份、爱路护路责任状5份。踏查35个村、10个社区，铲除野生大麻500余株，铲除罂粟50余株，清理“法轮功”反宣标语11处，处理结案案件70起、调解31起、拘留31人、罚款6人、警告7人、查处单位4家，有效震慑了违法犯罪率的增长。

【乡村振兴齐发展】一是把握三农工作重心，着力推动农业农村发展。农业工作。认真核实辖区内6445户农业保护地补贴工作，核实补贴面积13513.95亩，补贴金额128.53万元。农村工作。重视乡村环境卫生整治，辖区各村共计拆除私搭乱建900余处，清理断壁残垣90余处，腾清土地面积4000余平方米，累计清理垃圾47000余方；加大道路硬化投入力度，先后修建12个村共计6.4万余平方米村街道路。正在修建“村村通”道路4条共计4.3公里，包括泡石淀-热庄子路、蒋庄-泡石淀路、秦庄-小横山营路、秦庄-郑家场路，满足村民生产生活运输需求。二是全面巩固脱贫攻坚成果。一方面认真落实扶贫政策。结合上级部署，为辖区内建档立卡贫困户落实社保兜底扶贫、健康扶贫、就业教育扶贫、产业扶贫等相关扶贫政策，使建档立卡贫困户收入增加，达到了“两不愁、三保障”。古城街道共有建档立卡脱贫户41户89人，边缘户2户7人，防贫保险救助户3人，低保农村户175户291人，农村五保109人。另一方面积极推进防贫工作。制定了《古城街道精准防贫工作实施方案》《古城街道遍访贫困对象、边缘户行动实施方案》，对退出的贫困户继续监测。并且为辖区内35个村建立防贫台账，为2户边缘户建立边缘户档案，开展定期排查，对符合边缘户条件的进行重点监测。目前，辖区内建档立卡脱贫户41户89人无返贫风险，2户边缘户无致贫风险。三是强化资源整治，优化农村土地资源使用。常态化针对违法违规占地现象开展专项调查与清理，排查疑似图斑489个，调查登记建设项目577个，拆除违法违规圈占土地项目1处。全面排查占用耕地建房违法行为，核查疑似图斑374个，调查、登记住宅、项目612宗，广泛宣传，提升村民耕地保护意识。

【环境保护强力度】一是持续攻坚“蓝天保卫战”。组织并监督企业严格执行错峰生产和重污染天气应急响应减排措施，科学有效和有差异化的应对减排工作。先后迎接唐山市第五督查组、唐山市第十督查组、唐山市决策督查三处检查，合计交办问题41项，均按时限完成整改与反馈。二是强力治理扬尘污染。实施国省干道周边路域环境综合整治，205国道两侧古城段硬化道路3000平方米，清理垃圾及破损路面20余处；狠抓露天矿山整治，严格落实抑尘措施，通过物料入仓、定期洒水、物料苫盖等方式抑制扬尘污染；严格落实门市、企业门前三包责任，强化洒水保洁降尘责任。三是狠抓面源污染治理，管控露天焚烧。严肃查处散煤复燃问题，开展全域逐户排查、网格员巡查、红外视频监控、无人机飞检等多方式、全覆盖、全天候的巡查，及时灭处与反馈。四是扎实推进清洁取暖及双代改造。严格做好散煤禁烧工作，确保洁净型煤供应到位，2021年共确户4597户，需求4997.95吨，按“先保面、后保量”工作要求，10月已达到“保面”要求。同时，积极推进“双代”改造，全年共完成“气代煤”“电代煤”改造1225户。目前累计已完成“气代煤”6村共1963户，“电代煤”8村共2304户。五是强力推进绿化造林。实现荒山绿化500亩、矿山复绿51.5亩，企业扩绿0.45亩。

【文明城市共创建】一是责任分工明确落实。对照创建目标和标准，召开专项会议调度文明城创建工作，成立文明城创建工作小组及创建办公室，党政一把手负总责，宣传委员负专责，同时对点位涉及的古城街道办事处、古城街道综合文化服务站、社区综合文化服务中心、2个生活小区（惠泽园和碧桂园）、2个爱国主义教育基地（张学良改旗易帜地和蒋卫平纪念广场）、35个行政村、1个城市社区及辖区内治理黑臭水体、背街小巷、城乡接合部主要领导及责任人进行集中调度，明确任务，细化措施，落实责任。二是职能部门协调联动。一方面由宣传办结合各部门对文明城创建所涉及的卫生、环境、活动场所以及必备物资进行全方位完善，对滦河道两侧、商业城周边垃圾进行集中清理；另一方面全体机关干部群众共同参与。发动机关干部、村（社区）干部、社区群众等800余人共同行动，对重要点位卫生进行30余次拉网式清扫，确保环境整洁。三是多重媒介广泛宣传。多次组织机关干部和青年志愿者到古城景区、商业城周边、母亲广场以及惠泽园社区向群众发放创城宣传单3000余份；在单位、各社区及重点路段设置宣传展牌220余块，张贴志愿者服务、公民道德规范等公益广告以及禁止吸烟、公厕文明提示牌500余块，安装及更换灯杆200余个，电子显示屏3个。

【民生福祉得改善】一是做好改厕工作。经过全面摸排底数，古城街道现存上级财政奖补厕所2655个，其中无问题厕所2064个，有问题厕所591个，已对其中480个问题厕所进行整改，剩余111个问题厕所，列入十四五整改计划。2021年新确定改厕任务400个，已全部完成户厕新改。二是做好抗震房改造工作。大力推进农房抗震改造工程，宣传改造政策，积极动员确户，现已确户124户，完工124户，全部完善档案，做到一户一档。同时推进城乡住房动态化管理，定期开展农房、城镇房屋巡查，推进辖区危房动态清零，形成住房安全长效机制。三是做好社保工作。有序开展2021年城乡居民医疗保险收缴和城乡居民养老保险参保征缴工作。医疗救助（二次报销）累计214人次；截止到11月25日，年度城乡居民养老保险已完成征缴到账8940人；企业退休职工医疗保险完成收缴516人，缴费金额124.93万元；按时完成企业退休职工2021年度调资1645人；2021年度受理申报灵活就业困难人员社保补贴申请68人，享受社保补贴37.86万元；2021年底建档立卡贫困户帮扶（公益）岗17人。四是做好民政工作。古城街道共有农村、城镇生活最低保障230户593人，发放低保金197.56万元；对农村特困107人发放五保供养资金96.12万元；注重帮扶困难群众及弱势群体，享受80周岁高龄补贴1246人，共发放补贴款78.18万元，享受残疾人补贴495人，共发放补贴资金39.8万元，享受孤儿待遇2人，事实无人抚养儿童3人，共发放基本生活费7万元，经济困难、高龄失能老人22人，共发放养老服务补贴2.5万元，临时救助36人，共发放救助金6.58万元。

【基层党建有成果】一是选优配强领导班子，

高质量完成“两委”换届任务。为保证换届质量和秩序，我街道坚持“日调度”“周总结”工作机制。每天召开党工委会议进行专题研究，每周进行阶段性总结，督导换届进度，灵活调配人员对重点村进行集中攻坚，按时间节点顺利完成35个村、10个社区的换届工作，并规范整理档案。深入开展干部教育培训整顿月活动，利用一个月的时间对新一届村（社区）“两委”干部进行授课培训，系统化提升新任村（社区）干部的业务素质和工作能力。二是开展党员干部作风和机关效能建设的监督检查。开展基础设施建设领域腐败和作风建设专项整治、供热领域突出问题专项整治、“吃公函”专项整治和基层“微腐败”专项整治工作。突出源头预防，加强专题教育和警示教育，强化廉洁从政意识。三是集中攻克白点村，合力打造红色教育阵地。截至2020年底，我街道共有11个多年不发展党员村，截止2021年底共有5个三年不发展党员预警村。经过街道党工委和各村党支部的共同努力，目前各村均已储备入党积极分子。今年，共计报送党员卷60份，目前，已有10个“白点村”和4个预警村完成发展党员任务，摘掉党员“白点村”的落后帽子；着重打造教场村、郑家场村、四街村三个党建示范点，发挥机关党支部和社区党群服务中心的模范引领作用，提升党建示范效能。四是抓好意识形态工作，加强精神文明建设。做好理论中心组学习及党史学习工作。每月开展至少一次理论中心组学习，党史学习每月至少集中学习1次与自主学习1次。组织各党支部开展党史学习教育主题党课活动。同时，开展主题鲜明、内容丰富的志愿活动。充分发挥新时代文明实践所（站）、团委、妇联的带头作用，开展“疫情防控普及知识”“文明城常态创建”“环境卫生集中整治”“志愿助老服务”等志愿者活动50余次，累计参加人数800人次，为需要群体提供帮助的同时，让文明健康意识深入人心。

滦河街道

2021年滦河街道始终以习近平新时代中国特色社会主义思想为指引，围绕市委提出的“1395”工作思路，结合工作实际，勇于创新，不断开创街道工作新局面。

【统筹经济发展】滦河街道2021年已完成固定资产投资5.4亿元，零散税收入90万元，入库项目15个。年底完成了紫薇园、鼎盛家园两个小区整体环境设施改造项目，以及通达物业和海峰环卫设备购置项目的立项工作。全年外出招商引资5次，并与电子网络无车承运平台项目成功签约。进一步加强营商环境建设，制定了跑办帮办制度，简化审批手续办事流程，提供了优质的发展环境，吸引更多的客商投资落户滦州。

【疫情防控】一是成立了党员先锋队。结合“双报到”单位切实履行好社区疫情防控主体责任，周一到周日在各个开放小区卡口值班登记。二是对来滦人员实施全面摸底排查，全年共排查19732户、58577人。其中，中高风险地区来返滦人员32人，相关低风险地区来返滦人员611人，辖区内境外人员292人。三是确保疫苗接种应接尽接。街居干部全员分配疫苗接种任务，全年完成第一剂次接种人数3.55万人，第二剂次接种人数3.40万人，圆满完成了滦州市下达的接种任务。第三剂次接种有序推进，截至年底已接种1.4万人。四是加强防疫演练。先后在自强里、团结里、朝阳里等小区开展疫情防控应急演练和全员核酸检测演练，辖区内共设置全员核酸检测采样点位93个。

【创建文明城市】一是加强阵地建设，全年全面整改提升街道综合行政服务中心、新时代文明实践所和7个新时代文明实践站，明确了7个社区党组织书记为新时代文明实践站主任，全面负责工作谋划部署。以社区为阵地，更新公益广告展牌400余块、15分钟生活圈60余块、发放宣传资料2万余份。二是开展常态化清理。制定了《滦河街道创建全国文明城市常态精细化治理方案》，坚持建管结合，以市场环境秩序、“门前三包”责任落实、社区环境卫生秩序、城市“牛皮癣”等四个方面为重点开展常态治理。联合包联单位共集中清理12次，常态清理56次，拆除违建800余平方米，清理乱栽乱种、乱堆乱放4000余平方米，提升了社区整体卫生水平。三是全力打造省级文明社区，参与“双周拉练”评比，把测评指标转化为常态工作。2021年滦河街道圆满通过省级文明单位及自强里、晨光里、金鼎丽城、晨光南里四个省级文明社区的复审。四是倡导志愿服务。全年共开展志愿服务30余次，辐射19个社区，受益群众达4.9万人。同时，结合“学党史办实事、携手共创文明城”和“访千楼万家”活动，积极对接87家市直包联共建单位，组建了28支新时代文明实践志愿服务队伍。

【保障和改善民生】全年新增城镇低保5户、5人，停发城镇低保5户、10人，实施动态管理，应保尽保、应退尽退。残联方面，全年新增生活补贴2人，新增护理补贴18人，全部按月实行社会化发放。为言语障碍和脑瘫儿童申请救助筛查14名，为孤独症儿童申请康复救助4名，为精神病患者申请药物或住院项目3名。全年享受补贴待遇的老年人共715名。完成居民养老保险收缴988人，医疗保险共完成18000余人，收缴退休职工医疗保险240.44万元。受理创业贷款67户，放款1035万元。为失业人员返还补贴100余万元。此外，当年晨光南里社区被评为了省级充分就业社区。

【生态环境治理】为确保生态文明建设和环境保护工作顺利开展，制定了《2021年滦河街道环境保护工作计划》《2021年滦河街道生态环境事件应急预案》《滦河街道2021年环境保护实施方案》《滦河街道关于环境保护三级网格责任划分的实施方案》。当年大气污染防治一中专班新招工作人员10人，专班人数共20人，并定期开展业务培训。2021年6月底开始，每周对一中内西教学楼、科技楼、食堂和家属院等8栋楼楼顶开展清洗工作。对辖区内集中供暖住户燃用散煤开展常态化巡查，坚决实现“禁煤区”散煤清零。春节、清明、寒衣等节日前后，安排居委干部路口值班，制止焚烧冥纸冥币情况。对裸露地面开展集中整治行动，全年辖区内共硬化裸露地面80200m^2。全年发现问题并立即整改的162次，下达整改通知限期整改的9次，生态办协调与城管和环保部门联合执法6次。

【平安社区建设】为贯彻落实国家惠民政策，扎实推进工作滦河街道2021-2022年度治安保险收缴共完成12844户，收取保费128440元，完成率、收取率达到102%。积极推广新时代“枫桥经验”，大力开展“民主法治示范社区”创建和“法律服务进社区”活动，累计接待法律咨询680人次，开展法制宣传讲座20多场次。健全应急处置机制，2021年街道组建应急队伍1支，19个社区分别组建应急队伍19支，共436人。建立健全“居委会—物委会—业委会—楼门长”平安建设工作体系，并对朝阳里东区、财政局家属院进行了封闭前期改造，解决了小区绿化等居民关心的痛点、难点问题，全年共上报矛盾纠纷4127起，调处4127起，上报民情日志7934篇，做到了问题在网格解决。解锁信访新模式，变上访为下访，已经有3名老上访户签订了息诉罢访承诺书。

【坚持党建引领】一是加强基础组织建设，全力做好党员干部管理工作。滦河街道长期坚持集中学习制度，狠抓机关党员干部每周学习制度和“三会一课”党员教育管理制度的落实，定期开展组织生活会，抓好党工委及社区班子人员的思想建设、作风建设，提高政治素养，组织党组理论中心组集中学习24次、自学36次，组织作风纪律考试3次，班子成员以身作则，带头参加学习、遵守各项规章制度。二是持续推进“六位一体”工作。全面提升城市社区治理质量，坚持以点带面，不断完善示范点建设。自强里、晨光南里、金鼎丽城、团结里4个示范点更换、添置宣传、指引标志牌匾80余块。其中，团结里党支部2021年7月份荣获中共河北省委授予的“河北省先进基层党组织”称号。三是充实社区力量。退伍军人公益岗报到15人，招聘卫生督导员8人，并与29名毕业大学生签订了社区工作者劳动合同，并制定了《滦河街道社区工作者日常管理及考核细则》。同时，鼓励党员干部勇挑重担、有经验的同志做好传帮带、年轻的同志积极创新的工作思路，提高街道工作的业务水平。四是加强机关作风建设，打造纪律严明的干部队伍，教育引导街居两级干部严格遵守机关各项规章制度，制作并下发了机关纪律作风口袋书。

2021年大事记

1月

3日，滦州市召开农村人居环境整治提升行动第五次观摩检查会议。李建忠、孙自生、王合成、张志国、孙太和等市四大班子及其他副处级以上领导出席会议。各镇（街）、市直相关单位负责同志参加了会议。

同日，滦州市召开疫情防控工作会议，落实唐山市疫情防控工作相关要求，安排部署当前疫情防控重点工作。李建忠、孙自生、王合成、张志国、孙太和等市四大班子领导出席会议。各镇（街）、市直相关单位负责同志参加了会议。

5日，市委书记李建忠主持召开疫情防控工作专题部署会议，对滦州市疫情防控工作进行再安排、再部署。孙自生、王合成等市领导出席会议。市新冠肺炎疫情防控工作领导小组成员单位和各镇（街）、市直相关部门主要负责同志参加了会议。

6日，市委书记李建忠、市委副书记王合成、副市长刘翠萍先后到核酸检测点、市疾控中心、防疫物资储备仓库、康诚医院、火车站、汽车站、军营村、晨光南里社区等地督导检查疫情防控工作。

10日，唐山市委常委、常务副市长付振波在市卫健委负责同志陪同下到滦州市督导检查疫情防控工作。李建忠、孙自生、王合成等市领导陪同督导检查。

同日，唐山市政协副主席白春明来滦州市督导检查疫情防控工作。市领导李建忠、孙自生、王合成、孙太和及相关部门负责同志陪同了检查。

22日，市委书记李建忠主持召开2021年农村工作会议，学习贯彻中央、省、市农村工作会议精神，研究谋划滦州市农业农村工作。市领导孙自生、王合成、张志国、孙太和、李瑞岭出席会议。各镇（街）党（工）委书记、市直有关部门主要负责同志参加了会议。

2月

3日，滦州市第一届人民代表大会第三次会议在政府礼堂开幕。近200名来自全市各条战线的人大代表肩负人民重托出席大会。开幕式由大会主席团常务主席、执行主席李建忠主持。大会主席团常务主席及执行主席李建忠、孙自生、王合成、张志国、孙太和等出席会议并在主席台前排就座。唐山市重点工作大督查第四督查组组长张宝国应邀出席会议并在主席台前排就座。参加市政协一届三次会议的政协委员在主会场列席会议。有关镇（街）、市直有关部门负责同志在分会场列席会议。

会议应到代表232名，实到192名，符合法定人数。会上，宣布了2021年民生实事项目票决结果；表决通过了关于滦州市人民政府工作报告的决议；表决通过了关于滦州市国民经济和社会发展第十四个五年规划和二〇三五年远景目标纲要的决议；关于滦州市2020年国民经济和社会发展计划执行情况与2021年国民经济和社会发展计划的决议、关于滦州市2020年财政预算执行情况和2021年财政预算的决议；表决通过了关于滦州市2020年环境状况和环境保护目标完成情况以及2021年工作计划报告的决议；表决通过了关于滦州市人民代表大会常务委员会工作报告的决议、关于滦州市人民法院工作报告的决议、关于滦州市人民检察院工作报告的决议。

3日-4日，政协滦州市第一届委员会第三次会议在政府礼堂举行。市政协主席孙太和，副主席刘玉东、闫立、李爱民，党组成员王浩臣，秘书长罗晓艳在主席台前排就座。李建忠、孙自生、王合成、张志国等市委、市人大、市政府领导和市法院、检察院、公安局、经济开发区的副处级领导应邀出席会议并在主席台上就座，祝贺大会召开。唐山市重点工作大督查第四督查组组长张宝国应邀出席会议并在主席台上就座。有关镇（街）、市直有关部门负责同志在分会场列席会议。市政协一届委员会第三次会议的委员应到191名，实到153名，符合规定人数。

大会开幕式由市政协副主席闫立主持。李建忠作重要讲话，孙太和作政协工作报告。委员们列席了十一届人大三次会议。选举王浩臣同志当选政协滦州市第一届委员会副主席，方洁、李久强、张云忠、张晓亮、陈双印当选为政协滦州市第一届委员会常务委员。

对提案优胜最佳政协委员进行了表彰；审议通过了政协滦州市第一届委员会第三次会议政治决议；审议通过了政协滦州市第一届委员会第三次会议关于常务委员会工作报告的决议。

20日，滦州市召开“三重四创五优化”活动动员部署会议。会议以视频会议形式召开，各镇（街）设分会场。李建忠、孙自生、王合成、张志国、孙太和等市四大班子领导及副处级以上领导干部出席会议。唐山市委宣传部副部长、文明办主任李泽明应邀出席会议。各镇（街）党（工）委书记、市直单位主要负责同志以及相关企业负责人在主会场参加会议。

22日，滦州市人民政府与唐山市第二中学合作办学签约仪式在市一中举行。唐山市副市长曹全民、市政府办公室调研员孙友树、教育局局长刘绍辉和市领导李建忠、孙自生、张志国、孙太和、刘翠萍、刘玉东出席签约仪式。

23日，滦州市召开“迈开大步、走在前列”重点工作汇报会，贯彻落实省委常委、唐山市委书记张古江对滦州的指示要求。李建忠、孙自生、王合成、张志国、孙太和等市四大班子有关领导出席会议。市直有关部门主要负责同志参加了会议。

26日，滦州市召开中共滦州市第一届纪律检查委员会第三次全体会议暨领导干部警示教育大会，全面回顾总结2020年全市党风廉政建设和反腐败工作，安排部署2021年反腐倡廉工作任务。李建忠、孙自生、张志国、孙太和等市四大班子领导出席会议。市纪委委员，各镇（街）党（工）委、市直单位负责同志，市纪委监察委员会班子成员、巡查办主任参加会议。各镇（街）镇长（主任）及其他班子成员在各自分会场参加会议。

3月

2日，唐山市举行2021年第一季度重点项目集中开工活动。滦州市作为分会场与多个县市区同步举行开工仪式。唐山市政协党组副书记、副主席白春明和市委书记李建忠，市委副书记、市长孙自生，市委副书记王合成，市人大常委会主任张志国，市政协主席孙太和，市委常委、常务副市长李鸿祥出席开工仪式。各镇（街）、市直相关单位负责同志和项目单位代表参加了开工仪式。

4日，滦州市召开党史学习教育动员会议。李建忠、孙自生、王合成、张志国、孙太和等市四大班子领导及副处级以上领导干部出席会议。唐山市重点工作大督查第四督查组组长张宝国应邀出席会议。会议以网络视频会议形式召开，各镇（街）设分会场。

同日，滦州市召开政法队伍教育整顿动员部署会议，贯彻落实中央和省政法队伍教育整顿动员部署会议精神，对滦州市相关工作进行安排部署。李建忠、孙自生、王合成、张志国、孙太和等市四大班子有关领导出席会议。各镇（街）党（工）委书记，市直有关单位主要负责同志，市委政法委、法院、检察院、公安局、司法局领导班子成员参加了会议。

9日，省委常委、唐山市委书记张古江等唐山市四大班子领导带领参加唐山市2021年第一季度重点项目观摩活动的与会人员来滦州市观摩项目建设情况。市领导李建忠、孙自生、张志国等陪同了观摩。

10日，滦州市召开大气污染防治工作部署会议。市委副书记、市长孙自生，副市长李恩科出席会议。各镇（街）、市直相关单位主要负责同志参加了会议。

11日，根据省委统一安排，省委第八巡视组巡视滦州市情况反馈会议召开。省委第八巡视组组长刘永亭反馈巡视情况，对巡视整改提出要求。唐山市委常委、纪委书记、监委主任穆伟利出席会议并讲话。市委书记李建忠主持会议并作表态发言。孙自生、王合成、张志国等市四大班子领导及副处级以上领导干部，各镇（街）党（工）委书记，市直相关部门主要负责同志，市纪委监委、市委组织部领导班子成员，市委巡察办主任、巡察组组长以及近年来退出领导岗位的老同志参加了会议。

17日，滦州市召开市委理论学习中心组党史学习教育专题集中学习研讨（扩大）会议。市委书记李建忠主持会议并讲话。会议以视频会议形式召开，孙自生、王合成、孙太和等市四大班子领导及其他副处级领导干部、市直相关单位主要负责同志在主会场参加会议。市直部分单位主要负责同志、各镇（街道）班子成员及部分村（居）党支部书记在分会场收听收看会议。

19日、20 日，滦州市组织开展平青大路全线环境卫生专项整治行动。市委书记李建忠，市委副书记王合成，市人大常委会主任张志国，市政协主席孙太和等市四大班子领导和市直单位广大干部职工1600余人参加了清扫活动。

23日，唐山市举行2021年第一季度项目集中签约活动。市委书记李建忠，市委常委、常务副市长李鸿祥，市委常委、副市长张雪峰，副市长李恩科和经济开发区管委会、发改局、工信局、商务局等相关部门负责同志在滦州市分会场参加签约仪式。

同日，唐山市政协副主席白春明到滦州市督导检查落实唐山市委市政府关于重点行业企业停限产要求情况。副市长刘翠萍，市政协副主席李爱民和生态环境分局、滦城街道、茨榆坨镇等相关部门负责同志陪同督导。

25日，滦州市召开市委第八轮巡察工作动员部署会议。市委书记李建忠，市委副书记王合成，市委常委、组织部部长、统战部部长王殿新，市委常委、纪委书记、监委主任崔敬民出席会议。各镇（街）党（工）委书记、市直有关单位主要负责同志、各巡察组组长在主会场参加会议。

26日，市委书记、市政法队伍教育整顿领导小组组长李建忠围绕《永葆忠诚本色、担当神圣使命，努力锻造新时代过硬政法铁军》主题，为全市政法机关领导干部和全体干警讲了一堂生动的党课。市委副书记王合成，市委常委、政法委书记侍瑞军，副市长、公安局长孙晓忠，市法院院长李岩、检察院检察长吕景利出席会议。会议以网络视频会议形式召开，市委政法委、法院、检察院、公安局、司法局班子成员及中层干部在主会场参加会议。各镇（街）政法委员，基层派出所、法庭、司法所全体干警在分会场参加会议。

4月

2日，滦州市举行滦州滦河流域生态整治及旅游开发项目签约仪式。中国安能集团科工有限公司党委书记、执行董事息殿东，中交基础设施养护集团有限公司党委常委、副总经理霍立飞和市领导李建忠、孙自生、王合成、李鸿祥、李瑞岭、于晓红出席签约仪式。

6日，滦州市举行“交通建设年”项目启动仪式。李建忠、孙自生、王合成、张志国、孙太和等市领导出席启动仪式。各镇（街）、市直相关部门主要负责同志和施工、监理单位代表参加了启动仪式。

13日，唐山市委常委、常务副市长付振波来滦州市作党史学习教育专题宣讲报告。市领导李建忠、王殿新、田文学、李鸿祥及各镇（街）、市直有关单位主要负责同志、部分基层一线党员干部代表聆听了报告会。

据国家地震台网测定4月16日16时06分，在河北省唐山市滦州市发生4.3级地震，震源深度9千米。此次地震未造成人员伤亡和财产损失，滦州市社会秩序井然有序，群众生产生活正常。

17日，滦州市召开农村人居环境整治提升暨农房抗震改造观摩检查活动，对各镇（街）人居环境整治提升及农房抗震改造试点建设情况进行观摩检查。李建忠、孙自生、王合成、张志国、孙太和等市四大班子及其他副处级以上领导出席会议。各镇（街）、市直相关单位负责同志参加了会议。

21日，唐山市审计组审计进点见面会召开。唐山市审计组全体成员和市委书记李建忠，市委副书记、市长孙自生，市委常委、常委副市长李鸿祥出席会议。各镇（街）党（工）委书记、市直相关部门主要负责同志参加了会议。

26日，滦州市召开市镇两级人大换届选举和镇领导班子换届工作动员部署暨加强换届风气监督工作会议。市领导李建忠、王合成、张志国、孙太和、王殿新、崔敬民、侍瑞军、田文学、陆岳山出席会议。各镇（街）党（工）委书记、人大主席（主任）、组织委员、宣传委员和市换届领导小组办公室成员以及市人大常委会选任代工委主要负责同志参加了会议。

30日，市委书记李建忠主持召开专题会议，就做好“五一”期间重点工作进行安排部署。孙自生、王合成、张志国等市四大班子领导出席会议。各镇（街）和市直相关部门主要负责同志参加了会议。

4月，滦州市获评“2020年度全省农业产业化先进县”。

5月

9日，滦州市组织开展农村人居环境整治提升观摩评比活动，对各镇（街）村庄街道硬化美化净化、厕所改造、美丽庭院建设、村庄绿化等人居环境整治提升情况以及农房抗震改造试点建设情况进行观摩检查。李建忠、孙自生、王合成、张志国等市四大班子及其他副处级以上领导和各镇（街）、市直相关单位负责同志参加了观摩评比活动。

11日，滦州市召开党史学习教育推进会议。李建忠、孙自生、王合成、张志国等市四大班子领导和其他副处级以上领导干部出席会议。会议以网络视频会议形式召开，在市委平房会议室和各镇（街）设分会场。

15日，市委副书记、市长孙自生主持召开深化全国文明城市创建工作推进会议，全面落实“三重四创五优化”活动和“3+5”创建部署要求，对文明城市常态化创建工作进行安排部署。王合成、张志国等市四大班子有关领导出席会议。各镇（街）党（工）委书记、市直单位主要负责同志参加了会议。

18日，唐山市人大常委会主任郭彦洪利用一天时间来滦州市检查贯彻落实大气污染防治“一法一条例”工作情况。市领导李建忠、孙自生、王合成、张志国、王久福、李恩科和生态环境分局、住建局等相关单位负责同志、部分人大代表陪同了检查。

19日，唐山市农村工作领导小组副组长卢宏秋带领参加唐山市荒山矿山造林绿化现场会的北部6个荒山、矿山绿化任务较大的县（市）、区分管负责同志、林业主管部门主要负责同志实地观摩杨柳庄镇晁庄村荒山造林绿化工作开展情况。市委书记李建忠，副市长李瑞岭陪同了观摩活动。

20日，滦州市以网络视频会议形式举行“永不褪色的记忆”党史学习教育红色故事报告会，邀请“永不褪色的记忆”公益寻访冀东抗战英雄活动发起人、2015年度“中国网事感动河北”十大人物戚辉讲述以滦州港北起义为时代背景下滦州籍八路军老战士的红色英雄故事。李建忠、孙自生、王合成、张志国、孙太和等市四大班子领导及副处级以上领导干部和各镇（街）党（工）委书记、市直相关单位主要负责同志在主会场参加会议。其他市直单位主要负责同志和各镇（街）班子成员、村（居）党支部书记在分会场收听收看了报告会。

21日，唐山市委常委、组织部长、统战部

长陈学民就“三基”建设年活动、村“两委”换届、基层党建等工作来滦州市调研。市委书记李建忠，市委副书记王合成，市委常委、组织部长、统战部长王殿新陪同了调研。

同日，省双拥办副主任、省退役军人事务厅一级巡视员程晓辉带领省考评组来滦州市考评验收新一届省双拥模范城（县）创建工作。唐山市退役军人事务局、唐山军分区等相关部门负责同志和市领导李建忠、孙自生、王合成、费立松、孙晓忠陪同了考评验收。

24日，市委书记李建忠到王店子镇、雷庄镇督导调研农业产业化重点龙头企业及矿山整治工作情况。副市长李瑞岭和资规局、农业农村局等相关部门负责同志参加了督导调研。

25日，唐山市举行2021年第二季度重点项目集中开工活动。滦州市作为唐山市重点项目集中开工活动分会场，与多个县市区同步举行开工仪式。唐山市政协党组副书记、副主席白春明和市领导李建忠、孙自生、张志国、李鸿祥、李瑞岭出席开工仪式。各镇（街）、市直相关单位负责同志和项目建设单位代表参加了开工仪式。

26日，市委书记李建忠主持召开市四大班子重点工作会议。市委副书记、市长孙自生等市四大班了领导及副处级以上领导干部、各镇（街）党（工）委书记、市直单位负责同志参加了会议。

会上，市委常委、政法委书记侍瑞军汇报了政法队伍教育整顿工作情况，并就下步工作讲了意见；市委常委、宣传部长田文学就党史学习教育、文明城创建工作讲了意见；孙自生传达了唐山市“防风险除隐患保安全”安全生产大排查大整治行动专题调度会议精神，并就做好滦州市相关工作讲了意见。

27日，省农业农村厅总规划师、二级巡视员王越祥带领督导组到滦州市督导检查2021年农村户厕摸排整改工作进展情况。市委副书记、市长孙自生，副市长李瑞岭和农业农村局、东安各庄镇负责同志陪同了督导。

本月，滦州市获评河北省2020年深化医药卫生体制改革先进县。

本月，滦州市扶贫开发办公室被授予“河北省脱贫攻坚先进集体”称号。

6月

12日，市委书记李建忠主持召开市镇两级换届暨生态环保工作调度会议。孙自生、王合成、张志国、孙太和、王殿新、崔敬民等市领导出席会议。各镇（街）党（工）委书记和市直相关部门主要负责同志参加了会议。

18日，市委书记李建忠主持召开全国文明城市争创工作座谈交流会。省委宣传部部务会成员、省文明办专职副主任李秀存，省文明创建指导处副处长李澍，唐山市委宣传部副部长、文明办主任李泽明到会指导滦州市文明城市创建工作。市领导王合成、刘翠萍、许超、脱德华等和市委宣传部、城管执法局、市场监管局等相关部门负责同志参加了座谈。

26日，市委书记李建忠在市委多功能厅向干部群众代表讲专题党课。会议以网络视频形式召开，市四大班子领导及副处级以上领导干部、部分市直单位主要负责同志在主会场参加了会议。政法干警、学校师生、医护人员、普通党员和行业工人代表在分会场参加了会议。市委常委、宣传部长脱德华主持会议。

28日，唐山市农村工作领导小组副组长卢宏秋到滦州市督导新冠疫苗接种工作。市委副书记、市长孙自生，市委常委人选、副市长刘翠萍和卫健局、东安各庄镇、滦河街道等相关部门负责同志陪同了督导。

29日，唐山市政协副主席白春明来滦州市慰问退役军人和老党员。市领导孙自生、宋焕强、葛秋钧参加了慰问。

7月

5日，滦州市召开庆祝中国共产党成立100周年座谈会。李建忠、孙自生、王合成、张志国、孙太和、王殿新、崔敬民等市四大班子领导及其他副处级以上领导干部出席会议。各镇（街）党（工）委书记和老干部、优秀共产党员、优秀党务工作者代表参加了座谈。

5日至7日，市委书记李建忠主持召开全国文明城市创建工作调度会议。市领导孙自生、王合成、许超、果爱宾、脱德华等出席会议。滦河街道、古城街道、城管执法局等相关部门负责同志参加了会议。

9日，市委书记李建忠，市委副书记、市长孙自生到首农新绿洲一、二期牧场和三期项目建设现场实地调研。市领导宋焕强、白金鑫和农业农村局、财政局等负责同志参加了调研活动。

大会的主要议程是：听取和审查中共滦州市第一届委员会工作报告；书面审查中共滦州市第一届纪律检查委员会工作报告；选举中共滚州市第二届委员会选举中共滦州市第二届纪律检查委员会选举出席唐山市第十一次党代会代表接收和审查党代表提案。

会议号召，全市各级党组织要更加紧密地团结在以习近平同志为核心的党中央周围，坚持以习近平新时代中国特色社会主义思想为指导，在省、市委的坚强领导下，牢记初心使命，坚定理想信念，践行党的宗旨，与全市人民风雨同舟、同甘共苦，近开大步、走在前列，为加快实现“现代中等城市、全国百强滦州”奋斗目标不懈奋斗。

17日，市委书记李建忠主持召开中共第一届滦州市委第94次常委会议。孙自生、许超、果爱宾、费立松等市委常委参加会议。市领导张志国、孙太和、王殿新、崔敬民等列席会议。市领导韩敏、李恩科等和市直相关部门负责同志列席会议相关议题。会议研究了《滦州市第二次党代会报告（讨论稿）》；书面审议了《中共滦州市纪委工作报告（讨论稿）》；听取了关于中共滦州市第二次代表大会有关事项和关于圈选滦州市出席中共唐山市十一次代表大会代表预备人选有关事项的汇报；听取了人大、政府、政协、法院、检察院党组关于落实全面从严治党和党风廉政建设主体责任情况及提交“两会”审议的工作报告；研究了召开人大、政协“两会”相关事宜；研究了《关于在全市共产党员中开展“建党精神融入血脉、初心使命擦亮党徽”活动的实施意见（讨论稿）》和《关于“八一”期间开展“双拥”系列活动方案（讨论稿）》。

同日，中共滦州市第一届委员会召开第六次全体会议。出席会议的有市委委员34名，候补委员9名。市纪委委员列席了会议。全会由市委常委会主持。会议审议通过了市委工作报告（草案）和市纪委工作报告（草案）；市委常委、组织部长、统战部长许超作了关于中共滦州市第二届委员会委员、候补委员和中共滦州市第二届纪律检查委员会委员候选人预备人选名单的说明，并宣读预备人选名单；审议通过了中共滦州市第二届委员会委员、候补委员、中共滦州市第二届纪律检查委员会委员候选人预备人选名单；圈选出滦州市出席中共唐山市第十一次代表大会代表候选人预备人选。

19日，市委书记李建忠主持召开中共第一届滦州市委第95次常委会议。王合成、许超、果爱宾、脱德华等市委常委出席会议。市领导张志国、孙太和、王殿新、崔敬民等列席会议。

会议传达学习了习近平总书记在中央全面深化改革委员会第二十次会议、“七一勋章”颁授仪式上的讲话精神和《求是》杂志上发表的《学史明理、学史增信、学史崇德、学史力行》；研究了《滦州市关于完整准确全面贯彻新发展理念的意见（讨论稿）》《关于落实省、市委贯彻落实<中国共产党党校（行政学院）工作条例>建设一流党校（行政学院）的若干措施的责任分工（讨论稿）》；审议通过了《滦州市出席唐山市第十六届人民代表大会代表候选人初步人选建议名单》。

25日-26日，滦州市召开第二届人民代表大会第一次会议。大会由主席团常务主席及执行主席李建忠主持，大会主席团常务主席及执行主席孙自生、王合成、张志国、王殿新、陆岳山、王秀丽、侍瑞军在主席台前排就座。孙太和、崔敬民、张雪峰等在主席台就座。在主席台就座的还有大会主席团其他成员市政府领导；一届市人大领导；市政协领导；市人民法院代院长，市人民检察院代检察长，经济开发区党工委副书记。

会议应到代表247名，出席会议的代表230名，出席人数符合法定人数。

选举王殿新同志当选为滦州市第二届人民代表大会常务委员会主任；陆岳山、王秀丽、侍瑞军同志当选为滦州市第二届人民代表大会常务委员会副主任；王伟等30 名同志当选为滦州市第二届人民代表大会常务委员会委员；孙自生同志当选为滦州市人民政府市长；于晓红、白金鑫、刘翠萍、李恩科、张雪峰、高银、韩敏当选为滦州市人民政府副市长；果爱宾同志当选为滦州市监察委员会主任；任丽伟同志当选为滦州市人民法院院长；梁胜伟同志当选为滦州市人民检察院检察长。马立军等35名同志当选为滦州市出席唐山市第十六届人民代表大会代表。

会上，以举手表决的方式分别通过了滦州市第二届人民代表大会第一次会议关于滦州市人民政府工作报告的决议；关于滦州市人民代表大会常务委员会工作报告的决议；关于滦州市人民法院、检察院工作报告的决议。

24日-26日，召开政协滦州市第二届委员会第一次会议，大会主席团常务主席崔敬民、王浩臣、葛秋钧、姜伟荣、于忠君在主席台前排就座。李建忠、孙自生、王合成、张志国、王殿新等市委、市人大、市政府在滦的全体领导，一届市政协领导，法院、检察院、公安局、经济开发区的副处级以上领导应邀出席会议并在主席台上就座。市直有关部门负责同志、部分重点企业以及驻滦单位负责人在分会场应邀列席会议。

会议应出席委员240人，实际出席225人，符合规定人数。

选举崔敬民同志当选为政协滦州市第二届委员会主席，王浩臣、葛秋钧、姜伟荣当选为政协滦州市第二届委员会副主席，于忠君当选为政协滦州市第二届委员会秘书长。34名委员当选政协滦州市第二届委员会常务委员。

会议审议通过了政协滦州市第二届委员会第一次会议政治决议和政协滦州市第二届委员会第一次会议关于常委会工作报告的决议。

30日，市委书记李建忠主持召开新冠肺炎疫情防控工作领导小组会议。孙自生、王合成、张雪峰、许超、刘翠萍、果爱宾、李瑞岭、费立松、脱德华、宋焕强等市领导出席会议。各镇（街）和卫健局、交通局、教育局、应急局、人民医院、中医院、疾控中心等相关部门主要负责同志参加了会议。

8月

2日，滦州市召开议军工作会议。市委书记李建忠主持会议并讲话。他强调，要深入贯彻落实习近平强军思想和省、市委议军会议精神，围绕新时代党管武装要求，坚持政治建军、突出练兵备战、深化双拥共建，全面提高履行使命任务能力，推动滦州市党管武装工作和国防后备力量建设再上新台阶。市领导孙自生、王合成、许超、费立松、宋焕强出席会议。各镇（街）党（工）委书记、市直相关部门主要负责同志和人武部、武警中队、预备役高炮团负责人参加了会议。

3日，省委常委、唐山市委书记张古江带领参加唐山市2021年第二季度重点项目观摩活动的与会人员来滦州市观摩河北东海特钢集团有限公司数字智能储运系统项目和唐山东钢新技术有限公司冶金固废循环利用项目建设情况。市领导李建忠、孙自生、王合成、张雪峰和经济开发区管委会、发改局、工信局等相关单位负责同志陪同了观摩活动。

5日，市委书记李建忠主持召开疫情防控工作领导小组会议。孙自生、王合成、张雪峰等市领导出席会议。各镇（街）党（工）委书记、市直有关部门主要负责同志参加了会议。

同日，唐山市政协副主席白春明到滦州市调研指导项目建设和防汛工作。市政协主席孙太和，市委常委、办公室主任吴海山，市政协副主席李爱民陪同调研。

6日，唐山市政协副主席白春明来滦州市督导检查疫情防控工作。市委书记李建忠，市委常委、副市长刘翠萍，市政协副主席王浩臣和卫健局、交通局、公安局等相关部门负责同志陪同了督导检查。

9日，滦州市召开2021年经济运行暨重点项目建设调度会议，贯彻落实省、市经济工作会议精神，总结滦州市上半年工作，对下半年工作进行安排部署，动员全市上下统一思想、凝心聚力，按照市委市政府部署要求，大干三季度、决胜下半年，确保圆满完成全年目标任务、“十四五”开好局、起好步，为推动全市各项工作迈开大步、走在前列，加快建设“现代中等城市、全国百强滦州”提供有力支撑。李建忠、孙自生、王合成、王殿新、崔敬民等市四大班子领导出席会议。市法院、检察院、经济开发区和各镇（街）、市直有关部门主要负责同志参加了会议。

10日，滦州市召开学习贯彻习近平总书记“七一”重要讲话精神专题宣讲报告会。李建忠、孙自生、王合成、王殿新、崔敬民等市四大班子领导及副处级以上领导干部、市直有关单位主要负责同志在主会场参加会议。各镇（街道）班子成员、机关党员和干部代表在各自分会场参加会议。

11日，市委书记李建忠主持召开2021年市城乡规划委员会第三次会议。市委副书记、市长孙自生，市委副书记王合成，市委常委、办公室主任宋焕强，副市长高银出席会议。市人大常委会主任王殿新、市政协主席崔敬民列席会议。市直有关部门主要负责同志参加会议。市委常委、副市长刘翠萍，副市长于晓红、白金鑫和经济开发区管委会、城投公司等相关部门主要负责同志列席了会议相关议题。

31日，唐山市委常委、常务副市长乔朝英来滦州市调研地震断裂带周边农房抗震改造及重点项目建设工作。市领导李建忠、孙自生、张雪峰等和住建局、发改局、应急管理局等相关部门负责同志陪同了调研。

9月

6日，唐山市人大常委会副主任苏铁成带领执法检查组到滦州市督导检查四项联动监督和“6＋1”联动监督“回头看”工作开展情况，实地查看矿山综合治理重点工作点位。市领导李建忠、孙自生、王殿新等和资规局、生态环境分局等部门负责同志参加了督导。

8日，省委常委、唐山市委书记张古江带领参加唐山市地震断裂带房屋改造和采煤沉陷区治理观摩活动的与会人员到滦州市榛子镇大岗上、小岗上村观摩农房抗震改造情况。市领导李建忠、孙自生、王合成等陪同了观摩。

18日，滦州市召开抓党建促乡村振兴暨人居环境整治工作会议。李建忠、孙自生、王合成、王殿新、崔敬民等市四大班子领导出席会议。各镇（街）、市直相关单位负责同志和观摩村党支部书记参加了会议。

26日，滦州市召开推进质量强市与标准化战略工作会议。市委副书记、市长孙自生，副市长于晓红和唐山市市场监管局四级调研员龙战萍出席会议。各镇（街）镇长（主任）、市直相关部门负责同志和12家重点企业代表参加了会议。

27日，唐山市举行2021年第三季度重点项目集中开工活动。滦州作为分会场与全市各个县市区同步举行开工仪式。唐山市副市长、滦州市委书记李建忠，市委副书记、市长孙自生，市委副书记王合成，市政协主席崔敬民等出席开工仪式。各镇（街）、市直相关单位负责同志和项目建设单位代表参加了开工仪式。

10月

1日，“滦州市交通建设年”项目通车仪式在省道迁曹连接线举行。李建忠、孙自生、王合成、王殿新、崔敬民等市四大班子领导和唐山市交通运输局局长张宝才出席仪式。各镇（街）和市直相关部门主要负责同志、部分“两代表一委员”、施工、监理单位代表参加了项目通车仪式。

6日，滦州市召开社区（小区）文明城市创建观摩拉练工作会议。李建忠、孙自生、王合成、王殿新、崔敬民等市四大班子领导出席会议。滦河街道、古城街道、滦城街道党政负责同志，市直相关部门主要负责同志以及观摩社区（小区）负责人参加了会议。

10日，滦州市召开农村人居环境整治提升行动观摩检查会议。孙自生、王合成、王殿新等市领导出席会议。各镇（街）、市直相关单位负责同志和观摩村党支部书记参加了会议。

11 日，滦州市举行换届后科级领导班子成员培训班。唐山市副市长、滦州市委书记李建忠出席开班仪式并授课。孙自生、王合成、王殿新、崔敬民等市四大班子领导和各镇（街）、市直有关单位负责同志参加会议。

14日，市委常委，办公室主任宋焕强主持召开严防散煤复燃和秸秆焚烧会议，进一步压紧压实责任，细化工作举措，切实做好秋冬季大气污染防治工作，强力推动滦州市空气指数持续改善。市人大常委会副主任陆岳山，副市长李恩科，市政协副主席王浩臣出席会议。各镇（街）、市直相关单位和纪委专班主要负责同志参加了会议。

20日，唐山市职业技术学院党委书记盛新丰，院长刘伯颖带队到滦州市就校地合作、人才培养等领域进行考察，并与滦州市签订合作协议。唐山市副市长、滦州市委书记李建忠，市委副书记、市长孙自生，市委常委、纪委书记、监委主任果爱斌等和经济开发区管委会、教育局、卫健局等部门负责同志陪同考察并参加签约仪式。

21日，唐山市副市长、滦州市委书记李建忠主持召开疫情防控工作领导小组会议。孙自生、王合成、张雪峰等市领导出席会议。各镇（街）和市直有关单位主要负责同志参加了会议。

27日，河北东海特钢铁路专用线项目达到开通运行条件，为滦州市打赢蓝天保卫战作出了积极贡献。

11月

13日，滦州市召开农村人居环境整治提升行动第十次观摩检查会议，对各镇（街）村庄街道硬化美化净化、违法建设拆除、厕所改造、美丽庭院建设等工作进行观摩检查。李建忠、孙自生、王合成、王殿新、崔敬民等市四大班子领导出席会议。各镇（街）、市直相关单位负责同志和观摩村党支部书记参加了会议。

16日，滦州市召开民政工作会议，唐山市副市长、滦州市委书记李建忠，唐山市民政局局长王德满和市领导孙自生、刘翠萍、韩敏出席会议。各镇（街）、市直相关部门负责同志参加了会议。

19日，滦州市召开重点工作部署会议。李建忠、孙自生、王合成、王殿新、崔敬民等市四大班子领导出席会议。各镇（街）和市直各单位主要负责同志参加了会议。

20日，唐山市委副书记杨培苏，副市长张涛到滦州市调研巩固脱贫成果情况。李建忠、孙自生、王合成等市领导陪同调研活动。

12月

4日，中国共产党滦州市第二届委员会第二次全体会议在政府礼堂召开。

出席这次全会的有市委委员42人，市委候补委员11人。

全会由市委常委会主持。唐山市副市长、滦州市委书记李建忠代表市委常委会讲话。

全会认真传达学习中国共产党第十九届中央委员会第六次全体会议、中共河北省委第九届委员会第十四次全体会议、中共唐山市委第十一届委员会第三次全体会议精神，审议通过了《中共滦州市委关于贯彻落实<中共唐山市委贯彻落实〈中共河北省委贯彻落实<中共中央关于党的百年奋斗重大成就和历史经验的决议>意见〉的意见>的责任分工》《中国共产党滦州市第二届委员会第二次全体会议决议》。

同日，滦州市召开滦河文化产业带项目指挥部第一次全体会议。市领导李建忠、孙自生、许超等出席会议。市直相关部门主要负责同志和相关企业负责人参加了会议。

7日，滦州市召开学习贯彻党的十九届六中全会精神专题宣讲报告会。唐山市副市长、滦州市委书记李建忠就学习贯彻党的十九届六中全会精神作专题宣讲报告。孙自生、王合成、王殿新、崔敬民等市四大班子领导及副处级以上领导干部、市直有关单位主要负责同志在主会场参加会议。政法干警、学校教师、医护人员等以及行业工人代表分别在分会场参加会议。

22日，受国家标准化管理委员会委托，省考核专家组到滦州市考核验收国家级农村综合改革农业社会化服务标准化项目。唐山市市场监管局局长徐昌盛，市委副书记、市长孙自生，副市长于晓红出席了考核活动。

27日，中国共产党滦州市第二届委员会第三次全体会议在政府礼堂召开。全会坚持以习近平新时代中国特色社会主义思想为指导，深入学习贯彻党的十九大和十九届历次全会精神，全面落实中央和全省经济工作会议、省第十次党代会和唐山市委十一届四次全会决策部署，总结今年工作，部署明年任务，动员全市广大党员干部群众干在实处，走在前列，以“现代中等城市、全国百强滦州”新业绩迎接党的二十大胜利召开。

出席这次全会的有市委委员46人，市委候补委员10人。全会由市委常委会主持。唐山市副市长、滦州市委书记李建忠代表市委常委会向全会作工作报告。全会审议通过了《中国共产党滦州市第二届委员会第三次全体会议决议》。

12月，新城幼儿园分园升级为河北省城市示范幼儿园。

专项工作

滦州市新冠肺炎疫情防控工作概况

2021年，我市始终坚持人民至上、生命至上的理念，全面贯彻落实中央和省市常态化疫情防控决策部署，按照“外防输入、内防反弹”总体防控策略，科学研判国际国内新冠肺炎疫情发展形势，周密安排、精心组织，迅速行动、狠抓落实，慎终如始地抓好疫情常态化防控工作，持续巩固疫情防控成果。现将有关情况报告如下。

【坚持健康防护常态化】（一）常态化开展健康知识普及和防疫知识宣传。强化市、镇、村三级防控宣传网络应用，通过微信公众号、智慧滦州app等新媒体，利用展牌、条幅、广播等方式，全方位、立体化、多层次开展个人卫生、疫情防控等知识宣传，真正让广大群众提升防护意识和能力。引导全市居民自觉坚持“一米线”、常通风、勤洗手、不聚集、戴口罩、公筷公勺制、拒食野味、不随地吐痰等良好卫生习惯和健康生活方式，履行疫情防控个人责任，坚决堵塞疫情传播。加强大规模聚集活动管控，倡导红事缓办、白事简办、宴会不办，严防人员聚集。（二）常态化实施佩戴口罩制度。重点做好三个突出：突出重点部位。在商场、超市、电影院、酒店、公用区域内室内场所，教育引导群众务必要把口罩戴好，处于人员密集的露天广场、公园等人多的场所坚持要戴好口罩。突出重点人群。一类是重点岗位人员，包括境外输入和污染传播高风险岗位人员、医疗机构工作人员、公共场所服务人员，这些人员在工作时间必须按规定全程佩戴口罩；另一类就是农村群众，真正让群众知晓戴口罩的重要性、必要性，不断增强行为自觉。突出重点时段。加强科普宣传，让群众自觉做到4个必戴。去医院就诊、陪护时必戴，接受体温检测、查验健康码、登记行程信息等健康检查时必戴，出现咳嗽、打喷嚏和发热症状必戴，在餐厅、食堂处于非进食状态时必戴。

【坚持测温验码常态化】按照省市统一要求，在社区、农村卡口和宾馆、饭店、商场、超市、旅游点、交通场站等公共场所及党政群机关企事业单位出入口安装人脸识别测温设备1288台，已全部联网。各行业监管部门认真落实部门职责，不断强化商场、超市、药店、农贸市场、汽车站、火车站等重点场所监管，督导指导各主体单位严格执行各项防控措施，全面落实测温验码、佩戴口罩、“一米线”、消毒消杀等防控措施，严防发生聚集性疫情。强化学校、养老院、监所等特殊场所，以及机关企事业单位人员及出入管理，按要求落实体温检测、查验健康码等管理措施，及时收集异常健康信息和检测信息，为疫情科学分析研判和应对处置提供数据支撑。

【坚持外来人员排查常态化】坚持把排查作为防控的基础性工作来抓，抓实抓牢大数据排查、交通站点排查、区域协查、社区（村）兜底排查、流调排查，以及鼓励群众自我申报等措施，将域内所有村（居）社区、城乡接合部和各类出租屋以及各级各类机构全部纳入排查防控范围，对境外回滦人员、国内中高风险地区及相关低风险地区来返滦人员等重点人员，开展动态地毯式拉网式排查，严格落实闭环管理措施，确保排查全覆盖、无死角、无盲区。做到重点人员全部找全找准，管控到位。同时对所有外地返滦人员进行登记备案，逐人建档立卡，清楚掌握其活动轨迹，做到可追溯。今年以来，累计排查来返滦23569人，其中：境外264人，国内高风险地区135人、中风险地区159人、相关低风险地区4036人，国内其他低风险地区18975人。累计收到协查函216份，追踪流调在滦密接19人、次密292人、三密410人。以上人员全部闭环落实了管控措施。

【坚持发热人员筛查常态化】充分发挥基层哨点监测预警作用，规范发热门诊管理，强化预检分诊和首诊负责制，严禁基层卫生院和村卫生室、诊所私自接诊发热病人，全部由120救护车闭环转运至发热门诊就诊。发热患者挂号、就诊、缴费、检查、取药全流程、全封闭在发热门诊完成，实行24小时接诊服务。严格落实各项院感防控措施，坚决堵塞发热门诊设置不规范、村卫生室和个体诊所违规接诊等问题，严防发生院感事件。17家镇（街）卫生院及分院全部规范设置了独立的发热筛查门诊，配备不少于2间独立隔离观察室。规划设置了社区卫生服务点21个。各村卫生室、个体诊所均配备了隔离点。各级各类医疗机构严格落实预检分诊制度和首诊负责制，充分发挥“哨点”作用。全市共配置负压救护车20辆（人民医院6辆、中医院2辆、12家镇街卫生院各1辆）。

【坚持重点人群检测常态化】全市现有人民医院、中医院、康诚医院3个检测实验室和1个疾控中心核酸检测基地，以及移动核酸检测车1辆，日单检能力2.11万份，并分别与北京中同蓝博医学检测试剂实验室有限公司、天津市艾迪康医学检测所有限公司签订合作协议。共组建核酸检测队伍334支1278人，其中采样队伍320支1218人、检测队伍14支60人，设立全员核酸检测临时采样点723个，能够满足3天全员核酸检测要求。同时，加强生物实验室安全监管，强化全流程质控和信息化管理，提高核酸检测质量和效率。各行业监管部门对分管领域核酸检测重点人群实行动态管理，逐人登记造册、建档立卡，确保数据真实有效，做到34类重点人群全覆盖、应检尽检。同时规范做好采样现场设置和组织工作，严格落实“一米线”、戴口罩等措施，严防因人员聚集造成疫情传播和安全事故。今年以来，累计开展重点人群核酸检测865857人次，检测结果均为阴性。

【坚持监测预警常态化】充分发挥各级基层医疗卫生机构和药店等监测哨点作用，持续开展医防协同监测，强化监测数据分析研判。（一）用好红外测温设备。充分发挥人脸识别测温设备的监测哨点作用，既要把设备安好，更要用好，一旦发现体温异常人员，要第一时间采取管控措施。（二）强化发热门诊的筛查。组织各医疗机构严格执行发热门诊闭环管理措施，对所有患者测量体温、查看健康码、询问症状体征和流行病学史，全部进行核酸和血液常规检测，必要时的进行抗体检测，及时按规定上报可疑病例。在排除新冠病毒感染前，不允许患者自行离开。（三）加强基层医疗机构的监测。各镇卫生院、村卫生室、社区卫生服务中心严格落实首诊负责制，发现发热患者立即登记上报卫生健康部门，并规范转运到发热门诊做进一步检查治疗。（四）加强“四类药品”管控。扎实开展零售药店药品销售使用监测，止咳、退烧、消炎、抗病毒等“四类药品”暂时全部下架封存处理。其中连花清瘟胶囊（非颗粒）、清开灵软胶囊、板蓝根颗粒三种用于预防和治疗外感疾病的非处方纯中药制剂可上架销售，但必须按照原四类药品销售的要求药店登记购买人相关信息，并通过药安食美上传，做到全程可追溯。（五）广泛开展多点监测。各行业监管部门扎实做好城乡社区和学校、交通场站、商场、超市等人员密集场所监测工作，切实提升疫情发现报告的及时性、准确性。（六）强化冷链物流监管。严格落实“人、物、环境”同防，以农贸市场、农产品批发市场、商场超市等场所为重点，组织对进口冷链食品、进口非食品冷链产品、进口非冷链食品、国产冷链食品、进口非冷链高风险物品和非食品冷链产品六类物品进行全面排查，防止由物及人的疫情传播和扩散。同时，严格执行集贸市场、人员密集场所外环境和冷链物品检测，切实做到早发现、早处置。今年以来，共采样检测冷链物品及环境样本15172份，结果均为阴性。

【坚持精准处置常态化】强化流调溯源追踪，结合各地发送的协查函及大数据推送信息，充分利用大数据等综合手段，快速流调追踪密接者、次密接者、三密切接触者等重点人员，同步启动对重点人员的转运与集中隔离、核酸采样检测、社区封闭管控和消毒处置等工作，真正做到2小时内到达流调现场，4小时内完成核心信息调查，24小时内形成完整流行病学调查报告。做到一旦发生应急状况（阳性病例或密接、次密接追踪等情况），市、镇、村三级应急指挥体系迅速启动，快速开展排查流调、追踪密接接触者，以及转运隔离、核酸检测等一系列工作流程，真正做到科学精细、责任分明，切实提高流调效率，按照“2+4+24”的时间节点要求，流调组、采样组、转运组、消杀组要做到“四组联动”，合力完成人员排查、流调溯源、核酸检测、区域管控、转运隔离、综合协调、风险研判等系列快速科学处置应对工作，全力将疫情消除在萌芽状态，有力遏制疫情蔓延扩散。特别是10月31日，我市接到开平区推送石家庄深泽县疑似核酸检测阳性患者王某的密切接触者王某的协查函后，市委、市政府高度重视，迅即启动应急处置机制，按照快、准、全、严、实、好的要求，全面做好各项应急处置工作。（一）第一时间管控重点人员。接到协查函后，我市应急指挥体系闻令而动、迅速响应，按照四组联动“2+4+24”要求，有序推进流调、采样、转运、消杀、封控等工作。一小时内完成对王某的流调、采样和转运隔离，同时对流调出的次密7人、次次密27人分别进行流调、采样、转运和集中隔离。（二）第一时间封控重点区域。按照“里不出、外不进、内不动”要求，组织油榨镇和公安部门，抽调80人，对密接王译晨轨迹涉及的孙薛营村进行了封闭管控。同步利用村广播滚动播放致村民的一封信，引导群众积极配合封控管理，不出户、不外出。同时组织4个消杀小组对油榨镇孙薛营村进行了全面环境消杀。（三）第一时间开展全员核酸检测。同步启动核酸检测方案和预案，安排采样队伍14支56人，对孙薛营村了进行全员核酸检测。以此次疫情处置，实战检验和锻炼了队伍，进一步增强了应急处置能力。

【坚持消毒消杀常态化】（一）成立专业消毒消杀队伍。组建2支以疾控中心为主的消毒消杀专业技术指导队伍、10支以城管系统为依托的专职消毒消杀队伍，每队各6人，累计72人。（二）确定了第三方消杀公司。与滦县卫士有害生物防治有限公司签订战略合作协议，该公司有专业消杀人员15人，日常储备消毒液500吨，日消杀面积可达15万平方米，另外该公司和消毒液厂家签署协议，确保满足消毒液供应。并与消防大队进行了对接联系，在紧急情况下借用消防力量与装备开展消毒工作。（三）强化公共场所消毒消杀。组织各行业监管部门和行业单位负责，对公共场所的重点进行日常消毒消杀，严格按照技术规范配比消毒液，并由环境消杀组安排专人进行及时指导和培训。特别是针对公共卫生间、门把手、电梯按钮等高频接触部位的清洁消毒力度。（四）加强医疗机构和集中隔离点消毒消杀。对各级医疗机构和已启用的集中隔离点，严格按照消毒规范组织定时定点消杀。隔离人员解除隔离后，再进行一次彻底的终末消毒，严防交叉感染。（五）广泛开展爱国卫生运动。结合国家卫生城市和省级卫生镇村创建，广泛深入开展爱国卫生运动，常态化开展周末环境卫生整治活动，引导群众自觉养成健康生活习惯，不断提升城乡卫生环境水平，全力阻断由物及人、由人及物的传播。

【坚持防控准备常态化】（一）保持指挥体系高效运转。今年，我市严格按照唐山市委市政府的指示要求，优化调整了新冠肺炎疫情防控工作领导小组暨疫情防控工作部指挥部，由市委常委、常务副市长担任常务副组长，并设立了“1办14组”，全部在卫健局集中办公，实现情报信息“楼内循环”，有效保障了指挥体系高效运转。并按照现行疫情防控领导架构和运行机制，全面落实工作责任制，实行流程式清单化管理，盯办各项工作推进情况，确保工作无缝闭环、高效衔接。自2020年1月26日，防控办成立以来，一直保持机构不散、人员不撤、全员在岗。（二）强化八支队伍建设。组建了14支186人的隔离队伍、145支1087人的流调队伍、12支72人的消杀队伍、320支1218人的核酸采样队伍、14支60人的核酸检测队伍、16支547人的健康宣教队伍、8支286人的医疗救治队伍、389支2354人的社区防控队伍，制作了流调规范和标准并进行了多轮业务培训和流调演练，严格落实常备流调队伍24小时值班值守制度，确保一旦出现紧急情况，能够随时拉得出、用得上、打得赢。（三）强化应急处置演练。各工作组定期组织开展业务知识培训和应急处置演练，各工作组立足于本组职责分工，至少组织开展1次以上桌面推演，切实提升应急处置和快速反应能力。今年以来，全市14个镇（街）至少组织开展2次以上全员核酸检测实战演练，切实提高应对突出疫情，核酸检测的组织动员、采样检测等能力，提高应急水平。特别是今年10月29日，为检视方案预案、磨合机制、提升能力，举行了全真实景应急处置模拟演练，重点突出“2+4+24”小时快速响应和“四组联动”快速处置，围绕流调、采样、转运隔离、消杀、社区管控、物资保供等方面开展全方位、全流程、全链条现场实战演练，市疫情防控领导小组组长、副组长以及各镇街、市直单位主要负责同志全程进行了观摩，现场实战演练结束后召开了演练点评会。各参演工作组分别就演练存在的问题及下步改进措施进行了认真总结和汇报。唐山市卫健委及滦州市委、市政府领导对演练情况给予了全面客观的点评，并就做好疫情防控工作提出了指导性意见。唐山市卫健委针对我市实战演练的经验做法对全市进行了宣传推广。（四）加强应急物资储备。建立了防控物资储备制度，实行物资储备清单式管理，设置消耗预警线，根据N95口罩、防护服等物资日常使用情况，即时调整补充储备物资品种和规模，确保备齐备足防护物资。与唐山广尚商贸有限公司签订了消毒液应急保障使用协议，该公司常态存储10%次氯酸钠消毒液10吨，根据需要随时调运；永安堂医药经销有限公司无偿为我市疫情防控提供1200平方米的医药物流储备库，根据疫情防控需要配合调运疫情防控应急物资。（五）规范隔离场所管理。按照20间/万人口标准设置和确诊病例1:100的要求，我市共准备集中隔离点14个，房间1303间。所有隔离场所全部按照“三区两通道”和建筑、消防等安全规范要求进行规范建设管理。落实市人大、市政协副处级领导分包隔离点制度，每个隔离点全部组建了由镇（街）科级干部、医务人员、公安干警、社区工作者等工作服务队，全面做好被隔离人员的生活保障，并严格按照省市关于境外回滦和密接、次密接及中高风险地区返滦人员等分类隔离管理要求进行管理。所有集中隔离人员全部安排服用中药饮剂，密接人员增加服用连花清瘟。目前在用集中隔离点3个、房间227间。现集中隔离122人，其中：境外5人，次密4人、三密51人，相关低风险61人。

【科学有序开展疫苗接种工作】加快推进新冠疫苗接种工作，及早建立群体免疫屏障，是防控新冠肺炎疫情最有力的措施，事关人民群众生命安全和身体健康。按照省市安排部署，我市坚持把新冠疫苗接种工作作为一项重要的政治任务来抓，采取超强举措，积极稳妥有序推进新冠疫苗接种工作，圆满完成了12岁以上目标人群的疫苗接种任务，初步构建了全社会人群免疫屏障。现正在组织开展12岁以上目标人群的查缺补种和加强针、3—11岁目标人人群的疫苗接种工作。截至目前，我市3岁以上人群接种474714人、接种率93.98%，高于全市

0.66个百分点，唐山市排名第6；3-11岁人群第2剂接种51526人，接种率80.54%，高于全市0.45个百分点，唐山市排名第6；加强针接种136255人，接种率69.98%，高于全市5.91个百分点，唐山市排名第5，60岁以上人群接种104654人，接种率89.36%，高于全市7.27个百分点，唐山市排名第二。

媒体视角

1月份市以上新闻媒体重点稿件情况

媒体	题目	供稿单位	时间及版面
新华视频	河北滦州：艺术馆里的校外课堂	教育局、古城街道	1月4日
	河北滦州：特色种植助农冬闲增收	榛子镇	1月6日
唐山劳动日报	大扫帚鼓起农民“钱袋子”	古马镇	1月4日2版
	滦州：按下企业上市“快进键” 打造高质量发展新引擎	市委办	1月8日2版
	滦州城管局 加大散煤治理力度	城管局执法大队	1月8日3版
	“四个实施”奋力开创 城市管理高质量发展新局面	城管执法局	1月8日5版（专版）
	滦州市：精准招商促发展	编办	1月9日1版
	付振波赴滦州市 检查疫情防控工作		1月11日2版
	滦州引领团员青年助力防疫	团市委、响嘡街道、小马庄镇	1月13日2版
	滦州：34名履新科级干部集中“赶考”	纪委	1月15日2版
	滦州：强举措守护百姓健康	宣传部	1月16日2版
	滦州市滦城街道：让党旗在防控一线高高飘扬	滦城街道	1月19日2版
	滦州市杨柳庄镇：8起红白事缓办简办	杨柳庄镇	1月21日2版
	滦州：2476名退役军人助力疫情防控	退役军人事务局	1月22日2版
	防控一线的老党员刘桂兰	响嘡街道	1月22日3版
	滦州多举措开展疫情防控社会宣传	宣传部、响嘡街道	1月23日2版
	滦州市生活垃圾综合处置工程运营投产	宣传部	1月25日1版
	滦州市响嘡街道：全力做好村居疫情防控	响嘡街道	1月25日2版
	滦州：精准发力织密疫情防控网	宣传部	1月27日2版
	656名大学生主动投身疫情防控	东安各庄镇	1月27日3版

2月份市以上新闻媒体重点稿件情况

媒体	题目	供稿单位	时间及版面
新华社	瞭望丨未来不光要向耕地要食物，还要向江河湖海要食物……	滦城街道	2月2日
	立春日 农忙日	茨榆坨镇	2月3日
	河北滦州：新春育苗忙	小马庄镇	2月13日
	改变世界的一粒种子——从中央一号文件看打赢种业翻身仗	滦城街道	2月21日
	河北滦州：党建领航打造乡村振兴“响嘡样板”	响嘡街道	2月23日
新华视频	果酱画中的二十四节气	小马庄镇	2月3日
	过小年 这里的外地务工人员吃上饺子收到红包	总工会、茨榆坨镇	2月5日
	河北娃用这些寒假手工作品为冬奥加油	杨柳庄镇	2月5日
	人勤春来早 农家忙育苗	小马庄镇	2月15日
	不负春光！农民田间劳作忙	茨榆坨镇	2月18日
	河北滦州：衍纸画作庆新春	茨榆坨镇	2月24日
	河北滦州：鲜食甘薯深加工促增收	榛子镇	2月25日
晚间新闻	唠家常贴窗花 传统民俗年味儿浓		2月9日
天下财经	河北滦州：酥脆香甜“炸”出年味		2月10日
中国县域经济报	河北省滦州市：春来农事忙 春耕正当时	茨榆坨镇	2月19日
河北日报客户端	从“一处美”到“一片美”——滦州市榛子镇农村人居环境整治见闻	榛子镇	2月23日
	微视频丨滦州市榛子镇：古镇新春展新颜	榛子镇	2月23日
河北日报	从“一处美”到“一片美”——滦州市榛子镇农村人居环境整治见闻	榛子镇	2月23日11版
河北经济日报	滦州民营企业家荣获“光彩事业国土绿化贡献奖”	工商联、九百户镇	2月4日6版
	滦州茨榆坨镇芦苇庄村 大棚果蔬富村民	茨榆坨镇	2月25日6版
唐山劳动日报	滦州开展“迈开大步、走在前列”解放思想大讨论活动	宣传部	2月6日1版
	滦州杨柳庄镇 为外地员工布置“年味宿舍”	杨柳庄镇	2月6日2版
	滦州发放新春“防疫礼包”	宣传部	2月10日1版
	滦州 温暖平安喜乐过春节	文产中心、滦城街道、茨榆坨镇、九百户镇、榛子镇、杨柳庄镇、雷庄镇	2月10日6版（专版）
	滦州榛子镇：外地经商人员就地过年展现责任担当	榛子镇	2月16日2版

续表

唐山劳动日报	滦州 为纪检干部量身 定制“培训套餐”	纪委监委	2月17日1版
	滦州：完善机制建设农村实用人才队伍	组织部	2月17日2版
	滦州：“党建+”模式助推农村集体经济发展壮大	组织部、响嘡街道	2月18日2版
	滦州 重拳打击非法销售烟花爆竹	公安局	2月19日3版
	老厂转型焕发新动能	东安各庄镇	2月24日1版
	精准督导 奖惩并用 滦 州 铲除“脏乱差” 乡村“靓”起来	农业农村局	2月24日1版
	整治农村人居环境 让乡村“靓”起来 滦州市用心绘出美丽乡村新画卷	榛子镇、农业农村局	2月24日3版（专版）
	滦州 “一案一警示”筑牢反腐防线	纪委	2月25日2版
	滦州市榛子镇 建设“四好农村路” 织就乡村幸福网	榛子镇	2月26日2版

3月份市以上新闻媒体重点稿件情况

媒体	题目	供稿单位	时间及版面
新华社	时至惊蛰春意浓	古马镇	3月5日
通稿	（体育）放下数学教起体育 这位村小老师30年还没“过瘾”	油榨镇	3月10日
	春分务农忙	茨榆坨镇	3月20日
图文	放下数学教起体育 这位村小老师30年还没“过瘾”	油榨镇	3月10日
新华视频	致敬戍边英雄 上好开学第一课	教育局	3月2日
	河北滦州：开展“大走访”紧盯“微腐败”	纪委、响嘡街道	3月14日
	人勤春来早 网络备耕忙	滦城街道	3月15日
	河北滦州：志愿理发服务 传递温暖关怀	茨榆坨镇	3月15日
	河北滦州：珍惜每一滴水 节水从我做起	教育局	3月23日
	模拟法庭以案说法 向校园欺凌说“不”	茨榆坨镇、教育局	3月29日
新华社音频	模拟法庭以案说法 向校园欺凌说“不”	茨榆坨镇、教育局	3月29日
人民日报客户端	河北滦州：开学日 我们准备好了	教育局	3月1日
	河北滦州：春季添新绿 全民植树忙	茨榆坨镇、东安各庄镇	3月13日
农民日报	河北滦州：一个皮影人的传承与坚守	小马庄镇	3月9日8版
河北日报	滦州 让城市更美好群众更幸福	宣传部	3月2日13版

续表

<table>
<tr><td rowspan="4">河北经济日报</td><td>滦州开启 集团化办学新模式</td><td>教育局</td><td>3月4日6版</td></tr>
<tr><td>滦州多举措 抓好春季麦田管理</td><td>农业农村局</td><td>3月11日6版</td></tr>
<tr><td>滦州东安各庄镇：农技下乡保春耕</td><td>东安各庄镇</td><td>3月18日6版</td></tr>
<tr><td>滦州大力开展 职业技能质量提升行动</td><td>人社局</td><td>3月25日6版</td></tr>
<tr><td rowspan="24">唐山劳动日报</td><td>滦州：谋篇布局起好步</td><td>市委办</td><td>3月1日2版</td></tr>
<tr><td>滦州鸡冠山 让“绿色农业”成为金字招牌</td><td>农业农村局、九百户镇</td><td>3月2日2版</td></tr>
<tr><td>滦州市古马镇：做足“+”文章 共筑“唐山蓝”</td><td>古马镇</td><td>3月3日2版</td></tr>
<tr><td>滦州市民营企业家武铁友 荣获“光彩事业国土绿化贡献奖”</td><td>九百户镇</td><td>3月4日2版</td></tr>
<tr><td>“亮晒评”激发党员新活力</td><td>响嘡街道</td><td>3月4日3版</td></tr>
<tr><td>滦州 16个项目集中开工 总投资52.59亿元</td><td>发改局</td><td>3月5日2版</td></tr>
<tr><td>滦州鸡冠山生态农业产业园：走在宜游富民的大道上</td><td>农业农村局、九百户镇</td><td>3月8日6版（专版）</td></tr>
<tr><td>滦州法院：大力化解行政争议 助推法治政府建设</td><td>法院</td><td>3月10日2版</td></tr>
<tr><td>滦州一中加入唐山二中教育集团 集团化办学打造 群众家门口的好学校</td><td>教育局</td><td>3月11日2版</td></tr>
<tr><td>滦州破获一起虚开 增值税专用发票案 涉案金额970余万元</td><td>公安局</td><td>3月15日3版</td></tr>
<tr><td>滦州 铺就坦途任驰骋 谱写交通新篇章</td><td>交通局</td><td>3月15日6版（专版）</td></tr>
<tr><td>滦州纪委监委 “一单一建议”把牢案件质量关</td><td>纪委</td><td>3月16日2版</td></tr>
<tr><td>滦州全面启动“三城”创建</td><td>市委办</td><td>3月17日2版</td></tr>
<tr><td>爱路护路我参与 争做铁路小卫士</td><td>油榨镇</td><td>3月19日2版</td></tr>
<tr><td>郭素萍传递“两会”声音到鸡冠山</td><td>九百户镇</td><td>3月20日1版</td></tr>
<tr><td>凝聚巾帼力量 助力乡村振兴</td><td>古马镇</td><td>3月23日2版</td></tr>
<tr><td>滦州围绕项目重点攻坚 迈开大步奋勇争先</td><td rowspan="7">发改局</td><td>3月23日6版（专刊）</td></tr>
<tr><td>东钢金属板材有限公司500万吨冷轧项目</td><td>3月23日6版（专刊）</td></tr>
<tr><td>河北易高生物能源有限公司生物质新材料生产基地项目</td><td>3月23日6版（专刊）</td></tr>
<tr><td>河钢集团产业升级项目</td><td>3月23日6版（专刊）</td></tr>
<tr><td>河北筑城建材集团有限公司 智能自动化PC装配式住宅生产线项目</td><td>3月23日6版（专刊）</td></tr>
<tr><td>唐山源泰德润管材有限公司方矩管材产业基地项目</td><td>3月23日6版（专刊）</td></tr>
<tr><td>唐山市易新建筑科技装配式集成房屋项目</td><td>3月23日6版（专刊）</td></tr>
<tr><td>滦州油榨镇掀起 春季造林热潮</td><td>油榨镇</td><td>3月24日2版</td></tr>
</table>

续表

唐山劳动日报	市领导赴古冶滦州调研 钢铁企业环保整改工作		3月25日2版
	滦州古城二期项目正式签约	发改局、古城街道	3月25日2版
	以“三双”活动为载体 打造高质量乡村振兴样板	东安各庄镇	3月25日2版
	农民科学备春耕 农家书屋里忙“充电”	榛子镇	3月26日3版
	图片新闻（油榨小学开展了主题气象科普活动）	油榨镇	3月27日2版
	一次特殊的“政治生日”	纪委	3月29日1版
	“五大振兴”创美丽乡村	古马镇	3月31日6版（专刊）

4月份市以上新闻媒体重点稿件情况

媒体	题目	供稿单位	时间及版面
新华社	（建党百年看中国·新阶段新理念新格局）（17）协调发展之文化繁荣	教育局、响嘡街道	4月9日
	河北滦州：党史教育进校园	教育局、滦城街道	4月16日
	河北滦州：“一村一品”助力乡村振兴	榛子镇、古城街道	4月18日
	河北滦州：大棚樱桃“抢鲜”上市	茨榆坨镇	4月18日
	河北滦州：春光好 播种忙	茨榆坨镇	4月18日
	河北滦州：加强基层法治建设促乡村和谐	茨榆坨镇	4月18日
	河北滦州：小黄瓜助力农民增收致富	小马庄镇	4月25日
	河北滦州：暖棚葡萄成熟上市	东安各庄镇	4月29日
	河北滦州：“公转铁”建设助推绿色发展	东安各庄镇	4月29日
	河北滦州：企业转型升级助推经济高质量发展	东安各庄镇、经济开发区	4月30日
新华视频	河北滦州：红薯炕孕育“致富经”	榛子镇	4月1日
	河北滦州：春光无限好 山花烂漫开	杨柳庄镇	4月15日
	播种春天！冀东花生春播忙	茨榆坨镇、农业农村局	4月15日
	河北滦州：不负春光施工忙	交通局、东安各庄镇	4月18日
	河北滦州：大棚樱桃“抢鲜”上市	茨榆坨镇	4月19日
	河北滦州：党史教育进校园	教育局、滦城街道	4月20日
	河北滦州：满园花开迎客来	九百户镇	4月24日

续表

新华社客户端	乡村振兴有“法”可依	古城街道	4月29日
人民日报	春光好 播种忙	茨榆坨镇	4月19日头版
光明日报	党史教育进校园	教育局、滦城街道	4月20日2版
法制日报	图片新闻（一村一法律顾问）	茨榆坨镇	4月19日头版
河北日报	滦州今年谋划实施25个交通建设项目	交通局	4月13日10版
河北经济日报	滦州：冬小麦长势良好	农业农村局	4月1日6版
	滦州交通项目建设开启“加速度”	交通运输局	4月8日6版
	滦州：党史宣讲进企业	经济开发区	4月15日6版
	“下岗”老水缸又“上岗”	古城街道	4月30日10版
唐山劳动日报	图片新闻（拱棚西瓜育秧正当时）	油榨镇	4月1日2版
	滦州古马镇：学习党史提士气 从“心”出发铸辉煌	古马镇	4月2日2版
	清明祭英烈	教育局	4月5日2版
	沃野田畴织锦绣	农业农村局	4月6日头版头条
	文明祭祀蔚成风气	油榨镇	4月6日2版
	深化党史教育凝聚发展动力	响嘡街道	4月7日2版
	滦州“交通建设年”项目全面启动	交通运输局	4月8日1版
	网络备耕农资足	市场监督管理局、滦城街道	4月8日2版
	滦州红色使者张万财 义务宣讲二十载	古马镇	4月8日3版
	让绿色建筑更完美	住建局	4月9日2版
	今年计划完成造林6.55万亩	政府办	4月12日2版
	我市建立电诈案件快速止付挽损机制	公安局	4月13日1版
	滦州革命老区村全面建设美丽乡村	杨柳庄镇	4月13日3版
	付振波到滦州作 党史学习教育专题宣讲		4月14日2版
	争当乡村振兴“排头兵”	杨柳庄镇	4月15日2版
	农技特派员 来到家门口	油榨镇	4月16日2版
	星星之火 可以燎原		4月16日3版
	我市迅速启动应急响应和排查处置	宣传部	4月19日1版
	图片新闻（生姜种植）	杨柳庄镇	4月19日2版

续表

唐山劳动日报	滦州着力打造高油酸 花生规模种植示范基地	农业农村局	4月20日2版
	迈好第一步 见到新气象	教育局、茨榆坨镇	4月21日3版（唐山专版）
	滦州荣膺省级 农业产业化先进县	农业农村局	4月22日2版
	我市第23例造血干细胞捐献者成功捐献	红十字会	4月22日3版
	积极推进城区道路 纳米喷雾降尘工程	住建局	4月23日2版
	“网格+”打通基层社会治理“神经末梢”	古马镇	4月24日2版
	滦州警方破获一起职务侵占案	公安局	4月28日3版
	青春奋斗正当时	团市委	4月29日1版
	滦州 农业执法为春耕保驾护航	农业农村局	4月30日2版

5月份市以上新闻媒体重点稿件情况

媒体	题目	供稿单位	时间及版面
新华社	河北滦州：薯炕育秧促增收	榛子镇	5月8日
	神州巡礼丨河北：以“赶考精神”拔穷根惠民生	古城街道	5月8日
	河北滦州：多彩社团丰富学生生活	教育局、响嘡街道	5月8日
	河北滦州：种植观赏荷花助增收	茨榆坨镇	5月22日
	河北滦州：鸡雏孵化“啄”开致富路	滦城街道	5月22日
通稿	听非遗讲故事丨滦州地秧歌：“扭”出美好新生活	响嘡街道	5月28日
	河北滦州：“一喷三防”促丰收	滦城街道	5月29日
	河北滦州：“课后服务”丰富学生课余生活	四实小	5月31日
新华视频	河北滦州：暖棚葡萄成熟上市	东安各庄镇	5月1日
	河北滦州：“公转铁”建设助推绿色发展	东安各庄镇	5月3日
	河北滦州：护士节致敬最美“白衣天使”	教育局	5月12日
	乡风乡韵地秧歌 文化薪火代代传	古城街道、响嘡街道、教育局、文旅局	5月20日
	河北滦州：吊瓜产业富农家	古马镇	5月25日
河北日报	全市建成县级反诈骗中心14个	公安局	5月11日9版
	绘好乡村振兴“唐山样板”	榛子镇	5月17日10版

续表

河北经济日报	滦州打造特色产业振兴样板	农业农村局	5月20日6版
	滦州多形式加强红色教育	武装部	5月27日6版
燕赵都市报	唐山消防开展“防灾减灾日”系列演练活动	滦城街道	5月12日6版
唐山劳动日报	滦州保障节日“菜篮子”供应	小马庄镇	5月1日2版
	滦州小马庄镇蔬菜机械化生产方兴未艾	小马庄镇	5月3日2版
	确保“五一”期间特种设备安全	市场监督管理局	5月4日2版
	市场监管部门开展特种 设备安全监督大检查	市场监督管理局	5月4日2版
	“固定+自选”校准监督靶心	纪委	5月5日1版
	全市百所学校旧貌换新颜	教育局	5月6日1版
	滦州：深入开展科技支撑行动	农业农村局	5月6日2版
	民建唐山农业总支开展科技助农活动	油榨镇	5月7日2版
	探索规模化标准化农业发展之路	滦城街道	5月8日2版
	滦州古城“五一” 接待游客35万人	古城街道	5月8日2版
	全市党委政法委系统 教育整顿工作推进会召开	政法委	5月8日2版
	乘试点东风 展青春华彩	团市委、市委办、行政审批局	5月10日3版
	图片新闻（农工在有机蔬菜大棚中工作场面）	雷庄镇	5月12日1版
	滦州市退役军人医院揭牌	退役军人事务局	5月12日2版
	五月放歌	东安各庄镇、小马庄镇	5月12日3版（唐山专版）
	全市“防灾减灾日”主题宣传丰富多彩		5月13日2版
	鼓韵唱百年 党史入民心	古马镇	5月13日3版
	滦州：把党史学习教育成果落实在一线	交通局、住建局、农业农村局	5月15日2版
	唐山消防全面开展 防灾减灾宣传活动	公安局	5月17日3版
	滦州市行政审批局倾力打造政务服务新高地	行政审批局	5月17日6版（专刊）
	坚持依法治污 坚决打赢空气质量“退后十”攻坚战	环保局	5月20日1版
	食品安全进校园	市场监督管理局	5月20日3版
	滦州举行滦河防汛军地 联合抢险救援应急演练	古城街道、武装部、卫健局、公安局、水利局、文产中心	5月21日2版
	会诊派单精准处置问题线索	纪委	5月22日2版

续表

唐山劳动日报	种植观赏 荷花助增收	茨榆坨镇	5月24日1版
	牢牢把握四字诀 创实产业谋发展	古马镇	5月24日2版
	村支书上任就收“廉政礼”	杨柳庄镇	5月25日2版
	杨柳庄镇：重走红色遗址 传承红色精神	杨柳庄镇	5月27日3版
	市委网信办举办网络举报辟谣工作沙龙	网信办	5月31日2版

6月份市以上新闻媒体重点稿件情况

媒体	题目	供稿单位	时间及版面
新华社	河北滦州：以生态建设推动城市转型发展	生态环境滦州分局	6月1日
	文旅赋能 老城区变身“网红打卡地”	古城街道、文产中心、文旅局	6月1日
	河北滦州：农村居家养老托起“夕阳红”	滦城街道、民政局	6月2日
	河北滦州：“公转铁”项目建设推进绿色发展	茨榆坨镇、发改局	6月4日
新华视频	文旅赋能 老城区变身“网红打卡地”	古城街道、文产中心、文旅局	6月3日
	“豆片工坊”里的快乐童年	榛子镇	6月9日
	河北滦州：生态优化工程扮美城市	生态环境滦州分局	6月11日
	河北滦州：农村居家养老托起“夕阳红”	滦城街道、民政局	6月15日
河北经济日报	滦州果蔬种植带火“农事钟点工”	小马庄镇	6月3日7版
	东海特钢：“公转铁”项目完成关键节点工程	发改局、茨榆坨镇	6月10日6版
	滦州：大棚育出“森林黄金”	小马庄镇	6月17日6版
	滦州推动党史学习教育全覆盖	组织部、滦城街道	6月24日6版
	滦州：西兰花成为农民“致富花”	小马庄镇	6月24日6版
唐山劳动日报	办好实事造福村民	杨柳庄镇	6月4日2版
	跨水曹铁路特大桥完成架梁	茨榆坨镇	6月5日1版
	连续14年“爱心送考”	交通局	6月8日2版
	依托有效载体 凝心聚力办实事	住建局	6月8日6版（专刊）
	视觉新闻	古城街道、滦城街道	6月9日3版（唐山专版）
	“农事钟点工”走俏田间地头	小马庄镇	6月10日2版

续表

唐山劳动日报	佟明晶：以德立校 培养有信仰的红色接班人	教育局	6月11日2版
	全力备战“三夏”生产	农业农村局	6月14日2版
	滦州举行红色故事报告会	宣传部	6月21日3版
	让党史学习教育既有热度又有温度	滦城街道	6月23日2版
	用看得见的变化回应群众关切和期盼	组织部、滦城街道	6月24日2版
	聚力人居环境整治 夯实乡村振兴道路	东安各庄镇	6月24日4版（专刊）
	排查燃气隐患 筑牢安全防线	住建局	6月25日2版
	滦州大力推进 秸秆多元循环利用	农业农村局	6月26日2版
	新时代文明实践激活党史学习教育“源头活水”	古马镇	6月29日2版

7月份市以上新闻媒体重点稿件情况

媒体	题目	供稿单位	时间及版面
新华视点	新华视点丨校园“延时服务”来了！课后“三点半”难题有何改善？	教育局	7月6日
新华社	河北滦州：美丽庭院点“靓”美丽乡村	榛子镇	7月10日
	河北滦州：蓝莓采摘正当时	东安各庄镇	7月10日
	河北滦州：荒山变成“花果山”	九百户镇	7月11日
综合	和美生活有保障，美丽中国稳幸福——从“社会更加和谐”看全面建成小康社会	滦城街道	7月16日
文字	敢向大山要财富 昔日荒山变金山	九百户镇	7月21日
	河北滦州：雨季造林忙	九百户镇	7月23日
	河北滦州：志愿服务 相伴假期	滦河街道	7月24日
	河北滦州：民宿经济打通富民路	古城街道、文产中心	7月25日
	镜观中国丨唐山：超越痛苦之渊，方致前行之远	古城街道	7月28日
新华视频	河北滦州：荒山变成“花果山”	九百户镇	7月12日
	河北滦州：蓝莓采摘正当时	东安各庄镇	7月14日
	河北滦州：美丽庭院点“靓”美丽乡村	榛子镇	7月23日
	河北滦州：桑黄种植铺就“黄金”路	小马庄镇	7月30日
农民日报	为官避事平生耻　重任千钧惟担当	市委办	7月17日2版

续表

河北经济日报	滦州开展主题活动 重温党的光辉历史	宣传部	7月1日6版
	滦州 惠农强农政策见实效	农业农村局	7月8日6版
	滦州市滦河街道 口袋书装下廉政大学问	滦河街道	7月15日6版
	滦州“党史文化街”受欢迎	滦河街道	7月22日6版
唐山劳动日报	我市1名同志荣获全国优秀县委书记称号	市委办	7月1日1版
	不忘初心 牢记使命	宣传部	7月1日5版（专刊）
	创造了彪炳史册的人间奇迹	团市委	7月2日2版
	汲取奋进力量 加快“三个努力建成”步伐	油榨镇	7月3日1版
	民警暖心护学保平安	油榨镇	7月5日3版
	弘扬光荣传统 赓续红色血脉	组织部、统战部	7月6日1版
	滦州鸡冠山生态农业产业园 举办第四届仙桃采摘节	九百户镇	7月7日2版
	真情颂党恩 永远跟党走	教育局、医保局、榛子镇、九百户镇	7月7日6版（专刊）
	乡村振兴 出彩滦城	滦城街道	7月8日2版
	把群众细微事当作头等事	响嘡街道	7月9日2版
	滦州10.79万亩小麦总产4.2万吨	农业农村局	7月10日2版
	四代人与时代共成长	九百户镇	7月12日3版
	荒山变成“花果山”	九百户镇	7月14日1版
	滦州开展农产品质量安全排查整治行动	农业农村局	7月14日2版
	滦州办好群众心坎上的实事好事	宣传部	7月17日1版
	滦州响嘡街道干群同心战汛情	响嘡街道	7月17日2版
	蓝莓采摘正当时	东安各庄镇	7月20日1版
	我市构建起高效率便民化医疗保障体系	医保局	7月21日1版
	敢向大山要财富 昔日荒山变金山	九百户镇	7月22日2版
	我省首部县级通史《滦州通史》出版	政府办	7月22日2版
	李建忠当选滦州市委书记	党代会	7月23日1版
	志愿服务 相伴假期	滦河街道	7月26日1版
	“绿色教育”硕果飘香	教育局	7月26日3版

续表

唐山劳动日报	秉承家国情怀 展现时代担当	滦城街道	7月27日2版
	乡村振兴：奏响“三部曲” 描绘新画卷	滦城街道	7月29日6版（唐山专版）
	滦州：朝着“现代中等城市全国百强滦州”加速前进	市委办	7月31日1版

8月份市以上新闻媒体重点稿件情况

媒体	题目	供稿单位	时间及版面
新华社	【财经翻译官】我国的消费升级到什么程度了？未来还要怎么升？	古城街道	8月23日
新华视频	河北滦州：民宿经济打通富民路	古城街道	8月1日
	河北滦州：雨季造林忙	九百户镇	8月7日
	河北滦州：志愿服务 相伴假期	滦河街道	8月9日
	河北滦州：特色文化游点亮城市夜经济	古城街道	8月11日
	河北滦州：皮影长卷 镌刻千年风华	文产中心	8月20日
	河北滦州：“推窗见绿”拓展城市生态空间	滦城街道、古城街道、城管执法局	8月22日
河北日报	我省首部县级通史《滦州通史》出版发行	政府办	8月3日10版
河北经济日报	图片新闻（观影悟党史、学教作先锋）	市委办、组织部	8月5日6版
	滦州着力构建 现代综合交通网络新格局	交通局	8月12日6版
	滦州推进农业产业化经营 促进农民持续增收	农业农村局	8月19日6版
	滦州 办电“动起来” 服务有温度	供电公司	8月28日6版
唐山劳动日报	以人为本 打造高标准套餐	教育局	8月2日3版
	迈开大步 走在前列	市委办、古城街道、九百户镇、茨榆坨镇	8月3日6版（专刊）
	我市三地获评全省首批法治政府建设示范地区	茨榆坨镇	8月3日7版
	革命老区换新颜	杨柳庄镇	8月5日2版
	蓄积全面绿色转型的新动能	茨榆坨镇	8月6日1版
	听民意办实事 解民忧暖民心	宣传部	8月6日3版
	细化工作目标 创建美丽庭院	榛子镇	8月9日2版
	滦州开展“建党精神融入血脉 初心使命擦亮党徽”活动	组织部、滦城街道	8月11日2版
	滦州吉宏：质量是底线也是红线	经济开发区	8月12日2版

续表

唐山劳动日报	滦州对第七轮 巡察开展“回头看”	纪委	8月14日2版
	滦州着力打造乡村振兴“升级版”	农业农村局	8月17日4版
	担当作为谱写新篇章	教育局	8月21日1版
	滦州积极推进老旧小区改造	住建局	8月30日2版

9月份市以上新闻媒体重点稿件情况

媒体	题目	供稿单位	时间及版面
新华社	迁曹高速公路跨京哈铁路转体桥成功转体	东安各庄镇、交通局	9月10日
	第一观察｜察夏粮、看秋粮，总书记今年考察中为何两次实地察看粮食长势	古城街道	9月15日
新华视频	河北滦州：“小烟薯”成就富民大产业	油榨镇	9月4日
	学党史 办实事|河北滦州：农房抗震改造圆群众“安居梦”	滦城街道、住建局	9月12日
视频+5组图	全球连线｜文艺范+烟火气 老旧城区变身“网红打卡地”	古城街道、文产中心	9月12日
	河北滦州：生态修复 打造国家级绿色矿山	杨柳庄镇	9月14日
	河北滦州：多彩收获季 舞动庆丰收	东安各庄镇	9月24日
	河北滦州：“围山泉瀑”重放异彩	杨柳庄镇	9月29日
人民网	河北滦州：收获花生	滦城街道	9月10日
人民日报客户端	唐山滦州：中秋衍纸画 中华一家亲	茨榆坨镇、教育局	9月21日
河北日报	滦州全力建设现代中等城市“全国百强”	市委办	9月14日9版
	滦州建立守信激励评价机制	行政审批局	9月28日9版
河北经济日报	滦州加紧建设 数字智能储运项目	茨榆坨镇	9月2日6版
	滦州着力打造乡村振兴“升级版”	农业农村局	9月6日8版
	打造诗意栖居的美丽家园	九百户镇	9月9日6版
	滦州 关爱职工身心健康	供电公司	9月11日6版
	滦州 党建引领乡村振兴	茨榆坨镇	9月30日7版
唐山劳动日报	民主监督护航 优化营商环境	工商联	9月2日2版
	特事特办为民解忧	公安局	9月2日3版
	推行“信易+” 激励守信人	行政审批局	9月4日2版

续表

唐山劳动日报	滦州大力发挥农村党组织引领产业作用	茨榆坨镇	9月6日2版
	我市积极推进重点区域质量提升	唐山综合	9月6日2版
	滦州打响散煤治理秋冬战	古马镇	9月8日2版
	念好“三字真经” 推进乡村振兴	古马镇	9月8日2版
	滦州开发“菜单式” 警示教育“套餐”	纪委	9月9日2版
	古村落兴起民宿热	古城街道	9月11日1版
	滦州奋力书写高质量发展优异答卷	市委办	9月11日2版
	把评剧艺术推向全社会	文产中心	9月11日2版
	迁曹高速公路跨京哈铁路桥成功转体	东安各庄镇	9月13日1版
	加快建设“现代中等城市全国百强滦州” 努力在“三个努力建成”中担重任挑大梁	市委办	9月14日1版
	黄土地上长出“蓝宝石”	东安各庄镇	9月14日2版
	滦州响嘡街道：传承红色基因 办实事解难题	响嘡街道	9月15日3版
	滦州民生工程快速推进	宣传部	9月18日1版
	中秋假期文旅市场 精彩纷呈平稳有序	古城街道	9月23日1版
	骆宗明：传承好家风 涵养好作风	滦城街道	9月23日3版
	唐山师范学院 滦州评剧实践基地成立	教育局、文产中心	9月24日3版
	滦州紧抓预算 绩效“牛鼻子”	财政局	9月25日2版
	管教民警真情感化 嫌犯主动交代事实	公安局	9月27日3版

10月份市以上新闻媒体重点稿件情况

媒体	题目	供稿单位	时间及版面
新华社通稿	特写：110年后，他们循光而行	供稿非滦州但宣传到滦州辛亥革命	10月10日
新华社	绝对安全：习近平总书记的“口粮观”	古城街道	10月17日
	河北：迁曹高速公路全线通车	交通局、东安各庄镇	10月22日
	河北滦州：金秋稻飘香	滦城街道、古城街道	10月29日
客户端视频	河北滦州：推广种植新品种 冷链保鲜促增收	榛子镇	10月8日
客户端视频	河北滦州：科技促发展 23万亩花生喜获丰收	滦城街道	10月12日

续表

客户端视频	河北滦州：标准化种植拓宽群众致富路	榛子镇、古马镇	10月22日
客户端视频	河北滦州：现代化奶牛养殖 铺就增收致富路	供电公司、茨榆坨镇	10月26日
客户端视频	河北滦州：发展花生加工 促进农民增收	滦城街道、雷庄镇、古马镇	10月30日
新华视频	全球连线｜中国工业重镇推进生态修复变矿区为景区	榛子镇	10月30日
客户端视频	河北滦州“公转铁”项目投运	发改局、东安各庄镇、茨榆坨镇	10月31日
光明日报	110年后，他们循光而行	供稿非滦州但宣传到滦州辛亥革命	10月10日2版
人民网	河北滦州：抢农时忙农事 万亩冬小麦开播	滦城街道	10月12日
人民网河北频道焦点	河北：重阳节里送温暖 敬老爱老好风尚	教育局、滦城街道	10月13日
人民网首页	河北：迁曹高速公路全线通车	交通局、东安各庄镇	10月22日
河北频道	京津冀交通一体化重要项目——迁曹高速公路全线通车	交通局、东安各庄镇	10月22日
	河北滦州：“萝卜经济”富农家	小马庄镇	10月25日
	河北滦州：“双减”下的多彩课堂	教育局	10月27日
	河北滦州：千亩果林金秋飘香	农业农村局、王店子镇	10月29日
	河北滦州：荒山挂满致富果	九百户镇	10月30日
人民日报客户端	河北滦州：体验秋收过程 铭记粮食安全	教育局、九百户镇	10月18日
	河北滦州：“儿童之家”网宣站，护航“网络安全”	教育局、网信办	10月23日
央视频	河北滦州：电商经济助农增收	九百户镇	10月24日
	河北滦州：历史纪念地 百年家国梦	政协、滦师、九百户镇、城管执法局	10月10日
央广中国之声（全国新闻联播）	“双减”后第一个国庆长假 各地学生充分享受多彩假期	教育局、雷庄镇	10月4日
中新网客户端	与武昌起义南北呼应：探访110年前辛亥滦州起义发生地	政协、滦师、九百户镇、城管执法局	10月6日
	探访110年前辛亥滦州起义发生地	政协、滦师、九百户镇、城管执法局	10月9日
河北日报	古城“七天乐” 非遗入民间——在唐山滦州市	古城街道、文产中心	10月7日3版
	迁曹高速公路全线通车	东安各庄镇	10月23日3版
河北经济日报	滦州东安各庄镇 发展特色种植实现“一村一品”	东安各庄镇	10月14日6版
	滦州滦城街道以项目建设助推乡村振兴	滦城街道	10月28日6版
唐山劳动日报	聚焦民生民利民心 着力富民安民惠民	东安各庄镇	10月1日2版
	滦州举行“交通 建设年”通车仪式	交通运输局	10月2日2版

续表

唐山劳动日报	打造“一村一品” 叩启致富之门	古马镇	10月5日2版
	滦州公安开展 迎国庆主题实践活动	公安局	10月6日2版
	滦州扎实推进招商引资百日攻坚行动	商务局	10月7日2版
	“双减”落地 “多彩课堂”播撒快乐	教育局	10月8日3版
	探访110年前辛亥滦州起义发生地		10月11日2版
	细化措施动态管理 建立帮扶长效机制	市委办	10月11日3版
	重拳打击“黄赌”犯罪	公安局	10月11日3版
	以史为鉴 开创未来	辛亥滦州起义	10月11日8版（副刊）
	着力打通监督执纪 问责“最后一公里”	纪委	10月12日2版
	助巢新型建材：带动住宅产业化发展	经济开发区	10月13日2版
	滦州“五老”牵手“红领巾”学党史	教育局	10月14日2版
	滦州工商联“云”课堂开讲	工商联	10月14日3版
	滦州供销社：做强五大体系 服务农业农民	供销社	10月15日2版
	重阳节致敬抗战老兵	退役军人事务局	10月16日4版
	路通了，百姓的心顺了	油榨镇	10月18日2版
	巾帼行动暖重阳	油榨镇	10月19日2版
	滦州榛子镇千亩 生姜喜获丰收	榛子镇	10月20日2版
	滦州：“红色物业”架起“连心桥”	组织部	10月20日3版
	迁曹高速公路全线通车	东安各庄镇	10月25日1版
	滦州市滦城街道：以项目建设助推乡村振兴	滦城街道	10月25日2版
	一男子滦河流域 电鱼非法捕捞被抓	公安局	10月25日3版
	唐山正通房地产公司已将剩余房款退还	住建局	10月26日3版
	东海特钢铁路专用线 达到开通运行条件	茨榆坨镇	10月28日1版
	编写党史学习教育特色教材	杨柳庄镇	10月28日3版
	东海钢铁公司铁路 专用线正式开通使用	发改局、茨榆坨镇、东安各庄镇	11月1日1版

11月份市以上新闻媒体重点稿件情况

媒体	题目	供稿单位	时间及版面
新华社客户端	河北滦州：种植特色果蔬促增收	雷庄镇	11月16日
客户端文字	国网滦州市供电公司：将工作“力度”与“温度”相结合	供电公司	11月17日
客户端	河北滦州：滩涂地上稻米香	油榨镇、古城街道	11月4日
	河北滦州：校园里的消防实战演练	教育局	11月9日
	河北滦州：发展山地经济 助力乡村振兴	九百户镇	11月12日
新华视频	河北滦州：科技助力新兴产业蓬勃发展	茨榆坨镇、经济开发区	11月13日
客户端	河北滦州：丰盈“菜篮子” 特色果蔬促增收	雷庄镇	11月18日
新华视频	全球连线|滦州皮影：在刀笔光影中活化传承	小马庄镇、教育局、文产中心、古城街道	11月18日
	河北滦州：生态养牛促增收	雷庄镇、农业农村局	11月23日
客户端	中医文化进校园	教育局	11月25日
	河北滦州：冰雪运动进社区 全民欢乐迎冬奥	滦河街道、文旅局	11月30日
人民网	河北滦州：山地大葱迎丰收	九百户镇	11月1日
河北频道	河北滦州：“南果北种”拓宽山村致富路	九百户镇	11月4日
	河北滦州市职教中心尝试“校企嵌入式”特色发展育人模式	教育局	11月5日
河北频道焦点	河北唐山：“煤改气”“煤改电”工程 保障群众温暖过冬	雷庄镇	11月7日
	白雪皑皑银装素裹 河北各地迎来今冬“初雪”	古城街道、文产中心	11月7日
河北频道	防患于未“燃” 河北消防安全知识进校园	教育局	11月9日
河北频道焦点	小程序“托起”大民生 河北唐山“微连心”暖人心	政法委、滦河街道	11月20日
	河北滦州：工业余热助力清洁供暖	住建局、榛子镇、滦河街道	11月25日
河北频道	河北滦州：师生剪纸映初心 全会精神催人奋进	九百户镇	11月30日
人民日报客户端	滦州：多彩社团，为学生搭建能“闪光”的舞台	教育局	11月6日
	滦州：532个村级综合服务站，服务群众“心贴心”	滦城街道、行政审批局	11月14日
经济日报客户端	滦州：白菜分茬种 错峰保增收【中经视觉】	小马庄镇	11月22日
央视频	河北滦州：雪后美如画	古城街道、文产中心	11月9日
总台河北总站	把“冰墩墩”“雪容融”搬上皮影，总共分几步？	教育局	11月26日
新闻联播	北京冬奥会各项准备工作有序推进	滦河街道、文旅局	11月30日

续表

河北日报	创造良好条件支持青年成长成才	团市委	11月5日3版
	滦州整合“富村”资源壮大农村集体经济	组织部	11月16日11版
河北经济日报	滦州“以路惠民”助力乡村振兴	交通局	11月4日6版
	滦州：苹果满枝头 丰收采摘忙	农业农村局、王店子镇	11月11日6版
	滦州实现村（社区）综合服务站全覆盖		11月25日6版
唐山劳动日报	东海钢铁公司铁路 专用线正式开通使用	东安各庄镇	11月1日1版
	深入推进“我为群众办实事”	政法委	11月2日2版
	自导自演“被抢劫” 一女子闹剧吞恶果	公安局	11月3日3版
	乡土艺术“扭”进“非遗”	文产中心	11月3日3版
	抓党建促乡村振兴	响嘡街道	11月4日3版
	滦州“四查四访”维护群众利益	纪委	11月5日2版
	打造农村党员日常教育“一课一堂”特色品牌	响嘡街道	11月6日2版
	41个村党员志愿清冰雪	东安各庄镇	11月10日3版
	我市公证公益服务 便民更惠民	公证处	11月15日1版综合
	整治乡村环境 共建美好家园	古马镇	11月15日2版
	市场监管系统深入推进劣质散煤管控“百日会战”	市场监督管理局	11月15日2版综合
	从百年党史中汲取奋进力量 续写“三个努力建成”优异答卷	油榨镇	11月16日头版头条综合
	“我为群众办实事”365百姓故事汇活动启动		11月16日1版综合
	深入学习宣传贯彻党的十九届六中全会精神 确保党中央和省市委决策部署高质量落地落实	九百户镇、滦城街道、古城街道等等	11月18日头版头条
	滦州举行招商引资“百日 攻坚”重点项目签约仪式	商务局	11月18日2版
	雪中送炭为果农解难纾困	农商银行	11月18日3版
	图片新闻（河北筑城建材集团有限公司智能自动化PC装配式住宅生产线项目）	经济开发区	11月20日1版
	滦州持续开展“温暖少年心”结对帮助活动	团市委	11月22日2版
	洁志直与青云齐（上）	副刊	11月22日8版
	聚焦群众急难愁盼整治“微腐败”	纪委	11月25日2版
	有了专属气象服务队	滦城街道	11月26日2版
	奋力开创新时代“三个努力建成”新局面 为加快建设现代化经济强省美丽河北作出唐山贡献	交通局、古城街道	11月27日1版

续表

唐山劳动日报	聚焦产业谋创新 开拓村民致富路	响嘡街道	11月27日2版
	我市221个老旧小区改造11月底前完工	晨光里社区	11月29日1版
	滦州：争创文明城市 建设美好家园	市委办	11月29日2版
	滦州土山村	雷庄镇	11月29日8版

12月份市以上新闻媒体重点稿件情况

媒体	题目	供稿单位	时间及版面
新华社	河北滦州：生态养牛促增收	雷庄镇	12月7日
	走近冬奥｜河北滦州：冰雪运动进校园	教育局	12月15日
	河北滦州：冬小麦封冻水灌溉忙	滦城街道	12月15日
	特色种植助农增收	茨榆坨镇	12月16日
	河北滦州：设施农业助农增收	茨榆坨镇	12月19日
客户端	河北滦州：花卉种植 促农增收	滦城街道	12月8日
	河北滦州：泥塑制作 喜迎冬奥	东安各庄镇	12月10日
	河北滦州：实践活动扮靓多彩童年	九百户镇、交通局、教育局	12月15日
	河北滦州：冬季造林 打造宜居城市	东安各庄镇	12月18日
	河北滦州：非遗皮影进校园	九百户镇	12月22日
人民网河北频道	全国交通安全日：河北各地主题宣传活动丰富多彩	交通局、教育局	12月2日
河北频道焦点	河北：国家宪法日 全民普法忙	司法局	12月3日
	河北滦州：特色种植前景好 农民致富奔小康	九百户镇	12月9日
人民网	河北滦州：及时浇灌“封冻水” 小麦越冬有保障	滦城街道、农业农村局	12月13日
	河北滦州：多彩社团 助力“双减”	九百户镇	12月14日
河北频道焦点	河北：多样活动迎冬至 冬日里别有乐趣	九百户镇	12月20日
人民视频	河北唐山：一线监督护航“民心”工程	住建局	12月30日
人民网河北首页头条	河北唐山：奋进凤凰城 乘风破浪时	东安各庄镇	12月31日
河北频道焦点	河北：多彩活动迎新年	滦城街道	12月31日
朝闻天下	“冰雪大篷车”继续走进百城千乡万村	滦河街道、文旅局	12月1日

续表

央视频	河北滦州：宪法宣传入民心	司法局	12月4日
新华财经	河北滦州：强化产业支撑 推进乡村振兴	响嘡街道	12月1日
人民日报客户端	滦州：美丽乡村是风景线，更是幸福源	油榨镇、响嘡街道	12月6日
	唐山滦州：助农大课堂，下“田间”上“云端”	杨柳庄镇	12月10日
	滦州返村小伙：种出“菌菇伞”，撑开“致富伞”	榛子镇	12月15日
	元旦临近，河北各地鲜花“走俏”	滦城街道、茨榆坨镇	12月24日
河北经济日报	滦州加强帮扶打造宜居乡村	王店子镇、武警唐山支队	12月9日6版
	滦州 筑牢“红黄绿”三色廉洁防线	供电公司	12月10日6版
	滦州打造食品安全新标杆	市场监督管理局	12月16日6版
	滦州上下康各庄新村 打造“北方小江南”	油榨镇	12月23日6版
	滦州小薯干变身大产业	榛子镇	12月30日6版
唐山劳动日报	滦州鸡冠山打造践行“两山”理论示范标杆	九百户镇	12月1日1版
	我市发布“我为群众办实事”最美人物先进事迹	榛子镇	12月4日1版
	滦州建成国内首家“青卡驿站”	团市委	12月6日3版
	发挥党员干部教育培训职能 助推党史学习教育走深走实	党校、组织部	12月6日7版
	滦州：生态养牛促增收	雷庄镇	12月9日1版
	练就为民办事的真把式	油榨镇	12月9日3版
	党建出彩 效益出众	蓝贝酒业集团	12月10日1版
	张凤春：用真情续写大爱	东安各庄镇	12月10日3版
	看山东寿光党校如何围绕“农”字搞教学	党校	12月10日4版
	赓续红船精神 走好新赶考路	党校	12月11日4版
	推动全会精神落地落实	宣传部	12月13日1版
	充分发挥党校主阵地作用 学习宣传贯彻党的十九届六中全会精神	党校	12月14日4版
	戏说红尘百态 笑谈青史千秋	横渠实验小学	12月15日3版
	消协为老年人 带来消费教育课	市场监督管理局	12月15日3版
	马克思主义与百年中国共产党	党校	12月16日4版
	“靶向”监督为乡村振兴保驾护航	纪委	12月17日2版

续表

唐山劳动日报	特色种植助农增收	茨榆坨镇	12月18日1版
	滦州：冬小麦封冻水灌溉忙	滦城街道	12月20日1版
	以只争朝夕昂扬向上的精神状态走在前列当好排头 加快建设繁荣舒适美丽的现代化沿海强市	油榨镇	12月17日头版头条
	军民融合战脱贫 乡村振兴谱新篇	王店子镇、武警唐山支队	12月28日2版
	展小镇活力 绘文明画卷	古马镇	12月30日2版
	滦州开展农村 假冒伪劣食品销毁活动	市场监督管理局	12月30日3版
滦州：丰富多彩庆元旦 欢天喜地迎新年	滦州市城管执法局开展迎元旦环境秩序保障工作	城管执法局	12月31日6版（专刊）
	元旦志愿红 温暖润滦州	滦河街道	12月31日6版（专刊）
	滦州市三实小 阳光体育大联欢	教育局	12月31日6版（专刊）

附　　录

中共滦州市委关于2020年度科级领导班子和领导干部综合考核结果的通报

各镇（街道）党（工）委，市委各部委室，市直各单位党委（党组）、总支、支部，各人民团体党组：

按照《党政领导干部考核条例》有关要求，根据《关于做好2020年度科级领导班子和领导干部综合考核工作的通知》（滦办〔2020〕8号）和《关于完善科级领导班子和领导干部年度考核指标体系的通知》（滦干考发〔2020〕2号）相关规定，市委组织部、市纪委监委、市委主体办对科级领导班子和领导干部开展了2020年度综合考核。综合市领导评价、考核组评价、考核责任单位评价、民主测评、受表彰奖励等情况，经市委常委会议研究，形成了综合考核评价结果。

2020年，面对突如其来的新冠肺炎疫情，面对外部环境的变化，面对“三个圆满收官”的繁重任务，全市上下聚焦中央和省、唐山市重大决策部署，聚焦市委、市政府中心工作，以夺取疫情防控和实现经济社会发展双胜利为目标，众志成城、拼搏竞进，推动全市各项事业不断取得新进展，经济社会发展保持了稳中有进、进中向好的良好态势。为激励先进、鞭策后进，市委对综合考核为优秀等次的科级领导班子和领导干部予以表扬。希望受表扬的单位和个人戒骄戒躁、再接再厉、再创佳绩，排名靠后的要正视问题、深刻反思、奋起直追。

2021年是建党100周年，是实施“十四五”规划、开启全面建设社会主义现代化国家新征程的第一年，更是滦州迈开大步、走在前列，奋力开启建设“现代中等城市、全国百强滦州”新征程的起步之年。全市各级领导班子和领导干部要进一步强化责任意识、担当意识，锐意进取、攻坚克难，推动滦州“十四五”开好局、起好步，在建设“现代中等城市、全国百强滦州”新征程中作出新的、更大贡献。

中共滦州市委

2021年3月18日

附件1

2020年度科级领导班子综合考核结果

一、镇（街道）（共14个）

优秀等次：响嘡街道、滦城街道、榛子镇、茨榆坨镇

良好等次：东安各庄镇、古马镇、杨柳庄镇、油榨镇、九百户镇、古城街道、小马庄镇、雷庄镇、王店子镇、滦河街道

二、党群综合部门（共22个）

优秀等次：市委办、组织部、宣传部、纪委监委、政府办、团市委、信访局

良好等次：统战部、政法委、巡察办、网信办、机关事务中心、编办、老干部局、市直机关工委、科协、党校、残联、妇联、总工会、文联、工商联人大机关、政协机关不参与科级领导班子排名，均达到优秀等次。

三、经济管理部门（共9个）

优秀等次：发展和改革局、财政局、农业农村局

良好等次：工业和信息化局、商务和投资促进局、水利局、市场建设服务中心、供销社、建材大市场服务中心

四、执法监督部门（共10个）

优秀等次：交通运输局、市场监督管理局、自然资源和规划局

良好等次：检察院、应急管理局、法院、城市管理综合行政执法局、公安局、司法局、审计局

五、社会事业发展部门（共15个）

优秀等次：教育局、住房和城乡建设局、卫生健康局、行政审批局

良好等次：人力资源和社会保障局、民政局、文化广电和旅游局、统计局、退役军人事务局、融媒体中心、滦河文化产业发展服务中心、档案馆、医疗保障局、红十字会、政府招待所

六、事业单位（共10个）

优秀等次：人民医院、一中、中医院

良好等次：三中、二中、四中、职教中心、卫校、电大、教育教学研究与教师培训中心

七、园区管委会（共1个）

优秀等次：经济开发区管委会

八、党组织关系在地方的垂直管理部门

党组织关系在地方的垂直管理部门不参与领导班子排名，向其上级主管部门提出年度考核等次建议。

优秀等次：唐山市生态环境局滦州市分局、国网滦州市供电公司、气象局

良好等次：税务局、邮政集团滦州市分公司、烟草局、中国联通滦州市分公司

附件2

2020年度科级领导干部综合考核结果

一、优秀等次（211人）

响嘡街道：高银、袁源、卫立刚、顾振、王森

滦城街道：李金明、王汝春、陈国安、刘丽芝、王艳君、高献策

榛子镇：吴振兴、刘秀波、蒋志娟、高金香、金丽丽

茨榆坨镇：李菁生、商秀军、夏顺发、曾庆利、夏卫华、宋银秀

东安各庄镇：李志岐、杨长江、侯刚、崔一

古马镇：陆金波、鲁贤慧、赵小翠

杨柳庄镇：张秋月、刘树影、李立国

油榨镇：杜历军、汪欣、甄建波、李会兴

九百户镇：邱春海、张金栓、秦志武

古城街道：李俊钢、陈海斌、李健斌

小马庄镇：侯成、崔建波、李健

雷庄镇：张秀海、马艳红、赵淑霞

王店子镇：王建利、秦永权、刘冀东、高磊

滦河街道：刘清喜、付海燕、李晓英

市委办：张松、高志勇、杨志勇、刘新兵

组织部：赵顺明、于宝喜、姜凤平

宣传部：卢金玺、杨璐、刘雅利

纪委监委：范锦杉、王磊、张晓伟、刘冬梅、王新伟、董广臣、屈俊生、孙晓明、李奇、王永宽、邵敬东、张雁岭

镇（街道）纪（工）委书记：昌雨波、张文娟、李若冰

政府办：尹海生、于忠君、葛晓兴、王继臣、李江涛

团市委：刘志强

信访局：薛会东、何凤华

人大机关：张冬斌、郭树林、高永栋

政协机关：罗晓艳、张晓亮、陈双印

统战部：朱建东

政法委：刘占林、刘浴

巡察办：刘杰、刘激光、马志新、薛景荣

机关事务中心：高海龙、张涛

编办：孟晓宁

老干部局：耿矩力、郭跃荣

市直机关工委：马丽娟

科协：韩福君

党校：张欢

残联：陈素娟

总工会：郑东桥

文联：苗爱芹

工商联：苗天民

发展和改革局：梁立欣、田晓惠、李健

财政局：葛秋钧、孟卫东、高 鹏、卢静

农业农村局：孟祥宝、田军、王海波、尚小玉、岳美玲

工业和信息化局：陈贵军、贾艳蕊

商务和投资促进局：窦春霞

水利局：张志强、赵春永

市场建设服务中心：李文锋

供销社：刘德建

建材大市场服务中心：高永波、刘志坚（占工信局指标）

交通运输局：张双和、王守禹、杨延明、樊立军

市场监督管理局：屈俊英、齐向前、赵晓明、宋 耀、田江、李武山、王宏杰

自然资源和规划局：罗文辉、刘艳菊、崔杰、孙耀南

检察院：厉志勇、郑晨侠

应急管理局：刘恩江、张学英

法院：常利民、岂延江、阚景胜、刘福生

城市管理综合行政执法局：裴立忠

公安局：高翠英、蔡兴、贾边江、王晓国、侯占勇、常立新、周立美、宋树山、王振华、张军、孙月鹏、刘国山、尹小彬、尹振宇、黄永亮、刘建江、王小军、霍东兴、路永刚、郝俊杰、刘国林、苏佳

司法局：陈卫东

审计局：陈春刚

教育局：谢金华、葛卫东

住房和城乡建设局：王建东、曹志刚

卫生健康局：解福满、傅健民、陈月茹

行政审批局：张卫忠、曾劲松

人力资源和社会保障局：张海青、张广军

民政局：姬翠红

文化广电和旅游局：张钊

统计局：马权华

退役军人事务局：田力生

融媒体中心：肖永红

档案馆：刘瑞忠

医疗保障局：李艳秋

人民医院：张力、秦顺利

一中：苗益民

中医院：孟德儒、李治国

二中：马长江

职校：昌贵平

经济开发区管委会：徐新、杨海卿、刘志刚、吴谊友

二、称职（合格）等次（639人，名单略）

三、不确定考核等次（5人）

尤占民、张志全、朱宏伟、张有强、孙立军

中共滦州市委
滦州市人民政府
关于2020年度党政机关事业单位工作人员
考核奖励情况的通报

各镇（街道）党（工）委、政府（办事处），市直各单位，各人民团体：

2020年，面对突如其来的新冠肺炎疫情，全市党政机关、事业单位工作人员在市委、市政府的坚强领导下，众志成城、共克时艰，为夺取疫情防控和经济社会发展双胜利作出了突出贡献。按照考核工作有关规定，经过基层推荐、逐级审批，全市共评出受奖人员2330名，记三等功（记功）224名，嘉奖2106名。

经市委、市政府研究，现将结果予以通报，并按照人社厅发〔2018〕1号文件规定，由市财政对相关人员进行奖励。希望受奖励的同志站在建党百年新起点、接力再奋斗。同时，号召全市党政机关、事业单位工作人员要以先进为榜样，坚决扛起迈开大步、走在前列的时代使命，攻坚突破、奋勇争先，推动“十四五”建设开好局、起好步，为实现“现代中等城市、全国百强滦州”目标作出新的更大贡献。

中共滦州市委
滦州市人民政府
2021年8月28日

附件

滦州市2020年度机关事业单位受奖人员名单

三等功（记功）224人：

高　银　王　森　侯　超　孟令进　杨长江　侯　刚　李佳宁　张志强　田　野　邱春海
张　蕊　商秀军　李立国　吉彩娟　李　健　鲁贤惠　解　浩　杨志勇　刘新兵　张冬斌
张晓伟　刘冬梅　王新伟　董广臣　郭跃荣　史建宏　郑东桥　张玉静　厉志勇　傅秀辉
孟广满　王晓震　谢金华　王晓国　陈　蕊　高俊林　耿读卫　吴卫华　张　波　裴立忠
田　军　李晓强　韩雪梅　郝丽丽　尚小玉　马权华　孙智胜　陈春刚　曹　健　霍立柱
吴谊友　李　晖　何青松　黄建川　杨子金　梁滦军　臧小良　张　亮　高志江　张玉坪
李月强　陈志利　姜海涌　熊　玮　杨　坡　张生文　安占一　孟凡伟　蔡静男　陈　刚
姜晓震　李占峰　殷园园　耿志猛　甄纪龙　石一君　石　柱　黄　超　王　惠　张　杰
潘　静　甄　诚　阚丽娜　杜翠莲　刘恩春　张树军（应急局）王翠敏　刘　伟　田文祜

齐春涛　郭玉书　李浩田　于孟杰　董立文　姬梦媛　任　玥　李丽静　王伟雪　刘　静
王　坤　周玉敏　董险峰　张海涛　张晓伟　商君辉　曾凡学　曹志伟　杨丽英　韩召展
侯　玮　杨凤存　李智强　陈经国　杜文龙　魏常青　王浩颖　毕俊东　吴寿安　陈永生
侯秀云　袁　伟　王爱华　李兴堂　李靖华　郭晓杰　蒋刘伟　张　贾　王大力　李俊玉
刘艳红　刘冠华　刘翠云　杨　颇　殷静蕊　刘金伟　才丽红　杨利波　高小晖　彭宴超
杨耀武　陈　利　孔繁华　李　洁　杨　猛　张大智　柴艳玲　王兰芝　刘晓霞　高丽军
张尹军　王红鹰　崔志华　罗文英　兰小娟　张　超　蔡少伟　庞建永　赵丽凤　曾凡伟
张树军（曹各庄小学）　王　蓉　师红杰　王立安　于　增　郝惠英　朱丽娟　杜艳梅
金淑红　高　萌　杨振元　刘秀梅　郭志新　高海林　李秀华　韩　思　单荣华　李德秋
赵新颖　陆素凤　田志刚　吴春辉　陈　昕　刘春梅　郝艳姣　顾立中　李紫君　刘　媛
薛云华　周艳秋　郑　伟　薛小静　贺晓艳　史　亮　解玉红　葛素艳　吉立华　蒋子安
郑　巍　陆继苹　张雪松　张学超　佟德稳　秦彩月　耿　静　姚俊菊　刘　民　解志君
杨金来　蔡洪云　王建国　唐　悦　朱伟华　张金玲　赵建波　宋晓庆　郭金涛　吕亚薇
吉长田　陈继伟　顾文魁　颜兴华　张会友　唐向玲　高振国

嘉奖2106人：

市委办：高志勇　尚金锁　戴美玲　李　蕊　郭向辉

政府办：

尹海生　于忠君　王继臣　李江涛　葛晓兴　刘　滨　吉洪田　刘大伟　唐　伟
田志江　高鑫磊

人大中层：高永栋　郭树林　李子明

政协中层：罗晓艳　陈双印　张晓亮　张冰洁

纪委监委：

范锦杉　王　磊　屈俊生　孙晓明　李　奇　邵敬东　张雁岭　王永宽　王晓玉
李　可　孟维伟　李建峰　李君花　杨　魁　潘德良

组织部：赵顺明　于宝喜　姜凤平　郝昌宝　袁　杰　孟芳芳

宣传部：卢金玺　杨　璐　刘雅利　解卫兴　孙卫梅　张　宏

统战部：朱建东　岳立春

政法委：刘占林　刘　浴　张艳军

编办：孟晓宁　董　磊　高彦伟

市直机关工委：马丽娟　张爱丽

巡察办：张　松　刘　杰　马志新　刘激光　薛景荣

信访局：何凤华　张　强　陆永强

老干部局：耿矩力　张　磊　郝玉梅　韩　静

党校：张　欢　杜万泉　马翠香　崔会萍

机关事务中心：

高海龙　张　涛　高鹏飞　索庆海　吉春祎　李新卫　阚学强　贾志辉　郑　强
申铁民　夏英俊　郭跃杰

档案馆：刘瑞忠　王秀俊

融媒体中心：

肖永红　李玉超　张　楠　陈利民　王慧娟　杨文刚　陈海霞　刘明辉　魏　丹

秦小明 董 彦

滦河文化产业发展服务中心：杜世勇 罗红海

民兵训练基地：蔡晓旺

总工会：黄晓红

团委：刘志强

妇联：仲崇敬

工商联：苗天民

残联：陈素娟

科协：韩福君

文联：苗爱芹

红十字会：张爱忠 解偲偲

法院：

常利民 岂延江 阚景胜 刘福生 杨海芸 解晓玲 范振海 张 青 尹 娜
王震宁 张海涛 霍秀玲 苏 敬 张海明

检察院：

郑晨侠 陈敬晔 沈建辉 陈继云 刘 帅 刘春生 侍翠霞

发展和改革局：

梁立欣 田晓惠 李 健 赵 丹 王 艳 张俊杰 李 强 姜尚志 于文江
朱建平 张玉华

教育局：

葛卫东 昌贵平 苗益民 马长江 仲伟忠 蔡淑花 崔剑锋 董义波 樊金玲
高进财 秦浩柱 商 伟 宋丽明 佟 艳 王雪梅 杨素霞 张希奎

工业和信息化局：

陈贵军 贾艳蕊 王爱国 梁 坤 王广坤 赵 旭 杨洪涛 彭金妹

公安局：

高翠英 蔡 兴 贾边江 侯占勇 常立新 周立美 宋树山 王振华 张 军
孙月鹏 刘国山 尹小彬 刘建江 王晓君 霍东兴 刘国林 黄永亮 苏 佳
尹振宇 郝俊杰 邱 礼 李俊杰 杨志全 吴彦巾 汪晓峰 李 红 朱立双
焦晓春 于 鑫 高雪松 王福忠 葛 磊 李良刚 王 猛 张 芳 阚宝红
黄 敬 张宝军 董顺国 汪 洪 蔡念杰 陈英杰 裴元群 高鉴东 白银安
王 军 熊建平 彭国新 卢 屹 刘德双 熊春辉 李家安 战学光 朱同富
朱文杰 商克江

民政局：

姬翠红 李海春 孟令振 李志蕊 曾丽丽 贺春梅 阚育伟 许志武 张亚东
王玉君

司法局：

陈卫东 王晓刚 邹会云 高开余 马 强 刘 静 郝 月 张明洁 杜佳惠
苗国喜 王金玲

财政局：

葛秋钧 孟卫东 傅兰英 陈洪利 高 鹏 卢 静 崔双双 董连英 张 鑫
郭庆利 黄珊珊 章锦标 高新晔 刘黎明 伦庚辉 杨丛泉 葛建学 齐 林

曹树朋　侯志增　李　光　齐京川　王树刚　沈志英　刘会荣　阚友博　李　坤
王翠琴　解晓冰　朱红梅　李剑斐　李明月　王　琪　王　涛　王红莲　刘晓强
耿德新　李翠红

人力资源和社会保障局：

张海青　张广军　常永生　崔国华　徐　谦　王　涛　张丽娟　田　雷　朱庆东
刘建辉　李志芳　冯宝秋　徐　丽　陈佳琪　卢艳韦　侍利明　潘丽英　杜万勇
安　富　胡宝华　吉凤娟　蔡　宁　田　静　米唤明　王连超　刘媛媛　杨　森
葛兴兴　韩丽娟　董小芳　唐铁柱

自然资源和规划局：

罗文辉　刘艳菊　孙耀南　崔　杰　郭春利　李新军　王建民　张雪峰　贺　飞
刘孟臣　李志宝　马立军　王　哲　张　澎　贺海涛　高　磊　鲁丽园　蒋翠花
万立强　马志刚　尚小亮　刘长玲　贡小佳　张　巍　王　阁　申明苗　石建虎
李　柳　郑志辉　黄贵宾　杨志超

住房和城乡建设局：

王建东　曹志刚　赵桂英　曾繁瑜　费文斌　安华东　刘海呐　张士刚　刘　帅
邢少军　贺增宾　裴晓静　任立刚　赵　鑫　韩　梅　贺凤霞　李金杰　李久江
杜焕成　屈春永　霍庆明　耿　昱　刘新荣　何建峰　赵海霞　杨建功　魏秀莲
葛小刚　杨爱民　王宇华　阚民江　李新艳　王明坤

城市管理综合行政执法局：

曾艳文　张秋红　周　轩　张　君　张仕伟　张　朝　于晓明　秦　涛　史静涛
刘清松　刘　洲　张　扬　吴志超　吴承杰　张　强　张宝春　李世霞　龚稳成
贡晓婷　程　刚　常树林

交通运输局：

张双和　杨延明　崔江涛　樊立军　陈　蕊　陈志宏　董建山　樊雅娟　高小茗
葛　菲　何建勇　侯晓山　吉志义　阚景栋　阚丽荣　阚玉娟　李建学　李金国
李鹏杰　李守军　李太忠　李　涛　李献清　刘　伟　秦　巍　唐进东　王敬辉
吴承光　吴　竞　吴志刚　杨金廷　尹红波　袁　超　张金艳　张　磊　张连明
张树军　张　涛　张　伟　张宗岩　赵雪松　艾鑫雨　柴志胜　陈凤岩　冯丽佳
高玉岭　郝金龙　何建辉　贾晓明　李剑涛　李小升　李志勇　侍瑞军　王铁民
王彦猛　吴　健　吴盛光　张宏伟　张立明　张　颖

水利局：

赵春永　王立刚　张玉祥　侯裕伟　刘金喜　李笑云　钱兆福　边　蕊　赵树勇
王爱民　刘悦鑫　夏雅俊

农业农村局：

王海波　岳美玲　孟祥宝　朱雅茹　张子强　刘连梅　杨振彪　于　珊　林　阳
张　军　岳占海　徐　欣　裴文军　李艾军　焦桂华　郭晓宇　董俊生　张　刚
尚秀梅　张立颖　陈立军　于　明　马拥军　梁　宝　李云俊　侯中全　李　铁
王志刚　王洪波　何建起　罗佳星　贾海峰　吉　东　张　成　王惠娟　葛阳亮
宣丽霞　张广福　彭国环　马东海　唐树军　周群芳　董素青　张震军

统计局：田克洋　简树新　陈素珍　张淑娟

商务和投资促进局：

窦春霞　田晓蕊　周艳华　温冬青　邢慧东　董立民　张　丹　郁文祥

文化广电和旅游局：

张　钊　程桂娟　陈　帅　王金朵　杨丽娜　张林林　王静媛　郭新久
周国利

卫生健康局：

傅健民　解福满　陈月茹　耿杰才　张建新　王玉红　刘玉新　张　力　秦顺利
孟德儒　李治国　刘汝照　朱　文　董长侠　金志勇　王晓红　王俊国　张　颖
常永刚　孙久海　刘秀艳

退役军人事务局：田力生 李国强 李金山 费志超 马志强

应急管理局：

刘恩江　张学英　许克富　张志国　王立军　苏广志　王　浩　刘克华　王绍喜
田连军　刘　昌　韩国宇　郭　彬　黄恩平

审计局：王汝春 刘文清 关 水 范志刚 冯萍萍昌贵春

市场监督管理局：

屈俊英　齐向前　赵晓明　宋　耀　田　江　李武山　王宏杰　卢金良　高　峰
杜新刚　闫小东　杨成昆　王　朝　张　静　裴文杰　李冬梅　郝凤鸣　张　岩
阚天福　蔡连锁　程云鹏　王增光　李　敏　吕长亮　刘田华　陈　蕾　毕国田
杨　宇　葛常亮　王郁红　姜海涛　朱长明　吴永亮　石　漪　高　云　宋爱春
门大明　何志伟　张新清　郭新伟

行政审批局：

张卫忠　曾劲松　李凤良　徐　军　吴亚楠　李建东　高　勇　孟　云　张建梅
李劭明　张　辉　王　东

医疗保障局：李艳秋 张 龙 孙 星 王庆雨 张丽伟 闫子海 杜 建

供销合作社：张秀海 刘德建 张大勇

市场建设服务中心：

李文锋　高永波　刘志坚　潘玉军　石淑新　耿春娟　刘　杨　阚燕飞　张建民
张志军　薛　刚

经济开发区管委会：

杨海卿　刘志刚　徐　新　王守禹　罗　雷　赵　婧　李俊鹏　王　佳　李忻洋
李志会　李　成　刘玉锁　张　静

生态环境分局：蔡勤生

滦城街道：

李金明　陈国安　刘丽芝　王艳君　高献策　宋成浩　孙丽娜　王秀菊　王　伟
万　松　王志海　李海凤　纪淑清　张　伟　佘世伟　王　坤　贾丽静　柏莺潮
高　琛　马刚荣　宋建新　曹子阳　张玉娥　刁艳秋　张红梅　刘海侠

响嘡街道：

卫立刚　顾　振　田丽妍　张春宇　刘政达　杨艳艳　王翠红　单玲玲　刘秀琦
宋天宇　周　珺　杨荣兰　孟凡娜　葛志宏

滦河街道：

薛会东　刘清喜　付海燕　李晓英　杨　斌　窦益双　于淑丽　张玉婷　代红霞

董　雁　吕淑香　王　飞　孙秀丽　何　欣　宋　翠

古城街道：

袁　源　李俊钢　陈海斌　李健斌　田福刚　高　敏　韩盈利　伍雅婷　任　伟
蒋宝仓　于小辉　张丽梅　张　丹　王际华　刘宪超

榛子镇：

吴振兴　刘秀波　蒋志娟　高金香　金丽丽　李若冰　穆　玉　高伟璇　岳志宏
李相作　窦丽珍　李　杰　李东升　卢福彬　郭　颖　郑朝阳　耿江波　刘晓玲
扈　星　朱金生　杨立勇　于华超　费宝娟　张培培

东安各庄镇：

李志岐　崔　一　昌雨波　王　蕊　李　恺　赵明华　侯鹏飞　李鸣岐　许舰英
杨文荣　陈　静　贾　颖　葛小领　刘丹丹　周　娜　刘　杰　戴　娜　王建全
毛立财　董　武　齐建立

油榨镇：

杜历军　汪　欣　甄建波　李会兴　张子卓　陈　涛　聂丽霞　张国飞　王学文
裴秀芳　崔建晨　刘青华

九百户镇：

张金栓　秦志武　张文娟　白东玺　张学强　王英韬　袁晓爽　刘志彬　于金伟
吴琨宽　薛春凤　裴　雪　王鹏远　李德茹　吕向军

雷庄镇：

马艳红　赵淑霞　叶文利　尚晨辉　罗美玲　石　宇　阚玉花　聂　明　田玉荣
孙耀华　张春刚　张金伟　肖劲峰

茨榆坨镇：

李菁生　夏顺发　曾庆利　夏卫华　杨　磊　王　玉　王　健　宋银秀　马学圃
金志江　蔺建生　白春民　彭　强　张玉芳　张庆福　李昊天

杨柳庄镇：

张秋月　刘树影　甄志磊　韩雨峰　姚伟明　赵建华　赵小伟　安继忠　李海如
罗丽平　段泽华　刘　宣

古马镇：

陆金波　赵小翠　张春霞　李盼盼　樊绍伟　张　壮　潘景宝　温双军　王建强
\张世杰

小马庄镇：

侯　成　崔建波　张英楠　杨荣庆　张新宇　王　伟　曹立铮　崔云雁　裴丽蕊
李艳春　陈红磊　李小蓓　张雪强　蔡玉磊

王店子镇：

王建利　秦永权　刘冀东　高　磊　董　超　张耀腾　宋振东　王智英　王国钢
张学思　赵勋虎　商静宇　李　远　高春山

卫健系统：

王雪帆　徐丽英　陈凤芹　阚玉玲　吴利刚　王冬春　杨玉贤　张翠兰　李雪雷
郝凤启　王金锋　杨利军　汪才喜　苗益辉　孔冠一　曾凡波　曹玉莲　潘志军
汪立强　孟庆军　蔡立平　夏坤阁　赵桂梅　王建生　杜雪茹　任虹云　魏晨曦
王晓岭　刘玉新　李全林　赵学国　睢振江　董来臣　郝滦雨　董　晖　陈滦疆

马淑辉　魏　颖　王永阁　冯艳芝　高志刚　解建辉　王　倩　殷士良　高丽艳
杨卫华　李　明　张志学　龚英峰　刘会锋　孔繁菊　李桂秋　肖庆旺　弭艳旭
董丽娟　章永刚　张　亮　曹小键　何江涛　张彩霞　王海燕（人民医院）
王小娜　杨素丽　万丽娟　李　静（人民医院）　张红英　张启财　蒋利生
毕玉芬　闫新华　陈俊慧　王丽娜　朱　峰　王　涛　张洪莲　刘　颖　邱文辉
杨瑞东　阚蕊莲　李　慧　樊丽媛　尹晓霞　王会君　王　硕　裴荣光　高福春
吴桂丽　刘淑文　宋爱丽　李　国　刘文英　章淑英　张贵松　邹会艳　赵春艳
吴　静　董海双　张景瑜　李　伟　王建立　徐　刚　李永民　张亚芳　任会远
朱建兴　王　淼　解增友　李秀梅　李　静（中医院）　欧阳爱云　刘树胜　王玉凤
马翠华　毛进兴　徐丽香　付　丽　吴　瑶　宁志春　韩冬梅　陈永健　安　娜
张玉红　夏志耕　王玉梅　岂怀杰　张淑红　于　杰　齐进明　张艳萍　潘景月
王汝铎　欧阳彩琴　黄雪莹　王海宝　于慧敏　曹子忠　付宏艳　刘艳静　龚雪娇
董振英　章晓卿　张华玲　李震雷　周会君　李冬梅　王立双　张丽华　公　贤
金海霞　王东英　周鲲伟　李丽霞　张凤敏　赵永生　张振英　李春艳　姬学松
邱少红　霍玉玲　张海堂　张亚华　代立红　赵瑞燕　李丽娜　赵永冰　刘晓敏
张晓青　吕红霞　周良秋　陈雪军　王长明　葛秀荣　孟凡刚　罗淑娟　陈　蕊
尹志凤　刘福才　戴爱华　刘英峰　齐艳红　董作富　张文深　纪彩霞　王彩霞
常　山　李荣花　李晓明　王福江　王海云　范秀丽　李会娜　张雅鹏　李为军
吉春明　张秀艳　甄维军　魏小宝　刘艳荣　裴俐强　刘子春　温朝辉　阚秀莲
王淑君　王东伟　李宝刚　赵树林　张　磊　梁晓波　高淑艳　王海燕（甄庄）
邵　明　王　超　韩　富　夏高阁　张　薇　董海萍　董景宝　张友娜　张　茜
刘　磊　杨　婧　郭　伟　沈月辉　田　蕾　刘丽丽　王宝艳　刘建涛　韩艳波
戚彩艳　颜培娥　康春江　张振明　张彩玲　吴春红　王明杰　杨建国　杨立秀
刘洪言　张海东

教育系统：

于学敏　马梦珏　尹福新　尹佳丽　付　垚　何艳丽　宋继慧　杨小杰　杨　华
杨伟乐　陈素荣　陈小刚　陈桂芳　陈纪辉　赵小凤　赵金锁　徐　领　徐玉鹏
徐秀华　贾素艳　唐怀龙　秦爱慧　秦洪涛　柴成华　曹艳玲　程　功　韩德双
薛春芳　荣　冰　魏淑艳　张巧云　张春礼　张小亮　张淑霞　张　兰　王志娟
王小忠　王　永　王世杰　王洪波　王永栋　王　英（一中）　王喜林　王茂龙
李忠刚　李素艳　李迎军　李　丽　李文强　李　海（一中）　李文志　刘　锐
刘英杰　刘小佳　何小英　杜凤英　陈　高　陈艳红　贺晓兰　郑顺昌　郑晓琴
郑亚丽　胡金萍　高兴玲　徐玉秀　董占东　蔺永才　裴召烨　霍秀芳　张志军
张占军　张福运　王彩英　王淑艳　王艳丽　李文玉　李义峰　李忠斌　李　博
刘　华　马春海　卫宝江　牛久成　邓　橘　甘建国　许　梅　吕海峰　杜学光
杨玉珠　角远超　陈丽丽　陈敬琳　赵凤　钱　坤　郭红莉　商艳红　梁艳霞
窦巧云　曾凡霞　董永福　葛立财　蔡玉钦　臧晓菊　魏立广　张振生　张　博
王建霞　王春玲　王立楠　李宝强　李晓娟（二中）　李志良　李光远　李广帅
刘伟涛　刘丽娜　牛显晨　任铁军　杨振宇　孟祥蕊　孟凡红　费建才　顾艳洁
崔学东　崔智军　薛　辉　蔺振刚　张巧艳　张国全　李文杰　李云超　李铁军
刘叶红　刘树忠　柴大伟　耿满荣　姜永宏　景秋玲　康　颖　李洪新　李小巧

李媛莉　刘俊杰　马占国　史小平　佟德利　王春萍　王敬学　魏晓勇　吴凤丽
吴淑红　武春梅　姚晓莉　张桂增　张雪慧　周　强　吴冬梅　陈玉成　杜薇薇
李存秀　李敬忠　刘艳春　屈海娟　温　静　张翠艳　张莉昕　何连杰　王娜（四中）
范砾元　刘敬伟　张爱军　郝艳辉　李俊云　李凤娟　田秀娟　周建秀　张慧丽
胡翠玲　李海娜　于秀环　于晓静　马锦秋　田艳萍　阚瑞峰　仲伟波　邢玉新
吴敬伟　杨　梅　杨立平　范玉梅　周翠娟　费淑兰　郭晓艳　雷亚男　裴冬梅
蔡雅晖　臧香玉　魏秋菊　张希岭　张凤芸　王淑慧　王艳（中山）　王福海
刘金秋　刘艳芳　刘艳红（在编）　刘婧儒　霍东贤　邹丽娜　师存凤　郝　蕾
徐洪艳　唐海芳　韩艳芝　董丽艳　薛巧玲　王英（中山）　王翠红　李淑金
李　鑫　刘俊祥　刘俊芝　刘丽霞　常翠芝　陈玉晶　崔秀华　董海涛　杜立军
樊丽凤　方向辉　勾　顺　李金艳　刘向辉　吕晓东　秦丽娜　孙　涛　王　强
王翠焕　肖　英　闫倩茹　杨晓芳　尤丽娜　张宝安　张凤梅　张富强　张海霞
张　宏　张月华　高艳萍　葛桂英　康　蕊　刘健美　毛　菊　刘艳丽（职校）
田梦臣　王晓华　王少武　吴喜勋　徐艳花　闫冬梅　张江春　周建军　孙　苗
任宝民　胖永霞　韩秀焕　张慧英　李先秋　李海霞（卫校）　杨慧敏　贾晓芳
董秀娟　张　敏　李春东　王学富　周凤忠　高艳凤　杨鑫淼　张涛妍
孙丽君（进校）　赵　雷　朱万东　史贵勇　朱秀红　肖凤君　高素双　李　青
王金永　陈红根　杨广新　张　丽　王晓颖　王艳晖　李艳玲（横渠）　魏丽敏
卢　雯　耿丽华　赵艳秀　王爱芹　魏丽娟　陈宝军　马　宁　史学静　陈晓菊
孟　颖　郑术焱　张兰芹　王淑静　刘云芳　杨泽新　李建敏　刘　妍　刘素芝
张　蕾　杨丽（四实小）　张小环　董雪凌　马银玲　李小香　杨立志　张丽君
徐文荣　冯宏伟　郭　倩　朱金芝　董佳琪　马　艳　安淑会　任丹丹　贾志军
杨广田　李海梅　毛丽辉　康丽冬　吴宝军　张艳洁（六中）　米艳妃　李静（横渠）
王　猛　黄卫军　郭秀红　杨秀春　郑玉东　王　勇　杨　倩　贺金梅　吴若男
李树伟　屈文江　张　晋　张成伟　徐月霞　田爱红　张美玉　钱淑云　何玉凤
杨丽（田疃）　刘铁民　张雅娜　张　英　贾赵辉　马亚娜　周　娜　王　尊
李　柏　陈俊青　刘欢（下寺）　于东全　冯小洁　夏　颉　张　颖　李敬艳
李艳玲（研山）　郝建辉　冯建东　张健伟　杜学安　刘金龙　张丽薇
于秀娟（张疃）　方　娜　张瑞环　谷迎新　冉宏远　王铁娥　李向东　昝贵杰
刘艳玲　刘银娇　葛顺礼　张丽娜　田　爽　王倩（店坨）　孙丽君（大门庄）
金宏宇　蔡勤东　蔡凤英　王倩倩　刘　蕊　周敬丽　窦春霞　殷　川　李盼盼
冯丽花　刘志英　李忠环　孟　宇　胡金华　毛彩云　郭志伟　郑秀娟　程文凤
朱振波　贺秀英　陈国青　尹怡源　康凤龙　李静（贾樊）　王　菲　樊春英
张继月　樊　蕊　任海玲　邢志强　门小靖　裴志强　王一朵　常　琨　弭佳蕾
张秀娥　郭亚凤　薛艳彬　王香玉　张丽芝　商张杰　郭学海　张建秋　汪小围
郝雅丽　宋丽洁　顾艳杰　王冬梅（宜安）　金雪微　董春霞　李海霞（天华）
陈娅娜　李丹丹　董慧敏　裴春颖　张健（北刘庄）　张春达　马倩倩　崔春艳
石　磊　李　娜　李晓颖　孟凡青　张艳娜　任彩娇　段素芸　屈美茹　许秀红
段淑英　侯淑红　赵海云　弭巧玲　程海英　任丽莉　惠春秀　张永军　郑海曼
薛俊花　金　英　庞茹誉　姜春梅　段淑芳　宋海明　于秀娟（谢各庄）
宁树国　赵树来　马翠英　王凤伟　秦　颖　戚金会　段小美　王　理　庄　旭

董海云　张会春　张玉翠　汪依默　吴亚玲　苗淑玲　安迎霞　顾　欢　李　悦
姜文婧　刘欢（小马庄）　孙　婧　张红红　屈琳璐　刘立成　李梦颖　伦　政
耿美玲　杜春美　郑　蕾　王　丹　周友权　刘　阳　吕俊蕾　彭淑环
王艳（狼窝铺）　张　满　陈淑霞　魏　娜　朱　清　高大伟　王俊洋　顾晓强
于爱红　齐君利　郑　明　张金燕　申建达　赵秀英　吴　琼　王志保　陈　强
于新月　安秀丽　张　晶　胡　静　于子忠　薛长英　李秀丽　崔丽艳　王　东
李海（于家营）　陈　琛　王丹丹　郑树静　陈　香　王冬梅（榛子镇）宋秋顺
王　莹　姚振英　王玉贤　王振新　王丽娟　阎　宁　崔丽娜　牛雅坤　赵玉清
吉秋莛　贝东霞　王耀伟　刘　娜　徐亚军　苏　博　王秀英　高海燕　李顺明
付雅芳　陈　璐　赵春阳　张玉红（苍官营）吉文颖　葛兆蕊　李艳敏
刘艳丽（杨柳庄）张金玲　赵雪松　刘亚萍　徐向艳　胥术存　张越娜　李　远
高庆刚　高志刚　史志广　李宗磊　张小芳　朱佳佳　苏红心　胥晓晴　陈青云
荣亚倩　马红利　朱　冰　沈秀珍　张艳洁（东安各庄）　王　莉　田　璐
石艳燕　刘晓晶　朱德清　朱洪波　苗丽英　高小蕊　商向春　臧晓荣　张爱红
张凤莲　王永满　刘进华　刘美玲　赵恩楠　刘红莲　郑玉培　袁凤娟　黄晓旭
常丽娜　商　艳　张秀丽　张学荣　张秀梅　王立江　王淑娟　李小霞　马宝华
卫　钊　何玉华　荀惠凤　封向敏　董翠英　刘卫红　杨玉洁　角淑梅　陈莉婷
屈明洁　周立燕　崔立扬　张羽翔　王　寅　张新蕊　王明珠　王思颖　李苗华
李子洋　裴庆丽　李晓英　王志友　张春江　王晓莲　刘凤莲　刘　庆　张　东
李红颖　田　庆　李　丹　李　元　刘春艳　马　琳　龚树增　刘进海　尚国锋
沈小妹　侍立靓　韩　静　张林林　焦宏宇　张翠兰　刘艳光　刘艳飞　毛　瑛
王文全　郭明海　王艳玲　杨世伟　杨金艳　徐振良　王瑞阳　李玉冰　刘丽萍
杨亚男　刘海艳　金　红　秦静堃　赵　辉　张　萍　李志清　刘素娟　冯小进
李艳红　张秀兰　李立冬　崔春英　沙瑞青　谢志红　冯秀宏　徐　帆　徐艳芝
张　全　张青青　李晓娟（坨子头）刘会英　李建波　陈淑红　张凯旭　荣　星
朱冬梅　李建国　付云璐　龚会兴　杨　娜　贾玉华　阚久朝　张春艳　王秋彩
李彩红　王秀丽　董丽荣　韩素萍　黄金营　吉俐勇　李海潮　刘瑞云　刘艳敏
王雅静　于百会　尹浩玉　秦　杰　纪晨颖　董建伟　李　栋　葛淑艳　冯　颖
肖　雪　徐胜东　宋　茹　鲁向军　翟　琪　王君伟　魏锐彬　熊晓杰　纪小焕
张振东　陈志高　秦爱艳　王秋辉　杨伟娜　董宏伟　张红梅　张秀红　张建华
李占勇　杜　君　于鹏洋　郑春红　付海军　刘　洋　董　粲　周海燕　董春英
费爱磊　宁占民　窦艳蕊　张素艳　张文宝　王艳凤　李金霞　王娜（中山）
冯丽伟　张红英　张静媛　张培宇　王晓蕾　刘艳红（聘用）　张　剑　蔡宗海
范会楠　杨建超　解金亮　周玉芳　满　兰　李　岩　孟建花　李静（卫校）
张健（进校）　熊海艳　顾丽红　李小美　张蕊（横渠）　谷鸣飞　冯丽萍
李晓杰　彭小杰　崔　杰　朱玉梅　李胜芳　高丽颖　张伟（三小）张伟（四小）
郭　帅　张彩霞　郑　婷　王倩（张坎）　郑　磊　高　玮　王艳（新城幼儿园）
李　欢　范丽君　林　峰　汪建蕊　田兆刚　段秀堂　李小亮　侍媛媛　刘岩伟
郑菲菲　杨晓松　李瑞颖　朱　环　徐　静　王月月　高海波　裴红云　孟凡刚
宋文华　冯红朝　蔡杏花　梁　宝　方海针　杨志军　解昌宏　郭艳文　姚凤君
韩　伟　张进雨　李玉霞　李国朝　顾立坤　宋晓芸　沈婉茹　张艳娇　耿　超

宋小菊　张玉红（研山）　陈娥娜　李冬梅　郑　正　卢艳丽　刘　爽　苗双双
杨金恒　吴海娜　丁思丹　杨志明　崔姗姗　尹雅强　汪秀芸　白春江　魏占龙
门淑芳　高　颖　尹孟丽　张艳丽　郭京红　高　琨　陈玉梅　尚卫军　武晓军
王智育　赵金玉　蔡杏春　杜桂敏　刘　丹　耿　军　王海玲　阚玉焕　蔡青青
师红霞　李　靖　曾庆成　张蕊（杨庄子）　于娜娜　任永海　王　伟　张美芳
王　欣　田宏伟　王艳香　马素梅　朱晓慧　单海香　李春焕　王小芳　费佳静
张海燕　张新明　潘双霞　李晓芳　吴　娜　曾　川　王小芬　王海明　梁红岩
焦　艳　施　玮　吉红安　张建新　李彩霞　王合鹏　贝春霞　刘长春　孟祥玲
韩东青　王艳娜　张　燕　彭小雪　高丽辉　韩桂宏　杨立颖　张卫存　高伟丽
安连永　高　阳　王金凤　董艳芳　张浩伟　魏丹丹　张佳欢　方　睿　秦永涛
郭宝辉　夏昆梅　周志伟　张建玲　闫爱娜　程金媛　冯　捷　胡启燕　刘　杰
张连军　李海燕　王冬云　刘志辉　李晓玲　范守红　石建军　张　曼　王　路
刘艳洁　张宝军　朱晓爱　徐秀花　李树勇　王立静　周亚男　张海芹　朱春霞
薛长伟　潘晓烨　刘桂君　刘为华　刘丽伟（兰徐）　秦玉彬　王　双　朱桂红
尹晓娟　董志伟　王丽娜　刘丽伟（甄庄）　张红艳　刘小敏　张立艳　贾　菲
崔红梅　刘文海　刘月蕊　张　钊　解娟娟　牛　辉　王晓娟

中共滦州市委
滦州市人民政府
关于表扬“十佳”校长、“十佳”教师、优秀教师和捐资助教先进单位、先进个人的通报

各镇（街道）党（工）委、政府（办事处），市直各单位，各人民团体：

2020—2021学年度，全市广大教师和教育工作者在党的十九大精神的指引下，认真学习贯彻习近平新时代中国特色社会主义思想，全面贯彻党的教育方针，深入落实立德树人根本任务，全面落实“迈开大步、走在前列”总体要求，深入实施“教育振兴”战略，坚守教育初心，勇担育人使命，不断深化教育教学改革，涌现出了一大批在平凡岗位上创造不平凡业绩的优秀教师和教育工作者，以及关心支持教育发展的捐资助教先进典型。

为进一步落实教育优先发展战略，营造尊师重教的良好风尚，激发广大教师和教育工作者自觉为实现新时代党的历史使命不懈奋斗的革命激情，推动我市教育改革发展开创新局面，值此第37个教师节来临之际，经市委、市政府研究，决定对张晓军等10名“十佳”校长、李靖华等10名“十佳”教师、杨小杰等100名优秀教师（其中50名师德标兵、50名优秀班主任）、中行滦州市支行等11个捐资助教先进单位、贾良等10名捐资助教先进个人予以表扬。同时，决定给予“十佳”校长、“十佳”教师、优秀教师一定的物质奖励。希望受表扬的同志以成绩为起点、以荣誉为动力，发挥模范带头作用，再接再厉，再创佳绩。希望各爱心企事业团体和社会有识之士继续关注教育，积极参与捐资助教、爱心助学公益活动，大力支持教育事业发展。希望广大教育工作者以先进为榜样，爱岗敬业、积极进取，无私奉献、扎实工作，以更饱满的工作热情、更昂扬的精神面貌，为实现滦州市教育高质量发展作出更大贡献。

中共滦州市委
滦州市人民政府
2021年9月6日

附件1

滦州市“十佳”校长、“十佳”教师、优秀教师名单

一、“十佳”校长（10名）

张晓军　滦州市第一中学副校长
杨耀武　滦州市中山实验学校副校长
唐自新　滦州市第四实验小学校长
贾赵辉　滦州市新城幼儿园园长
高升军　滦州市横渠实验中学副校长
李国利　滦州市滦城街道坨子头中学校长
王志保　滦州市九百户镇天华中学校长
苏春荣　滦州市油榨镇王官营小学校长
王小云　滦州市王店子镇龙坨小学校长
岳翠玲　滦州市滦城街道马庄子幼儿园园长

二、“十佳”教师（10名）

李靖华　滦州市第一中学教师
闫　茹　滦州市第一中学教师
金玉福　滦州市第二中学教师
段秀堂　滦州市第六中学教师
吴淑红　滦州市第三中学教师
彭宴超　滦州市中山实验学校教师
张丽华　滦州市茨榆坨镇茨榆坨中学教师
宁立敏　滦州市茨榆坨镇塔坨小学教师
王立坤　滦州市中山实验学校教师
董继英　滦州市新城幼儿园教师

三、优秀教师（100名）

（一）师德标兵（50名）

杨小杰　滦州市第一中学教师
李忠刚　滦州市第一中学教师
徐　领　滦州市第一中学教师
魏兆红　滦州市第一中学教师
纪小焕　滦州市第二中学教师
范晓江　滦州市第二中学教师
张国全　滦州市第二中学教师
周　强　滦州市第三中学教师
刘丽香　滦州市第三中学教师
刘金伟　滦州市第四中学教师
安翠青　滦州市第六中学教师
尚翠荣　滦州市职业技术教育中心教师
王艳春　滦州市职业技术教育中心教师

崔庆军　滦州市卫生职业中等专业学校教师
韩晓丽　滦州市教研训中心教师
邰　伟　滦州市中山实验学校教师
刘志江　滦州市中山实验学校教师
罗建忠　滦州市横渠实验中学教师
曾敬秋　滦州市横渠实验小学教师
郭敬波　滦州市第二实验小学教师
谢丽丽　滦州市第三实验小学教师
徐晓茹　滦州市第三实验小学教师
屈莲颖　滦州市第四实验小学教师
高晓燕　滦州市第四实验小学教师
刘莹莹　滦州市新城幼儿园教师
赵中华　滦州市海阳学校教师
康谢友　滦州市古城街道泡石淀小学教师
张　雨　滦州市响嘡街道田疃小学教师
张桂芳　滦州市响嘡街道三里庄小学教师
张晓勇　滦州市茨榆坨镇大石佛庄小学教师
张　典　滦州市茨榆坨镇茨榆坨小学教师
马立娇　滦州市雷庄镇雷庄小学教师
李　波　滦州市王店子镇王店子中学教师
高潇潇　滦州市杨柳庄镇下五岭小学教师
于秀丽　滦州市榛子镇麻湾坨小学教师
朱晓慧　滦州市榛子镇韩家哨小学教师
尹建红　滦州市榛子镇中学教师
郭翠萍　滦州市油榨镇郑庄中学教师
伦彩霞　滦州市油榨镇油榨小学教师
郭学海　滦州市九百户镇北刘庄小学教师
刘立男　滦州市九百户镇大井峪小学教师
杨　杰　滦州市东安各庄镇李各庄小学教师
刘　杰　滦州市东安各庄镇赤峰堡小学教师
马永新　滦州市东安各庄镇中学教师
吴雪丽　滦州市滦城街道甄庄小学教师
张秀兰　滦州市滦城街道佘庄小学教师
高晓静　滦州市古马镇古马中学教师
任永海　滦州市小马庄镇小马庄中学教师
于军存　滦州市教育局计财室主任
杨晓华　滦州市教育局科员

（二）优秀班主任（50名）

何志敏　滦州市横渠实验小学五年级1班班主任
何　悦　滦州市第二实验小学三年级2班班主任
张兰芹　滦州市第三实验小学三年级5班班主任

郭　倩　滦州市第四实验小学五年级3班班主任
王　娜　滦州市中山实验学校七年级9班班主任
李孟欣　滦州市中山实验学校五年级1班班主任
董月焕　滦州市中山实验学校八年级3班班主任
陈伟亮　滦州市海阳学校九年级20班班主任
殷静蕊　滦州市第三中学九年级1班班主任
杜　君　滦州市第四中学八年级3班班主任
蔡杏花　滦州市横渠实验中学七年级4班班主任
冯　颖　滦州市第一中学高三21、22班班主任
臧艳芳　滦州市第一中学高三6班班主任
尹福新　滦州市第一中学高三2班班主任
王世杰　滦州市第一中学高三5班班主任
那立军　滦州市第二中学高三17班班主任
肖　雪　滦州市第二中学高三20班班主任
陈　昌　滦州市第二中学高三4班班主任
李小亮　滦州市第六中学高三7班班主任
苗静辉　滦州市职业技术教育中心19微机2班班主任
陈　爽　滦州市职业技术教育中心铁道1班班主任
刘胜华　滦州市卫生职业中等专业学校19级10班班主任
杨雅梅　滦州市特殊教育学校培智4班班主任
张　伟　滦州市东南都会幼儿园小班班主任
高金梅　滦州市响嘡街道研山小学六年级2班班主任
崔巧丽　滦州市响嘡街道李兴庄中学七年级2班班主任
蔡勤东　滦州市古马镇老里庄小学六年级1班班主任
张丽娜　滦州市古马镇古马小学五年级1班班主任
宋广茹　滦州市雷庄镇郝院头小学五年级1班班主任
薛艳彬　滦州市雷庄镇石佛口小学五年级1班班主任
牛爱敏　滦州市九百户镇天华中学八年级1班班主任
米成山　滦州市九百户镇团山子小学六年级1班班主任
魏　娜　滦州市小马庄镇吴河漕小学三年级1班班主任
戚金会　滦州市小马庄镇晒甲坨中学九年级1班班主任
李　阳　滦州市茨榆坨镇谢各庄小学三年级2班班主任
费春霞　滦州市榛子镇韩家哨小学三年级1班班主任
周丽娟　滦州市榛子镇王官营小学五年级1班班主任
王　侠　滦州市榛子镇榛子镇小学六年级1班班主任
赵新颖　滦州市杨柳庄镇中学七年级2班班主任
李会来　滦州市王店子镇王店子中学七年级2班班主任
于成龙　滦州市东安各庄镇马各庄小学一年级1班班主任
张海霞　滦州市东安各庄镇东安河小学六年级2班班主任
马若楠　滦州市东安各庄镇商家林小学六年级1班班主任
刘艳飞　滦州市油榨镇油榨中学八年级4班班主任

康丽凤　滦州市油榨镇于家河小学五年级2班班主任
董铁曼　滦州市油榨镇韩寨子小学六年级1班班主任
丁继美　滦州市滦城街道八里桥小学五年级1班班主任
秦静堃　滦州市滦城街道高坎小学五年级1班班主任
王志红　滦州市滦城街道范庄小学五年级1班班主任
王晓娟　滦州市古城街道泡石淀小学六年级1班班主任

附件2

滦州市捐资助教先进单位、先进个人名单

一、捐资助教先进单位（11个）

中行滦州市支行、江苏捷成睿创科技发展有限公司、唐山冀东金鼎房地产开发有限公司、唐山金诚房地产开发有限公司、电信集团滦州市分公司、唐山兴业建材有限公司、唐山市金岭工贸有限公司、滦州市慈善协会、唐山市新华书店有限责任公司滦州分公司、唐山众业成爱心协会、中国人寿保险滦州支公司

二、捐资助教先进个人（10名）

贾　良 倪春林 王建强　屈旭臣 陈生龙 谢应文 张爱生 闫　琪 张福利 吕海鹏

中共滦州市委
滦州市人民政府
关于表扬2020年度文明单位、文明建设先进单位、文明镇（街道）、文明建设先进镇（街道）、文明村（居）、文明建设先进村（居）、文明校园、文明建设先进校园和精神文明建设先进工作者的通　报

各镇（街道）党（工）委、政府（办事处），市直各单位，各人民团体：

2020年，全市各级各部门认真贯彻落实中央和省、唐山市一系列决策部署，紧紧围绕市委、市政府中心工作，开拓进取，攻坚克难，积极培育和践行社会主义核心价值观，扎实开展省级文明城市创建工作，城乡居民文明素质、文化素养和社会文明程度进一步提升，涌现出了一批成绩突出的先进典型。为充分展示创建成果，有效激发创建激情，经市委、市政府研究同意，决定授予市场监督管理局等36个单位“文明单位”称号，授予城市管理综合行政执法局等28个单位“文明建设先进单位”称号，授予榛子镇等4个单位“文明镇（街道）”称号，授予古马镇等4个单位“文明建设先进镇（街道）”称号，授予滦城街道范庄村等38个村（居）“文明村（居）”称号，授予滦城街道东坨子头村等60个村（居）“文明建设先进村（居）”称号，授予第四实验小学等7个学校“文明校园”称号，授予第六中学等5个学校“文明建设先进校园”称号，授予王建强等137名同志“精神文明建设先进工作者”称号。

希望受表扬的单位和个人珍惜荣誉，发扬成绩，再接再厉，

始终保持创建活动的生机和活力，为推进全市精神文明建设工作再立新功。全市各级各单位和广大干部群众要奋发进取，更加广泛、深入、扎实地开展群众性精神文明创建活动，以优异的成绩庆祝中国共产党成立100周年。

中共滦州市委
滦州市人民政府
2021年5月18日

附件

滦州市2020年度文明单位、文明建设先进单位、文明镇（街道）、文明建设先进镇（街道）、文明村（居）、文明建设先进村（居）、文明校园、文明建设先进校园和精神文明建设先进工作者名单

一、滦州市2020年度文明单位名单（共36个）

市委办、人大办、政府办、政协办、纪委监委、组织部、宣传部、统战部、武装部、市场监督管理局、财政局、教育局、住房和城乡建设局、交通运输局、国网滦州市供电公司、滦河街道、农业农村局、行政审批局、机关事务中心、科协、团市委、经济开发区管委会、水利局、网信办、卫生健康局、巡察办、审计局、城投公司、气象局、新华书店、人力资源和社会保障局、应急管理局、民政局、人民医院、中医医院、市场监督管理局古城分局

二、滦州市2020年度文明建设先进单位名单（共28个）

城市管理综合行政执法局、市场建设服务中心、统计局、融媒体中心、党校、自然资源和规划局、生态环境分局、老干部局、滦河文化产业发展服务中心、农商银行、编办、妇联、建行、电信集团滦州市分公司、中城村镇银行、发展和改革局、信访局、

农发行、唐山银行、承德银行、蓝贝酒业集团有限公司、唐山东海钢铁集团有限公司、滦州吉宏包装有限公司、城市供水中心、公路管理中心、市场监督管理局滦城

三、滦州市2020年度文明镇（街道）名单（共4个）

榛子镇、响嘡街道、滦城街道、茨榆坨镇

四、滦州市2020年度文明建设先进镇（街道）名单（共4个）

古马镇、东安各庄镇、杨柳庄镇、油榨镇

五、滦州市2020年度文明村（居）名单（共38个）

滦城街道：范庄村、花果庄村、杨家院村、小山村、柏树庄村

杨柳庄镇：苍官营村、晁家庄村

茨榆坨镇：杨家坨村、东吴坨村

油榨镇：侯庄村、石梯子村

古马镇：曹北店子村、大门庄村

小马庄镇：东邢各庄村、董各庄村、贺庄村

榛子镇：安乐庄村、八里王官营村、北新庄子村、大贺庄子村

九百户镇：大河湾村、二百户村

王店子镇：大高庄村、干河草村、高城子村

东安各庄镇：无税庄二村、西孟家屯村、铁局寨村

雷庄镇：曹各庄村、樊店子村

响嘡街道：老陈营村、东法宝村、小司营村、后迁义村

古城街道：汇通社区、东灰山村、后窖村

滦河街道：团结里居委会

六、滦州市2020年度文明建设先进村（居）名单（共60个）

滦城街道：东坨子头村、姚庄村、前明碑村、前周庄村、张坎村、军营村、贾官营村

杨柳庄镇：大下五岭村、东山村、东上五岭村
茨榆坨镇：后吴坨村、芦苇庄村、张塔坨村
油榨镇：白佛院村、上康各庄村、睢新庄村
古马镇：古马村、潘庄村、小门庄村、新赵庄子村
小马庄镇：沙埠村、晒甲坨村、张各庄西街村、西李兴庄村
榛子镇：东平庄村、麻湾坨村、晒甲岭村、宋家峪村、兴隆店子村、椅子山村、于家营村
九百户镇：樊庄子村、刘庄村、闵庄村、宜安村
王店子镇：莲花池村、鲁家庄村、孟店子村、苏家庄村
东安各庄镇：杨家沟村、三山院村、陈家沟村、西商家林村、东安各庄村
雷庄镇：后张亭子村、雷庄村、中新立庄村
响嘡街道：山西刘庄村、肖营村、前迁义村、响嘡村、小闫营村、东三里村
古城街道：一街村、郑家场村、教场村、四街村、后北东关村
滦河街道：嘉凤园居委会、紫薇园居委会

七、滦州市2020年度文明校园名单（共7个）

第四实验小学、第三中学、中山实验学校、横渠实验小学、第二实验小学、第四中学、研山小学

八、滦州市2020年度文明建设先进校园名单（共5个）

第六中学、新城幼儿园、雷庄小学、大下五岭小学、茨榆坨中学

九、滦州市2020年度精神文明建设先进工作者名单（共137名）

王建强　尚金锁　白会锦　赵　健　杜秀成　章树森　张云忠　宋雪友　杨　魁
杨　旭　孟钦状　李　浩　孙卫梅　梁　霞　蔡李鑫　康宇婷　李艳春　于合中
李安超　王羽斯　杜秀玲　王晓伟　宋艳茹　陈小更　杨　恒　张　颖　马小芳
崔双双　杨丛泉　葛艳梅　刘水波　杨　坡　赵　鑫　吴进梅　魏　涛　蒋翠花
孙耀南　薛爱中　王亚美　王丽丽（发改局）赵　丹　薛会文　吴永宏　刘俊峰
王　娇　张　晶　刘梦学　张玉祥　赵树勇　李建合　赵　毅　金彩艳　阚燕飞
王伟光　刘天宇　于爱双　王慧娟　张立明　岳占海　郭晓宇　赵　欣　陈志利
裴立忠　李菁华　简树新　刘　伟　刘　静　张明洁　田晓蕊　郝鹏程　解庆军
冯会军　高彦伟　陶谌洁　左滢暄　陈建龙　王喜富　李武山　张静（市场监督管理局）
陈立新　秦顺利　王丽丽（人民医院）　毛进兴　昌贵春　张雪静　王　蕾
方常艳　董超（应急管理局）韩国宇　张　磊　郝双利　陈换新　张静（文产中心）
刘　明　韩福君　杨　静　张大勇　张晓彬　岳　悦　王建蕊　李朝霞　贾铁民
张　双　兰淇锋　高　燃　张荣学　顾　振　周　珺　刘海燕　张子卓　高伟璇
金丽丽　董超（王店子镇）高　磊　赵小露　袁晓爽　鲁贤慧　赵小翠　季相岗
聂　明　宋海云　商秀军　杨雪梅　魏庆贤　曾　臣　韩明迪　李　宝　宋　翠
张丽娟　宁文飞　杨长江　任常伟　李　骥　董　兴　孟　杰　王一囡　何志刚